全国金融系统
思想政治工作和企业文化建设
优秀调研成果（2016）

中国金融思想政治工作研究会
中国金融文化建设协会

中国金融出版社

责任编辑：陈　翎　刘红卫
责任校对：李俊英
责任印制：张也男

图书在版编目（CIP）数据

全国金融系统思想政治工作和企业文化建设优秀调研成果.2016(Quanguo
Jinrong Xitong Sixiang Zhengzhi Gongzuo he Qiye Wenhua Jianshe Youxiu
Diaoyan Chengguo. 2016)／中国金融思想政治工作研究会，中国金融文化建
设协会编.—北京：中国金融出版社，2017.7
ISBN 978 - 7 - 5049 - 9095 - 2

Ⅰ.①全…　Ⅱ.①中…　②中…　Ⅲ.①金融业—政治工作—中国②金融
企业—企业文化—中国　Ⅳ.①D412.62②F832.3

中国版本图书馆 CIP 数据核字（2017）第 164811 号

出版　**中国金融出版社**
发行
社址　北京市丰台区益泽路 2 号
市场开发部　（010）63266347，63805472，63439533（传真）
网上书店　http://www.chinafph.com
　　　　　（010）63286832，63365686（传真）
读者服务部　（010）66070833，62568380
邮编　100071
经销　新华书店
印刷　北京市松源印刷有限公司
尺寸　169 毫米×239 毫米
印张　46.75
字数　730 千
版次　2017 年 7 月第 1 版
印次　2017 年 7 月第 1 次印刷
定价　78.00 元
ISBN 978 - 7 - 5049 - 9095 - 2
如出现印装错误本社负责调换　联系电话（010）63263947

习近平谈调查研究

调查研究不仅是一种工作方法，而且是关系党和人民事业得失成败的大问题。

（二〇一一年十一月十六日）

调查研究的过程，是领导干部提高认识能力、判断能力和工作能力的过程。

（二〇一一年十一月十六日）

调查研究是谋事之基、成事之道。

（二〇一三年七月二十三日）

抓好落实，必须大兴调查研究之风，对真实情况了然于胸。

（二〇一六年十二月二十六日）

《全国金融系统思想政治工作和企业文化建设优秀调研成果》

编 委 会

培育和践行社会主义
核心价值观是中国金融政研会
开展调查研究工作的根本

（代序）

2016 年中国金融政研会在全国金融系统组织开展了五大发展理念指引下金融理论和实践的探索研究、新常态下金融党建思想政治工作创新研究、以思想政治工作营造风清气正的政治生态研究、金融机构"80（90）后"员工成长成才研究、诚信建设研究等 16 个具有前瞻性、对策性、应用性的专题研究，得到各级金融机构党委的高度重视，共收到了 916（项）篇调研成果。这批调研成果不仅反映了当前金融思想政治工作和企业文化建设整体水平，更是金融行业培育和践行社会主义核心价值观的生动诠释。

多年来，中国金融政研会开展思想政治工作和企业文化建设调研工作都围绕一个主旨和灵魂，那就是积极培育和践行社会主义核心价值观。通过调研工作，指导和推动金融思想政治工作和企业文化建设创新实践，落细、落小、落实，持续推动社会主义核心价值观的培育和践行。

习近平总书记指出："实现中国梦必须走中国道路、弘扬中国精神、凝聚中国力量。核心价值观是一个民族赖以维系的精神纽带，是一个国家共同的思想道德基础。"社会主义核心价值观是"兴国之魂"，是凝聚人心、汇集民智，引领全国人民团结奋斗、实现中华民族伟大复兴中国梦的最大精神力量。

"每一历史时代的经济生产以及必然由此产生的社会结构，是该时代政治的和精神的历史的基础。"（《马克思恩格斯文集》）在当前改革发展的大背景下，紧紧围绕社会主义核心价值观做好金融企业的思想政治工作和企业文化建设，是金融业凝魂聚气、强基固本的基础工程。社会主义核心价值观所构筑的精神力量作为独特的生产要素和宝贵的发展资源，是金融行业防控风险、确保金融安全、保证稳定发展的深层次原因；是重点做好"三去一降一补"供给侧结构性改革，支持实体经济，服务"一带一路"建设等国家战略，履行精准扶贫等使命责任的力量源泉。培育和践行社会主义核心价值观对金融行业有着深远的意义：

第一，社会主义核心价值观是实现中华民族伟大复兴中国梦的强大价值引导力。培育和践行社会主义核心价值观能更好地推动金融回归本源，履行好金融业社会责任，服务实体经济，服务国家建设，确保金融业可持续发展。

第二，培育和践行社会主义核心价值观有助于克服市场经济中容易滋生的利己主义、拜金主义、享乐主义等消极价值观，以道德滋养法治精神，强化市场主体的规则意识，倡导契约精神，弘扬公序良俗，更好地发挥市场经济优化资源配置的功能，提高经济运行效率。

第三，金融行业的核心价值观与社会主义核心价值观一脉相承。社会主义核心价值观的强大文化凝聚力是金融文化精神的根源，是金融业可持续健康发展的内生力量和文化软实力的内核，融入金融机构经营管理全过程，贯穿金融各项工作始终。

第四，社会主义核心价值观所蕴含的精神力量是金融企业科学发展的基石，是金融人思想建设的明灯。社会主义核心价值观推动着精神力量转化为现实动力，深层次地作用于金融员工的思想观念，规范员工的日常行为，是广大金融人思想建设的标尺。

第五，社会主义核心价值观的树立可以更好地促进了金融主体诚实守信，有助于健全完善的社会信用体系，形成褒扬诚信、惩戒失信的制度机制，帮助形成健康的金融业态。

在新阶段、新形势、新任务、新问题面前，用历史唯物主义和辩证唯物主义世界观来审视金融问题，就会使我们的眼睛更明亮，思维更清晰，方法更准确。践行社会主义核心价值观，就要求金融机构在经营发展的过程中要将社会利益摆到第一位，努力培养一大批以推动社会良性发展为己任的金融从业者，使金融真正成为中国经济健康可持续发展的引擎。

习近平总书记强调："无论什么时候，我们都要坚守在中国大地上形成和发展起来的社会主义核心价值观，在时代大潮中建功立业，成就自己的宝贵人生。"各金融机构必定牢记党赋予的责任与使命，以社会主义核心价值观为价值引领，以创造人民美好生活为责任遵循，做"五大发展理念"的"领跑者"，当"四个全面"战略布局的"推进器"，不辜负党、国家和人民的信任和托付。

张东风

2017 年 6 月 28 日

目　录

（一）

（二）

加强外包业务人员的思想引导
投保基金公司推动
思想建设工作实现全覆盖

——12386 热线话务员团队思想状况调研报告

傅　依　刘敏慧　李一丁[*]

近年来，投保基金公司党委高度重视干部员工的思想建设工作，组织全体党员干部积极开展了党的群众路线教育实践活动、"三严三实"专题教育和"两学一做"学习教育，确立了"公正、专业、尚德、奉献"为公司核心价值观、"有本领、善作为、求进取、敢担当"为公司的企业文化，为公司全体干部员工落实好服务监管、服务市场、服务投资者的各项工作任务，稳妥推进投资者保护各项工作提供了不竭动力。在做好公司干部员工思想建设工作的同时，2016年度投保基金公司高度重视外包业务工作人员的思想教育工作，以12386热线话务员为重点，组织开展了外包业务人员的思想状况调研，并结合话务员队伍情况和调研反映出的问题，开展了有针对性的思想建设工作，进一步提升了热线话务员的思想认识和服务意识，有效保障了热线平稳运行。

一、12386 热线背景情况

近年来，投保基金公司紧紧围绕落实"国九条"、投资者保护"国九

---

　　* 中国证券投资者保护基金有限责任公司。本文获2016年全国金融系统思想政治工作和企业文化建设优秀调研成果一等奖。

条"和证监会"推进监管转型要实现六个转变"的要求，部署开展公司的各项工作，注重在系统性、制度性和基础性工作上"下苦功""练真功"，不断丰富优化投资者保护工作的内涵和手段，探索开展了一系列积极有效的创新实践，得到了广大投资者及业界的高度肯定。为进一步提升证券期货市场投资者服务工作水平，畅通投资者诉求处理渠道，更好地保护投资者合法权益，我公司受证监会委托，依托公司原有的投资者呼叫系统，建成了12386中国证监会热线系统，并于2013年9月6日上线运行。该热线是证监会设立的面向全国证券期货市场投资者的社会公益服务热线，是证券期货市场投资者合法权益保护的重要平台，是搜集舆情、反映民意的重要窗口。

12386 热线的运营模式

12386热线的运营是我公司以项目合同形式，外包给北京联通公司，由联通公司负责承建热线职场、组建话务员团队。北京联通公司结合自身承建呼叫中心的工作经验，委托百斯特公司提供话务人力供给。热线职场话务员与百斯特公司签订劳动合同，在热线职场接受北京联通公司驻场项目经理的日常工作管理，执行我公司制定的热线工作制度及业务要求。我公司投资者教育服务部负责热线职场话务员团队管理、业务知识培训、问答口径修订、业务工作指导，参与人员招聘及定岗等工作。热线话务员团队负责接听投资者来电、处理网络留言及邮件，准确记录投资者诉求形成热线系统工单，及时办结投资者的诉求结果，缓解、疏导投资者的不满情绪等工作。

12386热线是一条特殊专线，一条传递政策法规，传达行业动态、将监管职责和投资者诉求紧密联系在一起的感情热线。因为有了热线，中小投资者有了自己的"知心人"，投资过程中的疑惑问题能够得到"权威解答"；投资产生的纠纷困扰能够得到"公正指导"，是投资者与证监会之间的沟通桥梁、纽带。12386热线话务员在工作中要时刻处于与全国广大投资者进行沟通、交流的第一线，从各种渠道做出的每一条答复都代表着证监会对于投资者的服务态度以及外在形象，帮助他们培养正确的世界观、人生观和价值观，是我公司全面落实从严治党要求，培养合格党员、合格员工要求的自然延伸；帮助他们培养正确的世界观、人生观和价值观，提高这一团队的使命感、责任感，也是切实提升这支一线投资者服务队伍履职尽责能力的必然要求，还是推进公司思想建设工作实现"无死角""全覆盖"的关键一环。

鉴于此，我们将12386热线话务员团队定为本次调研对象，目的是希望帮助12386热线职场中的青年人在时代进步的大环境中，在"两学一做"的大背景下，进一步坚定理想信念，在面临工作压力和疑难问题时，能够学会理性思考，积极调整心态，努力践行和弘扬公司核心价值观，进一步做好投资者保护和服务工作，为12386热线的顺畅稳定运行提供有效保障。

二、12386热线话务员团队构成

目前，热线职场有话务员等工作人员近30名。为做好此次调研工作，我公司向团队全体下发了思想状况调查问题，23名话务员和3名中层管理人员认真填答了调查问卷。经梳理分析调查结果，热线团队主要有以下几个特点。

一是热线团队工作人员学历相对不高，就职前缺少对证券知识的积累。本科及以上学历仅3人，占参与调查人员比重的7.69%，21人为大专学历，占比80.77%，还有2人为中专、高中学历。从事话务员工作前，对证券业务知识较为关注了解的共8人，占比30.77%，有9人工作前对证券知识一无所知。

二是团队工作人员年轻有活力、有干劲，团员青年较多。团队平均年龄为24岁，参与调查人员中，25岁以下的工作人员有25人，占比57.7%。最大年龄不超过30岁。政治面貌为党员的仅3人，为共青团员的共16人，占比61.54%。

三是热线工作压力相对较大。在参与调查的26名热线工作人员中，表示工作基本没有压力的仅3人，占比11.54%。工作压力主要来源于两方面：第一，认为证券业务知识过于复杂，新业务新产品层出不穷，学习的速度跟不上创新的形势的有11人，占比30.56%。第二，认为投资者指责较多，连续接听涉及谩骂内容的电话影响个人工作情绪的有10人，占比27.78%。

三、12386 热线工作特点

12386 热线作为中小投资者和证监会联系的最便捷渠道，吸引了大量投资者的关注，工作内容涉及了证券市场方方面面的问题。经梳理总结，热线工作主要有以下几个特点。

一是工作任务重且复杂。热线职场平均每天接入电话二百余通、外呼电话近百通，处理有效网单近百件、无效网单一百余件，内容涵盖业务咨询、政策咨询、意见建议、不满投诉等，工作任务多、头绪多，工作压力大。话务员能够当场答复的问题，当场答复处理；不能当场答复的，则会尽快查阅各项法律法规或向会内相关部门进行转办，做到每条回复都能够有法可依、有法必依，争取最大限度地保护投资者的合法利益。

二是耐心抚平投资者情绪，缓解投资者与监管机构的矛盾。热线职场的每位话务员都遇到过缠诉的投资者，投资失利后，投资者情绪极度焦躁，通过热线表达自己的无奈和不甘，对监管机构、经营主体进行批评指责，甚至扬言要群访监管机构。此时往往是话务员最紧张的时刻，每句话都可能刺激到投资者，话务员不仅要用更加平和的语调，减轻投资者的焦躁情绪，还要从证券市场动态、投资风险等方面向投资者灌输教育工作。通过职场话务员的耐心劝导，多数投资者的焦躁情绪能够得到缓解。

三是专业要求高，每天都需要学习成长。证券市场每天都有新的变化，每段时间都会推出新的业务，投资者通过热线反映的问题往往是最前沿的事项，这对话务员造成不小的工作压力，很多新入职的实习生，没有通过实习考核的原因就是分不清 IPO、QDII、创业板、新三板、基金定投、分级基金等事项的区别，对于股民的专业术语基本不理解、听不懂，面对资深股民的来电缺少对话的专业能力。即使是工作两年的老员工，也需要随时关注市场动态和监管政策变化、证券公司名录更新、融资融券业务细则等内容。

四是工作流程规范、不能违规操作。热线职场的工单记录、办理流程、敬语使用等工作都有严格的要求，对于工单记录必须保证内容清晰、信息详实，投资者信息关键字段不能丢失或漏记。话务员提交的工单必须经过疑难岗核对，疑难岗需要对工单内容的详实度负责。如话务员没有使用敬语直接致电投资者，会视为违反呼叫行业标准，面临严重的惩罚。在每天上午9:00至11:30，下午1:00至4:00的热线开通时段，热线职场话务员外出都有严格的要求，职场门口的墙上三条绳子，话务员外出拿一条，回来再放回原处，如墙上没有绳子了，意味已有三名话务员外出，非紧急情况，不建议话务员外出，以保障热线职场的接电人力。

五是情绪压力大，容易焦躁不安。长期的接电工作，经常性地面对投资者的负面情绪，或多或少影响自身心理状态，即使年龄较大、学历较高的话务员依然无法长时间化解不良情绪的侵蚀。在此情况下，有益的思想建设、情绪疏导和人文关怀，显得尤为重要。

四、12386团队思想建设工作状况

经与部分12386热线话务员进行沟通交流，并对调查问卷的有关情况进行梳理汇总，热线话务员的思想政治工作主要情况如下。

一是热线团队日常忙于话务处理工作，思想教育工作基本处于空白状态。调查问卷显示，2016年以来，没有参加过任何思想学习的共6人，占比23.08%，仅参加过1次的19人，占比73.08%。

二是热线工作人员追求思想进步，有进一步加强学习的积极性。在参与调查的工作人员中，有17人表示向往多开展思想学习，特别是党的十八大会议精神、习近平总书记"七一讲话"等重要内容的学习，占比65.38%。有25人建议投保基金公司加强对热线工作人员的思想引导，组织相关党团活动和文体活动，占比48.08%。

三是热线工作人员对党和党员有基本的认识。有21人表示身边的共产党员能够发挥先锋模范作用，比普通群众表现更为突出，是值得学习的榜样，占比80.77%。同时，有部分话务员对党的历史、党的知识、党的使命有一定的了解，并希望热线职场能够对表现突出的工作人员，给予入党的机会，进一步提升工作人员的工作热情。

综上所述，12386热线团队工作人员整体较为年轻，是热线保障稳定运行的中坚力量，是推动公司投资者保护和服务工作开展的生力军。但同时，他们的人生经验尚浅，没有足够多的专业知识和人生阅历作为支撑，日常的思想政治教育不多，学习内容、学习方法也不够系统

全面，理想信念容易受到外界环境的影响，思想容易起伏动摇，人员的流动性相对较大，在业务工作忙头绪多、接电压力大等诸多因素的影响下，对 12386 热线的稳定运行构成了一定的风险隐患。因此，进一步加强 12386 热线话务员团队的思想教育工作，加强证券业务知识的培训、做好对话务员的思想引导和心理疏导，对于热线稳定运行具有重要保障作用。

五、开展思想教育的有关措施

2016 年以来，投保基金公司按照中央和会党委的有关部署，制定了专门的工作安排，有序推进"两学一做"学习教育工作。按公司党委要求，公司第四党支部将投资者热线服务工作和"两学一做"学习教育相结合，从了解 12386 热线青年员工的基本情况和思想状况出发，结合实际情况为热线话务员提供了多种形式的思想教育、情感关怀以及技能培训，用真情真心引导他们围绕我公司的重点工作，立足岗位、尽心尽力，落实好热线运行的各项工作任务。

投保基金公司领导赴热线职场与话务员座谈

一是通过问卷调查，及时了解掌握 12386 热线员工的思想动态，对问卷进行梳理分析，挖掘热线员工思想上存在的突出问题，并提出有针对性的解决措施。

二是公司领导赴职场与话务员进行座谈。我公司高度重视话务员工作和生活状况，公司党委书记和分管公司领导曾分别多次赴职场与话务员座谈，了解话务员的工作现状，为热线员工答疑解惑，解决思想上的难题，并为话务员带上一份小礼品表示祝福。热线职场也通过集体读书、唱歌、举办生日会等方式，为话务员在接电工作之余增加了一份关怀和爱护。

三是形成公司与 12386 热线职场、公司员工与 12386 热线话务员团队间的互动机制。定期抽调表现出色的热线话务员到投保基金公司进行借调锻炼，并编入公司的第四党支部，按要求参与公司支部的思想教育学习和支部活动。截至 2016 年 9 月，已有 4 人次的话务员到公司接受培训锻炼。投保基金公司除了安排公司所有中层干部赴 12386 热线职场接听电话，也由第四党支部组织部分党员、群众分别轮流到热线职场接听12386 热线，亲身体验职场工作，并与热线员工在工作中进行深入互动，相互交流接电心得体会和压力处理方式方法，进一步提高了公司员工和外包团队全心全意为人民服务的宗旨意识，共同提升双方团队的投资者服务工作水平。通过双向交流，进一步加强了对话务员的思想建设工作，有效提升了团队整体的凝聚力和战斗力。

四是公司第四党支部安排专人联系热线职场，跟进热线职场思想教育动态。2016 年以来，第四党支部专门委派支部宣传委员兼公司团委副书记跟进 12386 热线职场的思想建设工作，一方面与话务员经常性座谈，形成了了解热线团队工作人员的所思所想、思想建设需求的长效机制；另一方面，协调联通公司、百斯特公司从人事管理、团员管理、党员发展等方面加强引导，为持续提高热线工作人员的思想认识水平和追求打下基础。

五是公司投资者教育服务部组织开展热线职场话务员培训工作。由公司投资者教育服务部牵头，在 12386 热线职场安排有关业务专家开展证券业务知识培训，讲解中小投资者较为关心的新业务、新政策和新制度。同时，协调北京联通公司安排话务专家，对热线工作人员进行心理疏导，切实帮助一线话务员解决实际问题。

六、思想教育工作效果

目前，投保基金公司"两学一做"学习教育正在有序开展，公司党委提出的"两学一做"学习教育要突出经常教育，区分层次，有针对性地解决问题，真正把党的思想政治建设面向全体员工，抓在日常、严在经常。公司自开展"两学一做"学习教育以来，广大员工，特别是青年员工的精神面貌、工作态度得到了很大改观，取得了阶段性的成果。通过访谈12386热线话务员，他们认为，经过参与公司一段时间的工作和思想学习，个人的思想认识与业务能力同步得到了大幅提升。

一是参加了"两学一做"学习教育，进一步提升了思想认识。借调至公司工作的话务员们，全程或部分参加了第四党支部的"两学一做"学习教育的各项工作，落实了各项学习要求。经过学习，充分了解了党章、党规的有关内容，正确理解了共产党员的有关权利和义务，理解了共产党员的内涵，回顾了近代以来中国人民和中华民族不懈奋斗的光荣历史和伟大历程，表示将在今后的工作生活中，坚定不移跟着党走，时刻以共产党员的标准严格要求自己，做好12386热线的各项工作。

二是参与了公司核心价值观和企业文化的教育，进一步提升了做好投资者服务工作的使命感。通过详细了解公司的核心价值观和企业文化，帮助12386热线话务员确立了做好投资者热线各项工作的事业目标和价值追求。有的话务员表示，在接电中会切实将投保基金公司"公正、专业、尚德、奉献"的核心价值观践行到底，认真学习各项业务知识，不断完善自身工作能力，做中小投资者可以依靠的保护人。有的话务员表示，会将公司企业文化"求进取、敢担当"六字铭记于心，切实肩负起各项工作任务，履行好自身工作岗位的职责，积极进取、踏实工作，为资本市场投资者保护和服务工作贡献力量。

三是参加了各项业务培训活动，进一步提升了工作能力。经过公司对12386话务员组织的多次座谈和业务培训，话务员普遍表示，对证券期货市场各项业务的架构有了更加清晰的了解，对于相关的制度有了更加深刻的认识和理解，进一步扩展了业务知识面，开拓了眼界，对做好接电工作，切实践行好全心全意为投资者服务的工作宗旨打下了坚实的基础。自热线成立至今，热线话务员团队总计处理 212535 件工单，经过参与公司的各项培训活动，热线话务员的工作质量和工作效率得到了显著的提高，超过九成的工单均由话务员第一时间在热线前端直接处理办结，及时满足了投资者的诉求，充分发挥了热线第一道服务平台的重要作用，取得了较好的工作效果。

四是与公司干部员工畅通了沟通交流机制，进一步提高 12386 热线外包员工的团队归属感和做好热线工作的责任感。通过与公司投资者教育服务部和第四党支部部分干部员工零距离的沟通交流，拉近了 12386 热线团队和投保基金公司的距离。通过公司资深业务人员讲述自己的接电经历和压力处理方式，进一步提升了话务员负面情绪的处理能力。通过经常性的沟通交流，热线工作人员均表示受益匪浅，在今后的工作中，一方面将时刻保持换位思考，想投资者所想，急投资者所急，时刻向投保基金公司提出的"会听、会问、会讲"的要求和目标看齐，安抚好投资者的焦躁情绪；另一方面将进一步确立"用心、专心、细心、耐心、真心"的服务宗旨，完成好 12386 热线的各项工作任务。

国家开发银行驻非员工
思想政治工作调研报告

阮　锋　王　丹　白　婕　高博楠*

中非历来是休戚与共的命运共同体和互利共赢的利益共同体。作为中国政府的开发性金融机构，非洲一直是国家开发银行（以下简称开行）国际业务的重点地区。自 2005 年以来，经过十多年的努力耕耘，开行对非投融资合作取得长足发展，有力地促进了中非经贸合作和非洲经济发展。这些都离不开驻非一线员工的辛勤努力和付出。这些员工在非工作生活，远离祖国和亲人，克服家庭困难，为促进开行对非业务、落实国家对非合作战略做出了较大牺牲。在此背景下，我们组织了本次调研，希望通过对驻非员工的思想政治状况进行摸底和分析，凝聚信心和力量，促进对非业务人才梯队建设，唱响"中国梦""开行梦""员工梦"。

一、开行驻非工作组简况及发展历程

（一）驻非工作组简况

开行向非洲派遣员工常驻主要采取"驻非工作组"模式，即行内组建国际合作工作组（包括代表处，下同），派驻非洲相关国别常驻，实行"总行—分行—工作组"的三级管理体制。自 2006 年在南非、肯尼亚、尼日利亚、埃及首批实现派驻以来，开行"投棋布子"，已成功构建了贴近非洲市场最前沿的业务网络和信息来源。目前有 1 家代表处、13 个常

---

* 国家开发银行国合局美非业务部。本文获 2016 年全国金融系统思想政治工作和企业文化建设优秀调研成果一等奖。

驻工作组。

（二）驻非工作组的发展历程

驻非工作组派驻工作大体分为三个阶段。

1. 全面覆盖阶段（2006—2009年）。在对非业务开展之初，开行总行、分行联动，在非洲所有50个建交国均派驻了工作组并于2009年设立了开罗代表处，形成了业务全覆盖。

2. 重点整合阶段（2010—2012年）。随着业务的深入开展，开行对非洲地区派驻的工作组进行了整合。按照"立足中心、就近兼顾、灵活调整"的原则，将资源少、业务总量小、业务发展空间有限的国别组吸收合并到周边业务总量大、业务发展前景好的国别组，成立了10个中心工作组，再加上原有22个国别组，由12家分行（含企业局）分别管理。同时由总行派出南部非洲、中西部非洲等2个大区组进行区域协调。

3. 结构优化阶段（2013年至今）。工作组布局进行了进一步优化，实行扁平化管理，撤销了大区组，形成了目前1个代表处、13个工作组的格局，对口分行10家（含企业局）和总行美非业务部。

中非基金在南非、埃塞俄比亚、赞比亚、加纳、肯尼亚五个国家也设立了5个对非代表处，与我行投贷结合，共同支持非洲业务开展。

二、调研的基本情况

（一）调研目的

1. 落实中国金融思想政治工作研究会的2016年度课题研究的工作部署。

2. 了解开行驻非员工工作、生活、思想、党建等状况，研究分析存在的问题。

3. 总结推广开行驻非员工队伍建设的好经验、好做法。

4. 加强新形势下开行驻非员工队伍建设，推动开行非洲地区国际业务可持续发展。

5. 推进开行驻非员工思想政治工作和文化建设，增强凝聚力和向心力，体现"家国情怀、国际视野、专业高效、追求卓越"的开行精神，倡导"责任、创新、绿色、稳健、共赢"的开行核心价值观。

（二）调研理论依据

本次调研借鉴了"双因素激励理论"的研究方法和内容。该理论通过对匹兹堡200多名商务人士的工作经历和态度的观察和思考，研究现代公司治理和集体组织的激励机制设置问题，由美国心理学家Fredrick Herzberg教授提出。该理论认为员工关于工作的思想状态有三种：满意、不满意和中性（既非满意，也非不满意）。而引起工作动机的因素有两个：一是保障因素（公司政策、管理措施、监督、人际关系、物质工作条件、工资、福利等），二是激励因素（成就、赏识、挑战性的工作、增加的工作责任，以及成长和发展的机会等）。保障因素可以解决不满意的负面情绪问题，保证工作正常运转。但从中性到满意，即激励员工自发地主动地做出对集体和组织具有创造性的工作成果，只有依靠激励因素。激励因素是调动人们积极性的关键所在。

（三）调研对象

1. 开行现有驻非13个工作组和开罗代表处。

2. 前期曾经派驻非洲和目前派驻非洲工作的国际业务人员。从推动对非业务角度考虑，本次调研以现驻非员工为主，以曾经驻非员工为辅。

（四）调研方式

资料调查法、个别访谈法、实地调研法和综合归纳法。

（五）调研内容及处理方法

1. 通过致函、电话、邮件等多种形式，收集驻非员工基本信息及部分员工、工作组外派期间工作和思想状况报告。

2. 选取个别工作组组长、员工进行访谈。

3. 因工作需要，一年来走访浙江、湖北、青海、江西、山西、贵州、大连等非洲地区对口分行。

4. 为配合高访及推动对非工作，赴埃及、埃塞俄比亚、吉布提、阿尔及利亚、加纳、科特迪瓦、南非等非洲国家实地调研。

通过汇总分析以上1、2数据和内容，结合3、4调研情况，进行综合归纳和分析，主要了解在开行对非业务取得丰硕成果的情况下，驻非员工的基本情况，掌握其思想状况，找准思想政治工作的思路和切入点。

三、调研的主要成果

（一）驻非员工基本情况

通过对现驻非员工基本信息进行数据分析（详见下表）可以看出：

1. 性别。男性比例高，达到85%。

2. 年龄。年轻化，35岁以下青年员工占比53%，其中30岁以下的青年占驻非青年的53%。

3. 职务。处级以下干部居多，占比52%。

4. 行龄。首次派出时行龄在五年以下员工占比52%，刚入行员工（一年及以下）占其中的44%。

5. 政治面貌。中共党员占比高达79%。

6. 学历。整体学历较高，研究生学历占比68%。

7. 海外留学经历。具有海外留学经历达到23%。

8. 小语种。人才匮乏，法语和葡语人才仅占4%和1.3%。

现驻非员工分布表

项目	类别	占比	项目	类别	占比
性别	男	85%	首次派出时行龄	1年（含）以下	23%
	女	15%		1~3年（含）	16%
年龄	30岁（含）以下	28%		3~5年（含）	13%
	30~35岁（含）	25%		5~10年（含）	17%
	35~45岁（含）	24%		10年以上	31%
	45岁以上	23%	学历	研究生	68%
职务	局级	13%		本科	32%
	处级	35%	留学经历	有	23%
	处级以下	52%		无	77%
是否党员	是	79%	小语种	法语	4%
	否	21%		葡语	1.3%

（二）驻非员工工作情况

1. 工作强度情况

（1）非洲工作条件

整体来看，非洲地区工作范围广、工作基础较差、基础生活设施普遍落后。驻非员工工作范围覆盖全部54个非洲国家，人口总数接近12亿人，总面积为3000万平方公里。2015年非洲具有商业信用评级的国家44个，具有BBB+级及以上评级的国家仅有7个，剩余国家均为商业风险较高的国家，主要体现在政治体制不稳定，军事战乱，财政体系不健全等方面。截至 2015 年末，全世界经联合国批准的最不发达国家共有 44 个，其中非洲地区上榜的国家有 31 个。驻非工作组派驻初期，主要依靠中兴、华为等前期落户非洲中资企业的支持，从零开始，克服困难，一步步解决食、住、行，最终扎根非洲。

（2）驻非工作实绩

在驻非员工和各有关单位的共同努力下，截至 2016 年上半年末，开行对非总共发放贷款 486 亿美元，贷款余额 317 亿美元。

（3）驻外情况

驻非员工大部分都能扎根非洲。根据数据统计，截至 2016 年 8 月末，驻非员工中有 4 名员工累计驻外天数超过 1000 天，最长达 1641 天，日历年度达到 8 年。曾经驻非员工中累计驻外天数超过 450 天（两年标准任期）的高达 70%，其中超过 675 天（超一年标准任期）的达到 10%；现驻非员工中超过 450 天（两年标准任期）的达到 19%，最长达 1058 天，日历年度达到 7 年。

2. 员工来源、职务晋升及回国去向情况

（1）驻非员工来源。主要来源于非国际业务条线。驻非员工中来源于对口分行国合处的占比 28%；其余来源于对口分行其他处室或总行，占比 72%。

（2）驻非员工驻外期间职务变动情况。职务提升占比不高。曾经驻非员工回国时，较派驻前职务提升的仅占比 18.5%；职务未变动的占比 81.5%。

（3）驻非员工回国后去向。留在对口分行国合处的少，离职比例较高。曾经驻非员工回国后，回到对口分行国合处的仅占比 19%；离职占比达 8.6%；退休占比 0.7%；到对口分行其他处室或总行占比 71.5%。

（三）驻非员工生活状况

1. 硬件环境。非洲对口分行根据总行有关规定并结合驻在国实际情况，采取各种方式解决了员工办公和生活所必需的硬件环境，目前基本能够满足需要。

2. 业余生活。工作组业务生活较为单调，主要以看书、上网、看影碟、散步为主，一些条件好的组也可开展游泳、网球等健身活动。

（四）驻非员工思想状况

1. 思想的积极方面

在走访的驻非员工中，大家谈得最多也是最大的感受就是海外工作的经历给自己人生带来的收获。

一是拥有强烈的自豪感和荣誉感。有的工作组员工表示，自己在最初派驻时，或多或少把"派驻"当成"必须完成的组织任务"，思想上存在消极应对的情绪。但通过派驻，参与了涉及中非经贸外交的重大事件，推动了中非政府高度关注的重大项目，对开发性金融在对非业务的重要作用有了更深的认识。特别是看到自己参与的项目最终落地，带动了国家大型成套设备出口，带回了生产生活紧缺的重要战略资源，为当地非洲国家创造了就业，惠及了当地民众，自己工作的使命感和光荣感得到了不断提升，思考视野及人生格局得到扩展，感到"派驻"的经历对自己的人生非常有意义。

二是个人综合素质明显增强。海外工作的环境与国内工作有很大差别，不仅要面对陌生的政经形势和法律环境，还要克服不同文化差异带来的沟通障碍，对工作组员工的业务知识、工作技能、语言能力等诸多方面都形成了很大挑战。工作组员工通过项目开发、客户接触、了解市场，对专业知识有更加深入的理解，沟通能力、谈判能力、语言能力都得到了很大的提升。同时，工作组通过将获得的经验和知识不断传承，不仅提升了每一批派驻员工的业务素养，而且提升了团队的整体素养，为今后深入开展国际业务奠定了良好基础。

三是在品质意志方面得到了很好的磨炼。在非洲的工作组，多数工作、生活条件比较艰苦，在日常生活中面对的困难要比在国内多。工作组员工表示大家在外"通力合作，自己动手，丰衣足食"，提升了整个团队的应变能力，也解决了许多生活中的困难。同时，在平时生活相处中，工作组员工难免会暴露出自身的不足，大家学会了互相理解、坦诚相待，共同成长。

2. 思想的困惑方面

一是部分员工对回国后工作岗位安排上存在担忧。工作组员工常驻海外，日常工作中与分行业务联系和交流沟通较少，其工作成果、生活状态难以被国内多数员工所了解，存在逐渐被边缘化的担忧。

二是关于健康和人身安全方面的担心。非洲许多国家基础设施和卫生条件较差，疟疾、登革热、黄热等疾病肆虐，对工作组员工身心健康带来不利影响。同时，近年来一些非洲国家治安形势恶化，如南非持枪抢劫频发、肯尼亚不定期遭遇索马里青年党恐怖袭击、安哥拉针对中资企业人员抢劫、绑架案件等，给工作组员工造成较大的心理压力。

三是关于平衡家庭与事业关系的问题。工作组员工长期驻外，许多业务骨干正值"上有老、下有小"的年龄段，有些业务骨干家里老人生病、孩子住院都无法照顾，给家庭生活带来困难，易产生家庭矛盾。

（五）驻非员工党建情况

驻非工作组均高度重视党建工作，开展了多种形式的党建活动，以党建促交流、促发展。

1. 定期开展学习交流活动，不断加强政治理论学习。有的工作组实行"课程表"式管理，每季度确定一个党建学习主题，每月至少召开两次集中学习会议，并形成了学习记录和会议纪要；有的工作组充分结合工作组员工在海外周末比较空闲的特点，利用周末时间组织学习交流，交流的内容不仅包括学习党的相关知识的体会，而且也包括平时阅读的当地报纸、新闻等内容，做到紧抓时事政策，以党建促业务发展。

2. 与当地大使馆、经商处开展结对共建活动。例如马达加斯加工作组参与大使馆、经商处组织的祭奠中资企业援助马岛牺牲烈士的活动；加纳组参加我驻加纳大使讲党课活动。这些活动不仅加强了与大使馆、经商处的联系，而且使驻非员工更加珍惜中非已建立的良好关系，更加坚定了做好工作的决心。

3. 与驻外中资企业和金融机构开展系列党建活动。例如坦桑尼亚工作组与中铁建工东非分公司、摩洛哥工作组与中国进出口银行西北非代表处分别在坦桑尼亚、摩洛哥开展"两学一做"专题党课学习活动。通过交流，为开展工作奠定良好基础。

调研中，工作组员工也表示，由于身处国外，有些党的文件、学习材料来源有限，有时学习也不够及时，只能回国抓紧时间补上。

四、调研的几点体会

（一）通过十年思想政治工作实践，驻非员工队伍建设初见成效，已成为开行服务国家对非战略的重要抓手

1. 沟通渠道上通下达。一是为支持对非业务发展，解决驻外人员在支持、服务、保障和安全等方面的困难和问题，开行连续多年召开了总

行领导出席的"国际业务驻外人员座谈会"。驻非员工代表在会上能够向总行领导及总行相关部门直接反映问题，并得到跟踪解决。二是开行坚持驻非工作组组长任前谈话、工作组组长年度谈话、工作组成员日常谈话的驻非干部"三个一"谈心谈话制度，深入了解驻非干部的思想动态和工作、生活情况，对驻非干部进行帮助和引导。对驻非干部所反映的问题和困难，要求按照"群众满意"和"有利于工作"的原则予以解决。对于现场能解决和答复的，将立即予以解答，对需要协调落实的，要求及时研究解决并将落实情况予以反馈，对不符合政策规定的情况，要求做好解释沟通工作。这种工作方式使思想政治工作贴近实际、贴近员工、贴近生活，很大程度上解除了驻非员工的后顾之忧。

2. 制度保障日益完善。开行根据海外工作实际，陆续出台《关于进一步加强海外干部激励和保障工作的意见》等系列文件，完善国际业务驻外人员激励机制，创造有利于海外干部安心工作、锻炼发展的良好环境。

3. 能力建设推陈出新。根据对非业务的不同特点，开行精心设计了不同层次、不同对象和不同范围的培训方案，内容丰富、针对性强，受到驻非员工的普遍欢迎。例如，针对每年拟新派驻非洲的员工，开行组织集中培训。内容包括国家战略，开发评审、产品营销、合同谈判、贷后管理、风险管控等业务内容，外交礼仪、驻外安全、应急保密等生活内容，提升拟派驻员工的实战技能以及工作、生活的基本素质和能力。同时邀请优秀驻外人员进行工作经验交流和驻外生活体会分享，并开展分组研讨和交流，取长补短，启发思路。

4. 人文关怀温馨周到。一是针对驻非工作组长期在非洲工作，面对环境习惯的差异、沟通交流的不畅、战乱疫病的威胁等问题，为保证驻非员工的身心健康，减少因心理问题对工作、学习、生活的负面影响，开行与相关机构合作，为驻非员工量身定做心理健康服务项目，将关心和爱护驻非员工权益落到实处；二是在春节、中秋等重大节日时或在驻非员工个人患病以及家庭发生重大困难时，分行领导都会代表开行上门慰问或帮扶。

5. 后勤保障落实有力。一是针对驻非员工海外吃饭难、餐饮差等现实问题，开行在对驻非员工生活及就餐现状摸底调研的基础上，按照

"量身定制、步步为营"的策略，首先着手解决驻非员工最急需、最迫切的餐饮问题，之后加强完善、拓宽范围，最后形成全面系统的海外后勤服务保障体系；二是进一步完善了驻非员工探亲制度。如驻非员工家属不去探亲的，本人每年可以回国探亲两次，并报销往返路费。

6. 工作团队团结协作。在调研中，通过问卷、走访、谈心等活动的进行，总体上看，对口非洲分行党委对国际业务人才队伍予以重点培养，对国际业务发展高度重视。经历了十多年对非业务的大发展，驻非员工经受住了考验，员工的思想状况整体积极向上，对开行的国际业务充满信心，在他们身上更多体现出的是开行人忠于事业、为国担当的强烈责任感和使命感，体现了服从安排、执行有力的品格和作风。部分驻非员工在因交通意外受伤、患病时，依然坚守岗位、忘我工作，彰显了高素质和爱岗敬业、无私奉献的精神。

（二）当前开行对非业务已经步入了新阶段，驻非员工思想政治工作需要迈上新台阶

一是新起点。2016 年是"十三五"开局之年。开行 2016 年上半年末在非洲地区贷款余额是 2010 年底余额的 8.5 倍，"十二五"期间年均复合增长率达到 53.5%。

二是新定位。2015 年国务院通过了开行深化改革方案，确定了开行开发性金融机构的定位，并明确将支持"走出去"列为开发性业务。国家还通过注资的方式补充了开行资本。随后开行"三步走"战略得以成功实现，长期困扰开行的债信问题得以永久解决，适应服务国家战略需要的集团架构体系不断完善，《国家开发银行章程》最终获批，由此从根本上解决了开行在机构定位、运行模式、配套支持政策、公司治理等方面长期面临的问题。这在开行历史上具有重要的里程碑意义。

三是新挑战。开行在服务对非国家战略方面作出了突出贡献，凸显了开发性金融机构的战略价值，但随着发展环境的深刻变化，也面临一些新的挑战：大宗商品价格持续低迷，重大能源资源项目进展缓慢，非洲国家经济普遍承压，整体经济增速放缓，合作国主权融资空间受到影响；政治动荡进入新周期，加蓬、刚果（金）等非洲大选国家局势趋于紧张，影响项目合作，存量贷款政治风险上升；金融市场波动剧烈，美元持续升值导致非洲币值不稳，南非、安哥拉等区域主要大国评级均遭

下调，新业务开发难度加大，存量项目面临回收压力。

四是新期望。习近平主席在 2015 年底召开的中非合作论坛约堡峰会上提出了做强和夯实中非关系的"五大支柱"、"十大合作计划"以及 600 亿美元的对非资金支持。党中央、国务院对开行在中非合作中发挥作用寄予厚望，对开行对非业务提出了更高的要求。

（三）新形势下驻非员工思想政治工作仍面临诸多困难和挑战

中央对非战略的新要求就是开行对非业务前进的方向和动力。新的时期，需要开行人有新担当、新作为。但与此同时，艰苦的工作环境、激烈的同业竞争，对驻非员工在职业发展、薪酬分配等方面的冲击是全方位的，员工的思想难免处于碰撞、磨合期，驻非员工思想政治工作面临新的困难和挑战。主要表现在以下方面：

1. 驻非员工人才储备有待加强。地区艰苦、远离家人、工作压力大等因素使得驻非人员派遣和替换相较于其他地区成为一件难事、棘手事。一是后备力量不足。个别后备员工有畏难情绪；二是小语种（特别是法语）人才不足。法语为官方语言或通用语言的非洲国家有 24 个，占总数的 44％，与英语不相上下。而现驻非员工中法语人才较少；三是激励机制有待进一步强化。在补贴、晋升通道方面尚未与国内拉开差距，从而难以推动员工积极选择投身驻外工作。

2. 驻非工作连续性有待提高。驻非经历是员工，也是开行的宝贵财富。驻非员工中来源于其他业务条线人数众多，在驻非岗位上兢兢业业、努力工作，成为对非业务条线的重要一员。通过多年驻非经历，多数员工政治素质硬、职业素养高、业务能力精，积累了丰富的对非工作经验。这些员工回国后很多离开国际业务条线。这在很大程度上削弱了对非业务的连续性。

3. 驻非机构有待进一步完善和升级。目前开行在非洲仅有 1 家代表处，尚未对非洲所有重点国别形成常驻覆盖，难以为当地中资企业和当地政府提供周到的金融服务，不利于对非业务可持续发展。

4. 部分驻非工作组工作的深度、广度有待提升。部分工作组对当地国情的了解不够深入细致，主要与中资企业打交道，与当地政府、金融机构、企业联系不多。

五、关于加强驻非员工思想政治工作的建议

驻非员工思想政治工作是系统工程，也是未来工程。根据"双因素

激励理论"，保障措施是基础，激励机制是关键。基于此考虑，为做好驻非员工思想政治工作，结合前述调研情况及思考，提出几点建议：

（一）凝心聚力，努力建设一支富有创造力、凝聚力、战斗力的驻非员工队伍

1. 总分行联动，继续共同支持驻非员工队伍建设

一是各有关单位继续高度重视驻非员工队伍建设，通过实地调研、座谈、慰问等多种形式，深入实际、深入非洲、深入员工，认真倾听驻非员工呼声，及时掌握驻非人员的思想动态和个人诉求，在各自职责范围内为驻非人员排忧解难，解除后顾之忧；二是加强总行美非部、分行、驻非工作组、中非基金及其5个代表处的协同，有效发挥协同效应。

2. 强化布局，进一步完善驻非机构网络

开行驻非工作组属于非常设性质，开罗代表处也属于非营业性机构，两者业务开展均受限较多，难以依托本地化优势直接开展业务，构成了开行对非业务增长的瓶颈之一。建议根据业务工作需要，在非洲增设机构，以实现可持续发展。

3. 重视人员选派，建设一支稳定的高水准工作团队

驻非员工是开行开展对非业务的一线力量，是对非开发性金融事业长青的希望所在。相关人员的选派至关重要。其中，工作组组长是驻非工作组的"主心骨"，既要政治过硬、业务精通，更要能以身作则，发挥好表率带头作用。工作组成员既要有较好的外语水平和专业技能，更要有较强的团结协作意识和奉献精神。

（二）激励与保障并举，继续完善驻非工作机制

1. 高度重视驻非员工队伍的稳定和培养工作，各对口分行不能因业务的短期波动而任意调减驻非工作组干部数量。

2. 根据对非业务发展战略重点和人员情况，构建丰富的培训体系，分层开展对非人员培训。

3. 通过招聘录用、劳务聘用、协商借用等方式解决小语种人才短缺问题。

4. 继续定期召开国际业务驻外人员座谈会，坚持落实《关于进一步加强海外干部激励和保障工作的意见》等系列文件，探索在驻外补贴、晋升通道等方面对非洲等艰苦地区进一步实现差异化。

5. 做好驻非员工的职业发展规划，搭建驻非员工成长平台。一是鼓励和支持驻非员工自我规划，完善个人成长；二是鼓励驻非员工在非洲不同工作组之间流动；三是鼓励前期驻非员工回国后再次驻非。

6. 在驻非员工思想政治工作中，要积极发现先进、树立先进，大力宣传驻非人员先进典型，发挥示范导向作用，在驻非业务条线营造尊重先进、学习先进、争当先进的良好风尚。

（三）协作共进，打造开行企业文化非洲篇

企业文化是凝聚人心实现企业价值、提升企业竞争力的无形力量和资本。优秀的企业文化，对外是企业的一面旗帜，对内是一种向心力。开行20多年发展，积淀了深厚的文化底蕴，有"增强国力、改善民生"的使命，有"建设国际一流开发性金融机构、为经济社会发展提供永续支持"的愿景，有"责任、创新、绿色、稳健、共赢"的核心价值观。在非洲地区工作条件普遍艰苦恶劣的情况下，开行企业文化建设显得更为必要。在驻非人员思想政治工作中，有必要在非洲地区积极推进开行特色企业文化建设，探索和创新文化载体，与驻非政府机构、企业、金融机构一起扩大中非文化交流渠道，加强开行文化宣介，推动开行文化非洲篇的生成培育和提炼升华，强化开行企业文化建设吸引力、影响力和渗透力，使每一位驻非员工都能深刻理解开行文化，积极践行开行核心价值理念，努力营造团结互助、和谐向上的良好风尚，为开行对非业务的开展提供强大的精神动力。

识人之智，容人之量，用人之术，成人之德

——革新人才管理策略提升"网生代"知识型员工敬业度

叶　军　鲍　睿　陈志弘[*]

优秀企业文化归根到底是"人"的文化，它通过一定的策略手段，如组织架构、制度条例、行为规范直接作用于企业内的每一名员工，发挥其对全体员工约束与导向、凝聚与激励的作用，增进人才对组织的认同感和敬业度，发挥企业管理无形指挥棒的功用。

交通银行信用卡中心传承百年交行的文化底蕴，同时拥有十余年的自身优质文化积淀，而现阶段，"85后"出生的"网生代"员工正逐渐成为交行卡中心参与市场竞争的人才中流砥柱，作为连接这两者的重要中间变量，人才管理策略应顺势而动、迭代更新，结合"网生代"知识型员工差异特征的调研数据，充分运用互联网思维重新校准文化靶心，切实提升人才管理策略这一桥梁通道向"网生代"知识型员工传输优秀文化力量的效能。

一、课题研究的背景和意义

（一）"网生代"知识型员工的定义与特点

1. "网生代"知识型员工的定义

综合国内外学者的研究论述，"网生代"知识型员工是指出生于

＊ 交通银行信用卡中心。本文获 2016 年全国金融系统思想政治工作和企业文化建设优秀调研成果一等奖。

1985 年后，伴随着计算机和网络科技蓬勃发展成长，并在我国改革开放、市场经济快速发展的大时代背景下，普遍接受了大专以上高等教育，进入企业后从事"专门知识点应用、创造和扩展的活动，并能够为企业创新发展作出贡献，使得知识资本和货币资本迅速增值的员工群体。"在银行体系中，包括金融产品研发人员、市场企划人员、高级销售及客服人员、平台专业技术人员和企业管理人员。

"网生代"知识型员工正日益成为企业获取核心竞争力的中坚力量，因而关注他们的价值观念、个性特点、工作特征、心理需求等多个方面的特殊性具有必要性和重要性。

2. "网生代"知识型员工的个性特点与工作特征

20 世纪 80 年代后期，与中国改革开放并行而来的是大量西方思想文化的进入以及互联网技术的突飞猛进，成为"网生代"独特的社会历史背景。而该时期我国的计划生育政策产生的"独生子女群体现象"也是该群体一个标识性特征。

一方面，根据彼得·德鲁克（2007）以及弗兰西斯·赫瑞（2001）的观点，他们具有知识型员工的共性：知识丰富、创新力强、独立性、自主性、较强的成就动机、淡漠权威、有很强的流动意愿。

另一方面，他们展现出极度重视自身价值、自我中心、主观性过强、抗压力弱、不够踏实等独特性。

体现在实际工作中，"网生代"知识型员工的一般职场特点可以归纳为：

a）具备良好的专业知识素养，能进行很高价值的创造性劳动；

b）个性追求独立自主，对旧制度存在抵触，对规则、流程的抱怨多于服从；

c）更重视自我价值的实现，工作过程难以监控，工作成果难以量化；

d）富有创新进取的精神，职业选择的流动性大。

（二）员工敬业度与组织绩效之间的正向关系

1. 员工敬业度的定义与衡量指标

本文倾向于采纳韬睿咨询对员工敬业度的定义：员工敬业度是员工帮助企业成功的意愿和能力强度，可以分为理性敬业与感性敬业。理性敬业是指员工了解到工作能为个人带来利益时，愿意付出很大的努力来帮助企业获得成功；感性敬业是指员工热爱自己从事的工作，对企业投入更多感情，并关注其未来。在"网生代"知识型员工成为人力资源主力的今日，交行卡中心正不断致力于为员工创造理性敬业的优越环境，以平和心态接纳利企利己的价值观，同时着重培育员工与企业共成长的感性敬业度。

翰威特咨询公司认为员工敬业度是员工乐意留在公司和努力为公司服务的程度，并对敬业度衡量提出了 3S 概念：即是否高度赞扬公司（Say），是否渴望留任（Stay），是否竭尽所能（Strive）。具体是指——宣传（Say）：a. 愿意向正在求职的朋友推荐交行卡中心；b. 愿意向外部客户介绍交行信用卡或其他金融信贷产品的便利优惠之处。

留任（Stay）：很少考虑跳槽，面对其他企业的邀请，不会轻易离开交行卡中心。

努力（Strive）：交行卡中心能激励员工每天尽力工作，并且付出额外的努力以帮助企业获得更大、更快的成功。

2. 高水平员工敬业度对组织绩效的正向作用

盖洛普咨询公司基于其"优势理论"，明确指出员工敬业度与组织绩效之间存在着密切关系，员工敬业度是驱动企业总价值增长的重要软数据指标。

国外学者 Watson Wyatt 研究表明，员工的敬业水平与股东回报率之间是密切相关的，员工敬业度水平分为低、中、高的企业相对应的三年内平均股东回报率分别为 76%、90% 和 112%；Hater（2005）研究表明，员工敬业度与客户满意度的相关性是 0.33；翰威特咨询公司通过多年最佳雇主调查证实，员工敬业度和企业五年内销售增长率相关度为 0.46。大量实证研究表明，员工敬业度会密切关联到企业运营的五大绩效指标，即利润率、生产率、顾客忠诚度、员工保留和安全。

交行卡中心作为知识密集型的金融企业，将资源焦点集中于人力资本，树立卡中心人才高地的品牌效应是一以贯之的人才方略。高度敬业的员工更容易从工作中体验到快乐和激情，更愿意为工作奉献自己的时间与精力，能为企业创造更多价值。

（三）迭代更新的人才管理策略是优秀企业文化落地的重要途径

优秀的企业文化是长期经营管理中积累沉淀的经验智慧，通常以企业哲学的宽泛包容性表达形式呈现，它之所以能成为企业的软实力，能够跨越相当的时间维度，解决发展进程中具体详细的问题，滋养企业生生不息、基业长青的关键则在于企业文化须敏感地感知外部社会、时代、政策环境的变化，并迅速形成与之相应的策略手段，利用调整工作环境、职位设计、流程协同、配置与发展、薪酬与绩效、信息与沟通、管理文化等策略通道，推动企业文化落实到人，提升员工整体敬业度，形成良好的文化气候。反之，当企业文化运用的管理策略通道与社会大环境发生滞后甚至脱节，企业文化的力量便会被架空，无法与员工心理特征、工作需求实现同步共鸣，无法实现其促进企业经营硬指标的功能。

2016 年交行卡中心通过格略咨询"幸福指数"调研报告，着重关注了有关 25~35 岁"网生代"知识型员工的相关数据，并进行相关分析整理，以期结合企业特征或员工群体特点，充分调动优秀的企业文化中的积极因子，提升员工敬业度，帮助文化环境"释放人性的威力"，实现文化环境的"软指标"提升经营业绩"硬数据"的目的。

二、2015—2016 年交行卡中心问卷测评及访谈调研的现状

按照总行党委"打造幸福交行"的要求，2015 年底交行卡中心参与了幸福指数模型框架测试，并于 2016 年 4 月与格略咨询合作出具了相关的数模报告。此次测评参测人数 5924 人，参与率 90.43%，有效率 89.40%，其中 25 岁以下占 13.89%，25~35 岁占 80.56%，本科及以上受教育程度者占 58.04%，"网生代"知识型员工已然成为此次调研测评的主体人群。调研的方式包括问卷调查以及个人访谈。

（一）个人价值评判

1. "网生代"知识型员工有强烈的自我意识

根据图 1 所示，"网生代"知识型员工具有强烈的自我意识，80% 的受测群体甚至愿意承认有"自恋"倾向，对自我的认同度极高，对负面意见的接受程度低。相较于对金钱的重视，他们更乐于改变，展现创造力，希望得到更多的空间和机会关注自己内在的成长和变化，并对此表示出最大的热忱。

2. 在各方面都极其渴望他人的认同和欣赏

格略咨询调研数据显示，68.65% 的"网生代"知识型员工表示渴望

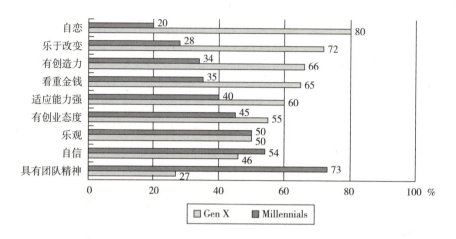

图1　KPCB 对"网生代"人群品质测量表

直接领导能够对自己好的工作表现进行及时的肯定和认可，这个数据与2015年上半年得出的数据报告相比较，又提升了1.79个百分点。

（二）典型差异性观念

1. "对上"观念发生反转：绝对服从—尊重领导—平视权威

"70后"及之前出生的员工对领导的普遍观点是"领导是第一位的"，对领导发出的需求和指令能自觉给予最大限度地满足和执行，企业中层C职等及以上的员工大多属于此年龄段；而目前进入职场不久的"80后"及"90后""网生代"知识型员工，受互联网扁平化平台结构的深刻影响，"对上"观念已发生根本的反转，与中层职等在"上下沟通"中存在着显著的观念代际分歧。

调研中，"80后"知识型员工虽表示在日常工作中还是会尊重领导意见，但80%以上秉持"崇尚上下级平等"的原则，而"90后"员工则更加明确地表示"没有必要对领导唯命是从"，以审视、质疑的视角看待领导阶层的权威，工作中如发生与领导意见相左的情况会"直言不讳"地进行沟通，表达自己个人的看法并"据理力争"。

2. 责任感指数较低

如图2所示，在影响事业成功的要素测试图表中，仅有3%的"网生代"知识型员工认为高度的责任感会对高效优质的工作产生重要影响。访谈过程中，也有不少经理反映了"网生代"在工作中不能兼顾工作的计划性与效率，偏重个人表现忽视配合等责任感缺失的情况。

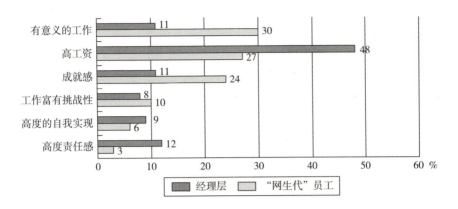

图2   格略咨询比较经理层与"网生代"员工对影响事业成功要素的看法

（三）非智力因素特征

1. 团队精神普遍缺失，跨部门沟通工作存在困难

如图1所示，仅有27%的"网生代"员工表示能够在工作中发挥出团队合作的精神，尤其体现在跨部门合作时，往往只对本部门直接领导负责，而对其他部门的协同要求比较轻视，不能及时配合完成。某部门高级经理在访谈中提及"项目实施需要与其他团队合作时，原本计划实现A目标，完成后再三确认不需加班，等员工刚到家，对方部门又电话召集回本部门回公司加班，临时决定增加B目标。团队之间没有沟通，不考虑其他部门员工的感受。"

2. 工作抗压力较弱

在"工作幸福"测试模块中，得分低于60分（满分100分）的两项指标分别是"对现在的工作任务及强度感到没有太大压力"以及"工作复杂程度低，松弛有度"，此两项指标较2015年年初数据又分别下降了1.82%及1.29%，"感觉身体被掏空"也是当下"网生代"知识型员工人群中盛行的微信用语。与"70后"习惯将此视作理所当然的年轻时期奋斗过程相比，"网生代"对工作压力的敏感度更高，更容易产生厌倦感。

3. 对领导层亲和度敏感，希望企业能为个人生活提供帮助

在员工职场诉求的测试中（见表1），"能帮忙解决个人问题"意外地占据了职场诉求排行前三的位置，"网生代"对其重视程度甚至超过了第四名的"工作安全"及第五名的"高工资"。调研中，70.51%的员工

"希望单位领导能主动倾听员工心声，平等交流"，该指标较 2015 年年初数据提升了 1.69 个百分点。

表 1　　　　　　　　格略咨询就员工职场诉求的关键词排名

工作的各个方面	员工排序	企业排序
欣赏	1	8
参与感	2	10
帮忙解决个人问题	3	9
工作安全	4	2
高工资	5	1
工作趣味性	6	5
晋升机会	7	3
忠诚度	8	6
好的工作条件	9	4
公平的机会	10	7

4. 对雇用品牌忠诚度意识薄弱，归属感低

随着我国人才市场的完全开放，员工与企业早已解除了终身绑定制，而频繁跳槽现象在"80 后"、"90 后"表现得更为明显。一方面，大部分"网生代"成长于国内经济腾飞时期，普遍家庭环境宽裕，在就业过程中不用过多顾及生存压力，更能凭借个人价值观进行选择；另一方面，知识型员工是创新意识的载体，他们乐于在自由状态下工作，有助于他们发挥最大的工作效能，对固定雇用企业没有很强的归属意识。

在北京大学与赶集网研究院共同撰写的 2015 年《就业主力军就业趋势研究报告》中，近半数的"90 后"毕业生计划 1 年后离职。智联招聘报告显示，职场中有跳槽意愿的"90 后"高达 67%，跳槽意愿远高于前辈。而在 2016 年年初的格略咨询卡中心员工幸福指数测评中，有关职场价值关键词的十项排名中，"忠诚度"仅排名第八。

（四）职业价值诉求

1. 重视个人在职场中的存在感和参与度，希望争取更多机会

调研中，高达 67.1% 的员工"希望现在的工作能够发挥自己的能力特长"，69.85% 的员工"希望领导鼓励自己充分发表工作意见"。很多基层"网生代"知识型员工在访谈论及"最理想的工作"时，高频率地提

出希望得到对公司发展的"参与感"、在重要的工作项目里能够被给予机会展示自己的能力。反之，如果长时间处在不能发挥自身特长的岗位，或者不能在关键项目中得到表现舞台，都表示将很快对工作失去兴趣和热情，果断考虑另谋他职。

2. 职业价值重心从"安全舒适"向"有意义的""创造性"的工作转移

如图2所示，48%的经理层认为对员工最有价值的职场要素是"高工资"，而30%的"网生代"员工却将"有意义的工作"列为首要工作价值要素，仅有11%的经理层认为这是影响员工职业价值诉求的要素，经理层对"有意义的工作"要素认识薄弱。而近年来大量"90后"员工裸辞"出去看看世界"却为"网生代"知识型员工的"有意义的工作"价值取向做了生动的注笔。

无独有偶，在有关员工职场诉求的关键词排名测试中，员工的测试排名结果与代表企业的领导层面测试结论也存在着相当大的差异，部分关键词排名甚至出现了双方顺序倒挂的现象（见表1）。

领导层将员工的职场诉求前三位定义为："高工资""工作安全"以及"晋升机会"，而"网生代"员工的前三位职场诉求则分别是："欣赏度""参与感"和"帮忙解决个人问题"。企业管理层面对员工的职业价值诉求的理解更多基于"70后"价值观，并未意识到"网生代"知识型员工作为现阶段的人力资源主体群体，其职业价值诉求已发生巨大变化，对员工职场需求的认识亟待更新。"70后"追求工作稳定、报酬丰厚的工作价值取向，即"安全舒适"型，而"网生代"则明确倾向"富有创造性""有意义的工作"。

交通银行信用卡中心在品牌营销"超级最红星期五"活动中，全国57个分中心员工打出"我为卡中心代言"口号，以个人实际行动践行品牌社会责任，切实提升员工在品牌建设中的参与感。

三、革新人才管理策略，促进先进文化落地，涵养"网生代"人才

（一）识人之智：内重匹配、外引资源

"网生代"知识型员工对自身优势有很强的自我意识，渴望能在职场中迅速崭露头角，并且受到明确的赏识与肯定，针对这一群体标识性特征，交行卡中心计划着力在内部现有员工中开展竞赛、培训、上对下谈话等方法，充分观察、挖掘"网生代"知识型员工每一个个体的素质长板，包容他们尚未完全成熟的个性短板，接纳他们具备互联网思维印记的价值观，帮助"网生代"知识型员工克服初入职场"茫"与"盲"并存的现象，明确各自的岗位职责和职业规划目标，提高岗位匹配度。不断摸索公开内部竞聘、优化管理序列和专业序列，为具备专业知识技能且有着极强的上进心的"网生代"员工开辟特殊晋升通道，让职场"网生代"知识型员工能获得适合自己的岗位与薪酬，做到"对内做匹配"。

同时，简化外部招聘流程、拓宽人才引进的渠道，强化激励机制，探讨市场化的协议制工资办法，吸引更多"网生代"知识型人才进入卡中心，实行"向外要资源"。

通过上述策略途径促进交行卡中心"干部能上能下，薪酬能高能低，员工能进能出"的"六能文化"切实落地，使"网生代"知识型员工的成长路径明快清晰，使他们能较快获得职场成就感，强化自我认同感，促进职场敬业度的提升。

（二）容人之量：榜样示范、创新试错

"很多老员工，包括一些中层职等领导，在卡中心的工作时间已经达到了8~10年，工作方法和理念已相对固化，对接年轻人的工作思路时难免有一些龃龉。但卡中心目前正从信用卡往支付功能方面转型，目标在变更，意味着一些制度、流程乃至工作思路、工作习惯都需要变更。"某部门高级经理在访谈中这样讲。

面对"网生代"知识型员工在"权威意识"与"责任意识"上发生的剧烈转变，老员工、领导层都不可避免地要经历一个心理震荡期。在这个过程中，一味地用"纠正"与"改错"的角度去处理这种差异不仅缺乏百年交行的胸怀和气度，且不利于磨合期的缩短，不利于企业进步与社会发展的同步。在此过程中，需要以"婴儿般归零的心态"看待"网生代"知识型员工的新价值观，大力开展"责任书""帮教活动""青年示范岗"等正面教育举措在团队中树立责任先锋榜样，让"网生代"能够看到身边致力于高质量完成工作的真实模范人物，这些榜样可能是自己的直接领导以身作则，也可能就是年龄相仿的同期生，从而间接催生"使命必达"的执行力文化在"网生代"员工思想意识中扎根。

"创新文化"是交行卡中心倡导多年的优秀文化,为此卡中心特筹备开设"创新工作联系窗口"征集全体员工的创新建议,进一步鼓励全体中层领导在带队时,以友师的身份鼓励"网生代"勠力创新;同时,通过比照领导力负面清单,提倡合理授权,包容因为尝试创新而发生的工作误差,允许犯错,求新求变,杜绝不作为。

(三)用人之术:跨界联动、情感留人

独生子女的"包办制"成长环境与经济宽裕的生活条件使"网生代"知识型员工在获取丰富知识系统和创造性技能的同时,非智力因素方面却表现出抗压性较差、团队合作意识薄弱的特点。远离家人进入职场后,这一群体自然而然地便希望自己在个人生活方面得到一定帮助。鉴于薪酬与工作环境并非"网生代"知识型员工判断职业价值的重要因素,他们在情感与社会性方面表现出的共性弱项实际上正好可以成为卡中心的"幸福文化""家文化",成为企业"情感留人"策略的重要把手。

交通银行信用卡中心组织多种社团兴趣活动,由各部门员工自愿参加,极大地丰富了员工工作外的沟通交流,建立跨部门的情感纽带。

为此,2016年中旬开始,交行卡中心多部门着手开展"沟通从跨团队开始""夸夸身边的小伙伴"活动,培育团队内互助氛围,推动目标协同合作,促进多地域多文化融合;重视跨团队建设,打破部门的藩篱,在各部门之间建立相应的沟通机制,明确责任方,并对其他部门的沟通协作有考核权,促进跨部门合作顺利进行。

与此同时,进一步推进卡中心"心理EAP驿站",开展员工压力源评估,构建员工心理预警体系,定期进行心理预警筛查,对高压人群及时进行心理干预。通过心理咨询、团体辅导、体验式内训等活动,帮助直接面对客户的一线员工掌握处理投诉客户情绪、培养"主动客服"意识的工具和方法,帮助他们更好地释放压力、缓解情绪,增进工作幸福和生活幸福感。

在个人生活方面,贯彻"员工满意度实事工程",进一步打造"合格分中心,幸福卡中心"。领导层在工作之余能走出"领导身份",与"网生代"成为并肩的朋友,亲切的导师,切实关注与员工的日常交流,以及对员工表现的及时反馈与肯定，避免只关注业绩，而不关注员工本身。从关心员工个人生活幸福角度着力，平衡员工工作与个人生活，增强亲和度与员工企业归属感，树立交行卡中心人才环境品牌，实现环境留人、情感留人。

（四）成人之德：提供机会、优化架构

努力营造出适合员工发挥聪明才智的组织氛围与工作环境是影响员工敬业水平的关键要素。从交行卡中心"服务文化"中衍生出"以服务替代管理"的理念，客户化内向服务企业员工，摸索采用如下策略手段：

一是客观认识并接受"网生代"知识型员工的特点，主动了解他们的思维方式及工作需求，建立基于"网生代"工作价值观的人力资源模式，不断测量岗位匹配度，规划科学职业发展规划。

二是调整企业管理者以往注重职等、权威、自上而下的管理模式，升级注重绩效的"交易型"领导为"服务型"领导，从员工角度出发作出决策，主动与下属沟通阐明领导及企业的工作目标、计划，在赢得员工认同的前提下执行。为员工的职业生涯发展提供主动的引导和帮助，使"网生代"知识型员工从认同到自愿跟随最后产生对企业感恩心和归

员工关爱行动（EAP）

属感，促进"感性敬业"的发生发展。

员工关爱行动（EAP）是交通银行信用卡中心为支持员工减压、提升幸福感、提升员工满意度而发起的一项长期、系统的福利项目，通过第三方专业机构帮助员工个人面对生活、工作生涯遇到的困惑，帮助团队发掘正能量、提升整体氛围。24小时员工关爱热线全年无休，数百位心理咨询专家为员工提供心理援助、成长咨询，同时开展成长顾问驻点服务、体验式微学堂、团队成长沙龙等系列活动。

三是探索扁平化组织架构，简化管理层级和流程，营造自由平等开放的组织氛围，构建多种沟通渠道，通过弹性化的工作制、工作轮换、激发员工工作热情；实施EAP员工心理援助计划，帮助员工实现生活与工作的心理平衡，满足员工在能力成长、舒适与安全、地位与独立、工作特征偏好维度上的需求。

"网生代"知识型员工已然登上历史舞台，并逐渐成为经济发展的中坚力量，由于时代背景和成长环境的不同，他们的思维方式、价值观呈现出了鲜明特征，对传统的管理方式提出了极大挑战。只有客观认识并接受新生代知识型员工的特点，了解这一群体的独特需求特征，并且更有针对性、更加迅速地调整促使企业文化落地的策略通道，通过对职场的文化环境进行调整，满足他们的独特需求，激发他们的工作热情，有效提升工作敬业度。

交通银行行长牛锡明在谈到金融行业服务时指出，"每一位员工都是交行最好的形象代言人"，需要将"幸福指数"落实为工作的风向标，服务交通银行深化改革、转型发展。交行卡中心将不断致力于紧跟时代社会发展历程，实时更新文化策略，营造"重才敬才"的文化环境，"识才用才"的工作环境，"引才聚才"的政策环境，将卡中心建设成聚集当下优秀人才的高地，为实现"十三五"经济发展规划，实现卡中心转型发展提供坚实的保障。

关于企业文化与基层员工
深度融合的调查与思考

汪国良　高宣武　王中志[*]

　　企业文化是企业员工共同的思想理念、价值观念、行为准则、制度规范的总和，是企业的灵魂和精神支柱。中国长城资产管理股份有限公司（以下简称：中国长城资产）自创立以来，在不辱使命、追求卓越的艰辛探索和拼搏实践中，积淀了宝贵的精神财富，形成了具有长城特色的企业使命、愿景、核心价值观以及经营、管理、创新、风险、人才、团队等方面的基本理念，既是公司优良文化传统和创业精神的延续，也是面向未来、加快发展的必然选择。我们认为，公司的企业文化只有做到与基层员工的深度融合，才能体现企业文化的先进性，成为全体员工的自觉行动，才能有力地推进公司健康可持续发展。本文通过调查研究，就此进行了分析和思考，供商榷。

一、企业文化与基层员工深度融合的现实意义

　　企业文化融合，从广义上讲是指中西方企业文化的融合，传统与现实、未来企业文化的融合，企业文化与社会文化的融合，企业文化差异冲突的融合，企业文化与员工的融合，等等。本文所研究的是狭义上的企业文化与基层员工的深度融合。

　　基层员工是公司系统"肌体"的"神经末梢"，是践行企业文化的

---

　　* 中国长城资产管理股份有限公司。本文获 2016 年全国金融系统思想政治工作和企业文化建设优秀调研成果一等奖。

根基所在。当前，中国长城资产已经形成了完整的企业文化体系，并得到大多数员工的认同，在公司转型发展中，实现企业文化与基层员工的深度融合具有十分重要的现实意义。

一是通过深度融合，有利于形成共同的思想理念。中国长城资产以"化解金融风险，提升资产价值，服务经济发展"为使命，以"功能多元、特色鲜明、品牌一流的金融资产服务商"为愿景，以"以人为本、效益优先、诚信至上、奉献社会"为核心价值观，以"团结、拼搏、求实、创新"为企业精神。这些使命、愿景、核心价值观和企业精神，将通过与基层员工的深度融合，引领员工思想理念的趋同和统一，实现上下一心、凝心聚力，共谋发展，成为公司长期发展的前进方向和不竭动力。

二是通过深度融合，有利于形成共同的发展规划和目标。中国长城资产自创立以来，始终踏着时代的节拍，伴着经济发展周期的旋律，以"打造百年金融老店"为总体目标，每个时期都形成了明晰的战略规划和阶段性目标。在完成政策性资产处置任务以后，实现了向商业化的转型，圆满完成了"五年两步走"的中期发展战略目标，已经正式实施股份制改革，向"引战、上市"的新目标挺进，并明确了下一个五年战略发展规划的"路线图"。新的规划和目标将通过与基层员工的深度融合，把公司新的战略规划和目标分解落实到各个层面，传导于每一位员工，让员工感到在公司工作有方向、有奔头，从而形成推动公司发展的强大内生动力。

三是通过深度融合，有利于形成共同的行为规范。中国长城资产提出了"专业、稳健、开拓、共赢"的经营理念，"严谨有效、协同有序、执行有力"的管理理念，"面向市场、勇于探索、促进发展"的创新理念和"决策科学、管控到位、经营合规"的风险理念，制定并出台了员工行为管理、风险管理、人力资源管理、财务管理、行政管理、资产管理、内部审计监督管理、各种业务管理办法（指引）等制度体系文件，包含了员工行为、业务管理、监督机制、行业标识、形象设计等规范化管理的内容。这些制度体系融入到基层员工日常行为管理之中，能够提高员工的自觉性、积极性、主动性、创造性，从而增强员工的危机感、紧迫感、责任感和使命感。

四是通过深度融合，有利于形成共同的利益机制。中国长城资产提出了"以人为本，效益优先，诚信至上，奉献社会"的核心价值理念和"德才兼备，以德为先，人尽其才，才尽其用"的人才理念以及"共同创造，共同承担，共同分享，共同成长"的团队理念，凸显了人在公司发展中的主体地位和作用，强调一切为了员工、发展依靠员工、成果惠及员工；强调效益是价值贡献的前提，是市场竞争能力的重要表现，更是企业持续发展的根基。这种核心价值观与基层员工的追求深度融合，必将形成企业与员工的利益共同体，建立企业与员工、领导与员工、员工与员工之间的和谐共赢的关系，增强公司的凝聚力、感召力和向心力。

二、影响企业文化与基层员工深度融合的主要因素

中国长城资产的企业文化体系，经过近些年的引导、宣传、灌输，已经形成了与员工相互融合的氛围，但在总公司下属基层单位中融合的深度和广度还不够。为了深入分析影响企业文化与员工深度融合的因素，我们对内部员工开展了5个方面的调查，发出问卷75份，收回69份；同时，在社会形象等方面对外部也进行了调查，发出问卷100份，收回64份。具体情况如下：

（一）公司文化认知度和未来发展信心对企业文化深度融合的影响

从吉林省分公司转型发展历程看，2012年以前一直从事单一的资产处置业务，从2013年开始才真正面向市场拓展业务，比其他分公司转型慢，固有的传统观念使员工对公司文化的认知度和未来发展信心受到一定影响。据调查，在69人中，50.7%的员工对公司企业文化表示认知，

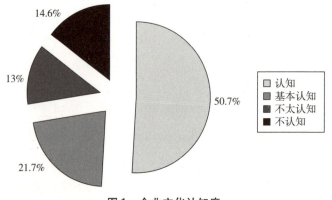

图1　企业文化认知度

21.7%的员工表示基本认知，13%的员工表示不太认知，14.6%的员工表示不认知；53.6%的员工对公司未来发展充满信心，23.2%的员工基本充满信心，17.4%的员工有些忧虑，5.8%的员工失去信心。

从以上数据可以看出，有72.4%的员工对公司的企业文化是认知的，但在深层次理解、感悟方面还有一定差距，也有个别员工不关注公司的企业文化，这就需要通过企业文化与员工的深度融合来进一步提高员工对企业文化的认知度。

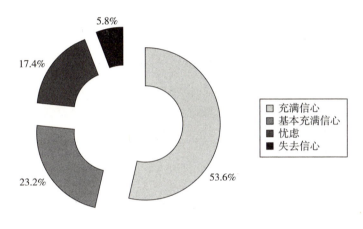

图2　公司未来发展

从以上数据看，有76.8%的员工对公司未来发展有信心，但个别员工感到有些忧虑，甚至失去信心，应进一步加强教育和疏导，坚定发展信心。

（二）员工队伍结构对企业文化深度融合的影响

吉林省分公司现有员工75人，其中男员工51人，占68%；女员工24人，占32%。

一是按年龄结构分，"50后"员工8人，占10.7%；"60后"员工27人，占36%；"70后"员工23人，占30.7%；"80后"员工14人，占18.6%；"90后"员工3人，占4%。

从年龄结构看，吉林省分公司人员呈现老龄化的趋势，"50后"、"60后"员工占总人数近五成的比例，大多是50岁以上的员工，近三年将有8人退休，人员断层的矛盾非常突出。由于岁数偏大的员工接受新事物慢，工作效率和激情减弱，影响了企业文化与员工的深度融合。

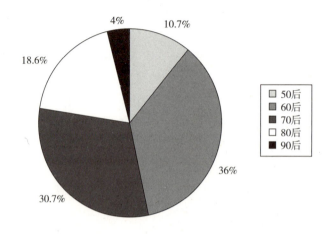

图3 年龄结构

二是按学历结构分，全日制研究生毕业4人，占5.3%；在职研究生毕业3人，占4%；全日制本科毕业16人，占21.3%；在职函授本科毕业35人，占46.7%；大专毕业8人，占10.7%；中专及高中毕业9人，占12%。

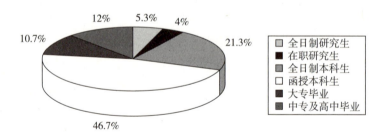

图4 学历结构

从学历结构看，基本趋于合理，但全日制本科学历以上员工相对较少，函授本科学历人员居多，今后应重视第一学历，进一步加大招聘力度，逐步改善学历结构，提高员工素质，以适应公司发展的需要。

三是按专业结构分，法律类10人，占13.3%；经济类18人，占24%；会计类14人，占18.7%；金融类13人，占17.3%，计算机类4人，占5.3%；其他类16人，占21.4%。

从专业结构看，总体上基本趋于合理，但目前缺少投资投行、并购重组等方面的专业人才，需要今后进一步落实公司人才理念，在引进高

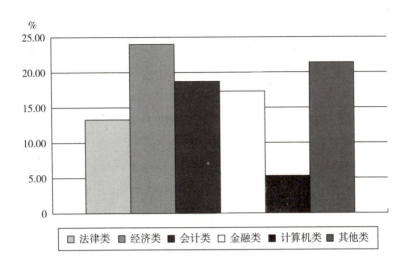

图 5　专业结构

精尖人才方面加大力度。

　　四是按岗位结构分，分公司领导 3 人，占 4%；资产经营业务人员 9 人，占 12%；投融资业务人员 15 人，占 20%；派驻监管人员 5 人，占 6.7%；中台人员 10 人，占 13.3%；后台人员 16 人，占 21.3%；转岗人员 8 人，占 10.7%；劳务派遣人员 6 人，占 8%；长期病休人员 3 人，占 4%。

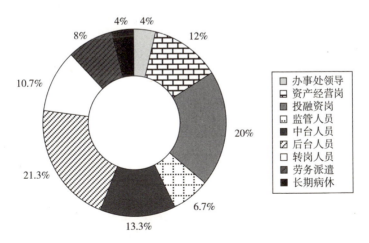

图 6　岗位结构

　　从岗位结构看，中后台员工所占比例偏高，前台员工数量相对较少，需要进一步压缩中后台人员，充实前台力量。

五是按职级结构分，副总经理以上3人，占4%；副巡视员1人，占1.3%；高级经理7人，占9.3%；高级业务主管6人，占8%；副高级经理10人，占13.3%；中级业务主管4人，占5.4%；业务主管24人，占32%；业务主管以下11人，占14.7%，其他9人，占12%。

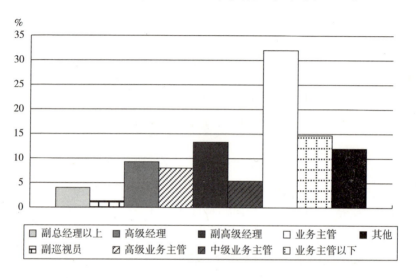

图7 职级结构

从职级结构看，分公司能够严格按照总公司《职位管理规范》规定的指数、职级、条件、程序配备干部，结构基本趋于合理。

（三）员工幸福感的相关性对企业文化深度融合的影响

1. 与员工薪酬的相关性

21.7%的员工对目前的薪酬表示满意；26.1%的员工表示基本满意；8.7%的员工表示无所谓；43.5%的员工表示不满意。

上述数据说明，员工对薪酬的满意度未达50%，不满意的员工占43.5%的比例。主要原因是，吉林省分公司资产处置资源匮乏，历史包袱沉重，2013—2016年实际利润虽然实现了以每年30%的速度递增，但所增加的利润基本上都用于消化历史包袱，导致分公司商业化考核利润近三年仍处于徘徊不前的状态，影响了员工绩效工资的增长。

2. 与员工福利待遇的相关性

53.6%的员工对福利待遇表示满意；31.6%的员工表示基本满意；

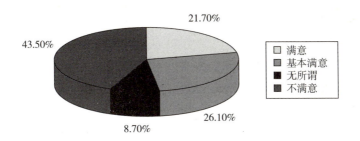

21.70%

43.50%

满意
基本满意
无所谓
不满意

26.10%

8.70%

图8 薪酬

11.4%的员工表示无所谓；3.8%的员工表示不满意。

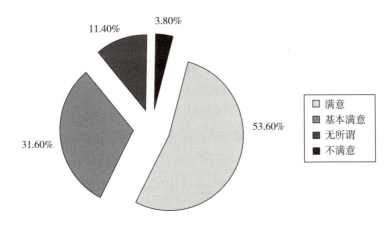

3.80%

11.40%

满意
基本满意
无所谓
不满意

31.60%

53.60%

图9 福利待遇

从上述数据可以看出，分公司党委在关心、关爱员工方面做了大量工作，能够想员工之所想，急员工之所急，大多数员工对分公司的生活福利待遇表示满意，增强了员工的归宿感。

3. 与员工职业发展的相关性

42.0%的员工对自身的职业发展表示满意；27.4%的员工表示基本满意；21.7%的员工表示无所谓；8.9%的员工表示不满意。

上述数据说明，分公司能始终坚持正确的用人导向和"公平、公正、公开"的选聘原则，大多数员工对自己的职业发展是满意的，但个别员工表现出无所谓的态度，有不求上进的心理因素；对职业发展表现出不满意的，基本上是入司5～10年未提职的员工，他们渴求升迁和加薪的机会，但因个人业绩、自身条件、民主评议、职数限制等诸多因素，没

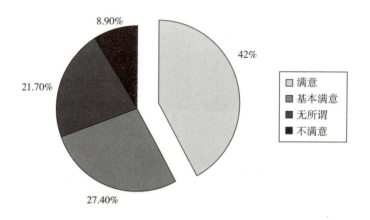

图 10 职业发展

有达到心理预期。

4. 与开展健康有益活动的相关性

88.4% 的员工对分公司开展的健康有益活动表示满意；5.8% 的员工表示基本满意；1.4% 的员工表示无所谓；4.4% 的员工表示不满意。

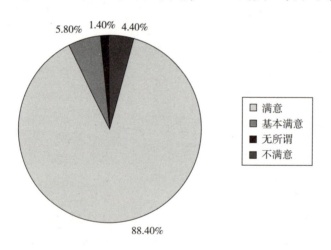

图 11 健康活动

上述数据说明，分公司能够坚持开展各种健康有益活动，比如登山、拓展训练、趣味运动等，对陶冶员工情操，释放工作压力起到了积极作用，得到了 90% 以上员工的认可。

5. 与办公环境和工作条件的相关性

1.4% 的员工对现在的办公环境和工作条件基本满意；7.2% 的员工表示无所谓；91.4% 的员工表示不满意。

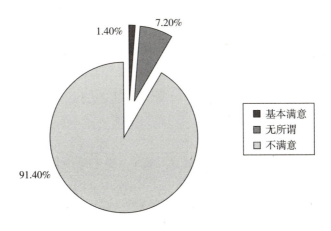

图 12　办公环境（工作条件）

从以上数据可以看出，有 90% 以上的员工对目前的办公环境和工作条件不满意，主要是分公司目前的办公楼年久失修，设施陈旧，办公环境和工作条件亟待改善。

（四）公司管理体系的系统性、完整性、有效性对企业文化深度融合的影响

主要包括组织管理、体制机制、制度体系建设的系统性、完整性和有效性的影响。

1. 组织管理方面

组织管理主要包括分公司机构设置以及领导、中层干部、各层次技术序列员工的定岗定编等。通过满意度调查，在系统性方面，有 17.4% 的员工表示不满意；在完整性方面，有 14.5% 的员工表示不满意；在有效性方面，15.9% 的员工表示不满意，说明在组织管理方面还需进一步加强。

2. 体制机制方面

主要包括管理体制、人才机制、分配激励机制等。通过该项满意度调查，在系统性方面，有 15.9% 的员工表示不满意；在完整性方面，有 11.6% 的员工表示不满意；在有效性方面，有 40.6% 的员工表示不满意。

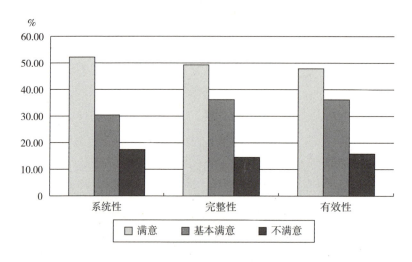

图13 组织管理

说明在体制机制建设的有效性方面，有四成的员工希望对现行的管理体制、用人机制以及分配激励机制进行改革。

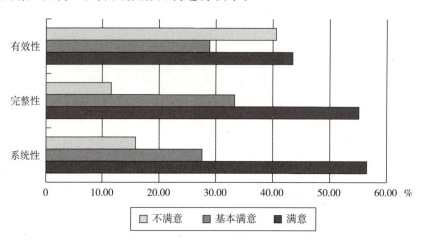

图14 体制机构

3. 制度建设方面

主要包括风险管理、人力资源管理、财务管理、行政管理、资产管理、内部审计监督管理、各种业务管理办法、指引等制度。通过对该项满意度调查，在系统性方面，有 4.4% 的员工表示不满意；在完整性方面，有 4.4% 的员工表示不满意；在有效性方面，有 29% 的员工表示不满意。说明在制度建设的有效性方面，还存在执行不到位的问题，也有个别员工感到制度制定得过多，执行起来有些繁琐。

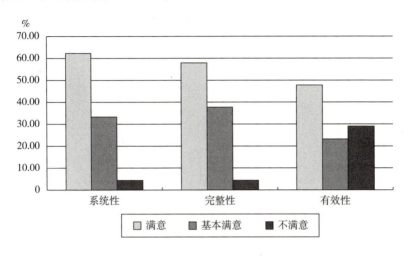

图15　制度建设

（五）公司社会公众形象对企业文化深度融合的影响

主要包括公司履行社会责任情况，公司业务产品与经济发展契合度，公司发展的规模、速度、质量情况以及公司服务方式和服务水平等。对该项调查采取内部和外部两个方面进行问卷调查，具体情况如下：

对内调查情况（发出问卷75份，收回69份）：在履行社会责任方

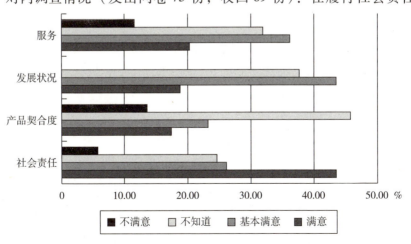

图16　公司社会公众形象对内调查情况

面，有 24.6% 的员工不知道，5.8% 的员工不满意；在公司业务产品与经济发展契合度方面，有 45.8% 的员工不知道，13.6% 的员工不满意；在公司发展的规模、速度、质量方面，有 37.7% 的员工不知道，没有不满意的员工；在公司服务方式和服务水平方面，有 31.9% 的员工不知道，11.6% 的员工表示不满意。

对外调查情况（发出问卷 100 份，收回 64 份）：在履行社会责任方面，有 65.6% 的被调查人不知道，没有不满意投票；在公司业务产品与经济发展契合度方面，有 56.3% 的被调查人不知道，4.7% 的被调查人不满意；在公司发展的规模、速度、质量方面，有 85.9% 的被调查人不知道，没有不满意投票；在公司服务方式和服务水平方面，有 54.3% 的被调查人不知道，7.8% 的被调查人表示不满意。

上述数据表明，无论是内部员工还是外部被调查人，对公司社会责任、产品契合度、发展状况、服务情况不知道的占大多数，说明公司企业文化在基层单位和社会各界宣传、推广的深度和广度存在较大差距，在当地社会形象和地位亟待提升。

三、企业文化与基层员工深度融合的若干思考

所谓企业文化与员工的深度融合，就是把企业使命、愿景、目标、核心价值观以及相关理念更加具体化，并融合、渗透到公司经营管理的各个方面、各个层次、各个环节的全过程，以此来增强员工的归宿感、幸福感和责任感，形成队伍整体凝聚力、感召力和战斗力。

（一）以人本管理为切入点，实现基层员工理念行为与公司企业文化的深度融合

1. 抓好员工幸福工程建设

一是体现人文关怀。尊重员工、关心员工、呵护员工，实现企业管理者与员工之间的思想相通、心灵相通、情感相通，真正成为"一家人"。应注重加强人文关怀，开展生日送温暖、救助困难员工等活动，把集体的友爱送到员工的心坎儿上，让员工快乐工作、幸福生活，形成团结、和谐、健康、向上的良好氛围。

二是引导价值取向。教育员工树立在长城工作、靠长城这块平台实现自身价值的观念；树立公司发展我发展、公司进步我进步、公司提升

2016 年 1 月 13 日，中国长城资产副总裁周礼耀一行到吉林省康复医院慰问员工

我提升的集体观念；树立凭人品获得尊重、凭贡献获取收入、凭能力水平和业绩获得提拔晋升的价值取向。

三是增强员工归宿感。不断丰富员工文化活动方式和内容，通过开展"三八"妇女节、"五四"青年节、"七一"建党节以及员工拓展训练、趣味运动等健康系列活动，营造和谐氛围，缓释工作压力，让员工因大家庭的温暖而感到欣慰；因公司良好的经营业绩和社会形象而感到自豪；因人与人之间和谐的工作关系而珍惜在一起工作的机会，真心实意热爱自己的岗位，心甘情愿为公司的发展无私奉献。

2. 抓好员工素质工程建设

一是突出重点阶段，开展多层次学习培训。首先，在公司转型发展阶段，以适应性和操作性为目标，聘请专家、教授、学者到公司授课，综合运用视频培训、网络大学在线学习、以会代训、转培训、员工集中学习培训、部门内部学习研讨和自主学习、混合式学习、小组学习等多种方式进行全方位学习培训，并严格加强考核管理，通过考试、考核，评选"学习标兵"给予奖励，激发员工的学习热情，形成全员学习、全程学习、全方位学习的浓厚氛围。其次，在公司成熟稳定发展阶段，以提升性和技能性为目标，根据公司市场定位，针对重点业务，开展高层次、高标准、高技能的素质提升培训，培养高精尖专业人才和领军人物，以适应公司"大资管""大投行""大协同"的业务发展方向。第三，在上述两个发展阶段中，应以针对性和实用性为目标，开展多层次培训。应针对不同素质、不同岗位、不同层级的员工进行有针对性的差异化培训，以满足公司各个层面的人才需求。

二是打造专业团队，提升"七种能力"。（1）提升员工的专业能力。重点针对实际操作的项目案例进行定期分析、研讨，在各环节总结经验，查找不足，堵塞漏洞，提高业务实际操作技能，把各专业员工培养成行家里手、专业能手，打造客户经理、产品经理、风险经理以及法律、财务、综合管理等专业人才队伍。（2）提升员工的沟通协调能力。包括与同事之间、与部门领导之间、与总公司专业部门之间请示、汇报、沟通、协调的能力。（3）提升员工的应变能力。重点是提升市场应变能力、项目进行过程中政策调整的应变能力等。（4）提升市场营销和客户开发能力。重点在项目方案设计、谈判技巧和谈判能力等方面得到提高。（5）提升员工的创新能力。选择优秀员工组成创新团队，走出传统业务藩篱，创新业务交易结构和具有长城特色的业务品牌，形成强大的创新动力。（6）提升员工的风险管控能力。重点是提升风险识别、风险计量、风险管理、风险缓释、风险化解和风险处置的能力等。（7）提升员工执行能力。对每一项工作，在落实目标、明确责任和工作时限的基础上，抓好督办考核，做到件件有着落，事事有回音，项项有结果，促进各项工作的落实。

3. 抓好员工行为工程建设

一是培养三种作风。（1）培养雷厉风行、急事即办、不推不拖的工作作风，提高工作效率和质量。（2）培养吃苦耐劳、精益求精的作风，始终保持昂扬的斗志和积极向上的激情，扎扎实实做好本职工作。（3）培养能打硬仗、一鼓作气、一抓到底、不见成效、绝不收兵的作风，把工作抓好抓实抓出成效。

二是培养三种精神。（1）培养坚韧不拔、百折不挠、越挫越勇的精神，在困难面前不低头，在挫折面前不退缩，乘风破浪向前行。（2）培养我与长城共荣辱、我与长城共兴衰的精神，做到爱司如家，爱岗敬业，勤勉尽职。(3)培养精诚团结、无私奉献、勇挑重担的精神，心往一处想，劲往一处使，拧成一股绳，为公司的健康可持续发展奉献自己的光和热。

三是聚拢五指打组合拳。以党建为龙头，建立党建带政建、党建带工建、党建带团建、党建带妇建的相互渗透、相互补充的"一条龙"体制和机制，形成"党政工青妇"齐抓共管的局面。结合"两学一做"专题教育，开展"重品行、树正气、鼓斗志、争先进、作表率、比贡献"活动，坚持用正能量引领事业发展，发挥党员先锋模范作用和青年突击队作用，带动、引领员工全身心投入工作之中，推动公司更好更快发展。

（二）以价值创造为突破点，实现公司效益与基层员工利益的深度融合

1. 明确分公司价值创造的总体目标

以公司"股改、引战、上市"为主线，以打造"百年金融老店"为目标，以加快分公司建设步伐为重点，以"夯实可持续发展基础，全力提升内涵价值，全面打造核心竞争力"为目的，构建以不良资产经营为核心的"大资管"、以并购重组为主导的"大投行"、以多元金融服务为支撑的"大协同"的经营格局，把分公司建设成为经营效益显著增加，员工收入水平明显改善，风险管理能力明显提高，综合实力明显增强，管理体制更加完善，经营机制更加灵活，服务功能更加齐全，业务领域进一步扩大，各项业务全面发展的多元化经营分公司。

2. 明确分公司价值创造的主要路径

一是实现"十个可持续"：即实现经营主业、结构调整、产品加工、机构布局、激励机制、人才培养、资金来源、授权体制、审核体制、制度建设的可持续；二是要做到"四个与时俱进"：即做到经营理念、经营机制、管理体制、市场营销的与时俱进，根据不同时期的实际情况适时进行调整；三是要落实"五大保障"：即落实风控保障、资源保障、政策保障、素质保障和组织保障。

3. 实现重点业务价值创造的新突破。

一是实现经营主业的突破。进一步加大资产包收购的力度，创新收购形式、交易结构、产品组合模式，尽快做大资产包收购的"底盘"，为今后的发展夯实基础；同时，进一步加大传统资产包和物权资产的处置力度，创新处置方式、方法，实现多层次、多渠道、多领域的组合处置，重点在增加现金流收入和处置收益方面取得突破，做到短期与长期回报相结合，形成结构合理、收益稳定的主业发展格局。

二是实现投资投行业务的突破。充分利用现有客户资源，大力挖掘、储备新的客户资源，进一步加大培育、营销力度，重点围绕上市公司、国企混合所有制改革、过剩产业横向和纵向整合以及其他大型单一客户、集团客户整合中的并购重组业务；重点营销医药健康、装备制造、旅游等优势产行业，做好服务对接，明确营销目标，储备更多的项目。

三是实现协同业务的突破。加强与长城租赁、长城信托、长城置业、国瑞证券、长城担保、华西银行的协作，借助协同信息发布平台，实时掌握协同信息，寻找业务合作的突破口，把协同业务尽快做大做强。

四是实现非金收购业务的突破。围绕"重点产业、重点区域和重点机构"，拓展符合国家产业政策和行业发展方向的大型国企、上市公司及关联企业、优质龙头企业，以及优质经营类平台项目和PPP项目、地方大型文体企业或机构托管等，以"非金收购＋增量配资或资金分层"模式为突破口，扩大合作客户的范围。

五是实现城镇化业务结构调整的突破。按照"盘活存量、优化增量、创新产品、做精做优"的思路，进一步加大"三四线"城市地产项目的退出力度，重点在省会城市开展与国开行对接的棚户区改造项目；同时，高度关注城市供水、供热、燃气、电网、污水处理、地下管廊等基础设施建设项目，从中寻求合作商机，争取有新的突破。

（三）以体制机制建设为着力点，实现正向激励与制度约束的深度融合

在组织体系建设方面，一是建立适应股改需要的组织架构，应在公司股改后，重新整合分公司内部组织架构，合理设置前中后台部门、岗位，重新定岗定编；二是统一规范部门名称和职位名称，形成与市场接轨的公司化称谓；三是重新明确部门和岗位职责，进一步明晰公司与员工的责权利关系，通过组织体系的健全和完善，为公司发展奠定坚实基础。

在机制建设方面，一是完善分公司分类管理评价机制。结合战略规划和业务发展需要，综合考量维度占比、指标构成等要素，实行差异化授权，分类管理；同时，要合理确定绩效分配系数，加大向前台倾斜的

力度；按照创效多少分配绩效工资；按照贡献大小、能力高低，设立"突出贡献奖""专项贡献奖""产品创新奖"等进行重奖，调动基层员工的积极性和创造性。二是进一步理顺和完善薪酬结构。尽快建立和实施企业年金、补充医疗保险、内部责权利对称的薪酬分配和激励机制，有效解决基层员工薪酬基数偏低的问题。三是进一步加大员工结构调整的力度和速度。实施"外部引进、内部挖潜、重点培养、动态调整""四位一体"的人才结构改造工程和"人岗适配、权责统一、风险共担、薪酬配套""四位一体"的人力资源效能管理机制，有效解决基层员工队伍年龄老化、知识老化、观念老化和能力弱化的问题。四是制定并实施高学历青年员工职业发展规划。有计划、分步骤、跨专业，重点选拔使用年轻干部，甄选有创新意识、创新能力、善于开发市场、开发客户、管理和维护客户的员工，充实、调整到前台业务岗位，并加大向前台序列职级的倾斜力度，让年轻业务骨干有正常晋升的渠道。五是落实员工动态管理机制。通过公开选聘、目标竞聘、综合考核等办法，真正落实能者上、平者让、庸者下的优胜劣汰机制。

在制度建设方面，一是保证制度体系的完整性。引入"木桶原理"，补短板、堵漏洞，做到有章可循，规范员工行为。二是保证制度体系的统一性。对不同条线、相关业务和产品、前中后台、风险管理与业务发展、专项（单项）制度、综合制度之间要衔接一致，做到不冲突、不矛盾、不重复。三是保证制度体系的协调性。对核心部门、核心业务涉及的协同部门、配套部门的相关规定要全面、系统、协调一致，浑然一体。四是保证制度体系的有效性。根据同业及相关行业差异性、优劣势和业务特点，制定促进业务发展的制度体系、风险防控体系、内部审核审批体系和内部管理体系，推动公司业务健康可持续发展。

（四）以文化宣导为动力点，实现企业文化与形象提升的深度融合

1. 抓好公司新版 VI 视觉识别系统的推广应用

新版视觉识别系统包含 14 个大项、153 个小项、400 多个细项，规范了新标识在办公系统、环境系统等具体场景下的应用。通过内部办班培训、外部宣讲等形式，深刻领会新标识的含义，宣传公司新标识的理念和寓意；加强新标识落地应用，大到办公楼体、铭牌、门楣、大堂形象墙等重点部位，小到名片、信封、信纸、便笺纸、文件袋、茶杯、手

提袋等带有公司标识的办公用品，都应做到统一规范，展现公司崭新的形象。

2. 抓好对外形象宣传

在省会城市机场、火车站、城市主要街路常年投放户外广告形象宣传；利用互联网、报纸、广播、电视等媒体投放常年或阶段性广告宣传；在重点时期、重点阶段进行全方位、立体化宣传，比如借助公司股改、公司周年庆、办公楼迁址等契机，进行阵地宣传、媒体宣传、户外宣传等。同时，结合业务推介活动，当好公司新标识、新理念的宣传员，提高社会各界对中国长城资产的认知度。

3. 进一步丰富宣传载体

一是以环境建设为载体，提升公司形象。用战略眼光加强基层单位办公楼内外部环境建设，本着"简约、大气、规范、统一"的原则，考虑未来"全牌照"发展，对地理环境优越、格局宽敞、但年久失修的办公楼进行装修改造，对面积狭小、环境较差、不符合未来发展前途的办公楼，选择当地的地标建筑重新购置或租赁，在办公楼楼顶和门楣安装统一的标识，树立公司外部形象。二是以改善办公设施为载体，提升公司形象。比如在一楼大堂和客户接待区设立电子宣传屏幕，悬挂公司企业文化理念图解，设立业务洽谈室、荣誉室、阅览室、健身室等，给客户以宾至如归的感觉，扩大公司形象的影响范围。三是以社会责任为载体，提升公司形象。围绕"奉献社会"的企业理念，通过开展精准扶贫、为孤残儿童（大病患者）献爱心、资助贫困学生、关注弱势群体等活动，体现负责任的大型国企形象。

社会主义核心价值观引领下
证券行业价值观的提炼与践行研究

中国证券业协会人力资源管理
专业委员会行业文化建设课题组*

习近平总书记指出："一个国家、一个民族的强盛总是以文化兴盛为支撑的；没有文明的继承和发展，没有文化的弘扬和繁荣，就没有中国梦的实现。"社会主义核心价值体系和核心价值观是决定文化性质和方向的最深层次要素，是一个国家的重要稳定器。我国各界正在中国特色社会主义道路下为实现中华民族伟大复兴而努力奋斗，探索和研究在社会主义核心价值观引领下我国证券行业价值观的提炼与践行无疑对我国社会经济的发展具有十分重要的现实意义。

一、社会主义核心价值观及其对证券行业价值观的引领

（一）社会主义核心价值观及其践行意义

价值观是关于价值的一定信念、倾向、主张和态度的系统观点，起着行为取向、评价标准、评价原则和尺度的作用。社会主义核心价值观是社会主义核心价值体系最深层的精神内核，是对社会主义核心价值体系基本内容的凝练，具有强大的感召力、凝聚力和引导力。

---

  * 课题组成员：国元证券股份有限公司蔡咏、刘涛；广发证券股份有限公司刘正周；德邦证券股份有限公司高啸吟；申万宏源证券有限公司周奇；开源证券股份有限公司霍耀辉；华西证券股份有限公司曾小华。本文获 2016 年全国金融系统思想政治工作和企业文化建设优秀调研成果一等奖。

1. 社会主义核心价值观的提炼

党的十六届六中全会提出建设社会主义核心价值体系的重大战略任务，强调马克思主义指导思想、中国特色社会主义共同理想、以爱国主义为核心的民族精神和以改革创新为核心的时代精神、社会主义荣辱观构成社会主义核心价值体系的基本内容。2012 年 11 月，党的十八大报告中明确提出了三个"倡导"，对社会主义核心价值观进行了最新概括，即"倡导富强、民主、文明、和谐，倡导自由、平等、公正、法治，倡导爱国、敬业、诚信、友善"。2013 年 12 月，中央办公厅印发《关于培育和践行社会主义核心价值观的意见》指出：以"三个倡导"为基本内容的社会主义核心价值观与中国特色社会主义发展要求相契合，与中华优秀传统文化和人类文明优秀成果相承接，是我们党凝聚全党全社会价值共识作出的重要论断。

习近平总书记强调要"坚守我们的价值体系，坚守我们的核心价值观"。2014 年 2 月，他在中央政治局第十三次集体学习时指出："我们要从巩固全党全国各族人民团结奋斗的共同思想基础、巩固党的执政地位的战略高度，持续加强社会主义核心价值体系建设，把培育和弘扬社会主义核心价值观作为凝魂聚气、强基固本的基础工程，作为一项根本任务，切实抓紧抓好。"要通过教育引导、舆论宣传、文化熏陶、实践养成、制度保障等，使社会主义核心价值观内化为人们的精神追求，外化为人们的自觉行动。

在 2016 年 7 月 1 日庆祝中国共产党成立 95 周年大会上，习近平总书记再次强调"要弘扬社会主义核心价值观"，他指出："文化自信，是更基础、更广泛、更深厚的自信。在 5000 多年文明发展中孕育的中华优秀传统文化，在党和人民伟大斗争中孕育的革命文化和社会主义先进文化，积淀着中华民族最深层的精神追求，代表着中华民族独特的精神标识。我们要弘扬社会主义核心价值观，弘扬以爱国主义为核心的民族精神和以改革创新为核心的时代精神，不断增强全党全国各族人民的精神力量。"

2. 践行社会主义核心价值观的重要意义

2014 年 5 月 4 日，习近平总书记在同北京大学师生座谈时指出："人类社会发展的历史表明，对一个民族、一个国家来说，最持久、最深层的力量是全社会共同认可的核心价值观。核心价值观，承载着一个民族、一个国家的精神追求，体现着一个社会评判是非曲直的价值标准。"我国是一个有着十三亿多人口、五十六个民族的大国，确立反映全国各族人民共同认同的价值观"最大公约数"，使全体人民同心同德、团结奋进，关乎国家前途命运，关乎人民幸福安康。

我国已成为世界第二大经济体，但人口多、底子薄、发展水平不平衡的状况并未根本改变。如何在当今错综复杂的世界局势下实现可持续发展和中华民族的伟大复兴是我们这一代中国人的宏伟目标。习近平总书记强调"做好2017年经济工作，要坚持稳中求进工作总基调，把握好经济社会发展大局，确保经济平稳健康发展，努力提高经济运行质量和效益；确保供给侧结构性改革得到深化，经济结构调整取得有效进展。"核心价值观是一个国家的重要稳定器，构建具有强大凝聚力感召力的核心价值观，关系社会和谐稳定，关系国家长治久安。实现"两个一百年"的奋斗目标，实现中华民族伟大复兴的中国梦，必须有广泛的价值共识和共同的价值追求。所以，积极践行社会主义核心价值观就是巩固全党全国各族人民团结奋斗的共同思想基础，在世界范围思想文化交流交融交锋形势下，在改革开放和发展社会主义市场经济过程中思想意识多元多样多变的新特点下，对于巩固马克思主义在意识形态领域的指导地位，对于巩固全党全国人民团结奋斗的共同思想基础，对于促进人的全面发展、引领社会全面进步，对于聚集全面建成小康社会、实现中华民族伟大复兴中国梦的强大正能量具有重要的现实意义和深远的历史意义。

（二）社会主义核心价值观对证券行业价值观的引领

当今社会日新月异，为实现中华民族的伟大复兴，我国将持续推进改革开放和政治经济体制改革，而随着政治经济体制的变革和利益格局的调整，人们的价值取向日益多元化。在这样的形势下，发挥社会主义核心价值观的引领作用，有利于形成社会共识、整合社会力量，从而提供思想保证和精神支撑。

资本市场是现代金融体系的重要组成部分，对社会的资源配置和经济的高效运行至关重要。一个良好强大的资本市场，不仅反映了整个国民经济的发展水平和经济制度的完善程度，而且彰显了政治、社会乃至文化方面的成就。我国资本市场的不断发展和完善将推动经济、政治、社会、文化等多方面的发展，是实现中华民族伟大复兴的重要保障。资本市场的壮大离不开一个平稳、健康发展的证券市场。在经济全球化的背景下，证券市场的稳定与否直接关系到整个国民经济的运行，关系到国家富强、民族振兴、人民幸福的顺利实现。中国特色社会主义核心价值观对证券行业价值观的引领和证券市场的发展与完善具有现实和深远的意义。证券行业的价值观逐渐深入市场参与者的头脑心灵，进而外化为行动力，可以为推动证券市场的健康发展进而实现国家富强、民族振兴、人民幸福提供强大的精神动力。

1. 正确的价值观引领是促进实体经济发展的必然要求

我国资本市场发展的核心要义是利用资本市场发展实体经济，国务院 2014 年 5 月印发的《关于进一步促进资本市场健康发展的若干意见》（"新国九条"）中强调资本市场发展应该"紧紧围绕促进实体经济发展"。党的十八大报告将中国特色社会主义事业总体布局扩展为经济、政治、社会、文化、生态"五位一体"，其中将文化建设纳入并上升至与经济发展并列的国家战略高度，并提炼出 24 字的社会主义核心价值观。在当前社会背景下，证券行业更好地促进实体经济发展就必然要求社会主义核心价值观来引领。

2. 正确的价值观引领是证券市场健康发展的有力保障

我国证券市场的一些典型违法违规事件，深层次原因是行业正确价值观的缺失和道德信仰的动摇；美国次贷危机引发的全球金融风暴也为我们敲响了警钟。国内外经验都表明，如果证券市场参与者没有正确的价值观，抱着盲目追求利益最大化的理念，不讲诚信，必然导致市场紊乱，进而影响到国民经济的发展甚至社会稳定。所以，社会主义核心价值观的"三个倡导"对证券行业进行正确的价值观引领，可以营造出诚信、守法、合规经营的市场氛围，指导证券行业各个层面的有序运行，进而保证我国证券市场健康发展。

3. 正确的价值观引领是证券行业互利共赢的有效途径

社会主义核心价值观的"三个倡导"对证券行业进行正确的价值观引领，可以使融资、投资、中介机构等证券市场各方参与者合理合规地开展投融资活动，在公开、公平、公正的环境中更好地发挥证券市场的服务功能，实现上市公司、股东、投资者、证券经营机构（证券公司、公募基金公司、期货公司、私募证券投资基金等）的互利共赢。

二、我国证券行业价值观及其践行现状

（一）我国证券行业发展现状

在过去的二十多年间，我国证券行业从无到有、从小到大、从区域到全国，得到了迅速发展，走过了一些成熟市场几十年甚至上百年的道路。在政府和市场的共同推动下，我国证券市场规模不断壮大，证券经营机构、证券从业人员和投资者不断成熟，法律制度、交易规则、监管体系逐步健全和完善，行业发展取得了多方面成效。主要体现在：一是财务实力不断增强、盈利持续向好，以证券公司为例，证券公司未经审计财务报表显示，截至2016年底，全行业共有129家证券公司，总资产5.79万亿元，净资产1.64万亿元，净资本1.47万亿元，2016年全年营业收入3279.94亿元，净利润1234.45亿元，124家公司实现盈利；二是业务发展总体平稳有序，服务覆盖面显著拓宽；三是专业能力、服务水平得到提升；四是专业化和特色化经营趋势初步显现；五是国际化水平进一步提升，"走出去"战略初见成效；六是合规风控体系初步建成，净资产和净资本逐年提高，抵御风险能力显著增强。

由于我国仍处于社会主义初级阶段，证券市场"新兴加转轨"的基本特征尚未发生根本性的变化，证券市场在运行机制、法律制度、诚信文化、参与主体和监管体系等方面与成熟市场相比还存在较大差距，尤其2015年的股市异常波动暴露出行业还存在一系列问题，如行业功能定位存在一定偏差，服务实体经济的能力不足；勤勉尽责不够，适当性管理不足，投资者保护不力；合规风控基础不牢，水平有待提高；行业履行社会责任的力度不够等。

（二）我国证券行业价值观及其践行调研

2015年股市异常波动以来，证券监管机构和行业自律组织一直在思考如何在社会主义核心价值观下加强金融行业尤其是证券行业的企业文化建设，以促进行业持续健康发展。中国证券业协会人力资源管理专业委员会经过认真思考和慎重考虑，通过安排查阅公开信息、设计调查问卷等各种形式的调研，尤其是精心组织了国元证券、德邦证

券、广发证券、申万宏源证券、开源证券及华西证券六家公司的相关
同志，组成证券业企业文化建设课题组，对青岛海尔、高盛高华证券、
申万宏源证券、国元证券、国泰君安证券、宜信财富六家具有代表性
公司进行了企业文化与核心价值观建设专题的走访调研。相关调研结
果如下：

1. 查阅公开信息

通过查阅公司网站、百度搜索等方式，收集了86家公开明确地阐述
企业文化及核心价值观的证券公司相关信息，统计分析了相应的主题词
信息，结果汇总如下表：

序号	主题词	相关表述	公司数量	占比
1	诚信	诚信守信、诚信至上、诚信为本等	48	55.8%
2	专业	专业服务、专业创造价值、专业成就价值等	43	50.0%
3	创新	勇于创新、开拓创新、科学创新等	39	45.3%
4	规范	规范管理、规范经营、规范运作等	37	43.0%
5	进取	追求卓越、锐意进取、富于进取等	33	38.4%
6	和谐	和谐发展、和谐共赢	25	29.1%
7	其他	稳健、人本、奉献、共享、开放、忠诚、务实等		

图形表示如下：

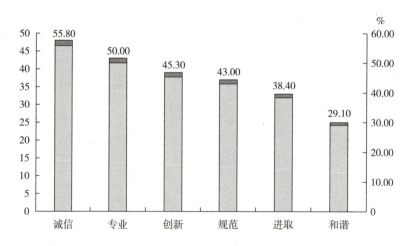

上述公开信息统计可以得出如下结论：首先，证券公司核心价值观的看法总体上较为一致，几乎不存在只有个别公司认可和使用的关键词；其次，诚信、专业、创新、规范是目前最受认可的证券公司核心价值观关键词；再次，证券公司核心价值观的关键词和表述形式各种各样；最后，证券公司核心价值观本质上各有侧重，例如有的强调创新进取，有的强调合规稳健经营，有的则强调效益和客户利益至上。

2. 调查问卷

设计并向所有证券公司发放《证券公司企业文化建设情况调查问卷》，共回收有效问卷88份。主要结果如下：

（1）精神层面

企业价值主张鲜明程度：52家非常鲜明地表达了公司价值主张，占比59%；32家较为鲜明地表达了公司价值主张，占比36%；4家一般性表达，占比5%。

企业文化纲要内容：87家明确地阐述核心价值观，占比98.9%；81家明确提出企业愿景，占比92.0%；78家明确阐述经营管理理念或原则，占比88.6%；76家明确指出企业使命，占比86.4%；68家明确阐述企业精神，占比77.3%；19家有更加丰富的内容，如企业作风、人才理念、文化特质、服务理念、团队理念、企业情怀、行动指南等，占比21.6%。

（2）制度层面

组织保障：74家有专责部门，占比84.1%；70家有预算投入，占比79.5%；63家有明确的责任人，占比71.6%；58家定期举办企业文化会议、研讨活动，占比65.9%。

组织架构：68家通过相关部门联合开展企业文化工作，占比77.3%；43家通过单个部门牵头开展工作，占比48.9%，具体为：总裁办公室/办公室12家、党委办公室/党群工作部6家、综合管理部5家、人力资源部4家、董事会办公室3家；7家常设了跨部门组织机构，如企业文化建设工作小组、公司多元化委员会等，占比8.0%。

考评机制：62家采取了主管日常及时反馈和引导方式，占比70.5%；53家采取了年度考核包括同事的评价指标，占比60.2%；47家的年度考核以主管的评价为主，占比53.4%；44家采取了企业文化价值观自我评价，占比 50.0%；17 家暂无企业文化价值观考评机制，占比 19.3%。

导向性作用：86 家的企业文化导向性作用体现在招聘，占比 97.7%；83 家体现在员工考核，占比 94.3%；74 家体现在晋升与淘汰，占比 84.1%；64 家体现在绩效奖金分配上，占比 72.7%；7 家仅仅通过员工培训、评奖评优体现，占比 8.0%。

（3）行为层面

建设方式：85 家通过培训等方式进行企业文化建设，占比 96.6%；83 家围绕文化开展了主题活动，占比 94.3%；39 家通过给员工讲故事的方式，占比 44.3%；37 家通过一些固定仪式活动，如唱司歌、朗诵企业文化文本、专题晚会等，占比 42.0%；20 家通过员工关爱活动、年度标杆人物评选、公益项目、自制企业文化墙等方式，占比 22.7%。

宣传形式：67 家使用企业文化宣传视频，占比 76.1%；67 家开展了企业文化培训项目，占比 76.1%；60 家采用了正式的企业文化大纲，占比 60%；44 家编制了企业文化手册，占比 50.0%；28 家采取了企业文化墙、宣传展板，制作了企业文化光盘，印刷了企业文化案例库，编制了公司内刊、宣传册、台历等，占比 31.8%；13 家创作了公司司歌，占比 14.8%。

（4）物质层面

视觉识别系统：88 家全部拥有自己的企业 LOGO；86 家拥有企业标准色、标准字；78 家通过办公环境设计、员工着装规范来体现企业文化设计；69 家设计制作了专门的公共关系赠品；13 家专门设计了企业吉祥物；12 家通过企业徽章、手提袋、员工用笔和笔记本、PPT 显示模板展现其独特的企业文化。

宣传场景：86 家通过公司门户网站，占比 97.7%；85 家通过印制年度报告、业务宣传材料，占比 96.6%；83 家通过内部办公系统，占比 94.3%；78 家通过公司员工手册或企业文化手册或员工行为准则，占比 88.6%；75 家制定了专门的办公区宣传栏，占比 85.2%；22 家通过自媒体平台（微信号、微博、电视、广播等）、投资策略会、产品宣讲会、公益活动以及内部刊物、宣传片、微电影、T 恤衫等场景或载体，占比 25%。

调查问卷表明，几乎所有公司都有明确的企业愿景，能够明确阐述其核心价值观；大部分公司都能从精神、制度、行为、物质等不同层面和方式积极建设企业文化、践行核心价值观；但是一些公司的企业文化建设缺乏制度保障，尚未形成系统性、量化的考评机制；落实和与时俱进是企业文化建设与核心价值观践行中公认的重点和难点。

3. 走访调研

本次走访了四家企业均为各具特点的证券经营机构。调研的主要结论总结如下：

（1）对企业文化建设工作十分重视，提炼了各具特色的企业核心价值观

高盛高华证券将人力资源部、社会责任部作为企业文化建设的主要部门，投入大量资源和精力进行企业文化建设，将"高盛十四条"总结为五个方面持续贯彻实施：加强客户关系管理，客户永远是第一位的；追求卓越的企业声誉；加强业务标准委员会的治理；增强沟通与交流；培训与职业发展。

申万宏源证券的企业文化建设重点为两家合并公司的文化融合，其核心要义为"融"文化，即：融合、融昌、融达，希望通过企业文化的持续建设，使得两家公司尽快融合为一，做到一加一大于二。申万宏源证券的党委统揽企业文化建设全局，党政工团齐抓共管；各级党组织负责人为本单位文化建设第一责任人，各级工团组织负责人为本单位企业文化建设兼职管理员，实行企业文化建设季度例会和企业文化年度联席会议制度，企业文化活动成果纳入考核范围。申万宏源证券聘请了专业咨询公司进行系统的企业文化体系设计，核心理念为：企业使命——简单金融、成就梦想，愿景——全球知名的金融机构、员工理想的事业平台；核心价值观——唯新求新、厚德笃行，企业精神——责任、专业、协作、开放、进取。

国元证券非常重视通过视觉识别系统推广公司形象，其公司标识寓意严谨务实、精益求精的创业理念。公司还构建了一套价值观清晰的企业文化体系：以社会责任理念的投行文化、"诚信、勤勉、契约精神"的徽商文化和现代企业制度作为企业文化的基石，宣传"团结、敬业、求实、创新"的企业精神和"诚信为本、规范运作、客户至上、优质高效"

的经营理念，制定"诚信立足市场，服务创造价值"的经营口号和"打造全功能型的现代投资银行"的发展战略。尤其值得一提的是，国元证券倡导高管和员工间的平等坦诚交流，董事长、总裁办公室对任何员工敞开，有任何问题都可以当面倾诉交流，公司定期安排和公布董事长、总裁等高管的员工接待时段。

国泰君安证券群策群力制作了企业文化手册《国泰君安共识》，该共识是公司全体员工的核心价值观，要求所有员工认真学习领会，签署认同意见书，并在工作生活中加以贯彻执行，是公司从事各种经营活动的规范，也是开展业务和战略部署的协商协调基础。国泰君安证券的核心价值观为"诚信、责任、亲和、专业、创新"，其企业文化体系包括："金融报国、市场导向、统筹兼顾"的利益观；"客户至上、稳健经营、创新超越"的业务观；"以人为本、选贤任能、协同协作"的人才观；"精诚勇进、珍惜声誉、社会责任"的处世观。

（2）通过丰富多彩的手段和方式宣传企业文化、践行企业核心价值观

高盛高华证券主要通过开展主题词鲜明的社区企业文化活动来进行企业文化建设，并通过企业文化考核来检验企业文化培训效果。

申万宏源证券通过各种平台建设宣传企业文化，例如申万宏源电视台、微信企业号、手机 APP、申万宏源报、基层单位宣传栏（文化墙）等。此外还有"阳光雨文化工程"，包括"融"文化全员知识竞赛、摄影比赛、健步活动、歌手大赛等；以及"智慧牛文化工程"，包括职业生涯规划、学习型组织建设、十佳竞赛（榜样的力量）、行为规范活动（六项禁令）。

国元证券建立了较为完善的员工培训体系，组织丰富多彩的活动来宣传企业文化，弘扬一种暖心的"家文化"。例如创办企业文化内刊《国元证券报》、建立公司荣誉室、制作公司宣传片、创作公司之歌《团结铸千秋》、出版员工作品集《心海扬帆》等。同时也积极履行社会责任，持续投入公益事业，践行企业责任，开展青年志愿者活动。

国泰君安证券通过摄影协会、运动协会、职工趣味运动会等各种活动展示公司企业文化，也通过创办月刊《国泰君安人》宣传企业文化。

（三）证券行业价值观践行中存在的问题与不足

1. 对投资者服务意识不足

证券行业具有较高门槛，产品和服务专业程度较高，需要具备丰富的专业知识。我国证券行业的特点之一是散户形式的中小投资者众多。根据中登公司公布的最新数据统计发现，2016 年 12 月我国 A 股共有 4947 万（含自然人和机构）个有效账户，其中 50 万元市值以下占比 93.36%。他们中大多数人容易盲目跟风炒作，投资研究分析能力不足，对新的金融产品尤其是衍生金融产品缺乏正确清晰的认识，证券经营机构应该充分重视服务投资者，加强投资者教育，当公司利益和客户利益发生冲突时，为了公司的长远利益着想，应该优先保护客户的利益。为了证券行业的健康发展，也为了维护金融市场稳定和国家社会经济的可持续发展，证券行业价值观的提炼和践行有必要特别强调对投资者的服务意识，营造共生共赢的市场环境。

2. 行业特色不明显

证券行业的核心价值在于服务实体经济，为实体经济的有效运行提供资金保障和制度安排。证券行业与其他金融行业一样，是资本和智力密集型行业，诚信和人才是最重要的资源，但与其他行业相比较，证券行业又具有显著特色，其性质和重要程度也需格外关注。简而言之，诚信是证券行业发展的基础；合规是行业发展的保障；人才是证券行业最重要的资源，对人才的重视和培养是行业发展的源泉；证券行业面临的问题和需求时刻充满挑战，需要随时保持开放心态，虚心学习，勇于创新，普惠是行业发展青春永驻的动力。

3. 专业服务能力有待加强

我国证券行业由于种种原因存在创新不足以及产品高度同质化的现象，不能满足客户的多样化需求，甚至欺诈现象时有发生，本质的原因之一在于证券行业文化层面。长期以来，我国证券行业存在令人诟病的两大问题：其一，"浮躁"文化，具体表象就是普遍存在"搞证券赚快钱"思想；其二，盛行江湖文化，一些核心业务的开展不是靠专业能力，而是靠人情关系。证券行业内对此必须高度重视并加以纠正，深耕细作，研究市场和客户需求，加强专业服务能力。为此，证券行业内部必须改变目前唯业绩或过度倚重业绩考核的评价体系导向，在社会主义核心价值观引领下积极培育正面积极的证券行业核心价值观。

4. 社会责任担当意识和层次仍需进一步深化

绝大多数证券经营机构都十分重视践行社会责任，比如第一时间向汶川地震、玉树地震等灾区捐款，携手希望工程资助贫困学生，积极参与定点扶贫成立爱心基金，推动贫困地区企业改制上市，积极参与一司一县结对帮扶工作，成立证券行业扶贫专项基金等，这无疑是值得充分肯定和支持的。然而，社会责任不仅仅体现在这些具体事情上，还可以更进一步融入行业和公司的日常经营管理活动中，形成内心自发的意识和行动。证券行业是现代金融市场极为重要的组成部分，在社会经济生活中具有特殊的地位。尤其在我国现阶段国情下，证券行业不仅通过金融市场作用于国家经济发展，也通过普通投资者和社会大众的证券投资收益影响其日常生活。所以，在中国特色社会主义背景下，证券经营机构理应立意更加高远，承担与其特殊地位相称的更加高层次的社会责任，培育规范发展自身业务的企业文化，达到有效支持实体经济发展的目标，这是行业最大的社会责任。

尤其需要强调的是，任何组织和个人只有与扎根的土壤相连才有强大能量，国家的强盛永远是行业和企业发展壮大的重要前提和坚强后盾。证券行业的根本利益和国家利益是完全一致的，利润最大化绝不应该是证券行业金融机构的唯一目标，要始终将企业利益统一到国家利益之下，始终坚定捍卫国家利益，为资本市场健康发展、国家金融稳定和社会经济持续发展贡献力量。

三、证券行业核心价值观的提炼及其内涵

（一）证券行业核心价值观提炼的基本原则

1. 服务实体经济，发挥融资服务功能

近年来，我国经济增速放缓，步入深入调整"三期叠加"的新常态，经济下行压力较大。2015 年 11 月以来，党中央高瞻远瞩，提出大力加强供给侧结构性改革来提高我国经济体系运行的质量和效率，在适度扩大总需求的同时，重点推进"三去一降一补"，改善供给结构适应性和灵活性，提高全要素生产率，增强经济持续增长动力，推动我国社会生产力水平实现整体跃升。推进供给侧改革无疑需要资本市场发挥更大作用，

证券行业应该大力倡导积极服务实体经济，充分发挥融资服务功能，努力承担时代赋予的重任，为我国经济发展作出贡献。

2. 体现行业特色，提高综合竞争力

证券行业具有鲜明的特点，谈到证券行业马上想到一些词汇，譬如风险、信用、人才、专业等。证券行业的本质就是聚集专业的人才设计和销售各种金融产品来经营和管理风险，最终通过服务实体经济创造价值。因为经营和管理风险，所以必须诚信；因为需要设计和销售各种专业金融产品，所以人才至关重要。尽管我国证券行业已经取得了辉煌成就，但相比发达国家，行业综合竞争力仍然较低，具体体现为产品和服务同质化、创新不足，个别公司和从业人员缺乏诚信的现象时有发生。网络化时代全球竞争已不可避免，我国证券行业要想立足并实现持续发展，唯有更加重视行业特色，努力提高行业竞争力，在行业核心价值观的提炼上理应充分体现并认真践行。

3. 增强投资者服务意识，实现行业生态链可持续发展

证券行业属于金融服务行业，我国证券监管机构一直致力于保护投资者利益，除修订发布新的《公司法》、《证券法》等法律法规外，2011年底中国证监会专门成立了"投资者保护局"，2013年底国务院发布了《国务院办公厅关于进一步加强资本市场中小投资者合法权益保护工作的意见》，2016年4月中国证监会、财政部、人民银行联合发布了修订后的《证券投资者保护基金管理办法》。尽管如此，由于我国资本市场存在的一些内在缺陷，如法律制度不健全、证券市场内部结构失衡、以中小投资者为主体的市场等，中小投资者利益受到侵害的情况仍时有发生。

投资者是证券市场存在和发展的根基，正是他们的积极参与才有我国证券市场的迅速发展，增强投资者服务意识、保护好包括中小投资者在内的所有客户的切身利益才能使证券市场稳定地向前发展，也才能实现整个证券行业生态链的可持续发展。行业层面必须加强投资者教育的基础工作，增强投资者的维权意识，充分认识到保护中小投资者利益的重要性。

4. 提倡和谐发展，促进行业与员工成长协调共赢

证券行业对从业人员的经济、金融、投资分析等方面的知识和经验要求较高，是典型的知识型、智力型行业。长期以来，由于证券行业的

专业性导致其具有较高门槛，也使得证券从业人员的平均收入高于其他行业，尤其是专业性较强的一线投研人员，其收入整体远超社会平均薪酬。这导致了行业内部充斥"浮躁"文化，一夜暴富、赚快钱的思想蔓延，显然不利于行业持续发展。证券从业人员"跳槽"现象频繁，正常的人员流动对于行业发展是必要的，但过于频繁的"跳槽"，也会影响公司稳定乃至行业发展。从行业特点和行业持续发展角度出发，我们应该大力倡导行业发展与员工个人成长协调共赢的证券行业核心价值观。

（二）证券行业核心价值观及其内涵

证券行业核心价值观是证券行业文化的灵魂，是全体行业从业人员的共同理念基础。在前述调研基础上，按照上述提炼原则，学习和借鉴社会主义核心价值观包括国家的政治理想、社会的价值取向以及个人行为准则三个层面的思想，社会主义核心价值观引领下的证券行业核心价值观理应也包括国家、行业和个人三个层面，具体阐述如下。

1. 国家层面：爱国、责任、奉献、服务

（1）爱国

实现中华民族的伟大复兴是所有中国人的梦想。在中国共产党领导下，我们已经比近代历史上任何时候都接近这个梦想。应该看到，尽管和平与发展是当今世界的主流，但由于地球资源有限以及意识形态的差异，国与国之间的较量与纷争还将长期存在。金融是现代经济的核心，而证券行业是金融的重要组成部分，我国证券行业的所有证券经营机构和从业人员都应该始终将爱国理念放在最首要的位置。我们都希望早日实现中国梦，祖国越繁荣昌盛强大，我们的证券事业才会越来越有前途。

（2）责任

证券行业的发展离不开社会各界的支持。由于行业性质和特点，证券行业的收入一直居于社会平均水平之上，回馈和反哺社会既是我们义不容辞的责任，也是为了行业自身的可持续发展。证券行业应积极贯彻落实《中共中央国务院关于打赢脱贫攻坚战的决定》的统一部署要求，充分发挥资本市场的作用，服务国家脱贫攻坚战略。另外，不仅行业和相关企业要承担相应的社会责任，从业人员也应牢牢树立责任意识，勇于担当，珍惜市场，维护市场繁荣，始终心系祖国发展，以为能为国家振兴强大作出贡献为荣。

（3）奉献

行业外部看到的是行业高于社会平均水平的薪酬，但由于证券行业从事风险的经营与管理工作，知识更新快、信息瞬息万变，这必然对整个行业都提出了较高的要求，唯有倡导奉献精神才能始终保持高昂的工作热情，才能与时俱进，也才能真正融入国家的经济发展和民族复兴伟业之中。

（4）服务

证券行业的服务内容体现在行业、公司、中介、个人等各个层面，但最本质的内容体现为"服务"实体经济。实体经济发展是国家经济增长的根基，金融的本质是为实体经济发展提供新鲜血液，而证券则是金融的重要工具和手段。证券行业发展的最终目的和本质必然是"服务"实体经济、充分发挥融资"服务"功能，进而"服务"于国家。

2. 行业层面：诚信、合规、人文、普惠

（1）诚信

无"信"不金融，同样地，没有诚信就没有证券行业。诚信包括"真诚"和"信用"两层意思：唯有"真诚"，才能取得客户信任；唯有守"信用"，才能履行承诺，实现双赢。

（2）合规

证券行业始终与风险相伴，依法合规经营是行业底线。业务发展、风控并行是行业发展的核心要义。敬畏规则、遵守规则、主动合规、违规问责应成为行业共识，做到有所为、有所不为，才能实现持续健康发展。

（3）人文

人文包括以人为本、任人唯贤的人才发展观和公开公正、和谐舒畅的人文工作环境。员工是证券行业最宝贵的财富，是竞争力的源泉；要充分关爱、尊重和重视每一位员工，人尽其才、才尽其用，使员工的个人目标与公司行业的愿景有机融合，实现员工和企业的共同成长，使员工在创造企业价值的同时也成就自身价值；公正公开的制度环境、和谐舒畅的人文环境将凝聚人才智慧，激发员工热忱；建立以制度为基础的管理秩序，倡导坦诚正直、积极向上、充满活力、健康愉快的人际文化；弘扬正气、和而不同，群而不党，和谐共进。

（4）普惠

"普惠"与金融结合源于联合国系统率先在宣传2005小额信贷年时倡导构建"普惠金融体系"，旨在为社会所有阶层和群体提供有效、全方位的金融服务。国务院2015年12月31日印发了《推进普惠金融发展规划（2016—2020）》，指出"小微企业、农民、城镇低收入人群、贫困人群和残疾人、老年人等特殊群体是当前我国普惠金融重点服务对象；大力发展普惠金融，是我国全面建成小康社会的必然要求，有利于促进金融业可持续均衡发展，推动大众创业、万众创新，助推经济发展方式转型升级，增进社会公平和社会和谐"。证券行业作为金融体系的重要组成部分统筹于国家金融发展布局乃应有之义。随着国家经济发展和人民财富的积累，社会各阶层人群都有投资理财、创业发展的需要，针对不同人群提供相应的证券市场产品和服务对于提高证券行业自身竞争力、促进全社会的健康和谐发展显然是十分必要的。

3. 个人层面：专业、勤勉、自律、成长

（1）专业

证券行业的发展具有知识密集型特点，也是人类社会专业化分工的典型。证券从业人员唯有通过专业化服务提升客户价值才能造就核心竞争力，从而满足客户需求创造价值，实现行业、公司和个人的持续发展。

（2）勤勉

身处证券行业，信息瞬息万变、客户需求多样、产品创新层出不穷，只有勤勉努力，坚持学习，与时俱进，证券从业人员才能跟上时代发展，才能不被淘汰，也才能在激烈的竞争中立于不败之地。

（3）自律

证券行业随时随地与资本和金钱打交道，尽管有各种监管条例和限制，但各种利益诱惑无处不在。交易手段高度现代化，交易过程非常短暂，蕴含着极高的经营风险和道德风险，而一旦道德防线被突破，任何制度都将形同虚设。唯有廉洁自律才能洁身自好，也才能久立于市场不倒，持续创造价值。

（4）成长

证券行业是人才密集高地，从业人员竞争激烈，不仅在专业知识上，而且在专业意识和精神思想上都要勤于学习、善于思考，专注进取，努力提高各种技能，才能为客户提供满意的服务，在提升客户价值和实现自身价值中不断成长、进步。

四、证券行业核心价值观的践行

企业文化理念和核心价值观不可能一成不变，需要与时俱进，持续完善；企业文化建设和价值观践行也不可能一蹴而就，注定是一个长期过程。社会主义核心价值观引领下的证券行业核心价值观的宣贯和践行，首先应该加强中国共产党在证券经营机构的领导作用，重视党建工作，发挥党员从业人员的先锋模范作用，让每一名证券行业从业人员内化于心、外化于行，实现从思想共识到行为共识的转化。具体而言，应按照知、信、行的路径将核心价值观在全行业中深入践行。

（一）践行方式

证券行业践行核心价值观是证券行业和相关金融机构的一项重要工作，应该构建从上到下的组织平台明晰职责分工，理顺跨部门工作的协调机制，多层面多方式地持续推进和优化核心价值观的践行。

1. 精神层面

培育证券行业核心价值观，形成证券行业经营哲学、经营理念和企业精神。以理想信念引领队伍；以责任意识提升队伍；以奉献社会树立队伍新形象，是践行价值观的核心层次。

2. 制度层面

证券行业和相关企业首先要加强党的领导，高度重视党建工作，狠抓党的作风建设、严守党的工作纪律，党员从业人员要以实际行动率先践行证券行业价值观；其次，通过建立科学的管理体系，形成价值观培育的明确规章制度，包括领导体制、组织体制和保障、经营管理制度等，是践行核心价值观最重要的外在体现和保障。

3. 行为层面

主要是指形成积极向上的企业风气、企业风俗，培育和建设员工良好的行为规范，包括各级员工的言谈、着装、举止、处事等行为规范，以及日常工作生活交往中体现出的经营理念、企业形象和精神面貌。

4. 物质层面

主要包括设计企业标识和企业标准字、标准色，美化工作环境，构建良好的文化传播网络，使它们成为行业发展和企业理念的物质载体，形成企业形象的视觉识别系统。具体包括证券行业相关机构的企业标识、形象设计、产品、服务，以及办公用品、装修、装饰、礼品、办公环境等。

（二）践行路径

1. 加强党的领导、发挥党员从业人员模范带头作用

主要工作包括：进一步加强党的领导和学习，如通过党委会、中心组理论学习会等形式，学习习近平总书记的相关重要讲话精神；建议抓好落实，包括推动党建工作要求纳入公司章程、全面解决证券经营机构党组织应建未建问题、加大企业党建工作保障力度等；加强党员从业人员证券行业核心价值观的行为规范教育，严格要求，大力支持党员从业人员在行业和各经营机构中发挥模范带头作用。

2. 总体设计、构建体系、价值引领、理念共鸣

主要工作包括：建立证券经营机构企业文化建设及核心价值观践行的组织体系，明确相关部门职责，制订并发布具体实施方案；完成企业文化及核心价值观理念的提炼，形成对其内涵的阐释，使员工充分认识、认知乃至认同；开展各种形势的企业文化及核心价值观的宣传和传播。

具体宣传推广工作有：公司愿景、使命和宣传口号等企业经营理念宣传与培育；同时注重传播方式的创新性和适用性，如：（1）文化标识、行业旗帜、歌曲、服饰；（2）内刊、文化大纲、文化共识、员工手册等刊物；（3）网络、微信、微博等新媒体平台；（4）宣传画、灯箱、电子显示屏等。

3. 践行理念、持续强化、制度保障、推进实施

企业制度建设：包括人力资源、财务、合规风控等制度和规范建设等。

具体包括建立资源投入和奖惩配套措施。（1）财务配套投入，如明确企业形象宣传和价值观培育的投入比例，企业和员工精神文明创新和出彩的奖励资金保障等；（2）人力资源奖惩配套，细化到具体物质奖励，以及领导和员工具体升迁、个人发展指标以及薪酬考核体系等。

4. 充分落地、持续优化、内化为行、提升软实力

最终目标是通过全面宣贯实施，梳理价值观践行经验，推动价值观

践行的系统建设，实现行业和企业软实力的较大提升，并带动行业整体管理效率与核心竞争力的提升，使证券行业核心价值观成为各项工作的行为准则，达到内化成行。

具体活动营造路径应该注重组织方式的多样性和有效性，例如：（1）加强教育、多种培训和榜样引领等；（2）开展丰富多彩的文体活动；（3）建立志愿者队伍等。

五、小结和展望

（一）小结

党的十八大报告明确提出了"富强、民主、文明、和谐；自由、平等、公正、法治；爱国、敬业、诚信、友善"的社会主义核心价值观，是从国家的政治理想、社会的价值取向和个人的行为准则三个层面对社会主义核心价值体系的凝练。积极践行社会主义核心价值观对于全面建成小康社会和实现中华民族伟大复兴的中国梦具有重要的现实意义和深远的历史意义。中国特色社会主义核心价值观对证券行业价值观的引领是促进实体经济发展的必然要求、是证券市场健康发展的有利保障、是证券行业互利共赢的有效途径。

在过去的二十多年间，我国证券行业发展迅速，走过了一些成熟市场几十年甚至上百年的道路，由于我国仍处于社会主义初级阶段，证券市场"新兴加转轨"的基本特征还没有发生根本性的变化。证券经营机构都很重视企业文化建设，不同程度上形成了各自的核心价值观体系，但缺乏共同的核心价值观引领，对服务国家实体经济发展和保护投资者利益重视程度不够。同时，证券行业价值观践行中存在如下问题与不足：对投资者服务意识不足、行业特色不明显、专业服务能力有待加强、社会责任担当意识和层次仍需进一步深化。结合行业发展特色，我们在服务实体经济、发挥融资服务功能，体现行业特色、提高综合竞争力，增强投资者服务意识、实现行业生态链可持续发展，提倡和谐发展、促进行业与员工成长协调共赢四项基本原则下提炼出证券行业核心价值观为：国家层面——爱国、责任、奉献、服务；行业层面——诚信、合规、人文、普惠；个人层面——专业、勤勉、自律、成长，并给出了精神、制度、行为、物质等具体践行方式和践行路径，强调了加强党的领导在践行证券行业核心价值观中的重要作用。

（二）展望

当前我国正通过大力加强供给侧结构性改革来提高我国经济体系运行的质量和效率，增强经济持续增长动力，推动我国社会持续健康发展。金融是现代经济发展的核心，证券行业则是金融体系的重要组成部分，增强对投资者的服务意识和履行社会责任是证券行业可持续发展的核心要义，服务实体经济、充分发挥融资服务功能是时代赋予证券行业的历史使命，在社会主义核心价值观引领下提炼和践行证券行业价值观关乎行业未来发展，意义重大。我们希望在证券监管机构和行业自律组织的统一领导部署下，各会员单位充分重视，加强组织领导，制定践行证券行业核心价值观的发展战略，建设相关规章制度，布置落地、持续优化、内化为行、提升软实力，为实现我国经济健康持续发展和中华民族伟大复兴作出贡献！

把脉员工思想　凝聚发展力量

——上海证券交易所员工思想动态实证研究

鲍　硕[*]

第一部分　调查概况

一、调查背景和目的

人才资源是第一资源。维护证券市场长期稳定健康发展离不开优秀监管人才的支持。而作为一线监管机构的上海证券交易所（以下简称上交所），也必须依靠一支高素质的人才队伍才能充分践行依法、从严、全面的监管理念，才能更好地服务投资者、服务资本市场、服务国民经济。

上海证券交易所成立于 1990 年 11 月 26 日，同年 12 月 19 日开业，归属中国证监会垂直管理。按照"法制、

　＊　上海证券交易所。本文获 2016 年全国金融系统思想政治工作和企业文化建设优秀调研成果一等奖。

监管、自律、规范"的八字方针，上海证券交易所致力于创造透明、开放、安全、高效的市场环境，其主要职能包括：提供证券交易的场所和设施；制定证券交易所的业务规则；接受上市申请，安排证券上市；组织、监督证券交易；对会员、上市公司进行监管；管理和公布市场信息。

近年来，随着上交所事业不断发展，员工队伍也呈现出新的特点：

一是队伍年龄结构年轻化。"80后"、"90后"员工逐渐成为中坚力量。年轻员工有朝气、有活力，但也有浮躁，需要取长补短、循循善诱。

二是拥有海外教育背景的员工日益增多。海归人才的加入体现了上交所国际化水平与开放度的提高，也带动了上交所员工价值观、世界观日趋多元化发展，需要准确把握、积极引导。

三是人员流动性增大。由于交易所特殊的法人性质，近年来其薪酬水平与证券行业平均薪酬水平之间的差距日益加大，人才吸引力有所下降。

为了解掌握员工思想动态，为上交所党的建设、队伍建设、文化建设提供决策参考，推动上交所各项业务改革创新发展，我们在全所范围内开展了一次员工思想动态问卷调查。

二、调查对象和内容

本次调查对象为上交所及子公司全体正式员工（总监及以下）。我们采用无记名纸质问卷的形式，共发放问卷1045份，回收有效问卷887份，回收率85%。

考虑到对员工职业发展、薪酬福利、价值认知等方面的影响，问卷将样本按下列属性分类：所在部门（公司）、职级、进所时间、年龄、性别。总体来看，本次调查参与率较高、覆盖面全，基本呈现了上交所员工的整体思想状况。无记名纸质问卷的方式也保障了调查结果的客观性、真实性。

第二部分　主要调查结论

在对问卷进行统计分析时，我们区分了员工职级、年龄、所在部门等因素对调查结果产生的不同影响，并体现在调查结论中。经过总结归纳，共梳理出上交所员工队伍在工作状态、职业发展规划、人际关系等方面表现出的7大"亮点"及6大"痛点"。

一、上交所员工队伍展现出的7大"亮点"

（一）员工热爱目前的工作内容

1. 三分之二员工认为目前工作岗位与个人兴趣基本一致，并且在襄理、助理经理、专业助理等较低职级员工中，这一比例高达78%。

2. 年轻员工热爱岗位工作，有助于提高其学习主动性，快速成长为业务骨干。

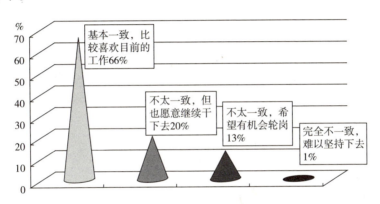

图1　工作岗位与个人兴趣的关系

（二）工作风气良好，消极怠工现象较少

九成以上员工认为所在部门的工作风气积极，说明上交所绝大部分员工都努力工作，在岗位上迎接挑战、奋勇争先。

（三）员工普遍认为上交所工作挑战性强、创新属性明显

1. 超过八成员工认为目前工作具有挑战性。

2. 从职级上来看，只有一半的行政助理和业务助理认为工作挑战性很强或者较强，比例较低。其余职级的员工感受到挑战性的比例均达到80%以上。

3. 部分担任助理的员工可能希望从事更有挑战性的工作，因此在明确职业发展方面有较强烈的要求。

4. 84%的员工认为工作需要创新，体现出资本市场快速发展和交易所业务创新的带动效应。

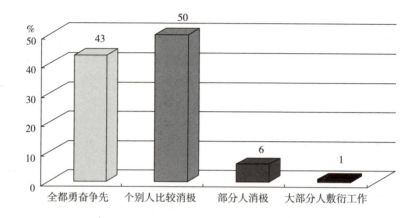

图2　部门工作风气

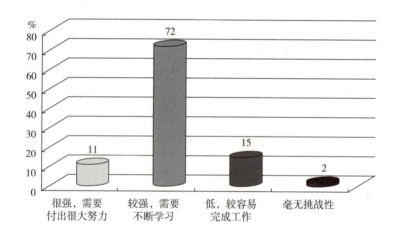

图3　上交所工作的挑战性

5. 为适应挑战性和创新性要求，需要激发员工的上进心和求知欲，并提供资本市场前沿知识培训，拓展员工思维。

（四）员工普遍具有危机意识

1. 近九成员工在工作中具有危机意识。

2. 引发危机意识的主要原因是"市场形势和交易所行业地位变化"，这说明上交所员工并没有因为交易所特殊的市场地位而高枕无忧，能够客观看待上交所发展过程中面临的各种压力和挑战。

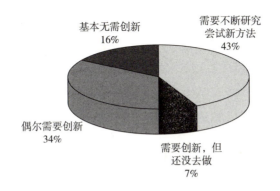

图4 上交所工作的创新性

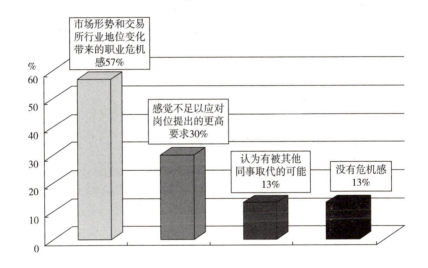

图5 员工的危机感

（五）上交所人际关系和部门关系融洽

1. 上交所部门同事之间、中层领导与一般员工之间能够做到和睦相处，显示出较强的团队凝聚力。

2. 交易所部门之间的协调效率较高，绝大部分工作都可以在部门层面协调处理。

（六）员工具有较强的组织归属感

1. 86%的员工对上交所有归属感，14%的员工几乎没有或者完全没有归属感。

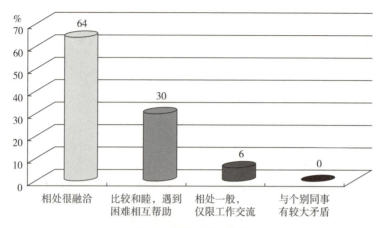

图6 同事之间的关系

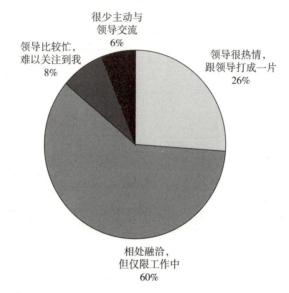

图7 一般员工与部门领导之间的关系

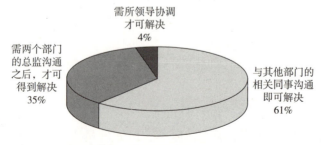

图8 部门之间处理跨部门工作的方式

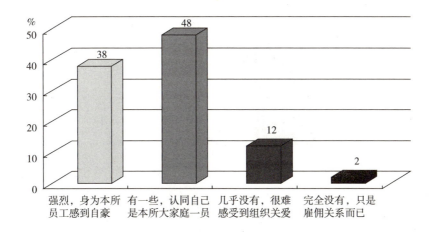

图9　员工的组织归属感

2. 在入所 5 年以上、业务骨干较多的高级执行经理、执行经理、高级经理、经理等职级中，没有归属感的员工占比约为 20%，显著高于其他职级的正式员工，这种心态可能产生于无法实现职业目标的失落感。

（七）专业性是上交所吸引人才的最大优势

1. 吸引人才方面，员工来所工作最看重的是积累经验和提高专业能力，远高于其他选项。

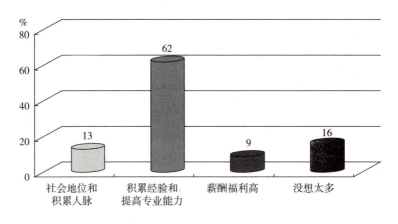

图10　员工的入职动机

2. 留住人才方面，上交所员工认为最有效的方式是增加薪酬福利，但占比并不具有显著优势，其他激励方式也有一定的认可度。

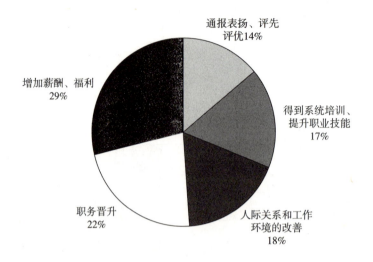

图11　员工认为最有效的激励方式

二、上交所在员工管理与员工服务方面存在的"痛点"

（一）大部分员工处于职业迷茫期

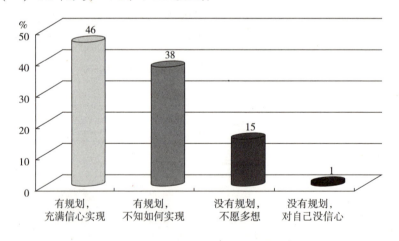

图12　员工职业规划情况

1. 46%的员工有职业规划并有信心实现，其余员工没有职业规划，或虽有规划却不知如何实现。

2. 随着年龄的增大，有长远职业规划并且有信心实现的员工比例呈下降趋势。可能的原因是年龄的增长以及职业发展不顺利导致员工进取心减退，产生随遇而安的心理。

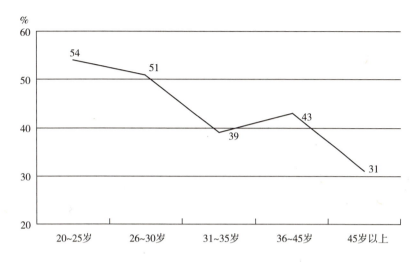

图13　员工年龄与有信心实现职业规划的关系

（二）员工职业忠诚度需提高

1. 近半员工认为目前工作可以作为长期持续的事业，是员工队伍中比较稳定的群体。

2. 24％的员工存在"打工心态"，认为目前工作没有前途或消磨意志，这种心态可能导致员工在工作中敷衍塞责，贪图安逸。

3. 余下28％的员工存在"镀金心态"，认为目前工作主要是为以后打基础，这部分员工可能将上交所作为职业跳板，在拥有一定工作经验后"出去看看"。

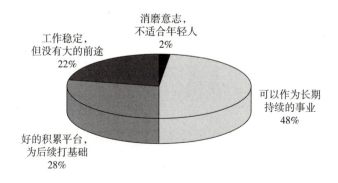

图14　员工对目前工作的看法

（三）员工工作压力较大

1. 近七成员工每周需要加班。

2. 分职级来看，以年轻员工为主的襄理、助理经理、专业助理的加班时间最多。年轻员工长期加班，需要给予相应的激励鼓舞士气、保持干劲。

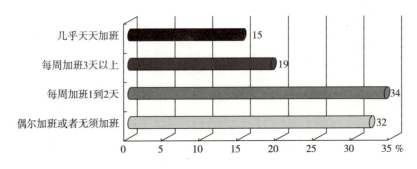

图15　员工加班情况

（四）文体活动参与度需提升

1. 大部分员工有活动需求，却难以抽身参加。

2. 需要持续探索提高员工参与活动积极性的途径，将文体活动打造成为促进员工认真工作、快乐生活的催化剂。

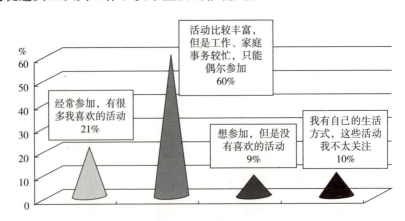

图16　员工对所内文体活动的看法

（五）员工在专业知识和人脉资源方面存在"短板"

1. 不同职级的员工对"短板"的感受存在鲜明差异。

2. 职级较低的员工认为自己专业知识和能力不够，而职级越高的员工，越认为自己迫切需要扩展人脉。

3. 这一统计结果对培训工作具有重要参考意义，低阶员工需要扩大知识面、锤炼多种能力；而对于高阶员工，更需要创造机会让他们熟悉市场。

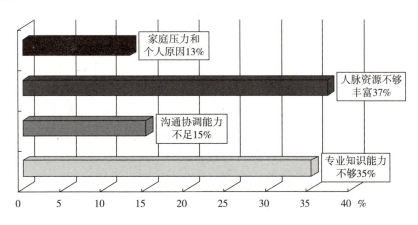

图17　员工的能力短板

（六）分散的办公地点带来一些负面影响

1. 上交所的主要办公地点为陆家嘴地区的证券大厦，同时随着业务发展和人数的增加，在迎春路、张江、外高桥等地区也有办公场所。

2. 证券大厦之外的员工感到文体活动少、办公配套不全等不便之处。通过与证券大厦的办公环境比较可能会产生心理落差，影响其工作心态。

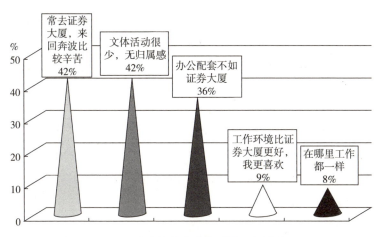

图18　分散的办公地点对员工的影响

第三部分　原因分析

结合调查问卷反馈的问题，我们对部分员工进行了访谈，归纳出"亮点"及"痛点"出现的原因，主要有以下几个方面。

一、青年员工有工作激情，但缺乏认真的职业思考

30岁以下的员工职业经历不多，但他们注重个人价值的体现，注重将个人爱好与工作相结合，这使得他们进入职场初期充满激情和干劲，可以承受较高强度的工作，愿意在工作中不断尝试、不断挑战，但是他们很少静下心来思考和制订长期职业规划，当职业发展路径与自己入职时的设想稍有出入，就会陷入迷茫，体现在工作热情减退、频繁抱怨、寻求跳槽等。

二、生活压力大，导致工作中出现焦躁情绪

上交所的员工大都具备很强的学习能力，在面对专业知识储备不足、业务技能不熟练等工作方面的压力时，大部分员工能够通过刻苦的学习钻研迅速提升岗位胜任力，成为独当一面的业务能手。但由于上海生活成本高，尤其是房价处于高位，很多年轻员工面临较大的生活压力。当今社会，人们习惯于在网上晒出光鲜的一面，晒房、晒车、晒旅游，这更容易加重部分员工的心理压力，导致工作中出现焦躁情绪。既体现在过于看重薪酬高低，甚至将其作为衡量工作价值的唯一尺度，忽视了能力的培养和积累；又体现在对职业发展的高度心理依赖，如果职业发展稍有停顿，很可能会"等不及"，进而选择另谋出路。

三、宣传教育的方式方法逐步转变，但仍需改革创新

信息技术的发展和新媒体的出现导致了阅读的碎片化、图片化、快餐化，在加强员工思想教育，宣传塑造企业文化时，中规中矩的教授方式难以起到显著的效果。目前，上交所已建立了内刊、内网、微信、蓝信等多层次的宣传平台，力求在宣传内容上更接地气，贴近员工日常工作生活；在语言风格上更灵活多样，适应不同群体的阅读习惯。但总体

而言，目前宣传工作的改革创新仍在起始阶段，需要逐步建立一支专业化的宣传队伍，通过宣传效果的反馈、分析、总结，不断探索新方式、新举措，提升宣传实效。

四、文化活动内容丰富，但组织动员力度需要提高

目前，上交所已建立了 15 个文体活动团队，涵盖乒乓球、足球、棋牌、书画、徒步等众多领域。同时上交所志愿者服务大队也成立了爱心、环境、支教、共建等 4 个服务小队，积极开展志愿活动。在各活动团队相对独立的情况下，团队负责人的组织能力、服务意识对一个团队的发展具有很大影响。由于上交所文体活动团队和志愿服务小队的负责人均是兼职，在业务工作繁忙时，可能难以在文化活动方面投入太多精力，会出现团队活动数量少、参与人数少的现象。

第四部分　对策及建议

针对问卷调查和员工访谈所反映出的各类问题，我们提出如下建议。

一、关于队伍建设

（一）为员工构建清晰的职业发展路径

上交所部分员工职业发展规划不清晰，特别是职级为经理至高级执行经理的员工，如果无法突破职业瓶颈，可能会意志消沉，选择"混日子"；也可能逐渐失去组织归属感，选择离职。因此，建立并持续优化员工职业发展机制，为员工提供清晰、可实现的职务晋升路径，可以极大地调动员工积极性，也能增强上交所的长期吸引力，努力做到"事业留人"。

（二）完善培训体系

在提高自身能力、参加培训方面，上交所员工展现出很大的热情。应着力健全完善培训体系，丰富培训内容，如加强经济金融方面的案例培训，邀请专家分析讲解 1987 年美国股灾，1990 年日本股灾等重大金融案例；又如，增加历史、文化类课程，提高上交所员工的人文素养。

调查显示，员工进所工作最看重的是提高专业能力，因此通过组织

开展各类专业培训，既可以培养员工岗位胜任力，也能让员工感觉"来对了"。

（三）改进工作考评机制

对于业务条线多、员工人数多的部门，应建立定期轮岗机制，增进员工对部门各岗位的了解。同时，要充分落实绩效考核双向沟通机制，不断提高工作透明度，强化绩效考核的正向激励功能。

目前，受各种因素影响，上交所的薪酬水平在金融行业中竞争力不强。在这种情况下，更需要通过公平有效的绩效考核，实现薪酬分配和职务晋升向关键岗位的员工倾斜，向锐意进取的员工倾斜，确保骨干队伍稳定。

（四）培养员工创新能力

上交所工作挑战性高、创新性强，是培养员工创新能力的客观要求，而员工具有的危机意识，是工作创新的主观动力。

培养创新能力，一是要让员工全面了解岗位相关情况，通过选派员工深入市场走访调研，学习金融系统兄弟单位和国外交易所的先进经验，为创新奠定理论基础。二是要积极搭建创新平台，如开展业务辩论会，在激烈的思想碰撞中发现问题，改进工作方法；又如开展学术沙龙，组织兴趣爱好相近的同事一起探讨工作，激发创新灵感。三是要建立奖励机制，激励创新热情，通过表彰创新集体和创新个人，促进员工主动为上交所发展献计献策。

二、关于文化建设

（一）提高文体活动和志愿服务活动参与度

文体活动和志愿服务活动是上交所文化建设的重要组成部分，也是增强队伍凝聚力、提升员工归属感的重要途径。要根据员工需求，进一步丰富活动形式和内容，如开设小提琴、钢琴兴趣班等。此外，通过建立文化活动先进个人评选表彰机制，也可激发员工参与文化建设的积极性、主动性。

（二）进一步密切党群干群关系

上交所人际关系较为融洽，应在此基础上进一步密切党群干群关系，巩固和促进团结、协作的企业文化。除继续坚持召开党员群众座谈会、开设总经理信箱等做法外，建议中层以上领导干部更加注重通过参加支部生活会、文体兴趣小组、职工趣味竞赛等活动，拉近与员工的距离。此外，还应充分发挥工会、团委等群团组织的作用，使其成为政策与意见上传下达的纽带。

（三）发挥内部宣传交流平台的作用

上交所内刊与"蓝信"是重要的内部宣传交流平台。

调查显示，内刊中的创新研究、业务主题、缤纷生活是员工最喜爱的栏目，同时员工也提出一些意见建议，如加强上交所核心文化宣传，开辟小说天地、好文推荐、心灵家园等新的板块。

目前"蓝信"的功能尚未充分发挥，半数员工"几乎不用蓝信"。相对于内刊，"蓝信"信息及时性更强，通过公众号推送信息可以快速展示上交所各项工作成果；相对于微信或者 QQ，"蓝信"的保密性更强，通过"蓝信"交流工作可以避免信息泄露。因此应大力推广"蓝信"的使用，将其打造成为员工内部交流的特色平台。

三、其他内管工作

（一）关爱青年员工

近年来上交所青年员工大幅增加，调查发现青年员工生活中遇到的困难比较多，如婚恋、落户、住房、子女入园入学等。建议所相关部门积极与政府部门沟通协调，争取更多的政策空间，缓解员工生活压力，增强员工归属感。

（二）提升办公配套服务

建议配备更多视频会议设备，工作部署、学习研讨等尽量采用视频会议的形式，减少其他地点员工往来证券大厦的次数。为证券大厦之外的办公场所配置一定的健身设备，方便员工劳逸结合，锻炼身体。

商业银行青年员工
成长成才培养体系实践与研究

——以 P 银行 NJ 分行为例

胡　蝶　胡溢烨　高　宇[*]

前　言

习近平总书记在联合国教科文组织第九届青年论坛开幕式贺词中，深刻地指出："青年最富有朝气，最富有梦想，是未来的领导者和建设者。世界的未来属于年青一代。全球青年有理想，有担当，人类就有希望，推进人类和平与发展的崇高事业就有源源不断的强大力量。"作为商业银行的员工主体，"80 后"、"90 后"青年员工是商业银行创新转型的潜力和优势所在，更是商业银行未来事业继承和发展的接班人。因此，必须加快青年员工成长成才，并不断激发他们以执着的信念、优良的品德、丰富的知识、过硬的本领担负起责任。

本次调研课题以 P 银行 NJ 分行为例，综合采用问卷调查、高管访谈、典型人物访谈等多种调研方式，对青年员工的成长现状进行调查研究，总结出影响商业银行青年员工成长成才的因素，并对完善青年员工成长成才培养体系提出相关建议。

　＊ 浦发银行南京分行团委。本文获 2016 年全国金融系统思想政治工作和企业文化建设优秀调研成果一等奖。

第一节 研究意义阐述

一、深入贯彻和落实习近平总书记系列重要讲话精神

在同各界优秀青年代表座谈时，习总书记对青年提出"坚定理想信念、练就过硬本领、勇于创新创造、矢志艰苦奋斗、锤炼高尚品格"的"五点希望"；在同北京大学师生座谈时，习总书记对青年提出"勤学、修德、明辨、笃实"的"八字真经"。这些关于青年工作的重要论述既体现了党对青年的一贯要求，又深刻揭示了青年成长成才的内在规律，提出了与时俱进的新要求。因此，商业银行必须深入贯彻和落实习总书记系列重要讲话精神，加强对青年员工成长成才培养体系的实践研究，引导广大青年员工走在企业改革创新和转型发展的前列，成为推动企业发展和社会进步的中坚力量。

二、着眼于经济发展新常态，致力于金融理论与实践的创新

经济决定金融，商业银行不仅要顺应经济发展新常态，把握我国经济发展的基本规律，更要着眼于金融市场新形势、新挑战，落脚于金融系统新任务、新问题，致力于金融理论与实践的创新。伴随着经济发展方式的转变和内外部环境的变化，商业银行一方面要充分认识和适应新常态，不断深化金融体制改革；另一方面要理论联系实际，加强人力资源管理，激发青年员工勇于担当、敢于创新的群体自觉和个体意识，为实现商业银行发展的战略目标提供可持续的智力支持。

三、加强改进党对青年工作的领导，造就一支优秀的青年队伍

青年工作是各级党组织常抓不懈的一项战略性工作，"让青年成长成才、造就一支优秀的青年队伍"更是党的青年工作的重要目标。与"60后"、"70后"的员工相比，由于所处的教育背景、家庭背景和社会背景不同，商业银行"80后"、"90后"青年员工有自己独特的思维方式和行为特征。为了进一步推动青年员工的成才成长，各级党组织有必要加强改进党对青年工作的领导，造就一支富有凝聚力和向心力、创新力和执行力的优秀青年队伍。

P 银行 NJ 分行基本情况简介

P 银行 NJ 分行成立于 1995 年，是总行在全国开设的第二家省级分行。近年来，P 银行 NJ 分行始终坚持"以人为本"，积极推进人才队伍建设，致力于打造全省金融人才高地，通过内部培养和外部引进相结合，建设形成了一支具有较高素质的人才队伍，为 NJ 分行实现战略发展目标和建设全省一流商业银行提供了坚实的人才基础。

第二节 关于商业银行
青年员工成长成才现状的调查研究

一、问卷调查及数据分析

（一）问卷样本分布情况

本次共发放 120 份问卷，其中回收有效问卷数量为 117 份，回收率 97.5%，数据真实有效。调查样本在性别、出生年份、学历、专业、所在机构和岗位的分布情况如表 1 至表 4 所示：

表 1   性别

选项	小计	比例
男	61	52.14%
女	56	47.86%
本题有效填写人次	117	

样本男女比例较为均衡。

表 2   出生年份

选项	小计	比例
1980—1984 年	31	26.5%
1985—1989 年	38	32.48%
1990—1994 年	43	36.75%
1995 年及以后	5	4.27%
本题有效填写人次	117	

目前"80后"仍是青年员工的主力军，随着"90后"逐渐走出校门走上职场，未来这一群体的比例还将不断扩大。本次调研所得样本兼顾了"80后"和"90后"，在年龄分布上较为均衡。

表3   学历与专业

选项	小计	比例
专科及以下	4	3.42%
本科	66	56.41%
硕士	43	36.75%
博士及以上	4	3.42%
专业	小计	比例
经济金融类	38	32.48%
会计财务类	24	20.51%
人文社科类	28	23.93%
科技理工类	26	22.22%
其他	1	0.85%
本题有效填写人次	117	

金融业对人才的综合素质要求较高，在招聘时对学历也提出了较高的要求。P银行NJ分行近年来也十分重视对高学历人才的吸纳和培养，本次调研所搜集的样本中，本科以上占到96.58%，硕士以上占到40.17%。专业方面，以经济金融类为主，这也符合行业性质。其余均匀分布在人文社科类、会计财务类和科技理工类，体现了NJ分行人才专业背景的多元化特点。

表4   所在机构和岗位

X/Y	前台运营操作	业务营销序列	产品经理序列	风险控制序列	职能部门	管理层	小计
分行机关部室	0(0%)	2(4.76%)	20(47.62%)	4(9.52%)	13(30.95%)	3(7.14%)	2
同城支行	15(39.47%)	3(7.89%)	1(2.63%)	2(5.26%)	2(5.26%)		38
异地分支行	5(13.51%)	14(37.84%)	3(8.11%)	4(10.81%)	7(18.92%)	4(10.81%)	37
合计	20	31	26	9	22	9	117

根据 NJ 分行的组织机构划分情况，本次调研对象的选取分为三类，分别为：分行机关部室、同城支行和异地分支行。三类所获得的样本量较为平均，其中各岗位的样本情况如交叉分析图表所示。根据图表结果可以认为，本次调研样本分布均衡，调研结果的信度和效度较高。

（二）问卷情况统计与数据分析

1. 职业成长中的关注点

根据图 1 显示，32.48% 的青年员工表示最关心薪酬提高，24.79% 的员工表示最关心个人能力提高，反映了青年员工对于就业目的的认识主要集中在两大方面：一是客观层面，认为职业是收入的主要来源，要求随着职业生涯的发展，薪酬方面能够有所提升；二是主观层面，认为职业可以让人自身获得成长，提高个人能力。

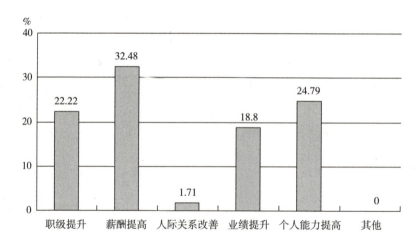

图1 关于职业成长，您最关心的是？[单选题]

图 2 更为具体地反映出了不同年龄段的人更为关注哪一方面。"95 后"由于采得的样本数量较少，不具有代表性。前三类数据中，1980—1984 年出生的员工更为关注业绩提升；1985—1989 年出生的员工更为关注薪酬提高；而 1990—1994 年出生的员工更为关注个人能力提高。越来越多的年轻员工将职业发展与个人发展结合起来，将职业成长内化为自身发展的契机，更为关注自身能力的提高与成长。

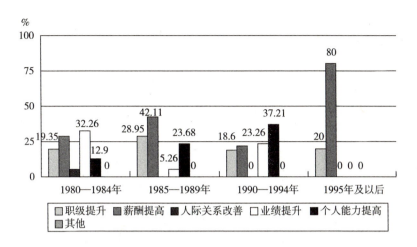

图2　不同年龄段的人更为关注哪方面

2. 工作中的正向反馈和负向反馈

根据图3所示，青年员工感觉目前工作最满意的三点是同事关系融洽、团队合作得力和领导做事公平，印证了P银行NJ分行着力塑造的"以人为本"的企业文化。

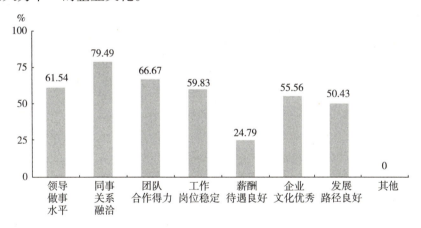

图3　您对目前的工作感到满意的地方有？[多选题]

根据图4，在选择工作中最强的正向激励因素时，最多的人选择了"工作业绩突出"，其次是"自我获得成长"，与此前职业成长中的关注结果呈现出一致性。外部激励因素和内部激励因素都在青年员工的职业生涯发展中起着重要的作用。

而在图5所示的负向反馈方面，61.54%的被调查者选择了"业绩表

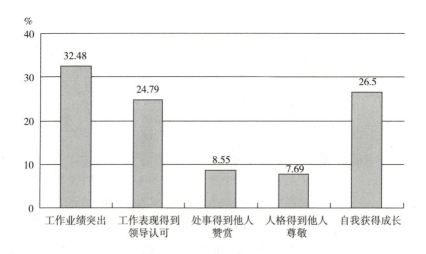

图4　最能让您感到工作有成就感的一项是？［单选题］

现不突出"，55.56%的被调查者选择了"完不成指标任务"。可见，"工作业绩"是青年员工最为关注的因素。商业银行之间的竞争越发激烈，"业绩"的争夺和比拼变得越来越白热化，而内部的选拔和竞争机制也是"业绩为王"，将其作为考核的主要手段，导致了青年员工在职业发展中对业绩给予较大关注。

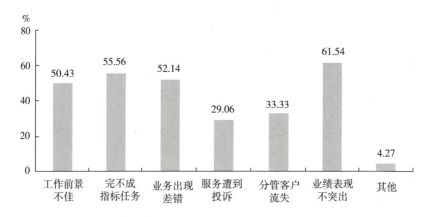

图5　您目前在职业成长方面担心的问题有？［多选题］

在图6所示的负激励因素的选择方面，调查者中77.78%选择了"自我价值难以实现"，66.67%认为"薪酬待遇低"，符合马斯洛需求层次理论。薪酬待遇属于低层次的需求，是满足高层次需求的基础；而自我价值实现属于高层次的需求，更加难以满足。

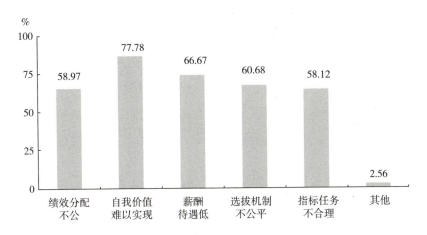

图6 您认为影响工作积极性发挥的主要因素有?［多选题］

3. 工作压力及影响因素

通过图7可以看出，在工作压力感受方面，频数最多的是7~8分；5~6分次之。统计得分结果发现，压力平均分为6.44。青年员工普遍感到工作存在一定压力，但没有达到"压力巨大"的程度。

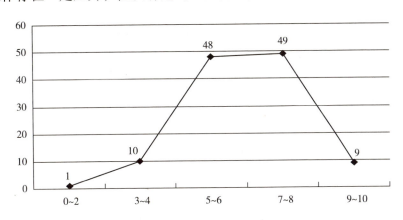

图7 请对目前的工作压力打分，10分为压力巨大，0分为没有压力

通过图8可以看出，在影响工作压力的因素方面，选择最多的两项分别是"工作负荷重"和"业务指标高"。这与我们平时从媒体和工作生活中所得的感性经验相一致，银行工作的强度大，要求高，尤其是对于一线营销人员和运营人员来说，业绩和工作负荷的压力更为巨大。通过交叉分析，95%的运营人员感觉业务指标高，90%的运营人员感到工作负荷重；在营销序列里，76.07%的被调查者认为业务指标高，79.49%的被调查者认为工作负荷重。

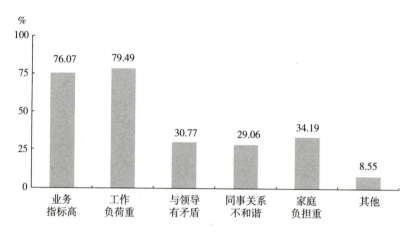

图8　您认为影响工作压力的因素有？[多选题]

4. 职业成长的需求和期望

根据图9所示，42.74%的被调查者将"管理岗"作为自己职业生涯规划的最理想岗位；其次是18.8%的人选择了"专业岗"。选择人数最少的是"运营岗"，仅为1.71%。交叉比对结果也显示，管理岗和产品经理岗的被调查者对自身岗位的满意度最高，而运营岗的被调查者在选择理想岗位时未选择本岗位。

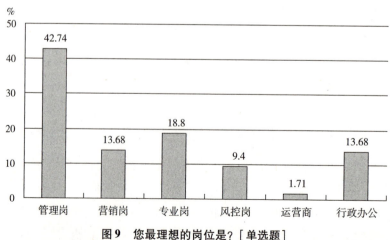

图9　您最理想的岗位是？[单选题]

薪酬的预期方面，图 10 显示有 47.01% 的被调查者选择理想年薪在 15 万~20 万元，33.33% 的被调查者希望年薪能够超过 20 万元。这反映出青年员工群体普遍对薪酬水平有着一定追求，但也能根据自身目前的实际情况管理自我预期。

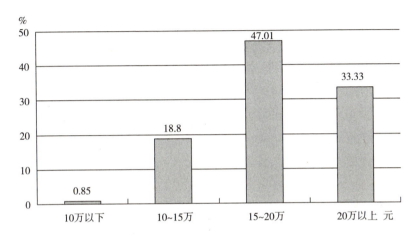

图 10　您目前理想的薪酬水平为？（每年）［单选题］

5. 对领导层以及公司未来发展的希望

根据图 11 所示，有 24.79% 的被调查者将"有亲和力，为员工着想"作为理想中领导的首要素质，"组织能力领导能力强"以及"有强大的个人魅力和号召力"并列次之。就管理层自身的调查结果来看，选择最

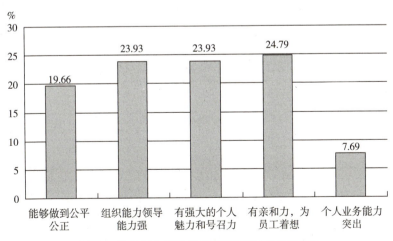

图 11　您理想中领导的首要素质是？［多选题］

多的是"有强大的个人魅力和号召力"，反映出员工群体和管理层之间对于领导素质要求的认识存在一定的偏差。

根据图12，有86.32%的人选择较为关注企业未来经营效益的提升，有70.94%的人选择较为关注企业声誉的认可度。可见，青年员工对企业的未来发展给予了很大的关注度，尤其对经营效益和企业声誉这两项市场竞争中的重要要素更为关注。

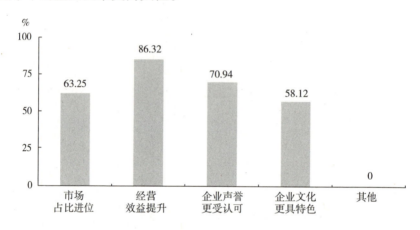

图12 您较为关注我行哪些方面的发展？[多选题]

6. 对企业文化的认可度

通过数据表，可以看出绝大部分青年员工对于 P 银行 NJ 分行的企业文化和党建工作还是较为认可的，尤其是在企业文化的认可度方面，达到了"零差评"，这充分表明了 P 银行 NJ 分行的企业文化深受员工认可。

表5 　　　　　　　　　对我行企业文化氛围是否认可 [单选题]

选项	小计	比例
很不认可	0	0%
不认可	0	0%
一般	15	12.82%
认可	58	49.57%
很认可	44	37.61%
本题有效填写人数	117	

表6   对我行党建工作的总体评价［单选题］

选项	小计	比例
很不好	0	0%
不好	1	0.85%
一般	9	7.69%
好	57	48.72%
很好	50	42.74%
本题有效填写人数	117	

表7   对我行党员发挥先锋模范作用效果的评价［单选题］

选项	小计	比例
很不好	0	0%
不好	3	2.56%
一般	13	11.11%
好	52	44.44%
很好	49	41.88%
本题有效填写人数	117	

根据图13所示，有70.94%的青年员工认为我行应该在企业文化活动中加入户外运动的项目，这也充分符合青年群体的自身特点。值得一提的是，1位选择"其他"选项的被调查者，填写的内容是希望增加"领导和员工的交流活动"，这也是丰富企业文化的必要举措和建议。

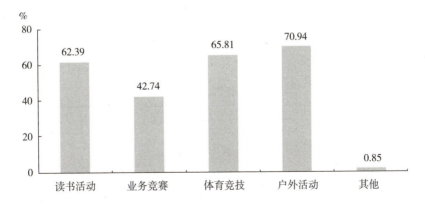

图13   您认为目前我行企业文化活动还应该包含哪些？［多选题］

7. 对培养体系的需求和建议

根据图 14 所示，对于培养体系，需求最多的是提升综合业务能力以及新业务的知识讲座。这反映出青年员工由于专业背景不同，入行时间不长，对于自身业务能力的培养需求还是很迫切的。未来管理层需要加大业务方面的培训力度。此外还有人提出要有针对管理能力和领导力的培训，也是很好的建议。

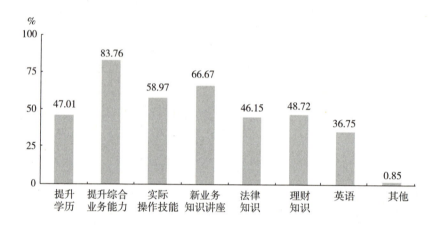

图 14 您最希望得到的职业成长培训是？[多选题]

二、高管访谈

（一）访谈情况介绍

本次课题在问卷调查的基础之上，选择了结构化访谈的方法进行辅助调查，主要面向 P 银行 NJ 分行的管理层领导和在青年员工群体中有着突出表现的典型人物。

表 8　　　　　　　　　　高管访谈情况

访谈时间	访谈地点	访谈对象	访谈方式
2016 年 9 月 20 日	分行办公室	A 某（负责人力资源工作）	面谈
2016 年 9 月 21 日	分行办公室	B 某（负责企业文化工作）	面谈
2016 年 9 月 22 日	分行办公室	C 某（负责党建工作）	面谈

（二）访谈内容及相关分析

1. 企业文化和人才理念

负责企业文化工作的 B 某在访谈中说到：P 银行的特点，我总结就是"稳健经营、以人为本"有凝聚力、有稳定性、关心员工，特别是相对来讲不搞团伙。这个就是企业文化中的正气。目前商业银行竞争激烈，很多银行都特别重视经营业绩的提升与突破，在公司文化方面不断强调"狼性文化"；而 P 银行在强调"创造卓越"的基础之上，更加入了人文关怀的因素，在企业中营造"以人为本"的氛围，对于员工的成长和发展来讲，具有重要的积极意义。

2. 青年员工的职场表现

负责 NJ 分行人力资源工作的 A 某对青年员工的特点进行了一定概括：他们身上有许多和老员工不同的特点，比如具有硕士、博士等高等学历背景；他们学习能力强、个性独立、有实现自我价值的强烈愿望；他们喜欢有挑战性的工作，具有较强的创新能力。然而，他们身上也具有许多不可避免的缺陷：面临社会生活带来的种种压力，使他们对薪酬待遇十分看重；社会阅历较少；对于各种工作压力和生活压力的承受能力较差，遇到挫折后，无所适从，焦虑不安，对于社会不平等现象总是愤愤不平；攀比心理较强，每当和其他青年人对比后。如果形成差距，会对自身职业产生动摇心理。

3. 青年员工培养的阶段性成果

负责党建工作的 C 某在访谈中表示，目前对青年员工的培养体系已经初见成效，具体体现在以下两个方面：首先是建立了一个后备干部储备库，有 100 名左右的青年员工，全部都在 35 周岁以下，未来通过进一步的培养和选拔，将成为行内的中坚力量；其次是目前 NJ 地区新晋升了一批营销行长，其中"80 后"所占比例大幅上升。这也可以看出，青年员工在管理领导方面正在发挥着越来越重要的作用。

三、典型人物访谈

（一）访谈情况介绍

在高管的建议下，选择了三位有着杰出表现的先进员工进行了进一步的访谈。

表9 典型人物访谈情况

访谈时间	访谈地点	访谈对象	访谈方式
2016年9月21日	分行办公室	R某（分行零售条线杰出员工）	面谈
2016年9月22日	P支行办公室	H某（分行公司业务总经理）	面谈
2016年9月23日	D支行办公室	P某（支行公司业务客户经理）	面谈

（二）访谈内容及相关分析

1. R某，男，1984年生，32岁，于2008年本科毕业进入P银行，目前在分行零售条线工作

R某2008年通过大学生实习团队的实习在P银行留任，一直在零售条线工作。他认为目前的发展现状和自己的职业生涯规划还是比较吻合的，但也遇到了一些困惑。"P银行以公司业务为主，零售板块的发展不温不火，在人员配置和投入力度方面都有待开发，我自己也一直在思考；领导也安排了我参与其他岗位和条线的学习，这让我能够更加全面地理解零售业务。目前零售这一块也逐渐发展了起来，我个人感觉未来还是会有很大的发展机会。在职业生涯的规划方面，领导和老师也会给出有建设性的意见，帮助我们青年员工成长。"

2. H某，男，1987年生，29岁，于2010年本科毕业进入P银行，目前在支行担任公司业务总经理

在遭遇职业瓶颈时，H某认为，首先要反思，是不是自己的业务能力已经不足以应对目前新的环境和挑战，遇到瓶颈有几点处理措施：第一是不断学习新知识和创新业务，练好自己的内功；第二是坚持，职业瓶颈是每个人都会遇到的问题，是人生不可或缺的一个经历，在这个过程中，等待新的机会，也不失为一个好办法；第三点是服从总分行的统一调配，当总分行有人才调整需要时，尝试系统内的其他岗位。

3. P某，女，1990年生，26岁，于2014年研究生毕业进入P银行，目前在支行担任公司业务客户经理

P某入行才两年的时间，现在已经担任了支行营销团队的团队长。"目前的岗位有一定的挑战性，能够学到很多东西，符合自己的职业发展预期。自己设定的目标是5年做到支行中高层，目前希望能够做一个懂营销懂产品的合格客户经理。"当遭遇职业瓶颈时，P某认为，首先要从

外部和自身全面分析遇到瓶颈的原因，自己可解决的会改进解决，不能解决的会与信任的领导同事沟通解决。

第三节　影响青年员工成长成才的因素分析

一、客观环境因素

（一）同业竞争压力

伴随着利率市场化和金融体制改革的日益推进，商业银行面临着越来越激烈的市场竞争，为了整体的经营效益和市场占比，商业银行的选拔机制和薪酬体系基本上以员工业绩水平的高低作为重要的绩效考核方式。因此，青年员工十分关注工作业绩的提升，工作的正向和负向最大激励影响因素均与工作业绩有关。为了不断提升工作业绩，银行员工往往面临着高强度的工作压力，超过75%的青年员工，尤其是一线营销人员和运营人员，表示主要的工作压力来源是"工作负荷重"、"业务指标高"。因此，如何疏导青年员工的职业瓶颈，研究切合青年员工实际的压力缓释方法，对于青年员工的职业成长十分必要。

（二）人力资源管理

首先，以薪酬体系为例，近1/3青年员工表示在职业成长中最关注薪酬，超过80%的青年员工希望自己年收入"15万元以上"，但只有不到1/4的青年员工表示"目前薪酬待遇良好"。根据双因素激励理论，当以薪酬为代表的保健因素得不到满足时，员工会出现工作积极性不高的现象，即使薪酬后期得到一定的改善，也不能使员工感到满意，只能减少员工的不满，不能调动员工的工作积极性。因此，商业银行有必要结合实际，适当调整目前的薪酬管理模式。

其次，以工作岗位为例，通过本次问卷调查，超过42.74%的青年员工选择"管理岗"作为自己理想的工作岗位，管理岗和产品岗的青年员工对自身岗位的满意度最高，而运营岗的青年员工无人选择现有岗位为理想岗位。这一现象不仅反映了大部分青年员工渴望提升管理能力、获取晋升机会的心理状态，而且反映了岗位分工差异化带来的认识偏差，部分青年员工不愿意在基层岗位锻炼能力，缺乏吃苦耐劳的精神和合理的职业定位。因此，商业银行有必要帮助广大青年员工，尤其是基层工作的一线员工，结合工作实际，制定合理的职业生涯规划，完善现有的激励机制。

（三）领导力水平

领导力是一种特殊的人际影响力，在组织中，领导者发挥领导力的作用，和成员共同推动团队向着既定目标前进。根据问卷调查，超过60%的青年员工对于目前的"领导做事公平"十分满意，近25%的青年员工认为工作中最有成就感的是"工作表现得到领导的认可"，可见，上级领导力水平的高低与青年员工的工作满意度和职业成长息息相关。调查的领导者首要素质前三位分别是"有亲和力，为员工着想"、"组织能力领导能力强"和"有强大的个人魅力和号召力"，可见，平等比权威更重要，真诚比体面更重要，领导者不仅需要有强大的组织能力和领导能力，更需要有激励人心的感召力。这些多角度反馈的建议将为P银行NJ分行今后青年员工的人才培养和后备选拔提供有效的借鉴和参考。

（四）企业文化

企业文化是企业的灵魂，更是企业不断发展的精神动力。本次调查的李克特量表显示，青年员工对P银行企业文化氛围的认可度较高，实现了"零差评"，对于P银行NJ分行的党建工作和党员模范作用的评价，也分别有91.48%和86.32%的好评率。但是，在调查"影响工作积极性发挥的主要因素"时，高达77.78%的青年员工选择了"自我价值难以实现"。可见，塑造优秀的企业文化，不仅要达成普遍共识，更要结合员工实际，将企业价值与个人价值的实现相结合。

二、主观素质因素

（一）价值观

一般情况下，商业银行可以通过培训、轮岗、晋升等多种人力资源管理手段与措施，使青年员工快速具备或提高知识与技能水平，但相比较而言，青年员工的价值观较难评价和培养。在本次调查中，超过96.58%的青年员工拥有本科及以上的学历，他们中的大多数人有想法、有追求、有信仰，自我期许很高，但是从成长环境来看，缺乏勇于担当责任和主动管理意识，影响了艰苦工作的抗压性和韧性。因此，商业银行有必要采取措施，帮助青年员工树立正确的职业价值观，激励他们自主管理、爱岗敬业、乐于奉献，为企业创造更多的价值。

（二）自我实现

根据马斯洛需求层次理论，人类需求的最高层次是自我实现需求。青年员工从小生长的环境大多数是物质较为丰富，生理与安全的低层次需求都得到了基本保障，因此，他们非常看重归属感、受尊重以及自我实现的需求。在本次调查中，有77.78%的青年员工选择了"自我价值难以体现"作为影响工作积极性发挥的主要因素，体现了青年员工职业生涯的高层次需求。商业银行有必要结合青年员工的工作实际，优胜劣汰，因材施教，让有能力、有担当的青年员工看到自己的发展前景，正视自身价值，增强在组织内部发展的信心和活力。

（三）认知偏差

本次调查发现，较多的青年员工对自己和对组织的认知之间存在一定的认识偏差。一部分青年员工认为自己的能力可以胜任工作，但是组织选拔机制不公平；一部分青年员工认为自己的薪酬待遇水平低，与高负荷的工作指标不相匹配。这些认识偏差体现了青年员工自我高评价、外部环境低评价的现状，不仅会让青年员工对周围的环境和同事产生不满的情绪，也会影响其他员工的工作感受和工作表现。因此，商业银行需要重视青年员工的职业认识偏差，帮助他们调整心态，消除不切合实际的期望，积极迎接机遇与挑战。

第四节　完善青年员工成长成才培养体系的相关建议

一、加强党对青年工作的领导，开展青年员工的教育培训

（一）加强青年员工的思想政治和职业道德教育

首先，顺应商业银行思想政治工作的新形势，以理想信念为核心，以爱国主义教育为重点，以思想道德建设为基础，积极做好商业银行青年员工的思想政治教育，关心青年员工的成长现状，了解不同岗位青年员工对工作生活的真实感受，对青年员工的思想循循善诱，进行疏导；其次，加强青年员工的职业道德教育，要求每一名青年员工做到爱岗敬

业、遵纪守法、诚实守信、业务优良、服务人民、奉献社会，以高质量的服务回报广大客户。

（二）在优秀的青年员工中选拔培养内部兼职培训师

通过这些优秀青年培训师的授课，将最新的业务和产品知识或者销售和管理技能，以培训和学习的方式进行梳理知识、传播知识和创新知识，不断转化为支撑业务的强大推动力。内部兼职培训师的选拔和培养的范围可以覆盖各个专业领域（销售、技术、内部管理等），覆盖各个层级（中高层、基层、普通员工），所讲授的课题要契合 P 银行 NJ 分行未来的发展，鼓励结合工作实际，进行开拓创新。

（三）建立以青年员工为主体的学习型组织

根据美国管理大师彼得·圣吉的"学习型组织理论"，青年员工的学习型组织具备五项修炼：第一项修炼是"自我超越"，青年员工要突破极限，挑战自我的成长目标，这是学习型组织的精神基础；第二项修炼是"改善心智模式"，青年员工要改善错误的心智模式，以开放的心态容纳他人的想法，顺应金融环境的改变；第三项修炼是"建立共同愿景"，建立组织内部全体成员共同的战略目标和美好愿望，指引着全体青年员工前进的方向；第四项修炼是"团体学习"，通过青年员工的团体学习，发挥青年员工的聪明才智，拥有整体搭配的行动能力，创造更多的智力成果；第五项修炼是"系统思考"，扩大时空范围，从片段看整体，从细节中掌握动态的均衡，尤其是分行职能部门、业务管理部门的业务骨干，必须具备较高的知识储备、学习能力以及组织协调能力，推动制度创新和组织创新，形成可持续发展的竞争优势。

二、优化人力资源管理，构建青年员工的职业规划

（一）早期规划

主要针对入行 1~2 年的青年员工。他们都受过高等教育，有较高的学历、学习能力、创新意识，但对银行业务知识、操作实务、沟通交流等内容的了解有待提高，动手能力较差、自我定位有时偏失。这一阶段，着重帮助青年员工树立正确的职业观，熟悉了解银行业务知识，提高履职能力和工作积极性。每年 7~8 月，组织为期 2 个月的入职培训；将新入职员工分配到基层网点后，组织 3~6 个月的跟岗学习；建立运营员工

师徒带教制度，为新入职员工明确一名带教师父，签订一年期带教合同；一年期满后，对新入职员工进行综合考评。

（二）中期规划

主要针对入行 3～5 年的青年员工，这个阶段着重关注员工对银行业务知识的学习与钻研，为银行培养基层的青年业务骨干。应专门针对青年员工，探索推出青年员工"雏鹰计划"，主要选拔对象为工作三到五年的高学历、高素质、具有一定专业积累和高成长潜质的年轻员工，入选后将按照管理培训生模式进行重点培养，培养目标为团队经理、支行或部门管理岗位人员、专业技术人才。

（三）后期规划

主要针对入行 5 年以上青年员工，打造优秀管理人才的"精英俱乐部"，主要吸引营业机构科级以上职务、具有较强业务创新能力和市场拓展能力、业绩突出、在市场上有较好声誉和认可度的营销专才，引进后充实到 NJ 同城支行或异地二级支行的市场部总经理、行长助理级、副行长级等营销专业岗位上，按营销考核个人或团队业绩。经过一到两个考核周期后，对业绩突出、综合素质高、具备管理能力的人员可根据岗位需要转配为 P 银行 NJ 分行的管理干部。

三、引导独立自主管理，发掘青年员工的胜任力

根据美国管理大师彼得·德鲁克的目标管理理论，本课题建议引导青年员工积极参与到现有的部门和个人绩效管理中，在制定绩效目标、开展绩效沟通、加强绩效执行和反馈绩效评估的四个阶段中，充分发挥独立自主管理的能动性，并且在管理过程中发现问题、分析问题和解决问题，最终实现个人和团队的绩效目标。

根据美国哈佛大学教授戴维·麦克利兰的胜任力理论，胜任力是驱动青年员工产生优秀工作绩效的各种个性特征的集合，更是判断青年员工能否胜任某项工作的起点。相对于知识和技能等表面因素，胜任力中的潜在因素（价值观、自我形象、个性、动机）虽然难以培养，但是往往对表象的部分起到决定性作用。建议 P 银行 NJ 分行在引导青年员工独立自主管理的同时，积极开发不同工作岗位的胜任力模型，发掘出更多有胜任力的优秀青年员工，提升企业整体的领导力水平。

四、积极缓释工作压力，疏导青年员工的职业瓶颈

根据职业生涯管理理论，从"战略实施"到"职业成功"，多数人要经历"职业高原和倦怠"的考验。建议建立员工压力疏导 ERP 计划，缓释青年员工工作压力，培养员工群体和个体的"职业韧性"，即面临工作压力和逆境时的自我调整适应能力。主要措施可以包括开展青年员工心理状况测评、编印《员工工作减压手册》、举办"健康心态与压力缓释"专题讲座、开通员工心理咨询专家热线、开展员工扶贫帮困活动、推进"工会小家"建设、组织"心理资本提升"专题培训、开展员工帮助计划专题调查等内容。

受外部环境变化和青年员工自身特点的影响，青年员工容易遇到职业发展的瓶颈和困境，需要管理层进行必要的帮助和疏导。建议当员工在自身岗位上出现职业发展的瓶颈，人力资源部可以结合员工自身特点和岗位需求，安排员工进行轮岗，包括前后台的轮岗学习、不同业务板块的学习体验，帮助员工找到符合自身特点的职业发展方向。

五、完善企业激励机制，鼓励青年员工的开拓进取

首先，根据双因素激励理论，建议在一定程度上适当提高青年员工整体薪酬水平；工资晋升政策适当向青年员工做出倾斜；适当调整薪酬发放规则；增加长期激励薪酬的应用；定期调整考核管理办法，根据岗位职能的不同予以差异化管理。

其次，建议根据职位的不同，采用差异化的晋升政策，适当向青年员工倾斜；增加组织内公开竞聘的职位，为青年员工提供更多的机会；完善现有考核评价机制，探索对营销人员实施专业序列管理，激发青年员工的积极性和创造力。

再次，根据马斯洛需求层次理论，建议统一制作青年精英的"荣誉奖章"。根据青年员工的行龄 1~2 年、3~5 年、6~10 年和 10 年以上四个区间对应制作白色、蓝色、红色和金色四种颜色的精致奖章，颁发给表现杰出、有突出贡献的青年骨干员工，鼓励他们将个人价值与企业价值的实现紧紧结合在一起，勇做锐意进取、开拓创新的时代先锋。

企业文化如何走出
"知易行难"的困境

——以《国泰君安共识》
宣贯落地的理论和实践探索为例

国泰君安证券股份有限公司党委办公室*

大道至简,知易行难。知行合一,得到功成。企业文化如何真正落地执行,真正转变为公司重大决策的根本依据、部门推进工作的强大动力和员工开展业务的行动指南?不论从各行业发展历史经验观察,还是从未来发展需要判断,上述问题的解决与企业文化一般知晓相比,难度都更高、意义也更大。本课题以国泰君安企业文化最新理念成果——《国泰君安共识》(以下简称《共识》)的宣贯落地为例,从理论和实践两方面,系统研究企业文化知易行难问题,初步提出了解决之道,供业内参考指正。

一、问题的提出

课题组通过大量实际案例研究发现,从企业文化角度看,在企业失败的案例中除了个别企业是因为企业文化滞后于发展现实,从而阻碍了企业发展外,大部分的企业出现问题是源自那些美好的文化设想没有真正践行到位。如近年来,食药品行业引起的公共安全事件层出不穷,然而任何一家涉案企业无不把"诚信、责任、安全"等词汇作为企业文化

---

* 本文获 2016 年全国金融系统思想政治工作和企业文化建设优秀调研成果一等奖。

的核心理念，实际行为却相去千里。

与其他行业相比，证券领域投机性更强、行业创新更替更快、风险更大，由此产生的风险溢价也更诱人。作为市场中流砥柱的证券公司时刻面临着恐惧与贪婪的考验，意志稍有动摇，企业行为就会偏离自身曾立誓要维护和坚持的"文化初心"。纵观证券市场历史发展，每一次危机的种子往往都潜藏在市场主体违背其宣示要坚持的文化理念的错误行为中。不论是1720年英国南海公司泡沫，还是1929年美国大萧条；不论是1997年亚洲金融危机，还是2008年美国金融海啸，抑或是去之不远的2015中国股市波动。我们都能看到行业中个别公司自食其言，违背其宣示要守护的基本理念，在把公司推向深渊的同时，也引发了或扩大了金融危机。

概言之，曾经创造过辉煌业绩而今泥足深陷的企业，其企业文化必定有值得肯定之处。从企业文化角度来讲，它们最终失去消费者市场、失去信誉、走向失败，除个别企业是因为文化本身落后而阻碍企业发展外，绝大部分企业要么是被利益诱惑而主动违背其文化宗旨，要么是苦于没有落实文化的思路和办法而被动偏离其文化追求。可见，文化理念的提出诚然重要，但是企业成员对文化理念的理解有多深、坚决贯彻的决心有多大以及推进文化落地的办法有多好，才是企业文化保障企业基业长青的核心动力。

二、调研方法与过程

本课题的研究过程中，共采用了四种研究方法。

（一）文献研究法

课题组以心理学、管理学、经济学为理论基础，以认知、态度、激励以及证券行业监管、企业组织变革、企业文化形成与发展等为主题词，通过电子数据库和图书馆馆藏，搜集参阅了大量中外文献资料，从国内外的大量理论和实践研究成果中总结、归纳和推导企业文化知易行难的根本原因、解决思路与具体方法。

（二）问卷调查法

课题组为充分调研国泰君安企业文化落地情况，精心设计了调查问卷，以总结解决知易行难问题的成功做法和努力方向。本次调研共回收

1354 份问卷，参与问卷调研的员工的年龄结构、部门结构、层级结构分别如图1、图2、图3所示。综合来看，本次调研覆盖面较广，能够反映公司全体员工整体对公司企业文化建设的评价，确保结论是客观、准确的，提出的建议是有参考价值的。

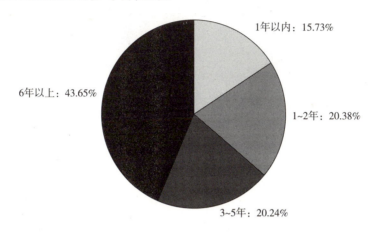

图1 年龄结构

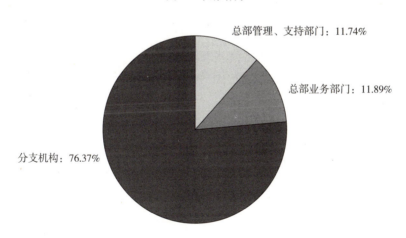

图2 部门结构

（三）访谈法

课题访谈同样围绕提炼国泰君安推进企业文化落地的成功做法和发展努力方向等主题，设计了访谈提纲，采用集体座谈、个别采访等方式对公司领导和普通员工进行访谈。通过访谈的开展，与调研问卷结论进行了相互验证，也发现了一些问卷调研没有发现的问题和建议，提升了

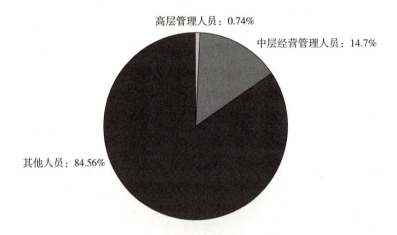

高层管理人员：0.74%

中层经营管理人员：14.7%

其他人员：84.56%

图3　层级结构

整个调研的客观性和全面性。

（四）案例法

课题组查阅大量典型的企业失败或公关危机事件，研讨失败或危机中企业文化与企业行为的相互关系，从企业文化角度剖析企业失败和危机事件的原因，探索可能的解决办法。此外，课题组还以国泰君安企业文化理念成果——《共识》的提炼过程为研究案例，总结归纳文化提炼过程中的好的做法，以及文化提炼与文化落地的互动关系，为后续全面系统推进文化落地提供参考。

三、理论基础与问题分析

（一）从宏观视角看，企业文化是稳定性和变动性的统一，研究文化落地实施问题，必须在文化认知更新和文化落地实践的循环提升的全局视野下进行

"知行合一"源自于儒家心学的代表人物王阳明，他强调只有实践才能更好地探知事物的本质，只有实践才能把道德意识完整地体现出来。马克思主义认识论同样强调实践是认识的来源，认识反作用于实践。认识实践运动史是一个从实践到认识，从认识到实践，不断反复和无限发展的辩证发展过程。同样，企业文化建设始终处于均衡到非均衡、再到新的均衡的动态演进中。

企业文化发展的路径依赖特征明显，历史传承对其发展的影响较大，

具有较强的稳定性。但是当企业的发展时期、发展规模、市场范围以及监管政策、客户偏好等内外条件发生变化时，企业文化往往需要微调，有时甚至需要深刻变革，从而表现出迫切的变动性。从理论上说，如果企业文化本身没有跟上时代发展，越是严格执行企业文化的要求，越是束缚企业发展。从现实上说，当企业文化本身出现问题时，企业员工作为生产力中最活跃的因素，总有个别员工会根据实际情况调整自身行为，行为与文化的背离几乎是必然发生的，但员工行为仅为个别行为，作为企业若不能从总体上及时调整文化导向，则企业离失败为期不远。课题报告后续内容也将表明很多落地实施阶段的难题其实产生于企业文化建设其他阶段，尤其是文化更新和提炼阶段。因此，真正要做好文化落地实施工作，不能只关心落地实施阶段，而应该在完整的企业文化建设工作链条中去寻找关键因子。

（二）从微观视角看，个体从观念提出到长期实践，必然经历正确认知、正向态度、持续激励等三个关键环节，知易行难的具体原因全部隐藏在此三个环节之中

1. 认知正确是行动的前提

（1）正确认知应达到认知层级"掌握"

按照学界通说，人类的认知分为五个级别：知道（听说过）、了解（知道一个级别框架）、熟悉（记住大部分细节）、掌握（能熟练应用）、专精（能创造性解决问题）。课题组认为本课题所指"正确"认知，至少应达到"掌握"的程度，才具备了企业文化观念运用于实践的能力。

（2）认知主体、客体和方法共同决定了认知深度

认知心理学将认知过程看成对作用于人的感觉器官的外界事物进行信息加工的过程，影响认知结果的因素可基本分为三方面，即主体的认知能力和认知风格，客体的易认知性，手段的有效程度。

关于主体方面，认知能力与一个人感觉器官机能、逻辑思维水平、受教育程度相关，有高低之分；认知风格是个体习惯化的信息加工的方式，几乎每个人都不一样。关于客体方面，本课题研究的企业文化，为一套价值理念体系。从"知道、了解、熟悉"角度说，简洁精练、系统逻辑的文化体系无疑易于认知。而从"掌握"角度说，简洁会提高在不同场景的适用性，但也会降低在具体某一场景的操作性。因此同时满足

简洁和操作的需要，对企业文化提炼提出很高的要求。关于手段，不论是主体认知能力和风格的差异，还是不同认知层级的要求，都需要认知手段尽可能多样化。

（3）认知过程中产生的"行难"源点

通过上述分析可知，从认知过程看，企业文化之所以知易行难，原因主要有：一是认知层级模糊不清，尚未达到"掌握"程度、不具备"行"的基本能力，就以为完成了"正确认知"；二是认知主体的认知能力有限；三是认知客体的易认知性不够高；四是认知手段单一，不能适应主体认知能力和风格差异，以及客体在不同认知层级的最佳传播方式。

2. 正向态度是行为的预备

态度是个体对特定对象所持有的稳定的心理倾向，蕴含着个体的主观评价以及由此产生的行为倾向性。显而易见，员工对企业文化的态度将直接影响其践行文化时的实际行为。

（1）解决认知失调问题是形成正向态度的关键

对于态度的形成，认知一致论是影响较为广泛的理论。认知一致论认为一个人如果有几种信念或观点彼此不协调，他将感受到心理上的压力，处于所谓认知失调状态。在认知失调状态下，处于压力的驱使，认知结构重新组合，使得态度的不同成分之间趋向一致。认知失调有四种原因：逻辑的矛盾、文化价值冲突、观念的矛盾以及新旧经验相悖。一般而言，企业文化内容既有与员工既有态度相一致的"旧的"部分，也有与员工既有态度不一致的"新的"部分。根据认知一致论，"旧的"容易获得认可，关键是解决对"新的"态度的认知失调问题。

（2）应从多角度出发树立员工对企业文化的正向态度

一是对于既有文化部分。在提炼企业文化时，要尽可能吸纳广大员工既有的有利于企业未来发展的文化因素，包括企业以往的优秀文化基因、最能反映员工正面精神风貌的价值观念以及全社会普遍认可的公序良俗等，从而在源头上减少认知失调发生的可能。二是对于新提出的文化部分。在提炼企业文化时，要有意识引导广大员工根据内外时空环境变化主动提出新文化观念并鼓励员工讨论，在宣导和实施企业文化时更加突出新文化观念，采取有效激励和约束手段促进广大员工重组认知结构，形成对新文化观念的正向态度。三是对于同属于企业文化体系的新文化和既有文化。在提炼和宣导企业文化时应尽可能建立和强调既有文化内容与新文化内容的逻辑关系，从而降低认知整合重组的难度。

（3）态度形成过程中产生的"行难"源点

根据上述分析，结合当前企业文化建设现状，负面态度的形成情景可以简要归纳为三方面，一是忽略员工的作为文化终端执行者的地位，没有充分吸纳员工的合理意见和建议，员工自然对新文化不认可；二是割裂企业历史文化传承和企业所处社会整体文化倾向，造成新提出的和既存的文化相互冲突，企业文化体系内部存在逻辑矛盾；三是未能有意识地突出新文化观念，员工有意或无意忽略其存在。

3. 制度为人类行为持续发生提供了最有力的激励

（1）制度是消除文化行为不确定性的关键

基于人的自利性和有限理性，在追求个人效用最大化过程中，个人态度可能发生改变，使个人未必按照其原先承诺或态度行事，难免发生机会主义行为。制度是人们行动的基本规则，并借助奖励或惩罚力量确保执行，消除行为的不确定性，为个人的选择提供了完整的激励系统。因此，在企业文化落地过程中，即使员工对企业文化有了正确理解，且对其持正向态度，也可能在人类天性、认知局限和外部世界复杂性的作用下，转变了态度评价，或者出现态度与实际行为的背离，即文化落地存在很大的不确定性。为了消除这种不确定性，构建一套相应的制度激励体系就成为企业必然选择。

（2）企业文化落地需要在非正式制度、正式制度的共同激励下完成

按照制度经济学的研究，广义的制度包括由社会认可的非正式制度，官方规定的正式制度和相应实施机制所构成。非正式制度一般是指人们在长期生活中逐步形成的习惯习俗、伦理道德、价值观念、文化传统，其实施依靠人内在的心理自我约束和周边群体的软性评价。正式制度是人们有意识建立起来的并以正式方式加以确定的各种制度安排，形成与演变往往是强制而快速的，其实施有一整套体制和机制上的安排。

正式制度与非正式制度在时间上相互生成、空间上相互补充。在时间上，非正式制度一般是正式制度产生的前提和基础，而正式制度一旦成功确立后将强有力约束人们的行为选择，从而逐步形成一套新的行为习惯和伦理观念，即新的非正式制度。在空间上，正式制度与非正式制

度，应该是相互匹配、相互融合的。任何正式制度安排都是有限的，不可能穷尽一切生产生活场景，只有依靠各种不同形式的非正式制度，才能形成有效的社会约束体系。

（3）问题的特殊性在于企业文化本身在性质上就属于非正式制度的范畴，企业文化建设的实质就是企业在主动形成一套有利于自身发展的非正式制度

一方面，从总体性质看，企业文化作为企业预设的非正式制度，其落地实施需要企业正式制度及其实施体制机制的支撑。依据正式制度与非正式制度的相互影响关系，无疑要建立专门的企业文化工作体制机制，推进正式制度的"废改立"，将企业文化的要求全面体现在正式制度中；同时建立正式制度的实施体制机制，充分利用正式制度的执行刚性，通过奖优罚劣将文化落实在经营管理各个环节。

另一方面，从内部结构看，企业文化内容中与既有非正式制度不同或冲突的部分，将是落地实施的重点和难点。企业文化可分为与既有非正式制度相同或相近的部分，和与既有非正式制度不同或冲突的部分。对于前者原本来自既有非正式制度，从非正式制度层面其落实自然得到保证，所要做的只是将其要求在正式制度层面进行渗透，以强化其既有非正式制度地位；对于后者则需要双管齐下，除了在正式制度层面的渗透外，还要采取措施在非正式制度层面直接树立其地位，如企业中关键人物的示范以培育新风气，再如吐故纳新补充新鲜血液以打破既有非正式制度根基等。

（4）制度形成过程中产生的"行难"源点

根据上述分析可知，从制度激励的角度说，造成企业文化知易行难的原因，可以归纳为以下三个方面，一是针对新的企业文化体系，未能及时培育新的非正式制度，尤其是企业关键人员没有起到正面示范作用；二是企业文化与企业正式制度相互脱节，造成文化指导与正式制度要求冲突；三是未能建立一套推进企业文化建设落地的体制机制和责任体系，企业文化提出后落实工作处于无人推进的状态。

四、《共识》宣贯落地的总体思路和主要做法

2015年6月，国泰君安A股上市在公司发展史上翻开了新的篇章。

站在新的起点，肩负新的责任，急需新的文化指导，因而公司举全司之力，提炼形成了新文化理念体系《共识》。2016年，更以制定实施未来三年发展战略规划纲要为契机，全面推动《共识》落地。课题组系统梳理公司企业文化建设以及《共识》提炼和落地的工作过程，归纳总结出公司为解决"知易行难"问题的总体思路和主要做法。

（一）总体思路

根据前期深入的理论研究，充分认识到企业文化推进落地具有很强的动态性、系统性和结构性特征。解决企业文化"行难"问题，在过程上，不仅与具体实施阶段有关，更与提炼更新阶段有关；在主体上，不仅与企业领导有关，更与广大员工有关；在制度上，不仅与正式制度有关，更与非正式制度有关；在载体上，不仅与企业文化建设自身落地工作有关，更与公司战略及经营管理各项任务落地有关。

据此，公司建立了企业文化建设工作推进体制，并根据戴明PDCA管理理论，设计了企业文化建设工作机制，即文化体系的提炼、实施、检查、更新的循环闭合回路，明确了各阶段应该注意的问题。在循环推进提升过程中，对文化理念进行初级修正或二次开发，对文化落地的形式和方法不断改进。见图4所示。

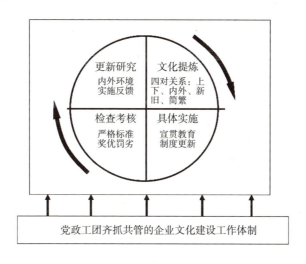

图4 企业文化建设工作体制

（二）建立健全企业文化建设工作体制机制

理论和实践都表明，推进企业文化建设工作，不仅要有具体制度设计，更要有专门实施责任主体。为做好企业文化工作，公司建立了党政工团分工协作、齐抓共管的管理体制，形成了横向到边、纵向到底的领导和员工共同参与的企业文化推进工作机制，"党委主导、行政担纲、工团协同"的管理模式已经制度化、模式化，党政工团各负其责，共同推进。

公司党委对公司文化建设进行学习讨论和宏观把握，制定公司文化战略规划，并作为公司的"十大战略"之一进行部署和落实；企业文化推进小组负责开展企业文化调研，撰写调研报告，每年制定并实施文化建设年度计划。各级党组织把文化建设作为党建工作的重要内容进行部署，并结合单位特色开展亚文化建设。行政机构通过落实领导"一岗双责"，发挥行政系统具体实施文化建设工作的主体作用和保障作用。品牌研究中心和公益基金会负责公司文化品牌的内外部宣传和社会公益工作的开展。工团各类文体协会，统筹开展文化体育活动，营造和谐发展的文化氛围。问卷调查和访谈调研结果都显示公司党政工团分工协作、齐抓共管的管理模式在推进企业文化建设中发挥了重要作用，保证了公司企业文化建设有计划有步骤推进。

（三）做好文化提炼，夯实知行转化基础

根据理论研究，企业文化提炼工作是否到位，将直接影响到企业文化的易认知性、员工的态度认同以及既有非正式制度比重。因此，公司在提炼企业文化时特别注意处理好上下、内外、新旧、简繁四对关系，总体上按照全员参与、内外一致、继往开来、务实易行的标准提炼企业文化，促进员工的文化认同，夯实了由"思想共识"转化为"行动共识"的基础。

1. 在人员参与上，坚持"国泰君安文化是国泰君安人的文化"，处理好上层领导和基层员工的关系，鼓励全体人员共同参与

充分尊重企业员工的主体地位，鼓励全体员工积极参与，真正把员工的利益要求、价值取向反映在企业文化中，让文化有现实的根基。各条线、全方位开展了历时半年之久的企业文化大讨论，最终经职代会审议，形成了代表国泰君安文化最新成就的《共识》。由于是公司上下全员参与，代表了全体国泰君安人的意志，因此员工认同度非常高。问卷调查显示，有92.76%员工认为《共识》非常符合或比较符合国泰君安人

的意志。

2. 从内容体系上，处理好文化体系中新旧和内外两对关系，提高了《共识》内容的协调一致性

在新旧关系上，一方面对有利于公司发展的既有理念充分吸收，以强化文化的继承性和认同度。在开展提炼工作时，最大程度保留了公司二十多年来被实践证明的宝贵文化观念，比如"创建一流、追求卓越"的公司精神，"诚信、亲和、专业、创新"的理念，《共识》因此也被称为历史发展经验的结晶。另一方面，鉴于企业文化中的新内容是处于概念中的新文化，若新文化与既有文化不能相互耦合，必然产生员工的认知失调，导致新文化难以落地。因此，尽可能理顺新旧之间逻辑关系。比如公司理念第一条"金融报国"，十分契合国泰君安作为金融国企的根本使命，得到了公司员工，乃至行业同仁的广泛共鸣。

在内外关系方面，主要涉及两个层面，一是面向员工与面向股东、顾客的文化导向的相互匹配。如共识既提出了"以人为本"的理念，明确人才是公司最重要的资源；同时提出"客户至上"的理念，明确客户是我们的"衣食父母"；至于股东方面，只要真正做到"以人为本"和"客户至上"，股东的回报是水到渠成的事。二是企业文化与整体社会文化导向相互匹配。如公司核心价值观中的诚信、责任、亲和，公司理念中的稳健经营、社会责任等，都能从社会主义核心价值观倡导的理念中找到对应。

3. 在文字表述上，处理好简与繁的关系，努力在普适性和操作性上达成最佳平衡，力求务实易行明晰

《共识》包括使命、愿景、公司精神、核心价值观、公司理念和口号。基于公司"综合金融服务商"的定位，我们提出了"金融服务创造价值"的使命；基于金融国企在维护金融稳定、支持实体经济等方面的责任，以及作为公众公司对股东、客户、员工、社会的责任，我们把"责任"增加到核心价值观中。这些文化理念呼应了广大干部员工的所思所想，文字表述简练，易于理解，具有较强的实践指导性，为广大员工在复杂的环境中迅速做出正确的行为判断提供了指引。问卷调查显示，有86.78%的员工对《共识》对日常工作有指导作用这一说法表示非常同意或比较同意。

根据记忆规律，人容易记住的东西一般不超过 5 项，因此，《共识》的 12 条公司理念分成了四个观，即利益观、业务观、人才观、处世观，每个"观"包含 3 条理念，成为 4×3 的结构，更便于记忆；同时为每条理念提炼一个关键词，这样，员工记住关键词就基本能清楚这句话的大致含义。

（四）坚持宣贯教育和制度更新双管齐下，全面推进《共识》落地

理论研究表明，在成功提炼出企业文化后，宣贯教育和制度更新是具体实施文化落地的主要抓手。因此，公司在推进《共识》具体实施时，坚持一手抓宣贯教育，一手抓制度更新，做到两手抓、两手硬。

1. 在宣贯教育方面，充分考虑关键人群的示范效应、不同人群的认知差异以及应达到的认知标准，明确宣贯重点对象，采用多种宣贯措施，从而提升宣贯工作实效

在对象上，在坚持覆盖全体员工的同时，关注两类重点人群，即包括公司各级领导和业务精英在内的"高人"和包括入选后备干部和新引进的员工在内的"新人"。一方面，加强了对各级领导和业务精英学习和贯彻《共识》的管理和督促，形成了领导带头，精英垂范，全员参与的良好氛围。在问卷调查中，课题组调查了多种推进《共识》落地举措的有效性，其中被员工选择最多的选项为领导示范，其次是典型引领，证明了这一举措的正确性。另一方面，加强了对入选后备干部和新引进的员工的宣贯力度，把学习《共识》作为后备干部和新员工培训的必学内容。课题组在访谈中发现，受访者普遍表示当前公司处于快速发展时期，人员提升、更新速度快，新提拔干部和新入职人员迅速按照企业文化要求进入工作角色是保证公司文化落地的关键。

在宣导工作措施上，灵活运用七项工作方法。运用内媒，在公司网站、办公网等员工经常使用的内部媒体，滚动播放《共识》的内容。结合活动，公司的大型活动、会议、先进表彰等主题与《共识》挂钩。环境营造，制作海报、宣传栏，在办公和营业场所装修、搬迁时做好相应的标识更改。艺术传播，开展文艺演出，征文活动等，通过文艺活动传播文化理念。案例引导，征集体现文化理念的案例，传播企业文化故事，运用案例和故事宣导企业文化。融入实践，文化理念体现在公司的产品和服务中，让客户和社会可以感知到，从而取信于民。借力群众，注重

发挥非正式组织和意见领袖的作用。

2. 在制度更新方面，坚持正式制度与非正式制度双轮驱动、相互协同，共同推进文化落地

首先，以文化战略引领发展战略，指导发展战略的制定。以《共识》为指引，制定了公司《2016—2018 年发展战略规划纲要》，规划纲要中很多思路都能溯源到《共识》内容：如基于使命和愿景，确立三年发展目标为"本土全面领先，具有全球竞争力的综合金融服务商"；基于"客户至上"理念，提出"客户需求驱动综合金融服务升级"的总体策略等。

其次，借力发展战略实施，推进企业文化在正式制度中落地。以贯彻落实发展战略为契机，对经营管理各项制度进行全面梳理，通过制度的"废改立"将企业文化的要求融入各项制度之中，特别是人力资源管理制度，把文化理念具体化、行为化，并充分利用正式制度的执行刚性和奖优罚劣，将文化落实在公司经营管理的各个环节。比如在干部选拔任用制度中加强了对干部与公司文化契合度的考察。

最后，重点关注新文化观念在各项制度的体现，充分发挥正式制度对非正式制度形成的引领作用，形成正式制度与非正式制度的全面融合。比如，根据风控理念"风险管理创造价值，合规经营才有未来"，建立健全了一系列风控相关制度：风险管理委员会工作规则、一线合规风控管理办法、《员工合规手册》、合规与风险管理考核问责制度等。

此外，针对新文化观念，除了通过设定正式制度进行强制引导外，还积极要求各级领导和业务骨干等关键人物发挥先锋模范作用，并尝试引进储备新血液，从而带动与新文化观念相契合的新风气、新习惯等新非正式制度形成。

（五）严格执行奖优罚劣规定，充分发挥制度激励作用

坚持奖优罚劣，增强了执行转化的动力，推动了思想共识到行为共识的落地。问卷调查显示，分别有 86.81%、87.96% 的员工认为检查评估、奖优罚劣是推进《共识》落地至关重要的途径。

1. 文化评估检验执行效果

文化落地的成效，可以通过问卷调查、量表评估等方式检视成效。本次评估主要通过问卷调查方式开展。调查显示，公司推进《共识》落地初见成效：员工对《共识》的知晓度较高，问卷调查显示有 85% 的员

工表示对《共识》内容非常清楚或知道大部分内容，一定程度上表明了宣导成效；员工对《共识》内容的认可度较高，问卷调查显示有96%的员工对《共识》内容非常认可或比较认可，成为主动践行的基础；在工作成效方面，问卷调查显示，员工对企业文化组织领导、文化活动、文化宣导评价较高，调查也揭示了存在的薄弱环节，比如，在企业文化宣传方面，对外宣传的力度还可以进一步提升，传播途径也可以更加多样化，为后续改进提供了方向。

2. 先进典型树立榜样力量

国泰君安每年开展"党建、文化类"工作考核，考核从公司党委、分管领导、党群部门、基层群众等四个维度进行打分，考核结果转换成分数与各单位绩效考核相挂钩。对于考核成绩突出的进行表彰；召开一年一度的先进表彰大会，对于在各条线表现突出的团队和个人进行表彰，并通过电视台、公司司刊等多维度开展优秀员工事迹宣传，为全体员工树立了引领公司发展的先进榜样。根据《共识》要求，公司计划设立公司名人墙和公司历史博物馆，帮助员工从先行者身上接受感召、汲取力量，促进企业文化向实践中的非正式制度转化，从而增强践行文化的行动自觉性。

3. 文化问责固化行为底线

"举直错枉则民服"。奖优、罚劣相辅相成，共同推动文化落地。根据《共识》要求，公司将把违反《共识》的行为纳入领导干部合规管理问责范围，并在合规条线率先试行；并加大对违反《共识》行为的处罚力度，目前相关处罚规定正在制定过程中。

面向未来，国泰君安将根据内外环境变化和文化落地的实际情况，及时调整企业文化内容及相应实施办法，并积极鼓励不同部门结合各自实际、工作重点以及时事热点，创造性地推进企业文化落地，保持企业文化对公司发展的引领作用，有力保障公司基业长青，努力实现文化兴司的伟大目标。

新常态下当代青年思想状况分析及思想政治工作探讨

——基于开行资金局留学归国青年员工情况的调研分析报告

王　中　刘冬青　汪海东[*]

第一节　综　　述

一、我国出国留学和归国情况介绍

自清朝末年开始，我国学生出国留学正式起步。新中国成立初期，我国向苏联派遣了多批次的留学生，主要是学习苏联政治、经济、科学和文化各方面的成果。自改革开放以来，国家改革开放政策极大地带动了出国留学生的派遣工作。

近年来，随着我国经济的发展与世界先进文化的交流日益紧密，越来越多的青年学生选择海外留学。与此同时，具有国际化视野和丰富理论知识及实践经验的海外高层次青年海归人才也逐渐成为社会主义建设的新生力量。

根据教育部2016年3月公布的数据，2015年度我国出国留学人员总

　＊　国家开发银行资金局。本文获2016年全国金融系统思想政治工作和企业文化建设优秀调研成果三等奖。

数为 52.37 万人（见图 1）。

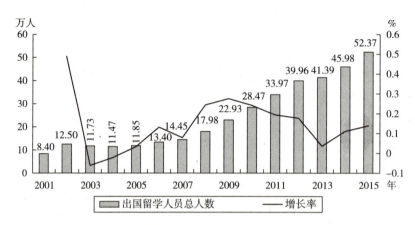

图 1　2001—2015 年中国出国留学人数统计

（一）留学人员归国基本情况统计

随着我国经济不断发展，留学回国人员数量也不断增加。近年来，每年回国人数与出国人数的比例为 70%～80%，即绝大多数留学人员学成后选择回国（见图 2）。

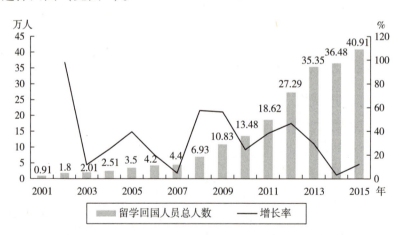

图 2　2001—2015 年中国留学回国人数统计

（二）金融行业海归人员情况

调查显示，对于留学回国人员期望工作的行业，排名第一的为金融业，占比为 30.01%，远高于 2015 年国内毕业生的这一比例，这说明一方面金融行业对海归群体有非常强烈的吸引力；另一方面海归群体非常对口金融行业旺盛的人才需求，呈现出良性供需关系。

（三）国家开发银行青年海归员工情况

国家开发银行作为先进的国际开发性金融机构，一直极其重视人才工作。近年来，通过不断深化干部人事制度改革，优化人才引进机制，推进人才强行战略稳步实施。自2001年起，国家开发银行开始有计划地从海归人员中，引进高素质人才，以满足其对高端人才储备的需求。

二、做好青年留学归国员工思想政治工作的意义

青年留学归国员工接受过海外先进科学文化的教育，归国后在各行各业发挥着举足轻重的作用。在多元文化的冲击和经济全球化的环境下，对这一部分人才的政治理想信念的教育尤为重要。

（一）留学归国人员对我国社会经济发展等各方面起到重要作用

在中国百余年的留学史中，无数的归国留学人员在中华民族伟大复兴事业的方方面面都发挥了重要作用。一是为中国改革发展带来的新的思想与理念；二是为中国科学技术的进步发挥了重要作用；三是为中国的经济建设带来了新的活力与动力。

（二）做好青年留学归国员工思想政治工作意义深远

加强青年留学归国人才思想政治教育有助于进一步增强中国特色社会主义的信念，对保持国家的统一和稳定发挥着积极作用。尤其在经济新常态下，有助于加深对中国特色社会主义理论的理解，坚定其为中国社会主义事业奉献而奋斗的理想信念。同时，也有助于为中国经济发展增添活力和动力。

三、目前开行青年留学回国员工思想政治工作现状

随着开行员工队伍中具有海外留学背景的员工越来越多，面对经济发展的新常态，近年来，开行在这方面也做了许多的深入探索和创新实践。

1. 重视青年海归员工集体思想政治教育工作。2003年，为进一步加强员工的专业技能培训和思想政治素质教育，开行设立了专门统筹管理培训的部门。多年以来，通过开展入职思想政治培训、海归员工专题研讨会等形式多样的思想政治教育，提升青年干部的政治素养。

2. 将青年海归员工思想政治教育工作融入日常工作。各部门在日常

的工作中，通过发挥领导的言传身教作用、发挥优秀员工的模范带头作用，对青年海归员工进行思想教育。

3. 党工团三位一体，增强青年海归党员自觉性、凝聚力及归属感。一是发挥党支部引领作用。通过给予海归党员充分的党性教育，加强其理论知识的学习以及对中国共产党的理解。二是发挥工会组织作用。工会开展形式丰富的集体活动，增强员工凝聚力。三是发挥团支部联系广大青年的作用，增强青年海归员工归属感。

通过一系列思想政治工作，目前开行青年海归在思想上有了更多的认同感和归属感，也逐渐适应目前国内的企业文化，但是工作中仍有许多问题有待解决。基于此，本文将进一步对我行青年海归员工思想状况进行调查研究，进而有针对性地对青年海归员工开展更深入的思想政治教育工作。

第二节　关于海归青年政治思想工作的几个理论背景

为使本文相关分析和研究具有一定的理论基础，本节对涉及的相关理论进行了简要归纳，主要包括以下几个方面。

一、有关青年价值观形成和发展的研究

价值观是随着人的社会化的历程逐步形成和发展的。一般来说，人的价值观的形成主要分为三个阶段：幼儿期、儿童期和青年期。其中，青年时期正是人的价值观萌发、形成的关键时期。

进入青年期这一阶段，个体要克服观念与行为实践的矛盾，价值观逐渐成型稳定，是价值观形成的关键时期。此时，不论是进入高等学府的大学生还是步入社会就业的青年，他们所学的专业或所担任的工作，其社会任务的性质均已比较确定，它在社会生活中具有何种作用和意义，也越来越明确，这对青年形成稳定的价值体系起着重要作用。本研究对象正属于这个时期。

二、中国传统价值观特点和近现代价值观发展的综述

（一）中国传统价值观念特点
一是以人为本的价值准则；二是诚实守信和以义统利的价值取向；

三是"整体至上"的主导价值观和"大同"的价值追求。

（二）新中国成立以来的价值观念特点

毛泽东在中国共产党第七次全国代表大会上的开幕词中，提出了中国共产党人信奉的核心价值观就是要"建设一个光明的新中国，建设一个独立的、自由的、民主的、统一的、富强的新中国"。

1978年改革开放以来，中国逐步转向了以经济建设为中心的快速发展时期。这一阶段，以邓小平、江泽民、胡锦涛、习近平为代表的当代中国共产党人在把马克思主义的普遍真理与中国现当代的具体实践相结合，促使马克思主义中国化的过程中认识到核心价值观建构的战略意义和引领功能。

党的十八大以来，以习近平同志为总书记的党中央，高瞻远瞩，审时度势，主张把培育、践行社会主义核心价值观与弘扬中华优秀传统文化、继承中华传统美德有机地结合起来，并认为牢固的核心价值观都有其固有的根本。

三、西方价值观的共同本质

对于西方价值观的共同本质，可以从四方面进行阐述。一是从思想基础看，目前西方价值观念是以个人主义为核心。二是从价值目标看，西方价值观念的总体目标是幸福。三是从实现途径看，西方价值观念侧重于个人奋斗和实力竞争。四是从制约机制上看，西方价值观念所强调的是正义或公正。

第三节　资金局海归青年政治思想状况调研分析

一、调研对象、内容及方法

1. 调研对象：本文参照联合国世界卫生组织2013年最新确定的年龄分段，将青年海归员工定义为：年龄在45周岁（含45周岁）以下，在国（境）外取得学历（研究生或本科生）后回国进入开行参加工作的正式员工。调查样本为国家开发银行总行资金局员工为主，具有较强的代表性。

2. 调研内容：本次调研在内容设计上从五个维度和三个方面展开。

五个维度：主要包括个人基本情况、出国与回国动机研判、出国前后思想状况对比与评价、对中国特色社会主义的理解以及对国家宏观政策的关注和对我国未来发展趋势的判断和信心、对自己工作生活条件的评价以及对行内思想政治工作的认同情况。

三个方面：通过五个维度的调研及分析，可以基本了解受访者对民族国家的情感表现、对中国共产党的政策理论认知以及思想三个方面的状况。

本次调研采用匿名调查问卷和一对一个别访谈相结合的方式，个别访谈主要针对受访者选择调查问卷大纲中部分选项的原因以及对部分问题的深入思考进行详细探究。

二、调研结果统计

（一）资金局海归员工统计情况

资金局全体员工中具有海外留学背景的46人，占全局员工37.3%，其中，45岁以下青年海归员工45人，占比36.6%。

（二）受访者基本信息统计

统计结果显示本次调研的受访者特征为：

1. 以男性为主，与教育部发布的统计数据结果具有一致性（见图3）。

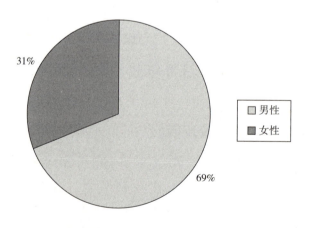

31%

男性
女性

69%

图3 海归员工性别分布

2. 留学人员年轻化（见图4）。

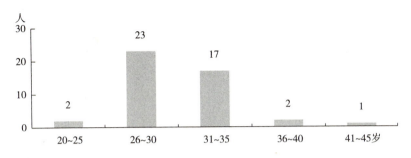

图4 海归员工年龄层次分布

3. 出国年轻化（见图5）。

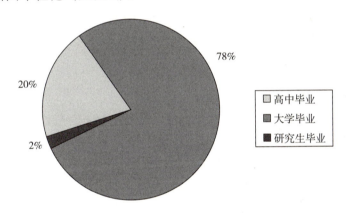

图5 海归员工出国前学历

4. 海外居留时间以中长期为主（见图6）。

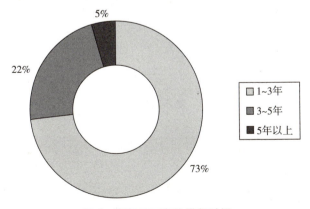

图6 海归员工海外居留时间

5. 学历普遍较高（见图7）。

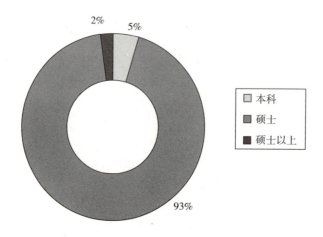

图7　海归员工留学获得学历

6. 工作年限以2～5年为主（见图8）。

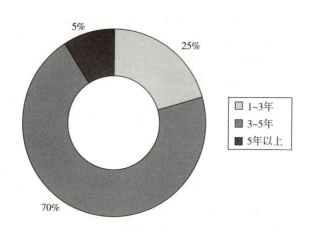

图8　海归员工工作年限

另外，参与此次调研的人群中，53%的受访者政治面貌为共产党员，其中大部分人员出国前即为共产党员（见图9）。

7. 出国留学国家集中在英美国家（见图10）。

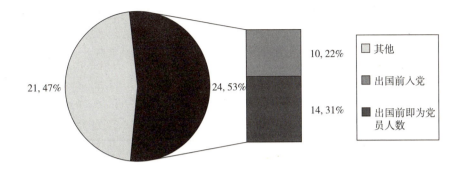

图9　海归员工政治面貌

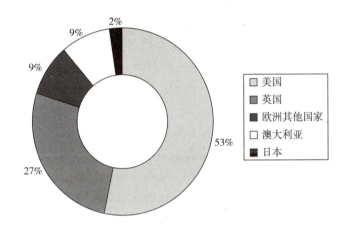

图10　海归员工选择留学国家

（三）青年海归员工出国与归国动机统计分析

1.出国动机。一是以海外高校具备较高的教学和科研水平为动机的28人，占比62%。二是以提高其外语水平以及拓展国际视野为动机的33人，占比73%。上述两项均与本次调查统计中，选择英美国家的比例具有一致性。

值得注意的是，尽管选择的目的留学国家大多数为发达国家，但是外国优越的物质条件并不是吸引该群体出国的主要原因。

2.回国动机。在本次调研统计中，回国原因主要有三个，具体详见表1：

表1 海归员工回国动机

序号	资金局海归青年员工回国动机	占比
1	希望在国家发展时期，体现自身价值，实现国家、社会、个人共同发展，回国贡献自己的力量	78%
2	国内环境吸引和文化认同，包括政策优惠及相似的成长背景	89%
3	国外就业压力较大，且文化差异较大	42%

（四）出国前后思想状况变化情况统计

1. 出国前

（1）调查结果显示，受访者出国前，受到家庭、社会影响即形成了自己的思想价值观念。

（2）受访者自主关注时政新闻、宏观经济等方面的消息比较少，大部分时间用在专业学习、社团活动、人际交往等方面。

（3）受访者在国内接受的教育中，马列主义等思想政治教育课程占据一定的课时。

（4）受访者接受新闻信息的主要来源是互联网，占比超过95%。

（5）受访者出国前，对于社会现象等事情的评判，更容易受到身边人的影响，有较强的从众心理。

（6）认为人生追求应建立在自身物质条件得到满足的条件下。

2. 出国后

（1）青年海归员工在海外留学时期，由于身在国外的原因，更愿意花时间关注关于中国的政治经济新闻。

（2）受访者用在专业学习上的时间仅占50%～60%，其余大部分时间会参加社交活动、社会实践、打工、旅游等方面。

（3）受访者在国外接受教育中，课程基本均为专业课程，极少涉及思想政治教育等方面。

（4）出国后，对事物的判断更加独立，但是容易受到互联网某些言论的影响。

（5）受访者在出国后，对人生追求的定义更加多元化。

综上所示，海归人员在出国前即形成了比较固定的思想意识形态及价值观念，虽然在海外生活、学习后，受到了一定的影响，变得更加独立思考问题，更加能够客观评价事物，心态也更具包容性，但是其本质并未发生变化。

（五）对国内现状及未来发展的认知判断状况

青年海归员工对国内现状的认知以及对中国未来发展的判断主要包括：

第一，青年海归员工对中国特色社会主义共同理想的认知水平整体较高，对社会主义核心价值观体系有一定的认知。

第二，对目前中国共产党的执政理念以及党的相关理论知识学习不系统，认识不深刻。

第三，受到留学所在国家意识形态和世界观的影响，对目前国内的发展情况认识仅仅停留在表面。

第四，参加工作之后，通过接受党组织的思想政治教育等，受访者均表示在思想政治素养和水平方面有了很大的提高。这一改观可以从非共产党员受访者群体中很大一部分人有加入中国共产党的意愿中可得出。根据调查，这一比例达到了98%。

第五，受访者中，95%以上的人表示对中国未来的发展抱有积极态度。主要表现在，看好中国的经济将持续稳步恢复，并且认为中国在民生、医疗、教育、反腐败等方面，也正在积极改善。

（六）对工作现状和对行内思想政治工作的认同情况

1. 对目前工作状况的认知。从调研结果看，留学归国青年在择业时一是期望进入投行等更有挑战性的行业工作。二是期望自主程度更高、人际关系简单的工作环境。三是对工作初期的不适感由所预期，但是他们对此表示能够保持较好心态，并愿意长期坚持下去。

2. 对思想政治教育工作的认识

对于行内思想政治教育工作，绝大部分（95%）人会定期或者不定期按照要求参加，并且认为取得了一定的效果，但仍然存在一些问题。

第一，部分青年海归员工对思想政治教育的重要程度认识不足，积极性有待提高。

第二，青年海归员工对目前行内思想政治教育工作取得的效果表示认可，但是希望能够参与到更多有针对性的活动中去。

第三，希望未来的思想政治教育工作形式能够更加灵活多样。

三、调研结果分析

通过统计可以看出，当前开行青年海归员工思想状况总体较好，但也有一些值得关注的特点：

（一）具有一定的政治思想基础

虽然受到西方文化观念的影响，但受访者的价值观主要是在中国生活和学习阶段形成，因此，其思想特征仍是较为典型的中国传统思想，有较强的爱国主义精神和集体主义观念，有较强的中国特色社会主义信念和民族自豪感。

（二）政治理论学习有待提高

主要表现在注重工作业务成绩，政治理论学习的动力不足、心态浮躁，政治理论学习的毅力不足、政治理论学习的专注度不足等几个方面。

（三）注重自我表达和自我实现

受访者对各类文化现象、思想的接受速度比较快，思想具有较强的开放性和包容性。

（四）具有较强的独立思考能力

海归青年大多能够辩证和客观地看待和分析国内外各方面差异。

（五）愿意尝试新鲜事物

多元文化影响下，青年海归员工具有更强的发散性思维及创新能力，能够更快地接受新鲜事物，并且在工作中尝试新办法、新手段解决问题。

第四节　资金局海归青年员工政治思想工作经验总结

资金局党支部针对海归员工占比大、增速较快且普遍年轻的特点，结合资金业务实际情况，积极探索海归青年员工思想政治工作的有效路径。

一、设定明确的政治思想工作目标

按照行党委的工作部署，结合开行实际情况和资金业务特点，资金局党支部认真分析了局内海归青年员工的思想现状，制定了三个政治思想工作目标：

目标一：全面系统地理解社会主义核心价值观的深刻内涵；

目标二：深入认识开发性金融在我国经济发展中的重要作用；

目标三：充分调动海归青年员工积极性，全身心投入资金工作。

二、资金局海归青年员工政治思想工作方法总结

针对以上目标，资金局党支部细致研究、不断探索，寻找有效的工作模式。

（一）层层推进，协助海归青年员工建立符合社会主义核心价值观的工作方法

一是支部书记带头讲党课。按照行党委有关要求，资金局支部书记定期召开支部扩大会议，亲力亲为讲授党课，具体包括党的最新方针政策解读、党史回顾、重温党的经典著作等内容。海归青年员工以党员、积极分子等多种身份参与其中。支部书记定期讲党课，不仅是理论知识的教育，更体现了其重要性，能够让海归青年员工对党建活动的重要性有直观的认识，从内心深处重视起来。

二是发挥党小组的基层组织作用，营造党建工作的和谐家庭氛围，增强海归青年员工的归属感。以资金局党支部第二党小组为例：不仅请支部副书记刘冬青同志讲党史上的重大事件，还请老党员介绍自己经历的党的重要历史时期的亲身感受。多样的组织形式，形成家庭氛围，将我党积极倡导的社会主义核心价值观潜移默化地植入海归青年的内心深处。

三是通过现场教育活动，增强海归青年员工的直观认识。近三年，资金局党支部非常注重现场教育和实地走访，通过直观的、面对面的教育方式，加深海归青年员工对革命历史、新中国成就和改革开放成果的直观了解。如参观卢沟桥"七·七"事变现场、北京植物园"一二·九"运动纪念地、地道战现场等。通过现场教育，培养海归青年员工的爱国情怀，奠定他们树立社会主义价值观的思想基础。

（二）引导海归青年员工理解开发性金融内涵的工作方法

一是注重分行基层交流工作经历，加强对开发性金融的直观认识。资金局党支部紧抓员工下基层这一契机，对新入行员工尤其是海归青年员工制订较严格的基层交流工作计划。通过行前培训、交流期间定期汇

报及交流结束集中总结，提高基层交流工作成效。例如：通过参与分行棚改项目，深切感受到党和国家对人民群众切身问题的重视和开发性金融的政策性使命；通过参与分行扶贫项目，真正领悟到中国共产党真正关心人民疾苦的传统，感受到开发性金融肩负的历史使命和社会重任，而这一切是在海外学习所接触不到的。

二是指导海归青年员工加强行史学习，增强荣誉感。新入行员工尤其是海归青年员工，对开发银行成立22年来的历史不甚熟悉。为此，党支部不断加强行史教育，增强青年员工从事开发性金融的荣誉感。例如：通过让海归青年员工参与整理开行金融债券历史材料，使他们清楚地认识到，中国债券市场的成立和市场化发展离不开国开债发行工作，国开债作为我国债券市场的基石，发挥了不可替代的巨大作用。

三是让海归青年员工进入重大项目工作组，体会使命感。资金局党支部在日常工作安排中注重调动海归青年的积极性。例如：在国开行赴伦敦发行人民币债券中，安排海归青年员工李琪同志担任了项目业务骨干，承担了重要工作；在世界银行和渣打银行在国内发行SDR债券工作中，安排了海归青年员工衣丰担任与外资银行联系工作；在"债贷基"组合创新中，由海归青年员工董硕负责设计创新方案。

四是建立"一对一"导师制，引导海归青年员工尽快融入开行文化和工作氛围。近年来，资金局建立了"一对一"形式导师制度，每一名海归青年员工均有一名副处级及以上党员干部作为导师，负责指导他们日常工作，加强价值观教育。

（三）充分调动海归青年员工积极投身资金业务的工作方法

一是积极推动海归青年员工外部交流，扩宽视野，多角度了解市场和资金业务。近两年，资金局党支部有计划地安排部分海归青年员工赴发改委、人民银行、交易商协会等监管部门交流，协助做好监管沟通等工作。

二是定期组织海归员工专题论坛，认真听取意见，增强工作参与感。为了及时掌握海归青年员工的思想动态和工作情况，资金局党支部联合团支部定期召开"资金局海归青年论坛"活动。在活动中，支部向青年们及时传达党和国家的最新方针政策，开行和资金局的重点工作，同时认真听取青年们的工作感受和工作建议，形成意见，并在后续资金工作中加以改进。

三是部分优秀海归党员成为党员先锋岗，增强责任感。在开行设立党员先锋岗活动中，资金局党支部根据局内青年员工多、海归员工多的特点，有意识地选举部分优秀青年党员担任党员先锋岗，旨在拉近海归青年和党组织的距离，在海归员工中树立模范带头作用，引导他们积极参加党组织各项活动，更好地担负自己的工作职责。

选举部分海归青年党员成为党员先锋岗

三、资金局海归青年员工政治思想工作效果评价

近期，资金局党支部对已经采取的一系列海归青年员工政治思想教育活动进行了评价，总结经验，查找不足，进一步改善。

（一）工作效果整体情况较好

党支部的海归青年员工政治思想教育活动目的明确，内容丰富，方式多样，达到了较好的效果。目前，资金局海归青年员工思想状况如下：

一是社会主义价值观逐步巩固。对中国现阶段国情有了较全面的了解，对中华文化的认同感不断增强；对党和国家方针政策的理解能力加强；对国家和民族的未来发展信心增强，能够客观看待中国和西方国家在价值观、社会现状和经济结构等方面的不同和差异。

二是较快地融入了开行文化。理解了开行的职能定位，熟悉了开行发展历程和历史贡献，全面认识和理解了开行"责任、创新、绿色、稳健、共赢"的核心价值观，增强了开行员工的荣誉感和开行发展贡献自身的使命感。

三是工作积极性显著提高。在资金局内的归属感明显增强，能够主动承担重要工作，积极参与各项活动，充分发挥自身优势，努力完成各项任务。

（二）面对新情况，部分工作需要加强

虽然资金局党支部充分利用各种资源为海归青年扩宽视野空间，但毕竟空间有限，无法满足海归青年的全部诉求，需要通过有效手段，及时帮助他们调整好心态，规划好职业发展路径，引导他们更好地投入工作，发挥更大作用。

第五节　相关工作建议

结合资金局海归青年员工思想情况的调查统计分析结果，以及资金局党支部针对局内海归青年员工政治思想工作情况的总结，对相关工作提出以下建议。

一、摸清海归青年基本思想状况是前提

只有全面深入地搞清楚海归青年的思想状况，政治思想工作，才能做到有的放矢，才能设立精准的工作目标，才能使政治思想工作达到预期效果。在掌握了部门海归青年思想特征后，可以结合实际情况，制定目标，选定工作内容和工作方式，然后具体实施，真正做到因材施教，对症下药，获得更好效果。

二、明确海归青年政治思想工作目的是关键

海归青年政治思想工作的最终目的就是树立社会主义核心价值观，充分发挥他们的积极作用，在贡献社会发展的同时实现个体价值。但这个最终目的的实现不可能一蹴而就，需要结合不同海归青年群体所处环境、从事工作等实际因素，通过制定分阶段目标来逐步实现。

以资金局为例：在目标设定上充分考虑了各层次实际需求，并结合

工作要求，确立了三个层次的目标：大目标——树立社会主义价值观，这是思想政治工作的最终目的；中目标——真正理解开发性金融的内涵和职责，这个目标既是大目标在海归青年员工实际工作的体现，又是真正实现大目标的必由路径；具体目标——发挥工作积极性，贡献资金业务发展，是上两个目标的落地，是基础和检验标准。

三、丰富海归青年政治思想工作内容是核心

思想政治工作内容是开展社会主义核心价值观教育、引导青年海归员树立正确世界观、人生观、价值观的核心，具体内容既要包括历史内容，又要突出时代特征；既要强调中国特色，又要涵盖不同国家和制度的对比；既要有宏观概括，又要能落地实际。通过政治思想工作来开拓海归对文化和价值的视野，明晰文化差异和产生原因，增强国家和民族自信，继续保持其思想活跃、独立和创新的特点，更快地融入现实社会、工作和生活中去。

四、正确的海归青年政治思想工作方式是保障

思想政治工作方式直接影响工作效果，尤其对海归青年，他们思想活跃，不喜欢受到拘束，自我表达意识强烈，参与度高，为此，在对这群特殊人群的思想工作方法选择上，要积极谨慎。具体建议包括：一是授课内容要广、有案例结合，并增加互动内容。二是与实际工作紧密结合，让海归青年感受到政治思想工作的现实意义。三是重在融合，避免让海归青年感到把他们和部门其他员工有明显区分。四是充分利用海归青年容易接受的工作方式。例如，利用网络和微信平台等渠道。五是保持方式的多样性。避免方式单一、简单说教的工作方式。如举办党建知识竞赛、部门交流、实地考察调研、专家授课等多种形式有机结合，提高青年员工兴趣。

五、坚持对海归青年政治思想工作效果进行综合评价是标尺

在当前出国留学青年和学成回国青年双向日益增多的大背景下，针对海归青年的政治思想工作，是党组织在实际工作中必须认真面对的新情况和新课题。凡事不能一蹴而就，需要不断摸索、反复实践。对于组织部门开展的各种海归青年政治思想工作，要及时进行后评价工作，考

察工作成果，认真总结经验，勇于找出不足，积极改进，在实践工作中不断探索出一套符合本部门实际情况、行之有效的海归青年员工思想政治教育工作体系。

服务至上永争先

——中国进出口银行营运部服务文化调研报告

殷泽慧　郑琳凡　蒋倩倩[*]

一、综述

企业服务文化是企业文化的一部分。立足客户的角度，是企业在长期对客户服务过程中所形成的服务理念、职业观念等服务价值取向的总和。

著名的服务营销学者克里斯廷·格隆鲁斯教授曾给出企业服务文化的定义："服务文化是一种鼓励优质服务的文化。拥有这种文化的组织可以为内部顾客、外部顾客提供相同的服务，组织中的每个人都将为外部顾客提供优质服务视为最基本的生活方式和最重要的价值之一。"根据这一定义，我们可以得出三个关键点：①对优质服务的鼓励，有利于服务文化的形成；②优质的服务不仅仅针对外部客户，同样也针对内部其他员工；③在服务文化的氛围中，提供优质服务，已经成为企业组织员工的日常工作方式，企业对优质服务不再刻意追求，而是已经融入工作的点滴。基于这三点，我们采用以下对服务文化的定义：服务文化是以服务价值观为核心，以创造顾客满意、赢得顾客忠诚、提升企业核心竞争力为目标，以形成共同的服务价值认知和行为规范为内容的文化。

随着市场竞争的不断升级，以服务文化角度开展企业活动的要求也越来越迫切。通过服务文化力的作用，企业充分探究与公众之间的关系，

---

* 中国进出口银行营运部。本文获 2016 年全国金融系统思想政治工作和企业文化建设优秀调研成果二等奖。

形成以服务价值观为核心的服务理念体系，并向员工、向顾客传递企业价值观和理念。

二、调查的目的及意义

（一）服务文化调查对银行业的意义

银行的使命是为客户提供最优质的金融服务，以满足客户的金融需求，使客户价值得到提高，从而获得具有竞争力的经济回报。

当前，银行业所处的外部市场环境为买方市场，客户已成为银行业市场的一种稀缺资源，成为各家银行的争夺目标。如何保持现有的客户、提高市场竞争力将成为我国银行最大的挑战。银行服务产品存在同质化的特点，各家银行的服务产品区分困难，新的产品极易被模仿，而客户满意度则是在这种现象下凸显银行自身特性的一种重要方式。银行只有为客户提供更优质的服务，才能拥有更高的客户满意度，客户满意就意味着银行赖以生存与发展的产品和服务被认同、被接受，如果某个银行获得较高的客户满意度水平，则意味着客户赋予该银行一定程度上的忠诚度和美誉度，该银行才能在日趋激烈的竞争中保持自身优势。因此，服务对银行自身发展起着至关重要的作用。调研银行自身服务情况，摸清客户、内部员工对服务部门的满意程度，进而根据调研结果对服务做出改进、优化，实现对工作资源的最佳配置，对银行及银行内部服务部门至关重要。

（二）服务文化调研对我行的意义

当前，世界经济深度调整、复苏乏力，国际贸易和投资增长动力不足，新一轮产业技术革命正加速推进，国际竞争日趋激烈，地缘政治风险上升，外部环境的不稳定不确定因素增加，对我国发展的影响不可低估。而我国经济进入"新常态"，长期积累的矛盾和风险进一步显现，经济增速换挡，我国社会经济发展面临着巨大的挑战。为此就要求我们必须加快转变经济发展方式，着力加强结构性改革，抓好优化对外区域布局、推进外贸优进优出，落实"一带一路"建设，实施创新驱动战略和制造强国战略。

我行作为中国三大政策性银行之一，肩负着"服务国家战略，充分发挥在稳增长、调结构、支持外贸发展、实施'走出去'战略中的功能和作用，促进国民经济持续健康发展"的光荣使命。我行的发展愿景，是努力打造政策性职能定位的现代金融企业。这就要求我们要服务于政策性职能和要求，围绕国家战略布局，提供多元化、兼具针对性和适应性的政策性服务，构建以客户为中心的综合服务体系。

我行作为政策性银行，针对的客户有着一定的特殊性，使得我行业务有着"规模大、周期长、亮点多、影响深远"的特点。我行提供服务的优劣，不仅密切影响着我行自身的口碑高低，也关系着国家的形象好坏。服务文化调查的开展，将有助于我行巩固经营理念，进一步明确我行的市场定位，提高核心竞争力，进而增强盈利能力，提升我行品牌形象。

（三）服务文化调查对营运部的意义

2016年2月营运部成立以来，承担着总行本级信贷、资金、贸易金融等相关业务的会计核算、交易后台确认、资金清算、结算及会计事后监督工作。我部的营运大厅，既是我行对外服务的窗口，直接关系到我行的对外形象，又是我部为我行前台信贷员提供服务的平台。

营运部"服务一个中心、紧握两个抓手、落实四项保障、聚焦五大重点"

总行营运部自成立以来，在行党委和主管行领导的正确决策和悉心指导下，不忘初心，乘着改革东风，扬帆起航。全年工作紧紧围绕"服务一个中心、紧握两个抓手、落实四项保障、聚焦五大重点"展开，即以全方位服务客户和前台业务部门为中心，紧握部门精细化管理和服务两个抓手，坚持做好支持保障、风险管理、基层党建、团队建设，提升综合服务水平，助推信息系统建设，加强全面风险管理，书写党建亮丽名片，打造和谐营运文化，为全行实现"十三五"发展规划保驾护航。

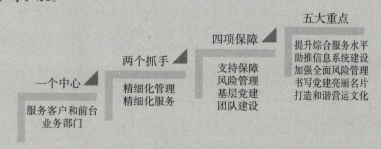

本次服务文化调查的结果，将有益于我部员工强化服务意识，认识到自身工作中的优点与不足，在今后的工作中能有的放矢地进行相关服务与设施等的改进，改善业务流程，促进我行业务的顺利开展和全面发展。

三、调查思路及相关方法论述

（一）研究思路

本文调查研究的内容主要包括以下几个方面：

（1）通过设计、发放针对我行信贷员的满意度调查问卷，得到我行各部门信贷员对我部服务工作的总体评价；

（2）通过实证研究分析影响信贷员对我行营运部服务工作评价的各个因素的重要性，为我部门抓住关键问题提供参考；

（3）根据实证分析的结果，得出相应的我部门服务工作现状的结论，为我部门服务文化的构建与提升提出建议和研究展望。

（二）研究方法论述

本文主要采用问卷调查的方式进行研究。问卷调查法是调查者运用事先准备好的问卷向被调查者了解情况或征求意见，是一种书面调查方法。

在现代社会中，问卷调查方法运用得十分广泛。特别是在实证研究方面，问卷调查起到了很大的作用。与理论研究的抽象思辨不同，实证研究侧重于客观地描述社会现象，在研究中应避免主观臆断的成分。一份高质量的调查问卷，能够准确地把握调查主题，为实证研究提供大量的客观信息、数据。

1. 样本选择

鉴于营运部承担工作的特点，工作人员的服务对象主要是五个部门的信贷员。考虑到我行外部客户的特殊性和问卷回收的有效性，我们将此次调查对象限定在我行公司业务部、交通运输融资部、铁路电力融资部、优惠贷款部和转贷部。

2. 问卷设计

本次调查发放的问卷内容由基本信息、服务质量、硬件设施和开放性建议四部分组成，设计了排队时间、办理效率、服务态度、专业知识和能力、环境舒适程度、操作系统方便程度和投诉处理结果七大项考察指标，共 19 个问题。共发放问卷 359 份，回收 308 份，回收率为 85.79%，其中有效问卷 267 份，有效率为 86.69%。本次一共有 267 人参加问卷调查，其中男性 139 人，占比为 52.06%，女性 128 人，占比为 47.94%，男女比例相当。参与人员的部门分布情况与各部门信贷员规模大小相关，其中，公司业务部 103 人，占比为 38.58%，交通运输融资部 41 人，占比为 15.36%，铁路电力融资部 4 人，占比为 1.50%，优惠贷款部 85 人，占比为 31.84%，转贷部 34 人，占比为 12.73%（见图 1）。本次样本群体中，入行时间 2 年以内的为 57 人，占比为 21.35%，2~5 年 81 人，占比为 30.34%，5 年以上 129 人，几乎占了参与调查人员的一半。

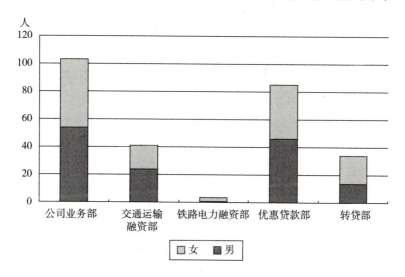

图 1 调查对象分布图

四、营运部服务文化调查分析

（一）服务质量方面

1. 业务种类

目前，营运部柜台提供的业务种类服务主要包括但不限于：放款业务、还款业务、结售汇业务、查询调整业务和开立账户这五大类业务。被调查者中，有近八成和超过七成的信贷员接受过放款业务和还款业务服务，说明当前我行这五大业务部门主要业务是贷款；而接受结售汇业务的信贷员占比为 56.55%，从侧面印证了我行外汇业务占比较大的特点

（见图2）。

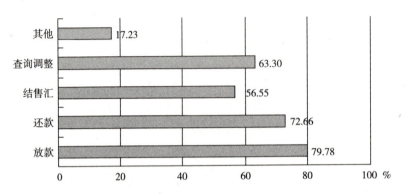

图2　业务种类分布图

2. 业务频率

经本次调查发现，我行信贷员到柜台办理业务十分频繁，近五分之一的信贷员到柜台办理业务的次数在每月十次以上，几乎每隔一天就要接受一次我营运部员工的柜台服务。每月在柜台办理业务的次数达5～10次的信贷员占比为17.6%，34.83%的信贷员每月办理柜台业务2～5次，每月办理柜台业务两次以下的信贷员仅仅不到三成（见图3）。保守估计，每月仅针对我行内部信贷员，我部柜台业务人员就将提供1500次左右的柜面服务，每天接待信贷员达65人次，柜台业务员的工作强度较大。

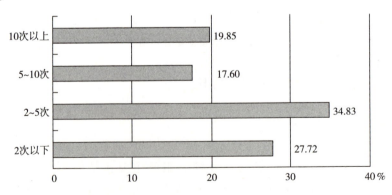

图3　业务办理分布图

3. 排队等候时间满意度

调查结果显示（见图4），超过六成的信贷员对在营业大厅排队等候办理业务的时间长度表示满意，其中接受调查的 21.72% 的信贷员对排队时间长度表示很满意，另有 38.95% 的信贷员对排队时间长度表示较满意。近三成的信贷员认为排队时间的长度一般，在可以接受的范围之内，而有 9.74% 的信贷员对排队等候时间长度表示不满，其中包括 6.37% 的信贷员表示较不满意，3.37% 的信贷员表示对排队等候时间长度无法忍受。

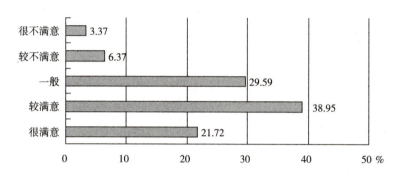

图 4　排队时间满意度分布图

根据以上数据信息，我们结合实际情况分析认为：我部门业务主要集中在结息期和月末，在这些关键时点上，业务量较大，会出现排队等候办理业务时间较长的情况，从而影响了服务质量。

4. 业务办理时间

本次调查的结果显示（见图 5），营运部柜面业务服务办理时间平均约 20 分钟，其中，36.7% 的信贷员表示办理柜面业务的时间在 10 分钟以内，49.81% 的信贷员表示办理柜面业务的时间长度为 10～30 分钟，10.49% 的信贷员表示接受柜面服务的时间长度为 30 分钟至一个小时，

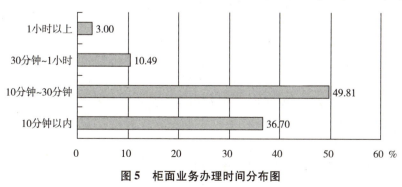

图 5　柜面业务办理时间分布图

还有3%的信贷员表示办理柜面业务的时间超过了一个小时。

办理柜面业务时间的长短受到多种因素的影响，因为业务品种的不同，各项业务之间办理的时间都会有很大的差异。而某些情况下，我行业务办理系统的影响也在很大程度上影响着柜面业务的办理时间长短。但不可否认，柜员对业务操作的熟练程度也影响着业务办理时间的长短，因此，我们将柜员业务办理的效率作为下一个考察指标。

5. 柜员业务办理效率

调查结果显示（见图6），营运部柜员的业务办理效率较高，91.01%的信贷员认可柜员的业务办理效率，其中，27.34%的信贷员对柜员业务办理效率表示非常满意，39.33%的信贷员较满意柜员的业务办理效率，24.34%的信贷员可以接受柜员的业务办理效率。但仍有8.99%的信贷员认为柜员业务办理效率不高，其中有3.75%的信贷员对柜员业务办理效率提出了强烈的不满。柜员的业务办理效率与柜员对业务的熟练、掌握程度有很大关系，要求柜员具备相应的专业知识和能力。

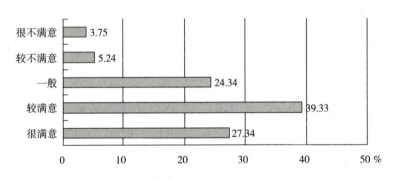

图6　业务办理效率满意度分布图

6. 柜员专业知识和能力

从调查结果来看（见图7），97.38%的信贷员认可营运部柜员的专业知识和能力，其中20.6%的信贷员非常满意柜员的专业知识和能力，44.19%的信贷员对柜员的专业知识和能力较满意。被调查者中，仅有一名信贷员认为柜员的专业知识能力非常差，占样本总数的0.37%，另有6名占比为2.25%的信贷员认为柜员的专业知识能力较差。我们可以认为绝大部分柜员具备业务所需的专业知识和能力。

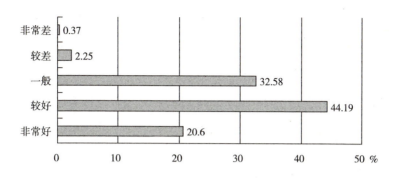

图7 柜员专业知识和能力满意度分布图

7. 服务态度

信贷员对柜员的服务态度接受度为92.13%（见图8）。具体来说，73.78%的信贷员对柜员的服务态度感到满意，其中29.21%的信贷员表示非常满意。18.35%的信贷员认为柜员的服务态度一般，7.87%的信贷员不满意柜员的服务态度，其中3.37%的信贷员明确表示出了对柜员服务态度的极度不满。

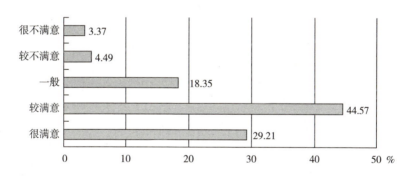

图8 服务态度满意度分布图

8. 营业网点服务关注点

我们调查发现，不论性别和入行工作时间，信贷员们关注的服务考察指标基本相同。相对来说，入行时间较长的信贷员和女性信贷员在服务考察指标的关注点相对较多。102位信贷员有3个以上的关注点，占比达38.2%；仅关注一种服务考察指标的被调查者占比为26.22%，有35.58%的样本关注两种服务考察指标。信贷员在营业网点服务方面最关注的要素是办理业务快速便捷，全部被调查者中有89.14%的信贷员表示对此关注，其中入行两年的信贷员中有 91.23%，入行 2~5 年的信贷员中有 90.12%，入行 5 年以上的信贷员有 87.6%，而女信贷员中占比为 89.06%，男信贷员中占比为 89.21%。服务方面关注点排在第二位的是排队时间，共有 142 位信贷员表示关注，占比达 53.18%，其中入行 5 年以上的信贷员关注比例最高，为 58.14%，女信贷员相较男信贷员关注比例略高，为 59.38%。紧随其后的关注点为服务态度，在全体被调查样本中占比为 48.31%，其中入行五年以上的信贷员中有 51.94% 认为服务态度很重要，而在入行 2~5 年的信贷员中占比为 44.44%，入行两年内的信贷员中占比 45.61%，女信贷员中占比为 54.69%，男信贷员中占比为 42.45%。信贷员们对各类设施正常使用在满意度中的关注度相对较低，占被调查者总数的 16.48%。安全保障的关注度最低，占比仅有 9.36%，对营业网点环境和营业网点秩序的关注度占比分别为 9.74% 和 13.11%。2.25% 的受访者还关注了其他的满意度影响因素，其中的 83.33% 的受访者表示将关注柜员的专业知识水准和对业务的熟练程度（见图 9、图 10）。

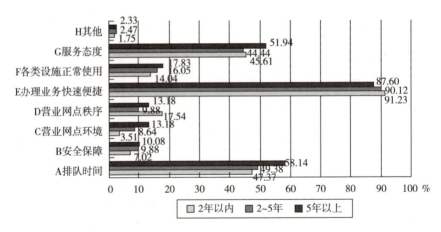

图 9　服务关注点分布图（按工作年限）

9. 服务中的问题及处理

在 267 位调查者中，仅有 49.06% 表示未遇到过服务不当问题，而 50.94% 的受访者曾在营运大厅遇到不合理服务问题（见图 12），在这些遇到服务问题的信贷员中，8.09% 的受访者反映存在柜员在办理业务时发短信或打手机问题，22.06% 的表示存在未到营业终止时间柜员便停办

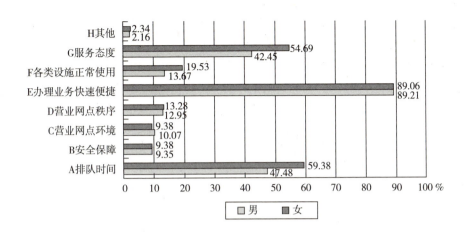

图 10　服务关注点分布图（按性别）

业务的情况，60.29％的表示曾经遇到过柜员对客户疑问解释不清、含糊其辞，另有41.91％反馈有柜员一直忙于自己手头的事，不理窗口排队客户的情况（见图11）。并有个别受访信贷员提出：业务办理时间过长、对业务不熟悉，不同柜员对业务办理原则解释存在出入等问题。

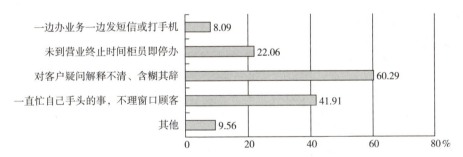

图 11　遇到问题分布图

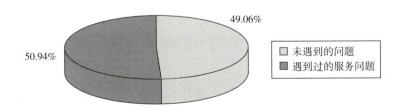

图 12　服务问题分布图

调查显示，在遇到服务问题的136位被调查者中，仅有24人进行过投诉，而且投诉的方式比较单一，主要是向柜员的上级领导反映问题。反映问题的被调查者中，71.43%对投诉结果持满意态度，而有14.29%很不满意投诉结果的处理（见图13）。

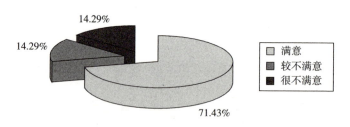

图13　投诉处理满意度分布图

（二）硬件设施方面

1. 环境舒适程度

室内环境的舒适度，对人们的健康和工作效率有着重要的影响。调查发现，98.88%的被调查者认可营运大厅环境的舒适程度，26.97%的信贷员对营运中心环境舒适程度感到很满意，48.69%的信贷员感到较满意，仅有1.12%的信贷员对营运中心环境舒适程度不太满意（见图14）。

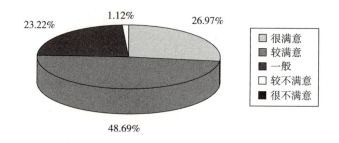

图14　环境舒适程度满意度分布图

2. 操作系统方便程度

现代银行业务的开展都离不开计算机操作系统。营运部主要依靠多种操作系统进行服务，同时很多时候，也需要信贷员和客户在相关系统上进行操作。操作系统使用的便捷程度和人机对话的舒适程度将对信贷员和客户的满意度产生影响。

调查结果显示，82.4%的受访者认可现行的操作系统，但感到很满意的受访者仅有12.73%，较满意的受访者占比为27.34%，认为操作系统方便程度一般的占42.33%，有近五分之一的受访者对操作系统的便捷程度不满意，其中很不满意的占比为4.49%（见图15）。

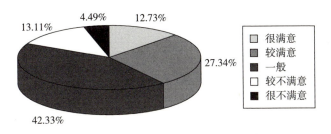

图15　操作系统方便程度满意度分布图

3. 网点设施

入行时间不同的信贷员对营业网点设施的关注点略有不同（见图16），入行2年以内的信贷员最关注的设施是填单台，入行2～5年的信贷员最关注的设施是引导标志，入行时间超过5年的信贷员最关注的设施依然是填单台。受访者最关注的是填单台，占比为40.82%，稍次之的是引导标志，占比为35.96%，对电子利率牌的关注占比为24.34%，对告示（宣传）栏的关注占比为21.72%。信贷员对意见箱的关注度不高，入行2年内的被调查者中对此的关注度为零，而相较而言，入行5年的被调查者对意见箱的关注度较高，为9.3%。另有19.48%的被调查者表

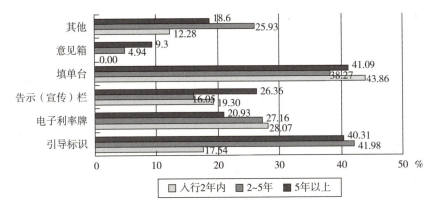

图16　网点设施关注度分布图

示出了对电视、复印机等其他设施的关注。

4. 营业大厅改进点

由调查结果来看（见图17），最亟待解决的服务问题是业务办理手续过于繁琐，希望能简化流程，提高业务办理效率；而希望提高柜员业务水平和营业大厅提供专业咨询、指引服务的呼声次之。超过三分之一的被调查者希望增加窗口、减少排队时间，且超过四分之一的信贷员认为柜员应提高服务态度。信贷员们对改进营业大厅环境、提高安全保障和区别对待VIP客户和普通客户的要求并不高，并有不少信贷员认为应在制度统一规范方面进行改进，提议增加柜员人数，改进操作系统。

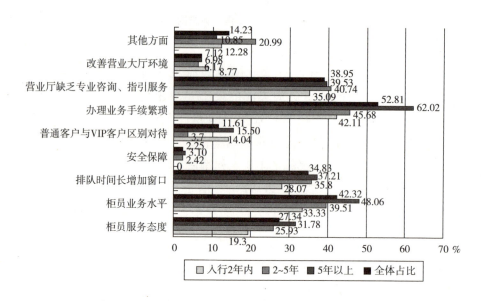

图17　营业大厅改进点分布图

（三）因子分析

前文提到，影响客户满意度的指标有多种，下面，我们运用SPSS21.0软件，对问卷中涵盖的考察指标进行因子分析，归纳指标，进而明确客户对我行营运部服务满意度的影响因素。

表1中KMO值等于0.844说明适合进行因子分析。Sig值等于0.000说明变量之间存在相关关系，适合做因子分析。

表1	KMO 和 Bartlett 的检验	
取样足够度的 Kaiser – Meyer – Olkin 度量		0.844
Bartlett 的球形度检验	近似卡方	1005.729
	df	28
	Sig	0.000

表2说明："每月办理业务频率"、"业务办理效率"、"服务态度"、"专业知识和能力"、"等候时间"这几个服务因素均能较好地被因子所提取。

表2	公因子方差	
	初始	提取
每月办理业务频率	1.000	0.967
业务办理时间	1.000	0.360
业务办理效率	1.000	0.779
服务态度	1.000	0.739
专业知识和能力	1.000	0.661
环境舒适度	1.000	0.377
等候时间	1.000	0.734
操作系统方便程度	1.000	0.440

提取方法：主成分分析法。

经过系统分析，由碎石图（见图18）及旋转成分矩阵（见表3）很直观地看出：可以提取出两个主因子的载荷。

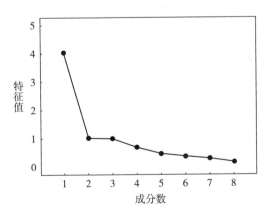

图18 碎石图

表3   **旋转成分矩阵ᵃ**

	成分	
	1	2
每月办理业务频率	-0.011	0.983
业务办理时间	0.594	-0.081
业务办理效率	0.882	0.032
服务态度	0.845	0.157
专业知识和能力	0.813	0.032
环境舒适度	0.614	-0.006
等候时间	0.856	-0.011
操作系统方便程度	0.648	-0.143

提取方法：主成分。

旋转法：具有 Kaiser 标准化的正交旋转法。

a. 旋转在 3 次迭代后收敛。

最终，从成分得分系数矩阵（见表4）中可以得到因子分类，因子一为每月办理业务次数，可以将其命名为服务次数因子，因子二包含业务办理时间等因素，我们将其命名为服务质量因子。

表4   **成分得分系数矩阵**

	成分	
	1	2
每月办理业务频率	-0.008	0.963
业务办理时间	0.148	-0.083
业务办理效率	0.218	0.026
服务态度	0.209	0.149
专业知识和能力	0.201	0.027
环境舒适度	0.152	-0.009
等候时间	0.212	-0.015
操作系统方便程度	0.161	-0.143

提取方法：主成分。

旋转法：具有 Kaiser 标准化的正交旋转法。

由因子分析我们发现，营运部开展服务业务的满意度与信贷员接受服务的频率和服务质量有关，其中服务质量因子解释的其他几个因素间有很大的相关性。我们可以认为，提供服务的优劣不仅仅由单方因素构成，而影响服务质量的各因素之间又是相辅相成的。柜员持有一个良好的服务态度，自然会不断积极地提高自身的专业知识和能力，而过硬的业务基本功，必然提高业务办理的效率，从而缩短业务办理的时间和排队等候时间。

五、服务文化调查结果及建议

（一）调查结果

本次调查表明，目前信贷员对营运部营业大厅服务总体持满意态度。其中，营业大厅环境舒适度获得一致好评，柜员的服务态度、业务办理效率及专业知识和能力均得到了绝大多数信贷员的认可。相比较而言，在业务办理时间和等候时间方面，我们的服务还有上升的空间，而被信贷员抱怨最多的还是业务操作系统不便捷，人机对话不舒适的问题。

就营运部对内部客户提供的服务而言，在服务利润链的相关因素上不乏出色表现，较好地体现了"以客户为中心"的服务理念，保障了口行信贷、资金、贸易金融等各类业务的顺利开展，及口行业务的大发展。

"冰冻三尺非一日之寒，龙腾四方休千里之远"，真正优秀的服务文化不是昙花一现，而是需要所有营运部人在取得已有成绩的基础上，找出不足，深究其原因，抓住根本，改进方式方法，不忘初心，继续奋勇前进。因此，本次调研将不再赘述营运部服务文化的已有成果，而是重点关注现存的问题，为营运部提升服务文化、建立服务体系长效机制提出相关合理化建议。

（二）改进建议

"以客为尊，卓越服务"，是营运部服务文化的追求所在。基于以上调查结果及调查问卷收集的信贷员意见，我们提出如下建议。

1. 以人为本，实行人才战略

人，是营运部对外提供服务的源泉，没有了员工，营运部的服务工作就是"无源之水，无本之木"。一支以内外部客户为中心、以优质服务为理念的高素质员工队伍对营运部业务的顺利开展十分重要。因此，为打造一个超一流的营运部员工队伍，我们提出以下建议。

一是培养员工良好的服务习惯和服务理念。"画皮难画骨"，精神层面的转变能使一个人达到脱胎换骨的改变，培养员工客户至上的观念使员工能够全心全意地为内外部客户服务。对柜面人员来说，形象和行为是一种服务语言，是影响客户满意度的重要因素；对所有员工来说，职业形象和行为是一个人职业观念和习惯的外在表现形式。建议规范营运部员工的文明用语和柜面卫生安全，离柜时将涉密文件、重要单据、印章等物品锁好，通过树立优秀典型、开展类似营运部技能大比拼等活动的方式，增强员工荣誉感和内部服务质量竞争意识，营造积极向上，奋勇争先的服务氛围。

二是提高员工专业素质和业务能力。通过调研我们发现，业务办理时间和柜员专业素养是广大信贷员关注的要点。不论是柜员的业务办理效率，还是业务办理时间、排队等候时间等，都与柜员的专业素质和业务能力有很大关系。一方面，建议通过岗前培训、在岗学习、多媒体电子化学习等方式，夯实业务人员的专业知识基础，如建立部门内部微信公众号，开展"每日一题、每月一课"等业务知识温故知新活动。另一方面是引导员工理解和善待客户，增强员工与内外部客户的沟通交流能力，使员工能正确理解客户需求、引导客户快捷办理业务，提高服务的适应性。另外，还可以鼓励员工在掌握熟悉本职工作的基础之上，积极学习部内其他岗位的相关知识，通过轮岗等方式建立多元化人才储备库机制，便于灵活协调和安排季末年底等特殊时间点相关工作。

2. 规范简化业务操作流程

建议组织业务骨干梳理各项业务流程及需客户、信贷员方面提交的材料，本着遵循相关法律法规和政策条例及我行相关会计准则和业务规范的原则，更新简化业务办理流程，减少不必要材料的提交；统一细化部门对外办理业务的执行规则，强调对外口径的一致性。

3. 加强部门间沟通

在调查结果中我们发现，一些信贷员反映对业务流程不明确，不清楚各项操作的原理，导致对我部柜面人员的服务提出质疑和不满。在此，呼吁各部门间加强沟通，通过开展培训、业务交流、轮岗等方式使信贷员更清楚地了解各业务的处理流程和原理，也希望信贷员能够及时将遇到的问题反馈到我部，避免因此导致的误会。

建议利用当前已经发展成熟的营运部业务知识沙龙等活动，选拔对培训工作有热情、业务技能精湛且表达力强的业务骨干担任内部讲师，在营运部内部传授专业知识和工作服务经验，同时向营运部外部的我行信贷员宣讲业务办理流程等相关业务规则。

4. 强化管理，完善考核制度

一是建议建立健全《服务质量提升综合考评办法》，以实效为导向细化考核制度，考核内容及指标可以包括但不限于：客户意见单、现场检查、非现场检查、日常管理评价以及各类主动性考核指标等。

二是建议建立以检查为辅助手段的督导机制，在各处室之间采取处室自查、多方互查的监督模式。加强常态化服务检查，切实引导营运部整体服务质量的提升。

三是拓宽服务对象的服务反馈、投诉渠道，建立以问题为导向完善服务质量的考评机制。使各级员工在面对客户和行内同事时，时刻怀揣服务之心和敬畏之心，换位思考，想服务对象之所想，急服务对象之所急。

5. 提高操作系统性能

便捷的操作系统，不仅能提高柜员的办事效率，同时可以提升客户的服务体验。建议在条件允许的情况下提升操作系统、网银等的性能，提高客户、信贷员自助型业务比例，在部分业务上，推行远程化业务办理模式。

6. 开通绿色通道窗口

建议参照行业惯例，针对在特殊时点的特殊项目开通绿色通道，将紧急业务与普通业务区别开来，因项目而制宜，提供全方位的周到服务。

由于我行柜面的稀缺性，建议在营业大厅客户区，增设内线电话，方便营业大厅内部业务员与信贷员、客户的沟通。

为减轻排队问题对内外部客户的困扰，建议：①在营业大厅增设大堂经理，引导信贷员和客户提前填写相关单据；②丰富营业大厅电子屏幕的视频内容，包括但不限于：我行当前推行业务的宣传介绍、网上银行等客户自助型业务的教学、当期财经新闻等。

7. 建立共享信息数据库

不论是总分行之间，还是各部门之间，均存在反复收集数据、数据口径不一致等问题。建议在部门乃至全行范围内建立大数据系统，建立完备的涉密定级机制和开放授权机制。管理部门明确统计口径，各部门、分行之间适时更新共享数据信息，做到对相关数据信息的自助型查询，避免数据冗余，强化行内联动意识，提高部门及全行的服务效率。

营运部人必将着眼于现在，在三尺柜面继续勤勤恳恳、精耕细作，奉献青春，放眼未来，为中国进出口银行各项业务的顺利开展保驾护航！

如何推动金融机构"80后"、 "90后"员工成长、成才的研究

——以中国进出口银行湖北省分行为例

中国进出口银行湖北省分行
员工成长成才课题研究组*

一、"80后"、"90后"员工成长背景及个性特征

改革开放不仅引起了我国经济体制和社会体制的重大变革,也深刻地影响着出生于这一时期的青年,他们在心理性格、行为举止、思想观念、政治态度等方面表现出一种全新的特征。"80后"和"90后"便是对这种"新人类"的称呼,他们有着特殊的成长背景,更造就其鲜明的个性特征。

(一)"80后"、"90后"员工的成长背景

"80后"和"90后"成长有着深刻的时代烙印:一是1978年计划生育政策的实施造就了他们的"独",计划生育政策的实施造就了我国"4-2-1"式的特殊型"夹心"家庭结构,上有多老,下有独小,他们从小就受到父母亲人的万般宠爱,这样的成长环境使新生代员工更有个性,更加自我,逐步形成了"我是第一"、"我的范儿很重要"的思想,这使得他们不愿意合作、更愿意单打独斗,从而让人感觉他们"以自我

---

* 课题组成员:张劭辉、刘锐、白江莉、甘战思、丁潇。本文获2016年全国金融系统思想政治工作和企业文化建设优秀调研成果二等奖。

为中心"。二是近几十年来科技和文化迅猛发展，尤其是进入全球化和互联网时代以后，西方思潮大量涌入中国，社会中的思想文化与价值取向呈现多元化，同时互联网所带来的海量信息影响了新生代员工的思维模式，使得他们思维活跃、知识面广，表现出创意多、点子多、头脑灵活的特点。三是新生代员工生活在改革开放取得巨大成果的时代，改革开放和市场经济的建立使人们的物质生活条件得到了极大改善，新生代员工在物质生活富足的情况下更加追求精神生活的充实，个性上要求不被约束，工作上追求兴趣爱好。

（二）"80后"、"90后"员工的个性特征

一是人格独立。他们年轻活泼，富有激情，思路开阔，敢想敢说敢做，愿意挑战权威，有自己的判断标准，不再简单地盲从于尊者和长者，不愿接受任何灌输式的教育。他们希望得到的是有价值的帮助和指导，并希望有较为独立的时间和空间，让他们能够较为自由地发挥自己的才能。

二是个性张扬，自我意识强。他们乐于强调自己的个性，无所顾忌地表露自己的情绪变化，并将其表现在工作中。在企业中，我们经常能看到很多才华横溢的"80后"、"90后"员工，他们有活力、有激情，但他们过于自我，他们工作心态不稳定，在公司稍有不满意就会转身离去。离职和跳槽对于他们来说是家常便饭。调查显示，工作不满一年就跳槽的"80后"高达56%，一到两年更换工作的也有25%。

三是民主法制意识强。"80后"、"90后"进入的是一个注重交流的时代、一个追求相对民主与开放的员工管理文化的时代，他们追求平等。他们将自身与企业的关系看作纯粹的雇佣关系，对单位不再仅仅是一种传统的人身依附，他们对工作的态度，开始由前辈们传统的对家一样的忠诚转向对契约的遵守，传统的价值观倡导员工以组织目标为核心，为了大我，牺牲小我，这已经不再符合"80后"、"90后"员工的需求。他们要求上级能够给予他们足够的尊重，不要干涉他们的隐私。并且他们要求公司能够严格按照劳动法办事，一些"80后"、"90后"员工甚至会在离职后向媒体或有关部门举报公司违反劳动法的行为。

四是价值取向多元化。"80后"、"90后"工作不再以赚钱为唯一目的。"80后"更加看重发展前景，注重工作能否帮助自我成长，是否能

实现自我价值。而"90后"更看重的则是假期，很多"90后"表示，可以为了假期放弃高工资。与"60后"、"70后"的"工作是为了生存"不同，更多的"80后"、"90后"员工认为"工作是为了生活"。因此，假期、发展平台、弹性的工作时间、公司的娱乐活动等因素成为他们选择公司和职业的关注点。

五是不愿落后，自尊心强。"80后"、"90后"员工普遍自尊心强，他们大多数是在家长和老师的称赞与表扬中长大的，他们总是认为自己是最好的、最棒的。因此在进入职场后，也同样希望能够得到领导和同事的重视和认可。他们可能会因为领导的几句严厉的批评而离职，也可能因为领导的一句表扬而付出额外的努力去做好一项工作。

六是抗压能力较差。"80后"、"90后"在成长期间基本没遇过什么挫折，他们大多数是独生子女，从小被家人细心呵护，所有的困难都被父母挡住，这导致他们的抗压能力较差。他们对生活的期望比现实要美好很多，他们希望得到一份可以实现自我价值、但是又不希望有任何压力的工作。因此当他们面临风险较大、有挑战性的工作时，很容易退缩和放弃。这个时候他们就非常需要公司给予他们鼓励、指导和支持。

二、中国进出口银行湖北省分行"80后"、"90后"员工队伍现状

（一）中国进出口银行湖北省分行"80后"、"90后"员工队伍概况

我分行员工平均年龄34岁，"80后"、"90后"员工占比较高，截至

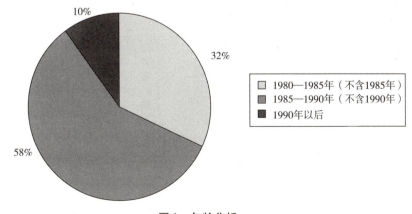

图1　年龄分析

2016年9月末，分行共有正式员工58人，其中，有41名"80后"、"90"后员工，占比71%。

分行"80后"、"90后"员工普遍学历较高，全部为本科及以上。其中，博士研究生学历者1人，硕士研究生学历者28人，本科学历者12人。

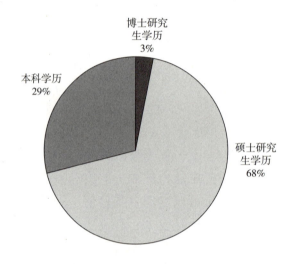

图2　学历分布

分行"80后"、"90后"员工中有7%已担任领导岗位或已取得高级业务职称；有88%已取得中级业务职称。

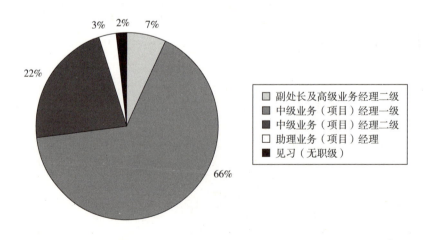

图3　职务分布

分行"80 后"、"90 后"员工普遍较愿意在业务一线部门工作，目前，分行"80 后"、"90 后"员工中有 25 人在前台业务部门工作，在分行"80 后"、"90 后"员工中占比 61%，在分行所有前台工作人员中占比 86%；16 人在中后台工作，在分行"80 后"、"90 后"员工中占比 39%，在分行所有中后台工作人员中占比 64%。

分行"80 后"、"90 后"员工党员占比较高，截至目前，有中共党员、中共预备党员 33 人，在分行"80 后"、"90 后"员工中占比 80.5%，在分行所有党员中占比 66%。

（二）中国进出口银行湖北省分行"80 后"、"90 后"员工现状

为更好地了解和把握青年员工的思想和观念，改善青年员工成长、成才的培养工作，2016 年 7 月，分行对全行"80 后"、"90 后"青年员工开展了一次问卷调查，问卷围绕事业、情感、生活等内容展开，参与调查的员工数量为 35 人，占全体"80 后"、"90 后"青年员工总数的 85.37%。调查情况如下：

1. "80 后"、"90 后"员工的职业观

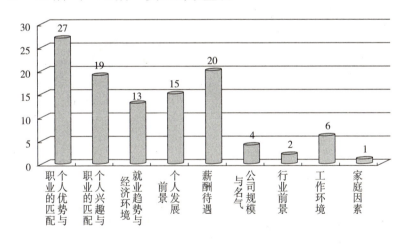

图 4 选择职业的因素

从图 4 可以看出，我分行"80 后"、"90 后"员工选择职业时考虑较多的因素是"个人优势与职业的匹配"、"薪酬待遇"、"个人兴趣与职业的匹配"。这反映出"80 后"、"90 后"员工自我意识较强，对选择职业的态度较为理性客观，选择职业时更希望能够选择一份符合自己兴趣爱好、发挥自己优势特长、与自身条件相匹配的工作，而不仅仅是看中工

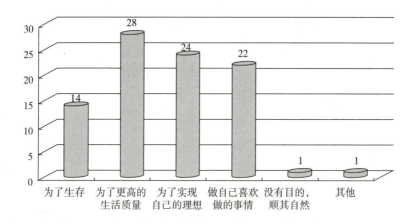

图 5　工作目的

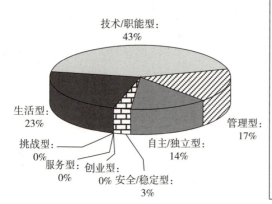

技术/职能型：追求在技术/职能领域的成长和技能的不断提高

管理型：追求并致力于工作晋升，倾向于全面管理

自主/独立型：希望随心所欲安排自己的工作方式、工作习惯和生活方式

安全/稳定型：安全/稳定型的人追求工作中的安全和稳定感

创业型：想向世界证明公司是靠自己的努力创建的

服务型：一直追求他们认可的核心价值

挑战型：喜欢解决看上去无法解决的问题，战胜强大对手

生活型：平衡并结合个人的需要、家庭的需要和职业的需要的工作环境

图 6　职业价值观描述

作单位的客观条件。

　　对于"工作的主要目的"，我分行80%的"80后"、"90后"员工选择了"为了更高的生活质量"、69%的员工选择了"为了实现自己的理想"、63%的员工选择了"做自己喜欢做的事情"。这反映出"80后"、"90后"员工由于现在生活条件的改善，工作已不是停留在为了生存的阶段，而是希望通过自己的努力工作换取更优质的生活，实现自己的职业理想与自我价值。

　　对于"最符合自己的职业价值观描述"，43%的"80后"、"90后"员工选择了"技术/职能型"：追求在技术/职能领域的成长和技能的不断提高；23%的员工选择了"生活型"：平衡并结合个人的需要、家庭的需要和职业的需要的工作环境；17%的员工选择了"管理型"：追求并致力于工作晋升，倾向于全面管理；14%的员工选择了"自主/独立型"：希望随心所欲安排自己的工作方式、工作习惯和生活方式。该问题也反映出"80后"、"90后"员工多元化的职业价值观。"80后"、"90后"员工更多的是根据自身特长和自我需要选择和对待工作，而非单纯地追求事业上的成功，也并非把工作当做人生的全部。

2."80后"、"90后"员工的职业生涯规划

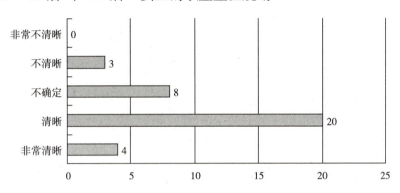

图7　总体职业发展目标

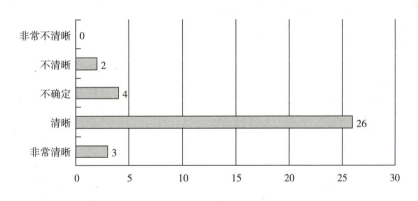

图8　阶段性职业发展目标

通过图7、图8、图9可以看出，分行69%的"80后"、"90后"员工有非常清晰的总体职业发展目标，83%的"80后"、"90后"员工有非常清晰的阶段性职业发展目标，71%的"80后"、"90后"员工为了实现阶段目标，制订了明确的行动计划。由此，可以看出分行的"80后"、

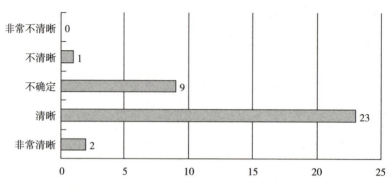

图9　明确的行动计划

"90后"青年员工非常关心自己的职业生涯规划，工作的目的和要求很明确，虽然有部分青年员工缺乏长期的规划，但短期目标较为明确，并会为实现职业目标制订行动计划，自觉寻找提升自己的途经。

对于"在实现个人职业目标方面做过哪些努力"，45.31%的员工选择了"私下通过与他人学习、交流更加深入了解行业知识和技能"，34.38%的员工选择了"多参加交流会，认识更多经验人士"，20.31%的员工选择了"自费参与培训机构组织的学习培训"（见图10）。由此可以看出"80后"、"90后"员工自主学习的意识较强，并且较喜欢通过与他人的沟通交流、互动的方式获取知识，而非参加传统的课堂教学。

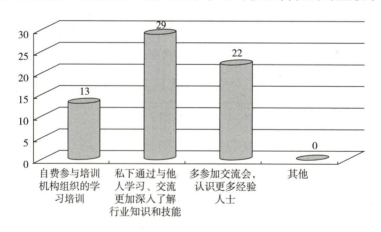

图10　为实现阶段目标的努力

同时，通过调查发现，分行青年员工有着明确的个人价值追求，对工作有着自己的要求。为了追求个人的发展，愿意做好本职工作，敬业爱岗，有一定的积极进取精神。

3. "80后"、"90后"员工的学习观

对于"希望企业提供的辅导和帮助"，25.74%的员工希望单位提供合适的工作岗位，24.75%的员工希望有系统的职业晋升体系，19.8%的员工希望有岗位培训机会，12.87%的员工希望有及时的职业咨询解惑（见图11）。关于"在培训与发展方面的关注点"，有27.17%的员工关注个人能力提升，23.91%的员工希望得到更多的培训机会，19.57%的员工关注上升空间，18.48%的员工希望有完善的职业生涯规划（见图12）。

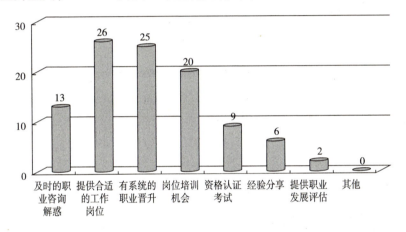

图11　希望企业提供的辅导和帮助

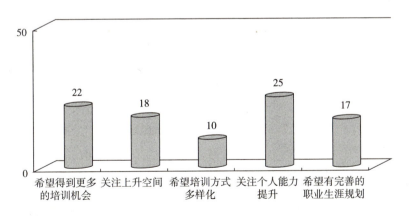

图12　在培训与发展方面的关注

由此，可以看出，分行"80后"、"90后"员工自我意识较强，希望单位提供适合自己的工作岗位，希望有系统的职级晋升途径，希望有

提升自我的培训机会，以实现自我价值，实现自己的职业目标。

　4. "80后"、"90后"员工的薪酬观

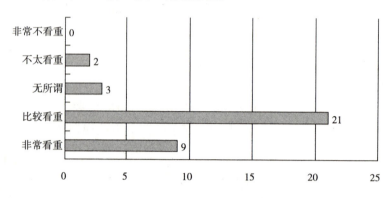

图13　是否看重薪酬的外部竞争力

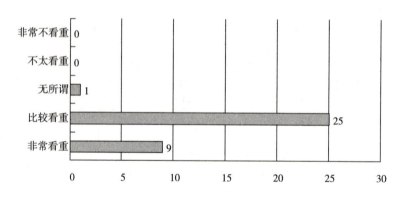

图14　是否看重薪酬的内部公平性

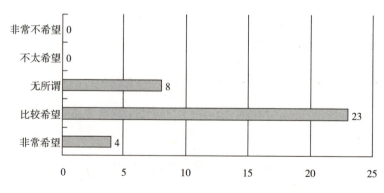

图15　是否希望将薪酬与工作绩效紧密挂钩

通过以上数据，可以看出绝大多数"80后"、"90后"员工对薪酬的外部竞争力和内部公平性都较为看重，并比较希望将薪酬与工作绩效紧密挂钩。由此可见，"80后"、"90后"员工希望能有公平合理的薪酬体系，他们并不希望通过不劳而获的方式获得成功，他们希望薪酬能够与绩效挂钩，通过自身的努力，在开心的奋斗中达到成功的彼岸。

　　5．"80后"、"90后"员工的生活观

　　对于"如何看待工作中加班的问题"，40%的员工认为"很正常，各行各业加班已成常态"，29%的员工选择"不太情愿，但不加班又不行"，26%的员工认为"加班一定程度上可以让我学到更多的东西"（见图16）。对于"如何考虑工作与生活发生冲突"，77%的员工选择了追求两者平衡，8.5%的员工选择"与工作相比，更看重生活的质量"，8.5%的员工选择"与生活相比，更看重工作上节节高升"，还有6%的员工选择"如果影响生活质量，我宁可放弃工作"（见图17）。由此可见，虽然"80后"、"90后"员工认为加班很正常，但更希望能够追求工作与生活平衡，认为工作并不是生活的全部，不愿意由于工作而打扰到他们正常的个体生活。

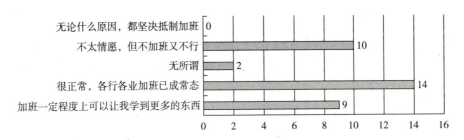

图16　如何看待加班

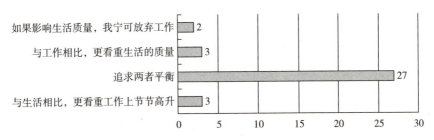

图17　如何考虑工作与生活发生冲突

大多数分行的青年员工会根据自身实际情况，权衡好生活和工作的关系。同时，也可以看出他们相对缺少一定的牺牲精神。面对工作上的压力，他们不会逃避，会全力以赴地认真工作，但工作一旦结束，他们希望有自己独立的空间，有自我的选择。

三、中国进出口银行湖北省分行"80后"、"90后"员工成长、成才困境分析

中国进出口银行湖北省分行自成立以来，在历届党委班子的正确带领下，在分行老员工的引导帮扶下，分行"80后"、"90后"青年员工工作都取得了很大的进步，但是仍存在着某些问题。根据分行以"80后"、"90后"员工为调查样本的问卷调查和青年员工访谈，分行在推动"80后"、"90后"员工成长、成才方面的工作还存在以下几方面问题。

（一）管理方式有待创新

在新的时代背景下，员工跟企业的组织关系发生了改变，员工认为企业不再是终生依靠的"家"，他们所看重的是自己职业生涯的发展，有着自己对职场的认识和观点。

第一，他们能接受沟通的方式不同。以前的员工更会执行，即使员工不认同领导分配的任务，但也会出于对领导的尊重将工作完成；以前的员工执行的前提是明确的任务分配，领导对员工命令指示的沟通方式就可以完成工作目标。而新生代员工则不同，他们不认权威认自己的道理，员工认为有理有利的才去做，否则不做，或表面做但实际打折扣。

对于调查中问及"希望工作中上司采取何种领导方式"，57%的员工选择了"充分信任，只在需要时为员工答疑解惑"，17%的员工选择了"和蔼可亲，如长辈般关怀下属"，14%的员工选择了"睿智博学，在行动上做好表率"，8%的员工选择了"亲切随和，与员工如朋友般交往"，仅有1名员工选择了"事必躬亲，给予员工充分指导"，没有员工选择"独断强势，严格要求员工按自己的想法行事"（见图18）。

第二，自我认知的定位不同。以前的员工将遵守、服从放在前面，而将自我放在后面，让自我为一个群体的价值和准则服务，最后在群体的价值实现过程中获得自我的价值。而新生代员工更多地将自我放在首位，经常以自我的价值或标准来衡量一个规则是否值得去遵守，并且会

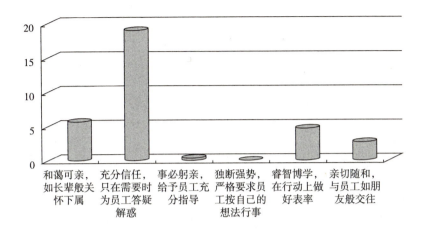

图18　希望工作中上司采取何种领导方式

将自我的价值标准加给其他人，通过社会规则等外力的约束在追求自我价值实现的过程中顺便促进群体价值的实现。

第三，注重个人的发展。"80后"、"90后"绝非贪图享受的一代，在他们身上闪动着更为强烈的成功欲望。新生代职场人士本身就是怀揣着梦想来上班的，他们不介意努力工作，但同时也追求开心；不怕工作有压力，但是同时希望工作有灵活性。即工作需要的时候，他们不介意加班，全力工作，但工作完了之后，他们希望有自己的支配时间。

在当前经济全球化趋势愈演愈烈的知识经济时代，带有各种时代特征的新生代知识型员工已逐步成为企业的中坚力量。新思维和新观念正在挑战传统的管理模式，产生"管理代沟"。

（二）培训课程开发与管理有待改善

尽管新生代员工受教育水平较高，但是他们缺乏针对某项具体工作的实际工作技能和实践经验。目前，分行培训主要采用的仍然是传统的培训方式，即老师上台授课，员工集中学习的形式，未能根据员工的业务岗位差异、年龄差异和培训需求差异组织不同形式的培训，且以授课讲师为中心的培训模式，在互动交流和沟通上明显有所欠缺，从某种程度上看，既浪费了培训资源，又不能有效调动参训学员的积极性，获得预期的培训效果。当前分行的培训体系仍然不够完善，很多时候培训只是走过场，搞形式或者只是简单的"头痛医头，脚痛医脚"，缺乏一个完善的战略性的培训管理系统。根据问卷调查显示，对于分行的培训课程，

75%的员工认为培训内容的实用程度应加强，45%的员工认为讲师水平、培训质量有待提高，39%的员工认为培训形式应多样化，29%的员工认为培训次数太少，可适当增加。因此，我行对于青年员工的教育培训体系建设还需要进一步健全和完善。

（三）薪酬行政化色彩浓重，薪酬结构单一

我行的工资制度，一直按1994年成立时按照事业单位的职务工资制。一方面从薪酬体系的设计上就相对落后于市场环境的变化，操作片面简单，市场化程度较低，缺乏体现我行业务特点；另一方面这个制度忽视了同一职务级别不同岗位为单位所作贡献的不同和对员工人力资本要求的不同，即在一定范围内、一定程度上还存在"大锅饭"现象；其三，工资缺乏调整机制，缺乏科学性和激励功效，不能较好地发挥薪酬的激励作用。整个薪酬体系都与级别或职务挂钩，薪酬结构单一，达不到"按绩取酬、按能取酬"，间接削弱了工作积极性。薪酬水平的制定不仅要考虑银行自身的经营业绩和整体实力，更要考虑同行业的整体薪酬水平，设计出来的薪酬水平在同行业的竞争中具有一定的竞争优势才能较好地吸引和留住优秀人才。目前我行具有一定的人力资本成本优势，却远低于其他商业银行的水平，缺乏同业竞争优势，这使我行无法通过薪酬充分调动"80后"、"90后"员工的工作积极性。

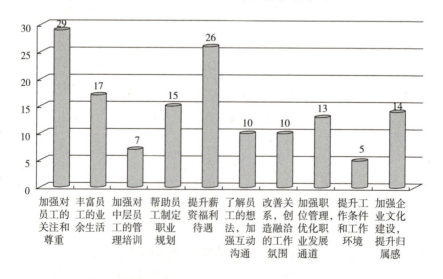

图19 企业需要首先做好哪些方面，才会让员工更愿意与企业长期共同发展

四、推动"80后"、"90后"员工成长、成才的对策思考

（一）以合适灵活的管理策略促进新生代员工成长

1. 调整传统的管理模式

传统僵化式的管理模式俨然已不适应如今多变的社会和思维方式更加活跃的新生代员工。中国企业的管理方式，须从强调威权的家长式管理向强调真诚的兄长式领导转变，"要领导不要管理"将成为未来的发展方向，管理者需改变传统的管理观念和领导形象，减少高高在上的命令式，树立平等心态，强化领导方式的人性化与科学化，努力把自己打造成魅力型的管理者。

不要经常开会、任意安排新生代员工无偿加班。很多企业的管理人员片面地认为无偿加班是衡量员工奉献精神的标尺，而新生代员工在意识层面却不能接受这一理念。他们的维权意识较强，对公平及生活质量的要求与老员工不同。他们认为付出就应有回报，加班应在不影响生活质量及有报酬的前提下进行。新生代员工普遍认为工作时间高效率付出

中国进出口银行湖北省分行进行"走进春天、我们一起奔跑吧"拓展活动

是自己对企业的职责，有偿加班是企业尊重员工的表现。大量的会议将增加员工的工作压力，让新生代员工认为企业的管理缺乏人性化，管理人员应该减少低效会议的次数，提高会议效率，帮助员工缓解工作压力，维护企业的稳定发展。

2. 在日常工作过程中，要促进多向交流

新生代员工敢于挑战权威，推崇"人人平等"。管理者在充分理解与尊重新生代员工的基础上应该促进纵向和横向的交流。在与新生代员工沟通时要做到以下三点：一是管理者应改变传统的含蓄迂回的沟通方式，选择简单直接的沟通方式，不要拐弯抹角；二是适应他们的沟通习惯，采用新型沟通方式，如QQ、微信、微博等，激发他们的沟通欲望；三是不要吝啬赞美和鼓励，应以包容、赞许的态度认可他们敢于发现、认真思考的精神，给他们创造一个轻松愉快的工作氛围。

3. 积极引导、以身作则

尽量不用简单地吩咐与命令，而是与他们一起行动，或者先行动，在行动中指点与提醒他们，并在工作结束后与他们分享经验与教训。与以往的"任务压出人才"的管理模式不同，在给新生代员工布置工作、分配任务时，管理者最好给出可选择的路径菜单，并不断关注他们的尝试结果，追踪他们的尝试感受，与他们一起反思。

（二）通过培训提升新生代员工的职业技能

好的培训计划可以帮助新生代员工快速适应新的工作环境与工作流程，可以帮助他们了解企业文化与组织目标，是新生代员工快速学习和成长的平台。与此同时，通过培训企业管理者可以更清楚地了解到员工到底与哪些职位匹配，从而对员工更好地进行职业生涯的指导。

加强对新生代员工的培训。首先要形成以人为本的教学模式。培训活动要以新生代员工为主，教师为辅，给予新生代员工尊重、信任、关心和认可。切忌填鸭式、一言堂式的以教师为主的教学模式，这样会引起他们反感排斥心理，进而形成课堂上的"低头族"。其次要营造轻松愉快的学习氛围。新生代员工的培训活动要通过多种手段营造"快乐学习、快乐工作"的学习氛围，体现平等、宽松、包容、民主的理念，从而提升新生代员工对培训活动的接受程度。再次要运用学员自主管理的方式。新生代员工的培训活动要强化学员自主化的管理方式，弱化原先强制、命令、看管、惩罚的管理形式，给予新生代员工充分信任和肯定，通过采取内容简洁、形式多样，启发式、体验式的授课形式，更多地强调寓教于乐、表扬肯定。

（三）帮助新生代员工做好职业生涯规划

个人未来发展空间是新生代员工在求职时的一个重要考虑因素，但刚步入职场的青年员工尽管有自己的工作目标，但往往存在与工作现状脱钩的情况。如果企业能够帮助新生代员工做好职业生涯规划，这会为新生代员工提供一个努力的方向，指引他们前进。同时，职业生涯规划可以让新生代员工在企业目标和自身动机方面寻找契合点，达到共同成长的"双赢"目标。

职业生涯发展的主体是员工个人。个人比组织更了解自己的职业目标、自己的优势及劣势，以及需要通过哪些努力缩短工作适应期，并正确采取改进措施，不断向职业目标靠近。个人主动进行职业生涯规划是个人职业生涯发展的内因，而组织的职业生涯管理及其他外部环境因素是个人职业生涯发展的外因，外因需要通过内因发挥作用。因此，引导青年员工主动、有效地开展职业生涯规划，是银行在引导员工成长、成才方面首要解决的问题。

对员工进行职业生涯规划的管理，应该因人而异。企业应针对新生代员工的岗位特点，完善晋升机制，制定科学的职业生涯体系，充分了解新生代员工个人需求和职业发展意愿，提供富有挑战性的个人发展机会，创造适合其特点和需求的晋升道路，新生代员工随着企业发展而获得职位升迁或新的事业契机。比如，建立健全管理、技术、操作等多序列晋升模式，拓宽员工的职业发展空间；开展职业生涯规划知识培训，使员工从被动接收组织的工作安排逐渐转变为主动进行自我规划，从"要我做"转变为"我要做"；组织青年员工开展自我评估，使员工对自己的性格特点、兴趣爱好、能力特长、专业学识、业务技能、工作价值观等方面进行客观评价。

由于个人发展是一个动态发展过程，个人的特质会在生活和工作的过程中受外界的影响而不断变化，因此，银行应定期组织员工，特别是青年员工，对其职业生涯目标进行重新评估与修正，及时根据员工自身因素及外界因素的变化情况，评估员工选择的职业路线的合理性，根据员工前一阶段的职业发展成果，及时对职业生涯目标及实施步骤进行修正，促使个人职业目标与个人实际情况不断协调一致。

（四）建立公平合理、灵活多样薪酬激励制度

刚刚踏入职场的新生代员工面临或轻或重的经济压力，他们有着用金钱来证明自己能力与社会地位的强烈心理愿景。因此，一个良好的、与绩效挂钩的具有吸引力的合理薪酬体系对于他们无疑具有很强的鞭策作用。但是，随着新生代员工物质生活的逐渐丰足，薪酬已不再像以前一样，是吸引他们尤其是"90后"员工的唯一考虑因素，工作环境、职业前景、工作氛围等"软因素"变得更加重要了。因此，企业应实行全面薪酬制度，薪酬既不是单一的工资，也不是纯粹的货币报酬，它还应当包括精神方面的激励，如优越的工作条件、良好的工作氛围、培训和晋升机会等。

内在激励和外在薪酬应该完美结合，偏重任何一方都是跛脚走路。外在薪酬主要包括工资、奖金、福利等，企业薪酬体系的建立和完善应该充分尊重员工的劳动成果，采用立竿见影的激励方式，对他们在工作中所取得的成就给予认可，及时奖励，发挥出物质薪酬的激励作用。内在薪酬方面，要在工作环境、工作内容趣味性、企业文化、领导风格、学习与成长机会等非经济因素。

（五）通过"以人为本"的企业文化引领新生代员工

新生代员工成长在一个多元化的社会中，因此他们的价值观也是多元化的，这就要求企业培育一个以人为本的多元化价值观的文化。新生代员工跳槽频繁、忠诚度不高，除关注自身权益和工作环境等物质激励外，组织文化激励也起到重要的作用。要充分发挥企业文化对新生代员工的精神感召作用，用优秀的企业文化潜移默化地影响新生代员工，增强他们的集体荣誉感和团队凝聚力，使他们能扎根于企业，服务于企业，以企业为家，形成一个长期的利益共同体。要构建"关心人、培育人、重视人、尊重人、理解人"的人文氛围和"家庭式"的管理文化，提倡人性化管理，坚持以人为本，在管理工作中真诚地尊重人才，尊重知识。把企业变成员工的心灵家园，而不是名利的竞技场。

关于推动"80后"、"90后"员工成长、成才的路径探究

——以农发行鹰潭市分行为例

李　琼　徐　瑛　刘文轶[*]

一、引言

（一）选题背景

由于出生成长于改革开放及国家执行计划生育后的特殊历史时期，并且有着与"60后"、"70后"截然不同的个性特点，"80后"、"90后"备受社会关注。随着年龄成长，人数增加，"80后"、"90后"群体对社会的作用力、冲击力、影响力与日俱增，全面表现在社会各个领域。农发行作为国内唯一一家农业政策性银行，肩负着政策支农这一伟大社会职责。近年来中央一号文件持续聚焦"三农"问题，并对农发行执行国家支农金融政策提出明确要求。今后五年是我国全面建成小康社会的决胜阶段，脱贫攻坚、农业现代化、新型城镇化、供给侧结构性改革、全面从严治党将进入关键阶段，这将对农发行的履职能力提出新的要求以及新的挑战，也加紧了农发行对人才的需求，尤其是对"80后"、"90后"青年人才的需求更为迫切。培养好、管理好"80后"、"90后"队伍，充分发挥其优势为企业发展作贡献，是目前农发行人才队伍建设面

＊ 中国农业发展银行江西鹰潭市分行。本文获2016年全国金融系统思想政治工作和企业文化建设优秀调研成果二等奖。

临的课题，甚至难题。本文正是基于这样的研究背景，以研究"80后"、"90后"成长背景以及行为特点为基础，选取农发行 YT 市分行"80后"、"90后"员工成长现状以及培养"80后"、"90后"员工过程中所反映出的问题为切入点，举一反三，提出了推动"80后"、"90后"员工成长成才的意见建议。

（二）研究意义

推动"80后"、"90后"员工成长、成才，以完善农发行人才队伍结构，对推进农发行业务发展意义深远。

1. 社会发展的客观规律

推动"80后"、"90后"员工成长、成才以推进农发行发展，符合社会发展客观规律。随着年龄的增长，"80后"、"90后"已基本步入了社会职场，并且逐渐成为职场的新主流人群。人才兴邦，在国家建设上如此，在企业发展上更是如此，这符合社会、企业发展的规律。

2. 农发行发展的客观需求

推动"80后"、"90后"员工成长、成才以推进农发行发展，符合农发行发展的客观需求。选拔和培养"80后"、"90后"人才，是实现农发行基业长青的重要基础，是实现农发行快速发展的核心资源，是农发行人才战略中的重要环节。

3. "80后"、"90后"员工自我实现需求

推动"80后"、"90后"员工成长、成才以推进农发行发展，符合"80后"、"90后"员工自我实现需求。"80后"、"90后"是出生于改革开放后的独生子女，大多数拥有良好的经济基础，同时享受到较好的教育资源。基于马斯洛需求层次理论[1]，这一代人需求更多集中在尊重和自我实现需求上。"80后"、"90后"正值最富朝气和活力的年龄段，经验和能力提升很快，无疑是职业生涯的黄金期。"80后"、"90后"希望在这个年龄段通过努力更好地实现自我价值和社会价值，从而获得社会的尊重。

---

[1] 美国心理学家亚伯拉罕马斯洛提出了在经济管理学和行为科学领域都非常著名的马斯洛需求层次理论，我们又称该理论为"基本需求层次理论"。该理论将人类的需求分为五种，就譬如一道阶梯，一层层递增，从低到高表示不同阶段处于最底层的需求是生理的需求，接下来是安全的需求，再接下来是社交需求，最后是尊重的需求以及自我实现的需求。

二、"80后"、"90后"员工成长背景及特点分析

（一）"80后"、"90后"员工成长宏观背景

1. 政治环境

改革开放以后，我国政治环境逐步稳定、经济发展逐步加速、法律制度逐步健全、社会管理逐步完善。"80后"、"90后"出生成长在这样一个政治时代背景下，因此他们拥有相对宽松的政治环境，政治及个人信仰更为自由。

2. 经济环境

改革开放以及成为WTO成员国加快了我国经济全球化的步伐。经济全球化促使我国经济与世界经济成为了一个互相促进、互相制约、紧密联系的一个网络。"80后"、"90后"出生成长于这个经济全球化的网络下，因此他们视野开阔、思维灵活、创新性强，更加关注及注重经济价值和经济回报。

3. 教育环境

随着社会经济的逐渐发展，我国对教育的投入也逐步增加，对"80后"、"90后"的教育投入远大于"60后"、"70后"。"80后"、"90后"可以获得幼儿园、九年义务教育、高中、本科、硕士等一系列系统的文化理论教育与学习。"80后"、"90后"在如此优良的教育环境下成长，因此他们具备了较好的思维能力与知识理论基础。

4. 社会环境

由于处在经济快速发展、信息科技飞速发展的年代，"80后"、"90后"的人生观、价值观较为多元化。他们黑白分明，不拘泥于规矩条框，崇尚自由平等。这样的具有时代特点个性鲜明的多元化文化价值取向，是民族民主平等的进步，但同时也给企业管理者带来了一定的挑战。

（二）"80后"、"90后"员工成长微观背景

1. 家庭环境

"80后"、"90后"大多是实行计划生育后的独生子女，获得的家庭关爱比较多，社会关系也较为简单，因此"80后"、"90后"的思想比较单纯、为人处世较为直接。另外，由于"80后"、"90后"的父辈们所受教育程度的不同，家庭教育方式也较为迥异，导致"80后"、"90

5g

后"的性格差异也比较大。

2. 学习及工作环境

"80后"、"90后"的父母是最早意义上最完整经历双职工的一群人。因此，"80后"、"90后"几乎是从会走路、会讲话开始就接触校园。在校接受教育期间，他们主要关注点在理论学习上，与社会的接触较少，社会历练也较少。在进入职场初期，他们对于社会众相百态还不够适应，还不能马上融入工作环境，也就是我们常说的职场新人遭遇的磨合期。这就需要"80后"、"90后"积极地转变好心态，将在学校里所学的理论知识转化为实践操作能力，良好融入团队中。对于当前市场竞争异常激励的银行业来说，需要大量的优秀综合性人才，这给"80后"、"90后"带来的是前所未有的机遇与挑战。

3. 婚恋环境

由于个性突出、缺乏主见等个人因素以及高房价、新婚姻法、财产公证等新的社会因素，"80后"、"90后"的婚恋环境相比较"60后"、"70后"更为复杂。"80后"、"90后"的婚姻不仅仅是两个相爱的人结合，更是两个家庭的融合。这样复杂的婚恋环境对于思想较为单纯直接的"80后"、"90后"确实是一大挑战。如何处理好个人的婚恋，使其与自己职业发展相得益彰是"80后"、"90后"需要思考和努力的一个方向。

（三）"80后"、"90后"员工行为特点

1. 追求个性发展

追求个性的发展是"80后"、"90后"典型特征之一。市场经济的发展和民主政治的进步以及社会环境的宽松，使他们的民主、平等意识突出，不一味崇尚权威，追求自由公平，希望单位提供公平的职场竞争环境，希望得到全面及个性发展。但是，不可否认的是"80后"、"90后"在追求个性发展的过程中很容易与现实社会产生冲突。

2. 追求物质及精神需求

简单的物质生活已经无法满足"80后"、"90后"的不断提升需要，他们更在乎赋予内涵的精神世界。他们渴望舒适的生活环境与工作场所，渴望高品位的文娱生活、渴望最先进的职场教育、渴望多样化的交际圈、渴望平等的社会关系等。在个人生活上既重视物质享受又强调精神需求，

追求高品位的生活。

3. 追求岗位成才

"80后"、"90后"普遍接受了良好的教育，拥有扎实的专业理论知识，理解力、执行力及创新力都比较强。他们态度积极向上，竞争意识和进取心强，渴望在自己的岗位上有所作为，事业上有所成就，获得社会地位及社会尊重。

三、农发行"80后"、"90后"员工成长、成才现状分析——以 YT 市分行为例

农发行 YT 市分行所辖三个分支机构。截至 2016 年 12 月底，全辖在岗职工 82 名，具体为市分行机关 37 名，三个分支机构 45 名。全辖"80后"、"90后"员工 25 名，占全辖在岗员工 30%，具体为市分行机关 7 名，三个分支机构 18 名。其中市分行机关员工中，"80后"、"90后"员工占比 19%；三个分支机构员工中，"80后"、"90后"员工占比 40%。

不管是整体分析"80后"、"90后"员工占比还是分机构分析占比，"80后"、"90后"员工占比都未突破 50%。由于农发行的新入行员工必须赴基层行培养锻炼，因此 YT 市分行的三个分支机构"80后"、"90后"员工占比高于机关占比。

（一）农发行 YT 市分行"80后"、"90后"员工基本情况分析

1. "80后"、"90后"员工占比情况

目前，农发行 YT 市分行在岗职工 82 名，平均年龄 43 岁，年龄跨度从 20 世纪 50 年代至 90 年代，其中 50 年代员工 4 名，60 年代员工 32 名，70 年代员工 21 名，80 年代员工 16 名，90 年代员工 9 名。"80后"、"90后"员工占比为 30%，其中"80后"占比 22%，"90后"占比 8%（见图 1）。

2. "80后"、"90后"员工学历及所学专业情况

目前，农发行 YT 市分行 25 名"80后"、"90后"员工全部为本科及以上学历，其中 2 名获得硕士研究生学历。所学专业主要集中在财会金融经济类（见图 2）。

3. "80后"、"90后"员工党员发展情况

目前，农发行 YT 市分行"80后"、"90后"员工中正式及预备党员

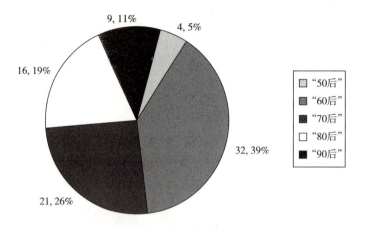

图1　农发行 YT 市分行员工年龄结构

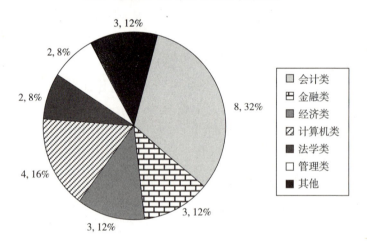

图2　农发行 YT 市分行"80 后"、"90 后"员工所学专业分布

8 名，其他 17 名为团员。在 17 名团员中，8 名已向党组织递交入党申请书，党组织按照规定流程对其开展了相应的党员发展培养工作（见图3）。

4. "80 后"、"90 后"员工岗位任职情况

目前，农发行 YT 市分行"80 后"、"90 后"员工中，财会结算岗 10 名，信贷岗 12 名，信息科技岗 1 名，法律合规岗 1 名，人力资源岗 1 名（见图4）。

"80 后"、"90 后"员工中，已担任管理岗仅 2 名，占比仅 8%。

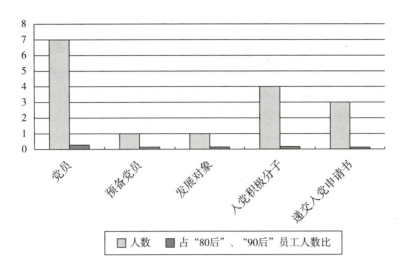

图 3 农发行 YT 市分行"80 后"、"90 后"党员发展情况

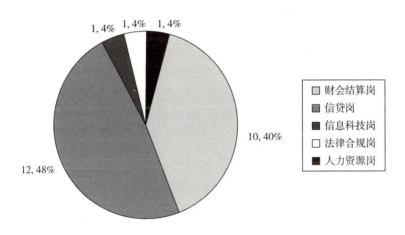

图 4 农发行 YT 市分行"80 后"、"90 后"岗位分布

（二）农发行 YT 市分行"80 后"、"90 后"员工特点

1. "80 后"、"90 后"员工人数逐年上升，整体占比不高

近年来，农发行加大对应届大学生招聘工作的力度，农发行 YT 市分行的"80 后"、"90 后"员工人数逐渐增多，人数占比也逐年上升（见图 5）。

从图 5 可以看出，五年来，该行的"80 后"、"90 后"员工人数及人数占比的增长轨迹基本吻合，呈线性增长趋势。从人数占比角度来分析，

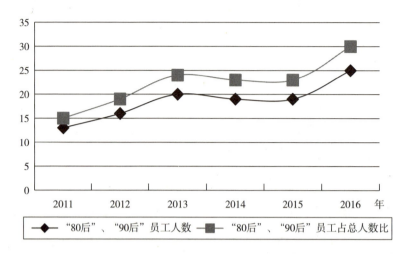

图5　农发行 YT 市分行"80 后"、"90 后"人数及占比情况

虽然近年来有所增长，但是总体来说，占比不够高。

2. "80 后"、"90 后"员工学历较高，执行力较强

由于"80 后"、"90 后"员工基本都是农发行通过对应届大学生招聘入行，因此都具备本科及本科以上学历。同时，从图 2 可以看出，"80 后"、"90 后"员工所学的专业覆盖面较广，涉及近十个专业学科，具备从事农发行各个岗位的素质及能力。同时通过对该行"80 后"、"90 后"员工进行问卷调查，数据显示："80 后"、"90 后"员工中 86% 心态积极，能够以较高的热情和较强的执行力投入工作中。

3. "80 后"、"90 后"员工党员人数逐年增加，整体占比较低

从图 6 可以看出，从 2011 年至 2016 年，五年的时间农发行 YT 市分行"80 后"、"90 后"员工党员人数从 2 人增长至 8 人，增长率达 300%。然而该人数的增长与"80 后"、"90 后"员工人数增长是呈正相关的，意味着年轻党员人数的增长主要是因为新入行"80 后"、"90 后"员工党员人数增长。通过调查发现，新增的 6 名年轻党员中有 4 名是在校期间发展的，只有 2 名是通过该行党组织发展的。从占比情况来分析，虽然近年来有所增长，但是总体来说，占比不够高。

4. "80 后"、"90 后"员工担任管理岗人数有所增长，整体占比较低

从图 7 可以看出，五年来，该行培养了 2 名"80 后"、"90 后"干部。从占比情况来分析，徘徊在 5% 至 10%，总体来说，占比值较低。

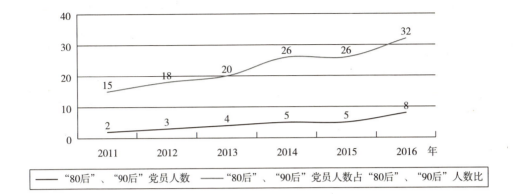

图6　农发行 YT 市分行"80后"、"90后"党员人数增长情况

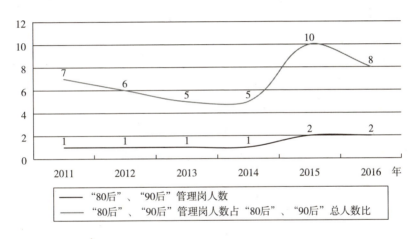

图7　农发行 YT 市分行"80后"、"90后"管理岗人数及占比情况

（三）农发行推动"80后"、"90后"员工成长、成才存在的问题

1."80后"、"90后"员工自身行为特点形成的问题

（1）学历层次高，对细节重视度不够

以 YT 市分行为例，通过以上的数据分析可知，该行"80后"、"90后"员工全部具有大学本科及以上学历。受益于良好的系统学习教育，"80后"、"90后"员工具备较为扎实的理论知识和较强的学习能力，能够很快适应不同岗位的需求，已经成为农发行发展不可或缺的中坚力量。但由于年轻气盛，工作中存在一定的好高骛远、眼高手低问题。

（2）价值取向多元化，政治思想意识高度不够

"80后"、"90后"员工在大学里受到国际化的科技、文化知识熏

陶，随着学历的累积，理论知识较丰富，民主意识较强。他们看重精神愉悦，薪酬不再是他们工作追求的唯一目标，期望在工作中实现自我价值。个人信仰上，更崇尚自由，对党团信仰度需要加强。以 YT 市分行为例，从图 6 可以看出，该行青年党员占比数最高值只有 32%，从图 3 可以看出，该行 18 名非党员青年员工中，只有 8 名向党组织递交入党申请书，占比仅 44%。

（3）目标志向远大，对职业规划清晰度不够

刚进入职场的"80 后"、"90 后"，雄心壮志，满腹抱负。然而大部分"80 后"、"90 后"员工对于自身的工作发展没有良好的预见性，对自己远期职业规划没有明确目标。特别是"80 后"、"90 后"员工对农发行在以服务脱贫攻坚统揽全局的当下，如何履行好政策职能，做好政策支农、脱贫攻坚工作缺乏全面的思考以及深入理解，没有明确的职业规划和目标，无法充分发挥所有的能量，核心意识有待提升。

（4）接受新事物快，敬业精神不足

"80 后"、"90 后"员工充满活动、积极向上、乐于接受新鲜事物、能快速掌握最新技术。然而在面对工作时，部分青年员工的敬业精神略显不足，认为轻松愉悦才是工作与生活的共同目的。当要面临加班、出差等，会产生懈怠情绪甚至是抱怨情绪。

（5）自我意识强，团队协作度不够

"80 后"、"90 后"员工独生子女居多，基本都是在爷爷奶奶外公外婆爸爸妈妈的宠爱中长大的，自我意识较强。参加工作后，受到惯性的影响，不自觉地就以自我为中心，注重自我感受。在这种意识的支配下，很难与同事建立融洽的协作关系，人际沟通能力、团队合作意识需要提升。

2. 企业人才队伍建设过程中存在问题

（1）系统培养规划度不够，影响"80 后"、"90 后"员工的职业发展

目前，农发行大多数行未建立青年员工培养制度，对青年员工的培养缺乏系统的规划和措施，没有根据青年员工不同成长阶段的不同特点，开展有针对性的培养工作。实际工作中，多数行把青年员工放到岗位上使用，自我锻炼，自我提高，对员工的成长缺乏循序渐进的跟踪督导机

制，对员工成长水平缺乏科学的衡量考核标准。这就导致"80后"、"90后"员工对自己的成长情况很难有一个全面的认识，对自己的职业发展很难有一个清晰的规划，进而影响工作积极性。

（2）培养使用力度不够，潜能开发不足

以YT市分行为例，从图7可以看出，该行近五年来的"80后"、"90后"管理岗员工占比都较低，说明该行"80后"、"90后"员工培养使用力度有待提升。同时，由于人员总量特别是业务骨干数量不足，人员轮岗交流的力度明显不足。

（3）培训层次不够，业务技能与管理能力培训不均衡

以YT市分行为例，从图4可以看出，该行将88%的"80后"、"90后"员工安排在信贷及财会业务岗上。这容易导致出现"80后"、"90后"员工存在业务操作能力较强，经营管理能力偏弱的问题。同时在对员工的培训上也存在层次不够、内容不均衡、针对性不够的问题。

（4）激励沟通机制有效性不够，"80后"、"90后"员工归属感不强

农发行的政策性银行属性决定了其在薪酬福利、人力资源配置等方面与其他商业性银行相比不占优势。同时由于"80后"、"90后"员工的交流沟通工作未完全到位，组织对"80后"、"90后"员工的期望、培养未被有效接收，"80后"、"90后"员工对单位的情感融入的渠道未充分畅通，导致"80后"、"90后"员工的组织归宿感还有待加强。

四、农发行推动"80后"、"90后"员工成长、成才的建议

（一）充分发挥党团组织的引领作用，增强"80后"、"90后"员工的团结性

一是多样化"80后"、"90后"团组织活动。团组织要充分发挥青年员工集结号的作用，多样化地开展演讲、座谈、技能竞赛、户外拓展等团组织活动，通过活动的开展增强"80后"、"90后"员工的团队归宿感，进而增强其团结性及协作性。二是加强"80后"、"90后"员工党员发展及政治教育力度。党组织要抓好对"80后"、"90后"员工的培养教育，不断提高广大青年的思想政治觉悟，支持和指导团组织大力开展推荐优秀团员作党的发展对象的工作，积极吸收优秀"80后"、"90后"员工入党。同时要加强对青年员工的思想政治教育，要注重革命思

想和先进典型的红色精神教育，学习焦裕禄、孔繁森等一大批先进共产党员的奉献精神。三是重视"80后"、"90后"员工的思想交流工作。结合"80后"、"90后"员工网络生活的特征，利用当前普及度较高的微信、QQ、微博等交流平台，加强与"80后"、"90后"员工的沟通。全方位地了解其思想动态，做好心理辅导等情感管理工作，更好地团结"80后"、"90后"员工。

（二）充分发挥企业文化的号召作用，增强"80后"、"90后"员工的凝聚性

一是加大企业文化宣导力度。深度挖掘、大力宣传在改革发展过程中涌现出的先进典型，进一步推广农发行的"尽职、务实、创新、自强"企业精神内涵，引导"80后"、"90后"员工围绕企业文化、企业精神以及企业文化与青年发展的关系等方面进行深入思考，加深对农发行企业文化的理解，树立爱行护行兴行理念，努力争创一流业绩。二是鼓励"80后"、"90后"员工立足岗位建功。强化业务技能竞赛和岗位练兵活动，引导"80后"、"90后"员工钻研业务知识、提高服务水平，为农发行的改革发展提供强大的动力支持。三是深化"80后"、"90后"员工品牌创建活动。继续以"青年岗位能手"、"青年文明号"等品牌创建为载体，鼓励"80后"、"90后"员工要爱岗敬业、主动作为，开拓创新。

（三）充分发挥职业规划的提升作用，增强"80后"、"90后"员工的能动性

一是建立"80后"、"90后"培养的合理规划。针对新入行员工、具有一定工作经验青年员工以及青年干部开展区别性培养工作，新入行员工培养主要聚焦企业文化灌输、岗位认知；具有一定工作经验青年员工培养主要聚焦业务知识、操作技能；青年干部培养主要聚焦理想信念、管理能力。建立"80后"、"90后"员工成长跟踪考评机制，实时了解"80后"、"90后"员工成长情况。有意识地加强对优秀"80后"、"90后"员工的培养锻炼，选拔更多优秀青年员工到管理岗位，构建人适其事、人尽其才的培养机制。二是加强交流跟班培养制度建设。积极开展不同区域、不同部门、不同岗位的"80后"、"90后"员工跟班交流工作，下级行选派有发展潜力的青年员工到上级行跟班锻炼，上级行将有

培养潜力的青年员工安排到下级行交流锻炼，培养出更多岗位经验丰富的复合型人才。三是强化职业能力培训。通过业务培训班、电话指导、身边教师制等方式加强对"80 后"、"90 后"员工的业务技能培训。鼓励"80 后"、"90 后"员工积极参加在职高校继续教育以及参加注册会计师、司法考试等社会执业资质考试，全面提升其综合素质。

（四）充分发挥激励机制的激励作用，增强"80 后"、"90 后"员工的积极性

一是增强"80 后"、"90 后"员工的认同归宿感。通过各种方式宣传，让"80 后"、"90 后"员工对农发行的支农政策及经营管理的重大举措、工作目标入脑入心，将其个人成长有机融合到全行的整体发展当中，增强其对农发行的认同感、归宿感和自豪感。二是建立和完善促进"80 后"、"90 后"职业发展激励机制。给"80 后"、"90 后"员工创造良好的个人发展外部条件，搭建各类岗位竞聘平台，鼓励"80 后"、"90 后"员工积极参与竞聘，从而促使其获得职业发展与进步。三是建立和完善绩效考核机制。根据"80 后"、"90 后"员工在实际工作中的表现执行力、团队协作力及任务完成度等综合考评情况，突出体现劳者、能力的经济价值，正反面激励并用，构建合理的薪资福利体系，形成良好的激励约束机制。

数据中心（北京）"80 后"、"90 后"员工成才、成长调研报告

中国工商银行数据中心（北京）[*]

一、"80 后"、"90 后"员工成才、成长调研的基本情况

（一）调研背景

随着全行业务不断发展以及科技机制体制改革的不断深化，金融产品不断创新，版本测试的规模与质量要求日益提高，信息系统风险把控要求也在不断提升。近年来我行实行内涵式人力资源发展战略，员工队伍规模控制日益严格，如何有效协调好工作质量与效率之间的平衡关系，充分利用和挖掘有限资源，更加高质、高效地完成好各项工作，是摆在中心面前的重要课题。北中心坚持"发展依靠员工，发展成就员工"的人本管理理念，建立健全员工发展机制，不断提升员工的使命感、成就感、价值感，让员工在中心成才、成长。

中心员工年龄段集中，"80 后"、"90 后"员工共计 747 人，占比 82%，平均年龄 31.3 岁。此外，中心员工呈学历高、入行时间集中等特点。"80 后"、"90 后"员工的人生观、价值观仍处于不断完善和塑造的阶段，良好的引导与培养，可以助力青年员工在工作中成长得更快、更茁壮。本次调研以此为背景，重点调研中心"80 后"、"90 后"青年员工的成才、成长状况，探索青年员工发展的多重路径。

---

* 课题组成员：吴文丹、涂筱。本文获 2016 年全国金融系统思想政治工作和企业文化建设优秀调研成果二等奖。

（二）调研方法

本篇调研报告建立在中心多年的调研成果之上，通过问卷调查、个别访谈、专题研讨、实地调研和案例分析相结合的方法，更好地把握青年员工的需求。通过 2015 年员工满意度调查，了解员工在个人成长与发展方面的需求与建议。在个别访谈和专题研讨部分，通过贴近部室调研，了解各部室及员工代表在工作中的挑战和疑惑，对中心内部管理工作的意见和建议，共同探讨疑点、难点问题。此外，通过对兄弟单位的实地调研，借鉴其在人力资源管理和培训管理方面的经验，分析成功案例，总结优秀经验，重新审视我中心在青年员工成才、成长方面的不足。

（三）中心青年员工样本分析

本次调研针对中心"80 后"、"90 后"的员工，年龄集中在 21～36 岁。以下是对中心青年员工样本不同维度的分析：

1. 性别结构

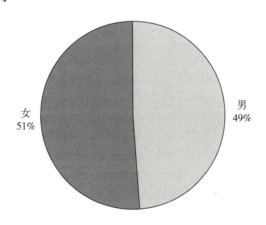

图1　性别结构

由图 1 可知，中心青年员工男女占比接近 1:1，男女搭配较为均衡。

2. 年龄结构

中心青年员工中，25～34 岁员工占比最大，占青年员工总数的 86%（见图 2）。这个阶段的员工思想价值体系趋近完善，已经有了几年的工作经验，在工作、生活中，也开始逐渐承担起更多的使命，对自身职业发展也有了更明晰的规划和展望。

3. 教育程度结构

中心青年员工中，大学本科人数 374 人，本科双学位 22 人，硕士研

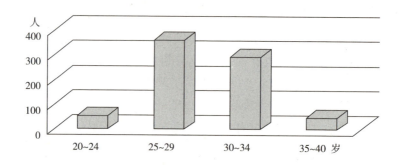

图2 年龄段结构

究生350人，体现了中心员工整体受教育程度高、综合素质强的特点（见图3）。青年员工整体的高学历特点也意味着他们对于个人价值的实现、职业发展的前景有着较高的要求和期待。

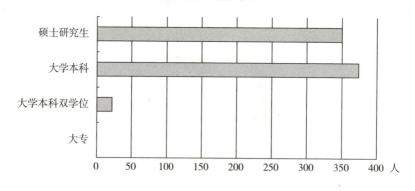

图3 教育程度结构

4. 招聘来源结构

由图4可知，中心青年员工中，88%来自校园招聘（包括海归），青年员工中大部分都是在中心完成的从学生到职场人的身份转型。由于员工大多来自于校园，对于职场的环境、节奏相对陌生，如何培养和发展青年员工，让他们更快地适应工作节奏、发挥自我潜能、实现自我价值就显得尤为重要。

5. 专业结构

由图5可知，中心业务与技术类的专业分配较为平均，目前业务类人员占比相对较大，体现了中心职能调整后，职责与分工的进一步完善，符合中心的职能特色与专业分工要求。

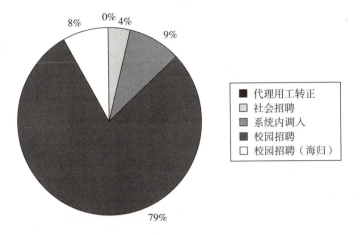

图 4　招聘来源结构

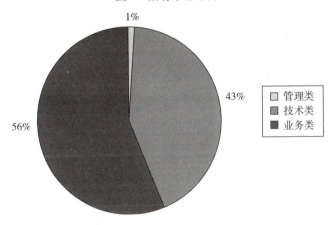

图 5　专业结构

6. 职级结构

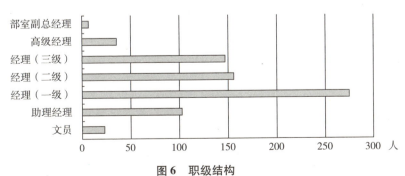

图 6　职级结构

197

中心青年员工主要集中在经理（一级）到经理（三级），员工的职业发展需求强烈，成长情况也比较好，但中心晋升职数有限，这就给中心带来集中晋升的职数压力和工资压力，促使中心进一步优化员工的职业发展机制。

二、调研过程与结果分析

（一）员工满意度调查

2015 年度员工满意度调查共计 762 名员工参与，参与率达 88.4%，满意度得分 4.57 分，与 2014 年持平，比 2013 年调查得分（4.6 分）低 0.03 分。此次满意度调查仍由 51 道选择题和 3 道开放式题目组成，分别从中心管理、个人成长与发展、部室管理、总体评价四部分展开调查。此次员工满意度调查工作反映了员工对中心 2015 年各项管理工作的认可程度，并为中心有效掌握员工的思想及工作生活状况，针对性地优化管理思路，开展相关工作提供了参考依据。

1. 历次调查总得分和参与率比较

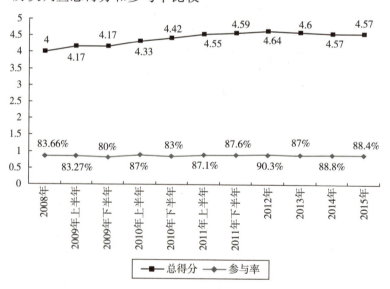

图 7　员工满意度调查

由图 7 可知，自 2008 年组织全员满意度调查以来，历年满意度得分始终保持在 4 分以上，自 2011 年至今保持在 4.5 分以上，自 2013 年起略有下降，员工参与率持续保持在 80% 以上，说明总体上员工的满意度状况良好并趋于稳定，中心在各项管理工作上所作出的努力得到了广大员工的认可。

2. 四个维度的历年比较

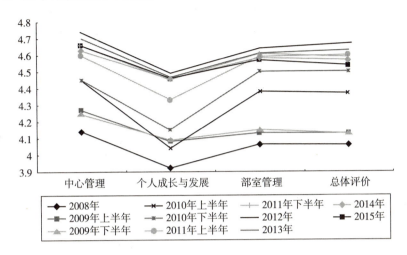

图 8　四个维度的历年比较

通过图 8 对比可以看出，在相同的题目维度上，自 2008 年起，历年得分呈逐年提升趋势，各维度得分在 2012 年达到历史最高水平，自 2013 年开始略有下降。值得关注的是，"个人成长与发展"在四个维度中始终得分最低。多年的数据表明，中心在员工如何成才、成长方面仍需努力，以进一步完善员工发展机制。

3. 个人成长与发展部分

与往年相同，"个人成长与发展"方面 9 道计分题得分均低于整体平均分：

表1　　　　　　　　　　　　个人成长与发展

序号	维度	题目	得分
20	个人成长与发展	在工作中，我每天都有机会做我最擅长的事	4.22
19	个人成长与发展	我的个人能力在目前的岗位上得到了比较充分的发挥	4.37
16	个人成长与发展	目前的工作压力我是可以承受的	4.43
21	个人成长与发展	在中心或部室内部，有人鼓励我的发展	4.49
14	个人成长与发展	我希望在目前的专业继续发展下去	4.5
22	个人成长与发展	尽管工作忙碌，但是我能够保持良好的心态	4.5
15	个人成长与发展	我能够平衡自己的工作与生活	4.54
23	个人成长与发展	我在中心有一个最要好的朋友	4.56
13	个人成长与发展	我相信自己在中心拥有个人发展和成长的机会	4.56

尤其是"在工作中，我每天都有机会做我最擅长的事"（4.22）、"我的个人能力在目前的岗位上得到了比较充分的发挥"（4.37）两题为所有调查题目中得分偏低项，在一定程度上说明了员工在个人能力的发挥、成长与发展等方面存在一定困惑，中心应重点关注岗位适配度。

4. 部室管理部分

表 2 部室管理

序号	维度	题目	得分
30	部室管理	在过去的 7 天里，我因工作出色而受到赞赏和表扬	4.13
31	部室管理	我觉得我的绩效考核结果相对客观公正地反映了我的工作表现	4.33
47	部室管理	在过去的六个月内，中心或我所在部室有人跟我谈及我的进步	4.4
24	部室管理	我所在的部室工作安排合理	4.45
35	部室管理	我所在的部门工作流程能让我尽可能地有高产出	4.51
25	部室管理	我所在的部室岗位设置清晰明确，职责清楚	4.54
34	部室管理	我觉得我的主管和同事关心我的个人情况	4.55
39	部室管理	我所在的部门，通过开诚布公地讨论不同的意见来形成决议	4.56

在部室管理方面，涉及考核结果公正性、工作安排合理性和激励认可机制等题目得分低于整体平均分。其中，"在过去的 7 天里，我因工作出色而受到赞赏和表扬"（4.13）在所有调查题目中得分最低，该题2015 年得分为 4.21；"我觉得我的绩效考核结果相对客观公正地反映了我的工作表现"（4.33）2015 年得分为 4.41。

5. 员工岗位胜任力提升专项工作认可度

此次调查一并了解了员工对于岗位胜任力提升专项工作的认可度："我认为中心今年开展的员工岗位胜任力提升专项工作对我个人的岗位履职能力提升有较大促进作用"，得分为 4.5，尽管低于总体满意度，但是选择"满意"及以上人数占比为 88.6%，表明该项工作得到了大部分员工认可。

表3

员工岗位胜任力提升专项工作认可度

选项	频数	占比
非常满意	478	62.73%
满意	197	25.85%
一般	80	10.50%
不满意	7	0.92%
平均分		4.5

在员工回答"对提升员工岗位胜任力有何建议"这个问题上，主要有以下建议：

（1）在培训内容上，加强员工技能培训，针对职务层级设定对应的培训。

（2）采取理论结合实际的方式进行培养，多关注员工在实际工作中的表现和工作成果，避免过多依赖理论学习和评分的方式。

（3）加强直线管理者的重视，直线管理者要作为员工岗位能力提升的第一责任人主动推动员工岗位胜任力提升相关工作。

（4）员工普遍反映培训力度不够，希望可以安排更具针对性、贴近实际工作的培训。

（5）部分员工反映当前员工岗位胜任力提升工作偏形式化、不易落地，希望可以适当简化流程。

（二）专题研讨和个别访谈

为深入了解中心各部室的内部管理工作情况，准确把握部室当前工作中的重点、难点和主要诉求，拓宽职能部室的工作视野，中心职能部室开展了"贴近部室"调研活动，旨在了解部室工作开展及员工队伍建设情况、当前部室管理中的挑战和疑惑、需要中心协助解决的困难、对中心内部管理工作的意见和建议。共同探讨疑点难点问题，深入基层员工，问需于民、问计于民。

调研组在调研部室均开展了两个层面的座谈会，其中部室层座谈会由部室管理人员、高级经理及以上专业人员代表参加，员工代表座谈会由经理（三级）及以下各层级员工代表参加。

从调研了解到的情况来看，调研部室均能较好地落实中心战略重点及各项制度要求，在部室日常管理上能结合自身实际和员工队伍发展情况采取有针对性的管理措施，同时在日常管理中也存在一些需要中心关注和解决的难题，员工代表普遍对中心及所在部室在员工管理和激励上做出的努力表示认可和理解，并提出了相应的改进措施，建议如下：

1. 建议进一步扩大 EPP 的培训范围，允许各部门自主上报培训需求。

2. 建议进一步研究明确工作指导资质、指导内容及考评机制，研究建立跨部室工作指导机制。

3. 在组织各类培训时，建议在资源允许的情况下扩大员工参与范围，允许有兴趣的员工跨部室或跨专业参加培训。

4. 建议进一步扩充中心网点实习的工作内容，除前往网点临柜之外，允许相关专业人员前往相关专业机构学习。

5. 建议进一步明确部室总、部室副总、产品经理的工作职责、汇报关系及考核关系。

6. 建议进一步加大岗位交流力度。

7. 建议进一步落实对核心人才的个性化培养政策。

8. 建议进一步加强部室层面的活动。

（三）实地调研和案例分析

数据中心（北京）前往珠海软件开发中心、数据中心（上海）及票据营业部开展了调研工作，主要针对人力资源管理、培训管理进行交流学习。以下是兄弟单位在不同方面较为突出的人员管理方法，通过对这些优秀案例的学习，数据中心（北京）要进一步提升人力资源管理能力，促进对"80 后"、"90 后"员工的成才培养。

1. 数据中心（上海）

案例分析：数据中心（上海）在招聘过程中的笔试环节添加性格测评，由分行金融培训学校提供场地和技术支持，将测评结果作为其面试时的参考，重点关注测评结果极端而面试表现不错的人员。

中心借鉴：校园招聘是中心吸纳新员工的重要途径，性格测评可以帮助中心在招聘过程中，全方面了解应聘者的综合素质，选择最适宜人选。目前，中心已经采纳了数据中心（上海）的做法，校招使用总行统一的性格测评系统，社招及内部招聘外购性格测评。

2. 票据营业部

案例分析：票据营业部针对人力资源通报会已形成机制，每年召开

1~2次，主要针对与员工相关的人力资源管理制度要点或修订内容在全员范围内进行正式的通报宣传。在通报会结束后，人力资源部组织有关制度修订的考试，确保每位员工领会掌握。

中心借鉴：票据营业部员工总数共260人，全员通报相对易操作。目前中心对于与员工相关的人力资源管理制度修订后主要采取职代会审议、不定期组织各部室综合或各部室员工代表参加制度培训。中心欲借鉴票据营业部做法，建立人力资源管理定期通报机制，每年1~2次，针对对象包括但不限于各部室综合和职代会代表，主要介绍中心人力资源管理方面相关制度要点或修订情况、新的工作模式等与员工日常工作密切相关的内容，以确保员工及时掌握和领会中心管理导向。

此外，中心面向管理人员（部室总经理、副总经理、一岗双责人员）和专业员工，分八次开展相关制度培训。培训形式为"现场培训"或"三合一电子课件"学习，验收方式为"现场签到"或"在线测评"。同时，制定同一制度文件"培训对象不同、讲解重点不同"的培训原则，即针对管理人员重点讲解制度背景、管理要点等内容，针对专业员工重点讲解制度要求、行为底线等内容。

3. 软件开发中心

案例分析：在新员工培训方面，软件开发中心为新员工设计开发了近40门课程，编写整理了80多万字的基础知识教材，内容涉及职业道德、质量意识、开发技术与规范、职场素质、岗前心态等方面，受到新员工的好评。此外，软件开发中心新员工培训用时较久，新员工培训时间一般为一个月左右，除以上课程外还增加了军训、拓展等内容。

中心借鉴：新员工大多是校招引入的青年学生，完善新员工培训可以让新员工更好地融入工作环境，完成好学生到职场人的转型，并在短时间内系统掌握公司企业文化、制度建设、岗位职责等重要内容，并通过拓展训练等方式增强团队意识，为进一步开展工作奠定好基础。中心历来高度重视新员工培训，中心领导及部室高职级专业人员亲自授课。新员工培训组织力度及规范性等体现出中心对新员工培训的重视程度，目前已在新员工培训中完成三方面优化：一是梳理新员工培训课程，形成完整的新员工培训课程体系，每年根据具体情况在体系基础上进行优化调整；二是进一步保证新员工培训的时间（至少两周），第一周进行中心概况及企业文化的培训，第二周进行专业知识的培训，使新员工进入部室前具备符合中心要求的价值观，培养新员工职业素养，促进新员工角色转换；三是将员工职业发展、员工素质拓展列入新员工培训范畴，增强新员工对个人职业规划、对组织和集体的归属感及荣誉感。

三、应对举措

（一）明确目标管理，实现任务分配的有序、合理

通过调研可以得知，青年员工对于个人成长与发展、个人能力是否能得到发挥、个人价值是否能得到实现等方面非常重视，结合中心青年员工的特点，中心在目标管理、绩效管理等方面做出了系统规划。

"五个一"绩效管理体系是中心在多年绩效管理探索与实践中不断总结完善的，是符合中心实际工作特点的绩效管理体系。"五个一"指一套工具、一个流程、一种文化、一个平台以及一种模式。

一套工具：以战略解码、绩效合约、个人目标为核心的战略管理、目标传导、实施监督工具，通过自上而下、分层管理的方式将中心战略目标传导至一线员工，切实解决"最后一公里"问题，有力保障中心战略目标达成。同时建立绩效合约执行跟踪机制，每季度对绩效指标完成情况进行统计、汇总与监督，并通过中心季度工作会议进行公开通报，确保战略重点及行动计划有效执行。通过对中心青年员工调研，发现员工对于工作安排合理性的满意程度相对较低，因此，通过战略解码、目标传导、监督管理等方式，可以有效提升工作分配，确保员工有序、高效地完成好本职工作。

一个流程："绩效计划—绩效沟通—绩效考核—结果应用"四个环节循环往复、持续改进的绩效管理流程，确保对员工考核的公正性。在绩效计划方面强调"自上而下层层分解、上下沟通双向承诺、直线管理逐级负责"的管理流程与"计划内容个性化、考核指标可测量、绩效目标要均衡"的管理原则。差异化考核方式可以更有效地针对员工的不同特点、岗位的不同特性实现更公正的考核。

一种文化：以"承诺"为核心的绩效管理文化，营造员工自我管理、积极主动的良好工作氛围。在部室差异化考评量表和管理类员工绩效合约制定过程中，强调组织和个人、上级和下级协商一致。在专业员工绩

效计划制订过程中，员工可自主安排考核周期内的工作任务，与直线管理者就任务内容、考核标准等达成一致。通过调研我们发现直线管理者对于员工的激励、指导作用十分关键，影响了员工工作的积极性、满意度。因此我中心摒弃单项管理的控制型绩效文化，让员工对工作内容、工作氛围有更多的认同感，自觉主动开展工作。

一个平台：通过自主开发绩效管理平台不仅能够保证绩效管理全流程贯彻实施，积累绩效计划、绩效沟通记录、绩效考核结果等大量数据，为后续分析优化工作奠定数据基础；另一方面能够简化工作流程、减少事务性工作、提升工作效率；同时还能够保证绩效计划规范有效、绩效考核公平透明，从基础环境上保证承诺型绩效文化的落实。

一种模式：通过年度绩效管理工作专题分析、员工满意度分析、员工金点子收集、绩效管理难点专项研究、吸收外部先进经验等方式对绩效管理机制进行持续分析探索，实施以年度为周期的优化工作，不断加强绩效管理机制对员工日常履职带来的强大导向作用。同时持续强化绩效管理制度的宣传推广机制，在制度发布前广泛征求员工及职代会意见，并确保制度发布后一个月内进行专题宣讲，员工覆盖率达到 80% 以上。在此基础上，中心各级管理人员与中心人力资源部还会定期举行专题对话活动，就绩效考核问题与员工进行现场沟通。

（二）完善激励机制，明晰青年员工的职业发展路径

通过员工满意度调研，我们发现员工对于考核结果的公正性、工作安排的合理性及激励认可机制等方面有更多的诉求，因此中心通过员工激励机制的进一步完善，强化岗位权责、提升专业能力、具象化员工晋升发展、深化员工培养、优化绩效管理、加强员工激励，努力培养和造就一支"愿作为、敢作为、能作为"的高素质员工队伍。

岗位权责双驱模式：旨在明确各层级岗位职责，明确管理人员和专业人员的权利、职责和汇报关系。引导管理人员和专业人员对相同工作流程和工作项结合自身职责分工进行不同的关注与思考，实现"发展双序列"、"风险双把控"、"结果双负责"。中心青年员工大部分属于专业序列，明确青年员工的职责要求与对应权利，促使专业人员履职能力持续提升，对青年员工"赋责"、"赋权"、"赋能"。

晋升发展体系：在全行统一的五大类、21 个序列、25 个等级的体系

框架内，根据中心职能及岗位设置情况，设置管理、专业两大岗位类别，分别对应专业管理、信息科技、财会资金、人力资源、综合5个序列，并根据总行要求设置一岗一区间。在晋升发展方式上，分为序列内纵向晋升发展和序列间横向发展，其中序列内纵向晋升发展包括工资档次晋升、岗位等级晋升、职务层级晋升；序列间横向发展指员工在不同岗位类别、岗位序列、同一序列不同岗位间的发展，为员工提供了明晰的晋升发展路径。

晋升积分制度：中心自2011年起通过设置差异化的积分评价指标、分值权重和计分规则，对专业员工的基本素质、成长经历、能力提升和业绩表现等进行量化评价，作为员工获得专业晋升资格的重要依据。中心青年员工学历高、对个人发展与成长极为重视，必须盘活现有资源，建立更有效的晋升机制，为青年员工的晋升、发展创造公平、合理的机制。

内部人才市场：通过调研我们发现，青年员工对于自身岗位的满意度、工作安排的合理性满意度评分略低，内部人才市场是提升岗位适配度的有效手段，促进员工内部流动，人岗相宜，激发员工工作动力，促进员工自觉提升专业能力。部室可发布岗位需求，员工可提交岗位流动申请并维护简历，查询岗位需求并报名，将通过人力资源部进行需求匹配、协调组织开展笔试面试等活动。

全景激励视图：中心始终秉承"以人为本"的管理理念，激励制度体系经过多年的不断发展与完善，已逐步形成以岗位职责为基础、以价值贡献为核心与主要依据、以目标管理为举措、以职业发展为牵引，倡导自主追求，实现优中选优，涵盖薪酬、福利、绩效、晋升、成就、培训、荣誉等多方面的形式多样、立体交叉的多元激励约束机制体系，并据此绘制全景激励视图（见图9），从员工和团队角度出发，按照物质激励、非物质激励两个维度全方位地梳理出中心现有的激励机制。

（三）健全培养计划，助力青年员工成才、成长

为不断提升中心工作的质量和效率，我们抓住提升员工岗位胜任能力、自动化工具方法和内部流程优化三个关键环节，其中将员工岗位胜任能力提升作为重中之重来抓，也就是抓员工培养，提高人力资源这个关键资源的使用效率，同时也有效地促进了员工的成长，真正落实"发

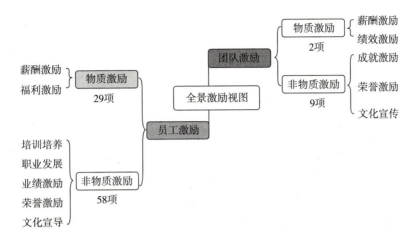

图 9　全景激励视图

展依靠员工"。

"四力"发展模式：中心在员工培养上提出"四力"发展模式，突出针对不同对象的差异化培养。管理人员重点提升核心领导力，全面提高综合素质；领军型人才重点提升专业领导力，发挥专业引领作用；核心能力骨干重点提升专业竞争力，奠定专业坚实基础；专业类员工重点提升岗位胜任力，确保岗位履职。

岗位胜任能力：建立以岗位胜任能力为核心，以岗位职级课程为基础，以资格评估差距为导向的员工培养闭环管理机制。通过每周一课、专题讲座、专业知识竞赛及 800 余门课程等多元培养措施，促进员工成长。

IDP 计划：为引导员工自主、科学地规划职业生涯，不断提高员工队伍的专业能力素质，中心开展了"员工个人职业规划暨发展计划"（简称 IDP），在尊重和反映员工个人意愿的前提下，以员工与直线管理者的充分讨论并达成一致为基础，共同制定员工个人职业发展规划。

工作指导制：为实现各层级员工专业经验的积累及传承，有效提升员工专业能力，中心研究制定了工作指导制。工作指导全面负责下属员工成长培养，负责辅导专业知识、工具方法、工作技能等。

岗位交流：基于提升员工岗位履职能力和员工培养，每年集中安排两次交流，2015 年共有 93 人次参与了中心内岗位交流及行内交流。

网点实习：为帮助员工将理论知识和工作实践相结合，特别是帮助员工深入一线了解业务需求，提升中心对业务支持的能力，中心要求入职两年后的员工必须要有一次到分行一线网点实习的经历。本着人本管理理念，员工可选择回家乡实习，提出回家乡实习需求后，中心主动帮助员工联系各地分行，落实实习事宜。所有到一线网点实习的员工，要求必须熟悉银行柜台基础业务。为保证实习效果，中心实习前组织统一培训，邀请北京分行及银行学校老师授课，开展模拟银行等实操培训；实习后征求实习单位对员工的评价并召开座谈会，注重收集整理业务改进建议，激发员工主动思考的动力，协同促进一线业务发展。

员工培养全景视图的可视化展现：制订数据中心（北京）员工培养全景视图方案，通过有机整合传统课堂培训、网络在线学习、互动体验学习、实践交流学习等员工培养机制，设计以学习发展和职业规划为主轴的系列学习活动，以全员培养全景视图为载体，打造中心云学习平台，实现培养视图可视化展现，员工可按照自己的兴趣和发展意向，有序高效地完成学习。

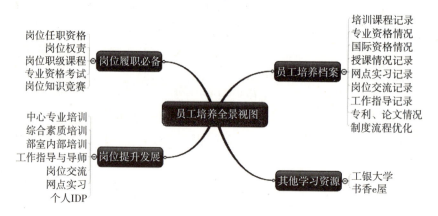

图10　员工培养全景视图

（四）营造温馨之家，强化青年员工对中心的归属感

经过多年的探索、总结和积淀，中心在工行先进企业文化的沃土中孕育了倡导和谐理念、以"勤奋、协作、求实、创新"为行动取向的特色文化。2010年9月，在总行发布企业文化体系后的三个月，中心企业文化行动手册及故事集与员工见面了，这是中心特色文化的结晶，也是中心根植落地我行企业文化的里程碑。2016年5月，中心启动"八字文

化胜任力"推动提升工作，对我们的文化、发展目标、核心理念、行动取向四大部分及彼此之间的关系进行进一步的架构完善、优化解读。并通过企业文化行动手册、企业文化故事集等形式，加深青年员工对中心核心价值观的认同感。

中心设置文化墙，展示中心发展及特色文化

网讯平台：为切实做好员工关爱，中心于 2003 年自行设计开发了"办公管理系统"，电子化审批流程方便了员工办理事务性工作，节省了员工时间，提升了工作效率，系统于 2003 年首次上线，2008 年进行了改版，2012 年迁移至全行统一的网讯平台。

员工社区：为畅通中心和员工之间、员工和员工之间的沟通交流渠道，中心在办公平台开辟了"员工社区"栏目，为员工提供发表意见、交流生活信息的场所。其中：对于"意见箱"栏目，中心设专人逐条回复，"总经理室直通车"栏目可以由员工直接与所希望"对话"的中心层领导进行沟通。

EAP 计划：2012 年中心启动了员工帮助计划（EAP），从关爱员工的角度入手，立足于助力员工快乐幸福成长、推动中心和谐跨越发展。EAP 项目以"和谐·快乐·成就"为主题，建立起 123 长效机制：一条热线、每年两次大讲堂、每年三次工作坊，为员工营造温馨友爱的工作氛围，满足员工对幸福的追求。

慰问活动：中心坚持三必访、六必问制度，员工生病住院必慰问、员工（男、女）生小孩必慰问、员工家有丧事必慰问；员工生日、元旦、春节、三八、中秋、八一涉及员工节日的活动均组织慰问。

暖心工程：中心在办实事方面尽量贴近员工需求，为怀孕女工提供午休房，为哺乳女工设立"爱心妈妈屋"，周末和节假日中心餐厅提供食品外卖，深受员工欢迎。

四、结语

多年来，中心党委认真执行总行党委的决策部署，积极应对新形势、新常态，着力解决发展过程中存在的突出矛盾与新问题，尤其在"80后"、"90后"员工成长、成才方面取得了一定经验，帮助中心青年员工更高效、更智慧地工作、生活，不断实现员工的个人成长与发展。

通过近年来持续推进的调研工作，中心在人才管理与培养方面制定了更全面的发展规划。在员工岗位职责管理、职业发展、激励机制、员工培养等方面进行了深入探索，通过实践、调研、总结与反思使中心人力资源管理工作日臻完善。

下一个阶段，中心将根据多年来的积累，结合总行要求和实际工作情况，继续深化管理举措，强化员工培养，持续提升中心的工作质量和效率，提升自身服务能力，积极应对前进中的困难与挑战。

在前进之路上，数据中心（北京）从不畏难、绝不惧难，将不断挑战、勇于超越，在追求卓越之路上永不停歇！

工商银行四川分行
青年员工思想状况调研分析报告

王礼见[*]

王礼见[*]

一、调研背景与方法

（一）调研背景

截至 2016 年 5 月中旬，四川分行 1.6 万余名员工中，35 岁以下在岗青年员工 5945 名，占全行员工比重为 36.08%，是全行勇闯"三关"的重要力量。同时，随着人才队伍建设的深入实施推进，全行青年员工人数多、分布广、学历高，思想多样、活跃敏锐但辨别能力和自我约束意识不足，积极向上、追求进步但感情脆弱、易受挫的群体特征也更加凸显，如何正确引导、帮助和培养好青年员工群体，是目前全行青年员工思想教育工作的重点和难点，也是关乎四川分行未来发展的重要课题。

（二）问卷设计

本次问卷调查共分为五个部分、39 道问题，其中：第一部分为员工的基本情况调查，包括性别、年龄、学历、岗位、机构、部门等信息，有助于了解参与调查者的大体构成；第二部分为职业现状调查，包括工作满意度、岗位适应度、职业发展满意度、工作压力来源及排遣方式及团队氛围等，有助于了解青年员工的现实状态；第三部分为职业价值观调查，包括青年员工对工作意义的认识、岗位忠诚度和归属感、职业发展看重的因素等，有助于了解当前青年员工的职业价值取向；第四部分

* 中国工商银行四川分行团委。本文获 2016 年全国金融系统思想政治工作和企业文化建设优秀调研成果二等奖。

为职业期望调查，主要包括青年员工职业发展方向、职业发展目标，以及在职业规划方面的期待和需求等，有助于了解青年员工对未来职业生涯的发展规划和现实需求。第五部分为对共青团工作的建议，有助于切实改进共青团工作方法，提升工作水平。

（三）调查方法

为真实、全面、高效地推进调研工作，四川分行团委通过网络大学网上考试系统，限定35岁及以下目标青年群体，以不记名自愿参与的方式，用三周左右的时间在全行各级青年员工中发起问卷调查活动。为打消青年员工顾虑，真实了解青年员工所思所想，在整个调查活动中，各级团委仅作发动和提示，不进行进度通报，尽可能让青年员工主动参与，力求结果全面客观、科学合理。

二、问卷结果及分析

本次调查样本容量为2433份，有效问卷2433份，参与问卷人数占全行35岁以下青年员工总数的40.93%。问卷参与人员涵盖了四川分行本部、19家二级分行和2家直属支行，实现了各级机构全覆盖。其中，成都地区参与人数788人，省内其他地区参与人数1645人，占比分别为32.39%、67.61%。调研样本具有较强的代表性及参考性。下面就问卷调查中的几个部分进行详细分析。

（一）样本基本情况

1. 年龄结构

从样本数据情况看（见图1），参与此次问卷调查活动的青年员工主要年龄分布在25~32岁，占到全部参与人数的79.2%；其中，25~28岁青年员工参与最为积极，占到全部参与人数的50.3%。另外，从入行时间来看（见图2），参与问卷活动的青年员工入行时间主要集中为3~10年，总占比约为62.2%；其中，入行时间在3~5年的青年员工占比最多，为42.9%。可以看出，入行时间越短的青年员工，在思想动态上更为积极活跃，更期待通过各种渠道表达自己的期望和想法，更加积极主动配合。

2. 岗位结构

此次参与问卷活动的青年员工以前台部门占比最高，达到82.9%，

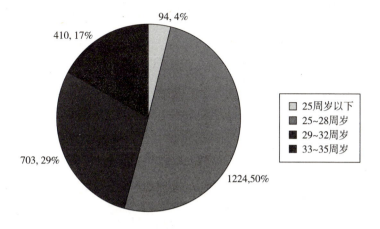

图1 年龄分布

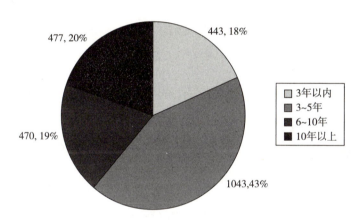

图2 行龄分布

其中又以一线网点为主，达到全部参与问卷人数的70.4%，而客服类和营销类岗位青年员工达到全部参与人员比重的66.4%，与目前全行青年员工岗位分布基本相符（见图3）。

（二）关于职业现状

调查结果显示，青年员工对工作以来的自身发展总体满意，普遍认为能够在从事的岗位中取得个人成长和进步。思想状态整体较为稳定，大部分员工具有较强的事业心和责任感，能够通过不断学习新业务，新知识，提高自身素质和能力，努力实现自身价值。同时，青年员工思维活跃，思想相互激荡、不同意识形态也不可避免地出现在这一群体之中，

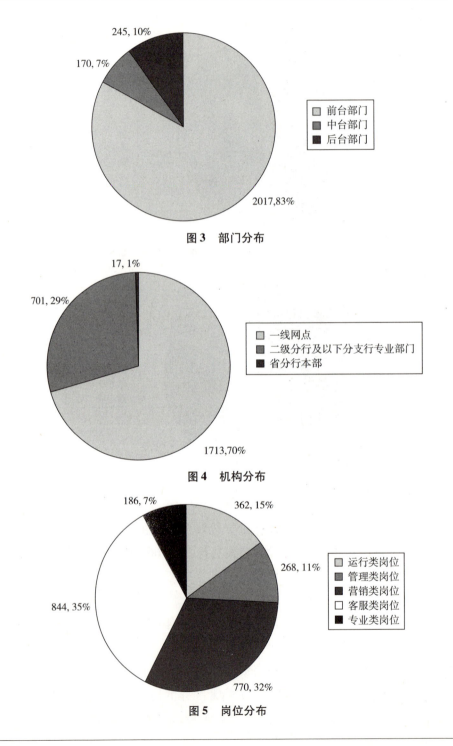

图3　部门分布

图4　机构分布

图5　岗位分布

面对工作压力的负面情绪反馈，目标感缺失等现象也同时存在。

1. 青年员工对岗位价值比较认可

从问卷结果看，青年员工的个人需求重点集中在个人成长和收入福利两个方面，而青年员工对目前我行的岗位价值认可来看，个人需求和岗位价值能够基本相符。

（1）青年员工对工作岗位的价值需求

从对工作岗位的认同度上看，青年员工在工作中最为看重的因素前三位分别是：自我的提升和价值实现、薪酬福利和个人晋升发展。其他看重的事项依次为继续培训深造的机会；从事喜欢的工作；人际关系的处理；工作的挑战性和领导的赏识。可以看出，青年员工对于个人成长、物质待遇方面具有较强的需求，渴望有良好的成长机会和环境，渴望有竞争力的收入待遇。

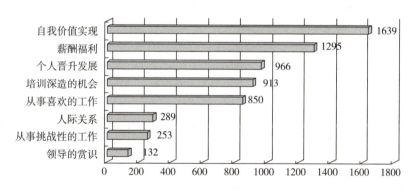

图6 工作岗位的价值需求

（2）青年员工对当前岗位价值比较认可

调查结果显示，青年员工对目前工作岗位最为满意的因素意见相对较为集中，分别是：目前的岗位给予自己充分的锻炼与自我发展的机会；同事间相处和睦；工作稳定生活有保障。可以看出，青年员工对目前我行工作岗位价值总体满意度是比较高的，对于工作岗位对个人成长锻炼、稳定的生活保障和良好的工作氛围普遍比较认可。

2. 青年员工在工作中实现了个人成长与进步

（1）青年员工对自身发展普遍满意

从调查数据来看，青年员工普遍对工作以来自身的发展表示满意，总体占比达到73.2%。

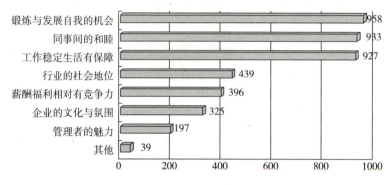

图7 岗位价值比较

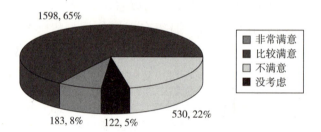

图8 自身发展满意度

（2）现岗位对个人成长有较大促进和帮助

从工作岗位对自身成长和进步的促进看，青年员工普遍认为目前所从事的工作对个人的成长和进步有较大的帮助，对岗位价值比较认可，基本满意度达到86%。

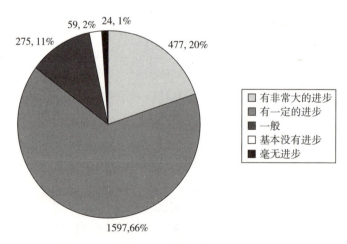

图9 对现岗位满意度

3. 工作压力、收入福利和发展空间困扰着青年员工

（1）青年员工对工作的负面感受

在负面感受调查中，青年员工反馈意见相对比较分散，但排在前三位的分别是：竞争激烈，工作压力太大；收入、福利与自身预期有一定差距；发展空间有限。竞争激烈、工作压力与当前经济新常态下，经济形势下行、增速放缓、市场竞争多元化，银行业利润增长乏力等现实因素息息相关。而对收入、福利和个人发展空间的负面反馈则反映出了当前青年员工较为浮躁的心态。从全行业层面来看，基本表现出较强的一致性：2015年南京大学学生职业发展协会在《银行探真——银行工作现状大调查》中指出，有50%的受访者表示工作压力很大；有48.9%的受访者年薪在10万元以下，与工作压力不成正比；有33%的人感觉工作枯燥乏味，缺乏动力；80%以上的受访者评价每周加班一次以上。

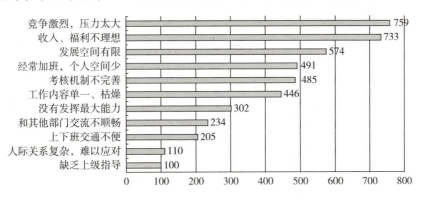

图10　工作的负面感受

（2）工作压力的主要来源

调查显示，青年员工工作压力来源主要集中在"营销任务重，指标完不成"（50.76%）、"工作内容太多，明显感觉时间精力不够，疲于应付"（44.43%）、"业务内容太多、变化太快，没有足够时间消化"（39.87%）三个方面。青年员工大部分在一线营销岗位上工作，并且近几年新入行的员工占比较高，职业生涯初期是业务学习和知识积累的关键期，在当前的行业竞争态势下，"营销任务重，指标完不成"、"业务多、工作多，没有足够时间精力消化和应对"成为青年员工压力的主要来源也是职业成长的客观规律，应引起重视和引导。

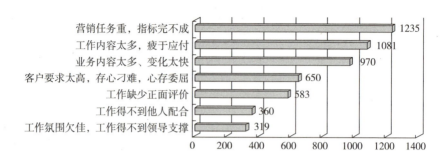

图11　工作压力来源

（3）青年员工能够有效克服压力

总的来看，尽管青年员工对工作压力表现出了较大的负面情绪反馈，但事实上在当前的行业现状和行内环境下，青年员工整体表现出了较好的承压能力。

一是良好的团队氛围对青年员工缓压有积极影响。在关于团队氛围对自身的影响调查中，15.13%的青年员工认为本单位团队氛围"极大地提高了工作积极性"，52.40%的员工认为"一定程度上提高了工作积极性"，共计占比达到67.51%。可以看出，经过入职培训和入职后一系列团队文化建设项目，青年员工团队合作意识不断强化，团队协作能力持续提升，青年员工在良好的团队氛围中，通过个人素质和团队能力的提升，在困难克服和压力缓解方面有较好的成效，青年员工对团队氛围总体满意度较高。

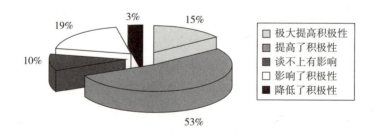

图12　团队氛围对自身的影响

二是领导关爱对青年员工缓压有较大帮助。在关于"直接领导对青年员工的关心和影响"的问卷中，38.88%的青年员工认为"非常关心"，48.25%认为"一般关心"，总占比达到了87.13%。其中，51.83%的青年员工认为直接领导是自己的"良师益友"，23.14%的青年员工认为直接领导"严厉正直"，总占比达到74.97%。从分析中可以看出，各级领导对青年员工的关心和帮助很重视，青年员工比较认可，对青年成长和压力缓解有很大帮助。

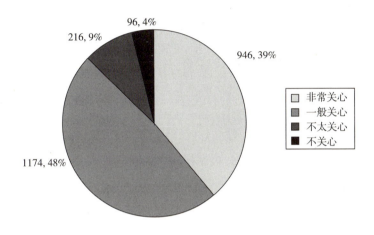

图 13　领导关心程度

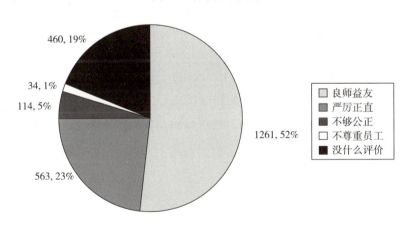

图 14　对领导的感受

三是青年员工在压力下能够较好胜任工作。在良好的团队氛围和帮扶下，调查显示了96%的青年员工能够较好地适应现阶段岗位压力，并能够很好地克服工作压力，较好地完成工作任务，只有4%的员工认为"工作压力特别大，面对工作紧张，很难适应"。对于这小部分的员工，需要特别重视，加强心理引导，进行点对点重点帮扶。

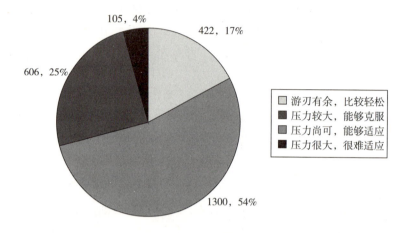

图15　压力下对工作的胜任

（三）关于职业价值观

调查结果显示，青年员工职业价值观总体上是积极正面的，希望能够通过工作实现自我价值和理想，并追求更好的生活状态，也能够正确地认识个人发展与工行发展的紧密关系。但同时，青年员工也表现出对工商银行忠诚度不高、归属感不强的现状也需要关注和重视。

1. 职业价值观积极正面

在对职业价值的认知方面，45.7%的人认为职业对自身的意义在于寻求自我价值和理想的实现，40.53%的人认为职业对自身的意义是追求更好的生活，86.23%的青年员工对职业价值的认知是积极正面的。

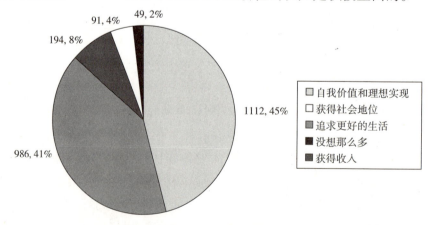

图16　对职业价值的认知

2. 能够正确看待工行发展与个人成长的共存关系

在对于"企业的发展与个人发展的关系"的看法上，66.42%的青年员工认为"只有工行发展了，个人才有成长"，绝大部分青年员工能够正确地认识工行发展与个人成长的共存关系。

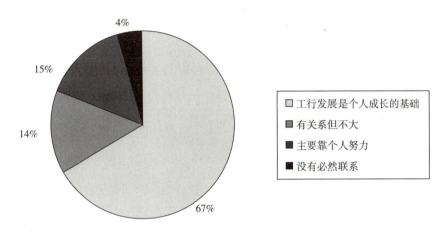

图17　工行发展与个人成长关系的看法

3. 整体忠诚度和归属感有待提升

在员工忠诚度和归属感调查中，青年员工自身忠诚度和归属感"很强"和"比较强"的仅占39.38%，总体反映出青年员工忠诚度和归属感不高。而在青年员工对"跳槽"的看法问卷中，青年员工认为身边青年员工"跳槽"后工作情况有了很大改善的占到53.31%，过半数的青

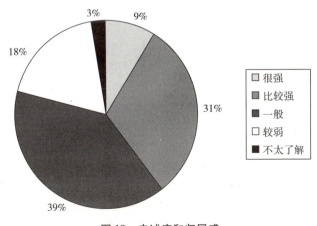

图18　忠诚度和归属感

年员工对"跳槽"的前景持乐观态度，需要引起重视。

而青年员工认为当前周围人"跳槽"的主要原因是：工作压力、收入福利、发展空间，与问卷调查中对当前工作的负面感受是一致的。

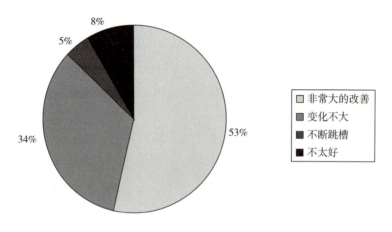

图19　跳槽前后对比

数据再次表明，"工作压力"、"收入福利"、"发展空间"是当前青年员工重点关注，并影响我行青年员工队伍稳定的最主要因素。尽管青年员工对目前工作岗位的价值比较认可，但与个人预期相比有所落差，也反映出了部分青年员工的浮躁心态，需要引起高度关注并做好引导教育。

（四）关于职业期待

调查结果显示，青年员工总体上对自身的职业发展规划相对比较理性，对自身的发展也能够明确目标并为之努力，反映了全行青年员工积极进取、追求进步的精神面貌。但同时，在实现自身职业规划和成长目标的路径上，也存在自我懈怠和方法迷茫等困惑。

1. 职业规划更加理性

在对自身职业发展方向的规划上，青年员工对"专业领域人才"的发展方向选择高于"团队管理者"，占比分别为41.47%和33.91%，并非集中为"团队管理者"，说明青年员工对职业发展的规划和自我定位更加理性。但选择"出色营销人员"和"口碑好的客服人员"的占比仅为12.95%和3%，选择"技能娴熟的运行类人员"的占比为8.51%，也说明当前的营销压力和运行压力对青年员工的影响较大。

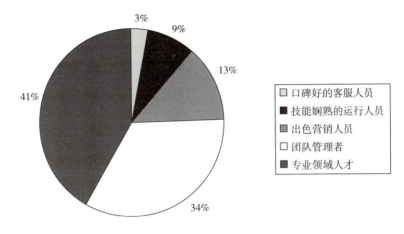

图 20　职业发展方向

2. 有较强职业目标感

在对未来 3～5 年的职业期待调查中，青年员工总体上看目标感较强，76.45% 的青年员工表示有明确的发展目标，其中 48.34% 的青年员工对实现自身发展目标充满信心并为之努力奋斗。

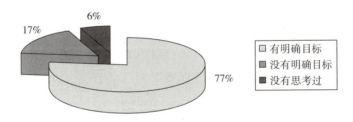

图 21　发展目标

但同时也可以看到，在有明确发展目标的青年员工中，除了信心备

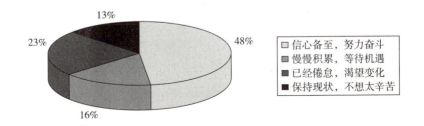

图 22　对实现目标的行动打算

至并努力奋斗的青年员工外，还有将近30%的青年员工在目标感和行动力上不能保持一致，有一定的自我懈怠和路径迷茫。

3. 渴望得到指导和更多机会

在受访青年员工中，有42.25%的青年员工表示在实现目标的过程中感觉力不从心、急需专业人士指导，表现出了在实现目标的过程中方法迷茫。同时，也希望能够通过轮岗、提供培训机会、拓宽沟通渠道等方式创造条件，帮助青年员工实现自身能力提升和职业发展目标。

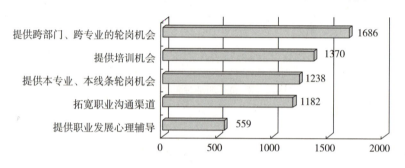

图 23　发展需求

同时，在学习意愿方面，94.76%的青年员工愿意在做好本职工作的同时，学习新业务或其他岗位的业务知识。其中，34.57%的青年员工表示所在行领导有要求并能创造学习条件；其中，17.84%的青年员工通过自学的方式在加强学习；其中，44.35%的青年员工表示没有学习的机会。既反映出当前各级行对青年员工培养的重视，也在一定程度上反映出部分青年员工主动学习的意识不够、创造学习机会的动力不足，有等、靠、要的懈怠思想。

从调查数据分析，我行大部分青年员工有明确的职业发展目标及发展方向，对前途感觉信心十足，并采取坚持岗位积累经验、业余充电、提出轮岗学习需求等方式为自身职业发展做筹划准备，但也有少部分青年员工存在倦怠、观望、动力不足、力不从心的情况，需要加以引导和帮扶，提高青年员工的积极性，主动性和创造性。

（五）关于共青团工作

统计结果显示，大部分青年员工对我行共青团工作开展情况整体较为满意，占比为70.41%。青年员工对当前共青团和青年工作开展中的难点、活动形式、作用进行了意见反馈，其结果对下一步工作的开展具有一定的借鉴意义。

1. 当前共青团和青年工作的难点

从问卷反馈情况看，青年员工认为当前我行共青团和青年工作开展面临的困难主要集中在：工作压力大，青年参与活动的精力不够；共青团的活动吸引力需进一步提升；团的活动经费保障不足几个方面。

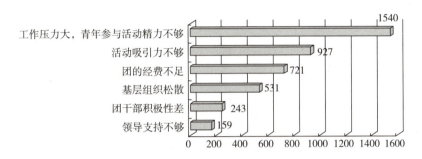

图24　共青团和青年工作的难点

2. 青年员工喜欢的共青团活动形式

在如何提升青年员工活动参与积极性，青年员工喜欢什么类型的共青团活动的问卷设计中，青年员工对健身娱乐类、志愿公益类、创意创新类活动比较欢迎，也希望共青团能多组织类似团的活动。

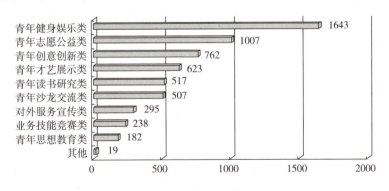

图25　共青团活动形式

3. 青年员工希望共青团在青年成长方面发挥更大作用

在青年成才过程中，青年员工希望共青团主要在以下几个方面发挥更大作用：提供充分展示的舞台；提供完整的职业规划信息；完善的人才推荐机制。

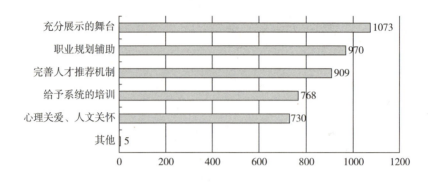

图26　共青团的作用

整体上看，青年员工对我行共青团工作基本满意，但在共青团活动的开展上也确实存在活动吸引力不够、作用不明显等不足，在组织和发动中也面临一些困难。同时，青年员工对共青团活动组织和作用发挥提出的要求，是下一步我行共青团工作深入开展的方向和突破口。

三、调研结论

据调研数据分析，我行青年员工思想状况总体比较平稳，大多数青年员工对目前的工作情况较为满意，持有积极进取的生活、工作态度，有正确的职业价值观、较为明确的职业目标和清晰的职业规划，能够正面、积极地面对工作中的压力，表现出了较好的整体抗压能力。同时，对工行未来的发展充满信心，能够将自身发展目标与工行发展相结合，有较强烈的学习意愿和进步欲望，对周边事物也抱有积极的看法。但同时，也表现出了对工商银行整体忠诚度和归属感不强；在工作压力、个人进步和薪酬福利方面表现出较为明显的浮躁情绪；追求进步的意愿比较强烈但在方法和路径上存在迷茫；希望获得更多成长进步的机会但在主动性、行动力上锐气不足等问题，需要重点关注并加以引导教育。

四、思考和建议

通过调研分析，青年员工当前的思想、工作状况以及对于未来的思考、期盼和筹划，已经较为清晰地呈现在面前。针对分析结果，提出以下一些具体的措施，以期能够在一定程度上解决和缓解青年员工目前所面临的困扰、问题和困难。

（一）进一步完善青年员工职业教育培训体系

建议加大对青年员工的培训力度，充分发挥教育培训的基础性作用。

1. 强化入职培训

入职教育是企业将青年员工从社会人转化为企业人的过程，同时也是青年员工融入团队的重要过程。建议进一步提升新员工入职培训的系统性、实效性和延续性，引导新员工把个人能力特长与我行发展目标有机结合，更好、更快地适应工作岗位。共青团要积极参与新员工入职培训，特别要加强新入行员工在95588电话银行中心学习锻炼期间的联系互动，积极引导青年员工熟悉我行的企业文化、认同全行的发展愿景。同时要结合新员工普遍比较关心的薪酬福利、发展通道等内容做好入职培训和分类引导，增强归属感，树立职业科学发展观。

2. 强化传帮带培训

建议继续发扬"传、帮、带"的优良传统，推进实施分层师徒带教机制，对于进行三年以内的员工，应强化师徒结对和团队培训机制；对于进行三年以上的员工，可以落实择优培养的机制。实施分专业培训机制，对于专业类、运行类、客服类岗位，加强基本技能的训练，快速提升青年员工的业务能力。对于销售类岗位，在师徒结对的基础上形成团队培训的模式，在给青年员工分任务、压担子的同时，注重给予营销方法的指导和团队支撑。实施职业导师机制。选拔指定具有较强业务技能和专业水平以及丰富带教经验的指导老师进行帮带，签订师徒帮带协议，明确帮带工作流程，建立师徒之间的定期沟通机制，联动考核，帮带老师在传授业务知识的同时还要承担起职业导师的作用。共青团要努力把青年文明号打造成为优秀青年人才的聚集高地，提高青年群体的整体岗位技能规范化和专业化程度。

3. 强化轮岗培训

岗位流动的目的在于丰富员工职业经历，增强员工适应环境、应对挑战的综合职业能力。建议重点针对专业属性相近、工作联系密切的岗位序列，加大行内员工交流力度，让更多的青年员工在制度化、常态化的纵横交流中成长成才。要加强统筹规划，对交流岗位、轮岗周期、轮岗反馈等都做出清晰的规定，使其更为合理、更具可操作性，有目的、有计划、有步骤地推动轮岗制度的稳步发展，搭建运转流畅、动态配置的员工有序交流平台。建议各行明确所有新入行的员工在入行后的三年内，应至少安排两个以上岗位的实践锻炼，并提供相关的定向帮助和职业培训支持。

4. 强化自主培训

建议各二级分行加强我行薪酬福利结构及考核办法设计的培训工作，以纵向比较、横向对比等方式，简明直观地向青年员工宣讲我行的薪酬福利水平的进步和优势，教育青年员工珍惜岗位，努力工作。同时，要结合全行人力资源深化项目推进，做好员工职业晋升体制的宣讲，鼓励青年员工立足本职，敬业奉献。另外，要根据本行需求和实际情况自主开展以岗位适应和能力发展为重点的青年培训，逐步加大对青年自主参加职业认证培训的奖励力度，根据实际情况制定本单位的青年人才岗位能力提升激励措施，进一步激发青年自主培训和自我提升的积极性。各级团组织应通过建立青年课堂、青年员工讲堂等，鼓励青年员工学习研究，打造学习型青年团队。

（二）完善青年职业规划辅导

建议各级人力资源部门与团组织加强联动，共同深化青年员工职业规划辅导工作，细化辅导措施。

1. 定期开展青年职业状况调查

定期开展青年职业状况调查，通过面谈、座谈、问卷等方式了解青年员工职业发展诉求，充分了解青年员工的职业动机和职业取向，掌握影响其职业发展的个人因素，如兴趣、特长、性格、学识、技能等素质，进而实现对青年员工职业发展观的科学引导。

2. 适时提供职业咨询辅导

开展青年员工职业发展的专题辅导，把组织对青年培养的目标和路线明确告诉青年，帮助员工制定职业发展规划，并做好职业发展的有关咨询和辅导工作，阶段性地给青年员工指引方向，注入动力。要及时跟踪青年员工的适岗、发展情况，帮助其建立正确的职场发展观、职场价值观，设立适合其性格、能力的发展目标，引导其最大限度地发挥自身的潜力。

3. 鼓励青年自我职业管理

引导青年员工树立正确的职业发展理念，鼓励青年加强自我认知，科学进行职业定位，确定合理的发展预期，主动把个人成长融入工商银行的改革发展之中，努力提高个人职业发展与工行经营发展的契合水平。同时，要鼓励青年制定明确的职业短期、中期、长期规划，客观评价自己的优势、劣势、机遇和挑战，找准自己的潜力，明确努力的目标、途径和方式。要鼓励青年员工增强合规意识和自律意识，牢记职业规范，立足本职岗位，以一流的业绩推动组织发展、体现自身价值。

（三）完善青年员工培养机制

建议以岗位职责为基础，通过丰富工作内涵、赋予挑战性工作，不断激发员工勇于创新、自我超越的信念，引导青年员工在克服困难、解决矛盾的过程中增长才干和本领，把岗位作为青年员工锻炼成长的重要平台。

1. 健全青年员工评价和竞争性培养机制

逐步建立以岗位价值、工作能力和业绩表现为基础的评价机制，随着工作能力、业绩能力的提升，按照竞争择优的原则，实现岗位等级、职务层级等方面的竞争性培养，引导青年员工立足本职岗位努力工作，积极追求进步，为每一名青年员工创造更加公平、公正的职业发展机会。

2. 进一步完善青年员工队伍梯队建设

后备队伍的培养和使用，是维持我行发展生机与活力的重要措施。建议各行紧随全行经营转型和业态调整带来的岗位分布变化，从可持续发展角度，加强前瞻性的统筹规划，优化人力资源配置力度。在管理、专业、销售、客服、运行五大类岗位体系中搭建好不同岗位的人才梯队，提高各类岗位青年后备比例，避免出现人才断档现象，努力打造一支规模适度、结构优化、布局合理、层次协调的一流人才队伍。

3. 进一步加强青年员工交流锻炼

以"自下而上与自上而下"相结合的方式，进一步规范推优荐才程序，完善青年骨干人才培养机制，通过交流、挂职、借调等方式，加快人才的考察和培养。各级团组织要进一步完善青年骨干人才库的建立和优秀青年人才推荐机制，强化青年人才的发现、培养工作，向各级党委、专业部门做好优秀人才推荐。对交流、锻炼的优秀青年人才，要建立跟踪考核机制，并提供相应的帮扶辅导，并适时掌握意见反馈，为青年成长创造更好环境。

（四）加强青年员工关爱服务

1. 强化基层领导班子的示范引领作用

从调查结果来看，在青年员工的职业观、价值观的引导和塑造工作方面有待进一步加强。而基层行的领导班子，往往与员工直接接触，其言行举止，将直接影响青年员工的思想状态。因此，要不断加强和改进青年员工的思想状态，首先需要抓好基层行领导班子的思想作风建设，切实当好队伍的"领头雁"，带头恪守社会公德、职业道德、家庭美德和个人品德，带头遵守廉洁从业各项规定，特别是要培育和涵养良好家风，加强对青年员工的教育约束，充分发挥领导班子的表率作用，榜样是最好的说服，示范是最好的引领。

2. 鼓励青年员工在经营管理中发挥更大作用

各级行关注青年普遍性的利益诉求，畅通青年利益表达渠道，完善青年利益反映机制，为青年畅谈思想、交流心声搭建平台。要发挥青年的创新优势，为青年建言献策、参与管理提供平台，以发挥青年员工的巨大潜能。通过形成青年外交团队、青年营销团队、青年服务支持团队等为青年参与管理提供平台，让青年发挥潜能，推动青年职业生涯发展目标的实现。要通过关注青年员工身上的闪光点，给予肯定和鼓励，让青年员工感受到在行内受到重视，发挥了自己的才能，创造了一定的价值，从而提高对工行的认同感和归属感，把自身的成长同工行的发展融合在一起。

3. 进一步加强青年员工心理关爱

直线管理者、基层团组织应关注青年员工"职业压力"、"职业倦怠"等职场心理因素，加强对青年员工心理疏导和柔性关怀，让青年员工更好地适应激烈竞争和压力下的新常态。并通过"青年之家"、"青年兴趣小组"等活动开展，丰富青年业余生活，提倡积极的青年文化，提高青年团队的凝聚力和整体活力，舒缓青年员工身心压力，提升青年员工的幸福指数和内心力量，提高青年员工的忠诚度。

活动中彼此成为朋友的青年员工

4. 搭建青年员工才能展示平台

重视对青年的多元化激励手段，创新思路，充分发掘提供青年成长成才的平台。共青团要进一步丰富活动内涵，提高活动有效性和吸引力，通过各类营销竞赛、技能比赛、展示大赛等青年活动满足青年员工多样化、多层次的自我认同。加大对青年骨干和青年先进的挖掘、培育和宣传，通过杰出青年、岗位能手、岗位明星等评选方式，加强对青年员工的荣誉激励，大力营造青年争先创优的良好局面。

新常态下农行青年员工
思想状况的分析探索

中国农业银行成都锦城支行[*]

一、青年员工思想政治教育的研究背景

青年是我国劳动力人口中的重要组成部分，作为中国金融体系中具有代表性的国有商业银行——中国农业银行，青年员工同样是我行经营活动的主力军，也是我行发展的重要骨干力量，是我行持续发展的不竭动力，是我行发展的未来和希望。因此，青年员工的思想状况关系着农行的未来和发展。随着全球经济一体化和互联网金融的快速发展，国内外银行业的竞争不断加剧，国有大型商业银行的企业制度不断进行深化改革，所有的这一切都给农行的组织结构和员工产生了深远的影响。在这种新经济、新形势下，能否充分发挥思想政治教育的作用，能否实现其价值变得十分重要。国有银行不但能够利用思想政治教育来调节利益和缓和矛盾，而且还能够促进企业的文化建设和人际关系的和谐。

二、青年员工思想政治教育的研究意义

（一）思想政治教育对青年员工的引导意义

青年员工，尤其是初入社会毕业不久的年轻人，还处在对社会以及整个世界充满好奇的年纪，这时他们的价值观，世界观以及人生观还处于较为脆弱和波动的状态，但同时其可塑性也极强。对于当前社会，

＊ 课题组成员：汪元萌、瞿刚、曹婷。本文获 2016 年全国金融系统思想政治工作和企业文化建设优秀调研成果二等奖。

各行各业都处于深化改革时期，国有银行甚至整个金融体系都处于一种新思想与传统思想相互交流、新业务与传统业务相互碰撞的时代。各种新形势、新挑战层出不穷。银行业也在日新月异地不断发生天翻地覆的变化。在这种变革中，年轻人很容易受到未知消极因素的影响，从而偏离了正确的社会主义价值观，这对于青年员工的发展是极其不利的。因此，中国农业银行有责任也有义务为青年员工的"三观"树立提供正确的思想政治引导，同时也应该将这一引导作用与员工自身的职业发展规划以及农行的企业发展相互结合，相互促进，激励青年员工树立符合正确价值观的职业发展目标，这样就在一定程度上激发了青年员工的主观能动性，从而使其在正确价值观的引导下实现农行与个人发展的双赢局面。

（二）思想政治教育对青年员工的教育意义

在思想政治教育对青年员工的引导作用基础上，培育和造就一代代年轻人也是其十分重要的意义之一。思想政治教育的育人功能主要体现在以下三个方面。

首先，思想政治教育应当在青年员工中树立社会主义核心价值观和核心价值体系。将党的发展方针、基本国策不断地向青年员工进行宣传，不断提高其党性觉悟，不断地将青年员工团结到党组织周围。将个人的价值观与农行的发展理念以及国家的发展方向三个方面相互结合起来，实现国家发展、农行成功、员工成才的三位一体共赢的可持续发展。

其次，思想政治教育要帮助年轻人建立高尚的道德情操和精神追求。无论是典型模范的榜样树立还是同事之间的相互监督，相互进步，都要在全行范围内营造出正确的舆论导向和你争我赶学榜样的氛围，这会在无形之中激励年轻人追求更加完善的个人修养和道德品格，从而促进其进一步发展。

最后，思想政治教育要帮助满足青年员工对自我价值实现的需求。在之前所提及的两点精神提升外，还要不断提高青年员工的工作能力和专业素养，提高组织领导、协调沟通等诸多能力，这些能力的培养对于员工自身和农行自身都有着十分积极的意义。

（三）思想政治教育对青年员工的协调作用

思想政治教育工作在我行工作中具有十分重要的协调作用。特别是青年员工有时易于冲动，做事情不够理性，与同事之间常常会产生摩擦。思想政治教育就是从以下三个方面帮助青年员工协调他们与同事，与整个农行的关系。首先，帮助青年员工树立大局意识，使得他们在考虑问题的时候除了从自身角度出发，多了一个考虑问题的维度。撇除个人狭隘的思想观念，从大局出发有利于团结行内不同岗位、不同部门的青年员工，加强思想统一。其次，将农行的规章制度，法律法规，行业操守全部贯彻到思想政治教育工作中去，加强青年员工对自身利益与农行利益的协调统一。最后，是加强对农行青年员工人际关系的协调。一方面青年员工往往年轻好胜，他们之间的相互竞争关系常常需要协调，以达到相互合作的局面；另一方面因为新思想和传统思想之间常常有对冲碰撞，也就是青年员工与老员工之间的关系需要调和，这不仅仅体现在同事之间的人际关系上，也体现在工作方式方法上。

（四）思想政治教育对青年员工的激励效能

激励效能主要体现在两个方面，一方面是加强青年员工对国有金融行业的认识，尤其是在新常态下国有大型商业银行所面临的诸多新机遇和新挑战。不断引导青年员工去了解金融体系深化改革过程中农行的优势劣势，激励他们把热情投入工作的挑战中去。另一个方面，是通过思想政治教育加强青年员工的事业心，增强他们对于农行的归属感。树立农行主人翁的姿态来面对农行发展，才能更好地把个人发展和农行发展结合在一起。

三、锦城支行青年员工的调研案例分析

（一）研究方法与思路简述

本调查报告的调查问卷设计主要是通过马斯洛需求理论并结合当代青年的需求特征，从五个维度进行设计。五个维度分别是青年员工基本情况、青年员工生活品质、青年员工工作状态、青年员工职业发展以及青年员工的价值观念。希望能够从层层递进的多层次角度来考察当今我行青年员工的思想状况，通过这一考察结果来发现当今我行青年员工的思想特点和问题，进行积极地思考和探索并提出合理化的建议。

首先我们根据国家统计局关于青年劳动力的定义和统计口径来定义本行的青年员工的年龄设定是35岁及以下的锦城支行员工。其次，我们

组建"锦城e线"公众订阅号并在线设计调查问卷，问卷全套共有选择题26道，其中多项选择3道。本次调查共收集问卷127套，占锦城支行在职青年员工人数的85.81%，具有一定的代表性和客观性。

中国农业银行成都锦城支行基本情况

　　锦城支行成立于1992年，是四川省分行设立的首家直属支行，下辖11个营业网点和14个离行式自助银行。现有员工280人，平均年龄36岁，其中35岁以下青年员工140人，占比50%。大学本科及以上学历占79%，共产党员占51%。截至2016年末，支行存贷规模超过500亿元，实现利润超7亿元，经营效益与综合绩效均列农行成都城区行第1位。支行连续七年获得全国农行创利百强支行荣誉，在西南地区金融业中首家被中央文明委授予"全国文明单位"称号，在2013年总行重点区域城区支行等级评定中排全国第19位，在2014年总行处级支行等级评定中排全国第12位，在全省农行综合绩效考核中长期保持"先进单位"称号。支行班子被省分行评为"四好班子"，员工中也涌现出总行级标兵、能手和省级劳模等先进典型多名。

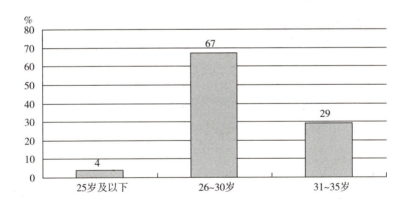

图1　锦城支行青年员工年龄分布图

　　在参与调查的员工中，26~30岁的员工占比最多，达到了67%，25岁以下的青年员工占比最少，只有4%，30岁以上的青年员工数量占比29%，可见25岁以上的青年员工占到了绝大多数。其中，青年员工入行工作工龄在3年至9年的占到了最大比重，为84%，而10年以上工龄和

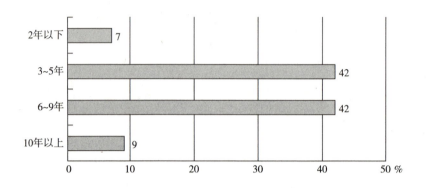

图2 青年员工在我行工龄分布

2年以下工龄的员工占比只有9%和7%，这大部分取决于员工的入行时间和毕业年龄，而毕业年龄又取决于员工毕业所取得的学历。从图3可以看出锦城支行青年员工的学历构成比。本科占比较大，达到了62%，硕士研究生及以上学历达到38%，被调查青年员工的学历已经实现全部达到本科及以上水平，说明我行青年员工的学历水平较高。

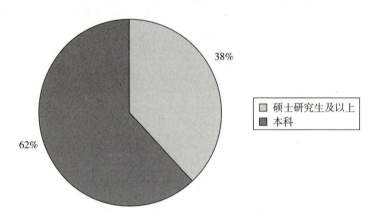

图3 锦城支行青年员工学历水平

从图4可以看出的是，我行目前为止，在青年员工中，中共党员（含预备党员）的占比较高，达到了56%，共青团员为25%，群众占比只有19%，这说明我行的思想政治教育是较为注重发展青年员工党员，这对于培育年青一代的党员干部有很扎实的基础。

对于我行青年员工，大部分工作在基层网点，占比78%，支行机关工作占比为22%。通过这一点我们进一步考察青年员工的具体工作岗位，

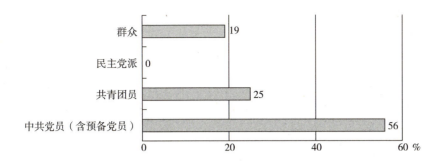

图4 青年员工政治面貌情况

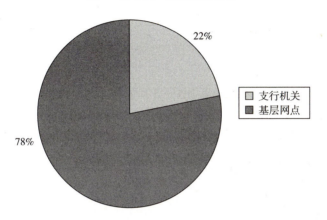

图5 青年员工工作地点

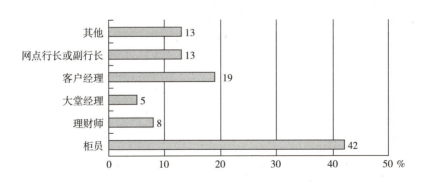

图6 青年员工工作岗位性质

其中柜员岗占比最多，达到了42%，占比最低的是大堂经理岗，占比只有5%，理财师和客户经理岗占比分别是8%和19%（见图6）。尤其值得注意的是青年员工有13%进入中层管理岗位。一方面反映出青年员工间是存在一定的竞争压力的，另一方面也说明支行是较为重视青年员工发展的。

（二）我行青年员工的思想现状特点与问题

1. 关注生活质量，但有较大生活压力

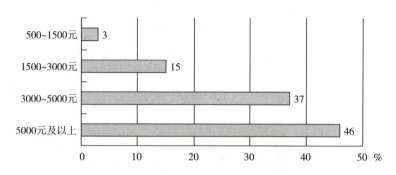

图7　通常情况下我行青年员工每月消费情况

通过调查我们可以看出，青年员工每月消费支出在3000元以上占到了83%，其中5000元及以上消费支出的占比达到了46%（见图7）。如图8所示，在消费之中，房贷又是消费支出最大占比，其中，57%的青年员工每月消费支出的最大份额来自于房贷压力。其次是日用品，占比22%，子女教育和车贷的占比为17%和3%。如果假定房贷和生活日用品为必要消费支出，那么现阶段的青年员工的生活压力较大。另外随着年龄的不断增长和婚姻家庭的组建，子女教育在青年员工的家庭支出中占比也日益凸显出来。

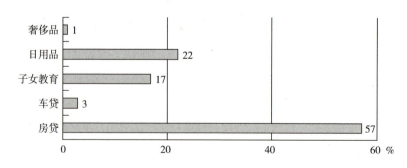

图8　青年员工每月开支占比首位分布图

除了消费支出，大部分青年员工（74%）都能从收入中选择一定比例进行储蓄，是较好的生活方式，其中储蓄比例占收入比为10%～20%

的青年员工有24%，占比较高，但同时我们发现仍然有26%的青年员工无储蓄，一方面因素是新入职员工收入水平还不高，承担了较高的生活成本以后，难以留存储蓄，另一方面由于青年人较中年人有较强的非理性消费冲动，存在一定程度的超前消费现象（见图9）。

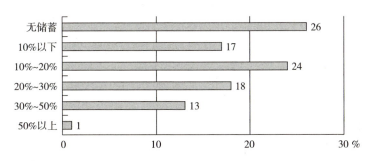

图9　青年员工年收入储蓄比例

在业余生活安排上，大部分青年员工（30%）把大部分时间都投入家庭生活中，还有24%的员工更愿意把兴趣爱好放到工作之外的首选（见图10），值得注意的是有13%的青年员工在工作之外将更多的时间投入在自我学习上，这一比例超过上网购物游戏，说明我行青年员工在业余自我提升方面有较强的主动性。在自我学习和提升中，每周学习时间在5～10小时的员工占比28%，5小时以下的占比30%，10～30个小时的达到了28%，仍然有青年员工每周的自我学习时间在30个小时以上，当然这其中包含周末的自我提升，也包含员工自我学习通过岗位考试和获取其他职业资格证书所付出的时间，这一点是值得肯定和鼓励的，但是我们还需要注意到的是仍然有30%的青年员工平时没有自我学习和提

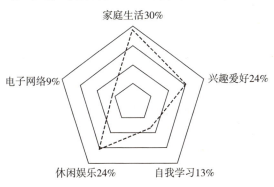

图10　青年员工业余生活投入

升，这也是政治思想工作下一步的工作重点之一（见图11）。

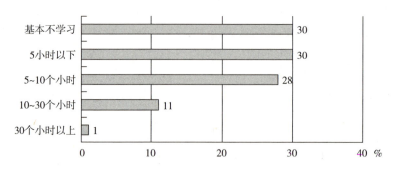

图11 工作外投入自我提升时间

最后有一点特别值得注意的是，青年员工由于生活和工作的双重压力，很少参与体育锻炼，这对于员工的自我发展和农行的长远发展是不利的。其中基本不运动的青年员工有42%，占比最大；每月只运动一次的员工有9%，而经常运动的员工占比只有13%。政治思想工作不仅仅是从思想上引导青年员工，还要在生活上多关注青年员工生活，帮助指导他们建立正确的生活观念（见图12）。

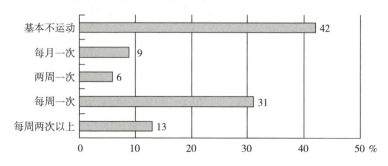

图12 参加体育锻炼的次数

2. 有积极的工作态度，但需有效缓解工作压力

在日常工作中，大部分的员工（69%）认为自己的出色表现都能够得到上级领导的赞扬和认可。这对于青年员工树立自信有很大的帮助。但是仍然有30%的青年员工对其能否获得认可和赞扬持有不确定的态度（见图13）。

而通过过去一年工作的自我认定，有83%的青年员工认可自己在工作上得到了学习和成长的机会。但是7%的青年员工却不认为自己获得过

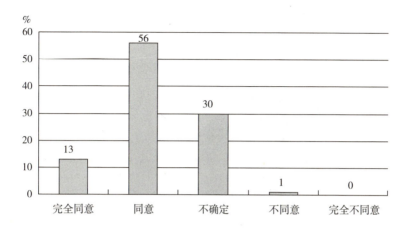

图13　在日常工作中，你出色的表现得到了领导的认可和赞扬

学习成长的机会，9%的人则对此保持不确定的态度（见图14）。

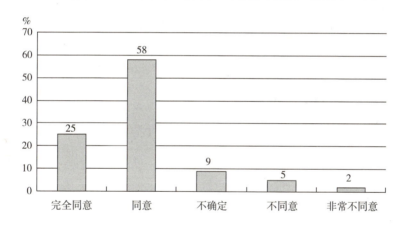

图14　在过去一年工作中，你在工作上至少得到过一个学习或成长的机会

在网点或部门的工作氛围打造上，超过一半的青年员工（72%）是认可当前的工作气氛的，但是还有13%的青年员工认为当前所在网点或部门的工作环境存在或多或少的压抑性（见图15）。工作氛围一方面取决于工作中与之相处的领导同事，另一方面则取决于所面临的工作和任务考核。

在与他人相处的过程中，占绝大多数的青年员工（90%）认为自己与他人相处愉快（见图16），这说明压抑氛围的出现很有可能是来自于所面临的工作压力。

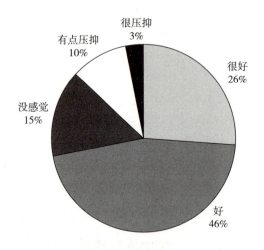

图 15　所在网点或部门的工作气氛如何

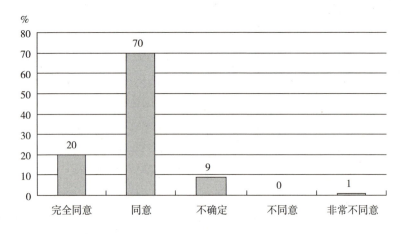

图 16　你在工作中与他人相处愉快

从图 17 可以看出，有 68% 的青年员工认为工作压力的主要来源是不断提高的工作任务和工作要求，这与最近几年银行业激烈的竞争与新常态金融发展的趋势密切相关。这一点还反映在不断更新的知识和业务上。除此之外，有 13% 的青年员工认为自己的现实经济压力是工作压力的主要来源，主要原因可能来自工资构成的变动（由岗位工资转变为绩效工资为主）。

3. 职业发展愿景较为明确，但缺乏长期规划

如图 18 所示，有 36% 的青年员工有较为明晰的中期规划，24% 的青

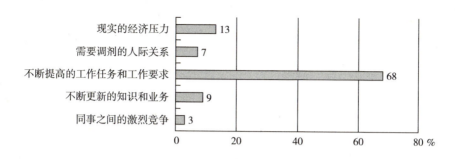

图 17 工作压力的主要来源

年员工有短期的职业发展规划，但可以看出的是，只有 20% 的青年员工有长期的职业发展规划，说明青年员工缺乏长期的职业规划。同时，仍然有 21% 的青年员工并无职业发展规划，这一点需要后期进行引导和帮助。

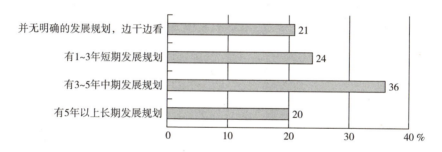

图 18 青年员工职业发展状况图

　　职业发展路径明晰对于青年员工的职业生涯来说十分重要，48% 的青年员工能够看到自己未来 5 年在农行的发展情况，但是有 38% 的青年员工对此持怀疑态度，而 14% 的青年员工则对自己未来在农行内部的发展表示迷茫（见图 19），这一方面是员工自身要加强学习和能力的自我提升，另一方面支行应尽量多地为青年员工提供共享和交流的平台，以及学习和提升的渠道来引导青年员工树立职业自信。

　　值得注意的是，有一半的员工对于农行的工作岗位的认知是实现自我价值的平台，这一点对于我们将个人价值与农行发展相互契合、相互融合，为达到实现个人发展和我行发展双赢局面提供很好的思想基础。15% 的青年员工则认为目前的农行工作对于自己来说是成就事业的平台，这也是一种较为积极的工作态度。但是仍然有 34% 的青年员工认为目前

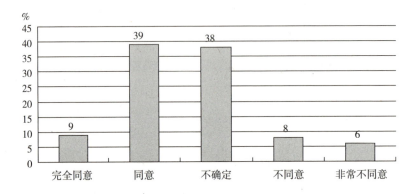

图19　您能看到自己在农行五年内的职业发展前景

的工作只是养家糊口的一种方式（见图20），这一认知较为消极，一方面来自现实的经济压力，另一方面来自职业发展的认知不清。

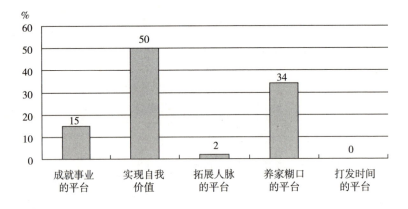

图20　农行对你来说意味着什么

4. 思想与价值观发展趋势

通过调研我们发现，大部分青年员工认为优秀员工最应具备的要素排名前三位的分别是品德修养（32%）、待人接物方式（30%）以及人脉（20%）（见图21）。将品德修养放在第一位不仅仅与我行的人才培养的初衷相符，同时也和社会主义核心价值观相符。此外，工作成功的标志排名前三名的是：上级与同事的认可（23%）、升职（22%）以及加薪（20%）（见图22），这对于我们激励青年员工提供了较为准确的路径和思路。

值得注意的是，我行青年员工在工作中具备较高的职业素养。如图

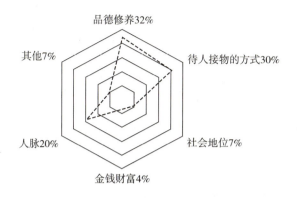

图 21　你认为优秀员工最应具备的要素

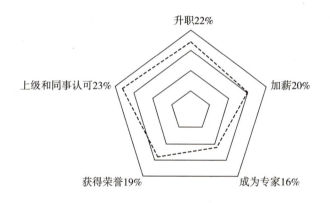

图 22　你认为工作成功的主要标志是什么

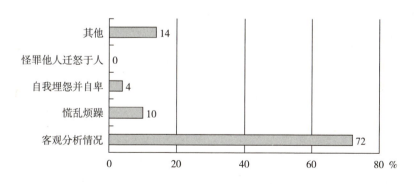

图 23　工作中遇到困难时的第一反应

23 所示，当青年员工在工作中遇到困难时，72％的人能够做到客观分析情况，占到绝大部分；此外，当其在工作中能力得到认可并被委以重任时，75%的青年员工都能够做到仔细分析工作，并不遗余力地做好准备。只有4%的青年员工会出现自我能力怀疑的现象（见图24）。

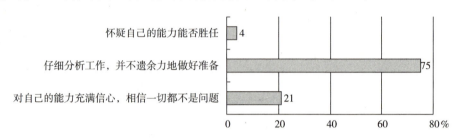

图24　当能力得到认可并委以重任时的表现

（三）我行青年员工思想现状成因分析

根据上文分析所得到的当今我行青年员工的思想特征和所存在的问题，我们从三个角度，即个人、单位以及社会三个角度对其形成的原因进行探讨，以便通过原因的分析来提出更加合理和具有针对性的方法和建议来提升思想政治教育对于青年员工的引导和激励作用。

1. 从员工自身角度出发

我们所调研的青年员工，全部为"80后"和"90后"年轻人，大部分是独生子女，在长期的家庭生活和校园生活中，都是一种长期自我封闭的优越学习生活环境，这种成长经历很容易形成一种以自我为中心的性格特征。这种性格特征也不可避免地带入了工作中。这样一来，他们在工作中往往比较在意个人的力量，虽然善于追求自己的目标和利益，但同时集体观念不强。他们希望能够表达自己的意见，追求工作中的平等和民主，但同时想法的实践性不强，而且不能正确处理遵纪合规同自由民主的关系。在对于很多问题的看法上有些脱离实际，在处理集体利益与个人利益的关系上做得不甚恰当，有些时候过多地注重了个人利益而忽视或者不关心集体利益的存在，不愿意参加集体活动，慢慢地置身于集体之外，淡化了集体主义观念，从而不能够与集体中的其他人实现有效地沟通交流和分享，导致个体慢慢丧失工作的积极性和对自我职业发展的思考。

2. 从银行角度出发

随着市场经济发展的不断深化，经济全球化和金融新常态下的国有商业银行之间的竞争变得逐渐加剧。为了适应不断变化的新形势和新环境，国有商业银行不得不不断地进行深化改革。原有的传统体制已经不能适应互联网金融带来的冲击和挑战，各大行都在不断优化内部结构，提升营销力度，拓展营销渠道，经营效益优先已经成为国有商业银行发展的首要管理目标。在这种发展变化中，思想政治教育的作用很容易被淡化。

3. 从社会大背景出发

对于刚刚进入社会的青年员工来说，他们需要自己独立思考关于"成家"和"立业"的问题，即一方面要考虑婚姻问题，又不得不接受现实的高房价，从调查中我们也能看出，房贷是大多数青年员工每月的最大支出。这一点让青年员工背负起十分沉重的现实经济压力。而进入已婚状态的青年员工大部分的业余时间都是投入家庭生活中。来自家庭的压力也会与日俱增，这样的社会压力下，很容易使青年员工将收入作为自己工作的一项重要考量指标，从而淡化了自我价值实现和学习成长。从图 25 我们可以看出，薪酬收入是迫使青年员工离开农行的最大内在原因之一。但是这也折射出青年员工自身所面临的巨大经济压力。

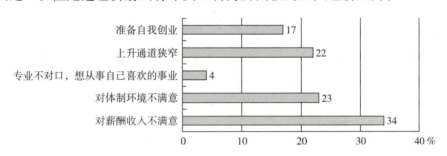

图 25　假如将来你离职农行，最主要的原因是什么

四、加强青年员工思想政治教育的对策探索

针对我行目前的青年员工思想情况，通过调研分析我们提出通过以下三个方面进行思想政治教育的创新探索，以实现我行思想政治教育的与时俱进，并最大限度地为青年员工服务。

（一）将思想政治教育同党建相结合

在青年员工思想政治教育的过程中，要始终坚持党性教育，把党建工作在青年员工群体中扎住根，发出芽。将抓党建、转作风、促学风作为青年员工思想政治教育的主旋律。支行领导要以授课或者座谈的方式开展党课教育，有针对性地解决青年员工思想上的疑虑、工作中的困惑。以"两学一做"活动作为切入青年员工经常性教育的契机，通过加强理论学习，树立青年员工"政治意识、大局意识、核心意识、看齐意识"四个意识。要将意识形成内化于心，成为思想自觉，成为党性观念，成为纪律要求，成为实际行动。在学习的过程中，更要把党的章程和习近平总书记的系列讲话精神转化为自身思想上的"正能量"，形成自我发展的强大动力。

锦城支行"领导干部上讲台"活动

（二）将思想政治教育同农行文化相互结合

将我行的企业文化与思想政治教育相互结合，使得思想政治教育更加富有弹性和"接地气"，这在一定程度上丰富了思想政治的内容，也丰富了思想政治教育的手段。两者共存于银行经营管理的实践过程中，有许多共性，二者相互融合，能够彼此相互发展。通过大力宣传我行企业精神和管理理念来开展思想政治教育，能够帮助青年员工树立正确的人生观、价值观和世界观，激发他们的创造性和积极性，从而在我行内部起到凝聚年轻人和规范年轻人的作用，有助于为我行培养一支稳定的后备力量，有利于增强企业的核心竞争力。此外，我行的企业文化宣传营造出一个有利于青年员工积极向上的文化氛围，一方面，有助于青年员工学习和理解我行的各项规章制度，实现我行的全面协调发展；另一方面，将青年员工的工作积极性调动起来，促进我行的长远发展。

（三）将思想政治教育同互联网相互结合

科学技术的日新月异已经深深地改变着每一个人的生活方式，尤其是年轻人，对于新奇事物更是充满着好奇。互联网在我们的生活中已经无处不在。尤其是移动互联网的普及让任何一个个体无时无刻，不论何地都能接触互联网资讯。通过2015年《思想政治教育走入新媒体》的调研报告我们深入探讨了互联网对于思想政治教育有十分巨大的推动作用。一方面，我们能够随时随地地了解青年员工的思想状况。通过多样化网络平台的搭建，实现青年员工之间和我行与员工之间的多渠道交流和资源共享。另一方面，青年员工往往较为注重参与性和平等性，通过网络进行交流，一方面扩大了发言的广度，避免了面对面座谈会的小心谨慎、不敢多言。同时也便于我行在许多问题发展的最初状态就能够获得足够信息，从而将矛盾和问题解决在萌芽状态。

（四）将思想政治教育同心理学相互结合

将心理学的内容加入思想政治教育中去，就是要通过人文关怀和心理疏导来对我行青年员工进行引导。结合当代青年员工的思想现状特点，这也是当前我行思想政治教育不可或缺的手段之一。青年员工大多毕业不久，刚刚进入工作岗位，社会经验不足，抗压能力较差，当工作和生活中遇到挫折的时候，很容易产生消极的情绪反应。特别是当前经济环境下行压力大，行业发展竞争激烈，国有商业银行面临深化改革的重要阶段，在这一过程中，或多或少地会触及普通员工的利益，这很容易引发基层员工的不良情绪，而这种消极情绪很容易感染社会经验不足的青年员工，使之也开始出现消极情绪。将心理学融入思想政治教育是一种创新尝试，使得思想政治教育更加具有"人情味"，始终贯穿以人为本的思想，关心青年员工的差异个性以及他们多样化的发展诉求，从而激发他们的积极态度，在工作和生活中能够保持良好的心态，最终就会步入综合素质的全面发展。

五、结语

对于朝气蓬勃的年青一代青年员工，我们有责任把他们培育成为中国农业银行发展的中坚力量。因为他们是我们国家的未来，也是农行的未来。我们正是通过对这些"未来主人"的调研分析，来把握他们多样化的思想状况，既有共性，也有个性。希望能够通过这次调研活动，能够为我行青年员工的健康发展进献绵薄之力。

青年联合会搭台助力 "80 后"、 "90 后" 成长成才

——以中国银行四川新都支行为例

邹晓琼　　周哲娟　　李文君[*]

"80 后"、"90 后"员工已经成为企业经营管理的有生力量，是企业未来发展的中流砥柱，更是决定了企业的整体核心竞争力。他们学历高、学习能力强、个性独立、有实现自我价值的强烈愿望，崇尚自由，对职业发展有着更强烈的需求。在当前的知识经济时代，银行业转型的关键时期，如何助力企业青年员工的成长成才，充分发挥企业青年员工人力资源的效能为企业提供智力支持和人才保障，是目前摆在企业各层级、各条线的现实问题，为此，中国银行新都支行作了一系列的实践与探索。

一、"80 后"、"90 后"员工特征

"80 后"这个概念最初出现在文坛，而"90 后"则是这种称谓的延续，本文把"80 后"、"90 后"简单归纳为出生于 20 世纪 80 年代和 90 年代的青年人。"80 后"、"90 后"没有"60 后"的谨慎拘谨，没有"70 后"的勤俭节约，但是他们有自己的优点和特点。

（一）"80 后"、"90 后"的成长环境

成长环境对个人的价值观、世界观、人生观的形成有着很大的影响，

---

*　中国银行四川省成都新都支行。本文获 2016 年全国金融系统思想政治工作和企业文化建设优秀调研成果二等奖。

与其性格特点的形成和发展也有着十分重要的作用。

宏观上说，"80后"、"90后"出生在改革开放后，经济的飞速发展，社会的日新月异，法制的逐渐完善，科技的不断创新，让他们的政治素养高、视野开阔、思维灵活、反应迅速、创新性强、经济嗅觉敏锐，更加务实并且重视经济价值和经济回报。相比20世纪六七十年代出生的人，他们更早地进入校园学习，及早地接触外语和计算机，重视文化素养的培养和积淀，拥有较好的文化教育背景。

微观上说，"80后"、"90后"出生在国家计划生育国策实施后，独生子女较多，大多数人生活衣食无忧。由于父辈的育儿观念各种各样，他们的家庭教育则千差万别，部分"80后"、"90后"父母以"棍棒式"的强势教育为主，部分父母又主要是"蜜糖式"的教育，有的不管不问，有的过分关怀。这就造成了"80后"、"90后"有的叛逆、有的依赖、有的循规蹈矩缺乏创新、有的离经叛道唯我独尊，从而给企业管理者的管理工作造成了一定的挑战。

（二）"80后"、"90后"的性格特征

由于"80后"、"90后"大量进入职场，他们给企业员工管理方面带来了新的挑战，如何管理好"80后"、"90后"也逐渐成为近几年管理者和学者研究的重点。"80后"、"90后"员工的性格特征主要包括：

1. 强调个性，缺乏团队协作

"80后"、"90后"员工绝大部分是独生子女，从小生长在父母长辈的呵护下。他们喜欢突出自我，讲究个性，在成长的过程中学会更多的是索取而不是奉献，在工作岗位上容易重视收获忽略付出。现代社会生活节奏的加快，计算机和网络的产生，让人与人之间缺少了很多面对面沟通的机会，加之缺少兄弟姐妹的陪伴，因此一旦他们进入社会、进入企业，他们也缺乏团队合作精神，不能深刻理解合作的效用。

2. 敢于创新，追求自我价值

"80后"、"90后"生活在一个信息化的时代，互联网的发达，出国机会的增加，国家高端研讨会的升温，使得他们有更多的机会与国际最先进的思想碰撞，同时他们也能很快地吸收这些先进的思想。他们能够打破传统的思维模式，拥有冒险精神和雄心壮志，并且有创新的能力。工作对他们而言不仅仅是满足生理需求和安全需求，更是实现社交需求、尊重需求和自我实现需求的平台。如果这个平台不能达到他们预期的偏好需求，他们很容易为了追求自己的人生价值而离开。在管理者的眼里，这是"80后"、"90后"员工缺乏责任心、对企业缺乏忠诚度的表现。但换个角度看，"80后"、"90后"员工不甘受过多约束，敢于寻求变化，也表明他们有着追求理想，敢于自我挑战的信心和勇气，也更能为企业注入新的活力带动企业氛围。

3. 重视学历，求知欲强烈

九年义务教育的普及，高校的扩招，父母的重视，使得"80后"、"90后"员工大都接受了高等教育，有的甚至到海外求学。因此，如今企业中的"80后"、"90后"员工多为知识型员工，他们的整体素质与内涵要高于以往，并且尊重知识、善于学习，他们凭借已学到的知识与技能，通过独立思考进行创造性思维，再根据实际工作中的事件不断补充、更新知识，在这样一个不间断地学习、创造、再学习、再创造的循环过程中成长成熟。很多企业出台了相应的教育学习政策鼓励员工自我充实，一则有利于激发员工热情，再则对青年干部的培养也有利于企业实现科学化的管理。

4. 心理脆弱，抗压能力差

飞速发展的社会带来的是更多的物质诱惑，"80后"、"90后"离开校园进入职场，从父母溺爱的羽翼中走进社会，面临压力的反差使得"80后"、"90后"心理变得十分脆弱，而父母对子女的高期待又往往只会增加他们的心理负担，导致他们将父母的无限期盼强加在自己追求理想的过程中，使得他们职场韧性差，一旦遇到较大的问题，情绪容易受影响，甚至做出极端的行为。

二、"80后"、"90后"的职业诉求

为深入了解"80后"、"90后"员工的职业诉求，本文面向新都支行工作的所有年轻人，采用问卷调查的方式开展调研。本次调查问卷发放82份，回收有效问卷65份，回收率79.27%。

（一）"80后"、"90后"员工结构

目前，支行共有员工129人，"80后"、"90后"有82人，占比63.57%。其中，在一线工作的"80后"、"90后"员工66人，占一线工

作人员的 75.00%；工作在后勤等二线的"80 后"、"90 后"员工有 16 人，占二线工作人员的 39.02%；网点负责人（含营业部主任/副主任、挂职网点副主任）及以上级别中有 4 名"80 后"，占该级别人数的 19.05%。总体来看，"80 后"、"90 后"员工已经成为支行发展的中坚力量，但从员工年龄结构上看，人才的新老交替、代际传承仍面临挑战。

从员工学历结构来看，支行"80 后"、"90 后"员工具有大学本科及以上学历的 78 人，占 95.12%，其中全日制硕士学历 11 人；获得 AFP、CFP、ATP 等行内外高级专业资格证书的员工共计 9 人，占 10.98%，表示正在参加继续教育的 18 人，占 27.69%。以上数据不难看出，"80 后"、"90 后"学历程度较高，并且有很强的求知欲，他们正在某些重点领域、紧缺岗位上担起重担、施展才能，逐渐发展成为一些新兴业务领域的专业人才。

（二）"80 后"、"90 后"员工的职业偏好

在问卷设计阶段，我们从企业文化、培养机制、品牌实力等方面着手，注重企业对"80 后"、"90 后"员工在进入职场后的职业生涯发展的贡献，换句话说，研究着重调查"80 后"、"90 后"员工的发展需要企业哪方面的培养和建设。调查数据表明，一个优秀的企业最主要的特质，除了良好的薪酬和福利外（59.76%），他们最看重畅通的职业通道和平等的职业发展机会，分别占 37.80% 和 40.24%（见图 1）。

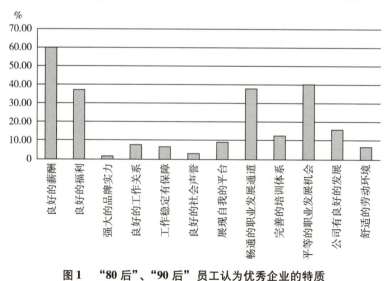

图 1　"80 后"、"90 后"员工认为优秀企业的特质

1. 员工认同，企业文化是首要

在企业文化方面，"80后"、"90后"员工进入企业后，良好的文化教育背景让他们往往对企业文化有一种趋向性，有32.93%的"80后"、"90后"员工很看重，43.9%的认为自己比较看重。本文主要将企业文化分为道德规范、行为准则和文化环境，员工普遍希望企业文化和自己的个性相融合，在职场中得到来自企业的认同。在多变的职场状态下，角色转变、工作轮换、工作流动等情景，以及自身抗压力小的性格特点，都使"80后"、"90后"员工表示感受到生理、心理方面的负担和影响，容易产生工作倦怠，增加情绪耗竭。这就需要企业也越来越重视自身的企业文化建设，用企业文化的"润物细无声"来浸润个性多样的"80后"、"90后"员工，使他们树立合理的目标期望，不好高骛远，要脚踏实地，加强交流与沟通，保持谦虚的态度，更好地融入工作环境。

2. 员工发展，人才培养是重点

在人才培养机制方面，除了绩效和激励机制（占52.31%）外，"80后"、"90后"员工比较看重的是专业化的培训、畅通的升职通道和展示自我的平台，分别占43.08%、36.92%和21.54%。对于企业培训，"80后"、"90后"员工注重基础，60.00%觉得自己需要参加岗位专业技术、技能培训，50.77%认为自己需要参加职业生涯规划方面的培训，还有32.31%的员工认为自己需要参加人际关系及沟通技能方面的培训。调查发现，人才后备库的建立十分重要，仅有12.31%的被调查者表示对自己是否能加入人才后备库抱无所谓的态度（见图2）。但同时还发现，青年员工往往欠缺对自己的工作控制，对自己工作短板认识不清晰，需要企业加强职场韧性的培养，获得使自己能够抵御负面情绪、采取积极策略、走出困境并求得发展的能力。

3. 员工塑造，品牌实力是关键

在企业品牌实力方面，"80后"、"90后"员工认为一个企业的品牌实力更多地体现在企业的创新实力、在行业的市场地位和企业承担的社会责任三方面。企业的创新来自于员工的创新，只有员工的不断创新才能创造出企业的新高度，反言之，企业必须提供给员工可以创新的环境和条件，才能发挥出员工的创新能动性。企业在本行业的市场地位取决于很多因素的共同作用，其中，合作单位的认同是服务行业抢夺市场地

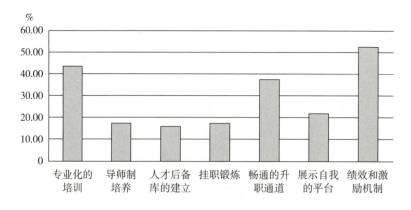

图2　　"80后"、"90后"员工认为人才培养机制的重点

位的非常重要的一项。另外，随着社会慈善公益意识的普及，企业承担的社会责任也被"80后"、"90后"员工看作是企业品牌实力的象征，强调企业对环境、对社会的贡献（见图3）。

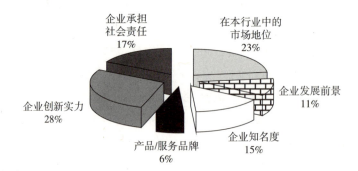

图3　　"80后"、"90后"员工认为企业品牌实力的具体体现

三、推动"80后"、"90后"员工成长成才，新都青联的实践与探索

"80后"、"90后"作为不可忽视的员工群体，直接关系到企业的竞争能力，对于他们的诉求，企业必须给予应有的、足够的重视，帮助他们实现职业发展目标和人生价值。那么，企业要如何才能有效地推动"80后"、"90后"员工成长成才呢？中国银行新都支行作为一个省分行直属管辖行，管理岗位数量在员工基数的占比小，现有的职位空缺和晋升通道早已不能满足青年员工职业发展的需求，为改变青年员工工作消

极、倦怠的现状，支行摸清特点，赋予管理职责，作了一系列的实践与探索，逐渐形成青联搭台，促进青年员工成长成才的模式。

2013年11月27日，在省分行团委和支行领导的关心和指导下，青年联合会新都分部（以下简称青联新都分部）正式启动。两年以来，青联新都分部践行"服务中心工作、服务中行青年"的宗旨，秉承"我的席位，我做主"的理念，设有主席团、秘书处、项目部、品牌推广部、文体部、宣传部、后勤部、纪检部八个部门（见图4），从各部门、网点中选拔了17名优秀的青年员工组建了管理团队，紧紧围绕全行中心工作，发挥青年优势，创造性地开展工作，在引导"80后"、"90后"青年员工成长成才、助力业务发展等方面取得了显著成效。

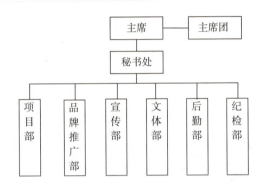

图4　青联新都分布架构图

（一）加强企业文化建设，激发青年员工爱岗敬业、奉献企业的热情

企业文化是在一定的社会历史条件下，企业生产经营和管理活动中所创造的具有本企业特色的精神财富和物质利益。每位员工的发展都与企业文化息息相关，尤其是对"80后"、"90后"的青年员工来说，加强企业文化建设显得尤为重要。

1. 注重思想政治、职业道德教育，引导青年员工树立正确的价值观

首先，在思想教育方面，坚定的政治信念和高尚的道德修养，是青年人立身做人和成长进步的基石。广大青年员工要讲政治，顾大局，树立正确的世界观、人生观、价值观，始终忠诚于党，忠诚于企业。为此，青联新都分部经常开展主题活动对青年职工进行国情、党史、革命史的教育，同时充分利用五四青年节、七一建党节等重大节日组织青年员工参观伟人故居等，通过伟人事迹的洗礼与熏陶，不断提高青年员工的思

想政治素质，坚定理想信念，树立正确的价值观。

2. 搭建企业文化宣传阵地，做好企业文化宣传工作

在新都支行领导的大力支持下，青联新都分部创建《新都快报》、《内控专刊》等内刊，建立青联微信交流群，设计美化阅览室、宣传栏，并充分利用这些媒介大力开展企业文化、企业发展的宣传，让员工全方位接受企业文化的洗礼，让青年员工了解企业的每一步发展历程，清楚地了解企业的方针路线，借此增强青年员工的责任感与使命感，在潜移默化中增强凝聚力。

3. 贴近青年需求，烘托文化氛围，体现企业人文关怀

本着寓教于乐的原则，青联新都分部为契合"80后"、"90后"员工需求，设计筹建了职工之家，开展了形式多样的文体活动，为员工创造了健康快乐的工作氛围，促进员工文化生活的健康发展，激发组织管理活力。

在职工之家的建设中，青联新都分部牢固树立"建家就是建业"的思想，全力打造一个温馨之家、文明之家、幸福之家。筹建阶段，积极凝聚青联联合会骨干力量，开展"职工之家"建设的具体工作，同时广泛征集支行各层员工意见，最终内设员工形象墙、技能培训室、健身活动室（含乒乓球、羽毛球、健身器及瑜伽）、图书阅览室、淋浴间、员工休息房、员工食堂、党团阵地八大板块。其中尤为值得一提的是员工形象墙的设计，征集每位员工的照片组成的员工形象墙上，员工的每一张笑脸共同形成中行LOGO，形象展示支行爱行如家的团队精神。

建成后，为有效利用"职工之家"的资源，成立了支行拉拉队、辩论队、健身队、羽毛球队等，先后组织"银企羽毛球比赛"、"新闻写作培训"、"健身课"、"七夕相亲"、"摄影培训"等十几次活动，形式多样，丰富多彩。"职工之家"常年为职工提供餐饮、健身器械、瑜伽、乒乓球桌、台球桌、图书阅览、电子阅览服务、技能练习、党团活动，有效提升了员工的幸福感和归属感。

（二）完善青年人才培养机制，畅通青年成长成才通道

每个"80后"、"90后"员工都渴望成功、渴望被认可、渴望个人价值的实现，但如何搭建青年员工参与管理的舞台展现他们的能力和才干，如何培养青年员工的职场韧性抵抗职场压力，如何落实青年员工"8小时外"的监管、纯洁他们的发展环境，新都支行结合自身情况，创新导入了自我管理模式——以青年管理青年。

1. 四轮驱动同助力，树立青年工作特色品牌

为实现全方位提速新都支行人才培养进程，培养一支素质优良、数量充足、结构合理的后备人才队伍，新都支行推出"入库管、导师带、多培训、勤实践"的"四轮驱动"人才培养模式。

第一轮驱动：入库管，打造专业化梯队

新都支行积极开展基层经营管理后备人才选拔建库工作，选拔了一批优秀人才，组建该行基层经营管理后备人才库，并实施动态管理，有效推动了优秀人才的选拔和后备力量的培养。同时，增强了后备人才的归属感和荣誉感，拓宽了青年员工职业发展空间。

第二轮驱动：导师带，进行一对一指导

新都支行扎实有效地推进导师制的培养模式，由行领导及优秀的部门主任及网点负责人担任导师，以自身的管理经验，按季度与后备人才进行充分地沟通与交流，引导后备人才视野及思路得以开拓，学习及工作积极性也得以进一步提高。

第三轮驱动：多培训，提升理论水平

通过建立常态化、系统性的培训机制，持续开展多元化、分层级的培训。系统内，邀请和选拔优秀的业务骨干担任"小专家"授课释疑；系统外，聘请资深讲师开设"高效沟通与营销技巧"、"绩效管理"以及"赢在职场的银行礼仪"等课程，同时引入年轻人喜闻乐见的形式，如团队户外拓展、征文比赛等活动，寓教于乐，不断提升青年员工管理、沟通以及营销能力。

第四轮驱动：勤实践，提高实战能力

为切实锻炼后备人才管理能力，该行积极搭建管理平台，成立了"我的席位，我做主"的青年联合会，开创了青年挂职锻炼模式。

一是以青联新都分部为载体搭建17个管理岗位进行重点栽培。通过

公开竞聘，从各部门、网点中选拔优秀的青年员工组建了管理团队，让青年人互相带动、互相学习、互相指导、互相监督，让青年员工真正参与到支行经营管理中。

二是在省分行的支持下，在公司、个金、运营条线及网点进行挂职，立足青年员工挂职培养锻炼、适时使用、定期调整、有进有出的机制，打造新都支行挂职人员"四个一"即：一个流程清晰的岗位职责；一个科学合理的考核办法；一个广阔的实践锻炼平台的工作模式；一个有效的监督管理体系，从而提高挂职人员的总体素质，强化青年员工队伍建设，加速了青年成长历程，同时也延伸了管理触角，使部门及网点管理能力得到大力提升。截至目前，已有 2 人被聘为支行部门副职、3 人选拔至省分行，得到了广大员工的高度认可，有了极强的示范效应。

2. 加强八小时外行为监督，填补管理真空

为实现"80 后"、"90 后"员工个人成长与职业发展的无缝衔接，完善监督机制，强化内控案防，充分调动青年员工"八小时之外谋发展"的激情，填补职场管理真空，新都支行强化制度建设，完善员工行为管理机制。

强化教育引导，构建免疫体系。加大教育工作力度，结合省分行"五项学习资料"学习教育活动、"非法集资宣传月"活动等系列活动，根据员工的政治表现、思想觉悟、业务能力、作风纪律、勤政廉洁等整体素质状况，在教育内容的实在性、形式的灵活性、教育的针对性、效果的可见性上下功夫、做文章。通过实实在在的教育引导，构建青年员工八小时外管理监督的自我免疫体系，使银行干部员工拥有比社会一般人员更高的道德品行，全力化解风险。青联新都分部积极配合综合管理部举办了"狠抓内控、扎紧篱笆、稳中求进"的基层员工风险管控五十条知识竞赛活动，使内控合规意识深入人心，保障支行内控业务健康良性发展。同时，组织员工，特别是青年员工观看风险警示教育片，教育广大员工要意志坚定，在经济利益面前不丧失原则，引导青年员工养成平常心态、阳光心态，保持思想上的高度警惕，经得起诱惑，耐得住腐蚀。

强化兴趣引领，培养高雅情趣。丰富多彩的特色文化活动，是培养青年员工生活、学习习惯的"指路牌"，是保持青年员工健康体魄、高雅

情趣的有力保障，提高工作效率和服务质量的基础和前提。只有深化八小时外文化活动内涵，干部员工的业余生活才能做到有质量、有品位、有层次。因此，要多层次、多方面开展有益的、系列化的、常态化的员工活动。如八小时外，支行特邀优秀健身教练开设一周两次的健身课程，有瑜伽操、器械运动、拉绳操等，内容丰富、形式多样。还比如举办的"关爱员工、关爱子女"温情踏青活动、"当李磊遇见韩梅梅"中秋相亲联谊活动、"我的中国梦，我的中行梦"演讲比赛活动等。这样既丰富青年员工的业余生活，规范好员工八小时外的生活圈、交际圈，防止违规、违纪、违法问题的发生，又提升了青年员工的道德修养，培养健康情趣，奠定青年员工快乐工作的基础，还能培养干部员工浓厚的凝聚力与归属感，做到爱行如家，我爱我家，坚决避免和杜绝任何失职、渎职、消极不作为和违规违纪的行为。

（三）积极创造活动媒介，员工共同打造品牌实力

青联新都分部自创立以来为发挥青年员工在经济建设中的生力军和突击队作用，推动青年工作与经济发展的和谐互动，组织了相关活动，在锻炼青年员工组织、沟通、协调等各方面能力的同时，巩固银企关系，助力企业品牌建设。

1. 自己搭台自己唱戏，提升企业创新实力

青年联合会作为一个团委下属的文化组织，群策群力，努力拓宽活动层面，丰富活动内容，改进活动形式，带动全行员工积极参与。尽管青联自成立以来一直受到领导的重视和大力支持，但在活动开展过程中始终保持相对的自主性，活动的组织、实施和开展完全由青联成员自己"说了算"。这种"自己搭台自己唱戏"的模式，激发了广大"80后"、"90后"员工的活动积极性，他们在活动中主动挑大梁，自告奋勇地为活动的策划、场地的落实、人员的安排等奔走。他们在活动中收获的不仅仅是快乐，还有自身能力的提高，更多的是以一种主人翁的角色代表企业面对活动，油然而生的归宿感和自豪感能提高青年员工的稳定性。

"80后"、"90后"员工找到了感兴趣、体价值的途径，他们的创新性又会带给企业新的活力和生机。比如曾举办的摄影培训活动中，搜集青年员工意见统计整理培训需求，改变宣传方式，通过微信、邮件、联络人等各种形式确定摄影人员名单。另外，青联启动的"寻找最美员工"

推荐评选活动中，倡导以"榜样的力量"团结和教育青年，创新推出微信点赞评选模式，员工参与热情高涨，全行近92%的员工参与推选、评议，最终选出了我行的"最美基层员工"。

2. 寓发展于乐，提高企业品牌地位

快乐是"80后"、"90后"职场的催化剂，青联成功地把快乐引入，紧紧围绕重点客户、核心业务，开展各种丰富多彩的活动，巩固银企关系，在活动中构建客户全景透视系统，为支行的业务发展和品牌建设添砖加瓦。

青联新都分部主办了主题为"激情金秋，拥抱自然"的拓展训练，通过系列创意独特的专业户外体验式训练课程，极大地深化了我行与重点客户的关系；举办了"中银新都—宝钢制罐羽毛球友谊赛"，促进了我行与重点客户的企业文化交流；在支行四楼露台举行了"当李磊遇见韩梅梅"中秋相亲联谊会，邀请了8家重点企业单位共同参加，对深化银企合作起到了积极的推动作用。青联新都分部在丰富了我行青年员工业余文化生活的同时，培养了大家敢打敢拼、挑战自我、积极自信、不畏困难的拼搏精神，助力支行与企业关系发展，完满诠释我行的品牌形象。

3. 承担社会责任，提升企业品牌形象

近些年，社会责任对企业的品牌建设和形象塑造的作用越来越大。社会责任的落实，要求企业超越把利润作为唯一目标的传统理念，强调对环境、对社会、对员工价值的关注，实现企业经济责任和社会责任的动态平衡，从而提升公司的品牌形象，吸引到企业所需要的优秀人才，并且留住人才。

青联新都分部在我行品牌形象建设中，扮演着十分重要的角色。2014年6月9日，新都支行启动了面向仪陇县老木小学开展的"'爱心，托起明天的太阳'——向留守儿童献爱心"活动。活动中，青联新都分部积极招募组建志愿者队伍，撰写感人至深的倡议书在全行范围内宣传，奉献爱心，捐款捐物，用鼓励的话语温暖着那些留守儿童的心灵，践行中行秉承"担当社会责任，做最好的银行"的理念。在关注社会弱势群体的同时，青联新都分部也十分重视内部员工的切身利益。2015年6月8日，新都支行举行了《关爱员工50条专项集体合同》签订大会。该合同是青联新都分部在"省分行关爱员工集体合同"的基础上，学习借鉴其他行良好的经验，充分考虑员工实际情况，多次修改才最终确定。合同内容包括 7 章 50 条，涉及员工休息休假、工资发放、劳动保护、福利待遇等，贴近员工工作生活，内容丰富，涉及面广，为员工自身发展提供了有力保障，向建设和谐企业迈向了一个新台阶。

四、下一步推动"80 后"、"90 后"员工成长成才的举措

（一）文化引领塑造谋求"心"

"80 后"、"90 后"员工培养要更多、更紧地和企业文化建设结合起来，新都支行将从员工需求出发，关爱员工心理、关爱员工生活，积极营造一种"激情工作、快乐生活、健康成长"的文化氛围，使青年员工进一步增强对企业的归属感、荣誉感、责任感。支行拟开展"拥抱青春的礼遇，收获阳光的心态"心理疏导活动、"我的岗位我负责，我的工作请放心"主题演讲活动等，改善员工心智模式，激发员工主动肩负责任的使命，点亮工作的火种，做一名有担当、有责任、爱岗敬业的优秀员工，释放出强劲的影响力，提升员工职场活力。

（二）队伍建设规划谋求"远"

为响应省分行"打造一支政治强、专业精、懂经营、善管理、敢担当、作风正的干部队伍"的号召，新都支行把团委建在网点上，将继续长远规划、统筹安排，做好高层次、高能力和紧缺专业青年员工的培养工作，为每一名，特别是网点一线青年员工提供清晰可见的"成长路线图"，激发网点内生动力，推动网点转型增效。对经营管理型青年员工，注重管理知识、管理理念和领导技能的培养；对专业技术青年员工，通过建立完善实践锻炼机制，实现用项目培养青年员工；对技能青年员工，不断提高其业务素质和水平。建立企业员工梯队，形成分类开发、逐级提高的"塔式结构"，延长员工队伍质量的实效性和长效性。

（三）教育培训标准谋求"高"

"80 后"、"90 后"员工的教育培训必须高标准、严要求，以树立"人人皆可成才、立足岗位成才"的理念为宗旨，坚持创新驱动，内容创新、渠道创新、流程创新，突出对投行、理财、保险、银行卡等重点业务培训的倾斜，继续找准青年员工与企业共同发展的最佳契合点。教育方面，以省分行内控案防专项治理为契机，以新版五十条措施为抓手，

落实反洗钱管理各层级的责任，教育青年员工对行为负责、对工作严格，达到声效与实效并重的案防常态化管理新格局。培训方面，以《中国银行新都支行一线柜员"一岗多证"考核方案》为蓝本，绘制员工"学习地图"，鼓励员工去学习多岗位业务知识，多考取资格证书，顺应对接员工轮岗转型、网点用人的要求，确保单一操作不受限制，实现岗位技能全覆盖。

越来越复杂的经营环境、越来越充满挑战的商业世界对银行从业人员特别是我们年轻的"80后"、"90后"的要求越来越高，可是，青年员工自身的素质跟现实的需求还有一段差距，所以需要企业从管理培养的角度来弥补这个差距。中国银行新都支行将继续构建青年联合会新都分部这个平台，紧紧围绕总行和省分行提出的"提质增效"的首要任务，坚持"固本强基、创新转型"的工作基调，在文化建设、人才培养和品牌实力这几方面上狠下工夫，加快转型发展，坚持创新驱动，强化内控案防，助推青年员工成长成才，助力支行攻坚克难、砥砺奋进，力争实现最佳银行。

综合化、国际化背景下的
人才发展战略实践研究

——交银金融租赁有限责任公司人才发展策略

王晓洁　　张薇茹*

一、我国金融租赁行业发展概述

（一）金融租赁行业发展现状

2006 年 12 月 28 日，《金融租赁公司管理办法》经第 55 次主席会议通过，2007 年 1 月 23 日，正式以银监会〔2007〕1 号的形式下发，在此背景下，银行系金融租赁公司正式开闸。此后，随着工商银行、建设银行、交通银行、民生银行、招商银行等 5 家商业银行相继获得金融租赁牌照并成立了首批银行系金融租赁公司，此后新设金融租赁公司呈星火燎原之势，带动了整个中国融资租赁行业的快速复兴，伴随着中国经济的持续快速增长，金融租赁业正式步入了黄金发展期。在近 9 年的发展中，金融租赁公司的数量和资产规模快速增长，同时带动了内、外资租赁公司共同发力，整个租赁业呈现出一片欣欣向荣的景象。

截至 2016 年 6 月末，全国已成立的金融租赁公司共计 45 家，注册资本合计 1518.5 亿元，实收资本约为 1425 亿元。与此同时，非银行系融资

---

* 交银金融租赁有限责任公司。本文获 2016 年全国金融系统思想政治工作和企业文化建设优秀调研成果二等奖。

租赁行业也同时在数量和注册资本总额上呈现了几何式增长态势。根据商务部公布的《2015年中国融资租赁业发展报告》显示：截至2015年末，全国登记在册的融资租赁企业共36156家，注册资本金总额达到14645亿元，资产总额达到16271.8亿元。

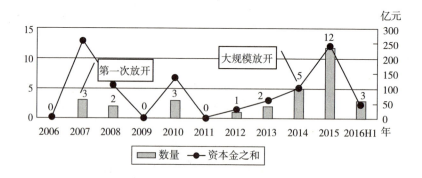

图1　银行系金融租赁公司成立时间分布

　　租赁行业的蓬勃兴起，有效带动了整个产业经济的发展，通过融资模式和业务结构的不断创新，已成为我国深化改革开放和经济建设的一支重要力量。如在飞机租赁领域，从无到有，打破了国外租赁公司长期垄断的局面；积极支持国产高端装备制造业发展，中国商飞C919飞机订单大部分由国内金融租赁公司购买；在经济转型升级过程中，充分发挥经济转型稳定器作用，签订船舶、海工平台等海外订单交由国内工厂制造，降低了行业周期对国民经济的影响；为帮助中国企业"走出去"和国内产能输出，开展跨境租赁业务；为配合城镇化战略，改善民生，各租赁公司积极投身轨道交通、教育、医疗、文化娱乐等产业；为了更好地服务"三农"、解决中小企业融资融物难题，各租赁公司进行了有益的探索与尝试，取得了良好的社会效益⋯⋯

　　（二）金融租赁行业人才发展现状

　　与传统金融行业不同，金融租赁行业既涉及经济金融、法律财务、税收实务、资金管理等众多领域的专业知识，也包括机械设备、飞机技术、船舶制造和管理等理工科专业知识，因此，对从业人员的专业素质和知识储备都有着较高的要求。与行业高速增长的态势相比，行业发展所必需的复合型专业技术及管理人才呈现出较大缺口，业务的竞争也同时加剧了各家公司的人才竞争。

根据商务部《2015年融资租赁行业运行情况分析报告》显示，截至2015年底，全国3615家融资租赁企业共有从业人员32581人，平均每一家融资企业从业人数不到10人，人才缺口显而易见。在金融租赁行业，根据中国银行业协会统计数据和《2016年怡安瀚威特租赁行业人力资本经营效率评估报告》显示，截至2016年6月末，金融租赁公司共有专业从业人员4230人，平均从业人数为94人，人均资产余额3.39亿元，人均营业收入0.18亿元，人均净利润0.03亿元。由此可见，整个租赁行业的人才已成为稀缺资源，而在金融租赁行业中，较高的人均效能（包括资产管理和创利水平），也对行业资产管理和风险防控提出了更高的要求和考验。在人才来源上，约70%专业人才均来自租赁同业和银行，人才渠道的单一，加剧了金融租赁行业的人才竞争格局。因此，如何在快速的行业扩张和发展中，发展和保留更多的内部人才也成了整个行业共同面临的话题和挑战。

表1　　　　　　　　　租赁行业人均资本效力（金融租赁公司）

项目	平均值	25分位	中位值	75分位	中位值/平均值
人均资产余额（百万元）	339.4	116.3	284.7	554.0	0.84
人均营业收入（百万元）	18.6	4.2	14.9	31.2	0.80
人均净利润（百万元）	3.45	0.84	2.96	5.59	0.86

说明：金融租赁公司人均效能指标统计包含截至2015年底已经开展业务的共40家金融租赁公司。

数据来源：怡安瀚威特。

表2　　　　　　　　　租赁行业人均资本效力（非金融租赁公司）

项目	平均值	25分位	中位值	75分位	中位值/平均值
人均资产余额（百万元）	152.4	24.0	127.8	256.2	0.84
人均营业收入（百万元）	8.0	1.6	5.7	9.8	0.72
人均净利润（百万元）	2.34	0.28	2.62	3.13	1.12

数据来源：怡安瀚威特。

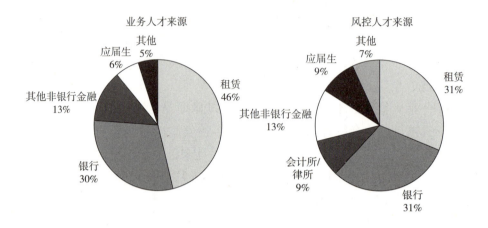

数据来源：怡安瀚威特。

图2　金融租赁行业人才来源主要分布

二、交银金融租赁有限责任公司发展现状

（一）交银金融租赁有限责任公司的业务发展

截至2015年末，交银金融租赁有限责任公司资产总额超过了1400亿元人民币，实现经营利润25亿元。随着2012年的业务结构战略改革，公司将各业务板块的行业分工和职能重新进行定位，逐步形成了以厂商租赁、公用事业、能源设备、航空、航运为特色的五大专业团队，通过实施"差异化、个性化"的业务营销策略，不断推进产品创新和专业化发展，并通过布局航空航运的国际化跨境租赁业务，重点发展经营租赁，真正回归租赁"本源"，成为国际一流租赁公司。

目前，交银租赁航空、航运业务板块的境外业务占比已超过50%，境外客户遍布全球多个国家和地区，实现了境内外"双轮驱动"的业务格局。截至2015年末，公司航空租赁余额已超过330亿元，公司机队规模达到270架，成为国内排名前三和国际前二十的国际飞机租赁团队。同时，航运租赁资产达到190亿元，总运力在国际上排名独立船东第九位。

厂商租赁业务板块，交银租赁通过不断丰富和延伸产品线，创新开拓了直接面向设备终端用户（中小微企业及自然人）的厂商租赁零售业务模式，特别是2015年通过引入信用保险，进一步丰富和强化了重卡厂商租赁业务的风险保障措施，促进了业务的快速发展。近几年来公司厂商租赁业务累计投放超过 230 亿元，业务领域已经覆盖工程机械、重卡、客车、乘用车、机床等诸多行业，有效地支持和促进了中小微企业的发展，助力破解中小微企业的融资难题。

（二）交银金融租赁有限责任公司人才发展现状和问题

金融租赁行业在成立初期面临专业人才极度匮乏的窘境。公司经过近九年的发展，积极引进了金融、法律、航空、航运、工程机械等相关行业的专业人才。目前交银金融租赁共有从业人员 172 人，其中专业从业人员 146 人，平均年龄 35 岁，本科以上学历占比 90%，其中研究生学历 62 人，占比 36%。其中业务团队 84 人，占专业从业人员总数 54%。

自 2012 年起，交银租赁完成了对业务结构转型的调整，形成了分别以工程机械、公用事业、能源设备、航空、航运业务为分工的，定位明确、专业鲜明，在同业间具备一定竞争力的五大专业团队，人均盈利能力和人员配置效率在行业中一直保持领先优势。截至 2015 年末，交银租赁人均资本效率达到了同业最高，人均资产规模为 9.9 亿元；人均净利润为 0.11 亿元。

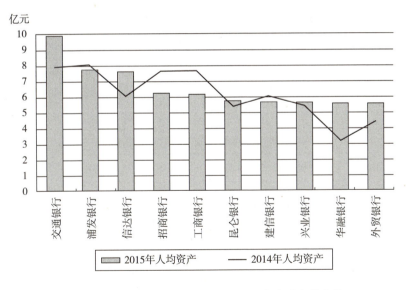

图 3　2014 年、2015 年金融租赁行业人均资产排名前十公司

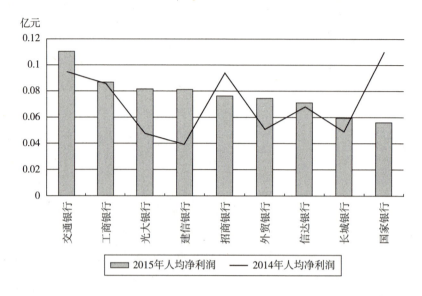

图4　2014年、2015年金融租赁行业人均净利润排名前十的金融租赁公司

通过对人力资源管理的不断优化和升级，以及具有市场竞争力的薪酬激励机制，交银租赁近年来人才引进数量逐年稳步增长，且一直保持着较低的离职率，近三年平均离职率低于5%。但随着金融租赁公司数量的增长，人才竞争日趋激烈，员工主动离职率预期将会增加，对公司的人才队伍管理带来了挑战。对外，如何吸引境内外更多的优秀人才加盟，为企业内部带来新鲜的血液和活力；对内，如何培养和发展现有内部核心人才，将成为公司战略规划中最重要的一个环节。

表3　　　　　　　　　2016年金融租赁公司人员流动指标

项目	平均值	25分位	中位值	75分位	中位值/平均值
主动离职率	7.4%	2.3%	5.0%	12.2%	0.68
非主动离职率	1.8%	0.0%	0.0%	1.7%	0.00
员工流动率	9.2%	2.8%	5.8%	13.1%	0.63

三、交银金融租赁公司人才发展管理实践

（一）员工全面职业生涯体系构建

马斯洛的"需要层次论"认为，低层次的需要基本得到满足以后，高层次的需要将会取代其成为推动行为的主要原因。人的最高需要即自我实现，就是以最有效和最完整的方式表现其潜力，唯有如此才能达到自我实现的需求。基于此，帮助员工实现自我价值、构建完整的职业生涯体系，应当是贯穿人才战略管理全过程的核心内容。

1. 以业务发展战略为中心，建立多层次人才招聘渠道

鉴于金融租赁行业成立时间较短，专业人才稀缺，尤其是对高素质、创新型、国际化视野的专业化人才的需求更为迫切。如何吸引人才加盟、精准人才来源定位以及拓宽引进渠道都为公司人才招聘工作带来了不小的压力和挑战。通过近几年的实践探索，已逐步形成建立了一套行之有效的招聘策略。

一是动态调整招聘策略。近年来，随着金融租赁行业的发展以及公司业务转型的需要，公司人力资源部也正积极转变工作思路：从初期被动地接受业务部门人员招聘需求的职能部门正逐步成为业务部门的合作伙伴，并经常根据公司业务战略调整做出快速反应，及时动态了解业务部门需求，梳理岗位职责，精准人才来源定位，不断调整招聘策略和计划。

二是通过建立多层次人才渠道，甄选人才，吸引中高级优秀人才加盟。金融租赁行业所需的稀缺人才散布于航空、航运、工程机械、法律等多个行业，且多为现任公司骨干精英，公开的网络招聘、发布招聘广告和招聘会已不适合用于招聘此类人才。公司重点通过定向猎头委托、内部推荐、行业推荐、购买人才简历库等方式锁定候选人，主动挖掘。

2. 发掘人才潜质，打造纵向专业人才梯队

在努力做好吸引优秀人才加盟工作的同时，交银租赁始终围绕公司专业化发展战略，在如何打造专业人才梯队，保留关键核心人才工作方面做了积极有益的尝试。建立了明晰的员工纵向职业发展路径，通过"专业序列"和"管理序列"的"双轨制"晋升通道，挖掘每一位专业

人才潜质，逐步打造专业化的人才队伍，也为建立"适才适所"的人才配置机制奠定了坚实的基础。

表4　　　　　　　　　　　交银租赁职位体系

Job Grade		Job Tile	
Band D	高级管理层	高级管理层	
Band C	中级管理层	总监	专业岗位通道，如资深专员等
		总经理	
		副总经理	
		助理总经理	
Band B	高级员工层	高级主管/Senior Supervisor Ⅲ	
		主管/Grade Ⅱ	
		主管/Grade Ⅰ	
		高级专员/Senior Specialist	
		专员/Specialist	
Band A	一般员工层	助理专员/Assistant	
		见习员工/Staff	
		派遣制员工	

一是构建基于不同岗位要求的能力要素，发现"冰山以下"的能力，形成交银租赁特色的人才发展体系。

根据"双轨"人才发展序列机制，分别将能力要素用于专业序列员工晋升考评体系和管理序列的干部选拔机制，甄选出真正符合组织要求的优秀人才。通过不断完善和创新，交银租赁在人才晋升管理的主要实践做法是将"测评坊"技术充分用于人才发展中。

首先是基于技术能力的晋升发展，开发全面的专业知识题库，通过笔试，筛选出专业知识过硬的员工。

其次是基于核心行为能力的主管级以上专业序列晋升发展，通过对主管级以上的专业员工能力再次梳理和定义，开展"无领导小组"测评技术，对其能力要素进行量化评价；结合对"演讲"测评技术，了解员工对岗位价值和工作思路的理解是否与公司战略目标一致，是否具备更高能力层次的要求。

二是和市场化选聘干部有机结合，创新干部选拔任用形式。

作为交通银行的全资子公司，如何在坚持党管干部的原则下，打造适合国际化市场竞争力的干部队伍，也是公司人才发展管理的重要环节。

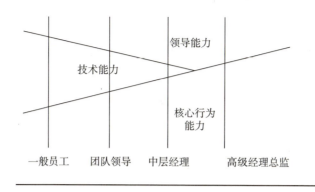

技术能力

领导能力

核心行为
能力

一般员工　　团队领导　　中层经理　　高级经理总监

图5　各层级人员能力模型组合

干部队伍既要保持党员干部的先进性，同样也是专业领域的专家人才。通过积极探索干部选聘的市场化机制，在着力推进体制内干部选拔任用制度改革的同时，围绕业务发展要求和干部德能勤绩，深入评估拟任人员的战略思维、经营管理理念等综合素质和能力，积极推进管理、营销、航空、航运等专业领域高层次紧缺人才的市场化引进，保证了公司业务持续快速发展。

　　成立至今，公司通过市场化选聘并提任了"80后"年轻干部5人。尤其是在竞争选拔方面，通过精心设计笔试、面试环节，给予了员工充分展示自我的舞台和脱颖而出的机会，拓宽了选人用人的视野渠道。

　　三是通过"管理接班人"计划，形成良性循环的人才梯队。

　　为做好后备干部人才的培养和储备，从2014年起，公司对于晋升主管职位的员工，通过引入第三方专业咨询机构，连续两年实施了围绕商业案例，以无领导小组讨论为形式的晋升测评，让具有发展潜力的高素质人才脱颖而出，在畅通专业序列职位晋升的同时，确保公司人才队伍始终保持活力。

　　3. 打造横向发展体系，培养复合型人才

　　适时保持员工对职业生涯的新鲜感和对跨职能领域的挑战感，同样符合马斯洛"需要层次论"对自我价值实现的观点。在员工职业发展的不同时期，横向工作发展能带来不同的收获。

　　一是启动了内部轮岗计划，通过不同的岗位交流目的，开展了中后台员工到前台部门的轮岗学习，通过对前台业务的深入学习和交流，并参与完整的业务操作流程，一方面提升员工对新岗位新任务的工作激情，另一方面有助于培养复合型人才，从而建立"适才适所"的人才配置机制。

二是建立内部人才市场，将公司内部岗位空缺拿出来针对员工进行内部招聘，吸引了年轻员工积极参与竞争，打通了内部跨部门跨岗位交流的通道，激发了员工的积极性。

4. 为核心人才的保留搭建广阔的事业平台，满足干事业的精神激励

优秀的人才不是一蹴而就，除了自身具备的优秀专业素质以外，更需要干事创业的平台成就其职业生涯的不凡。注重给予核心人才较大的自由发挥空间，将员工发展事业的希望和梦想与公司战略愿景相联系，满足其高层次自我价值实现的精神激励。如交银租赁航空业务创业之初，面临团队人才匮乏、业务发展不畅的局面，公司在团队人才建设、业务制度保障、绩效奖励机制等方面提供了所需的一切资源，为航空团队开展航空租赁事业搭建了制度平台，也为今后的国际化发展奠定了坚实的基础。

5. 致力于提升每一位员工的自我价值，打造个人竞争力

在金融租赁行业缺乏成熟经验借鉴的背景下，打造适合租赁特色的培训体系。随着组织发展的不同战略要求，建立分层次和分板块的专业培训体系。围绕各类人才培养的目标和特点，进行分类分层培养。通过内聘外引，选好师资，拓宽渠道，以提高能力素质为目标，按照精细化、专业化的要求，形成具备公司自身特色的培训体系。

同时培养内部的兼职讲师队伍，也同样赋予了员工不一样的自我价值实现。交银租赁通过外部 DDI 全球培训师认证资格试点培养了内部兼职讲师队伍，并开发了拥有自身知识产权的培训课程。

（二）绩效考核和奖酬管理体系

"知之者不如好之者，好之者不如乐之者"，学习如此，工作也是如此。考核激励一直是企业激发员工创造力和主动性的重要手段，也一直是一个困扰管理层和 HR 的难题。标准化管理的 KPI 和奖惩可以度量结果，却难以真正触动员工内心的意愿。管理应引导员工寻找初心，而不仅仅是考核结果，发放奖金；须激发员工的积极性和主动性，而非仅仅

是监督过程；须帮助员工实现自我提升，赋予其相应的能力，而不仅仅是末位淘汰。

公司在构建和不断完善现有激励考核体系过程中，也遇到了前所未有的挑战。第一个挑战来自于公司员工年龄结构的变化，现有员工群体中，"80后"、"90后"比例逐年增加。这部分员工具备更良好的教育背景，在工作和生活中不满足于安于现状，追求新鲜和乐趣；在努力工作的同时，更看重生活和工作的平衡，不喜欢加班，追求幸福感、自我价值实现和认可。仅以衡量工作成果或工作效率的考核体系则不能得到"80后"、"90后"的认可。第二个挑战则来自公司国际化背景下，面对的多元文化的冲撞。随着海外业务版图的不断扩张，招聘的外籍员工也越来越多，来源更加广泛，来自英国、美国、爱尔兰、德国的员工与公司外派的中方员工一起工作，无论是工作流程、风俗人情，还是考核激励制度都在东西方文化差异的背景下产生着碰撞。第三个挑战则来自于日益激烈的同业竞争。目前金融租赁行业有近50家公司，竞争异常激烈。公司由于管理制度规范，业务发展领先，创新转型步伐较快，员工队伍素质较高，在行业中享有较高的美誉度。但丰富的人才储备也不断吸引新成立的金融租赁公司前来"挖墙脚"。如何吸引保留员工，有凝聚力的企业文化是一方面，但科学合理的激励体系则会直接影响到员工的积极性。

为应对上述挑战，公司在建立完善激励考核体系方面注重以下几点：

1. 合理评估岗位价值，让"80后"、"90后"的自我价值得到认可

HR部门都有体会，在考核激励中，以销售为导向的岗位是比较容易评估价值和衡量业绩的，而在评估部分中后台岗位，例如风险管理、法律合规、预算分析、资产负债岗等岗位时则会有一定的难度。为此公司经过一段时间的摸索，根据人员招聘的难度和岗位的市场的价格，对于这部分岗位从贡献度及专业价值进行了合理的评估。公司认为这类中后台岗位，虽然不直接创造利润，但具有较高的专业技术含量，人才培养周期长，市场稀缺性较强，应为公司关键核心岗位。在这样的岗位评估体系下，同样是"80后"、"90后"的员工，销售岗位的员工能够根据自身的业绩得到相应的回报，而从事中后台岗位的员工也能获得自身价值的认可，从而凸显了不同岗位的价值。

2. 对标市场，与国际接轨，建立符合国际规则的奖酬体系

租赁行业是一个高度市场化的行业，人员流动频繁，尤其是飞机租赁是一个高度国际化的细分领域，波音、空客两大飞机制造商长期以来形成了寡头垄断格局，全球有近170家飞机租赁公司，竞争呈现白热化的态势。相对应地，该行业有着成熟的商业规范，岗位分工以及人员的薪酬激励也有着相对独立的体系。作为一家走上国际竞争舞台时间不长的中资租赁公司，交银租赁积极融入国际规则中去，参加了由国际咨询公司主导的薪酬调研，购买相关研究报告，从而获得宝贵的一手资料。图6显示的是国际上典型飞机租赁公司内部的组织架构及职位设置，分工较细，且职级设置规范。

针对不同的岗位和职级，市场上皆有相对应的薪酬价格。在获取了这些信息后，对于公司在境外招聘、建立奖酬体系、吸引激励外籍员工都起到了非常重要的参考作用。

3. 考核指标设置明晰，兼顾短期和长期目标，有助于提升员工能力

公司员工中有接近50%的人员从事的是销售岗位。对于这一大群体的激励考核就显得极为重要。为此，公司建立了客户经理条线考核评价体系，并以年度工作目标考核方式进行综合评分和排名。考核指标不仅仅局限于业务量、利润等定量的业绩指标，更是吸取了平衡计分卡的精髓，将评价体系分为五个构面，分别为业务规

AA	Management	
AA	00IA	All Infrastructure Heads Combi
AA	00RA	All Revenue Heads Combined
AA	AARA	Chief Executive Officer
AA	CCRA	Chief Commercial Officer
AA	CFIA	Chief Financial Officer
AA	COIA	Chief Operating Officer
AA	GCIA	General Counsel
AA	INIA	Head Of Investments
AA	RMIA	Head Of Risk
AA	TEIA	Head Of Technical
IN	Infrastructure	
IN	00IB	Manager - All Infrastructure Combined
IN	00IE	Senior - All Infrastructure Combined
IN	00IF	Intermediate - All Infrastructure Combined
LG	Legal	
LG	00IB	Manager - All Legal Combined
LG	00IE	Senior - All Legal Combined
LG	00IF	Intermediate - All Legal Combined
MK	Marketing	
MK	AARB	Manager
MK	AARE	Senior
MK	AARF	Intermediate
MK	AARG	Junior
PM	Portfolio Management	
PM	AARB	Manager
PM	AARE	Senior
PM	AARF	Intermediate
RM	Risk	
RM	AAIB	Manager
RM	AAIE	Senior
RM	AAIF	Intermediate
TE	Technical	
TE	00IB	Manager - All Technical Combined
TE	00IE	Senior - All Technical Combined
TE	00IF	Intermediate - All Technical Combined
TE	00IG	Junior - All Technical Combined

资料来源：McLagan 2015 Aviation Finance Global。

图6 国际飞机租赁公司组织架构

模、业务收益、资产质量、创新能力和学习发展。目的是引导销售人员不仅要着眼当下的工作目标，更要着眼于未来个人能力的培养和提升。公司根据客户经理五个构面指标打分情况进行排序，排序结果作为客户经理晋升、降级的重要参考依据。在这一体系下，每个销售人员的能力差异非常直观，个人可以清晰地了解自身在组织中的位置以及自身的能力短板，而直线主管则可以有针对性地帮助下属改善绩效，提升能力，从而实现个人和组织的双赢！

（三）打造多元化、跨文化的工作团队

作为同业中较早在境外开展业务的金融租赁公司，交银租赁并无太多经验可以遵循，而是一步一个脚印，摸着石头过河的摸索，逐步打造了一支多元化、跨文化的工作团队。

1. 建立与国际接轨的现代人力资源管理体系

职业化管理和国际化人才是成为世界一流企业的必要条件。公司长期以来一直与国际著名管理顾问公司合作，建立完善人力资源管理制度，逐步建立起了以职位体系为基础、以绩效与薪酬体系为核心的现代人力资源管理制度，并通过开展员工敬业度调查，引进 Hogan、人才评估中心等人力资源测评工具，使员工的职业化素质不断得到了明显提升。

2. 积极提升公司在国际市场的知名度，打造雇主品牌

航空、航运租赁业务长期以来由外资金融机构所垄断，公司自进入这一领域以来，积极开拓市场，与世界上知名的航空航运企业建立业务联系，通过参与 EuroMoney、AirFinance 等行业会议论坛，大大提升了行业知名度。尤其是近几年公司在上述业务领域取得长足发展，在短短几年间已经跻身世界前 20 飞机租赁公司行列。

随着知名度和美誉度的提升，公司也逐渐成为了一家受同业尊敬的金融机构，对建立雇主品牌，提升境外招聘的吸引力都起到了极大的促进作用。

3. 正确对待文化差异，求同存异

目前公司的外籍员工来自美国、德国、英国、爱尔兰等多个国家。由于缺乏国际化的经验，公司在初始招聘管理外籍员工时也有所顾虑。因此在甄选员工时除工作背景和能力以外，也格外注重挑选文化相容性较高的候选人，这样的员工更易于保持一个开放的心态，在一个多元化

Top 20 lessors by fleet value based on Ascend estimates – 2015 ($m)

Rank	Lessor	Fleet value	Total fleet	Managed only
1	AerCap	31,613	1,256	2,018
2	GECAS	30,894	1,567	2,387
3	BBAM	12,803	297	11,595
4	SMBC Aviation Capital	10,869	395	611
5	Air Lease Corporation	10,479	276	834
6	BOC Aviation	10,159	267	1,190
7	CIT Aerospace	9,528	326	848
8	ICBC Leasing	7,692	204	267
9	AWAS	6,998	260	312
10	Avolon Aerospace Leasing	6,420	158	804
11	Aviation Capital Group	6,087	263	914
12	Aircastle Advisor	5,027	164	214
13	CDB Leasing Company	4,949	134	0
14	Macquarie AirFinance	4,880	196	74
15	Jackson Square Aviation	4,295	110	181
16	Standard Chartered Aviation Finance	3,625	100	0
17	BoCom Leasing	3,528	93	0
18	Doric	3,427	37	2,390
19	ORIX Aviation	3,411	157	448
20	Nordic Aviation Capital	3,074	249	0

资料来源：AtlasData as of 31st July 2015。

图 7　全球前 20 大飞机租赁公司

的团队中能够发挥积极的因素。另外从公司管理层而言，也格外尊重外籍员工的民族、地区的文化属性，强调入乡随俗和按国际规则办事，而非照搬照抄国内的经验，注重营造一个实干、高效、进取、公平的团队文化，在这样的环境下，外籍员工也都认可交银租赁这个平台，十分投入努力地工作。

4. 不断提升各层级团队管理者的国际化视野和国际化能力

在国际化背景下，不仅对人力资源部门提出了新的能力要求，对不同层面的管理者更是提出了新的挑战。首先从提升语言沟通能力入手，公司从 2013 年开始在内部开展广泛的英语培训，应对未来的挑战。其次，从 2015 年开始，公司人力资源部又主导推进了员工境外轮岗交流计划，选派前、中、后台年轻优秀员工前往外境外子公司工作学习，从而大大提升了自身的国际化视野、英语交流水平和专业能力。第三，公司认为中层管理者是公司的中坚力量，中层自身的战略意识、全球性思考决策能力，跨文化背景下的团队管理能力将直接影响团队的管理水平，因此公司每年都组织中层管理者前往外国知名商学院参加学习培训，着重树立国际视野和全文化敏感性，提升国际化背景下的团队领导能力等，为公司未来十年的发展做好思想意识上的准备。

四、总结与展望

优秀的企业不是一蹴而就的，企业的发展本身就是一个循序渐进、逐步调整、寻求动态平衡的过程，在快速变化的市场和业务发展下，人力资源如何成为企业变革的推动者、应对者、沟通者和值得信赖的顾问，仍然面临着诸多挑战。人力资源管理身兼行政管理和业务伙伴的双重角色，仍需要通过不断提升自我价值、不断创新，勇于实践，才能将作为HR（人力资源管理）和BP（业务合作伙伴）的价值真正内嵌到各业务单元的价值模块中，也方能从竞争激烈的行业中帮助组织取得先机，确保公司历久弥新，基业长青。

车险查勘定损人员
心理问题分析及对策

——以人保财险嘉善理赔分中心为例

陆　超*

我国汽车保有量正在呈现加速增长态势，汽车保险业也在快速发展。当前，汽车保险市场规模已超千亿元，并且仍在以 10% 以上的速度逐年增长。汽车保险业务已经成为越来越多的保险公司的发展支柱和竞争核心，除人保、平保、太保三大保险公司外，越来越多的保险公司与相关机构正在介入车险市场。但由于我国专业保险人才培养起步晚，体系不完善，导致保险、理赔人才贫乏，在市场上相当抢手。在欧美发达国家，都有一套成熟的汽车保险估损人才培训和认证体系，获得认证的学员不但能在保险和估损行业获得相当高的报酬，而且拥有非常好的职业发展前景，在社会上也普遍受到尊重，具有很高的社会地位。汽车估损师正在成为一个收入高、形象好、令人尊重和向往的职业。

以嘉善为例，嘉善作为全国首个"国家级县域科学发展示范点"，交通运输工作的发展一直受到中央、省、市、县各级领导的高度重视。嘉善交通部门先后制定了《嘉善县综合交通发展规划》和《嘉善县"十二五"综合交通发展规划》，除了花大力气着重整治市区内的拥堵路段，更着力提高农村公路服务质量，将通村公路由 3.5 米拓宽到 5 米以上，做

---

　　* 中国人保财险嘉兴市分公司嘉善理赔分中心。本文获 2016 年全国金融系统思想政治工作和企业文化建设优秀调研成果二等奖。

到指路体系100%全覆盖。但即便如此，还是难以完全赶上车辆的增长速度。加之驾驶人员的操作不当，以及一些不良驾驶习惯作祟，使道路交通事故发生的频率一直居高不下。在车险市场竞争趋于白热化的今天，每一次交通事故的发生，都意味着车主就要进行一次主观上的评判。而直接影响这轮评判得分的，就是后续一系列的理赔服务。可以说，车险理赔是保险公司履行合同承诺、实现客户满意的重要过程。而查勘定损工作的速度、质量，则直接关系到公司的赔付率、客户的满意度，是车险理赔服务的重要组成部分，更是口碑建设的重要基石。在"互联网＋"的背景下，客户对于理赔便捷化、一站式服务的要求也随着时代发展日新月异，除了引入新兴的技术手段，对于实际操作人员——广大车险查勘定损员——新的工作要求和考核指标也应客户体验的精细化程度加深而层出不穷。现场查定一体、小额人伤快速处理、极速理赔等，所有体现在指标上的进步，都需要查勘定损人员在个人能力与工作方法上找突破口，下苦工夫。

这一切，都要求查勘定损人员有过硬的综合素质，尤其是心理素质。而这也正是下面这句话频繁出现在各大产险公司车险理赔人员招聘信息的主要原因：

"应聘者需有较强的抗压能力。"

一、人保财险嘉善理赔分中心车险查勘定损工作现状

车险查勘定损员，顾名思义，有两项主要工作，一是对车辆使用或停放过程中发生的事故进行查勘，以获取现场照片，核对车辆信息及承保信息；二是对事故车辆进行定损，制订科学合理的维修方案，在理赔系统中录入车辆定损信息并确定维修价格。此外，这个岗位还有诸多与考核挂钩的附加任务，如理算、赔付、反欺诈、未决催办、平台推广等，在此不作一一列举。

笔者将人保财险嘉善理赔分中心 2016 年前 8 个月的理赔数据做了一个大致的梳理，以商业车险费率改革正式实施的 6 月 1 日为界。1—5 月，嘉善理赔分中心平均每月接报案 1000 余件，同比 2015 年增长了22.36%，在嘉兴全市共 6 个理赔分中心中，增长率位列第三。到了 6 月，伴随费改后出险与保费关联度等相关保险知识的客户知晓普及，从结案

数据来看，费改后案件件数及金额暂时略有下降，其中主要为小额案件。但仍有很大一部分客户在出险后选择报案。查勘定损人员现场核定损失，为客户办理一系列理赔流程的同时，还要向客户解释商车费改的新政策，以引导客户就小金额案件放弃索赔，避免造成不必要的损失。

为了处理数量繁多、千奇百怪的案件，车险查勘定损人员需要有丰富社会经验的积累和出众的服务技能。缜密的思维能力、透彻的洞察能力、有效的沟通能力缺一不可，更不用说娴熟的驾驶技术，一丝不苟的服务标准化流程。对车险查勘定损员来说，工作上的所有要求都不是可有可无的细枝末节，而是必须严守的铁的纪律。只有将这些要求事无巨细地践行落实，才能基本称得上是一位合格的车险查勘定损人员。

二、车险查勘定损人员普遍存在的五大焦虑

心理学家马斯诺将人的需要划分为五个层次，维持生存的需要、安全的需要、爱和归属的需要、尊重的需要和自我实现的需要。从笔者在人保财险嘉善理赔分中心从事查勘定损工作五年来的经历见闻和对周围同事的观察分析，发现车险查勘定损员队伍中存在的情绪状态及心理问题，大致可以归纳为与此相对应的以下五种焦虑。

（一）岗位认同焦虑

笔者曾经询问身边的同事："当初你是怎样走上这个岗位的？"得到的答案惊人地相似：这不过是这些当年不谙世事的年轻人抱着初生牛犊的心态投出的无数简历中最阴差阳错的那份而已。的确，这个作息时间不规律、无双休、不享受法定节假日、经常值夜班、二十四小时待命的岗位，的确不像是很多应届毕业生所向往的工作。而在嘉善理赔分中心车险理赔岗位奋斗着的伙伴中，仅有一位在学生时代就读的是汽车检修的相关专业，其他同事在接触这个岗位之前，对车辆维修都没有半点概念。就算是汽车检修专业科班出身的同事，也发现学校教授的理论知识与保险公司的实践需求并不十分契合，正因为如此，在走上岗位后相当长的一段时间里，他们或多或少被"心里没底"、"不自信"等诸如此类的情绪困扰着。

目前，查勘定损人员的培训机制还较为传统，相比保险行业其他动辄冠以"学院"、"研修班"等名号的业务培训班，车险理赔一贯采用的师徒制则要低调与务实许多。门道在查勘路上习得，经验在维修车间摸索，套路在观摩旁听中潜移默化。但由于缺乏系统的培训，以往很多车辆定损人员对车身的系统结构、碰撞原理、损坏原理、汽车配件等知识缺乏系统认知，往往凭经验操作，并没有专业化、统一化的标准。汽车维修与服务行业本身就是一个相对稳定的大圈子，这套经验往往建立在理赔员前辈在圈中凭借长时间的谈判、沟通、合作所取得的威信的基础上。而一个刚入行的新人想要借用这套高度个性化的装备获得同样的认可，一个字："难"。初入查勘理赔队伍，新人们听到的往往是这样的调侃：为了培养你，公司已经预先准备好了100万元的学费。这也从一个侧面反映了车险理赔岗位的职业特点：入行易、上手慢、跟头多、出师难。既要做到让客户满意，又要做到为公司减损，同时还要在车辆维修行业中树立刚正严谨的形象，怎样在这个动态的平衡点中站稳脚跟，是每个刚刚步入这个行业的车险查勘定损人员都必须直面的生存难题。

（二）人身安全焦虑

车险查勘定损人员都有一身过硬的驾驶技术，而这举重若轻的娴熟也有其无奈的一面，就是挥之不去的安全隐患。

因为考核的硬性规定和对案件处理速度的绝对要求，查勘定损人员往往会在驾车的同时接听电话、查看导航甚至操作案件数据。"上路三分险"，变幻莫测的天气和阴晴不定的路况都会对行车造成潜在的危险，偶尔遇到性急客户的再三催促，查勘员往往只能选择加速、超车，力求以最快的速度赶到现场，避免投诉的发生。

车险查勘定损工作强度极大，每日工作时间往往超过8小时，工作量集中的日子甚至可以达到12小时。晚班人员需要通宵达旦地为客户查勘现场，尤其还要警惕不良修理厂在夜间制造假案，谨防酒后掉包等保险欺诈行为。时刻绷紧一根弦，无法保证休息时间，第二天还要继续上班处理案件。36个小时在岗位上的坚守，会造成身心的极度疲劳。在这种状态下外出查勘，其中的风险不言而喻。

2016年3月11日晚，人保财险南通分公司的一名查勘员在夜班时上高架查看现场，遭遇二次事故不幸身亡。事实上，自笔者从事车险查勘定损工作以来，几乎每年都会听闻类似的惨剧。对于此次意外，人保财险嘉兴理赔中心主任室引以为戒，特邀请交通指挥中心民警为全市理赔员工宣讲交通安全知识，并明确要求晚班必须穿着反光背心。但以车险查勘的工作性质和工作状态而言，除了培养安全意识，尽量降低风险，并没有标本兼治的万全之法。

（三）家庭生活焦虑

人保财险嘉善理赔分中心查勘定损员的年龄在 26 岁到 30 岁之间，这个年龄段的男性褪去少年的青涩，迅速走向成熟，随之而来的就是来自成家立业这一传统观念的无形压力。从谈婚论嫁、购房置业到生儿育女，无不需要投入大量的时间、精力和财富。加之自身收入微薄，业余时间少，家庭负担重。简而言之，这个人生正式起航的阶段，能力太小，梦想太大。

因为查勘定损员工作性质的特殊性，为了服务客户、服务公司，他们无法时常陪伴在家人身边，很多时候不能起到家庭顶梁柱的作用，很多事情都需要家人自己来承担解决。他们的妻子白天上班工作，晚上下班还要照顾孩子；还有的干脆放弃了自己的工作，专心在家做全职妈妈。他们有善解人意的家人，但没有谁敢说自己不曾怀有歉疚。此外，婚姻关系、亲子关系都需要一个漫长的磨合期，而查勘定损人员作为重要的家庭成员，因为职业因素在其中长期缺席。如果不能及时处理好生活与工作之间的关系，很容易为家庭矛盾埋下隐患。

（四）社会认可焦虑

应业务发展的迫切需要，各家保险公司在前端销售上投入了大量的人力。前端承保条件的宽松，却为广大客户带来了一些错误的认知。有很多客户在出了交通事故后才意识到投保的时候没有看清条款，"全保为什么不能全赔？""免责条款没有告知。"类似的问题不绝如缕，查勘定损人员每天处理案件时都有可能面对。对于客户的不满的牢骚、不解的质问，甚至无理的诉求，他们也必须坚持微笑面对，耐心解释，不敢夹杂半点个人情绪。

除了条款约定的争议，车辆维修的争议则显得更加严重。客户、修理厂、保险公司都站在各自的立场上各执一词，保险公司主张在不影响使用的情况下尽量修复，对质量要求严格的客户坚持更换，修理厂为了获得换件的利益更是建议更换。在这种局面下，定损人员往往会陷入孤立无援的境地。车辆维修行业并没有统一的行业标准，根据工作流程、报价点、工时标准、操作经验上的诸多不同，同一起事故同一辆车，由不同的保险公司，甚至由同一家保险公司不同的员工来评估，或多或少都会存在价格差异。这就造成了广大车主与汽修人员对保险理赔人员的负面印象："不专业"、"有猫腻"。加之定损员本身专业技术不过硬，各家保险公司为了比拼理赔服务屡出奇招，赔付标准大相径庭。负责在其中调停的定损人员就仿佛身处在矛盾的旋涡中，腹背受敌。

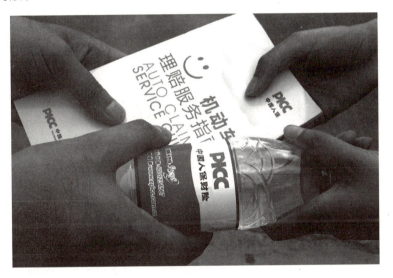

（五）职业前景焦虑

在嘉善理赔分中心车险查勘定损岗位的同事中间，有两人参加工作6年以上，其余人员不足6年。以工作时间6年为界，可以将一个人的职业生涯划分为职业探索、立业初期两个阶段。工作时间在6年以下的，属于职业探索阶段。这个阶段的员工渴望通过工作的变动选定适合自己的职业，通过多种渠道和方式判断企业文化和工作要求与自身特点的契合性。然而，培养一个合格的查勘定损员至少需要三到五年，为了车险理赔的梯队建设，公司一般不会为这些员工提供太多转岗轮岗的机会。工作时间在6年以上的员工，则属于立业初期，这一阶段的员工非常关心自己工作的发展，希望通过明确的工作绩效来体现自身的价值，实现其对职业生涯发展的愿望，并希望公司对于他们的付出给予合理的回报。企业员工职业生涯规划不合理、晋升通道不畅、考核任务艰巨、薪酬待遇欠佳等情况的存在，都会容易使这一阶段的员工诱发消极怠工情绪。

三、解决问题的方法与途径

车险查勘定损人员的心理问题不仅会降低员工的工作积极性，更会因此而影响理赔服务整体的水平和时效，减低保险产品在消费者心目中的信誉和口碑。企业应当防患于未然，采取积极的措施，及早消除查勘定损人员的心理问题。对于问题解决的方法与途径，笔者试从以下几个方面加以论述：

第一，加强人员配置、完善教育培训体系。

近三年，人保财险嘉善分公司在当地车险市场激流勇进，保费收入逐年攀升，到2015年车险已达1.16亿元，车险查勘定损人员人均劳效提高了59%。公司的人力资源配置紧跟业务和服务的发展要求，将更多人员向查勘定损一线投入，以提升车险理赔质量和速率。同时，建设学习型组织，促使车险查勘定损员工投入积极的学习中去，在学习中提高专业素质、心理素质。

首先，建立行之有效的培训体系，系统教学车险查勘定损岗位人员应知应会的内容，包括保险知识、车辆知识、交通事故处理知识、相关法律知识、职业道德知识、人伤评估与赔偿知识等，帮助他们较快地构建知识结构，重点掌握修理工艺标准、换件标准、检验标准、工时标准等必备技能。注重培训效果的考核与评估。其次，开展心理健康教育，为查勘定损人员提供情感管理方面的学习和培训，通过压力管理、挫折应对、情绪调节等方面的教育，有针对性地帮助员工解除心理压力。

第二，建立良好的沟通机制。

和谐、友爱的团队氛围可加强员工的归属感。查勘理赔团队可以利用加班或小组会议的时间，将工作中产生的负面情绪向其他同事倾诉和宣泄，在彼此间相互的开导、劝慰与建议中头脑风暴、集思广益。集体的关怀多了，个人的纠结少了，心理上的压力相应地就会得到缓解。

理赔部门管理人员应关注一线查勘定损人员的工作状态与心理状态，

多与员工交流工作、生活上的问题，通过沟通敞开心扉，帮助员工解决面临的实际困难。如上文提到的理赔人员加班较多，无暇陪伴家人的问题。后经人保财险嘉兴理赔中心与 IT 等多部门沟通协调，为查勘定损人员申请办理了移动办公系统，在工作用手提电脑上装载成功后，回到家中也可以处理案件。此举解放了广大查勘定损人员的下班时间，大大提升了员工幸福感。

此外，管理人员应在交流中尽早发现员工的心理问题，了解问题所在，及时进行疏导。查勘定损工作考核任务紧，指标多。"多做多错、少做少错、不做不错"，对于理赔人员在工作中非故意造成的小差错，除了提醒他们吸取教训、有则改之，更应给予一定的理解与宽容。

第三，构建良性而健康的心理契约，提高员工满意度。

员工对其与组织之间的相互义务的一系列信念被称为心理契约。心理契约与工作压力的形成有着相似的影响因素。良好而稳定的心理契约既可以减轻员工在工作中的压力感受，又能对员工起到激励的作用。

公司除了可以通过制定规章制度，以公平公正的奖优罚劣规范查勘定损人员的行为，鼓励有利于心理契约的行为继续进行。还可以利用适当的压力推动员工的进步，通过设置对于员工来说有一定难度但通过努力可以达到目标——例如未决数量下降率、24 小时结案率、72 小时结案率等——以帮助员工不断构建新的心理契约，充分调动查勘定损人员的工作积极性。为此，公司首先必须对员工有一个客观、正确的评价认识，要明白无论是初出茅庐的新员工，还是经验丰富的老员工，每个人的精力和能力都有局限性，期望值不能过高。心理契约有一个关键因素：员工满意度。它是反映企业士气、向心力和团队精神的重要指标，也是实现外部客户满意的动力。一般而言，员工满意度越高，心理契约越牢固，对公司的忠诚度、依赖度就越高，直面挫折、抗击压力的能力也就越强。

第四，营造积极向上的企业文化，丰富员工的业余生活。

查勘定损人员工作繁忙之余，面对的就是精神文化生活的匮乏。公司需要开展具有人文关怀的文化活动，丰富员工的业余生活，让员工在高强度的工作后能够缓解压力、放松心情。

以人保财险嘉善理赔分中心为例，因为查勘定损同事都是年轻人，爱好比较相仿，大家一度曾以业余时间组队打游戏为乐，娱乐项目单一。

后来，分中心响应员工幸福感工程，组建了摄影、户外、骑行、自驾、羽毛球、乒乓球、篮球、游泳等八个兴趣小组，各个小组由员工自愿报名，自费参加。专设的组织人会不定期安排组织活动，并鼓励员工携家属一同参加。既让员工的兴趣爱好得到发扬和培养，还为员工提供了家庭团聚享受天伦的机会。极大调动了员工参与企业文化建设的积极性，切实提高了员工的幸福感指数。

第五，完善考核机制，关注员工职业生涯规划。

员工对自身职业生涯的发展具有强烈愿望，这种愿望的实现建立在对企业和职业的高度认可上。公司应重视员工个性的发展，给予员工充分的发展空间，最大限度地挖掘出员工的潜力，引导他们与企业文化的核心价值观相融合，帮助他们在实现企业价值的同时实现自我价值。在规范和加强自身管理的基础上，制订员工发展计划，帮助员工进行职业生涯规划，提供持续学习和成长的环境，让员工对企业和自己的发展充满信心。

车险查勘定损人员的心理问题是一个不容忽视的问题，这直接关系到客户的满意度，保险的服务口碑，更与公司的效益息息相关。需要公司予以重视，社会人员能给予一定的理解，爱护这群看似坚强的"弱势群体"。使他们内心强大，不惧风雨，以积极、奋进的敬业精神，更好地服务公司，服务客户，做好查勘定损这份含金量十足的专业工作。

以人力资源视角浅析
如何推动银行"90后"员工成长成才

——以重庆地区银行员工为例

余 培[*]

他们被称为"个性张扬的一代",他们被称为"垮掉的一代",他们也被称为"网络一代","90后"作为一个极具争议的群体,已经走上社会的舞台。当"70后"逝去韶华成长为企业的中流砥柱,"80后"褪去稚嫩晋升为组织的核心骨干,"90后"作为职场的主力军与生力军,正担当起他们的社会角色和历史使命。

时代背景、家庭环境、教育经历、成长过程、社会媒介、互联网科技造就了如今"90后"独特鲜明的个性与职场表现。在新时代背景下,探寻"90后"的行为模式与价值选择,并有针对性地采取管理措施,是企业文化建设和思想政治工作的重要命题。本次课题研究立足重庆地区银行业现实情况,聚焦"90后"员工思想行为模式,以人力资源管理理论视角,通过问卷调查、文献分析等方式,探寻探讨如何推动银行"90后"员工的成长成才,促进企业价值与个人价值的实现。

一、调研方法

本次课题通过问卷调查、文献分析、案例分析等方法展开调研。

* 招商银行重庆分行。本文获2016年全国金融系统思想政治工作和企业文化建设优秀调研成果二等奖。

（一）问卷调查

从个人层面和组织层面展开调查，个人层面围绕工作压力、经济动力、休闲方式、社交媒介、工作动机、价值导向、企业文化、上级领导、离职原因等方面展开，探讨"90后"员工价值理念和问题来源；企业层面聚焦组织认同、人岗匹配、职业发展、绩效导向、薪酬满意、工作氛围六个方面，分别与企业文化、规划配置、培训开发、绩效考核、薪酬福利、员工关系的人力资源管理框架对应。

（二）文献分析

收集、整理、分析文献，结合工作实际与生活认识，界定"90后"员工特质、银行行业特点。

（三）案例分析

结合优秀企业的人力资源管理措施，探讨促进"90后"员工成长成才的有效举措。

二、"90后"员工特质

"90后"员工成长于后改革开放时代，诞生在独生子女家庭，接受完善的高等教育，熏陶在中西文化之中，而如今深受互联网科技的影响，其呈现出不同于"60后"、"70后"和"80后"的特质。

（一）多元化的个体

受生育政策影响，"90后"更多成长于"独一无二"的家庭环境中，加上社会的开放、信息传播的进步，"90后"接触各种文化价值观。"个性张扬的一代"、"网络一代"、"鸟巢一代"，当人们试图将"90后""标签化"的时候，最后发现，没有任何一个标签可以代表"90后"群体，"90后"更凸显出多元化、差异化的特点。

（二）指尖上的一代

互联网技术的突飞猛进，社交网络全球化、便捷化，使得互联网不仅是一种工具，更代表了一种生活方式。如今，手机、平板、电脑的使用占据了人们绝大多数的时间，互联网平台的应用已经延伸至社交、工作、消费、娱乐等生活的方方面面。人们又把"90后"称为"指尖上的一代"、"网络新一代"，"90后"充分享受到互联网科技带来的生活变化，他们是"互联网经济"的受益者，但往往又是"网络暴力"的受害者。

（三）自我意识强烈

相对宽松的成长环境，独特的个体，完善的教育背景造就了"90后"强烈的自我意识，他们对新鲜事物充满好奇，渴望个性的张扬，希望实现自我价值，往往又相对敏感，在遇到挫折和困难、进入非舒适区的时候，首先寻求改变环境而非改变自己。

（四）人生的十字路口

一方面，"90后"员工已经走出"象牙塔"，正式步入社会，他们还是职场的菜鸟，或多或少处于职业初期的挣扎阶段，需正确树立职业目标，找准自我定位；另一方面，从年龄分布上看，"90后"群体已经逐渐迈入适龄婚育阶段，这意味着他们也面临着成家立业的生活压力。所以，职场困境与经济压力是"90后"员工这一阶段的主旋律。有人总结为"有工作，没生活；有爱人，没爱情；有住所，没住房；有存折，没存款；有名片，没名气；有加班，没加薪；有职业，没事业；有娱乐，没快乐"。

三、银行行业特点

（一）盈利为本，绩效立身

银行是以盈利为目的的企业，故银行的发展同样强调绩效立身，贡献取酬，它要求员工具备更强的业务能力、更快的适应速度、更多的社会资源、更完备的综合能力。

（二）较好的待遇和完善的福利

银行薪酬待遇相对具有竞争力，福利体系完善有保障，其一直因待遇高、福利好、工作环境稳定受到求职者热捧。

（三）强调过程文化、风险文化、服务文化

银行作为经营货币的特殊企业，决定其对过程把控、法律合规、风险控制尤为注重。在银行产品高度同质化的今天，优质的服务是营销的基础，是连接银行与客户的桥梁，服务文化是银行提高核心竞争力必然选择。

（四）人员流动性高

较高的工作强度、较大的业绩压力，以及业务开展受制于市场环境影响等原因，使得银行人员呈现高流动性的特点。

四、问卷调查分析

本次问卷调查采用线上调查（微信问卷）及线下调查（纸质问卷）的方式，发放对象为重庆地区 2 家国有股份银行、3 家商业股份银行、1 家地方性银行的"90 后"青年员工，共发放问卷 150 份，收回有效问卷 141 份，有效率为 94%。

（一）概况分析

本次问卷调查一共有男性 71 位，女性 70 位，男女比例接近 1:1，较为合理；其中学士学历 90 位，占总人数比例的 63.83%，硕士学位 46 人，比例为 32.62%，普遍接受了高等教育；其中 137 人为基层员工，占比 97.61%，4 名员工为部门骨干，占比 2.84%，可见绝大多数"90 后"员工处于职业生涯的初期，位于组织结构中金字塔的底部。

（二）个人层面分析

1. 您工作压力的来源

表1　　　　　　　　　　工作压力来源

选项	人数	比例
A. 工作强度大	71	50.35%
B. 工作难度大	9	6.38%
C. 工作环境差	2	1.42%
D. 工作兴趣低	19	13.48%
E. 领导关系	5	3.55%
F. 同事关系	1	0.71%
G. 社会关系	3	2.13%
H. 能力不够	9	6.38%
I. 资源匮乏	13	9.22%
J. 其他	9	6.38%

50.35% 的"90 后"员工认为工作压力的主要来源是"工作强度大"，这也与银行的业绩导向、风险合规文化、过程文化紧密相关；"工作兴趣低"占比 13.48%，排名第二，说明"90 后"员工对工作的认同

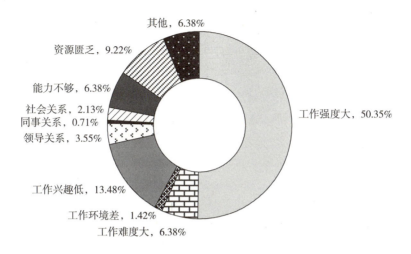

其他，6.38%

资源匮乏，9.22%

能力不够，6.38%

社会关系，2.13%
同事关系，0.71%
领导关系，3.55%

工作兴趣低，13.48%

工作环境差，1.42%

工作难度大，6.38%

工作强度大，50.35%

图1　工作压力来源

感和兴趣点还不高；"资源匮乏"占比9.22%，对于初入职场的"90后"菜鸟来说，社会关系网相对较窄，缺乏社会资源也是其工作的难题。

2. 您的主要经济压力来源

表2　　　　　　　　　　　　　经济压力来源

选项	人数	比例
A. 赡养父母	10	7.09%
B. 养育子女	4	2.84%
C. 购房购车	80	56.74%
D. 高档消费	13	9.22%
E. 饮食消费	11	7.8%
F. 谈恋爱	3	2.13%
G. 娱乐	14	9.93%
H. 其他	6	4.26%

56.74%的员工认为主要经济压力来源于"购车购房"。"90后"的员工绝大部分为22～26岁，已到了婚龄甚者迈入晚婚的行列，成家立业、买车买房成为其面临的现实问题。同时，"娱乐"、"高等消费"、"饮食消费"分别占比9.93%、9.22%、7.8%，表明"90后"对于消费

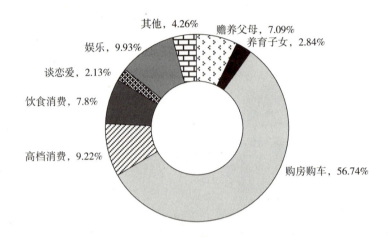

图2　经济压力来源

娱乐持较开放的态度，与父辈省吃俭用的生活理念相比，"90后"员工更讲究生活质量。

3. 您的业余时间主要是用来

表3　　　　　　　　　　　　　业余时间安排

选项	人数	比例
A. 加班工作	19	13.48%
B. 学习充电	25	17.73%
C. 陪伴家人	29	20.57%
D. 朋友聚会	33	23.4%
E. 上网聊天	12	8.51%
F. 运动健身	13	9.22%
G. 其他	10	7.09%

　　超过两成的"90后"员工分别选择"朋友聚会"、"陪伴家人"，说明其对亲情、友情较为看重，而与亲友的互动也有助于缓解工作的压力；"充电学习"占比17.73%，可看出"90后"员工愿意为未来发展投入精力，"加班工作"占比13.48%，说明其工作强度确实较大。此题选项较为平均，能体现出"90后"员工个性多元的特质。

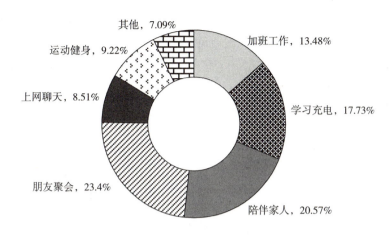

图 3 业余时间安排

4. 您是否愿意领导、同事或客户浏览您的微信朋友圈、QQ 空间或微博

表 4 是否愿意领导、同事或客户浏览您的微信朋友圈、QQ 空间或微博

选项	人数	比例
A. 愿意	72	51.06%
B. 不愿意	69	48.94%

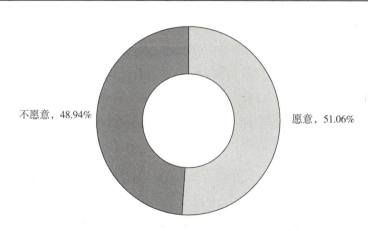

图 4 是否愿意领导、同事或客户浏览您的微信朋友圈、QQ 空间或微博

此题选择较为平均。"90 后"是互联网的主要使用群体，而微信、QQ、微博是目前最流行的社交软件，已覆盖聊天交流、工作学习、消费

娱乐等日常生活的方方面面。微信朋友圈、QQ空间、微博空间作为对好友开放的个人公共平台，起着信息传递、共享、交流的作用。接近一半的"90后"员工并不愿意将个人社交空间向领导、同事、客户开放，表明其对工作中建立的人际网络某种程度上的不认可，或者将工作与生活隔离开来，持不同的认知与态度对待。

5. 您认为工作的主要目的

表5　　　　　　　　工作的主要目的

选项	人数	比例
A. 实现自我价值	38	26.95%
B. 让自己和家人过上更高质量的生活	80	56.74%
C. 就是工作，不能赋闲在家	9	6.38%
D. 基本生活生存的需要	11	7.8%
E. 其他	3	2.13%

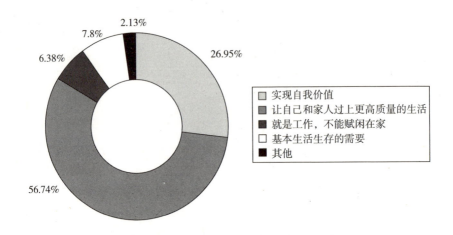

图5　工作的主要目的

56.74%的"90后"员工选择"让自己和家人过上更高质量的生活"，表明其主要的工作动力来源较为现实，"实现自我价值"也占据了26.95%的比例，体现出其强烈的自我意识。由此可见，绝大部分"90后"员工的需求已超越基本生存需要的层面，他们更关注改善目前的生活现状，获得更好的经济条件，同时，相当一部分人也把实现自我价值作为工作的主旨，体现了"90 后"员工对理想工作状态的追求与态度。

6. 除薪酬激励外，您认为以下选项中最能够激发您工作积极性

表 6　　　　　　　　　　　　除薪酬外的激励因素

选项	人数	比例
A. 良性的工作氛围	21	14.89%
B. 和谐的人际关系	13	9.22%
C. 感兴趣的工作内容	16	11.35%
D. 良好的发展前景	46	32.62%
E. 工作与生活的平衡	18	12.77%
F. 健全的福利	18	12.77%
G. 上级的认可	5	3.55%
H. 其他	4	2.84%

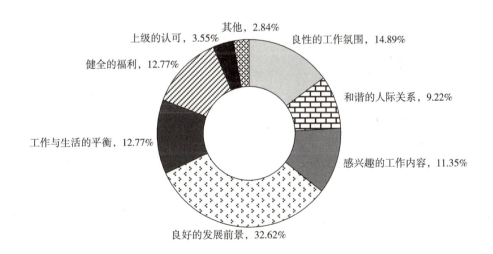

图 6　除薪酬外的激励因素

此题选择较为平均，除经济利益的体现外，"良好的发展前景"依旧是"90 后"员工最为看重的，"良性的工作氛围"、"工作与生活的平衡"、"健全的福利"、"感兴趣的工作内容"、"和谐的人际关系"分别占

比 14.89%、12.77%、12.77%、11.35%、9.22%，相对较为平均，也体现出其多元化的需求。

7. 您相对比较喜欢什么类型的企业文化

表7　　　　　　　　　喜欢的企业文化类型

选项	人数	比例
A. 强人文化：坚强乐观、强烈进取，树立"寻找山峰并征服它"的坚定信念	37	26.24%
B. 潇洒文化：对人友好、善于交际，树立"发现需要并满足它"的信念	74	52.48%
C. 攻坚文化：仔细权衡、深思熟虑，高风险、高技术含量、高执行力	25	17.73%
D. 过程文化：遵纪守法、谨慎周到，流程化办事，精细化服务	5	3.55%

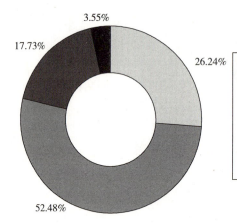

图7　喜欢的企业文化类型

52.48% 的"90后"员工更喜欢潇洒文化，潇洒文化提倡工作与生活的平衡，适合面临风险较小、对市场反应极快的行业，如互联网计算机、汽车批发、大众消费公司等；而仅仅只有 3.55% 选择过程文化，过程文化强调遵纪守法、谨慎周到，重视工作过程，适合面临风险较大、对市场反应极快的行业,如银行、保险、政府机构等。由此可见,"90后"员工更倾向于拼命工作、尽情享受生活的状态,相对于过程文化中按部就班的个体而言,他们更希望被关怀、被关注,获得支持与鼓励。

8. 您更喜欢哪个类型的福利

表8   喜欢的福利类型

选项	人数	比例
A. 社会保险和住房公积金	12	8.51%
B. 宽松的休假制度	55	39.01%
C. 劳动安全与健康福利	2	1.42%
D. 经济性福利	57	40.43%
E. 设施性福利	0	0
F. 娱乐性福利	1	0.71%
G. 服务性福利	1	0.71%
H. 职业发展性福利	10	7.09%
I. 其他	3	2.13%

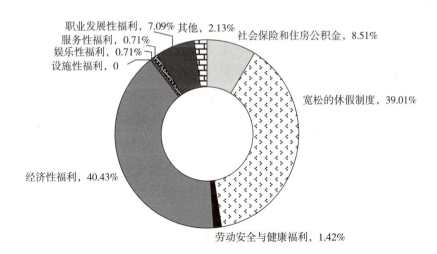

图8 喜欢的福利类型

40.43%的员工选择了"经济性福利"，39.01%选择了"宽松的休假制度"，其他选项占比均未超过10%。相较于其他福利措施而言，可以变现的奖励与充足的假期是"90后"员工的最爱。

9. 您相对比较喜欢什么样的领导

表9　　　　　　　　　　喜欢的领导类型

选项	人数	比例
A. 老虎型：强势有魄力，能给予下属明确的工作目标、强调执行力和结果	27	19.15%
B. 猫头鹰型：关注细节，随时关注问题的处理进程、及时给予帮助和支持	55	39.01%
C. 孔雀型：主动沟通，能与下属打成一片，较少关注工作过程，强调结果	42	29.79%
D. 考拉型：主动沟通较少，喜欢让下属独立去处理问题，很少批评下属	17	12.06%

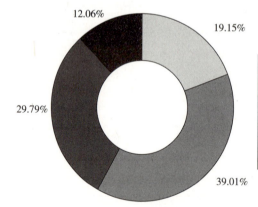

图9　喜欢的领导类型

猫头鹰型的领导受到"90后"员工的青睐，他们希望在细节、过程中得到关注、支持和反馈，这恰巧与银行高强度、事务型的工作类型相呼应；29.79%选择孔雀型的领导，强调沟通、能与员工打成一片，是他们选择的主要原因。

10. 您认为以下哪种原因会导致您在未来选择离开公司

表 10 可能的离职原因

选项	人数	比例
A. 与领导关系不融洽	8	5.67%
B. 与同事关系不融洽	3	2.13%
C. 感到没有发展前途	83	58.87%
D. 不能学习到新知识或技能	17	12.06%
E. 未能获得自己满意的薪资	19	13.48%
F. 工作环境差	8	5.67%
G. 其他	3	2.13%

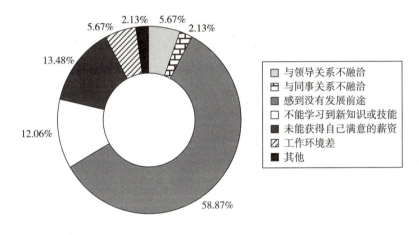

图 10 可能的离职原因

离职原因中，超过五成的"90后"员工选择"感到没有发展前途"，占比58.87%。"未能获得自己满意的薪资"，"不能学习到新知识或技能"分别占比13.48%、12.06%。可见对于"90后"员工而言，长远的发展、良好的成长空间依旧是他们最为看重的。

综上可知：

（1）在银行中，"90后"员工普遍接受了良好的高等教育，且基本处于职业生涯初期的打拼阶段；

（2）高强度的工作是"90后"员工主要的压力来源；

（3）"90后"员工工作之中渴望受到领导及同事的关心关注，并且给予及时的指导和反馈；

（4）"90后"员工自我意识较强，看重自我价值的实现，渴望高质量的生活，一旦看不到发展前景，他们倾向于选择离开；

（5）购房购车是"90后"员工最突出的经济动力所在，休闲方式呈现出多元化的特点；

（6）"90后"员工在工作中建立的人际网络并未得到自己的完全认可；

（7）"90后"员工更喜欢沟通型、具亲和力的领导；

（8）现金性的激励与宽松的休假是"90后"员工最喜欢的福利。

（三）组织层面分析

组织层面聚焦组织认同、人岗匹配、职业发展、绩效导向、薪酬满意、工作氛围六个方面，分别与企业文化、规划配置、培训开发、绩效考核、薪酬福利、员工关系的人力资源管理框架相对应。在选项中，根据不同程度的选项赋予不同分值，"非常同意"计10分，"同意"计8分，"基本同意"计6分，"不太同意"计4分，"不同意"计0分，综合得分即代表员工对所在企业该项政策（人力模块）的满意程度，分数越高满意度越高。

表11　　　　　　　　　　　　组织层面分析

题目	分析逻辑	人力模块	综合得分
11. 这是一份值得为之奋斗的事业，我对工作充满热情	组织认同	企业文化	6.64
12. 我很少考虑"跳槽"	组织认同	企业文化	
13. 我的工作具有挑战性并能充分发挥我的才能	人岗匹配	规划配置	6.22
14. 我从工作中获得了成就感	人岗匹配	规划配置	
15. 我对自己的职业发展有清晰的规划和认识	职业发展	培训开发	7.13
16. 我有机会实现个人成长和专业能力的提升	职业发展	培训开发	
17. 工作中我得到了及时的指导和反馈	绩效导向	绩效考核	7.09
18. 我知道如何提升自己的工作表现和业绩	绩效导向	绩效考核	
19. 我对我的薪酬水平感到满意	薪酬满意	薪酬福利	5.08
20. 相对我的付出，我的薪酬回报是合理的	薪酬满意	薪酬福利	
21. 工作中我感觉自己得到了尊重和重视	工作氛围	员工关系	6.47
22. 管理团队能够激发员工对完成目标的信心和热情	工作氛围	员工关系	

满意度得分最高的是"职业发展"、"绩效导向"两个方面，分别为7.13分、7.09分。说明"90后"员工对于未来发展、职业规划有着自己的判断和认知，并且知道如何提升自身的工作表现和业绩，发挥自身才能与优势。

"组织认同"、"工作氛围"得分居第二个档次，分别得分为6.64分、6.47分，可以看出，团队对员工个体的激励作用有限，"90后"员工对组织的认同有待提高。

"人岗匹配"、"薪酬福利"的得分较低，分别为6.22分、5.08分，由此可见，尽管具备较有竞争力的薪酬福利，银行仍未获得较高的满意度评价，而工作本身给员工带来的挑战性与成就感也有待加强。

综上可以知道："90后"员工自我意识较强，对于职业规划和发展有着清晰的定位和认识，并且知道自己如何提升工作表现和业绩，然而在实际工作中，其工作岗位给予的挑战性、新鲜感与成就感有限，并未达到与职业规划相符的理想状态，也未感受到与高强度工作匹配的薪酬福利，造成其对组织认同感不高、对团队归属感不强。

五、人力资源模块分析

从人力资源视角出发，结合"90后"员工需求与满意度调查结果，对于促进"90后"员工成长成才，我们作出以下建议：

（一）企业文化：没有最好，只有最合适

银行作为经营货币的特殊企业，决定了其特有的风险文化与过程文化，且该文化的根基不以员工意志为转移。如果员工从根本上无法认同企业文化，无法适应岗位，再多人文关怀、再高薪酬福利也无济于事。银行应该寻找"对的人"，既要符合企业文化，又要匹配岗位特点。营销讲求性格开朗、风险需要谨慎全面、管理看重高瞻远瞩，每一个岗位对应每一种性格特质，一套完善素质测评分析是寻找"对的人"必不可少的部分，做正确的事比正确做事更正确。

人员素质测评是测评者运用科学的方法对被测评者的思想品格、知识水平、能力结构、个性特点、职业倾向和发展潜能等多种素质进行测量和评价的一种科学的综合的选才方法体系，其目的是帮助用人单位了解人才和加强人才对自身的了解，为科学用人和人尽其才提供可靠和有

效的依据。素质测评分析可贯穿至战略规划、招聘配置、培训提升之中。一方面，银行可针对公司、零售、运营、风险等部门的各类岗位特点进行分析，明确胜任岗位所应具备的素质、知识、技能，以此为根据配备各类人员，即人员的结构和数量要与其岗位和数量相适应，人员的素质和能力要与其所担负的职责相匹配；另一方面，以人员测评结果为依据，全面了解"90后"员工的素质和特点，并匹配相应的岗位或未来发展空间，做到人尽其才，才尽其用。

（二）规划配置：早起的鸟儿有虫吃

"90后"员工有梦想，自我意识强，讨厌压力大、重复性的工作内容，希望工作有参与感、有成就感，这是他们潜意识里理想的状态，但现实与理想都有差距，即便身处再优秀的企业、再高价值的岗位，同样回避不了高强度、周期性的工作内容，银行更是如此。所以，从企业层面，应该从入职培训开始，引导"90后"员工树立职业目标，进行合理的中短期职业生涯规划，促进其快速由自然人向职场人的转变。结合轮岗、培训的机会，让"90后"员工迅速了解企业的运营模式，并找到自己的兴趣点。同时，要为"90后"员工的兴趣点寻找"输出"机制，让他们在短时间寻找到个人与组织的共鸣后，有渠道、有方法结合，这里需要企业从制度上保证，并给予一定的弹性空间；"90后"员工应及时改变认知，了解银行特有的文化与工作性质，以"社会"的眼光定位自己在组织的位置和发展方向，不盲目、不激进、不虚度。

（三）培训开发：给我一个支点

问卷调查中，"职业发展"得分最高，"人岗匹配"、"企业文化"得分较低。可以看出，"90后"员工对个人规划和未来发展胸有成竹，但这里我们需要辩证看待：既然员工认为自己规划清晰，为何其工作使命感不强、成就感不高？"对的人"需要放到"对的地"，找到"对的方法"，才能做"对的事"，而开放的培训平台和双向的职业路径正是实现这一切的"支点"。

在互联网下成长，擅长或喜欢互联网、社交是新员工鲜明的个性特征，因此企业要结合他们的个性特征，建立适合他们发展的培训和学习项目，采取更灵活、更多样的学习活动，让学习者有更大的参与空间。

搭建 E 化的学习平台，可以随时制订培训学习计划、发布培训任务，并跟踪学员学习进度。平台汇集银行精英们的智慧结晶，涵盖多条线、多岗位的业务知识。对于"指尖上"的"90 后"员工，可以在 PC 端、移动端随时随地学习，契合员工需求，更好地利用碎片时间，提高培训效果。

企业要取得长足的发展，既要拥有高素质的管理人才，也要夯实专业性的"T"形人才。多渠道的职业发展路径契合"90 后"员工多元化的特点，增加了员工晋级、晋升、实现自我的机会，给员工提供了平台，让员工根据个体情况，结合银行的部门体系和专业发展，为自己订立短期、中期、长期发展目标，以吸引、激励和留住优秀的人才，推动银行健康可持续发展。

（四）薪酬绩效：绩效导向，贡献取酬

银行的薪酬相对具有竞争力，但在"90 后"员工的薪酬满意度调查中得分却不高，究其原因，一方面高强度的工作提升了人们的心理预期，降低了工作的"性价比"；另一方面，个人大量的福利成本投入并没有让员工切实感受到，特别没对上年轻人的喜欢经济性福利的胃口。由此可见，绩效导向的取酬、自助式的福利是契合"90 后"员工发展以及个人口味的选择。

作为银行而言，首先需要加大考核力度，增加危机意识，明确绩效导向，给予"90 后"员工适度的、稳定的压力。给员工增压，让其感受到企业内部也在竞争，促其自我加压，提升学习能力，实现"要我学"到"我要学"的意识转变，激发员工沿着适合自身特点的发展道路快速前进，才不会落后和被淘汰，尽早地实现角色的快速转变；其次，高强度对应高投入、高投入对应高产出，按绩效贡献取酬既可以为员工指明努力的方向，也必须完整体现到薪酬结果，发挥薪酬的激励作用，同时，奖励休假、员工持股、弹性福利越来越受到"90 后"员工的青睐，给予他们选择的空间也是提高薪酬满意度的有效方法。

（五）员工关系：因您而变，您在其中

客户和员工是银行核心竞争力的根本，"客户是上帝"，而员工，则是企业最宝贵的财富。员工好比齿轮，相互衔接支撑企业良性运转，而良好的员工关系则是润滑剂，促进企业快速发展。在调查中，"90 后"

员工对被尊重、被重视、被认可具有强烈的渴求，对沟通型、细节关注型领导具有高度的认同。所以，在员工关系的管理上，应塑造畅通的沟通机制，及时响应员工诉求，倡导员工关爱，营造良性竞争的工作氛围。

首先，应做好新员工的入职关怀，最大限度地降低"90后"员工"入职焦虑症"带来的负面影响。企业及时洞察新员工的心理活动，注意新员工的情绪与言行变化等，及时发现关怀点，创新关怀方式，缓解新员工的入职焦虑，让其能从内心深处尽快融入新环境。可通过心理疏导、幸福力提升、心理辅导等形式，提高员工自我幸福感的调控能力，进而帮助新员工释放压力，排解不良情绪，增强幸福感。其次应建立畅通的双向沟通渠道。银行应建立畅通的、双向沟通渠道，为"90后"员工提供表达自己意见的机会，并且及时反馈意见和建议。若缺乏互动与反馈，培养工作的改进就变成纸上谈兵了。通过沟通及时、友善激励、开展互动活动等有效方法增强新员工对企业的归属感、认同感，进一步满足自尊心和自我实现的需要。

六、案例分析

（一）谷歌

作为"最成功的互联网公司"，谷歌的成功很大程度上来源于其独特的人力资源管理，而人力资源管理的成功归功于基于大数据的"人事分析"管理实践。作为少数按照科学的方法进行招聘的企业之一，谷歌将大数据应用到人员素质测评分析中，开发计算规则来预测应聘者是否适合企业文化、是否匹配工作岗位，以及在获聘后是否具有最佳生产力，并基于此展开企业的招聘配置、培训开发和劳动关系等工作；在薪酬制度方面，谷歌的全面薪酬包括工资，津贴，奖金，福利，保险，股票期权等，对外谷歌的整体薪酬保持着市场上的强大竞争力，为所有正式员工发放股票期权，并且每年都会根据员工上一年度的业绩表现再授予新的股票，业绩表现越好的员工，越能得到更高的工资，奖金和股票期权，从而保障员工的收入与绩效充分接轨。

尽管银行在大数据层面不具备互联网公司得天独厚的优势，但对于自身企业的岗位要求、人员素质、性格特征方面，还是可以效仿谷歌，沉淀数据，尝试量化，研究岗位与性格、绩效与素质之间规律性的数值特征；在薪酬方面，谷歌的绩效与股票期权更多挂钩，将企业发展与员工发展相统一，其经济性福利的激励性较为明显。

（二）招商银行

在促进"90后"员工成长成才方面，招商银行搭建起了一套与时俱进的人力资源管理体系。

招聘环节：将人员素质按市场营销、运营支持、职能管理三大方向，通过性格测试分析，建立与各方向匹配的数值模型，通过得分与对应职位匹配，寻找符合企业文化、与岗位需求相匹配的"90后"人才；创新推出"微招聘"，构建"移动招聘平台"，平台有效整合了招聘网站、微信、手机APP等多种渠道。基于数据分析、便捷高效的"微招聘"模式，迎合了"90后"新生代员工对网络化和移动端的需求。

规划配置："90后"员工作为管理培训生的主体，被视为招商银行战略转型关键领域培养专家型人才。招行制定了专门的管理培训生培养办法，通过3年轮岗、2年定岗、N年个性发展的计划，促进其快速了解银行运行体系，并结合个人兴趣扎根专业岗位。

培训开发：搭建招银大学平台，并开发了招银大学APP，实现了全员E化线上学习与线下学习的结合，"90后"员工可以随时随地，随趣随兴地学习各条线、各部门的专业知识；同时建设专业岗位后备人才库，促进人才自由流动和自主培养，"90后"员工可通过行内平台实现自主报名入库、主动培训适岗、竞争择岗流动。

多通道职业发展路径：建立管理通道与专业序列通道，专业序列是非管理岗位员工实现职业发展的阶梯，专业序列体系的建立，有效解决了旧式"金字塔"结构中"千军万马过独木桥"的窘境。招商银行的专业序列实现对全行全员的全覆盖，每一位员工、每一个专业岗位均可以在专业序列中找到相应位置。对于"90后"员工而言，将有更多专业选择与职业晋升通道。

弹性福利：搭建保障型、服务型、经济型、工时型的全面福利保障体系，并提供弹性福利制度。在弹性福利制度下，"90后"员工可在一定的福利额度内，根据自身需要从单位提供的福利"菜单"中，自主选择喜欢的福利项。

员工关系：鼓励对"90后"员工关爱，从专业序列、后备人才库等方面给予"发展关爱"，从行员贷款、休假制度等方面给予"待遇关爱"，从员工沟通平台搭建、工作氛围测评等方面给予"氛围关爱"，实现"事业留人"、"待遇留人"、"情感留人"，为"90后"员工发展创造良好的氛围。

关注心理健康　重视队伍建设

——基于中国信达海南分公司
员工思想状况的调查研究

陈慧倩　吴晓薇　张林芳[*]

一、选题背景及意义

伴随着供给侧结构性改革的不断深化，金融行业迎来了新一轮的变革，金融职工的思想状况也随之发生了巨大变化，如何面对经济周期的交替更迭，在逆境中完成华丽转身俨然成为金融行业的一个重要课题。

在公司党委的科学决策和开拓引领下，信达"一五"规划圆满收官，目前正值"二五"规划开局之年，大浪淘沙，赢时思变，作为集团基本构成单元的分公司正处于"爬坡过坎"的关键阶段，如何应对挑战，实现突破，这不仅需要在业务上积极转型，也对员工队伍建设提出了更高的要求。本文认为，员工思想状况的波动对于金融企业的持续发展至关重要，通过对员工的思想状况进行调查，可以更好地掌握现阶段员工的思想动态，发现问题，解决问题，充分调动员工的工作热情和积极性，增强员工的凝聚力，推动公司向前发展。

二、调研方法

本次调研采取问卷调查的方式进行，选取了中国信达资产管理股份

　*　中国信达资产管理股份有限公司海南分公司。本文获 2016 年全国金融系统思想政治工作和企业文化建设优秀调研成果二等奖。

有限公司海南分公司员工为调查对象，共发放调查问卷44份，回收40份，问卷回收率为91%。从问卷的统计情况来看，参与调研人数达到分公司全体员工总数的87%。从性别和年龄分布来看，男性、女性占比较为均衡，各占50%，40岁以下的青年员工占38%，41～50岁的员工占38%，50岁以上的员工占25%；从文化程度来看，硕士及以上占33%，大学学历占比最高，为60%，分公司人员整体文化程度较高；从工作岗位和职级情况来看，非前台业务人员稍多，占比53%，另外，本次调查覆盖了分公司各层级的员工，业务经理及以下员工占13%，副经理、经理级员工占35%，高级副经理及以上员工占35%。

三、金融行业员工的思想状况调查研究：基于影响因子的分析

笔者梳理了影响员工思想状况的六大因素——思想与价值观、社会环境、行业发展、企业内部环境、职业规划、身心健康，并尝试从这六方面对金融行业员工的思想状况进行深入分析。

（一）思想与价值观

价值观，是人们基于生存、发展的需要，在社会生活实践中形成的关于价值的总观点、总看法，是人们价值信仰、理想、标准和具体价值取向的综合体系。员工的价值取向，在很大程度上决定了他们的工作态度和奉献程度，员工只有树立正确的价值观才能通过自身努力实现理想、创造业绩、与企业共赢。

调查显示，有65%的员工认为作为一名优秀员工，最重要的就是要看"品德修养"，还有15%的员工把"为人处世的方式"视为优秀员工的评价依据，也有一些员工认为"社会地位"、"金钱财富"和"人际关系网络"才是判断员工是否优秀的最主要方面（见图1）。在"您认为工作上成功的最主要标志是什么"的问题中，50%的员工认为"工作业绩"最能体现工作成功，22%的员工觉得"成为专家"才是成功的主要标志，同时也有部分人认为"获得同事的认可"、"获得荣誉"、"高薪收入"是工作成功的标志。关于"多劳多得"这一传统观念，几乎所有的员工都表示赞同。

结论：通过调查不难发现，目前公司员工的价值取向都是积极向上的，能以正确的态度来对待自身的工作，大部分员工认为好的品德修养

是优秀员工的基础，通过自身努力获得令人满意的工作业绩才能得到更多的收益。

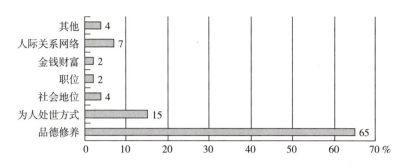

注："其他"选项包括：工作能力和职业精神。

图1　优秀员工体现方式调查结果分布

（二）社会环境

社会环境对员工职业生涯有着重大影响。通过对社会大环境的分析，来了解自身所在地区的政治、经济、科技、文化、法制建设、政策要求及发展方向，以更好地寻求各种发展机会及道路。

对于"平时比较关注哪方面的新闻动态"这一问题，有40%的员工选择"金融财经"类，30%的员工选择"时事政治"，24%的员工选择"科教文体娱乐"，6%的员工选择"法律法规"。关于对政治理论的学习的态度，有41%的员工虽然认为很有必要，但主动了解较少，也有一些员工认为"非常有必要，自己会主动了解"（37%），还有15%的员工表示"除非单位组织，自己才会学习"，表现出"不感兴趣"的占到调查总人数的7%（见图2）。

结论：作为金融行业从业者，许多员工在平时生活中还是更留意与自己工作领域相关的消息动态，也有部分员工选择关注其他方面的新闻来平衡工作和生活。对于政治理论的学习，大多数员工表现出只有在有需要时才会主动了解。

（三）行业发展

行业是由许多同类企业构成的群体。通过调查员工对于行业发展的认知，可以更清晰地了解到在员工眼中本企业在同行业中所处位置和发展前景。

通过调查发现，65%的员工认为对比同年龄层或同层次的业内金融

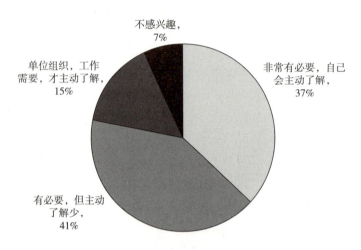

图2 政治理论学习态度调查结果分布

人员，自身获得的发展"处在平均水平"，有15%的员工认为自身的发展"超过了同层次的业内人员"，但也有20%的员工觉得他们处在"低于业内平均水平"的发展状态（见图3）。在问到"您对信达所处行业的发展前景持何种态度"时，有50%的员工选择了"积极"，25%的员工选择了"非常积极"，20%的员工选择了相对保守的"中性"，还有5%的员工则表现出了悲观的看法（见图4）。对于"除了目前所处行业，还有其他哪个机构最吸引您"，员工的回答结果如下："私募、投行"（44%）、"监管部门"（18%）、"银行"（13%），"政府职能部门"（13%）、"保险"（8%）、"其他"（5%），这表明大部分员工还是倾向于在与现在所属行业相似的机构工作。

结论：总体来看，公司大多数员工对于自身现阶段的发展水平是比较满意的，对于信达的发展前景是持积极乐观的态度，但随着同业竞争压力的增大，公司和员工的发展也面临一些威胁。

（四）企业内部环境

1. 企业认同感层面：看好企业发展，愿意多作贡献

整体来看，分公司员工较为看好信达未来发展，愿意做出努力，与公司共同成长。关于公司的最大吸引力，45%和19%的员工分别选择了"具有良好的发展前景"和"有良好的个人学习和能力提升机会"。另外17%的员工则选择了"公司领导者的人格魅力"（见图5）。

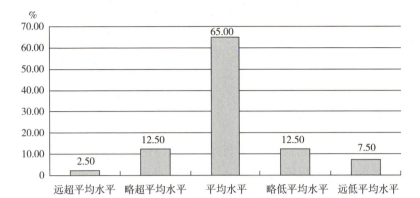

图3 对比同层次业内金融人员，自身发展水平调查结果分布

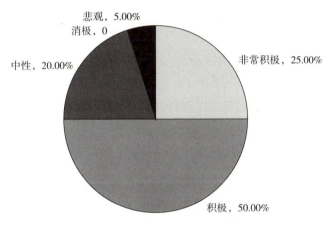

图4 信达所处行业发展前景态度分布

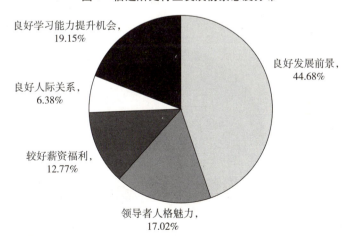

图5 公司吸引力因素调查结果分布

令人欣慰的是，公司所有员工（基于有效回收问卷）均表示愿意为分公司多作贡献。在具体的贡献方式上，42%的员工选择了"业务拓展"，这说明我分公司有近半数员工具有开拓业务的热情。另外选择愿意"介绍客户"、"维系客户"、"品牌宣传"和"企业文化建设"的人数则较为平均，但选择愿意在"后勤保障"方面多作贡献的人数则较少（见图6）。其中，职级为高级经理及以上的公司中层管理者中，超过85%的人选择了愿意在业务拓展上多作贡献。可以看出，我公司中层领导愿意调动自身社会资源，积极为公司业务拓展作出贡献。

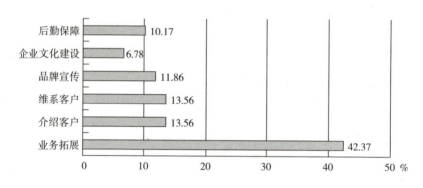

图6　员工贡献意愿调查结果分布

2. 薪酬制度层面：绩效管理机制有待提升

公司绩效机制成为最影响工作积极性的主要因素。当问到"是否了解公司职务职级的管理办法"，超过半数的员工（52%）的选择"非常清楚"，选择"不太清楚"和"没有阅读"的人数分别占28%和20%。

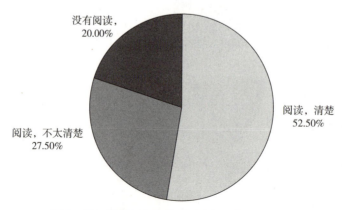

图7　员工了解职务职级管理办法调查结果分布

可以说明公司具有相对公开、透明的晋升渠道。

但在具体问及公司薪酬制度对员工的激励性时，有56%的员工选择了"非常强的激励"和"较强的激励"，另外35%和10%的员工则分别选择了"不确定"和"激励性不够"。这说明我公司绩效管理机制有进一步提升的空间。值得关注的是，选择了"激励性不够"的员工均具有"研究生及以上"学历。可以说明随着学历的提升，员工对公司薪酬激励制度提出了更高的要求。在问及希望获得的激励方式时，超过半数的员工倾向"物质奖励"，35.71%的员工则选择了"培训机会"（没有年龄段倾向）（见图8）。

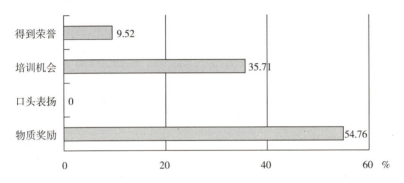

图8　员工激励方式倾向调查结果分布

而对于薪酬福利标准，绝大多数员工（71%）选择了最应与"工作业绩"相关。没有人选择"学历"作为衡量标准。另有13%的人选择了"工作年限"，选择该选项的员工工龄均超过10年。这说明我公司多数员

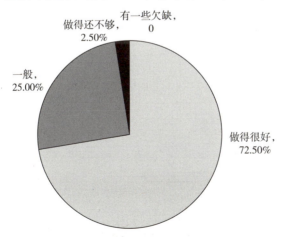

图9　集体、文化活动开展满意程度调查结果分布

工认为多劳者多得，不以学历论英雄。

3. 文化建设层面：文化建设深入人心，文化诉求急待了解

关于企业开展集体活动、推进内部文化建设层面，超过70%的员工认为公司做得很好，仅有1人选择做得还不够（见图9）。而就公司内部文化建设中需要加强的方面，46.15%的人选择了"深入了解员工精神文化诉求"，另有30.77%和23.08%的人则分别选择了"加强品牌宣传"和"开展形式多样的互动活动"（见图10）。可以看出，分公司近两年来形式多样的集体活动和内部文化建设深入人心，但员工仍希望自身的文化诉求能够被深入了解。

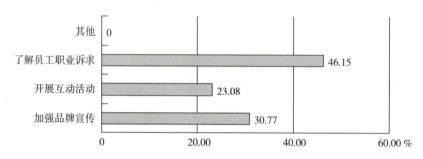

图10　企业文化建设需要加强方面调查结果分布

4. 人际关系层面：内部沟通顺畅，渴望获得更多关注

就内部沟通层面，75%的员工认为公司内部人际关系比较和谐（见图11）。选择一般及欠佳的人数较少，且均为工龄超过10年的资深员工。75%的员工认可部门间配合良好，而认为部门配合一般及欠佳的员工也同样为工龄超过10年的资深员工，其中以男性居多，且80%来自前台业务部门。

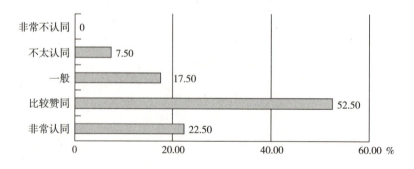

图11　公司内部人际关系认可程度调查结果分布

就与高层领导的沟通方面，有21.51%的员工选择了"有机会经常沟通"，另有64.10%的人员选择了"有一定机会"（见图12）。其中，根据交叉数据结果，职称高低与沟通频繁程度间并没有必然关系。

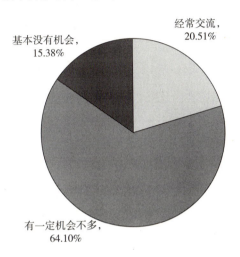

图12　高层领导沟通程度调查结果分布

关于希望获得关注的具体方面，69.23%的员工（主要为基层员工）希望获得高层领导对其工作中遇到的困惑的特别关注，这说明分公司基层员工可能在工作中遇到困惑较多，希望获得指点，获得突破，进一步提升（见图13）。另有25.64%的员工则希望领导能够关注身心健康，值得注意的是：选择身心健康的大部分为工龄长的男性员工。

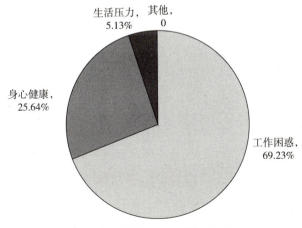

图13　渴望获得关注问题调查结果分布

5. 轮岗制度层面：支持轮岗制度，青年员工渴望全方位发展

关于公司轮岗制度，67%的员工选择了"支持"，其中年龄小于30岁的员工均选择了愿意轮岗（见图14）。可以看出，分公司大部分员工支持轮岗制度，尤其是青年员工愿意通过轮岗学习，进一步提升自我。另外从数据上看，员工们的轮岗意愿与其职称和其所处的工作性质并没有必然联系。

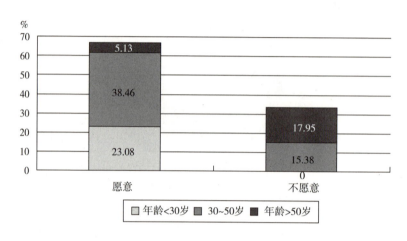

图14 员工轮岗意愿调查结果分布

结论：通过对企业内部环境的深入调查，可以看出分公司员工较看好企业未来的发展，并愿意多作贡献，与企业共同成长。另外，虽然公司目前绩效管理机制公开、明晰，但员工期待薪酬绩效制度能够进一步完善，通过更加明确、有效的物质奖励提升积极性。文化建设层面，丰富多样的集体文化活动深得人心，但员工仍期待自身文化诉求被深入了解。人际关系层面，沟通交流较为顺畅，大部分员工认可部门间的良好配合，但基层员工仍旧希望获得更多工作上的支持，谋求进一步发展。而针对目前较为关注的轮岗制度，大部分员工选择了支持，尤其是青年员工，可以看出青年员工渴望通过轮岗学习，全方位发展的意愿极其强烈。

（五）职业规划

关于对自身工作能力的评价，有70%的员工选择"经过努力可以完成"，还有28%的员工选择了"轻松完成"，选择"难以完成"的占调查总人数的2%，这表明绝大多数的员工还是有能力胜任目前的工作岗位。

在问到"您近期在工作上有何目标规划"时，有72.5%的人选择了"顺利完成在手任务"，15%的人选择了"获得晋升"，还有12.5%的人"想考取有关职业资格证书"（见图15），这其中，青年员工（25~30岁）占到了90%。对于自身发展的长期规划，有一半以上的员工表示"有3~5年的发展规划"，"有5年以上发展规划"的占到总人数的11%，但也有27%的员工表示"没有明确规划"（见图16），这其中年龄在41~50岁的占40%，年龄在50岁以上的占50%，总体来讲，大部分员工还是对自身的发展有5年内的规划。在问到"在职业发展上，您最希望得到哪方面的帮助"一题时，选择"工作培训机会"的占42%，这其中又以青年员工居多，还有30%的员工想得到上级或同事的指导帮助，这表明员工职业生涯目标的实现，离不开公司的支持（见图17）。除了要有明确的职业发展目标，员工还要对自身哪方面能力有待提高有清晰的认识，在这一问题中，53%的员工认为自身的业务能力有待提高，17%的员工认为自己的管理能力要加强，13%的员工需要迫切提高抗压能力，此外，还有员工选择"组织协调能力""沟通技巧"（见图18）。

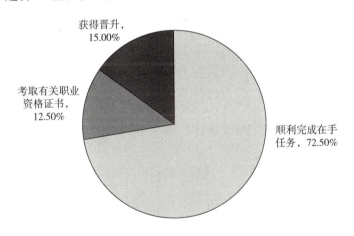

图15　近期工作目标规划调查结果分布

结论：通过对员工职业规划的调查，可以发现绝大多数员工尤其是青年员工对自己的职业生涯有合理的规划并能正确认识到自身存在的问题，愿意通过学习来提升自身各方面的能力，而一些年龄偏大的员工，由于面临退休等其他因素，并没有明确的职业生涯规划，但他们对于学习的态度是积极的，虽然他们积累了许多工作经验，但还是有很多人认

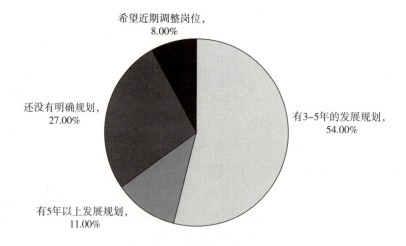

图16 自身发展规划调查结果分布

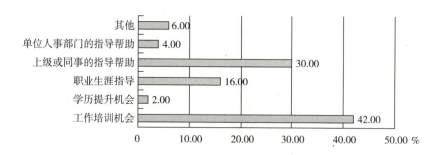

注："其他"选项包括：职级升迁和组织决定。

图17 职业发展最希望得到哪方面帮助调查结果分布

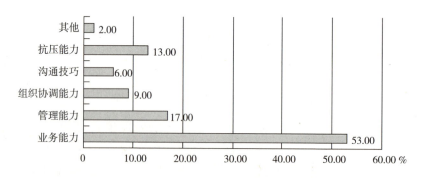

注："其他"选项包括：担当能力。

图18 需要提高哪方面能力调查结果分布

为自身的业务能力有待提高，这种"活到老，学到老"的精神，值得年轻员工学习。

（六）身心健康

关于目前工作、生活满意度的问题，绝大多数员工（64%）对目前工作、学习、生活的状态较为满意，28%的员工感受"一般"，8%的员工认为"不太满意"（见图19），值得注意的是，对目前工作、生活状态"不太满意"的以前台女员工居多，普遍工龄较长，年龄集中在40～50岁，这从一定程度上说明，对女性而言，随着年龄增长，前台业务开发工作的压力不断增加。

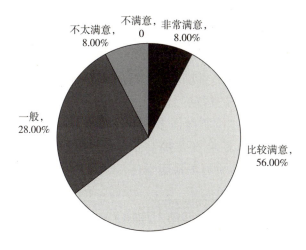

图19 目前工作、学习、生活总体感受的调查结果分布

对于"工作压力"问题，超过一半的员工（53%）认为目前的工作压力对家庭生活没有产生影响，47%的员工认为目前的工作压力对家庭生活产生一定影响，这其中以前台工作的男性员工居多，普遍工龄在10年以上。另外，在问及"工作压力来源"的问题，33%的员工认为工作压力源于"知识更新换代节奏太快"（主要集中在从事后台工作的女员工，以职级在高级副经理以上的员工居多），35%的员工认为工作压力源于"工作要求严标准高任务重"，23%的员工认为工作压力源于"现实的经济压力"（主要集中在工龄较长的男性员工，这恰好与"目前的工作压力对家庭生活产生影响"的结论较为一致：即工龄较长的男性员工工作压力较大，压力源于现实的经济压力），另外，有部分员工认为工作压力源于"风险化解、职业前景不明朗"（见图20）。

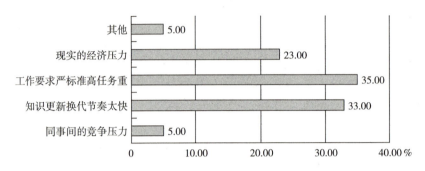

注："其他"选项包括：风险化解、职业前景不明朗。

图20　工作压力来源调查结果分布

对于"部门氛围"问题，87%的员工选择了感觉"很好、好"，不到10%的员工认为部门内部氛围"仍需提高"。关于"身体健康"等问题，87%的员工具有较好的运动习惯，保持每周1～2次的运动频率，绝大多数员工认为现行的体检制度需要改进，50%的员工希望"增加个性化体检项目"、18%的员工希望"提高预算"。在"心理健康"建设上，员工的需求多样化，17%的员工希望学习"情绪管理"、"人际沟通"方面的内容，16%的员工则倾向于"压力管理"的学习，13%的员工渴望在"生理健康"、"子女教育"问题上加强学习（见图21）。

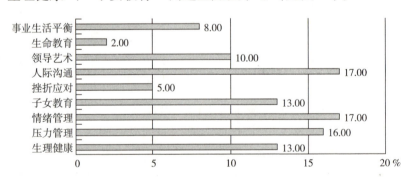

图21　希望学习的心理健康管理内容调查结果分布

结论：整体来说，分公司大多数员工对生活现状感到满意。由于金融行业的特性，多数员工认为工作压力来源于知识更新速度太快，工作压力对家庭生活的影响尚在可以接受的范围内，员工能较好地在工作与生活中找到平衡。在身体健康方面，分公司多数员工具有较好的运动习惯，运动已逐渐成为金融行业员工排解压力的主要方式之一。分公司员工关注心理健康的建设，渴望在情绪管理、人际沟通、压力管理等方面加强学习。

四、意见与建议

（一）加大品牌宣传力度，强化员工自豪感

品牌的社会认知度在很大程度上能够增加员工的企业认同感和工作自豪感。相比于国有商业银行等金融机构，信达公司服务受众相对较少，品牌建设是一项长期任务、系统工程。过去两年，通过业务口碑口口相传、名片发放、广告牌投放、微信平台推广等多种方式，分公司在品牌宣传上做了一些工作，取得了一定效果。未来，在品牌宣传方面，建议分公司加大新媒体宣传力度，针对目标客户进行点对点推广，实现公司核心价值的具体转化，扩大品牌影响力，增加员工的集体自豪感。

（二）了解员工文化诉求，增加员工归属感

公司的可持续发展离不开优秀企业文化的支持。更重要的是，通过企业文化建设，可以统一员工的价值观念，加强对企业共同目标的理解和认可，提升员工的归属感。"心往一处想、劲才能往一处使，才能形成合力、产生效力"。近年来，分公司开展了多层次的企业文化建设活动，包括：工会创建了"职工之家"、"家园讲坛"等平台，工会活动覆盖率100%。从调查结果中可以看出：分公司企业文化建设深入人心，但员工们仍希望自身的文化诉求能够被了解。未来，建议分公司通过形式多样、新颖有效的互动活动，深入了解员工文化诉求。

（三）健全人才管理体制，激发员工责任感

优秀人才是企业不可复制的核心竞争力，如何发挥人力资源优势是分公司保持活力和战斗力的关键。可以说，每一个优秀的信达人，就是信达最好的代言。近年来，分公司完善了人才选聘、岗前培训和岗中再培训等机制，逐步构建了一支结构合理、锐意创新、素质优良的人才队伍。结合调查结果，建议分公司进一步健全人才管理体制。一是推行全员轮岗机制，打通员工交流通道，人尽其才。二是提供更全面的职业规划培训和业务技能培训，提升员工的职业安全感和工作能力，激发员工

的自我责任感和企业使命感。三是通过"结对子"等方式，做好新员工的"传、帮、带"工作，为分公司可持续发展储备人才。

（四）完善薪酬激励机制，提升员工公平感

当前形势下，薪酬激励机制依然是影响员工工作积极性的重要因素，虽然目前受管理体制所限，薪酬体制做大调整不现实，但分公司仍在合理范围内，有步骤、分层次地完善激励机制。从物质激励来看，一是在广泛征求意见的基础上制定了合理的《绩效管理办法》，坚持正向引领的精神和风险防控的原则，体现了绩效机制的"公平性"；二是在分公司范围内开展"劳动竞赛"、"三个一工程"等活动，坚持向一线员工和优秀员工倾斜的政策，激发全体员工建功立业的积极性，提升了绩效机制的"效率性"。从精神奖励来看，分公司提倡奉献文化，鼓励员工积极参与公司经营，对"金点子"、"好建议"通报表扬。为进一步提高薪酬机制的正向激励作用，建议总部在公司层面对薪酬机制的市场化、科学化进行更深入的探索，真正实现"效率优先，兼顾公平"。

（五）关注员工身心健康，实现员工幸福感

此次调查结果显示，运动已逐渐成为金融行业员工排解压力的主要方式之一，员工渴望在心理健康方面加强学习，基于此，建议分公司在员工身心健康方面，做好"两个管理"。一是"主动式管理"。主动发挥工会"职工之家"的纽带作用，开展多样化的活动，疏解员工工作压力；定期安排职工体检，择优选择体检医院；邀请专家为员工开展健康讲座，关注员工健康状况。二是"情感式管理"。一方面，做好"分层次"的心理疏导，部门领导主动关心处内员工，并辅以"心理辅导课程"讲座等形式，做到心理疏导"全覆盖"；另一方面，建议分公司高层领导加强对基层员工的关怀，设立"总经理接待日"，体现"以人为本"的管理理念，走近员工，了解员工。

五、结语

"感人心者莫先乎情"。本课题在调研和写作过程中，得到了分公司领导姚卫星、颜晓岩的大力支持以及业务一处处长顾志斌、业务四处处长刘晓丹的亲自指导和建议，在问卷调查的环节也获得了分公司广大同仁的支持和配合，在此向他们表示衷心的感谢。

选择这一课题，对于我们有不一般的意义。作为金融行业一线员工，我们的心理状况也常常因各种因素有所起伏，这一课题我们感同身受，既有研究动力，也有发言权；作为青年员工，我们也许稚嫩，也许不够成熟，但依然渴望能在分公司提供的平台上展示自我，为分公司的发展尽绵薄之力。

　　最后，真心希望这份仍有不足的调研报告能对分公司的发展有所帮助，也希望能够得到各位业内专家的批评指正。

证券行业青年员工激励因素研究

倪凯丰[*]

一、研究背景

"一年之计，莫如树谷；十年之计，莫如树木；终身之计，莫如树人。"发展人才，培养人才，是各行各业蓬勃发展的必要条件。党的十八大以来，习近平总书记在多项会议上强调人才的重要性，指出"要学会招商引资、招人聚才并举，择天下英才而用之"。我国企业要想在激烈的市场竞争中获得竞争力，脱颖而出，就要打造一支高素质的充满活力的人才团队。

证券行业作为现代金融业的重要组成部分，是资本市场的重要参与者。作为知识密集型产业，证券行业需要大量具备统计、金融、理工等复合类型的高素质人才支持。随着时代的发展，证券行业除了传统业务，逐渐发展出新三板、互联网金融、P2P等创新型业务，对行业人才的综合素质水平提出更高要求。当今社会主义市场经济面临转型和重大变革，我国证券行业开始面临新的发展机遇和挑战，要想顺利实现"十三五"规划对于证券行业的升级和改革，具有核心竞争力的人才资源是关键。而"80后"、"90后"青年员工作为证券公司的新生力量，是企业生机和活力的源泉。随着时间的推移，"80后"、"90后"员工将逐渐沉稳下来并成长为公司的中坚力量，决定企业的未来。因此，培养青年人才对于证券行业来说十分重要。

---

[*] 首创证券有限责任公司。本文获2016年全国金融系统思想政治工作和企业文化建设优秀调研成果二等奖。

然而，与其他行业相比，证券行业的青年员工离职率却常年居高不下。具备优秀竞争力的青年员工的大量流失，往往导致国内相关证券公司的发展力不从心。造成这种情况，一方面是由于我国证券行业的独特的发展历史和自身现状；另一方面，则与"80后"、"90后"的自身特征相关。

首先，同国外相比，中国的证券业仍属新兴行业。由于发展时间短，基础薄弱，中国证券业市场仍存在着诸多漏洞，对于如何培养专业的能够满足业务发展需要的证券从业人员，尚未形成完善成熟的人才培养体系。其次，随着时代的发展，经济全球化和金融一体化成为金融业发展趋势，尤其是我国加入WTO以来，中国资本市场进一步开放，涌入了大量外资金融机构，因此金融市场人才争夺也越发白热化。

"80后"、"90后"员工出生于新中国改革开放的浪潮下，多元化的社会环境以及高等知识教育的普及给予了他们新的时代特征。而传统的企业人才管理模式往往不能与"80后"、"90后"员工的性格特征相匹配，容易造成青年员工企业忠诚度和工作稳定性的降低。

因此，针对证券行业青年员工自身特点，通过研究影响他们工作积极性的激励因素，从而设计出更有针对性的科学的人才培养模式，在提升其工作能力的同时，增强青年员工的工作积极性和工作满意度，培养对企业的归属感和认同感，降低离职率。这对于我国证券行业来说，无疑具有重要意义。

二、研究内容

本课题主要研究我国证券行业"80后"、"90后"员工对于不同激励因素的受影响效果。结合"80后"、"90后"自身的特征，本文系统分析了不同的激励因素对于证券行业"80后"、"90后"激励程度的差异状况和相关原因。并在上述研究分析的基础上，就构建我国证券公司人才培养激励机制提出意见和建议。

（一）"80后"、"90后"员工定义

西方学者更多地用"Y一代"来特指出生在20世纪80年代的年轻人。本文中对于"80后"、"90后"员工的定义类似于"Y一代"，同样所指我国出生于1980—1998年，年龄跨度为18～36周岁，已经进入职场的青年人。

（二）"80后"、"90后"员工个性特征

人才培养的对象是员工，研究相关体系建立是否有效，培养人才的目标能否实现，与员工个体特征直接相关。而现阶段的"80后"和"90后"员工，由于自身所成长的社会环境经历了巨大的变化，导致其在思想观念以及行为特征上都有着特殊的时代烙印。

首先，"80后"、"90后"员工普遍赶上中国改革开放的伟大浪潮。从经济上看，他们大多从小家庭物质水平尚可，并没有经历过20世纪六七十年代所经历过的饥荒问题，温饱不愁，潜意识里并没有苦难的概念。其次，从政治上看，随着经济全球化的发展以及中国的对外开放，西方的平等自由等相关思想浪潮也被这些新生代所接受，因此他们思想更加多元化也更加复杂，追求个人自由和公平正义，厌恶条条框框，敢于展现自我，表达不同意见。再次，从教育上看，"80后"、"90后"员工也赶上了高等教育普及的国家政策，普遍接受了大专以上的高等教育，思维灵活，创新意识较强，对新事物的接受程度较高，好奇心较重，不喜欢墨守成规。最后，由于计划生育政策的推出，"80后"、"90后"员工大部分属于家中的独生子女，受到父母的宠爱，在心理上更加自我，关注自身的需求，同时相对来说缺乏抗打击能力和承压能力。以上是"80后"、"90后"个性特征的共性部分。

然而他们也存在着一定的区别，尤其是"90后"，他们的人生观、价值观与"80后"相比，自我意识更强，个性也更加鲜明。为了进一步明晰两类人群的个性区别，基于北京北森测评技术有限公司的对"80后"、"90后"的性格测评实验结果，"90后"与"80后"相比，更加自我，抗压能力和自我情绪调节能力更差，也更容易因为对工作不满而跳槽，工作稳定性更低[1]。

三、研究框架

中外的激励因素具有一定共性，基本都集中在报酬奖励、个人成长、公司组织、合作氛围等相关因素。本文主要采用学者岳林对于银行业知

---

[1] 岳林. 银行业知识型员工激励因素分析——以北京地区为例［D］. 北京大学，2011.

识型员工激励因素的三大分类，再综合中外其他理论对于激励因素的研究，并与 5 名证券行业的从业人员进行了探讨，最终确立 23 项具体激励因素，在此基础上开展其对于证券业"80 后"、"90 后"员工的激励因素分析（见表 1）。

表 1 　　　　　　　　　　证券业"80 后"、"90 后"员工激励因素

类别	具体因素	具体描述
个体因素	个人成长	工作具有挑战性，能够通过工作实现自身工作能力的提升
	工作自主	工作具有一定的自主性
	工作职位	所从事的职位是自身感兴趣的工作
	影响决策	能够参与上级决策的制定过程
	业务成就	能够通过工作的完成获得成就感
	人际关系	具有和谐的人际关系
	能力发挥	所从事的工作能够充分发挥自己的能力
集体因素	社会形象	公司在社会上的地位和口碑佳，知名度高
	公司前景	公司具备良好的发展前景
	培训学习	公司具备完善的培训体系，能够有效支撑自身学习和成长的需求
	职位晋升	公司具有科学合理的晋升机制
	沟通机制	公司具有畅通的沟通机制，领导和下属之间可以进行有效沟通
	企业文化	企业文化和价值观鲜明且具有凝聚力
	工作环境	公司工作地点交通便利，周边设施完善；公司环境布置良好
	考勤管理	公司具有科学合理的考勤制度，包括弹性工作制、加班津贴、带薪休假等
	领导素质	公司领导素质较高，管理能力和业务能力一流
	合作氛围	公司不同部门以及员工之间合作氛围融洽
	岗位调换	公司能够尊重员工的自身选择，允许在合理的范围内进行职位的调换

续表

类别	具体因素	具体描述
报酬因素	薪酬水平	公司整体薪酬水平在行业内具有竞争力
	内部公平	员工获得的报酬与他人进行比较，认为是公平的，可以接受的
	激励程度	绩效导向的奖酬机制，员工收入基于其工作绩效表现
	员工福利	具备弹性的、能够根据员工的实际需要进行设计的福利制度
	精神奖励	能够以书面或口头的形式，在公司范围内进行表彰

四、问卷调查

为了科学地探讨证券行业"80后"、"90后"员工对于上述三大类的23项激励因素与其工作积极性之间的关系，本文采取问卷调研法进行研究。

（一）问卷设计

此问卷主要分为两个部分。第一部分是关于填写对象的个人基本情况，包括员工的性别、年龄、职位类别、部门、文化程度和工龄这几个因素，为后续分析提供相应的人口统计学变量。第二部分是通过使用 Likert 五点量表法，以矩阵式量表的问题形式，来测量上述 23 个激励因素对证券行业"80后"、"90后"员工工作积极性的影响程度。这 23 个影响因素被分成个体因素、集体因素和报酬因素三大类别，影响程度被设置为 1~5 分共 5 个等级，其中 5 分说明影响程度最高，1 分说明影响程度最低。

（二）数据收集

为了确保问卷调研统计数据的真实性和代表性，此次调研统计为不记名调研，测试对象全部为在证券行业工作的"80后"、"90后"员工。共发放 150 份问卷，回收 130 份问卷，有效问卷 130 份（见表 2）。

表 2　　　　　　　　　　　调查问卷参与人员情况汇总

被调查者基本信息统计表			
变量	选项	选择人数（个）	占比（%）
性别	男	66	50.77
	女	64	49.23

被调查者基本信息统计表			
变量	选项	选择人数（个）	占比（%）
年龄	21～25 岁	30	23.08
	26～30 岁	53	40.77
	31～36 岁	47	36.15
职级	普通员工	117	90
	中高层管理者	13	10
部门	前台部门	50	38.46
	中后台部门	80	61.54
文化程度	本科	64	49.23
	硕士	61	46.92
	博士	5	3.85
工龄	1～2 年	58	44.62
	3～4 年	17	13.08
	5～10 年	37	28.46
	10 年以上	18	13.85

（三）数据分析

1. 各项因素均分排名分析

首先，对于这23个激励因素，根据因素所选择的总分除以人数，得到平均分并进行排名。从平均分上看，整体都超过3分，可见本文所研究因素均对"80后"、"90后"员工的工作积极性有正激励相关作用，只是各个因素的激励程度效果不同。最终平均分排名前5的因素分别是人际关系（4.29）、业务成就（4.21）、个人成长（4.2）、公司前景和领导素质（4.18，并列第四）、能力发挥（4.16）（见图1）。

在这个排名中，排名第一的激励因素是人际关系，与人们传统中的印象有较大出入。但这反映出目前当代证券业青年员工更重视自身的交往能力和公司内外部的社交圈的经营。因为和谐的人际关系不仅为自身在公司内部工作的开展提供支持，对于业务部门的青年员工来说，人际关系可以帮助他们获得更多的业务机会。而从另一方面来说，对于人际关系的重视也能从反面反映出如今青年员工在某种程度上性格较为敏感，其个人在公司的人际关系状态会极大地影响其工作积极性。

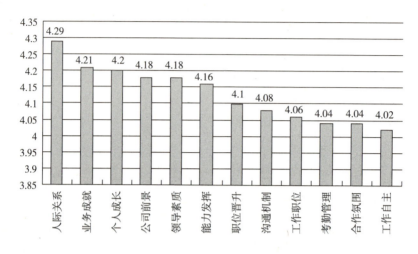

图1　23项因素均分前十排名

　　排名第二的激励因素是业务成就，这反映出如今青年员工渴望通过业务上的成功证明自身价值，工作成就感是其努力工作的重要动力。国外学者Morton（2009）就在研究中强调"Y一代"的员工具有强烈的学习进取意识，对成功过于渴望的被认同感的典型特征[①]。因此工作的成就感对于青年员工工作积极性的影响是巨大的。如果员工对自身的工作内容并不感兴趣，或者自己都不认可自己的工作成果，或者工作内容过于无聊缺乏挑战性，都会降低"80后"、"90后"员工的工作成就感，进而打击他们的工作热情，并可能影响后续工作的开展。

　　排名第三的激励因素是个人成长，也符合"80后"、"90后"员工的特点。随着高等教育的普及以及社会改革的进一步深化，虽然"80后"、"90后"从小便享受到了全方位的教育培养。但教育的大范围普及也导致彼此之间的竞争日趋激烈，根据《中国统计年鉴（2015）》的数据，2014年各类高等教育学历毕业生已经达到1100万人，在校生达到4070万人左右，学生就业难度日趋增大。而作为知识密集型行业的证券业对从业人员教育背景的高要求，入职的"80后"、"90后"无一不是经历千军万马过独木桥的竞争中脱颖而出。而社会职场上的竞争更是从不间断，为了不被社会所淘汰，保持自身竞争力对于当今的"80后"、

---

　　① 岳林．银行业知识型员工激励因素分析——以北京地区为例［D］．北京大学，2011．

"90后"而言至关重要。因此个人成长因素对于他们的工作积极性而言意义重大。

公司前景和领导素质两个因素排名并列第四。"80后"、"90后"员工进入职场的时间相对较短，职业生涯往往开始不久，对未来充满期盼，无论是个人能力的提升还是未来薪资的增长，都与公司前景密切相关，因此对所任职的公司未来发展状况的认知将直接影响他们工作的动力。而领导素养的高低，对于"80后"、"90后"工作积极性的影响也较为直接。"80后"、"90后"推崇自由平等的思想，对于传统的权威式或压迫式的指导方式较为反感，因此对领导的管理方式是新的挑战；而且基于他们追求个人成长，因此对于领导的业务能力也会提出新的要求。

能力发挥因素排名第五，也可以从"80后"、"90后"的自身特点中找到原因。他们热衷于对新事物、新环境、新的工作能力的追求，更倾向于从事具有挑战性的工作，渴望充分展现自我价值。因此工作内容能否发挥其个人能力，对于其工作积极性的影响之大也不言而喻。

2. 均分排名倒数 5 名的激励因素

反之，在这 23 项激励因素之中，评分均分最低的 5 项分别是工作环境（3.92）、社会形象（3.86）、企业文化（3.76）、影响决策（3.58）和精神奖励（3.55）（见图2）。针对上述排名可以看出，对于工作环境、社会形象和企业文化诸类属于外部激励的因素来说，其激励效果对于"80后"、"90后"的员工效果有限。他们更关注影响自身实际所能获得利益的因素，更实际，也更务实，对于一些"虚名"并不在意。对于排

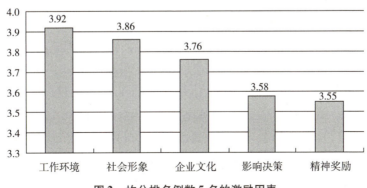

图2　均分排名倒数5名的激励因素

名倒数第二的"影响决策"因素来说，证券行业"80后"、"90后"员工对于此并没有太多反应。这反映出他们大多作为刚进入职场的新人，对于参与决策并没有表现太多渴望，还属于埋头自身业务阶段。"精神奖励"的激励作用排名倒数第一，这反映出证券行业的行业特征。证券行业是一个高风险、高收益的逐利行业，追求物质利润最大化是所有从业人员的工作动力。行业的风格决定了精神奖励在证券行业中的尴尬地位。而且基于马斯洛的需求层次理论，目前"80后"、"90后"员工刚入职场，除了少部分特别优秀的员工，大部分还处于物质奋斗阶段，因此对于精神奖励尚不看重。

3. 三类激励因素整体排名分析

根据问卷结果，将个体激励因素、集体激励因素和报酬激励因素这三类矩阵题的整体平均分进行排序，得出结果为个体激励因素（4.07）、集体激励因素（4.01）、报酬激励因素（3.9）（见图3）。

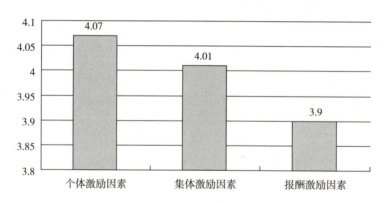

图3　三类激励因素整体排名

从这个结果可以看出，对于证券行业的"80后"、"90后"员工来说，可以促进其自身成长、增强自身竞争力，并能体现其价值，获得成就感的个体激励因素，能够有效地增强其工作积极性。其次是集体激励因素，也能够通过各种集体因素对青年员工工作积极性产生显著影响。在这三项中，排名最低的是报酬激励因素。这反映出对于证券行业"80后"、"90后"员工来说，相对于目前所得到的物质或精神报酬，他们更看重未来的收获，目光更加长远。

出现这样的排名有以下几个原因：（1）随着全球化的发展、改革开放的深入以及高等教育的普及等社会变革，社会竞争越发激烈，对于"80后"、"90后"的青年人来说，只有不断增强自身竞争力，才能在这个社会、尤其是精英云集的证券行业中生存并发展下来。（2）人际关系对于大部分是独生子女且从小被家长宠爱着成长的"80后"、"90后"员工来说，是敏感且重点关注的对象。他们内心渴望同伴和大众的肯定，良好的人际关系能够激发他们工作的自信，获得更多的成就感。（3）对于报酬因素来说，目前的"80后"、"90后"基本都在家长的宠爱中成长，尤其是"90后"，较少有穷困的经历，相对于对金钱的渴望，他们更希望证明自己的价值，获得工作成就感。（4）对于刚进入证券行业时间还不长的"80后"、"90后"员工来说，他们更看重自身学习成长的环境和公司未来的发展，而不是注重眼前的报酬。

4. 三类激励因素中各项具体因素的排名分析

在个体激励因素中，排名前三的激励因素分别是人际关系（4.29）、业务成就（4.21）、个人成长（4.20）。而排名倒数前三的分别是影响决策（3.58）、工作自主（4.02）和工作职位（4.06）（见图4）。前三的激励因素都与"80后"、"90后"员工的成长需求相符合。而排名倒数的三个因素，反映出目前的大部分"80后"、"90后"员工自身仍然定位在学徒身份，并未要求更多的工作话语权。

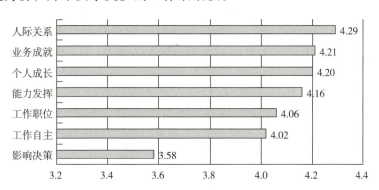

图4 个体激励因素范畴中相关激励因素排名

在集体激励因素中，排名前三的激励因素分别是领导素质（4.18）、公司前景（4.18）和职位晋升（4.1）（见图5）。说明在管理"80后"、"90后"员工的时候，公司领导需要在提升自身业务素养的同时，也更要掌握员工的心理特征，提升自身管理水平。同领导素质和公司前景两个因素相比，公司的职位晋升制度也对"80后"、"90后"员工的工作积极性影响较大，这是对员工工作能力和努力付出的肯定。而排名后三项的激励因素分别是企业文化（3.76）、社会形象（3.86）和工作环境（3.92）。同前文所分析的相同，同其他激励因素相比，如今证券行业的"80后"、"90后"并非特别在意一些外部条件激励因素。

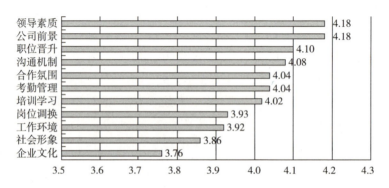

图5　集体激励因素范畴中相关激励因素排名

在报酬激励因素中，排名第一的因素是激励程度（4.01），排名最后的是精神奖励（3.55）（见图6）。针对报酬激励因素的整体排名，反映出在设计薪酬绩效体系时，要将员工的工作成果公平合理地与绩效奖励进行挂钩。并且"80后"、"90后"员工非常注重公平，"不患寡而患不均"在"80后"、"90后"身上体现得较为明显。这既是中国的新生代逐渐受到西方自由、公平等理念的深入影响的结果，也同当今社会制度透明化、公开化的发展趋势相一致。

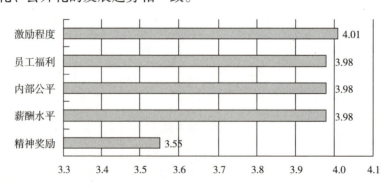

图6　报酬激励因素范畴中相关激励因素排名

5. 不同年代出生的员工对于激励因素受影响程度区别的分析

对于"80后"、"90后"这两个群体来说，二者虽然共性很多，但无论是在成长背景、还是性格特征上，"80后"与"90后"仍然有一定区别。尤其对于"90后"而言，他们的性格更加自我，抗压能力和自我情绪调节能力更差，职业稳定性也更低。这些差异反映在激励因素上，其对于二类人群的激励效果也有所不同。为了真正做到"以人为本"，充分调动员工的工作积极性，本文根据国内大部分大学生本科毕业开始参加证券工作的年龄，将"80后"、"90后"员工分为3类人群，21～25岁（1991—1995年生）、26～30岁（1986—1990年生）、31～36岁（1980—1985年生），从而进行差异性分析。

（1）21～25岁的"90后"员工调查问卷参与情况汇总

表3 调研人员情况汇总表

被调查者基本信息统计表			
变量	选项	选择人数（个）	占比（%）
性别	男	15	50
	女	15	50
年龄	21～25岁	30	100
职级	普通员工	30	100
	中高层管理者	0	0
部门	前台部门	13	43.33
	中后台部门	17	56.67
文化程度	本科	17	56.67
	硕士	12	40
	博士	1	3.33
工龄	1～2年	27	90
	3～4年	3	10
	5～10年	0	0
	10年以上	0	0

首先，从"90后"员工整体的激励因素影响效果均分排名上看，这23项激励因素中，激励效果排名前五的因素分别是公司前景（4.33）、领导素质（4.30）、沟通机制（4.30）、人际关系（4.30）和职位晋升（4.27）（见图7）。

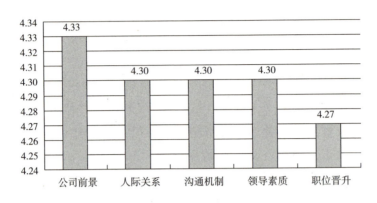

图7 "90后"员工激励因素影响效果均分排名

这个排名反映出，"90后"员工刚从学校跨入社会，身上有着典型职场新人的特征。对于他们来说，如果公司能够给予他们正面形象，展示美好的发展前景，那么他们的工作积极性会极大增强。而领导素质、沟通机制和人际关系三个要素均排名第二，与"90后"的性格特征密不可分。"90后"的成长环境与"80后"相比更加开放和多元，性格更加鲜明和自我。同"80后"相比，他们更厌恶传统权威式的管理，更勇于展现自我，创新能力强，更有勇气表达自己的想法和观点，也更渴望获得大众的认可。因此如果公司能够对领导的管理方式针对"90后"的性格特征进行进一步的调整和培训，构建畅通高效的交流机制，营造和谐的团队氛围，将极大地促进"90后"员工的工作积极性。

根据评分，对于"90后"证券业员工来说，排名是倒数前三的激励因素分别是：影响决策（3.43）、精神奖励（3.47）和企业文化（3.87）（见图8）。这也与"90后"员工职场新人的特征相符合，作为新人，他

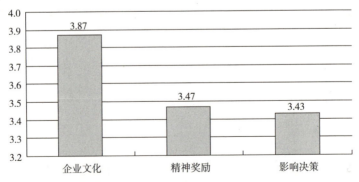

图8 "90后"员工激励因素影响效果均分倒数排名

们并不在意能够对决策产生影响，还处于一个学习适应工作的阶段。而精神奖励因素和企业文化因素对于"90后"员工来说，同前文分析的一样，吸引力较弱。

对于证券行业"90后"员工来说，三大类激励因素整体激励效果排名为：集体激励因素（4.11）、个体激励因素（4.01）和报酬激励因素（3.99）（见图9）。排名第一的激励因素为集体激励因素，这与23项具体激励因素的排名情况相一致，新入职的"90后"员工对于公司的前景、领导的素养和沟通机制等相关因素的激励反应尤为强烈。其次是个体激励因素，主要反映出"90后"对于自身成长发展的需求。而排名最后的报酬激励因素，也能反映"90后"现阶段更关注能力的提升和自身价值的体现。

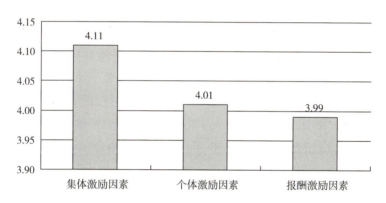

图9　"90后"员工三大类激励因素的整体激励效果排名

（2）26～30岁的出生于"80后"和"90后"交界阶段员工调查问卷参与情况汇总

表4　　　　　　　　　　调研人员情况汇总表

被调查者基本信息统计表			
变量	选项	选择人数（个）	占比（%）
性别	男	26	49.06
	女	27	50.94
年龄	26～30岁	53	100
职级	普通员工	50	94.34
	中高层管理者	3	5.66

续表

被调查者基本信息统计表			
变量	选项	选择人数（个）	占比（%）
部门	前台部门	25	47.17
	中后台部门	28	52.83
文化程度	本科	13	24.53
	硕士	37	69.81
	博士	3	5.66
工龄	1～2年	30	56.6
	3～4年	13	24.53
	5～10年	9	16.98
	10年以上	1	1.89

对于出生于20世纪80年代末90年代初的调研员工，他们当中虽然绝大部分仍是普通员工，但是也有个别优秀者成为领导。他们的工龄分布范围也较广，主要集中在1～2年（56.6%），其次是3～4年（24.53%），5～10年工龄的占16.98%。这批员工的学历水平较高，硕士学历的占69.81%，与大部分人工龄仍处于1～2年的情况相对应。

出生于20世纪80年代末和90年代初的人既融合了"80后"、"90后"的一些典型特点，但与此同时也有一些新的特征。对于他们来说，23项激励因素的影响程度排名前五的分别是：个人成长（4.30）、职位晋升（4.30）、人际关系（4.28）、公司前景（4.28）、业务成就（4.26）（见图10）。

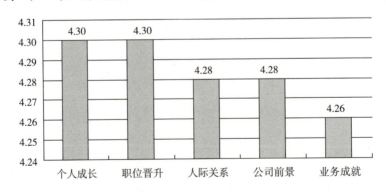

图10 出生于交界阶段员工激励因素影响效果均分排名

与"90后"的前五位激励因素排序相比，均包括了人际关系、公司前景和职位晋升三个因素，但是排序有所变化。从此排名可以看出，对出生于 20 世纪 80 年代末和 90 年代初的员工来说，个人能力提升和职位晋升成为刺激工作积极性的最强激励因素。其次是人际关系和公司前景因素，业务成就因素排名第三。可见出生于 80 年代末和 90 年代初的员工已经有了一定的工作经验，开始将目光从集体激励因素转移到个体激励因素上，更加关注自身的成长和能力的挖掘以及职位的晋升。

与此同时，排名倒数前三的激励因素为影响决策（3.58）、精神奖励（3.68）、企业文化（3.72）（见图 11）。这与整体"80 后"、"90 后"的相关排名一致。

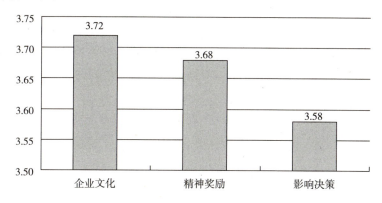

图 11　出生于交界阶段员工激励因素影响效果均分倒数排名

在三大类整体激励因素排名上，对于出生于 20 世纪 80 年代末和 90 年代初的员工而言排名为个体激励因素（4.12）、公司激励因素（4.03）、报酬激励因素（3.99）（见图 12）。排序仍与整体"80 后"、"90 后"的

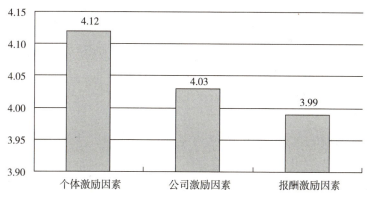

图 12　出生于交界阶段员工三大类激励因素的整体激励效果排名

相关排名一致。

（3）31～36岁的"80后"员工调查问卷参与情况汇总

表5 调研人员情况汇总表

被调查者基本信息统计表			
变量	选项	选择人数（个）	占比（%）
性别	男	25	53.19
	女	22	46.81
年龄	31～36岁	47	100
职级	普通员工	37	78.72
	中高层管理者	10	21.28
部门	前台部门	12	25.53
	中后台部门	35	21.28
文化程度	本科	34	72.34
	硕士	12	25.53
	博士	1	2.13
工龄	1～2年	1	2.13
	3～4年	1	2.13
	5～10年	28	59.57
	10年以上	17	36.17

这一批参加调研的出生于1980—1985年的"80后"员工，大部分为普通员工，但其中担任领导的比例也逐渐上升（21.28%）。他们学历以本科为主（72.34%），工龄主要分布在5～10年（59.57%）和10年以上（36.17%）两个阶段，说明这一阶段的员工已经成为证券公司的中坚力量。

对于这一阶段的员工来说，在23项具体激励因素中，统计数据显示，对他们激励效果最强的前五位因素排名分别为：人际关系（4.30）、能力发挥（4.19）、领导素质（4.15）、内部公平（4.15）、业务成就（4.11）（见图13）。这一阶段排名最高的激励因素是人际关系，反映出对于出生于1980—1985年生的"80后"员工来说，人际关系的改善是提升其工作积极的关键。这一阶段的员工面临着升职加薪、平衡工作和家庭、协调上司和下属等多种复杂的人际关系。因此人际关系的改善，将有力地促进其工作的表现。能力发挥和业务成就两个因素，同样反映出这一阶段的员工对于自身价值体现的重视；领导素质也继续反映出他们对于领导的管理水平和业务素养具有较高要求，这也与"80后"的一般特征相符。内部公平因素排名第四，反映出这个阶段的员工开始将目光转向自身的报酬收入，对于收入的公平性和合理性开始重视起来。

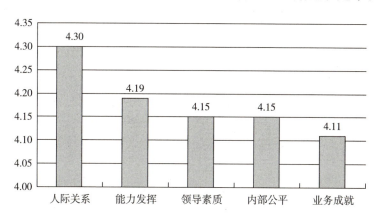

图 13　1980—1985 年生的"80 后"员工激励因素影响效果均分排名

排名倒数前三的激励因素分别为精神激励（3.45）、社会形象（3.68）和企业文化（3.74）（见图14）。精神激励和企业文化因素的排名落后与前两组一致，而排名倒数第二的社会形象因素说明这一阶段的员工不会因为企业的社会形象而过于影响工作积极性，他们作为已经具备多年工作经验的企业的中坚力量，工作稳定性和对企业的忠诚度都较高，其工作状态较为稳定。

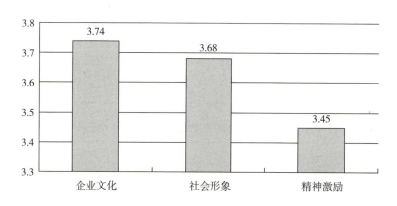

图 14　1980—1985 年生的"80 后"员工激励因素影响效果均分倒数排名

对于出生于1980—1985年的"80后"员工而言，在三大类整体激励因素排名上，结果为个体激励因素（4.04）、报酬激励因素（4.01）、公司激励因素（3.93）（见图15）。报酬激励因素上升至第二位，反映出这一阶段的员工开始对于报酬收入更加关注，此类刺激因素也能更好地激发其工作热情。不过个体激励因素仍然是这一阶段员工的主要工作动力。

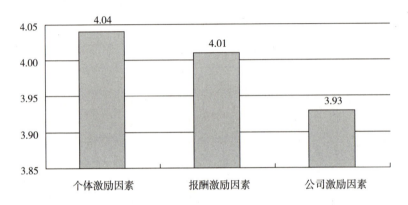

图15 1980—1985年生的"80后"员工三大类激励因素的整体激励效果排名

（4）整体研究结果

为了更直观地反映证券行业中"80后"、"90后"员工的三类人群对于不同激励因素所受影响的程度不同，本文通过相关表格进行总结对比（见表6、表7、表8）。

表6　　　　　三类不同年龄段员工23项激励因素均分前五排名

分类	年龄	23项具体激励因素平均分排名				
		1	2	3	4	5
"90后"员工	21~25岁	公司前景	领导素质	沟通机制	人际关系	职位晋升
出生于80年代末90年代初员工	26~30岁	个人成长	职位晋升	人际关系	公司前景	业务成就
"85后"员工	31~36岁	人际关系	能力发挥	领导素质	内部公平	业务成就

表7　　　　　三类不同年龄段员工23项激励因素均分倒数前三排名

分类	年龄	23项具体激励因素平均分倒数排名		
		-1	-2	-3
"90后"员工	21~25岁	影响决策	精神激励	企业文化
出生于80年代末90年代初员工	26~30岁	影响决策	精神激励	企业文化
"85后"员工	31~36岁	精神激励	社会形象	企业文化

表 8 三类不同年龄段员工三大类激励因素平均分前三排名

分类	年龄	三大类激励因素平均分排名		
		1	2	3
"90 后"员工	21～25 岁	集体激励因素	个体激励因素	报酬激励因素
出生于 80 年代末 90 年代初员工	26～30 岁	个体激励因素	集体激励因素	报酬激励因素
"85 后"员工	31～36 岁	个体激励因素	报酬激励因素	集体激励因素

五、结论与建议

本文针对证券行业"80 后"、"90 后"的员工，进行了关于 23 项激励因素对其工作积极性影响程度的问卷调研。通过问卷调研结果分析，可以为证券公司有效设计青年员工培养体系和激励机制提供一定的理论支持和具体建议。

一方面，对于证券行业"80 后"、"90 后"员工来说，薪酬待遇等报酬方面的激励因素对于他们工作积极性的提升作用并不是特别明显。尤其是"90 后"，大部分家庭经济较好，经济压力小，工作中更看重个人感受和兴趣。因此对于传统概念中一味注重提升薪酬待遇的做法，证券公司更应该将目光放在人际关系、业务成就、个人成长、公司前景、领导素质、能力发挥、职位晋升等个人激励因素和集体激励因素上。当然，这并非说明报酬激励不重要，高额的报酬自然能够吸引更多的人才，但是如何长期更有效地提升乃至维持员工的工作积极性，则需要在其他因素上予以重点关注。

另一方面，虽然文中讨论的 23 个激励因素的平均得分都超过了 3 分，显示出都与员工工作积极性有正相关性，但是仍有一些因素对于提升其工作动力的作用相对较弱，主要集中在影响决策、精神激励和企业文化这三个因素方面。作为公司的新生力量，"80 后"、"90 后"员工更多的仍处于边工作边学习的阶段，对在工作中掌握更多的话语权没有那么在意。而鉴于证券行业的高风险、高收益的逐利特征，证券行业从业人员往往更务实甚至更现实，使得精神激励和企业文化这两类精神文化层面的激励对于证券从业人员效果有所弱化。

鉴于"80 后"、"90 后"员工自身的特点，在针对他们提升工作积极性方面，需要在以下几个方面进行改善。

（一）证券公司要营造良好的团队氛围，增强员工内部的凝聚力

与人们传统印象不同，本文的调研结果发现，证券行业"80后"、"90后"青年员工对于人际关系非常看重。人际关系因素成为影响他们工作积极性的第一因素。证券行业要想提升其工作积极性，就应该提升其团队意识和对社交整合的感觉。首先，人力资源部和团组织应该建立完善的沟通交流机制，定期对"80后"、"90后"员工进行访谈和调研，掌握青年员工的思想动态和工作情况，帮助对其遇到的困难进行解决①；部门管理者也应该在日常工作中近距离观察和了解青年员工的工作状态和自身特征，有针对性地与青年员工进行沟通交流。通过有效的沟通机制，使"80后"、"90后"员工切身感受到公司对于他们成长的重视和关注。其次，证券公司要通过组织开展业务竞赛、学术成果交流报告、歌唱比赛、团队聚餐、户外拓展等集体活动，为员工认识更多的同事、改善人际关系提供平台，帮助"80后"、"90后"员工尽快融入团队。最终促进青年员工拥有强烈的归属感，增强其工作主动性，强化为实现组织目标而努力的能力和愿望。

（二）证券公司领导自身的管理能力和业务能力也需要不断提升

证券公司的领导应该针对"80后"、"90后"的自身特点，在处理上下级关系方面注意方式方法。对于80尤其是"90后"的员工，在管理的时候要多指点，更多地通过"感化"，而非家长式的说教和权威性的强制或命令。不仅如此，由于"80后"、"90后"强烈的好学精神和对自身能力的发展需求，决定了领导自身在业务上也要不断学习，保证能够在"80后"、"90后"的下级员工面前保证权威性。

（三）公司应该通过各种方式来提升员工的工作能力，满足"80后"、"90后"自我成长的自我实现需要

一方面，部门主要领导人要在工作中对青年员工进行引导，通过观察他们在工作中表现的内在需求、价值取向乃至个人性格、工作能力、岗位适应性等情况，在布置员工工作任务时，要根据他们的能力，布置具有一定挑战性的任务，来充分发挥"80后"、"90后"员工的工作特

---

① 刘毅. "90后"员工的管理与激励［J］.中小企业管理与科技（上旬刊），2014（02）：14–15.

长，提升其业务能力①。但布置的任务也不能太难，不能脱离其能力范围，否则反而打击其工作积极性。另一方面，公司要进一步完善公司员工培训体系。坚持全员培训和重点培训相结合、现场培训和互联网移动端培训相结合、业务能力和管理能力相结合，内训和外训相结合的原则②。而且不仅要多开展培训调研，掌握青年员工培训需求，增强培训的有效性和针对性。此外，有条件的话，还可以搭建与青年员工岗位成长路径相匹配的培训课程体系。针对不同的业务岗位设计不同的培训课程体系，开展分层次培训和个性化培训。使得培训成为"80后"、"90后"员工成长的助推器，实现其个人价值与公司目标的双赢。

（四）不断完善青年人才发展和晋升机制

面对"80后"、"90后"员工自我成长和自我价值实现的强烈需求，证券公司应该不断完善青年人才的发展晋升通道，打破原有的论资排辈的传统晋升机制，建立公平科学、基于工作绩效表现的选拔渠道，给予青年人更多的发展空间。还可以通过搭建后备青年干部等方式，进一步拓宽"80后"、"90后"员工的发展渠道。此外，除了完善行政职务晋升通道外，公司可根据不同的部门和岗位，制定相应的专业职称体系，譬如针对前台和中后台工作性质的不同，搭建专门的发展路径，来提供给"80后"、"90后"员工更畅通的职业发展渠道和可持续的发展空间，最大限度地调动"80后"、"90后"员工的工作积极性。

（五）针对"80后"、"90后"的不同特点，应该建立科学有效的差异化激励机制③

证券公司要有针对性地设计激励机制，而不是一刀切。对于"90后"员工来说，对于他们影响最大的前两位激励因素是公司前景和领导素质。因此在设计针对"90后"员工的激励机制时，要侧重对公司前景的宣传，增强"90后"员工对于公司未来发展的信心；领导在日常管理中也要更关注"90后"的性格特点，注意管理方式。这样对"90后"员工的工作积极性作用更大。而对出生于80年代末90年代初的员工来说，对他们激励最强的两个因素为个人成长因素和职位晋升，因此针对

---

① 郑君."80后"、"90后"员工应该这样管［M］.北京：中国财富出版社，2012.
② 何方.A银行青年员工激励机制研究［D］.云南师范大学，2014.
③ 黄晓波.差异化激励理论与差异化激励机制［J］.北京工商大学学报，2006（1）.

他们，要设计更多的人才培养机制，包括专业性强且有针对性的培训体系搭建，以及晋升机制的完善。而对于出生于 1980—1985 年的员工来说，他们渴望能够进一步完善其人际关系网，并且能在工作中充分展现自我价值。那么公司就应该在这两个方面进一步进行设计。

六、结束语

掌握了解"80 后"、"90 后"员工内心对于提升工作积极性相关因素的真实想法，对于证券公司更有针对性地设计青年员工激励机制，最大限度地改善员工工作积极性，增强工作稳定性，为证券公司的发展提供稳定的人才支撑，具有重要意义。

证券机构 "80 后"、"90 后" 青年员工成长成才课题研究报告

——以浙商证券为例

浙商证券课题研究小组[*]

一、研究背景

（一）宏观背景

2015 年 10 月，中国共产党第十八届中央委员会第五次全体会议强调，实现"十三五"时期发展目标，破解发展难题，厚植发展优势，必须牢固树立并切实贯彻"创新、协调、绿色、开放、共享"的发展理念。这是关系我国发展全局的一场深刻变革，攸关"十三五"乃至更长时期我国发展思路、发展方式和发展着力点。习近平总书记强调，在五大发展理念中，创新发展理念是方向、是钥匙，要瞄准世界科技前沿，全面提升自主创新能力。坚持创新发展，必须把创新摆在国家发展全局的核心位置，不断推进理论创新、制度创新、科技创新、文化创新等各方面创新，让创新贯穿党和国家一切工作，让创新在全社会蔚然成风。

当代青年是践行"创新、协调、绿色、开放、共享"五大发展理念的中流砥柱。习近平总书记提出"当代中国青年要在感悟时代、紧跟时代中珍惜韶华，自觉按照党和人民的要求锤炼自己、提高自己，做到志存高远、

* 课题组成员：吴承根、盛建龙、倪燕飞、潘秋玥、陆帅。本文获 2016 年全国金融系统思想政治工作和企业文化建设优秀调研成果二等奖。

德才并重、情理兼修、勇于开拓，在火热的青春中放飞人生梦想，在拼搏的青春中成就事业华章。"胡锦涛同志也曾深刻指出："一个有远见的民族，总是把关注的目光投向青年；一个有远见的政党，总是把青年看作推动历史发展和社会前进的重要力量。"由此可见，青年是国家的未来，是社会生活中富有创造性的群体，是企业发展的生力军。可以说，青年的成长决定企业的成长，青年的发展决定企业的发展，青年的未来决定企业的未来。因此，对青年员工的培养管理成为企业管理的重要组成部分。

（二）企业背景

千百年文化传承，十余年励精图治。浙商证券将浙商的文化基因转化为宝贵的精神财富，延续务实、创新的浙商精神，以"同创、同享、同成长"为核心企业文化（见图1），努力打造最具浙商特色的财富增值服务商，以实际行动践行"创新、协调、绿色、开放、共享"的发展理念。

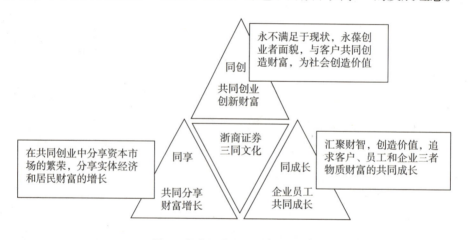

图1　浙商证券企业文化诠释图

同创——浙商证券永不满足于现状，永葆创业者面貌，与客户共同创造财富，为社会创造价值。同享——浙商证券打造价值链，分享价值链，在创业中共同成长，帮助各类客户实现财富的保值增值，与客户共享资本市场带来的成功和丰收的喜悦。同成长——浙商证券始终追求合作共赢，追求客户、员工和企业三者物质财富的共同成长，不断迈向新的辉煌。

浙商证券致力于服务实体经济，汇聚财智，创造价值；致力于客户财富增长，为客户提供专业的服务和建议，帮助客户规划财富、规避风险，实现财富保值增值；致力于员工的财富增长，为员工提供丰厚待遇

浙商证券年会高擎"三同"文化大旗，呈现歌舞剧文艺盛典

和职业生涯规划；致力于公司的长期稳健经营，夯实发展基础，努力打造百年金融老店。

浙商证券充分认识到青年员工在促进企业持续发展中不可替代的作用，高度重视对青年员工的管理和培养，思行并举为青年员工的成长成才打造良好的工作环境和发展平台。为了准确把握青年员工的思想动态和现实情况，进一步促进证券行业企业文化建设，浙商证券成立了"证券机构"80后"、"90后"青年员工成长成才"课题研究小组，对公司"80后"、"90后"员工进行了职业发展问卷调查，并对部分公司领导和青年员工代表进行了深度访谈，据此形成"'80后'、'90后'看自己"和"'60后'、'70后'再评价"的全面调查体系。

二、青年员工职业发展问卷调查

（一）调研目的与总体受访情况

本次调研的对象包括浙商证券各部门及分支机构"80后"、"90后"青年员工。本次调研采用匿名电子问卷形式，共发放问卷905份，回收有效问卷302份，回收率为33.4%。

在302份有效问卷中，"80后"员工占88%，"90后"员工占12%；男女比例基本持平。从工作年限来看，受访者中最多的是工作5~10年的员工，占比达41%，其次是工作2~5年的员工，占比达26%；从在浙商证券的入职年限来看，受访者中最多的是入职时间在2年以内的，占比为48%，入职2~5年和入职5~10年的相差不大，占比分别为24%和25%。从学历来看，本科最多，占66%，其次是硕士及以上，占30%。从所在部门来看，分支机构和营业部占52%，总部业务和管理部门占45%，专业子公司占3%。从MD职级来看，A、AN1和AN2占62%，SA占15%，SVP和VP占15%，D及以上占8%。受访者总体情况符合公司实际，本次调研具有可靠性。

（二）调研结果及分析

本次调研从六个方面对公司青年员工进行了调查，分别是基本信息、职业规划、工作状况、激励机制、学习机会和企业文化。

1. 基本信息

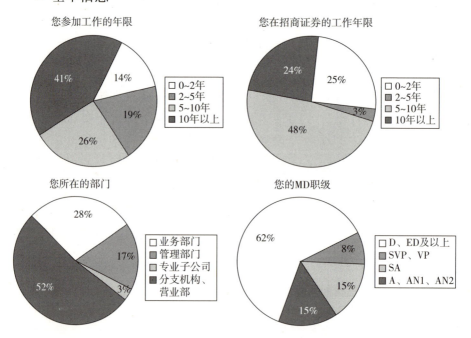

图2　部分问卷调查统计结果——基本信息类

从工作年限来看，公司青年员工大多入职时间不长，公司趋向年轻化。入职5年以内的占到了72%，其中37.5%的员工已经具有5年以上的工作经验。这说明公司既会关注应届毕业生，也会重视引进优秀同业人员；一方面可以为公司发展不断注入新的活力，另一方面也保证了公司运行的效率。

从青年员工的教育程度来看，硕士及以上学历占30%，高学历员工占比较大。按入职时间分类后可以发现，近年来招收的新员工中高学历占比越来越大，从5年前的不足15%，提高到最近2年的41%。

公司敢于启用新人、重用新人。青年员工中具有VP级别及以上的占23%，这既体现了公司对青年员工工作能力的认可，也反映出公司确实为青年员工的成长成才提供了良好的平台。按工作年限分类后可以看出，员工职级与工作年限呈正相关，工作年限越长，获得高职级的比例越高。

2. 职业规划

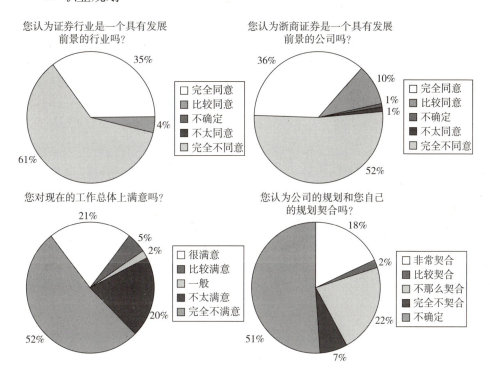

图3　部分问卷调查统计结果——职业规划类

我们首次调查了青年员工对证券行业和浙商证券发展前景的看法。结果显示，不论是对证券行业还是对浙商证券，青年员工的认可度都很高，分别达到了96%和88%。在对不认同发展前景的受访者进行分析时发现，工作年限在5年以上的员工占比分别达到了61.5%和71%。这反映出青年员工随着工作经历的丰富，对行业和公司的认可度有所下降。

　　青年员工对工作的总体满意度较高，感到满意的占72%，感到不满意的仅占7%。其中，最满意的是公司良好的工作氛围、丰富的学习机会和较好的发展前景，最不满意的是薪酬待遇，占比达到了43%。按入职时间分类后可以发现，对工作的总体满意度随着在浙商工作的年限增加而降低，即新员工的满意度高，老员工的满意度低。入职2年以内的，满意度达到81.4%，入职5年以上的，满意度为60.7%。具体偏好也有所不同，入职2年以内的青年员工最满意的是公司提供了丰富的学习机会，其次是工作环境；而入职2年以上的员工最满意的是工作环境。这说明刚入职的青年员工更加重视学习机会。

　　在发展规划方面，自己具有职业规划的占96%，认为公司为青年员工制定了发展规划的占56%，认为公司规划与自己规划相契合的占58%，认为不契合的占20%。可以看出，青年员工普遍具有职业规划，但公司和青年员工的规划需求还存在一定差距。

　　3. 工作状况

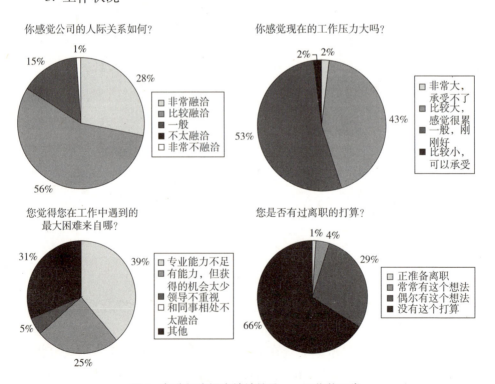

图4　部分问卷调查统计结果——工作状况类

现阶段青年员工最重视的机会是提高薪酬待遇、获得职级晋升和培训学习。按工作年限分类后发现，2年以内工作经验的员工最看重培训学习的机会，2~5年工作经验的员工最看重职级晋升，5年以上的员工最看重提高薪酬待遇。这也反映出青年员工在工作中的心路变化。刚参加工作的青年员工更重视对自身能力的提高；有一定工作经验后，更希望得到别人的认可，体现自己的价值。

在日常工作中，青年员工与部门领导、同事的相处都比较融洽。感觉公司人际关系融洽的达到了84%，与领导交流顺畅的达到了88%。良好的工作氛围也提高了青年员工对工作的总体满意度。

在工作压力方面，55%的受访者认为当前工作压力可以承受，认为工作压力偏大的占45%。在工作中遇到的最大困难，有39%的受访者认为是专业能力不足，还有25%的认为自己有能力，但获得的机会太少。当工作中遇到困难时，有高达64%的青年员工选择向有经验的老员工请教。这一方面反映了公司良好的工作氛围，另一方面也体现出传帮带的重要性。

在工作选择方面，有66%的青年员工没有考虑过离职，这与较高的对公司的认可度（88%）和对工作的满意度（72%）是吻合的。但从想要离职的原因来看，青年员工对现状最不满意的仍是薪酬水平。在101名有过离职打算的员工中，有74人表达了对薪酬的不满，说明薪酬是导致离职的最主要原因。

4. 激励机制

在对薪酬满意度的直接调查中，对薪酬表示满意和表示不满意的分别占到了25%。如果从问卷结果直接评价青年员工对薪酬是否满意可能是有偏的，但可以通过薪酬满意度的相对变化得出一些结论。按入职年限对薪酬满意度进行分类，结果发现，随着在公司工作年限的增加，青年员工的薪酬满意度逐渐下降，不满意度提升。这与按入职年限分类的总体满意度是相符的。这说明，刚入职的青年员工对薪酬的满意度要高于老员工，老员工对工作总体满意度不高主要反映为对薪酬水平不满意。对薪酬水平不满意的原因主要是与其他证券公司相比较低，占比为53%，这说明青年员工认为薪酬水平低的主要原因在于激励机制落后于公司战略定位和市场地位，而不是分配不公。

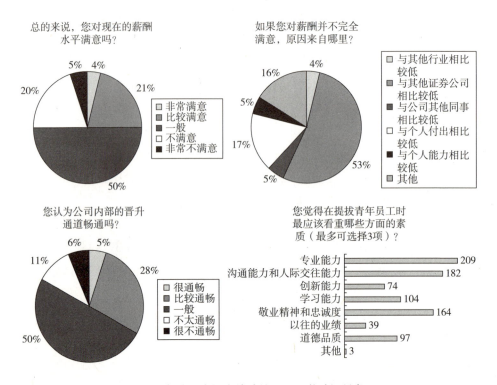

图5 部分问卷调查统计结果——激励机制类

激励机制的另一重点是晋升机制。相对薪酬机制，青年员工对内部晋升机制的认可度更高，认为晋升通道通畅的占33%，认为不通畅的占17%。在对提拔标准的调查中，公司提拔标准与青年员工的看法是吻合的，依次是专业能力、沟通能力和人际交往能力、敬业精神和忠诚度。这也证明了青年员工对公司晋升机制的认可。

5. 学习机会

在学习方式的选择上，青年员工认为资深导师或老员工的指导是最有效的，其次是自己在实际工作中的领悟。这与青年员工解决困难的方式选择是一致的。结合之前调查可以看出，青年员工最大的问题在于专业性不够强，其中重要的原因在于工作经验积累不够，因此，老员工传帮带成为帮助青年员工快速成长的最有效方式。

在培训机制方面，85%的受访者认为现有培训机会还不够，希望公司能为自己提供更多的学习机会。而在培训方式的选择上，69%的受访者认为现场培训更有效，仅有10%的受访者希望获得网络培训。这也反

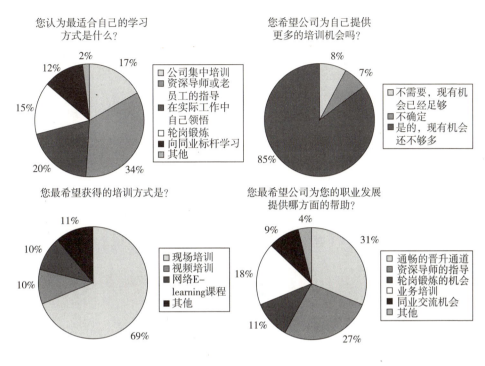

您认为最适合自己的学习方式是什么？

- 2%
- 17%
- 12%
- 15%
- 20%
- 34%

□ 公司集中培训
■ 资深导师或老员工的指导
■ 在实际工作中自己领悟
□ 轮岗锻炼
■ 向同业标杆学习
■ 其他

您希望公司为自己提供更多的培训机会吗？

- 8%
- 7%
- 85%

□ 不需要，现有机会已经足够
■ 不确定
■ 是的，现有机会还不够多

您最希望获得的培训方式是？

- 11%
- 10%
- 10%
- 69%

□ 现场培训
■ 视频培训
■ 网络E-learning课程
■ 其他

您最希望公司为您的职业发展提供哪方面的帮助？

- 4%
- 9%
- 18%
- 31%
- 11%
- 27%

□ 通畅的晋升通道
■ 资深导师的指导
■ 轮岗锻炼的机会
□ 业务培训
■ 同业交流机会
■ 其他

图6　部分问卷调查统计结果——学习机会类

映出青年员工希望公司提供更多相互交流的机会，通过互动的方式提高学习效率。

6. 企业文化

青年员工对浙商证券企业文化的认同度非常高，达到97%。这与公司对企业文化的大力宣传是分不开的。有75%的受访者认为公司向青年员工进行了有效的企业文化传播，同时有85%的受访者认为自己了解浙商证券的企业文化。

在公司战略目标对自身影响的问题中，受访者认为公司战略目标对自己影响不大或没有影响的占48%。按受访者所在部门分类后发现，公司战略目标对专业子公司、分支机构和业务部门影响较大，对管理部门影响不大。这说明大家对战略目标的理解是以业绩指标为主，忽视了企业文化、企业管理等内容。

传播企业文化是为了让青年员工与公司产生价值共鸣，形成统一战线。这需要青年员工与公司之间相互的认同。一方面公司要为青年员工

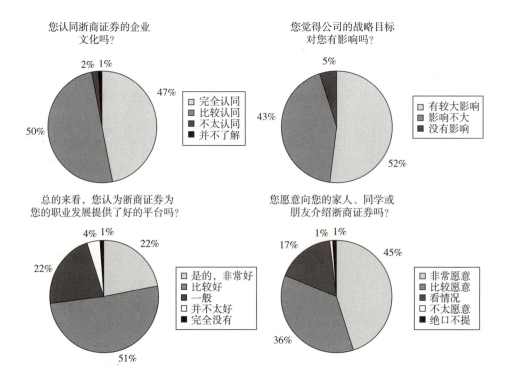

图7　部分问卷调查统计结果——企业文化类

提供良好的发展平台，另一方面青年员工要为公司的发展作出贡献。73%的受访者认可浙商证券这一平台，同时，81%的受访者表示愿意向家人、同学或朋友介绍浙商证券。这体现出公司在企业文化建设上是成功的，青年员工与公司之间形成了重要的价值认同。

（三）问卷调查小结

通过总结分析调查结果，我们得出了以下几点结论：

第一，公司为青年员工成长成才提供了良好的发展平台。在晋升机制方面，公司以专业能力、沟通能力和人际交往能力、敬业精神和忠诚度为选拔标准，为青年员工提供了一个公开透明、充满机遇的晋升渠道。在工作氛围方面，公司重视员工之间的交流，鼓励青年员工向公司领导和有经验的老员工学习请教。在培训机制方面，公司为青年员工提供了现场培训、网络课程、视频培训、轮岗锻炼、同业交流等多种学习途径，受到青年员工的广泛欢迎。

第二，青年员工对公司认可度高。不论是对公司发展前景还是对工作的总体满意度，青年员工都具有较高的评价。浙商证券是证券行业的青年军。近年来，在浙商人的共同努力下，公司业绩和市场地位得到很大提升。

第三，青年员工与公司之间具有较高的价值认同。公司十分重视企业文化建设，通过建立青年员工对公司的价值认同，提高其工作满意度和热情。公司倡导的"同创、同享、同成长"的核心理念促进了企业与员工之间形成了良好的互动关系，浙商证券为青年员工的成长提供平台，同时青年员工也为浙商证券的发展贡献力量。

当然，本次调研也发现了一些问题：

第一，青年员工学习需求与公司培养机制不能完全匹配。青年员工十分重视学习机会和对自身能力的培养，普遍具有较高的学习需求，特别是在入职初期，而高达85%的受访者认为现有的培训机会并不足够。

第二，随着工作年限的增长，青年员工对公司的认可度有所下降，工作年限在5年以上的员工对工作的总体满意度普遍低于工作年限在2年以内的员工。对薪酬水平不满意是工作年限较长的青年员工满意度低的主要原因。这种看法主要来自和同业的比较，而不是内部分配。

第三，青年员工对公司战略目标的理解比较片面。48%的受访者认为公司战略目标对自己影响不大或没有影响。多数青年员工对公司战略目标的理解就是需要完成的业绩指标，忽视了企业文化建设和企业管理的相关内容。

三、个人深度访谈

为了更好地为公司青年员工职业发展和企业文化建设提出建议，课题小组在大样本问卷调查的基础上，对公司领导和青年员工代表进行了深度访谈。

（一）"80后"、"90后"青年员工代表访谈

我们采用分层抽样的方法选择了4位"80后"、"90后"员工代表进行访谈，其具体情况如表1所示。在他们当中，既有总部管理部门员工，又有分支机构和子公司员工；既有杰出员工代表，又有入职时间不久的新人。因此，他们的经历和想法基本可以代表公司大多数青年员工。

表1 青年员工代表访谈对象基本情况

访谈对象	所在部门	年龄	职位
陈旻	资管子公司权益投资总部	36 岁	资管公司总经理助理、部门行政负责人
周亮	债券投资银行总部	34 岁	部门行政负责人、执行董事
朱悠	计划财务部	29 岁	会计核算部副经理
朱文涛	杭州玉古路证券营业部	25 岁	渠道管理岗员工

本次访谈主要围绕青年员工的职业发展状况以及对企业文化的认知，设计了个人职业发展情况、曾经遇到的困难和挑战、工作中对自己影响比较大的重要事件、青年员工与公司的关系定位、对浙商证券企业文化的理解等主要议题。

从被访谈对象的回答看，选择浙商证券的原因主要有以下几点：（1）相对稳定的工作环境以及广阔的平台；（2）作为企业正处于快速成长期，为青年员工的发展提供了很多机会，青年员工能够在工作中体现自己的价值；（3）浙商证券具有脚踏实地、积极做事的企业文化。

青年员工在工作中往往面临众多挑战，所以被访谈对象在聊到自己工作中遇到的困难时，都颇有感慨。周亮提到："债券投行这几年完成了很多具有创新性的工作。2011年证监会推出公司债审批绿色通道，审核周期明显缩短，我们抓住这个机会，一年做了五、六单项目，从而在业内树立了品牌；2012年，我们的私募债规模做到了全国第二，获得省政府的点名表扬；2015年，做成了全国首单非上市公司公募债'15舟港债'；2016年，完成了全国首单绿色债券'嘉化能源'。每一次创新都需要付出更多的心血。一次次地与客户沟通，与监管部门协调，虽然辛苦，但机会往往都是这样一点一点磨出来的。"

"部门的成长也是个人贡献集聚的体现，这一步一个脚印的打拼，让我感慨良多。"权益投资总部的陈旻在访谈中指出，青年员工的快速成长需要接受艰苦工作的锻炼。"2010年汇金一号销售过程中人员紧缺，公司不得不从营业部调派人手全国跑销售，我在川渝地区1个月时间内不停进行渠道建立和拓展活动，工作压力非常大，但经过这次锻炼以后，自身业务能力得到了极大提升。"

与周亮、陈旻等优秀员工一样，浙商证券的许多青年员工也在以自己的方式摸索成长成才之路。玉古路营业部朱文涛来到浙商证券后，作为互联网小组的小组长，负责营业部网络推广任务。为了扩大影响力，他建立了玉古路营业部的微博，并积极与新浪微博联系进行网上推广。但由于缺乏经验，导致付费后推广力度有限，微博宣传的效果差强人意。朱文涛事后总结了经验，"之所以活动效果不好，来开户的人少，主要原因有三个：一是当前市场行情确实不好，客户开户的主观意识不强，这就需要我们更加主动地去营销；二是在营销的过程中应该有着重点，比如重点产品、主要优势，这样才会更有针对性；三是平台很重要，选择目标客户关注高的平台，如同花顺或东方财富，效果应该会好很多。"

从访谈中可以看出，青年员工对工作中的学习交流机会都十分看重。计划财务部的朱悠提到："现在市场发展很快，新业务出来后马上就需要账务操作及时跟进，比如业务部门新开展个股期权业务，财务部就需要进行相关的账务处理。但是光靠部门内部学习太慢，跟不上进度。这时候如果能与业务部门直接交流或与开展这项业务的同行及时沟通，就会事半功倍。"

通过这次访谈，我们了解了不同年龄段、不同职级、不同岗位的青年员工的成长成才之路，感受到了他们遇到挫折时的艰辛和取得收获时的喜悦，看到了青年员工扎实肯干、勇于创新的精神风貌。

（二）"60后"、"70后"公司领导访谈

我们邀请了公司总裁吴总、计划财务部冯总和杭州分公司施总3位领导进行访谈。他们不仅拥有丰富的从业经验，而且也是多位青年员工的职业导师和引路人。站在他们的视角，能更全面地了解"80后"、"90后"青年员工的发展情况，得出的结论才会更加可靠。

本次访谈主要围绕对"80后"、"90后"青年员工的总体看法和认识、点评青年员工的优缺点、企业文化对青年员工的影响和对青年员工职业发展的建议等议题展开。

吴总首先指出，证券行业属于朝阳产业，青年人选择证券行业作为自己的职业发展之路是很有希望的，资本市场充满挑战，但也为青年人提供了广阔的发展空间；要想在工作中做出成绩，青年员工需要不断更新知识结构，勤奋好学，孜孜不倦，努力适应环境，适应市场；浙商证券是有耐心的企业，对于青年员工，不急于看成绩，更重要的是看成长；青年员工也要能静下心、沉住气，切忌好高骛远、得陇望蜀。

吴总谈到，"80后"、"90后"青年员工专业知识和素质水平都很高，这是他们的优点；但缺点也很明显，就是容易浮躁、急功近利。"特别是在金融行业，青年人的自身条件比较好，定位自然也高，在一家企业工作不了几年就想着跳槽，对公司忠诚度很低。"这也反映了金融行业普遍存在的人才流动性高、跳槽频繁的问题。在我们的问卷调查中，有34%的受访者有过离职打算，而对薪酬不满正是最主要的离职原因。

施总指出，青年员工的问题往往不在缺少职业规划，而在于缺少执行规划的强度和韧劲。"所谓缺少韧劲，是指他们不是没有想法，而是没有毅力去实现想法，遇到困难和挫折，往往就打退堂鼓。"施总认为，青年员工最重要的是了解老员工的工作经验和公司的运行方式，关键是听、看、观察、学习、思考，而不是创新。

冯总则认为"80后"、"90后"员工有自己的想法，自我意识强，但工作的责任心不足，缺乏团队意识。"在工作中，青年员工往往只要求做好自己分内的工作，不会主动帮助团队或其他人完成工作。"但冯总同时也表示，青年员工急功近利的表现也是一种无奈之举，他们背负的家庭和工作压力较大，重视利益是可以理解的。

受访领导们也都从自己的角度谈了对企业文化的理解和企业文化建设对培养青年员工的作用。"我是先在机关单位工作，再到的企业。"吴总从自身经历谈到，"初到浙商时，公司处于亏损状态，地位低，规模小，申请执业牌照都十分困难。面对百废待兴的局面，我们没有气馁，而是鼓足勇气，狠下功夫，最终不仅起死回生，现在更是快速发展。这个过程就是'同创、同享、同成长'的最好体现。"

企业的精神与文化不是靠口号喊出来的，更多地体现为做人做事的方法。施总认为公司文化的传承关键在于营业部的中高层领导。青年员工对企业文化的认识往往是从自己身边的领导和老员工身上得来的，分支机构的领导需要将总部的精神通过合适的办法和时机传达给基层员工。企业文化同样也可以渗透到工作之外的生活中。冯总提出，针对青年员工缺乏团队意识的问题，我们公司组织了古道行、环湖健步走、书法培训等多种多样的集体活动，各部门也积极开展户外拓展训练或职业能力培训。这些活动促进青年员工之间的交流、了解和信任，有助于产生团队协作的意识。

最后，受访领导也对青年员工提出了殷切的希望。青年员工要想有所成就，必须具备三点：勤奋、责任感和情商。青年员工要有理想、有信仰、有追求、踏实做事、持之以恒。

从三位领导的访谈中我们可以发现，"80后"、"90后"青年员工存在较大共性，优劣分明。优点是有想法，创新意识强；缺点是缺少耐性，急功近利。青年员工需要时刻提醒自己，戒骄戒躁，从小事做起，从基础做起。只有一步一个脚印，持之以恒，才能取得职业发展的长足进步。

四、青年员工职业发展建议

结合本次调研，我们分别从个体层面、公司层面和行业层面提出了以下几点建议：

（一）个体层面的建议

首先，要培养积极健康的心态，青年员工要静得下心、沉得住气，先学会观察和吸收，再寻求创新。在访谈中，吴总也多次强调，有理想、有信仰、有追求、踏实做事、持之以恒是重要且难能可贵的品质。这不仅是吴总送给广大青年员工的诤言，也是每一个浙商人未来践行的前进方向。

其次，学会人际沟通，修炼自己的情商。部分青年员工，特别是刚入职的青年员工，存在"高智商、低情商"的问题。由于缺少工作经验，在处理问题时往往把握不好分寸。证券行业本来就是市场化程度极高的行业，本质工作就是与人打交道。青年员工在提高专业技能的同时，也应锻炼与人沟通的能力，提高自己的情商。

最后，坚持独立思考，敢于发表意见。有的青年员工进入公司以后，一是感觉自身实力不够，经验尚浅；二是囿于体制，不敢发表意见，工作畏首畏尾。浙商证券提倡"同创、同享、同成长"就是要给每一位浙商人提供发展平台。青年员工要具有年轻人的朝气，不盲从，敢于发表不同观点，这样才能体现自身价值，并获得别人的尊重。

（二）公司层面的建议

从公司层面来讲，首先是在业务培训的同时，也要做好青年员工的心理辅导。证券行业具有自己鲜明的行业特征，"靠天吃饭"，周期性强，起伏较大；加上青年人本身生活阅历缺乏，在遇到挫折时容易产生心理波动。因此，公司应该重视对青年员工的心理辅导。一方面继续加强企业文化建设，培养青年员工不畏困难、勇于攻坚的精神；另一方面创造条件增强同事之间的交流，特别是领导与下属、老员工与新员工之间的交流，让青年员工汲取工作和生活上的经验。

其次，加强同业交流。证券行业发展很快，要想保持在市场中的竞争力，就要不断推陈出新，而创新的前提是了解市场、熟悉对手。青年员工具有创新意识，但缺乏市场经验，通过同业交流可以更快地熟悉规则，发现机会。公司可以组织定期或不定期研讨会，为青年员工同业交流创造平台，鼓励他们到市场中去寻找机会，敢于放权，鼓励创新。

最后，提供跨部门轮岗机会。从优秀员工的成长过程中可以看出，参与不同部门的工作不仅让自己快速了解公司的运营体系，还让自己对本业有更深入的理解，最终达到提升工作效率。公司可以为有轮岗需求的青年员工提供业务部门之间、业务部门与职能部门之间的轮岗，以此加快青年员工的成长。

（三）行业层面的建议

从证券行业层面来讲，首先是要加强思想教育，引导青年员工树立正确的价值观。从当前行业发展现状看，青年员工存在急功近利的心态和短视性，对很多事物的考量仅从自身利益出发，将经济利益看得过重，而缺乏集体观念和长远的发展眼光。各证券机构应积极引导青年员工形成大局观和个人可持续发展的健康成长理念，帮助青年员工摆正心态、积极面对工作中的困难和挑战。就证券行业而言，长期单调、重复性高的基础工作和项目制工作所带来的巨大压力，使得很多青年员工慢慢磨灭了当初投身社会的热情和冲动，渐渐地产生了惰性和负面消极情绪。这个时候就非常需要所在机构更加关注青年员工的心路变化，加强思想教育，引导建立正确的价值观。以浙商证券为例，公司每年都会举办"环西湖健康行"、"为福利院老人献爱心"、"走古道倡文明"等活动，鼓励青年员工在工作之余投身公益事业，倡导积极健康的生活态度。证券机构可以采用寓教于乐的形式进行宣传，这样既可以促进青年员工之间的交流，又可以使青年员工受到正确价值观的熏陶。

其次，加强学习平台建设，完善青年员工培养机制。证券行业正处在快速成长期，业务模式和管理机制更新很快，这就需要我们建立及时有效的学习平台，帮助青年员工快速成长。一方面，"80 后"、"90 后"员工都具有较为鲜明的个性特征，证券行业的人才培养需要充分把握青年员工的个人特点和工作强项。浙商证券 2015 年全面推行 MD 制度，在员工培养方面创新性地提出"职务—职称"双通道晋升，取得了良好的反响。另一方面，通过调研可以看出，老员工传帮带、同业交流、跨部门轮岗等都是十分重要的学习方式，证券机构可以结合自身特点，建立最有效的学习平台。此外，对于证券机构而言，还要鼓励有条件的青年员工加强创新业务和前沿课题的钻研。以浙商证券为例，为了鼓励和支持青年员工开展高级财富管理业务，公司通过请进来、送出去，和穆迪分析等机构合作，特意邀请加拿大皇家银行和美国路博迈资产管理公司的高管前来培训交流。通过培训，青年员工不仅对国外相关机构如何开展业务有了细致的了解，还结合我国实情，就如何在我国开展业务进行了深入的探讨，受益良多。证券机构应该打造多渠道的学习平台，以工作带动学习，以学习指导工作，不断完善青年员工培养机制。

最后，加强企业文化建设，培养青年员工的企业认同感。证券机构应切实将企业文化理念内化为青年员工的指导思想、行为规范和自觉行动，使青年员工进一步增强对企业的归属感、认同感、荣誉感和责任感。以浙商证券为例，为了宣传和发扬"同创、同享、同成长"的企业文化，鼓励青年员工在工作中不断创新，公司特意为青年员工开辟了"绿色通道"。凡是符合公司利益、体现公司文化的创新行为，公司都可以集中资源，大力支持。浙商证券成功发行的全国首单"绿色债券"和全国首单非上市公司公募债等多个资本市场创新项目，正是受益于这种机制的成果。此外，还要强化企业战略管理。企业战略目标不仅体现为业务指标的增长，还体现在企业文化和企业管理水平的提高上。青年员工应该充分理解和贯彻公司战略目标的核心要义，增强公司战略对自身行为的引导作用，齐心协力共谋发展。

五、研究总结与未来展望

（一）研究总结

为了解"80 后"、"90 后"青年员工职业发展的现状和需求，进一步促进证券行业企业文化建设，浙商证券课题研究小组通过问卷调查以及对部分公司领导和青年员工代表进行了深度访谈，并结合"'80后'、'90后'"看自己"和"'60后'、'70后'再评价"，力求形成全面、客观、完整的青年员工发展状况图景。

浙商证券宣传片掠影，反映青年员工以饱满的精神投入各项业务

本次调研既看到了公司与青年员工取得的可喜成绩，也发现了工作中存在的问题。其中，值得肯定的是：

第一，公司为青年员工成长成才提供了良好的发展平台，建立了任人唯贤的内部晋升机制，打造了良好的工作氛围，提供了有效的培训机制，得到青年员工的高度认可。第二，不论是对公司发展前景还是对工作的总体满意度，青年员工都具有较高的评价。第三，公司倡导的"同创、同享、同成长"理念得到了青年员工的极大认同，企业与员工之间形成了重要的价值共识。

发现的主要问题有：

第一，青年员工的学习需求与公司现行的培养机制不能完全匹配。第二，随着工作年限的增长，青年员工对公司的认可度有所下降，其原因主要是对薪酬水平不满，而这种看法主要来自同业比较。第三，青年员工对公司战略目标的理解比较片面，忽视了企业文化建设和企业管理的相关内容。第四，青年员工存在缺乏耐心，急功近利，缺少责任心和团队意识等共性问题。

针对上述问题，我们分别从青年员工个体、公司和证券行业层面提出了几点建议：

从青年员工个体层面来讲，首先是要培养积极健康的心态。其次是学会人际沟通，修炼自己的情商。三是坚持独立思考，敢于发表意见。青年员工要体现年轻人的热情，不盲从，敢于发表不同观点。

从公司层面来讲，首先是在业务培训的同时，做好青年员工的心理辅导工作。其次是加强同业交流。组织定期或不定期的研讨会，为青年员工同业交流创造平台。三是提供跨部门轮岗机会。为有需要的青年员工提供业务部门之间、业务部门与职能部门之间的轮岗机会。

从证券行业层面来讲，首先是要加强思想教育，引导青年员工树立正确的价值观。其次是加强学习平台建设，完善青年员工培养机制。三是加强企业文化建设，培养青年员工的企业认同感。

（二）未来展望

从当前的宏观发展趋势看，多层次资本市场为证券机构青年员工大展拳脚提供了广阔的发展舞台。同时，跨行业和跨领域竞争日趋激烈，证券公司应以创新的发展模式、明晰的竞争策略启动快速增长的新引擎，为青年员工提供优质发展平台。

人才是创新发展最重要的动力，打造一支政治强、业务精、作风硬的青年员工队伍，对于提升证券行业的整体发展水平具有十分重要的意义。证券公司应秉承"有为者有位"的人才理念，充分彰显对高素质人才的重视。同时，针对不同特点的青年员工，证券机构应该合理安排工作，区别设计职业发展道路，从而达到"智者取其智，愚者取其力，勇者取其威"的效果。对于具有突出能力的青年员工，公司应给予其有竞争性、有挑战性的工作，并做到充分的授权和信任；对于能力不够突出的青年员工，公司应进行积极鼓励，并利用"鲶鱼效应"，通过不断补充新鲜血液，把思维敏捷、积极进取的人引入队伍，唤起他们的竞争求胜之心。总之，在快速成长和发展过程中，证券机构要为青年员工的发展提供良好的成长平台、富足的发展空间和多样化的成长渠道。

此外，证券公司与青年员工的成长成才是呈现互动性的螺旋增长趋势的。从业务水平提升方面看，一方面青年员工应该加强彼此工作经验交流，推广好的工作方法；另一方面，应多向经验丰富的老员工请教，形成良好的"传帮带"工程。从工作态度上看，青年员工应该脚踏实地，不好高骛远、眼高手低。面对未来，面对挑战，青年员工应鼓舞干劲，凝聚力量，不忘初心，肩负起承前启后、继往开来的历史重任，以习近平总书记提出的"志存高远、德才并重、情理兼修、勇于开拓"为标准，为证券行业的可持续发展贡献自己的一份力。

"两山理论"指引下绿色金融"浙江模式"的实践探索与若干建议

熊　涛[*]

在 G20 杭州峰会上，习近平总书记提议全球经济要以绿色发展为主题，"在绿色金融领域制订行动计划""深化绿色金融领域合作"。根据习近平同志 2005 年在浙江提出的"两山理论"[①]，在银监会的指导下，浙江银监局率先推动绿色金融试点，通过四大监管举措，引导五大创新模式，探索绿色金融"浙江模式"。截至 2016 年 12 月末，浙江辖内绿色信贷余额 7443 亿元，分别占全辖各项贷款 9%，其中节能环保项目及服务贷款不良率 1%，低于全部贷款不良率 1.17 个百分点。浙江绿色金融之路，是"两山理论"的生动实践，折射出深化我国绿色金融发展战略，意义深远、大有可为。

一、创新五大模式，践行"两山理论"支持绿色发展

（一）支持"五水共治"[②] 的"绿色银团"模式

"五水共治"是浙江省深入践行"两山理论"、全面深化经济改革的重大发展战略，更是绿色金融服务的重要内容和独特平台。2014 年我局专门出台《关于深化"五水共治"金融服务的指导意见》，浙江银行业

---

* 浙江银监局党委书记、局长。本文获 2016 年全国金融系统思想政治工作和企业文化建设优秀调研成果一等奖。

① "两山理论"：2005 年 8 月，时任浙江省省委记习近平同志在浙江湖州安吉余村考察时，提出了"绿水青山就是金山银山"的科学论断。

② "五水共治"：浙江省委省政府为建设美丽浙江、倒逼经济转型实施的重大战略，指"治污水、防洪水、排涝水、保供水、抓节水"。

积极响应，从组织领导、政策倾斜、制度保障、产品设计等各方面落实措施，优先确保"五水共治"融资需求。针对水资源治理项目融资金额大、期限长、利率低等特点，浙江银行业探索绿色银团贷款模式，目前组建"五水共治"银团16个、合计77.6亿元。比如，18亿元银团贷款支持富阳市富春江治理项目，9.5亿元银团贷款支持嵊州市湛头滞洪区改造工程。支持"五水共治"，实现"绿色发展"，已经成为浙江银行业组建银团的重要理念。

国家开发银行浙江省分行牵头组建银团贷款支持嵊州市湛头滞洪区改造工程

（二）打造"特色小镇"① 的"绿色基金"模式

"特色小镇"是浙江培育战略性新兴产业，促进大众创业、万众创新的重要载体，蕴含着绿色和创新发展的理念。为了做好特色小镇金融服务，浙江银行业探索"绿色基金"模式，与各级政府共同出资设立特色小镇专项基金，注入小镇建设项目资本金，缓解特色小镇建设启动资金不足的难题。比如，浙商银行、国开行、农发行与财政部门共同设立100亿元特色小镇专项建设基金，可撬动超过300亿元小镇建设投资。2016年上半年，嘉兴、湖州、绍兴、丽水、舟山等地银行机构对接49个特色小镇，为小镇园区建设提供资金95亿元，为小镇特色产业融资77亿元，

---

① "特色小镇"：是以"新理念、新机制、新载体"推进"信息经济、环保、健康、旅游"等浙江省新兴产业集聚、创新、升级的创新创业发展平台。

支持 5751 户小镇"创客"。最近,"特色小镇"再次"引凤筑巢",中国华融资产管理公司在杭州冠名成立"华融黄公望金融小镇",依托中国华融"资产管理"和"投资带动"双核驱动,力争到 2018 年实现基金管理规模 2000 亿元以上,打造全国高端金融创新产业集聚地。

（三）建设"美丽乡村"的"综合授信"模式

浙江安吉是"两山理论"的发源地和实践示范县,是浙江"美丽乡村"建设的样板之一。2008 年以来,浙江银行业通过"综合授信"模式支持安吉县开展环境整治和"美丽乡村"建设。比如,湖州银行业提供 6.3 亿元信贷支持安吉竹乐、影视银坑、书画迂迢、山川芙蓉谷等特色文化村、特色旅游村修缮,帮助 40 多个传统村落、景区得到保护性再开发,一批集农业生产、农村服务业、休闲旅游的特色农业风情园得到蓬勃发展,大约 8 万农户从中受益。最近,国家开发银行浙江省分行与安吉县政府签订 200 亿元战略合作协议,首笔 27.8 亿元专项资金用于"美丽乡村"建设项目,主要对 475 个自然村的房屋、道路景观、基础设施等进行提升改造,安吉的"绿水青山"成为现实版的"金山银山"。

浙江银行业支持安吉"美丽乡村"建设

　　安吉县位于浙江省北部,是习近平同志"绿水青山就是金山银山"重要思想的首发地、中国美丽乡村的发源地。2006 年获得全国首个生态县称号,2008 年被列为首批生态文明建设试点地区,2012 年荣获联

合国人居奖，被誉为世界上最绿色的城市之一。

近年来，浙江银监局不断推进县域银行业金融机构绿色金融改革，引领当地银行业通过完善机制建设、服务绿色产业、创新绿色普惠等方式，坚定不移举生态旗、打生态牌、走生态路，在绿色金融支持绿色经济方面主动发力、积极创新，在践行"两山"重要思想上迈出坚实的一步。

（四）立足"循环经济"① 的"绿色直融"模式

浙江银行业立足循环经济发展方向，提供融资中介服务，支持循环经济企业采取发行债券、票据和定向增发等方式，通过绿色直接融资模式，拓宽企业融资渠道，降低融资成本。比如，截至 2016 年 8 月末衢州银行业支持循环经济企业直接融资 92 亿元，其中上市公司定向增发募集资金 52 亿元、发行公司债和企业债 30 亿元。又如，2016 年 5 月 23 日，浙江嘉化能源化工股份有限公司发行第一期绿色企业债券，金额 3 亿元，期限 5 年，成为全国首家发行绿色企业债券的公司。再如，绍兴部分纺织企业通过绿色金融服务加快技改进程，生产一吨布用水量从 10 吨下降到 4 吨左右，社会经济效益颇为明显。

（五）助推"机器换人"② 的"绿色租赁"模式

近年来，浙江银行业加大融资租赁服务力度，创新开展厂商租赁、售后回租等新型租赁模式，积极支持以"机器换人"为主的企业技术改造，助推浙江工业转型升级。截至 2016 年 8 月末，浙江省金融租赁公司贷款余额 897 亿元，同比增长 17.1%。比如，华融金融租赁公司从 1995 年开始支持盾安集团发展，提供融资租赁款 13.7 亿元，共同支持这家初始投入资本只有 900 元的小企业，发展成为中国 500 强企业和中国低碳发展领军企业。目前，华融金融租赁正在申请发行 60 亿元绿色金融债券，率先制定《绿色租赁项目认定标准及操作规程》、《绿色租赁项目指引》等制度，已通过认定绿色租赁项目 7 个。

---

① "循环经济"："十三五"期间浙江省将按照"两山"发展路子，着力推进工业、农业以及服务业向循环经济发展。

② "机器换人"：浙江省"四换三名"（腾笼换鸟、机器换人、空间换地、电商换市，名企、名品、名家）战略之一，指传统产业通过升级自动化设备提升竞争力的发展方式。

二、四大监管举措，力推浙江绿色金融走在全国前列

（一）搭建"信息平台"，实现绿色金融服务"无缝对接"

环保信息不对称问题，是绿色信贷工作面临的首要难题。早在2011年，我局便与浙江省环保厅合作，在全国率先建立起绿色信贷信息共享平台，帮助银行业金融机构高效获取企业环境行为信息，并将其纳入信贷流程管理，受到时任浙江省委书记赵洪祝同志和银监会、环保部等领导的充分肯定。到目前为止，该平台已拥有10200多家企业的环境行为信用评级、环境违法违规等各类信息。同时，积极推动线下银企对接。比如最近，嘉兴、丽水银监分局分别联合当地政府举办绿色金融银企对接会，两地27家银行机构与29家企业签署合作协议，签约金额达57.6亿元。

（二）鼓励试点改革，推动绿色金融创新"百花齐放"

国内绿色信贷尚处于起步阶段，商业银行虽然转变了发展理念，但在组织体系、制度建设、产品设计等方面仍然滞后。因此，我局大力支持湖州、丽水、衢州等地实施绿色金融试点改革，积极推动绿色金融组织架构创新，选择"两山"理论发源地的湖州农业银行和安吉农商银行，率先设立绿色专营支行和绿色金融事业部，实现绿色金融的专人专岗和专业化管理。同时，鼓励银行发挥差异化优势，开展绿色金融产品和服务创新。比如，推动嘉兴银行业在全国首创排污权抵押贷款，目前全省排污权抵押贷款余额近40亿元，位居全国前列；鼓励国家开发银行浙江省分行牵头组建绿色银团贷款290亿元；引导杭州银行为17家节能服务企业发放合同能源管理贷款超1.4亿元。

（三）建立监测机制，做到绿色金融进展"心中有数"

科学统计和有效评估是绿色金融监管的基础。近年来，根据银监会《绿色信贷指引》、《能效信贷指引》，我局结合浙江经济特点，不断探索完善绿色信贷监测评估工作。目前，湖州、嘉兴、衢州、丽水银监分局均着手建立绿色信贷监测评估机制。比如，衢州通过绿色信贷业务、绿色金融结算、绿色金融产品等六大方面140个指标，定期监测辖内绿色金融发展和风险状况；湖州率先建立绿色金融评级指标体系，运用绿色信贷规模占比、绿色信贷余额、"两高一剩"贷款压降额等指标，对银行

机构绿色信贷执行力及绿色友好度进行评定。

（四）优化激励机制，激发绿色金融试点"内生动力"

一是强化监管激励约束。将绿色金融评价结果与监管评级、机构准入、高管人员履职评价、绿色金融债发行等监管举措挂钩。比如，湖州银监分局选取4家银行作为"绿色金融改革创新示范点"，对绿色金融服务成效明显的机构给予设立专营支行、监管评级优待等政策支持。二是推动实施政府激励政策。积极建议地方政府对绿色信贷项目提供财政贴息、税收优惠、风险分担等激励措施，对绿色金融工作成效突出的银行机构，在政府项目招投标、财政资金存放、绿色产业基金运作等方面给予倾斜。三是强化行业自律约束。督促法人银行发布年度社会责任报告，指导省银行业协会发布浙江银行业社会责任报告，探索建立浙江绿色金融发展联盟，加强行业自律与合作。

三、启示与建议

启示之一：浙江发展绿色金融具有"天时地利人和"的优势。习近平总书记在G20杭州峰会上提出共同构建绿色低碳的全球能源治理格局，共同深化绿色金融合作。当前，绿色发展已经成为国家战略，乃至全球经济治理的重要方向。浙江是"两山理论"的发源地，多年来浙江党委政府、监管部门和银行机构形成高度共识，凝聚多方合力，发挥绿色金融作用，支持浙江经济实现绿色转型，走出了绿色金融的"浙江模式"。浙江银行业要把握当前历史性机遇，发挥先发优势，以敢为人先的气魄和舍我其谁的担当，乘势而上，善作善成，推动绿色金融实践取得新突破。

启示之二：浙江特色经济模式为绿色金融试点提供了坚实舞台。近年来，浙江省"五水共治""四换三名"等战略举措在倒逼经济转型发展的同时，也为绿色金融实践提供了大舞台。比如，浙江省政府对衢州、丽水两市只考核生态指标，为两地集中精力推动绿色金融试点创造了优越条件。农业银行、建设银行浙江省分行以支持"五水共治"为契机，成立专家团队，出台专门授信管理办法，绿色金融能力得到明显提升。嘉兴入选全国首批海绵城市建设试点后，银行机构与市政府合作设立9.8亿元的"海绵城市建设发展产业基金"，成为设立绿色发展基金的又一范例。

启示之三：绿色金融可以实现"绿水青山"与"金山银山"有机统一。国内外实践表明，发展绿色金融的关键是将社会责任与商业可持续相结合，通过相关制度安排，引导金融机构由被动接受向主动拥抱绿色金融转变。从浙江看，银行机构发展绿色金融，同样经历从"不会做""不想做"到"主动做""抢着做"的过程。比如，兴业银行杭州分行在地方政府、监管部门和总行各项政策的激励下，绿色金融之路越走越顺，目前绿色金融业务余额已超过400亿元，领先全国同业系统，2016年上半年该分行资产利润率0.61%，是当前形势下杭州盈利能力较强的银行之一，真正实现商业利益与社会责任的有机统一，形成了人人抢做绿色金融的氛围。

作为"两山理论"的发源地，我们将按照习近平总书记"干在实处永无止境，走在前列要谋新篇"要求，贯彻银监会部署，把绿色金融作为浙江银行业的重要战略，研究制定"浙江绿色金融三年行动计划"，推动建立政府、银监、协会、银行、企业"五位一体"的绿色金融体系，为全国绿色金融发展探索更多试点经验。同时，我们建议如下：

一是从战略上支持浙江创建全国绿色金融示范和标杆省。建议将浙江作为我国实施绿色金融发展战略的试点省份；支持湖州市创建全国绿色金融改革创新综合试验区；推动浙江省政府在政银企联动协作、政策性担保、财政贴息、产业基金等方面完善绿色金融发展环境，努力打造全国绿色金融的标杆。

二是从战术上推动浙江绿色金融改革创新先行先试。在银行绿色金融专营机构建设、绿色金融债券、绿色信贷资产证券化、绿色产业投贷联动试点等方面，支持和鼓励浙江银行业先行先试；鼓励全国性银行机构将浙江分支机构作为绿色金融试点行，给予绿色信贷、绿色债券、考核激励等政策倾斜。

三是从政策上加强浙江绿色金融监管的引领和指导。指导完善浙江银行业绿色金融监测评价和激励约束机制，推动建立绿色金融风险识别、监测、预警和防控机制，推动金融、财政、环保、发改等部门强化合力，加快绿色信用信息共享、碳排放和排污权交易市场、绿色评级体系等基础设施建设。

运用"互联网+"思维创新思想政治工作和企业文化建设

——基于中国进出口银行的案例研究

陈　思　程姝涵　郁坎普　邱京帅[*]

　　国有企业文化是企业文化与思想政治工作的结合体，既包括企业文化的一般内涵，又涵盖思想政治的特殊内容。因此，简单地将国有企业文化理解为思想政治工作，或是把国有企业员工组织起来参加集体文体活动，都是不正确的。国有企业文化有其独特的文化模式，更需要在速度、创新和多元化方面有进一步发展。作为政策性银行，中国进出口银行的企业文化建设和思想政治工作更是国家政策的具体体现。

　　近年来，互联网与人们生产、生活的关系日益密切，这对国有企业来说既是机遇、也是挑战。"十三五"时期，国有企业应迎接新挑战，抓住新机遇，积极有效地利用互联网这一平台，使"互联网+"成为国有企业进一步贴近员工的日常工作与生活，以人为本地营造企业氛围、树立企业形象和锤炼企业精神的重要渠道之一。国有企业应在互联网技术的基础之上，将企业文化建设与思想政治工作有机结合，通过具有创新性的方式，把二者的内容以更易为员工接受、更易于企业相关部门实施的方式融入企业发展的各项工作中，从而扩大互联网在思想政治工作和

---

　　* 中国进出口银行财务会计部。本文获 2016 年全国金融系统思想政治工作和企业文化建设优秀调研成果一等奖。

企业文化建设中的宣传作用。

一、"互联网＋"思想政治工作与企业文化的基本概念

（一）思想政治

思想政治工作是以人为对象，用人类历史上最先进、最科学的世界观、方法论去教育人、启发人，解决人的思想、观点、政治立场问题，提高人们思想觉悟的工作。

中国进出口银行思想政治工作宣传材料

思想政治工作是党的工作的重要组成部分，是实现党的领导的重要途径和社会主义精神文明建设的重要内容，也是搞好经济工作和其他一切工作的有力保证。

（二）企业文化

企业文化是指企业在长期的经营实践中，逐步形成的为全体员工所认同、遵守、带有本企业特色的价值观念、经营准则、经营作风、企业精神、道德规范、发展目标的总和。它的内容主要包括企业职工的价值观念、道德规范、思想意识、工作态度以及企业的各种文化教育、技术培训、娱乐联谊活动等。企业文化是企业的无形资产，也是其他企业难以模仿的核心资源。

（三）思想政治与企业文化的关系

在理论上，思想政治与企业文化在性质、内涵、内容和方式上都有着本质的区别，不能混为一谈，更不能相互取代。这种区别使得思想政治和企业文化曾一度被割裂。但是，在现实意义上，由于国有企业的特殊性，二者已渐渐融合，思想政治已成为企业文化的内核，企业文化赋予思想政治工作新的生命力。目前看来，思想政治和企业文化有如下相同点：

1. 对象相同。企业文化和思想政治工作的研究对象都是人，都是以人为本的科学和工作。它们都是以尊重人、理解人、关心人、激励人为共同的出发点，在培养人的良好品质、塑造人的美好灵魂方面是完全一致的。

2. 形态相同。企业文化和思想政治工作都属于意识形态范畴，都可以通过发挥意识的能动作用为经济基础服务。

3. 手段相通。企业文化和思想政治工作为达到目的所采取的途径或手段是相通的。传达企业文化的途径或手段同样适用于思想政治工作的开展。

（四）互联网新媒体

我们认为互联网新媒体应该是动态的，它的外延随着科技的发展在不断拓宽，内涵也随着产品的持续创新更加丰富。它集技术、形态、产品、传播于一身，是一个集合概念。

互联网新媒体通常具有如下特征：

1. 宣传方式的互动性。新媒体的宣传方式从单方面传播向双向影响转变，以前的发布信息的人和接收信息的人现在都成为了发布信息的人，而且还可以互动。信息的互动性也使得原来的接收者实现由被动向主动的转变。

2. 宣传行为的个性化。微博、微信等新的宣传方式，使得发布信息的人越来越多，大家都使用个性化的语言表达自己的观点，宣传自己关注的信息。个性化的宣传方式一方面带来了信息大爆炸，另一方面也产生了一些问题，比如内容的真实性、格调的低俗性等。

3. 接收方式的动态化。无线移动技术的迅猛发展使新媒体具备了动态化的重要特点，用手机网络冲浪、看电影、刷微信，在各种场合秀自己越来越成为非常普遍的事情。随着4G技术的应用和5G技术的即将到来，动态化特点成为新媒体的重要特点。

4. 传播速度实时化。新技术的发展使得新媒体已经实现了实时传播，目前 QQ、微信以及门户网站已经实现了音频、视频的实时传播。

5. 从单一到交融。新媒体在宣传内容方面更加丰富，文档、图片、声音等多媒体化成为一种历史必然。同时，新媒体也打破了地区之间、国家之间、人群之间的边界，新媒体可以与信息接收者真正建立无缝对接联系。

思想政治工作和企业文化建设，都是企业至关重要的无形资产，二者相辅相成，由内而外地对企业员工的价值观和整个企业的形象、声誉产生着影响。所谓"互联网＋"思想政治工作和企业文化建设，实质上就是利用互联网新媒体，开展思想政治工作和企业文化建设。"互联网＋"作为可以与传媒相结合的新兴理念，势必要与思想政治工作和企业文化建设发生碰撞，擦出火花。

二、中国进出口银行思想政治工作和企业文化建设现状

中国进出口银行的企业文化内涵在官网上有明确的表述，它由 6 个部分组成，分别是使命、愿景、核心价值观、基本理念、行为规范和宣传用语。其中，使命、愿景和宣传用语多与我行所处行业以及在国家经济建设中所处的特殊地位有关，旨在表明我行做最具影响力国际经济合作银行的决心，描绘我行推动国际经济合作、支持中国经济发展和促进和谐世界建设的蓝图。核心价值观、基本理念和行为规范则更多地涵盖了与思想政治有关的内容，与思想政治工作相融合。

互联网时代的到来，信息传播技术和手段日新月异，新媒体迅速发展并且以极快的速度在广泛普及。这使得企业文化内涵不应再仅仅停留于官方网站上静态的标语，而应该以动态的形式真切地融入每位员工的工作与生活中，把思想政治工作和企业文化建设落到实处。自 2014 年开始，以微信公众号为代表的"互联网＋"思想政治工作和企业文化建设的诸多创新方式应运而生。

在过去的时间里，我行顺应时代态势，在思想政治工作和企业文化建设方面加大了对互联网的使用力度。目前，我行使用的以互联网为基础的新媒体工具，主要包括以下几种：

（一）中国进出口银行官方网址平台

中国进出口银行官网主要为公众提供公司信息公布和相关业务服务

展示的平台，主要栏目和内容如图1所示。

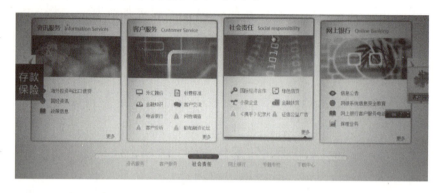

图1　中国进出口银行官网主要栏目

同时，官网还设立了"员工邮件"、"短信平台"等公司内部交流平台。此外，口行官网通过"新闻发布"、"通知公告"、"媒体关注"、"企业年报"、"专题专栏"、"项目集锦"等栏目及时向社会、客户、员工发布有关信息，使我行在客户了解相关信息的同时了解客户需求，为客户开展业务提供更多的便利，促进用户业务的开展，增加公司的透明度。到目前为止，口行官网访问者已达7859435位。我行官网在打造企业品牌，树立企业的良好形象方面发挥了非常重要的作用，对口行企业文化建设起到了重大的推动作用。

（二）中国进出口银行微信公众号

口行微信公众号传播口行声音，讲述口行故事。它是口行又一利用互联网新媒体宣传企业核心价值观、经营管理理念，对外公布信息，做到信息及时共享与社会各界有效反馈的重要平台。

根据接受调查的新员工反映，微信公众号是他们在入职之前深入了解新单位的最重要途径。微信是现在的年轻人最为喜爱的一种互联网应用方式。目前，我行微信公众号的编辑由专人负责，发表内容都经过层层筛选，质量过硬，形式丰富，对于尚未走进我行的新员工来说是必不可少，也是最为方便的学习工具和交流途径。而新员工对我行企业文化的快速了解也为我行今后建设企业文化注入了新鲜的血液。

（三）中国进出口银行内部Notes和微信群

通过这些互联网信息载体，传播即时消息，让员工更迅速地了解企业信息，并实现双向交流，更好地交流意见、取得共识，增强思想政治工作和企业文化建设的效果。

从目前的情况看，中国进出口银行在利用互联网新媒体工具，创新思想政治工作和企业文化建设方式方法方面做出了很多努力，取得了良好的成效，官网、微信公众号、内部 Notes 和微信群等互联网新媒体传播平台都已建立运行并发挥了良好的作用。

本文拟在我行新媒体使用现状的基础之上，找出其中的不足，挖掘互联网的更多用途、更大潜力，为我行创新思想政治工作和企业文化建设方式建言献策。

三、案例研究

为保证案例研究的可操作性、增强案例研究结果的实用性，我们以中国进出口银行为载体进行案例研究。

（一）研究方法和研究对象

本文采用案例研究的方法，并以在线调查平台为依托，对调查问卷进行制作、发放、回收和统计。本次共回收有效调查问卷 74 份，调查对象均为中国进出口银行在职员工。

（二）问卷结构和问卷内容

本调查问卷在问题设立上共分为 3 个部分，即基本信息、互联网使用习惯以及对"'互联网 +'思想政治工作和企业文化建设"的认识和建议。其中，第一部分包括被调查者的性别、所在部门、年龄和工作年限；第二部分包括被调查者的平均每天上网时间以及与互联网有关的工作习惯；第三部分包括被调查者对企业思想政治工作和企业文化建设的看法、对这二者与互联网之间相互融合的可能性及方式方法的认识。

（三）问卷基本评价

1. 本次调查结果具有现实意义。本次被调查者多为年龄在 30 岁以下的青年员工。该群体为互联网的主要使用人群，受互联网影响大，更容易接受"互联网 +"思维和"互联网 +"技术手段，对"互联网 +"这一新兴理念更有发言权。

2. 员工上网时间普遍较长。平均每天上网时间在 1~3 小时的人最多，占被调查者的 45.95%；平均每天上网时间在 3~6 小时的人占20.27%；平均每天上网时间在 6 小时以上的人占 24.32%。值得注意的是，平均每天上网时间超过 6 小时的人数比上网时间在 3~6 小时的人多；平均每天上网时间在 3 小时以上的人在被调查者中占比较大，为 44.59%。

3. 互联网成为工作中交流沟通的必要方式。通过门户网站获取信息的被调查者占总人数的 56.76%；通过单位公文获取信息的被调查者占总人数的 81.08%；以微信作为信息来源渠道的被调查者占 79.73%。具体地，除面对面沟通以外，被调查者多运用微信、电话、Notes 和协同办公系统与同事进行沟通交流。其中，微信、Notes 和协同办公系统都是基于互联网的沟通方式。值得注意的是，通过微信与同事进行沟通的被调查者占总人数的 79.73%；通过电话与同事进行沟通的被调查者占总人数的 70.27%。这意味着，比起电话，微信已成为更受欢迎的沟通交流方式。

表1　　　　　　　　　　互联网与工作的关系

选项	小计	比例
更快捷地与同事取得联系	66	89.19%
完善工作配套设施	43	58.11%
提高工作效率	67	90.54%
有利于涉密事项的保密	16	21.62%
有利于企业文化建设	22	29.73%
有利于思想政治工作的开展	20	27.03%
其他	0	0%
本题有效填写人次	74	

4. 互联网对工作有多方面的助益。有 90.54% 的被调查者认为互联网有助于提高工作效率；有 89.19% 的被调查者认为互联网有助于更快捷地与同事取得联系。以上两点都与工作效率有关。相比之下，有 29.73% 的被调查者认为互联网有助于企业文化建设；有 27.03% 的被调查者认为互联网有利于企业思想政治工作的开展。

5. 企业员工多对企业文化与思想政治工作有一定了解。有 51.35% 的被调查者对企业思想政治工作和企业文化建设的了解程度为"一般"；

有 35.14% 的被调查者对企业思想政治工作和企业文化建设有较好的
了解。

表 2　　　　　　　　　思想政治工作和企业文化建设的意义

选项	小计	比例
营造良好的工作氛围	56	75.68%
提升企业员工的综合素养	48	64.86%
有助于企业反腐倡廉工作建设	46	62.16%
有助于与党中央保持高度一致性	45	60.81%
增强企业凝聚力	51	68.92%
增强企业综合竞争力	36	48.65%
其他	1	1.35%
本题有效填写人次	74	

　　6. 思想政治工作和企业文化对企业发展意义重大。有 75.68% 的被
调查者认为思想政治工作和企业文化建设能够营造良好的工作氛围，占
比最大；有 48.65% 的被调查者认为这两者有助于增强企业综合竞争力，
在规定选项中占比最小。整体上，各个选项的占比分布比较均匀。

　　7. "'互联网 +'思想政治工作和企业文化建设"的途径丰富多样，
员工选择余地大。其中，认为 Notes 和微信公众号能够成为互联网与思想
政治工作和企业文化建设融合方式的被调查者占比较大，分别为 67.57%
和 72.97%。除此以外，认为可以在官网上建立相关阵地的人占 51.35%；
认为可以以企业名义开通微博的人占 39.19%。认为微信群和协同办公系
统能够发挥效用的被调查者分别占比 28.38% 和 21.62%。

　　8. 我行在思想政治工作和企业文化建设方面对互联网的运用比较充
分，但仍有改善空间。有 17.57% 的被调查员工认为我行在思想政治工作
和企业文化建设方面做得非常好；有 58.11% 的被调查者认为我行在这方
面做得比较好；只有极少数认为我行在该方面做得较差。

　　9. 跨机构、跨部门的线上、线下活动需求亟待满足。部分员工对我
行在思想政治工作和企业文化建设方面的工作提出了建议。建议集中体
现在两个方面：一是与互联网相结合，开展一些风格多样、活泼向上的

我行员工利用互联网手段学习企业文化相关知识

线上活动；二是多开展跨机构、跨部门活动，加强员工与员工之间、机构与机构之间的互动和交流。

（四）问卷总体分析

1. 互联网的普及。无论是对于工作，还是生活，互联网已经成为我们获取、输出信息以及彼此之间沟通交流的重要渠道。我们每个人都置身于互联网之中，而互联网也逐渐与我们的工作和生活相互融合。

2. 互联网的功能兼具多样性和差异性。互联网具有多种功能，对工作的方方面面均有所助益，其重要性不言而喻。但同时，互联网的各种功能之间也具有差异性，这种差异体现在大众给予的关注度。当我们用"更快"、"提高"这样的字眼形容互联网对工作的助益时，能获得被调查者更多的关注。而当我们用"有利于"作为某个选项的开头时，被调查者给予的关注就相对较少。这表明，人们更倾向于认为"快捷"是互联网的本质特性，更关注互联网能带来的那些立竿见影的效果，而对于那些需要相当长的时间才能体现出的作用则容易被忽视。虽然被调查者基本上都对思想政治工作和企业文化建设有一定程度的了解和期许，但由于互联网对思想政治工作和企业文化建设的作用发挥于潜移默化之中，速度较慢，因此，互联网的作用在思想政治工作和企业文化建设上应发挥的作用并没有得到充分的关注和显现。

3. 企业员工对思想政治工作和企业文化建设有较好的认识和普遍的期许，对二者的重要性予以肯定。这为今后我行思想政治工作的开展和企业文化的建设奠定了群众基础。同时，被调查者对思想政治工作和企业文化建设对于企业的意义并没有明显的认知上的指向性。这表明思想政治工作和企业文化建设对于企业的助益具有广泛性和包容性，是全方位、全覆盖的，是不容忽视的。

4. 互联网对思想政治工作和企业文化建设方面的作用得到充分认可。现如今，我行在思想政治工作和企业文化建设方面已付出诸多心血，取得了明显的成绩，得到了绝大多数员工的肯定。但在新的形势下，要想取得新成就，就需要进一步利用互联网手段，拓展和创新思想政治工作和企业文化建设的方式、方法和内容。结合问卷调查结果，员工普遍认为微信公众号、微信群、官网园地、Notes 以及协同办公系统等基于互联网的传播渠道是宣传我行思想政治和企业文化的重要方式。这为我行"'互联网＋'思想政治工作和企业文化建设"的开展奠定了群众基础，也赋予其更多的可能性。

目前，我行官网、微信公众号、内部 Notes 和微信群等互联网新媒体传播平台都已建立运行。因此，我们认为要进一步发挥互联网新媒体在口行思想政治工作和企业文化建设上的作用，重点不在于新建更多的互联网新媒体传播平台，而是丰富现有的互联网新媒体平台的内容，拓展这些平台的功能，进一步挖掘这些平台的潜力。

我行各部门领导、员工应与时俱进，重视互联网的长效作用，积极有效地对互联网独有的优势加以利用，创新我行思想政治和企业文化建设的方式，将二者对企业发展的推动作用最大化。

四、建议及展望

根据案例分析的结果，结合我行实际，本文对我行"'互联网＋'思想政治工作和企业文化建设"的开展给出如下建议：

（一）创新互联网新媒体的宣传手段，拓宽宣传内容，增强思想政治工作和企业文化建设的效果

我行应结合员工的需求，引入与时代和生活及员工利益、企业发展

紧密相连的政治、文化和经济方面的内容，通过互联网新媒体平台进行及时宣传，通过互联网新媒体平台及时传送给员工阅读。这样既可以引导员工关心国家大事和关心企业的发展，又可以使所有员工及时、全面地了解到这些政策或时事的正确信息，提高了思想认识水平，增长了见识。进出口银行作为国家政策性银行，更应积极向客户和社会及时宣传与我行密切相关的、具有针对性的国家经济政策。为此，我行还可以利用官方微信公众号这一互联网新媒体平台，设立专门栏目，及时向客户、员工和社会介绍和解读相关经济政策，使相关群体明了国家政策导向，明确自身的发展和与我行合作的方向。为了增强宣传效果，我们建议编辑人员应创新宣传手段，采用更加生动活泼、适应年轻员工习惯的方式，如将员工身边的案例、新闻、故事等融入思想教育和企业文化建设之中，通过发动大家收集典型人物、重要新闻和故事的素材、集体创作、协同拍摄制作微视频或编写成诗歌、小故事、微小说甚至网络段子，发到微信群、微信公众号传播，这些员工身边的事例，真实性强，员工更愿意接受，员工自身参加了宣传的过程，其认同感更高，思想政治工作和企业文化建设的效果也会大大提高，真正能起到"随风潜入夜，润物细无声"的成效。

（二）拓展互联网新媒体的功能，利用互联网新媒体加强对员工的培训

对员工进行教育和培训是企业文化建设和思想政治工作的重要内容。传统的教育培训活动，方式单一，耗时费力。尤其是由于需要集中培训，在一定程度上会影响企业正常的生产活动。互联网技术的应用，为企业创新教育培训方式提供了条件。互联网新媒体不仅是信息传播和交流的平台，也是对员工进行培训的良好平台。因此，我行应拓展互联网新媒体的功能，利用互联网新媒体加强对员工的培训，促进我行的企业文化建设和思想政治工作。一方面，可以利用互联网新媒体对员工进行业务培训，提高员工的业务能力，更好地服务于客户，树立企业的良好形象。为此，我行可以开设互联网培训网站，制订出员工培训计划，有计划地在网上对员工开展业务培训。网站可以设立"在线课堂"、"在线研讨"、"在线测试"等栏目，通过让员工观看专家授课视频，参加在线互动研讨和进行在线测试的方式，定期得到业务培训。这种利用互联网平台的培

训与传统的集中培训相比，具有可以突破时间和空间限制、降低成本、扩大培训面、工作与培训两不误的优点。另一方面，可以利用互联网新媒体对员工进行政治思想培训，如可以利用掌上课堂 APP，开设党史讲座、党章党纪学习、先进典型、反面案例、时政热点、交流论坛等栏目，组织党员和员工进行自学与线上互动交流讨论。通过这种"精准教育"让每一名党员和员工都可以"化整为零"，用碎片化的时间进行学习交流，不断提高政治思想觉悟。根据进出口银行的业务特点，还可以在口行互联网培训网站开设一个"域外风情"的栏目，对进出口银行有业务开展的"一带一路"国家和非洲国家图文并茂地进行比较全面的介绍，既可以使员工更好地了解公司的业务开展情况，也可让员工较为深入地了解这些国家，为一些员工日后可能到这些国家开展业务打下基础。

（三）利用互联网新媒体的"互动性"，加强公司与客户、公司管理层与员工之间的交流沟通

思想政治工作和企业文化建设的核心是以人为本，出发点是尊重人、理解人、关心人、激励人。而要做到这些，关键是实施者与对象之间能够实现良好的交流沟通。我行可以利用互联网新媒体的"互动性"特性，采用多种方式加强公司与客户、公司管理层与员工之间的交流沟通，以增进相互了解，消除因为信息不对称而产生的误解和隔阂，缩短心灵之间的距离，并把公司和管理层的温暖及时传递给客户与员工。例如，可以利用互联网快捷方便、覆盖面广的优点开展网络线上问卷调查、意见征询，及时了解外界对我行的看法、员工对公司的看法和员工的思想动态、兴趣爱好等，为我行的经营管理和思想政治工作提供重要的信息和决策依据。又如可以开辟公司员工交流论坛、博客等，构建沟通平台，畅通和拓宽员工诉求表达渠道，使员工能够畅所欲言，实现心与心的交流。有效增强思想教育和企业文化建设的宣传效果，使思想教育和企业文化建设工作更易于被员工接受与领悟。为了进一步促进公司的民主管理，激发广大员工的主人翁意识，集思广益，群策群力。我行可以利用互联网平台设立网上"议事厅"，就涉及公司发展的一些问题向员工征求意见和建议，管理层与员工可以就这些问题在线展开讨论交流，扩大共识，使决策过程更加民主，决策内容更加完善，企业的凝聚力进一步增强。另外，可以利用微信群向员工和客户发送重要节日的祝福和极端天

气、极端事件时的温馨提醒，使员工感到组织的关心和温暖，增强员工的归属感和向心力，也使客户感到口行的浓浓关怀之情，对口行的好感油然而生。

（四）利用互联网平台及时了解思想政治工作和企业文化建设的效果，形成"反馈—改进—再反馈—再改进"的良好机制，不断提高我行企业文化建设和思想政治工作的水平

我行可以利用互联网平台便捷、方便的特点，阶段性地对过去一段时间里我行"'互联网+'思想政治工作和企业文化建设"的实施情况进行在线问卷调查和测评，及时了解思想政治工作和企业文化建设的效果，发现相关工作所存在的不足与疏漏，积极主动向广大员工征求改进建议，为下一阶段有针对性地开展企业文化建设和思想政治工作提供依据，使我行企业文化建设和思想政治工作做到精准化，以达到最优化的效果。同时，阶段性的调查和测评也有助于我行开展舆情管理工作。互联网是一把"双刃剑"，它本身并没有筛选、过滤信息的功能，企业员工在接收正面信息的同时，也会接收到负面信息，长期的耳濡目染很可能对员工的身心健康、生活和工作带来影响。定期的调查和反馈能够使上级领导切实掌握员工的思想动态和相关需求，及时对具有负面倾向性的苗头加以遏制，为我行思想政治工作和企业文化建设保驾护航。

互联网时代的到来，为企业文化建设和思想政治工作的创新提供了更好的技术条件和更多的手段选择。我们应与时俱进，不断探索创新，开发出更多更好的企业文化建设和思想政治工作的新方式、新方法，不断提高我行企业文化建设和思想政治工作的水平和效果，为我行各项事业的发展提供强劲的思想和文化动力。

以上是我们课题组对思想政治工作和企业文化建设的一些粗浅的看法和认识，以及对我行运用"互联网+"思维创新思想政治工作和企业文化建设方式方法的一些建议，希望能对相关方面的工作有所助益。如有不足，还望指正。

关于建设青年"菁英"成长成才体系的实践与思考

侯宪来　艾　可*

近年来，中国工商银行山东省分行营业部不断加强青年人才队伍建设，促进全行各项业务持续、健康发展。但随着经济金融环境的变化和移动互联网思维的影响，青年人才队伍与经营转型发展要求不相适应的问题日趋显现，对新形势下的青年工作提出了新要求和新任务。为更好地发挥青年人才的作用，山东工行营业部结合实际，就青年"菁英"成长成才体系建设进行了积极探索与实践。

一、加强青年"菁英"成长成才体系建设的意义与价值

新时期，面对国内外商业银行先进的培养模式和高素质青年人才培养的冲击，山东工行营业部高度重视青年人才培养工作，不断推进青年成长成才体系建设，对人才培养、业务发展起到重要支撑作用。

（一）顺应移动互联网新思维的时代诉求

以移动互联网为代表的现代信息科技，特别是移动支付、云计算、社交网络和搜索引擎等新媒介来势凶猛，正渗透到人们生活的方方面面，改变了人的思维模式和行为方式。极度依赖移动互联网的"80 后"、"90 后"员工，思维呈现出碎片化、粉丝化、聚焦化、快餐化等形式，行动表现出力求高效、张扬个性、场景体验、追求极致等特点，他们工作热

* 中国工商银行山东省分行营业部。本文获 2016 年全国金融系统思想政治工作和企业文化建设优秀调研成果一等奖。

情，具有活力，在工作中不断创新。复杂易变的移动互联网思维，对建设青年"菁英"成长成才体系提供了新的视角、新的工具和新的模式，较好把握了青年人才培养的痛点和极点。

（二）适应建设区域龙头大行的客观要求

山东工行营业部已明确提出打造济南龙头大行的愿景目标，要求全行应具有可持续发展的活力和动力、较强的市场竞争能力、较强的风险控制能力、规范的经营管理能力、较强的攻坚克难能力；应做到客户满意、同业尊敬、社会认同和员工自豪。这就迫切要求对目前的青年人才培养体系进行科学定位、有效规整和重点强化，进一步形成对建设区域龙头大行的有力支撑。

（三）推进经营转型升级发展的重要保证

面对金融市场的深刻变化、金融脱媒速度加快、同业和跨界竞争程度加深等问题，山东工行营业部提出了经营转型升级发展战略，全面推进业务结构、渠道结构、盈利结构和人员结构不断优化，积极开辟和培育新的盈利增长单元，优化资金、资本、管理等要素资源配置，提高投入产出效率。这也迫切要求从调整职能定位、流程优化着手，尽快形成有效的青年人才培养机制，切实把青年人才培养纳入统一、规范、有序的渠道。

（四）促进青年员工成长成才的内在需要

随着外部环境变化和内部改革发展的深入，青年员工的成长成才需求更加多元化，但青年员工的成长成才期待与自身素质之间存在一定差距，必须通过技能培训和实践锻炼，促进青年员工自主掌握履行岗位职责所必需的专业知识和专业技能，提升工作能力，不断拓展职业发展空间，促使人尽其才、才尽其用。这也需要对目前的青年人才培养体系作进一步的完善。

二、目前青年"菁英"成长成才体系建设面临的问题与缺失

近年来，山东工行营业部青年工作围绕中心、服务大局，形成了一套工作思路、方法和模式，较好地适应了经营转型发展的需要。但与建设区域龙头大行、促进青年职业发展等目标要求相比，现有青年人才培养体系仍然存在一些有待改进的方面。

（一）青年人才梯队建设不清晰

随着各项业务快速发展，山东工行营业部青年人才梯队建设面临挑战。一是青年管理人才不足。虽然近几年加大了干部队伍建设，但整体后备人才仍显不足，截至2016年12月末，该行管理干部平均年龄45.5岁，三年内需要转任专业职务的有33人，占比18.8%。其中副处级干部44人，35岁以下2人，占比4.5%；正科级干部132人，35岁以下19人，占比14.39%。二是青年营销人才不足。该行营销人员1278人，35岁以下人员272人，仅占比21.2%。这272人当中大多数忙于案头工作，真正能够"行商"营销的时间有限。三是青年专业人才不足。该行专业人员868人，35岁以下人员89人，占比10.3%。在国际业务、新兴业务、互联网金融等业务方面的人才储备不足，急需加强。

（二）青年培养机制不够健全

干部能上能下用人机制推行不够彻底，力度不够大，管理人员感受不到能者上、庸者下、劣者汰的竞争压力。在管理人员职数受限的情况下，缩小了优秀青年员工晋升管理岗位的空间。一般青年员工除通过公开选聘进入管理类或专业类岗位，获得职级晋升外，其他职业发展机会少。业务职务序列职业发展通道相对较窄，高级经理、资深经理大都是管理人员转聘而来，一般员工很难晋升此岗位，同时专业技术人才和核心岗位人才晋升机会受限，满足不了青年员工成长成才的多元化期望与要求。

（三）青年岗位胜任能力有待提升

近几年该行全面推进专业资格认证考试，绝大部分青年员工取得资格，但青年员工掌握的知识技能水平参差不齐，部分青年员工岗位胜任能力不强，不太适应本职岗位。教育培养应与青年员工岗位任职、职业发展紧密结合，加强有序培养和岗位能力提升，不断提高青年员工岗位胜任能力和职业发展能力。

（四）青年主人翁意识日趋淡化

受当前社会价值观、劳资关系、物质利益至上等因素的影响，"80后"、"90后"员工人生观、价值观都发生了很大变化，大多以自我为中心，个性十足，在工作中往往我行我素，缺乏团队合作精神，不能很好地与团队中的其他成员进行沟通与合作。同时他们价值观具有一定的理想主义色彩，当现实与其理想期望有较大偏差时，会产生失落感，对公司没有归属感。个别青年员工缺乏立足工行爱岗敬业精神，把工行作为职业发展的"中转站"，一旦有条件更好的单位，便寻机"跳槽"。

针对以上存在的问题与不足，山东工行营业部应根据全行新的改革发展要求，进一步开拓思路、加大力度、不断创新，积极推进青年人才培养体系建设，全面提高青年工作水平。

三、青年"菁英"成长成才体系建设的探索与实践

一个有效的青年成长成才体系应着眼于全行发展战略要求，结合青年职业发展的需要，运用各种培养方式和工具，优化整体布局，整合各种资源，发挥系统优势。在工作实践中该行从识人辨人、培人育人、评人用人等方面着手对青年"菁英"成长成才体系（见图表1）加以探索与实践。

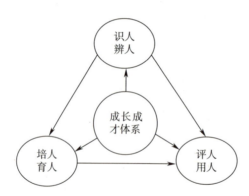

序号	环节	内容
1	识人辨人	借助测评工具，对人选的思维能力、工作能力、行为风格、发展潜质等进行多维度的量化测评、定性分析，形成人才地图
2	培人育人	通过心智磨炼、体质锤炼、培训演练、实岗锻炼等相应的培养方式与具体培养措施，青年人才进行全方位、分层次进行教育培养，提高岗位胜任力
3	评人用人	通过评价、晋升、退出等形式，对青年人才进行培养使用，促进成长成才

图表1　青年"菁英"成长成才体系

（一）识人辨人，发现青年"菁英"人才

科学的培养体系需要应用于与之适合的青年人才群体，有效识别、挖掘优秀的青年"菁英"是进行人才培养的前提。结合各业务条线的岗位胜任要求，该行选择和匹配了适当的识人辨人测评选拔方式和手段。

1. 构建多渠道识别体系。在青年人才评价工作中该行尝试构建了多渠道识别体系，充分利用调研座谈、谈心谈话、日常调度、群众评价等形式，加强对青年人才的德、能、勤、绩的了解和掌握，适时发现、收集青年人才的人选信息（见图2）。为确保信息准确、科学，借助咨询公司测评工具，通过思维能力测验、情景判断测验、无领导小组讨论等形式对青年人选的思维能力、工作能力、行为风格、发展潜质等进行多维度的量化测评（见表2），进一步提高了知人、识人的针对性和规范性。

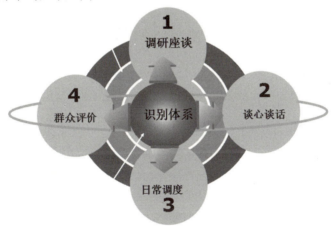

图2　多渠道识别体系

表2　　　　　　　　　　　　　　　测评工具运用

序号	测评方式	测评内容
1	思维能力测验	测查个人快速学习、掌握新规则、新知识的能力，以及进一步学习新知识、新技能的潜力
2	情景判断测验	发现和了解人选在计划安排、监督落实、问题解决、沟通协调等方面的管理意识及经验的积累
3	无领导小组讨论	通过特定的情境对人选在团队中的沟通协调、分析判断、团队合作等进行考察

山东工行营业部组织无领导小组谈论对青年人才进行测评识别

2. 打造多视角研判体系。结合收集的信息和测评的内容，该行按照"把握思想、紧贴行为、注重潜质"的原则，优化建立了多视角研判体系（见图3），从实际入手、从细节着眼，进行多视角考察、研究和判断，全面构建数据信息库，针对每位候选人形成考量报告，包括主要特点、优势与短板、下一步发展建议等内容，并据此确定培养意向，作为青年人才选聘、培养、使用的重要参考。

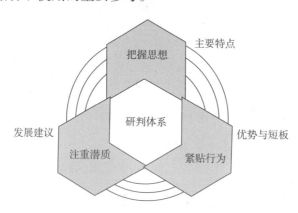

图3　多视角研判体系

3. 搭建多层次分析体系。在掌握数据信息和考量报告的基础上，该行又进一步搭建了多层次分析体系（见图4），对青年人才进行分析：一是分析年龄结构和任职时间情况，深入考虑人才层级；二是了解专业知识结构情况，看青年人才专业知识和业务能力是否适应经营发展需求；

三是判断性格、性别、家庭情况，看青年人才性格气质、政治素养和人际关系是否合理融洽。在此基础上，形成青年管理人才、青年专业人才、青年营销人才、青年客服人才等不同梯队的人才地图（见图5）。

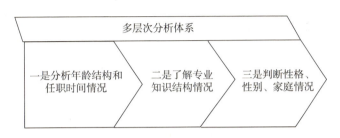

图4　多层次分析体系

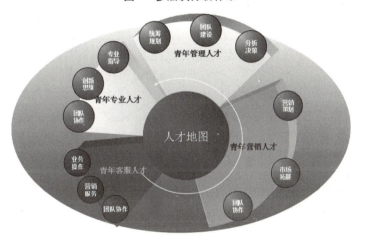

图5　青年"菁英"人才地图

（二）培人育人，储备青年"菁英"人才

选聘初步具备符合全行战略发展要求的青年员工是前提，经过科学分类、阶段培养，培育出青年"菁英"人才是重点。该行结合青年成长特点、身心发展规律和全行转型发展对人才培养的新要求，对青年"菁英"进行系统的心智磨炼、体质锤炼、培训演练、实岗锻炼。同时，结合不同人才地图构建特色培养方式，制定符合各类型人才特色的成长路径。

1. 推出心智磨炼体系。良好的心态和高尚的情操是青年"菁英"成长成才的指向标。在工作实践中该行结合党团专题活动，充分利用主题党团日、心理疏导、典型引路等多种形式，广泛开展学习贯彻党中央领导重要讲话精神，深入进行理想信念教育、职业安全教育、"三观教育""青春有为 青春有位""话工行 共成长"等主题教育，全力培养"四有"青年人才。一是"有信念"。理想信念坚定就是要在大是大非面前旗帜鲜明，在风浪考验面前立场坚定。青年"菁英"要做到信念坚定、严以律己、心洁纯正，在行动上讲政治、顾大局、守规矩，做事上把握原则、守住底线和操守。二是"有思路"。思路决定出路。青年"菁英"要勤于思考、能谋能断、善于创新，在工作上有策略、有点子、有办法。三是"有作为"。有为才能有位，有位更要有为。青年"菁英"要有想干事、能干事、干成事的决心，有实干、求实效、有实绩的实际行动。四是"有担当"。大事难事看担当。青年"菁英"要忠诚履职、勤勉尽责、勇于担责；要有敬业精神和奉献意识，经受住外部利益诱惑，对工作敢做敢当、敢于碰硬、知难而进（见图6）。

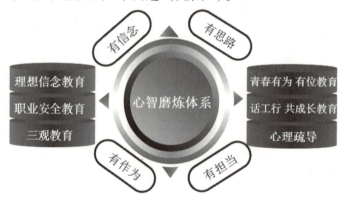

图6 心智磨炼体系

2. 优化体质锤炼体系。健康向上的体魄是青年"菁英"成长成才的重要保障，是缓解、抵抗工作压力的缓冲器。该行结合青年当前"宅男宅女"趋向和健康需求，组建登山、徒步、太极拳、瑜伽、青年足球、趣味运动等各种文体协会，定期组织青年员工参加各类文体活动，进一步增强体质，历练气魄，着力培养青年人才"三铁"精气神。一是具有"铁的身体"。身体健康是履行职责的先决条件。青年"菁英"要有充沛的体力，能从容不迫地负担繁重工作，而且不感到过分紧张与疲劳。二是具有"铁的气魄"。体质锻炼能培养人的气魄与胆识。雷厉风行的气魄是大胆行事和活力工作的重要条件。青年"菁英"要处事乐观、态度积极，做事风风火火，工作不挑不剔，应变能力强，能及时适应内外部环境的变化。三是具有"铁的意志"。体能训练能锻造人的意志。坚强的意志力是工作成功的关键。青年"菁英"要通过体质锻炼，有意识、有计划地调节自己的行为，培养坚强的意志，不畏艰难，大胆工作，快乐工作（见图7）。

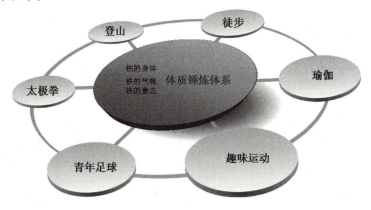

图7　体质锤炼体系

3. 规范培训演练体系。系统的教育培养是青年"菁英"成长成才的关键。根据不同人才梯次分配，培训分"培育强化"、"成长优化"、"发展深化"三个阶段持续进行，采取集中授课、形势讲座、网络自学、行动学习、管理情景模拟、课题研讨、实践调研、拓展训练等多种形式，按照"理念提升—专业认知—职业辅导"模块进行滚动式培训学习。一是促进理念提升。结合国内外经济形势及"十三五"规划精神，围绕当前经济形势下商业银行转型升级发展对策、互联网思维下的发展模式创新以及未来发展趋势等热点难点进行培训。二是加强专业认知。着重进行银行基础理论知识、信贷业务、风险控制、互联网金融、国际业务、结算业务、营销和服务技能等内容的培训，促使青年"菁英"较为全面地掌握重点产品和主要业务，以适应经营转型升级发展的需要。三是开展职业辅导。通过开展导师辅导、座谈交流、成果展示、案例分享、论坛征文、知识技能比赛等活动，培养青年"菁英"善于钻研、乐于创新的积极态度，激发敢想、敢试、敢干的创新创造精神，形成比、学、赶、超的竞争发展氛围（见图8）。

图8　培训演练体系

山东工行营业部举办"工银 e 社区　青春 i 做主"
金融 e 产品社群营销竞技比赛

4. 建立实岗锻炼体系。"体验式"的岗位锻炼是青年"菁英"成长成才的重要依托。该行结合工作实际，统筹考虑青年人才个人特点、专业经历、工作需要等因素，通过上下交流、基层任职、岗位轮换等方式，安排青年人才到营业部本部部门、支行本部部室或网点、其他专业等锻炼岗进行多岗位锻炼，不断提升履职胜任能力。一是深化流程掌控。要求青年"菁英"全面掌握锻炼岗位工作流程，加强经营管理、专业管理等重点工作，逐步提升自身履职能力。二是加强岗位认知。要求青年

"菁英"熟练认知和掌握锻炼岗位的工作职责，学会整合岗位职责和优化劳动组合，以便在今后工作中提升机构或部门资源的利用效率和工作水平。三是进行角色体验。在锻炼岗工作期间，按照锻炼岗工作流程，结合岗位职责，青年"菁英"要进行角色体验，熟练掌握锻炼岗位工作流程，不断提升机构运营掌控能力。四是推进胜任力打造。在熟知锻炼岗位工作职责、工作流程，进行岗位角色体验的基础上，进一步培养团队管理、经营管理、专业管理等岗位胜任能力，有效进行机构管理（见图9）。

图9　实岗锻炼体系

（三）评人用人，施展青年"菁英"人才

培养人才的目的是留住人才，对青年"菁英"进行科学的评价使用是培养青年员工的关键。该行不断完善相关评估评价、晋升退出等工作机制，为有效施展青年人才建立了机制体制保障。

1. 实施全方位评价体系。为检验青年"菁英"培养成效，提高参加培养的积极主动性，该行尝试对青年人才进行全方位、多层面评价。评价采取定性与定量相结合，分直线管理者评价、员工评价、自我评价三个层级，详细记录个人的综合表现，将其作为鉴别德才优劣、影响职务上下、决定收入高低的重要依据。在整个培养过程中着重评价以下工作：一是培养锻炼情况。重点评价在培养期间的知识技能和态度掌握与运用、知识转化、工作业绩变化等情况。二是机构发展规划情况。根据所在机构或部门工作情况，能够制定机构或部门工作思路（包括工作目标、策略和主要措施等）。三是人员组合优化情况。分析所在机构或部门岗位配置、人员性格等情况，能够提出劳动优化组合的解决方案。四是重点活动组织情况。在组织锻炼机构或部门，要组织重点业务活动（包括组织会议、业务检查、营销活动等内容）；尝试分配绩效（包括合理不合理、绩效沟通、考核、辅导和分配等）。通过评价全面检验青年"菁英"培养锻炼情况与效果（见图10）。

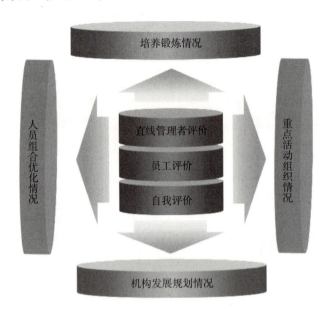

图 10　评价体系

2. 推出激励型晋升体系。健全的青年"菁英"职业发展体系，能够满足青年员工追求进步、实现自我价值的需求，增强归属感和敬业度，在工作中，该行结合青年员工实际需求，进一步完善青年干部选拔、业务类职务发展、专业资格认证等工作机制。一是不断完善青年干部晋升机制。推行青年干部选拔任用工作，根据管理人员职位空缺情况，定期组织公开选聘，充实青年干部力量。建立年轻干部人才库，进一步加快优秀年轻干部培养和储备，推进干部梯队建设，从中培养和使用人才。完善青年干部民主推荐机制，不唯资历，不拘一格择优选才，通过推荐、调配等手段，合理使用青年人才。二是优化业务类职务晋升机制。进一步完善业务序列职业发展办法，加强业务类员工职级晋升管理，为青年"菁英"设计职务晋升通道。在青年员工中宣传职业发展政策，使青年员工明确到达各岗位职级所需的资质、能力要求。充分尊重青年员工自主选择权，由其结合自身特点和职业意愿进行职业发展设计，在此基础上人力资源部门结合全行经营发展和人力资源配置需要进行协助和修正，促进青年"菁英"和工行共发展、同进步。三是规范青年岗位任职资格体系。结合工商银行总行推广的岗位资格认证体系，进一步完善青年员工的能力要求、绩效表现、任职条件和岗位职责等维度，科学评估青年人才的专业知识和技能水平，实现持证上岗（见图11）。

图11　晋升体系

工商银行岗位资格认证体系

工商银行岗位资格认证体系是对员工专业知识与技能水平的评价，引导员工加强学习，促进员工职业发展的专业资格管理体系，包括资格设置、教育培训、资格考试、资格认证、继续教育、职业晋升等内容，按照整体规划、分类设置、统一管理、分工负责的原则进行管理，是员工职务聘任、岗位调整、薪酬确定和业务授权的重要依据。

3. 建立约束性退出体系。"能上能下"的动态管理，能够有效补充青年"菁英"团队"活水源"。该行每年对青年"菁英"人才进行定期分析和名单制管理，对青年人才进行1次考察，对于表现优秀、符合条件的人员，适时提拔使用，对于不合格人员及时劝退。对于违反法律法规及该行规章制度受到处分处理的、对重大风险事件负有责任的、因贷前调查不实导致贷款出现风险的、群众反映问题较突出的，及时调整出青年"菁英"团队，并按相关规定严肃处理（见图12）。定期对青年"菁英"团队进行调整补充，保持合理的规模数量，使青年"菁英"成为一池活水，始终保持生机活力。

图12　退出体系

4. 实行竞争性绩效薪酬体系。薪酬是体现青年人才个人价值和岗位贡献的重要尺度，是留住人才、稳定人才的物质保障。为充分发挥绩效薪酬对青年员工的激励作用，该行尝试推出一套有竞争性的绩效薪酬管理机制。并将绩效考核贯穿于培养体系的各个阶段，制定出符合阶段特点的绩效合约，为青年菁英成长成才明确目标任务，做到了奖罚有据，鼓励先进，惩戒落后。同时在完善原有薪酬体系的基础上建立了"青年成长 e 基金"，激励全行青年主动学习，积极工作，勇于创新，立志成长成才。

四、推进青年"菁英"成长成才体系建设的思路与对策

青年"菁英"成长成才体系的推进与实施，是一项综合性工作，涉及各个层面。为此，山东工行营业部将深挖内部潜力，通过加强系统资源、培养模型、协调机制等建设，不断打造科学完善的青年"菁英"成长成才体系，为全行人才建设作出应有的努力。

（一）完善资源建设，保障青年"菁英"成长成才体系有效运行

工商银行总行建立了强大的网络大学、人力资源系统，为青年"菁

英"成长成才体系的推进提供了资源基础，该行将充分借助这些平台和技术，实现培养体系的数据分析。一是运用网络大学。工银网络大学包含员工培训信息管理系统、考试系统、学习系统，涵盖了员工培训、学习各类信息，"无网不胜 无学不立"的自助网络学习平台逐渐搭建。青年"菁英"成长成才体系可充分利用网络大学加强青年人才网络学习、培训评估、教育服务管理，逐步提高青年人才培训的网络化、自助化和系统化。二是活用人力资源系统。工银人力资源系统包含岗位管理、组织管理、干部管理、薪酬管理、档案管理等模块，详细记载了员工的个人、家庭、教育、政治面貌等各类信息。青年"菁英"成长成才体系可充分利用人力资源系统加强人员管理、职业晋升、薪酬激励、数据分析等，进一步评估和预测青年人才成长路径。三是选择先进的分析工具。"菁英"成长成才体系的分析研判是主要工作，运用的工具可包括调查使用的问卷、数据分析的模型、评价分析的结构图等。先进的分析工具对数据进行科学有效的分析，使青年"菁英"成长成才体系的识别功能更加科学有效。

（二）推进模型化建设，优化青年"菁英"成长成才体系核心功能

引入外部咨询公司测评手段和培养模式，如 MBTI 测试、九型人格、典型行为事件访谈、人才地图等方法，构建先进易行的"工行培养模型"，为青年"菁英"成长成才体系提供有效的方法和工具，形成符合工行培养发展实际的成长成才体系。模型要以人才选拔培养作为切入点，通过设计测评和培养的内容、操作步骤、实施主体，形成便于操作、科学合理的培养方式和操作流程（见图13）。

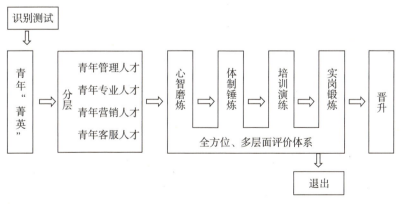

图13 青年"菁英"培养体系

（三）加强协调机制建设，优化青年"菁英"成长成才体系长效有力

青年"菁英"成长成才实施过程要求培养组织者、参与单位、青年人才相互协作，共同配合。一方面，完善组织管理，规范培养工作流程。按照专业化分工、规范化管理的要求，有专人负责培养工作的推动和监督，对于实施结果和过程设置专人进行信息分析和管理。培养的组织实施由人力资源部门人员负责进行具体的操作实施。同时，涉及的相关部门之间做好沟通与协调。另一方面，加强工作合力，促进培养结果的运用。青年"菁英"成长成才的推进实施需要教育部门、业务部门的积极配合，在组织培养和结果运用方面，必须得到支行的支持。对培养实施者来说，培养结果主要以青年成长成才评估与发展报告的形式呈现，而培养结果的价值更多运用于使用人、留住人方面。因而，只有各方积极参与其中，才能最终形成"识人—育人—用人—留人"的良性循环和培养价值的最大化。

总之，山东工行营业部在今后人才培养工程中，不断总结青年人才培养的实践经验，全力优化"识人辨人—培人育人—评人用人"工作模型，进一步构建科学、有效、规范的青年"菁英"成长成才体系，为全行经营发展提供强有力的人才支持和智力保障。

加强职工精神关怀和心理疏导 提升农行发展动力的现实选择

——对人文关怀、企业文化和农行发展 三者共赢的研究

中国农业银行重庆市分行思想政治工作 研究会课题组[*]

近年来，各国内商业银行在深化银行改革中启动了一项暖心工程，把人文关怀和心理疏导作为当前践行党的群众路线、"两学一做"学习活动，推动银行事业健康发展和实现员工价值提升的动力和活力。如 2013年 9 月 18 日，中国农业银行召开"注重人文关怀、重视心理疏导、关爱基层员工"工作会议，"要求全行把党的群众路线教育实践活动不断引向深入，各级行扎实做好人文关怀'六件实事'，解决好涉及基层员工切身利益的重大问题"。通过这项工程，笔者感觉到，坚持以党建工作为统领，以党建带工建、党建带团建，以党建深化思想政治工作领导，加强人文关怀和心理疏导，两者既是重要的工作内容，又是一种强有力的工作手段和现实选择。

重庆市位于川鄂陕黔湘五省交界处，1997 年由计划单列市升格为中央直辖市，是中国中西部唯一的直辖市，中国特大城市之一。全市面积8.24 万平方公里，人口 3130 万人，下辖 38 个区县。由于地处中国东部

---

[*] 何哲伟（执笔）。本文获 2016 年全国金融系统思想政治工作和企业文化建设优秀调研成果一等奖。

经济发达区和西部资源富集区的接合部，具有承东启西，双重辐射、带动功能。

中国农业银行重庆市分行全行现辖45个县（区）域分、支行，对外营业机构467个，在职员工9146人。在市委、市政府和总行、分行党委的正确领导以及社会各界的大力支持下，全行广大干部员工励精图治、顽强拼搏、开拓创新、扎实工作，全行业务经营实现跨越式大发展，迈出了加快推进战略转型和有效发展的崭新步伐，为把重庆建设成为长江上游的金融中心作出了应有的贡献。

第一部分　职工思想心理现状

一、当前农行职工存在的心理问题

从总体上看，商业银行员工经过股份制改造、经营转型以及人事用工制度改革等一系列重大变革和市场竞争的洗礼，员工的心理承受能力已得到较大提升。而随着商业银行改革力度的不断加大和同业竞争的继续加剧及其年龄的增长，员工的工作、精神和生活压力也越来越大，反映出一些值得我们关注和深思的问题。其主要表现有三：

（一）竞争产生的心理压力

目前金融形势复杂多变，同业竞争异常激烈，员工感到任务一年比一年大，考核一年比一年多，担子一年比一年重，完成各项指标的工作难度与日俱增。面对"唯业绩是从"的考核方法，一线临柜有近70%的员工觉得"压得喘不过气来"，甚至有"谈业绩色变"的恐惧。员工完成任务下来已经是身心处于疲惫状态，完不成任务更是提心吊胆。如果任务指标完不成，业绩不可观，意味着分配的绩效工资少，直接影响收入，同时还要面对问责制，更增加了经济负担和心理压力。

（二）超负荷工作状态产生的精神压力

随着业务快速发展，不仅业务考核指标不断增加，各类检查越来越多，除了各项营销任务外，还有一系列的内控制度、文明服务等监督和督促机制的贯彻执行，员工的劳动强度加大，工作繁重精神紧张。同时多数客户对银行提供个性化、差异化金融服务的需求越来越多，对服务

表1　　　心理压力测试调查（2016年7月工会团委微信平台采样调查）

压力程度 抽样人群	压力已经 无法承受		压力很大		压力 还可以承受		压力一般		没有压力		抽样 人数	备注
主城区机关	12	14.3%	35	41.7%	16	19.0%	14	16.7%	7	8.3%	84	
主城区网点	12	18.5%	30	46.2%	18	24.6%	3	4.6%	2	3%	65	
近郊区机关	17	29.8%	20	35.1%	10	17.5%	9	15.8%	1	1.8%	57	
近郊区网点	9	20.0%	24	53.3%	12	26.7%	0	0.0%	0	0.0%	45	
远郊区机关	8	24.2%	15	45.5%	8	24.2%	0	0.0%	2	6.1%	33	
远郊区网点	5	20.0%	18	72.0%	0	0.0%	0	0.0%	0	0.0%	25	
县域机关	19	29.7%	22	34.4%	11	17.2%	9	14.1%	3	4.7%	64	
县域网点	9	16.7%	11	20.4%	23	42.6%	9	16.7%	2	3.7%	54	
市分行机关	5	6.9%	15	20.8%	15	20.8%	22	30.6%	15	20.8%	72	
合计	96	19.2%	190	38.1%	113	22.6%	66	13.2%	32	6.4%	499	

的时间、效率、质量乃至服务的环境、设施、形象等各方面的期望也越来越高，面对客户的不理解、抱怨不满以及投诉的压力越来越大。一线临柜人员早上8点前到岗，到下午5点30分营业终了，开始轧账，等钞车走后才能下班离岗，一般都到了晚上7点，如果遇到某些业务上的问题会拖得更晚，一天的工作时间超过10小时，有时人员请假、培训、顶班就连正常的休假都没有保证，这样长时间、超负荷的状况导致员工精神紧张、压力大，往往出现过度疲劳容易诱发身体多病。

（三）中青年抱怨产生失落心态

笔者对基层银行中青年专题调查中发现，部分青年员工对自己的前途有些"迷茫"，虽然说能做到立足本职岗位，兢兢业业。但意志、激情也在工作压力和劳动强度中被消磨，滋生"做一天和尚撞一天钟"的心态，尤其对于新近入行的大学生，他们对于职业生涯的规划和认识不到位，感觉缺乏认同感而迫切需要发展空间，以及实现自身的人生价值和奋斗目标。有些青年员工对于成长的认识也有一定的偏差，在个人价值取向上，更看重个人职位和眼前利益。对于中年员工，人到中年，压力陡增，来自事业、婚姻、子女等各个方面的压力也常常让他们喘不过气来，致使工作缺乏激情，再加上考虑自身年龄问题，在很多方面信心不足，缺乏充分挖掘自身潜能、价值的勇气和动力，影响工作积极性、能动性和创造性的发挥。

表2　　中青年职工职业生涯满意度调查（2016 年 5 月网络问卷调查）

思想状况 年龄结构	对职业前途 充满希望		对目前岗位 有所不满		对单位十 分不满		对银行 工作厌恶		想跳槽 离职		不发表 任何意见		调查群 体人数	备 注
41～45 岁	17	19.5%	36	41.2%	5	5.7%	12	13.8%	7	8.0%	10	11.5%	87	
36～40 岁	36	28.8%	22	17.6%	21	16.8%	17	13.6%	11	8.8%	18	14.4%	125	
31～35 岁	47	43.1%	20	18.3%	9	8.3%	0	0.0%	27	24.8%	6	5.5%	109	
28～30 岁	63	46.7%	20	14.7%	13	9.6%	12	8.9%	20	14.8%	9	6.7%	135	
23～27 岁	52	65.8%	10	12.7%	3	3.8%	4	5.1%	5	6.3%	5	6.3%	79	
22 岁以下	62	73.8%	8	9.5%	7	8.3%	1	1.2%	6	7.1%	12	14.3%	84	
合计	277	44.7%	116	18.7%	58	9.4%	46	7.4%	76	12.3%	60	9.7%	619	

二、职工心理问题的成因分析

当前出现上述问题和现象，笔者认为其原因主要表现在：

（一）没有把思想政治工作摆在应有的位置

部分基层行负责人没有对思想政治工作引起足够的重视，没有把思想政治工作上升到党建统领的高度，没有落实党建工作"一岗双责"，导致在平时的工作中出现"三重三轻"的现象：即重业务指标完成，轻精神文明建设；重经济利益驱动，轻培训教育引导；重行政命令和经济处罚，轻思想教育和精神激励。

（二）现有的相关机制难以满足员工利益诉求表达的实际需要，员工利益诉求没有得到应有重视和维护

一些员工在个人利益与他人利益、个人利益与农行转型发展目标发生冲突的时候，习惯于采取其他非正常渠道主张自己的权益。表面上看，这是员工民主法制意识的问题，但究其深层次原因，这可能与员工对诉求表达机制缺乏信任有很大关系。

（三）人文关怀和心理疏导工作不到位，劳动关系预警调处机制还没有真正形成

尽管各级行党委和工会组织对建立健全劳动关系矛盾调处工作责任

制都有明确的要求和规定，但由于人文关怀和心理疏导工作不到位，个别员工的抵触情绪大，导致一些劳动关系隐患没有及时发现、提早处理，没有及时化解一些不稳定因素，劳动关系预警调处机制作用仍然有限。

（四）思想政治工作还没有完全做到与解决员工现实利益问题相结合

市场经济条件下，人们的思想问题往往都起因于利益问题。员工的思想、动机和行为都可以从其对自身利益的追求中找到合理的解释和深层的原因，很多看似单纯的思想问题也可以通过利益的调整来解决。在全面考虑利益的基础上形成的思想政治工作方法，才能收到良好的效果，回避正当利益需求的思想政治工作方式方法不但适得其反，还会容易诱发严重的后果。

第二部分　职工人文关怀工作落实和发展状况

三、人文关怀取得的成效

（一）建家与发展契合度的成果调查

我行在职工之家从无到有、由浅入深、化粗为精的创建中，着力把职工之家创建为员工的幸福之家、温暖之家、满意之家，不断凝聚建家力量，努力成就农行梦想和员工梦想。截至 2015 年，全辖 45 个分支行中，已创建成各级模范职工之家 41 家，创建普及率已经达到 91.1%。

1. 新观念，促进了人心齐聚。自 2006 年推开建家工作以来，我行建家工作经历了独立建家、突击建家、长效建家三个阶段。在独立建家、突击建家阶段，工会一家唱戏，以开展文体活动为主，通过各级模范职工之家创建验收为目的，契合业务营销、经营发展，建家持续性不足，实效性不高，员工不满意。如何走持续发展的全面建家之路，成为工会加快建家观念更新的动因。

2. 围绕中心，促进了经营发展。我行始终围绕经营中心，高举"建家就是兴行"的旗帜，不断丰富建家内涵，把促进经营发展作为建家的使命，把岗位练兵、技术比武、优质服务、营销竞赛等作为建家的重要内容，在建功立业活动中不断培育人才、锻炼人才、造就人才，赋予了长效建家机制的旺盛生命力。近三年，我行工会着力于经营发展中的重点、难点问题，主办、协办了各类劳动竞赛项目29个，各有特色，效果显著。

3. 梯次延伸，促进了上下同向。我行在抓好系统建家的同时，坚持建家工作向基层一线、网点梯次延伸，帮助基层因势利导，因地制宜开展建家活动，构建起"全员参与、上下同向"的良好局面，增强了长效建家活力，获得了员工的普遍认同。

4. 加大投入，促进了提档升级。在全辖45个分支行、462个营业网点中，既有城市核心区域，又有少数民族地区、武陵山贫困山区、大巴山贫困山区、三峡库区等相对落后区域。针对大城市带大农村重庆市特殊的市情、行情，为了把人文关怀六件实事落到实处，行党委决定用三年时间，彻底解决基层网点的五小建设欠账多、投入不足的问题。

四、人文关怀存在的问题和不足

员工的需求反映了人文精神关怀建设与发展契合度中的不足，主要表现在三个方面。

（一）观念不新，影响了建家与发展的契合

观念不新是导致建家与发展契合不够的主因。认识不新，部分基层单位对职工之家理解不透彻，没有跟上常建常新，认识停留在传统工会业务方面，片面追求文体活动开展，为建家而建家，对员工吸引力不强。认识不深，没有充分认识到职工之家建设在化解矛盾、凝聚人心、促进稳定上的积极作用，难以调动员工积极性。建设内容单一，建家实效体现不足，员工认同感不强。认识不足，导致思想重视不够，工作开展不深入。认识不到位，没有深入一线网点、基层员工，小家特色不够鲜明，细胞活力不足。以上认识偏差，造成部分基层单位建家工作的群众性参与性不足，通过建家促进业务经营发展作用体现不充分。

（二）思路不畅，影响了建家与发展的投合

少数基层单位征求员工建家意见不够广泛，结合本单位的经营发展不足，没有充分切合单位实际和员工需要，割裂了职工之家与经营发展的紧密联系，导致建家思路偏窄，投合经营发展的需求不足。思路不畅，建家方法不多，没有充分把员工培训、技能提升、营销竞赛等融入建家内容，对企业发展、岗位需要、员工需求的统合不足，没有充分开展形式多样的练兵比武活动，员工缺乏通过建家提升职业成长的感受。思路不宽，硬件建设投合业务营销不足，单纯建设员工活动室、健身房等，没有很好地把客户营销融入职工之家建设中，难以达到职工之家既要符合员工需求，又要符合客户需要的要求，建家的综合作用发挥不充分，增进银行与企业、员工与客户之间的友谊不明显，建家特色不鲜明，重点不突出，缺少符合自身特点的特色之家、亮点之家创建，对员工、客户的吸引力不强。

（三）履职不强，影响了建家与发展的融合

客观上，全辖各分行、支行专兼职工会干部年龄结构偏大、工作精力投入不足；主观上，人文关怀六件实事牵头抓总履职意识和担当精神急需增强。由于人员紧张工作繁忙，基层工会干部难以在建家工作上投入更多精力，投入不足，建家融合经营发展没有充分体现。

第三部分　提升农行发展动力的现实选择

五、强化思想政治工作的主体地位

（一）加强教育和引导，统一员工思想和行动

一是要做好正面宣传、教育和引导工作。坚持"发展依靠员工，发展成就员工"的人本管理理念，最大限度地发挥和调动员工参与改革、投身改革的积极性、主观能动性，不断增强他们的责任意识和大局观念，及时将员工的思想观念、价值取向和行为准则统一到银行改革发展的轨道上来，让员工成为银行改革与发展的动力。二是通过网讯、板报、宣传橱窗、NOTES等舆论阵地和有效载体，大力开展主题鲜明、形式多样的教育活动。在主题宣传教育活动中力避形式讲求实效。克服形式主义有助于员工改善心境，消除不良情绪。各项主题教育活动要注重质量和效果。三是要区别对待，以人为本，关爱员工。要针对不同层次的员工所产生的思想方面的问题，要以情动人、以情感人，多为员工解决一些工作和生活中的实际困难，努力化解各种矛盾、理顺各种情绪、提高员工的思想认识，增强党的群众路线教育活动的实效性。四是充分发挥先进典型的示范和标杆作用。对"优质服务年"、"创先争优"等活动中涌现出的先进典型，及时进行表彰、总结、宣传和推广，在员工中营造一

种积极向上和争当先进的优良环境。

（二）加大岗位培训力度，提高员工履职和竞争能力

一是加强对员工的综合能力培训，不断提高员工适应不同岗位的综合素质和竞争能力。要改变过去"缺什么，补什么"的被动培训方式，实行超前培训，对员工进行一些与自身业务和素质有关的金融知识、政治理论和科学文化等方面的培训，着力提高员工的综合能力，使员工主动从思想上、业务上、心理上适应当前的竞争和挑战。二是构建"人人可以成才"的发展体系，不唯学习、不唯职称、不唯资历、不唯身份，鼓励岗位成才，实行多岗位轮训。可在部门内部、部门之间、部门和基层行之间进行实地轮岗培训，提高岗位适应能力和职业竞争能力，努力为每位员工成长成才创造条件，使各类员工才能人尽其才、用当正时。三是要建立培训长效机制。各行人力资源部门要建立一套培训约束机制，把培训工作纳入银行的经营管理计划和目标，作为一种常规工作进行管理。同时对培训工作进行考核，对员工培训期间纪律、成绩、表现等纳入考核范围，作为工作业绩的考核指标之一，使员工树立"学与不学不一样、学好学坏不一样"的意识，提高员工参与培训、认真培训的积极性，形成一种长效机制，不断激发员工的学习热情，营造良好培训氛围。

（三）加强心理疏导，实施员工思想动态管理机制

针对目前员工工作压力大、心理压力大的特点，要从建设和谐银行的高度，践行党的群众路线，注重人文关怀、关爱基层员工，重视员工的思想健康，实施"员工帮扶计划"，做好员工的心理疏导和减压工作。一是多措并举，构建员工心理问题解决机制。要根据员工自身成长与发展的需要，一方面建立完善"兴业于和"的工作协调机制。加强员工之间的合作，协调好不同职务或部门之间的关系，通过信息分享提升员工满意度，引导广大员工自觉树立"一盘棋"的思想，齐心协力认真做好各项工作。另一方面建立完善"业绩于勤"的全员工作评价体系和"业成于功"的考核激励制度。健全员工个人档案，用实绩说话，充分肯定和客观评价一线和基层员工的辛勤劳作。二是要将心理疏导工作纳入经常性的思想政治工作之中。结合目前"两学一做"教育活动，开展员工思想行为动态分析工作，经常分析、研究员工的心理状态，针对不同的情况，采取健康咨询、专题辅导、野外拓展、体验试互动、开展各类文

体活动等，释放员工的精神压力。三是领导干部结合"两学一做"教育活动要注重与员工的谈心交流。无论工作有多忙碌都要定期抽出一定的时间与员工进行谈心活动，尤其是在员工岗位调整、生病、家庭变故、工作受挫等关键时期必须与员工进行谈心，及时了解员工的思想状况，做到情绪摸得准、苗头看得准、措施抓得准，把群众疾苦放在心上，把责任牢记在心中，切实解决员工存在的各种实际困难和问题，减少员工的心理压力和负担。四是要通过开展各类文化教育活动，不断提高员工的心理承受能力。有条件的基层银行，要特聘心理辅导师，开设心理辅导室。同时要充分发挥党、团、工会的作用，通过开展各类岗位练兵、技术比赛、分年龄段进行职业能力培训、资格考试、读书演讲、征文比赛等文化教育活动，以及开展各类寓教于乐、健康向上的文体活动，不断提升员工的归属感和自豪感，有效缓解员工的工作和思想精神压力。

（四）与时俱进，注重思想政治工作的实效性

随着银行转型改革的不断深入和同业竞争日趋加剧，各商业银行的思想政治工作面临着更多新情况、新问题和新挑战。因此，我们只有与时俱进，不断提高思想政治工作的针对性和实效性，才能真正做好新时期的员工的思想政治工作。一是要将当前"两学一做"活动中出现的难点、热点问题与解决员工的思想问题相结合。要以解决员工普遍关心的、与员工切身利益相关热点为切入点，针对不同情况，做好解释、说服和教育工作，解答疑惑、平衡心理、理顺情绪和化解矛盾，以获得员工的支持和理解，避免回避问题、激化矛盾、"打太极"等消极做法。二是要将思想政治工作纳入日常经营管理的整体当中。实际上，思想政治工作也是银行经营管理的一部分。而从某种意义上说，经营人的工作比经营货币的工作更重要。因此，我们必须将思想政治工作与经营管理工作齐抓共管，与业务发展紧密相连，将其渗透到业务发展、管理、服务、激励和分配的各个环节。三是要以人为本，坚持正面疏导和帮扶教育相结合。对于员工的失误和过错，要经常换位思考，设身处地为员工着想，帮助员工一起查找原因、研究措施、改正问题，而不是一味地批评指责、简单地扣减绩效、违规积分和行政处罚了事。对员工要动之以情，晓之以理，真诚地帮助、教育他们，使他们心服口服，真心实意地改正错误和不足。

六、打造一支强有力的群团干部队伍

坚持党建统领一切，加强系统内群团组织建设，推动党建带工建，发挥工会在建设和谐劳动关系中的作用，妥善处理好农行与员工之间的关系。

（一）摆正位置，打造一流工会队伍

根据现时期金融发展需要，工会人员着力提升政治素质，着力提升工会人员理论知识的先进性，把握政治方向的敏锐性，贯彻金融方针政策的坚定性，为职工群众排忧解难的主动性和创新工作的进取性；提高业务素质，适时掌握与工会相适应的法律法规和业务知识，参与本单位决策所需要的金融管理知识，疏导情绪化解矛盾的心理知识和提高效率的信息化知识等；提高作风素质，要具有坚持真理、遵守原则、履行责任、令行禁止的良好作风；提高道德素质，要践行工作责任，以尊重、亲和、热情、耐心的态度对待员工，要以尽责、公正、主动、奉献的精神对待工作，要以清廉、谦虚、稳重、乐观的思想对待自身。

（二）畅通渠道，构筑一流人才工程

工会干部不仅要不断加强学习、更新知识，还要携手党委、行政从三个方面共同构建新时期"人才"工程。一是就地取才，推进民主推荐、民主检测和民主评议制度，通过竞争上岗等方法，使更多的优秀人才脱颖而出。二是培养成才，根据现代银行经营管理和未来业务发展需要，运用行长授课和教授、专家授课，以及远程教育视频特有的优势，并通过激励员工自学等方式，打造出一支适应于经济、适用于时代、适用于市场竞争的知识型人才队伍。三是广纳贤才，以《工会法》、《劳动法》、《劳动合同法》为指针，运用网络报名、委托使用和参加考试等手段，协助有关部门向本单位引进熟悉金融管理、产品营销、信息传输、风险控制的现代化人才。

（三）科学施责，建立一流维权机制

在金融企业管理不断走向人性化、和谐化、法制化轨道的趋势下，工会干部要学深、学透相关法律法规。成为依法维护职工合法权益的"专家"。同时，要将《劳动法》、《工会法》、《劳动合同法》等法律文件作为维权的基础文件，加大宣传，引导职工学法、知法、懂法、守法、用法，把这些法律法规当做自己维权的利器和法宝。

（四）创新方法，开辟一流运行方式

一是当好员工"知心人"。对职工做到正确引导在心头，察言观色看尽头，防微杜渐抓苗头，深入谈心到家头。二是当好员工的"暖心人"。要站在"职工利益无小事"的高度，真心诚意地为职工群众办实事，尽心竭力解难事，坚持不懈做好事，同时履行"第一知情人，第一报告人，第一帮扶人"的责任。三是当好职工群众身心健康的"贴心人"。从关心职工身心健康和精神生活、提高职工素质的角度出发，在文体活动中注入具有时代特色的新业务知识竞赛，能手岗位技能演示、自学笔记展评、岗位大练兵等内容，在增强团队凝聚力的同时，提升企业竞争力。使广大职工文化生活更加丰富多彩，精神风貌更加昂扬向上，使工会工作靠丰富的内涵，健康的底蕴，多样的形式成为吸引员工的大家庭，教育员工的大学校，激励员工的大后方。

第四部分　下一步工作措施和设想

七、建设科学有效的职工群众性文体活动体制

（一）围绕中心，服务大局，为重庆农行先行提供精神动力

加强职工的思想政治素质教育，组织职工开展健康向上的文娱、体育活动，是《工会法》赋予工会的重要职能。市分行工会在开展助推职工文化系列活动中注重寓教育于活动之中，帮助职工转变观念，增强信心，提高素质。

1. 注重增强职工投身转型发展的责任意识。组织开展"我为五一劳动奖章添光彩"竞赛活动。通过知识竞赛，教育和引导职工明确市分行党委建设"一流分行"的总体思路、目标和任务，明确自己肩负的历史责任，从而以积极的态度、奋进的精神爱岗敬业，努力拼搏，多作贡献。

2. 依托重大节日，丰富内涵，提高质量。市分行工会在开展振兴职工文化系列活动中，结合"五一"、"七一"、"八一"、"十一"等节日，举办"纪念红军长征胜利80周年系统文艺汇演"、"青年好声音"青年风采大赛、职工书法、美术和摄影展览等活动，生动展示我行职工投身转

型发展的崭新风貌。

3. 注重弘扬时代精神，宣传先进典型。在系列活动中坚持反映、歌颂全市农行系统基层一线的优秀代表，大力弘扬劳模精神。通过歌曲、舞蹈、曲艺、诗歌等文艺形式高度赞美他们的辉煌业绩。每个作品及演出都具有鲜明的时代感，使广大职工群众从中深切感受到农行人的无私奉献、勇于拼搏精神。

（二）发挥优势，切实维护职工的精神文化权益

1. 充分发挥职工业余兴趣协会作用。市分行工会下设职工书法、美术、摄影、足球、篮球、登山等22个兴趣协会，对其进行了资源整合。一是加强阵地建设。积极协调，多方努力，为兴趣协会活动提供场所，使基层职工感受到"职工之家"的温暖。二是精心组织重点活动。我们承办了"重庆市2016年'希望工程　圆梦行动'市级救助金发放仪式"，来自全市38个区县的80名贫困学生代表以及社会单位、重庆市主流媒体等单位200多人到场。整个活动的安排质量，受到了与会者的高度赞赏。三是坚持服务，反映需要的原则。兴趣协会以活跃职工业余文化生活为宗旨，根据职工不同需求举办一线职工各种兴趣培训班，组织重庆市文艺专家指导基层文化活动，促进职工文化活动开展作出积极贡献。

2. 贴近生活，反映职工。组织职工业余书法、美术、摄影、收藏等兴趣协会理事深入基层网点一线和重庆三峡库区、老少边穷地区采风，组织他们创作出一大批贴近实际、贴近生活、体现重庆本土风情的文艺作品，再现职工投身农行转型发展的精神风貌。

（三）积极搭建平台，努力打造职工的文体活动品牌

1. 进一步激发职工的创作热情。采取内部培养、推荐上级培训、继续教育、内外交流等形式，提升职工的文学素质和个人情操。鼓励各单位发掘当地特色，成立文学爱好者团体等；支持职工积极创作编排具有"本土味"的优秀作品，不断发现优秀文学创作人才。积极鼓励各社团组织深入实际、深入职工、深入基层，着力在文学、美术、书法、摄影、音乐、舞蹈等方面加强创作力量。积极推出和包装农行系统自己的文化明星等，发挥示范引领作用，进一步提升农行企业文化的知名度。

2. 注重活动质量升华。振兴职工文化体育系列活动，注意广泛征求专家意见，极力打造精品工程，无论作品数量、质量，还是内容、形式

以及活动组织策划方面都表现出较高水准。

3. 加强职工体育活动的科学管理与规划。

（1）科学制定体育活动规划。把系统职工体育活动项目纳入年度工会工作要点，并组织项目工作组进行落实实施。体育活动计划的实施坚持群众性、竞技性和团队性为主，充分发挥职工的积极性和主观能动性。

（2）加强体育社团的管理工作。在现有的体育社团的基础上，充分发挥系统体育社团在动员、组织、策划方面的作用，把社团组织作为发现、培养、团结各类体育人才的重要平台。一是加强系统社团管理，实行社团组织会员制度，会员必须履行会员义务，缴纳会费，服从社团管理；二是定期组织开展社团活动，活动开展有计划、有评估、有方案；三是加强预算控制，社团活动开展必须事前申报纳入年初工作计划和经费预算；四是对外活动需要事前申报，获得主管部门审批同意后方可开展活动。

（3）定期或不定期举办职工体育竞技活动。一是每年定期开展系统内群众性体育竞技活动。每年春季定期举办职工足球联赛，巩固传统优势项目；定期开展职工羽毛球联赛，扩大羽毛球赛事的影响力和竞赛水平；组织系统内篮球选拔赛，提升系统篮球竞技水平。二是开展群众性体育活动。组织开展系统职工运动会，在全系统营造崇尚运动、追求健康的良好氛围。三是组织开展体育交流活动。组织系统内网球、乒乓球、台球等体育运动的交流活动，提高球类运动在系统内的普及率和参与度。

（4）注重体育人才的培养。一是做好准入关，在每年校园招聘过程中关注体育特长毕业生的入行招聘工作。二是通过行内体育活动的开展，发现、选拔和培养系统内部体育人才。

打造引领率先发展的崭新精神文化生态

——关于"爱在中行"企业文化建设的实践与思考

王　骏[*]

一、前言

中国银行田国立董事长指出，"'担当社会责任，做最好的银行'是中国银行的战略目标"，"一个没有简单清新文化的银行不可能成为最好的银行"，"要实现中国银行服务最好的目标，靠的是文化"，"办好银行关键在文化"。由此，"简单清新、荣辱与共、上下齐心"的企业文化建设蔚然成风，成为助推中国银行在民族复兴中担当重任，在全球化进程中优势领先，在科技变革中引领生活方式，在市场竞争中赢得客户追随，在持续发展中让股东、员工和社会满意，保持百年大行基业长青的密码。

企业文化是企业共同信奉和遵循的价值观念、思维方式和行为规范的总和，从结构上一般分为精神、制度和物质三个层面。精神层面是核心，包括价值观、愿景与使命、经营管理理念等，是企业文化的灵魂和统帅。制度层面是规范，包括管理制度、行为准则、习俗礼仪等，是价值观的具体化。物质层面是社会传播和展现，包括物质设施、品牌形象和各种标识等，是企业文化的外溢。由此可见，企业文化表现出导向、

---

　* 中国银行股份有限公司山东省烟台分行。本文获 2016 年全国金融系统思想政治工作和企业文化建设优秀调研成果一等奖。

凝聚、激励、约束、辐射五个方面的功能。企业文化是一家企业的灵魂，是企业生产力的根本要素，是企业持续健康发展和核心竞争力的源泉。实践证明，凡是成功的企业，无不具有良好的企业文化。培育良好的企业文化正在成为当今最主流的管理理念和管理方法。中国银行要实现"担当社会责任，做最好的银行"的战略目标，首当其冲要大力倡导文化管理，理所当然要深入推进企业文化建设。

近年来，中国银行烟台分行科学进取、创新实干，经营管理取得良好成效。但面临经济新常态和同业激烈竞争的双重挑战，全行发展步伐放缓，经营遭遇瓶颈，员工队伍凝聚力不足、队伍战斗力、人才流失频繁等问题比较突出。2015年分行新一届党委成立后，立足全国重点城市分行定位，着眼省辖改革发展大局，结合自身经营管理现状，做出了全面实施"六个一"工程、率先走在全省前列的战略部署，力争用三年左右的时间，将烟台分行打造成为"规模大、效益强、管理优、质量佳、口碑好"的省辖一流和当地最好银行。一年来，烟台分行把培育"爱在中行"企业文化作为"熔魂"和"铸基"工程进行探索推进，充分凝聚了人心、鼓舞了士气，有效促进了恢复性发展，在全行打造起引领率先发展、走在全省前列的崭新精神文化生态。"爱在中行"企业文化在系统内外已渐成品牌。

二、科学开发"爱在中行"企业文化的基本内涵

"爱在中行"企业文化以"爱员工、爱同事、爱中行、爱客户、爱烟台"（以下简称"五爱"）为主要内容，传承总行"简单清新"文化、山东省分行"家园文化"并作为其子文化。"五爱"文化的开发，力求内容丰富、内涵深刻、逻辑清晰，涵盖打造和谐的层级关系、同事关系（团队关系）、劳动关系、客户关系和社会关系等方面。

爱员工，就是各级管理者心系员工、关爱员工，始终坚持以人为本，努力为员工办实事、做好事、解难事，打造一种良好的上下级关系。爱同事，就是同事之间相互关爱、尊重信任、团结互助，营造和谐友好的同事关系和融洽的团队氛围。爱中行，就是全行上下以行为家、行兴我荣，从中行大家庭和衷共济、团结奋进的大局出发，关爱、奉献这个赖以生存的集体，积极投身中行事业发展。爱客户，就是以客户体验为中心，通过优化机制流程、提升专业实力、丰富服务内涵，通过文明规范和优质高效服务提升客户体验，为客户创造价值，实现银客双赢，擦亮中行"百年老店"的金字招牌。爱烟台，就是坚持"根植烟台、繁荣烟台、服务大众、奉献社会"的办行宗旨，大力支持实体经济，积极履行社会责任，树立"责任企业"、"爱心企业"的良好形象。

"五爱"文化环环相扣、相辅相成、层层递进、缺一不可。爱员工是对管理者提出的要求，就是用爱的文化"聚人心、稳队伍、促发展"。爱同事是团队成员之间交际的准则，就是用爱的文化"增共识、传友爱、促和谐"。工作中致力把爱员工、爱同事作为"爱在中行"企业文化的基础来打造。如果上下级之间、同级之间全面营造出了和谐稳定的文化氛围，那么爱中行也就有了根基。因为爱中行，所以爱我们赖以生存的客户和我们得以立足的烟台，进而服务好客户、担当好社会责任，最终实现我们的战略目标，体现了"爱在中行"企业文化由内及外含义的升华。

三、明确指导思想和推进路径

以社会主义核心价值观为指导，围绕"担当社会责任，做最好的银行"的战略目标，以提高员工职业忠诚度和价值贡献度为根本，以继承和弘扬中行百年传统文化底蕴为基础，以完善各项制度规范为抓手，以

开展丰富多彩的文体活动为载体，积极践行以"追求卓越"和"诚信、绩效、责任、创新、和谐"为主要内容的中行核心价值观，构建具有竞争力、凝聚力、向心力的企业文化体系，唱响"爱在中行"好声音，为烟台分行实现全面恢复发展、率先走在全省前列提供坚实的精神引领和文化支撑。

现实的推进路径规划为三个阶段。在初步形成阶段，建立以"五爱"为核心内涵的企业文化理念，在全员层面推行"五爱"思想观念、思维模式、价值取向和行为规范。在规范深化阶段，健全"五爱"企业文化建设的组织保障、工作指导、载体支撑和考核评价机制，初步营造和谐稳定的文化氛围。在深植提升阶段，全面形成与"六个一"工程发展战略相适应、具有鲜明特色和丰富内涵的"五爱"文化体系。

四、发布"爱在中行"企业文化 LOGO 和吉祥物

通过企业文化内涵宣讲、面向行内和社会征集、专家评选等环节，我们面向全行员工和社会媒体隆重发布了"爱在中行"企业文化 LOGO 和吉祥物。

（一）企业文化 LOGO

标识颜色清新多彩，造型活泼动感，具体由5 朵心形五彩花瓣组成，相伴相生，相映成趣，代表"五爱"的五颗心形交织相连，诠释了"爱员工、爱同事、爱中行、爱客户、爱烟台"的"五爱"内容。整体效果是五颗心紧密相连、心心相印，爱的鲜花尽情绽放、五彩缤纷，象征烟台中行百花齐放、蒸蒸日上、繁花似锦。

LOVE IN BOC

"绿色"心形花瓣象征着"爱员工"。基层员工是事业发展的中流砥柱，他们干事创业、充满生机，是中行未来的希望。"紫色"心形花瓣象征着"爱同事"。同事之间和谐共处，互帮互助，工作环境宛如家的港湾一样温馨。"红色"心形花瓣象征着"爱中行"。就是大家对于中行事业赤诚热爱、情深难舍。"金色"心形花瓣象征着"爱客户"。客户是衣食父母，是银行财富的源泉。"蓝色"心形花瓣象征着"爱烟台"。烟台是全国首批沿海开放城

市，在山东蓝色经济区建设中扮演着重要角色。借助企业文化建设这片蓝海，烟台中行有信心打造成为省辖发展高地、创新良田、转型特区和区域中心。

（二）吉祥物

吉祥物取名阳阳，形象为向日葵拟人化。她拥抱太阳，积极阳光，代表快乐、活力，象征着烟台中行创新进取、与时俱进，适应新常态、把握新理念、展现新作为。

运用太阳的艳橘色，整体色调与中行行徽的红色相融合。艳橘色代表着太阳的颜色，整体大气饱满、充满激情。吉祥物与企业文化 LOGO 相呼应，头上是五个心形花瓣，颜色顺序与企业文化 LOGO 一致，寓意"五爱"文化要素。阳阳露出笑容展开双手拥抱太阳，寓意承载的"五爱"之花在阳光沐浴下自由奔跑，茁壮成长，体现出烟台中行蓬勃向上、缤纷多彩。

五、精心推进"爱在中行"企业文化建设

"爱在中行"企业文化建设以"塑五心、育五爱"为主线，借助内部培训、文体活动、公益活动、团队工程、宣传推广等活动平台，在全行迅速推广实施。

（一）塑暖心、爱员工，营造温馨家园氛围

人力资源是企业的宝贵财富。只有心系员工、真诚关爱员工，才能为持续健康发展提供不竭动力，锻造百年中行的恒久基石。工作中，我们要求各级管理者始终坚持以人为本，围绕沟通交流、职业生涯、福利待遇、缓释压力四个方面，建立健全服务员工的长效机制，让员工感受到"家"的温暖，拥有幸福感和获得感。

1. 倾听员工心声，畅通沟通交流渠道

沟通才有凝聚力。通过下述基层走访、座谈、家访等形式加强与各层面员工的沟通交流，开诚布公，推心置腹，设身处地，了解员工诉求，解决实际问题，拉近与员工的距离。

方式	表现及要求	执行人	频率
一把手走访基层	深入定点联系行至少一次	市市党委成员	每季度
	深入管辖支行或网点至少一次	市行各部门总经理	
	深入基层网点至少一次	支行行长	
管理者与员工访谈	对支行部门和网点负责人进行访谈，覆盖率100%；对部门和网点员工访谈，不少于5人	支行行长	每季度
	对分管条线的部门主任、副主任和网点副行长进行访谈，覆盖率100%；对部门和网点员工访谈，不少于5人	支行副行长	
	对本部门和网点员工进行访谈，覆盖率100%	市行部门、支行部门和网点负责人	
员工座谈会	职工代表大会	市行行级领导	每年
	青年员工座谈会	市行行级领导	每季度
	单位员工座谈会	支行领导班子、市行各部门总经理室	每季度
其他方式	行长信箱、行长接待日	市行行长、各支行行长	随时
	职代会意见征集、问卷调查	市行工会、综合管理部	不定期
	在市行内网开设"说说心里话"专栏	市行工会、综合管理部	随时

"刚刚结束了上岗培训，行领导就给我们这么多亲切、惊喜的见面礼，还和我们同台演出、面对面话成长等，人文关怀扑面而来，我们没有理由不热爱和为之奋斗"。2016年刚大学毕业的小张参加完分行系列迎新活动后，饱含激情地对老同事如是说。只有多做让员工看得见、摸得着的实事，员工才能以行为家，业务发展才能持续健康。

2. 倡导价值提升，拓展员工职业生涯

实现价值提升员工才有归属感。各级管理者眼睛向下，把提升员工价值创造作为出发点和落脚点，建机制搭平台，畅通员工职业发展通道，促进员工成长成才。

方式	表现	目的	组织实施
科学实施人才培养计划，拓宽员工成长渠道	建立中远期后备人才库并实施动态管理，加强职位管理创新，完善专业技术序列队伍建设方案。在专业技术序列增设助理高级经理、主任级经理、主办级经理等高职级专业技术岗位；在技能操作序列增设高级柜员、中级柜员等高职级技能操作岗位	加强全行后备干部储备，畅通青年员工的成长渠道，为事业发展提供坚实保障	人力资源部

方式	表现	目的	组织实施
强化岗位知识学习，不定期开展岗位资格培训与学习	根据实际需要，有针对性地组织新政策、新产品、新流程、新文化培训，确保跟进业务发展变化，不断提升职业素养。适时调整分工进行岗位交流，让员工有更多机会从实践中学习和提高，采取有针对性的培养措施，并设法增加趣味性，让员工乐在其中，不断增长才干。积极鼓励参加任职资格考试	使员工学到知识、掌握技能，增强适岗能力和岗位创新能力，满足员工职业拓展需求	人力资源部洽各支行、市行各部门
支持员工学习多学科知识，建设学习型组织	加强与高校联动，利用高校资源，定期组织高峰论坛和专题讲座；开设英语角、自习室，为员工提供良好的学习环境	提供良好学习环境，搭建各类继续教育平台，支持员工自我开发、提升能力	工会、团委

3. 推进亲情服务，提升员工福利待遇

一个企业就是一个家。领导干部真正把员工当成自己的子女或者兄弟姐妹去对待，与员工面对面、心贴心，多搞人文关怀，多做亲情服务，让员工看得见、摸得着、感受得到，凝聚力和向心力油然而生。

方式	表现	目的	组织实施
"亲情服务"热线	在市行工会开设"亲情服务"热线（6599929），帮助员工及亲属协调解决就医、入学、就业等难题	让员工及亲属感受到组织关爱和中行"大家庭"温暖	工会
改善职工食堂	丰富食堂菜品种类，提升饭菜质量，改善就餐环境	让员工拥有良好的就餐体验	食堂管理委员会、团委
员工休息室	为员工提供午休室，配备必要的休闲物品	解决员工的午休问题	工会、综合管理部
设立"生日祝福大使"	详细记录员工生日，及时为员工送去蛋糕、鲜花、贺卡等生日祝福	让员工感受家的温暖	工会
"玫瑰关爱行动"	加强与市总工会、团市委等红娘组织的联系，积极与大客户员工联谊	解决单身员工的交友和择偶问题	工会、团委

方式	表现	目的	组织实施
"真情关爱欢乐同行"	翻修单身宿舍，粉刷墙壁，硬化地面，更换床铺，配置衣柜、桌椅、饮水机等设施。做好异地单身员工的关心与慰问，中秋节、小年、春节等节假日组织无法回家团聚的单身员工聚餐、联谊；春节对五区外单身员工统一派车送回家	解决单身员工后顾之忧，提升幸福感和归属感	工会、团委
"成长关爱活动"	定期举办"孩子教育、学习成长、沟通交流"等方面的亲子教育讲座	关爱员工子女成长	工会、团委
"夕阳红"活动	组织老干部开展娱乐健身、节日慰问、参观游览、建言献策等活动	关心离退休老干部	人力资源部、工会
解除后顾之忧	实施"四谈心"、"五到位"、"六必访"。"四谈心"：当职工思想有情绪时谈心，调整工作岗位时谈心，职工之间出现矛盾时谈心，职工违规违纪受到批评时谈心。"五到位"：思想教育到位，奖惩措施到位，党员骨干表率作用到位，关心人的工作到位，民主管理到位。"六必访"：员工或父母、子女生病住院必访，员工红白喜事必访，员工情绪异常必访，员工家中发生矛盾必访，员工家庭遇到特殊困难必访，重要节日必访	当员工遇到困难时，能感到"家"的温暖，解除员工后顾之忧，安心投入工作	各级管理者

4. 减压释负，丰富员工业余文化生活

关注员工的思想、工作、生活和精神文化需求，组织开展丰富多彩、喜闻乐见的文体娱乐活动，比如"团队协作"够级比赛、"激情碰撞"台球比赛、"爱乒才会赢"乒乓球比赛、"羽你同行"羽毛球比赛、"学而"文学俱乐部活动、"圆梦安康"职业健康讲座等，让广大员工在激情工作之余享受健康生活的快乐。

方式	表现	目的	组织实施
加快"建家"行动	完善"职工之家"、"党团活动室"，配齐娱乐健身中心、荣誉室、阅览室、中高端客户影院等自设文体娱乐场所，确保开放使用到位	使员工在激情工作之余享受健康生活的快乐	工会、团委
开展形式多样的文体活动	成立18个俱乐部，设计特色化旗帜和口号，定期组织文体活动，鼓励员工或员工家属积极参与，做到"月月有活动、月月有关怀、月月有新意"	加强员工融合，丰富员工业余文化生活，构筑轻松的沟通交流渠道	工会、团委
做好精神按摩	开设心理咨询室、建立"生活辅导员"，依托行内外资源，通过集中座谈、一对一辅导等方式，为员工提供心理咨询服务	帮助员工缓解心理压力，保持阳光心态，养成健康的职业心理	团委、工会

（二）塑知心、爱同事，促进内部融合共进

能够在一个单位共事，是缘分也是难得的机遇。同事之间，真诚才见心，坦诚方知心，理解能连心。

团结友爱、和谐共处。引导员工真诚相待、友好相处，生活中彼此尊重信任，工作中互相理解配合。倡导"善良、责任、付出"，讲究"人人为我，我为人人，互助互爱，共同进步，责任共担，荣誉共享"，营造团结协作、和谐愉快的氛围。遇到困难时热情帮助，发现缺点时及时提醒改正，出现矛盾和冲突时保持宽广胸怀，容人、容言、容事。学会赞美人、鼓励人、肯定人、理解人，及时消除隔阂、化解矛盾。

协作融合，互学共进。依托团委下设的融合计划工作组，完善员工融合工作架构，实施融合计划，增进上下级、同级、内外部的协调联动，增进彼此理解，实现融合共进。

（三）塑凝心、爱中行，汇聚持续发展正能量

中行是我家，振兴靠大家。打造"三大阵地"，增强员工的使命感、责任感和荣誉感，激发广大干部员工感恩中行、热爱中行、奉献中行的智慧和热情，凝心聚力促发展。

1. 打造宣传思想阵地

开展"爱在中行"企业文化口号上墙工作，广泛营造舆论氛围。完

善分行内部网站，有效融入"爱在中行"企业文化元素。开办"爱在中行"刊物，宣传文化动态和先进典型。开通各俱乐部微信群，图文并茂展示俱乐部活动。组织文化大讲堂、员工创意展示、合规文化案例分享等主题活动，使企业文化建设通天线、接地气。办好"企业文化墙"，使之成为发展战略宣传、员工风采展示、心灵感悟分享的开放平台。

组织"不忘历史，光荣传承"行史教育。设立行史教育基地，灵活运用展板、画册、宣传栏等形式，面向全员尤其是新入行员工全方位展示百年悠久历史、基业沉淀和品牌优势，增强历史使命和发展责任，提升认同感和归属感，谱写众志成城、和谐奋进的时代篇章。深化"不忘初心，继续前进"党性教育。创新内容、形式和载体，规定动作和自选动作相结合，认真扎实开展党的群众路线教育实践、"三严三实"专题教育、"两学一做"学习教育和"四强""四优"创建活动，进一步激发了各级党组织和广大党员干事创业的新动能。

2. 打造建功立业阵地

以弘扬先进、创造价值为导向，建立综合荣誉表彰体系，倡导"跟着先进的脚印走，照着先进的样子做"，营造创先争优、争先进位氛围。多角度深挖和宣传在业务发展、不良清收、内控管理、服务管理、党建和企业文化等方面的先进典型，定期表彰奖励。改革激励约束机制，通过劳动竞赛、业务创新、技能比武等形式赛马，掀起"千帆竞发、万马奔腾"热潮。利用外部平台，开展"模范职工之家"、"巾帼示范岗"、"文明规范服务"、"青年岗位能手"、"品牌工作室"等的推优工作，扩大社会影响力。

3. 打造铸魂圆梦阵地

以"铸中行魂、圆中国梦"为主题，以系列活动为抓手，叫响"我与中行同成长、我与国家共命运"。

时间	活动内容
四月读书季	围绕每年4月23日"世界读书日"开展"责任与担当"主题读书季活动，提高全员履职能力和职业道德修养，进一步加强员工综合素质的培养
五四青年节	开展"激情五月、闪亮青春"员工拓展训练，增进团队协作，增强员工自信和忠诚度，促进全行各项工作健康发展
七一建党日	组织"扬民族精神，树正确三观"观影活动，感受革命先辈浓厚的爱国热忱及民族精神，弘扬中华民族的传统美德和时代精神

时间	活动内容
九九重阳节	组织离退休员工郊游，增强新老传承、和谐一家亲的家园氛围，发扬尊老爱幼的优良传统美德
十一国庆节	组织"中行情、中国梦"演讲比赛，展现员工风采，激发青年员工爱行敬业、积极向上的青春活力，为实现"中行梦"作出更大贡献
不定期	开展"身边人讲述身边事、身边事教育身边人"微电影征集活动，收集一线员工对全行发展战略的理解，寻找基层一线先锋榜样，助推战略实施

（四）塑贴心、爱客户，打造良好服务品牌

在经济新常态下，利率市场化深入发展，产品同质、客户重叠、金融脱媒加剧，外部监管趋严，服务提升对赢取客户、应对竞争、化解风险越来越重要。只有让客户有更好的服务体验，才能适者生存、制胜未来。服务作为银行业的本质特征，服务文化作为不可复制的软实力，在提升核心竞争力、品牌影响力、发展驱动力方面的作用日益突出。

工作中，我们围绕"省辖一流，同业最佳"服务目标，坚持以改善客户体验为中心，深入推进服务文化体系建设，以文明规范、优质高效、安全便捷赢得客户信赖，提升服务内涵、促进业务发展。出台优质高效服务工作实施纲要（2015—2017），积极推进业务创新和服务转型。注重从生产力高度推动服务提升，从竞争力高度提升员工技能，从影响力高度对待客户投诉，加强消费者权益保护。加快网点销售服务流程导入和固化，充分发挥智能化网点优势。妥善解决厅堂服务营销分润问题，完善厅堂服务人员、客户经理等的标准化考核评价。组建服务管理内训师队伍，发挥在服务督导、技能测评、投诉处理等方面的专业指导优势。实施"推背式"检查和"神秘人"暗访，按季组织问题讲评。学习掌握服务礼仪和服务技巧，组织业务培训和岗位练兵，践行"三心二意"和"三四五六"服务工作法。"三心"：虚心、诚心、耐心；"二意"：心意在客户身上，情意在服务上；"三"是热情接待，真情服务，亲情维护；"四"是见好第一面，说好第一句话，办好第一件业务，留下第一好印象；"五"是来有应声，走有送声，沟通有笑声，询问有答声，完毕有谢声；"六"是老少客户、新旧客户、忙闲对待、表扬批评、询问办理、生熟客户都一样，服务从心出发，诚信点滴积累。

（五）塑热心、爱烟台，树立优秀企业形象

回报社会是责任企业的大义。我们把履行社会责任作为自身发展战略的组成部分，在支持全市经济社会发展的同时，积极履行企业公民责任，努力创建具有人才吸引力、社会美誉度的最好商业银行。一是在监管机构视角，成为经营稳健、管理优良、业绩突出的"综合评价A类单位"；二是在社会公众视角，成为社会美誉度高、受公众尊重的和谐企业；三是在干部员工视角，成为吸引优秀人才、留住核心人才、员工敬业度高的最佳雇主；四是在慈善公益视角，倡议成立烟台市"爱在中行"慈善公益基金和"烟台分行慈善义工管理中心"，开全市金融系统之先河，展现出了国有银行的社会担当。

六、构建"爱在中行"企业文化建设保障机制

一是精心组织领导。成立了烟台分行"爱在中行"企业文化建设指导委员会。一把手任主任，纪委书记任副主任，各部门主要负责人为成员，指导委员会办公室设在市行工会。各单位、各部门均成立了"爱在中行"企业文化建设工作小组，加强领导，明确责任，从广大员工最关心、最现实、最直接的利益问题着眼入手，推动"爱在中行"企业文化建设落地生根、开花结果。

二是部门分工负责。建立企业文化建设指导委员会统一领导、党政工青妇齐抓共管、部门各负其责、全体积极参与的领导机制和工作机制，全行各级机构和全体员工都是企业文化建设的主体。市行工会作为全行企业文化建设牵头部门，负责方案制定、组织协调、工作推进、督促指导和检查评比。市行团委作为活动牵头执行机构，负责战略宣导、文化宣传、内部培训、文体公益活动等的落实推广。市行财务运营部发起企业文化建设专项基金，纳入预算管理，专款专用。

三是完善考评机制。量化组织、宣教、物化、活动、打分评价五大项关爱考核指标，通过现场评估、员工无记名打分、客户满意度评价和在当地品牌价值调查等考核方式，形成员工、中行、客户、社会四大类"关爱指数"，纳入对各支行、市行各部门的机构考核和部门评价，督促管理者主动分析研究关爱因素缺失的主要原因和解决方法，有效提升团队凝聚力、中行亲和力、客户忠诚度和品牌美誉度。评选"爱在中行"

企业文化建设年度先进个人和先进集体，分别取名爱员工—温情之星、爱同事—有情之星、爱中行—奉献之星、爱客户—事业之星、爱烟台—公益之星，召开专门会议表彰奖励。

七、开展"爱在中行"企业文化建设的体会和思考

作为全国重点城市分行和山东省辖骨干行，烟台分行肩负着经济金融新常态下改革发展的新期待。通过开展"爱在中行"企业文化建设，进一步强化了问题导向、责任导向、发展导向和创新导向。全辖党员干部坚定立场明大事、集中心思想干事、展示能力会干事、锁定目标干成事，严实要求、奋勇创业，广大员工人心思进、变革图强，各级党组织的战斗堡垒作用坚强有力，广大党员干部的先锋模范作用表现突出，"发展是第一要务，稳定是第一责任，和谐是第一追求"已经渗透到干部员工的血液。通过企业文化建设，我们觉得：

一是必须提升战略定力。烟台分行新一届党委成立后，深入调研谋划，围绕打造山东重要增长极的定位，突出科学发展主题，优化变中求进的改革发展机制，构建全面风险管理体系，打造三业并举的干部员工队伍，培育"爱在中行"的企业文化，全面建设最好的银行。战略蓝图一经绘就，必须上下用心、持续推进。一年来，党委议事决策制度日渐规范，定点联系基层行吹来务实高效之风；全行机制建设推陈出新，简单清晰的中层干部激励约束机制和员工绩效考核机制省内首创、效果显著；人才强行战略顺利实施，人才梯队初步搭建，一大批业务骨干走上经营管理岗位并成长为中坚力量；风险内控扎实有效，资产质量保持省内较好水平，从严治行、依法合规经营深入人心；文化建设渐成品牌，市场份额持续提升，重点业务逆势上扬，恢复性发展的根基不断夯实。我本人也先后荣获全国金融系统思想政治工作先进工作者、总行优秀党务工作者、山东省优秀企业家、烟台市经济发展先进个人等荣誉称号。

二是必须坚持以人为本。活儿都是人干的，事业都是人开创的。离开人去谈工作、谈事业、谈文化，犹如无源之水、无本之木。只有坚持一切为了员工、一切依靠员工、千方百计成就员工、发展成果由员工共享，千方百计、持之以恒地实现好、维护好、发展好员工的根本利益，我们的工作大局才会持续和谐稳定，我们的改革发展事业才能不断前进。

回顾一年来的探索实践，"爱在中行"企业文化作为思想政治工作的重要抓手，各级管理者坚持人性化管理，及时了解员工的思想动态和情感需求，悄悄走进了员工的内心世界，舒缓压力、化解矛盾，去除偏见、增加共识，培育起广大员工高尚的人格情操、健康的职业心理和过硬的素质技能，不断满足员工日益增长的物质文化和精神文化需求。正是我们牢牢坚持了人本理念，才形成了"五爱"文化的穿透力，增强了战略执行力和市场竞争力。

三是必须担当社会责任。作为中央驻烟企业，唯有拿出服务客户、奉献社会的责任担当，才能让百年品牌熠熠生辉。我们在对内坚持以人为本、内强素质的同时，对外努力拓展"爱在中行"企业文化建设的外延，把"责任"和"公益"作为外树品牌形象的两翼，积极打造和谐共赢的内外部关系，实现了银行与员工、银行与客户、银行与社会的良性互动，促进了经济效益、社会效益、员工利益的协调提升。2015年以来，烟台分行先后获得全国金融系统"五四红旗团委"、中国银行业协会文明规范服务"千佳示范单位"、山东省"文明单位"、山东省名牌促进委员会"服务名牌"、山东省财贸金融系统"工人先锋号"、烟台市委市政府"经济发展贡献单位"、"包村扶贫先进单位"和烟台市总工会"模范职工之家"等荣誉称号。可以说，服务文化、责任文化已经成为"爱在中行"企业文化的应有之义。

四是必须加强和改进群团工作。《中共中央关于进一步加强和改进群团工作的意见》指出，工会、共青团、妇联等群团组织是党联系群众的桥梁和纽带，党的群团工作只能加强不能削弱。要坚持党建带群团、群团抓文化、文化增活力，使群团组织在推进"爱在中行"企业文化建设中有地位、有作为，积极适应新形势新任务的要求，切实发挥动员"工人阶级先锋队"、动员"青年突击队"、动员妇女"半边天"的有力作用，围绕中心抓、服务大局干，体现党委意图、反映员工心声，搭文化平台，唱发展大戏，使关爱的源泉充分涌流，让"爱在中行"的旗帜高高飘扬。

五是必须坚持系统推进。企业文化建设是一项战略性、长期性民心工程，不可能一蹴而就，必须久久为功。要对宣传推广、沟通实践、循环提升等做出整体设计，分步实施，创新推进，充分开发风向标、黏合剂、催化剂、约束力、辐射源等功能。要树立"领导者首位"思想，甩开膀子、迈出步子、做出样子、率先垂范。要坚持服务战略与讲求实效相结合、归纳总结与创新发展相结合、干部带头与全员参与相结合、文化建设与管理提升相结合、顶层设计与基层首创相结合，把"五爱"元素和基因入情入理地渗透到日常各项经营管理中，内化于心，外化于行，固化为制，持续提升文化软实力和核心竞争力。

企业文化建设是一项系统工程，是一个不断发展、不断实践、不断创新、不断完善的动态过程。"爱在中行"企业文化是当前我行宣传思想工作、意识形态工作和群众工作的创造性实践，是新时期烟台分行实现恢复性发展、率先走在全省前列的精神文化支撑。我们将从事关未来兴衰的大局出发，站在更高的起点，以更宏大的格局、更宽广的视野、更扎实的举措不断探索、持续推进，发挥文化引领，助推战略、机制和队伍建设，满怀信心打造烟台分行改革发展的新未来。

以五大发展理念引领
国有银行企业文化建设

中国建设银行总行办公室课题组[*]

　　文化是民族血脉的传承和复兴的源泉。企业文化是企业在长期生产经营活动中倡导、积淀和提炼形成的价值理念、企业精神、经营哲学、思维模式、行为规范和企业形象的总和，是企业的价值引领和精神纽带。对于作为企业的国有银行来说，企业文化是一成不变的吗？企业文化能不能脱离经济社会发展而独善其身呢？当前举国上下正在认真贯彻落实党的十八届五中全会提出的创新、协调、绿色、开放、共享的发展理念之际，国有银行的企业文化需不需要顺应时代发展进行调整和完善呢？本文试图对此做粗浅研究。

一、企业文化已成为国有银行发展的重要价值取向

　　自20世纪80年代企业文化概念和理念进入中国以来，因其独特的作用，受到中国企业的青睐，特别是在银行业得到了快速发展和广泛运用。经过多年的发展，银行企业文化已渗透在银行经营管理活动的各个方面，不仅反映银行发展的轨迹，折射银行价值取向，而且体现时代精神。其中有一个显著的特征是，国有银行企业文化均随着经济社会发展不同阶段和国家宏观政策变化作了适当的调整完善，成为银行基业长青的基础、持续成长的关键、稳健发展之灵魂。建设银行成

　　* 课题组成员：姜国云、乐玉贵、林朝晖、阚莎莎、毛小龙、于鹏。本文获2016年全国金融系统思想政治工作和企业文化建设优秀调研成果一等奖。

立62年来，在发展的不同时期创建了不同特点的企业文化，在履行财政职能时期，严格执行"四按"拨款原则①，形成了守计划、把口子，从严执行、铁面无私、严格管理的文化；专业银行时期，秉承"哪里有重点建设，哪里就有建设银行"的理念，积极创办商业银行业务，形成了"责任、团结、奉献"的企业文化；在商业化转型时期，着力深化改革，形成了"规范、竞争、进取"的企业文化；股改上市后，努力建设现代商业银行，形成了"诚实、公正、稳健、创造"的企业文化。工商银行的企业文化也随着改革发展历程而逐步丰富和深化，建行初期，树立了"求实创新、吃苦耐劳、顾全大局、团结奋进"的企业精神；在综合改革阶段，形成了"五种观念"②和"六种精神"的企业文化；在股改上市后，总结提炼出"工于至诚，行以致远"的核心价值观。

各大国有银行在支持经济社会发展中立足自身实际形成的融合时代精神且各具特色的优秀企业文化，对于激励广大员工开拓进取、深耕主业，对于服务实体、回报社会起到了十分重要的作用，在支撑国有银行发展壮大的同时，也有力地促进了经济社会和金融业的发展。概括起来主要有：

（一）以市场为导向、以客户为中心

以厂商、机构、个人的需求为导向，以对银行的产品和服务有特定需求的群体为对象，通过紧贴市场、细分市场，确定重点和优先发展的区域、领域、行业和目标客户，适时调整和明确经营战略、营销策略和服务目标，掌握市场营销的主动权。同时，以满足客户需求、培育客户忠诚度为目标，主动研究、发现、引导客户需求，改进流程、开发产品，为客户提供个性化、精细化、高品质的服务，不断提升为客户创造价值的能力。这个理念已成为银行创业立行之本。建设银行在国内同业中较早确立"以客户为中心"的经营理念，并组织全行员工开展解放思想大讨论，促进了经营思路由"银行想什么、需要什么"向"客户想什么、

---

① "四按"拨款原则：按基本建设程序拨款、按基本建设计划拨款、按基本建设支出预算拨款、按基本建设工程进度拨款。

② "五种观念"：稳健的发展观、真实的效益观、全面的质量观、严格的管理观和科学的创新观。

需要什么"转变，建立首次接触责任制，实施"一点接入、快速响应、综合解决"的客户服务方式，强化二线服务一线、全行服务客户的意识。中国银行以客户为中心建立全球服务体系，要求全行将"客户至上"的宗旨体现在每一个产品、每一项业务、每一个环节之中，实行一点接入、全程响应的渠道服务，为客户提供随时、随地、随心的服务体验，以客户满意作为持续发展的动力。

（二）诚信务实、严谨细致

这是银行对员工职业操守和工作作风的要求，已成为银行拓疆展业的基础。在经营管理、产品营销与客户服务中，银行员工创建了许多特色鲜明的服务模式和服务品牌。建设银行"刘艳快线"，以"让一切快并简单起来"获得社会各界赞誉，员工们奉行的信条是：小事做实，实事做好，好事做新。农业银行"王希精神"是弘扬"四走四串"①"四千四万"②优良传统，是悉心服务"三农"的代表。王希从事农村信贷工作 24 年，经办农民贷款 9000 多万元，累计上万笔，笔笔无风险，共帮助 500 多个农户脱贫致富。中国银行针对客户办理业务时间长的问题，实施了"让客户少一分钟等待，让员工早一分钟回家"的"一分钟"工程。交通银行立足"高效、无缝、闭环"，做深、做透、做精、做细服务链管理，解决"问题背后的问题"，打造"好客交行"品牌。

（三）不断创新、追求卓越

持续创新产品、服务与流程，成为银行创造价值的精髓，也是提升银行核心竞争能力的关键。国有银行在上市后普遍更加注重倡导创造与开拓精神，积极探索新思想、新观念、新模式，精心培养创造型人才和创造型团队。建设银行以互联网思维，率先推出有效融合了 NFC、二维码、人脸识别等各种技术的"龙支付"统一支付品牌，打造覆盖线上线下全场景的全新支付产品组合，为客户带来便捷无忧的指尖"移动金融生活"。

---

① "四走四串"：走村串户、走街串巷、走厂串商、走亲串友。
② "四千四万"：道千言万语、吃千辛万苦、走千山万水、背千金万担。

建行"龙支付"全力打造全新金融生态系统

当前客户对金融产品的需求，不仅仅满足于安全、高效、便捷、实惠，场景化服务、个性化选择、一站式办理等已成为新的关注点。建设银行运用互联网思维、打造金融生态系统、围绕客户体验推出了"龙支付"统一支付品牌，全面整合了建设银行银行卡产品、商户渠道、手机银行、网上银行等多个业务领域的集团优势，具备了建行钱包、全卡付、二维码、龙卡云闪付、随心取、好友付款、AA收款、龙商户等八大功能，着力实现更开放的用户体验、更多样的支付方式、更丰富的支付场景、更安全的支付环境。

中国银行首创跨境人民币电子商务综合服务，为电商交易提供"全球化"的线上支付、跨境清算汇兑现金管理等金融服务，并借助海外网络渠道为跨境电商搭建全球贸易撮合支持服务。农业银行积极推进"互联网＋农村信息化"的金融创新，为农产品进城、工业品下乡提供信息服务及支付、结算、投资、理财、信贷融资等一揽子服务，促进普惠金融深入城乡。

（四）笃行"三铁"、合规从业

铁账本、铁算盘、铁规章，合规银行、人人有责，已成为国有银行加强内控、防范风险的保障和从严治行、维护信誉的利器。建设银行秉持专注主业、稳健经营理念，践行全员全面风险管理，着力培育"依法经营、合规操作"的合规文化，对案件和重大事故实行"零容忍"，不遗余力、不留死角地做好案件防控，最大限度地降低案件和重大风险事件的发生，并坚持"三个不放过"，即违规原因未分析透不放过、责任人未严肃追究不放过、堵塞漏洞措施不到位不放过。农业银行确立了"违规就是风险，安全就是效益"的风险理念和"细节决定成败，合规创造价值，责任成就事业"的管理理念。工商银行坚持从严治行，强化过程控制，在全行营造"规范、透明、严谨、稳健"的风险内控文化，并提出

"严密监测、严格核查、严肃整改、严厉问责"的"四严"落实要求。

（五）以人为本、凝心聚力

各银行均把员工作为最重要的资源，大力倡导尊重人、关心人和培养人的理念，积极为员工提供更好的发展平台，激发员工潜能，不断提升员工的主人翁意识，实现员工的全面发展。建设银行将提升员工成长发展空间纳入战略规划，坚持薪酬分配向基层倾斜，向一线员工倾斜，推进温暖工程、"职工之家"建设为员工送关爱；同时，启动"213人才工程"，计划在全行培养200名左右领军人才、1000名左右拔尖人才和3000名左右骨干人才，进一步集聚转型发展的人才优势。中国银行为新员工制定"红色起跑线"入职培训方案，包括岗前观摩、集中培训、岗位实习三个阶段，并采取"双导师制"①，帮助新员工缩短岗位磨合期；连续13年开展员工满意度调查，员工满意度逐年提升。交通银行运用"互联网＋"和大数据分析，打造互动型、专业型、交易型、增值型、生活型、分享型、娱乐型、公益型的员工关爱平台，为员工提供非货币化的健康福利。

（六）回报国家、回馈社会

各大国有银行均不忘本色，坚守服务经济社会发展的"初心"，把履行社会责任融入经营哲学和品牌建设当中。建设银行提出"始终走在中国经济现代化的最前列"和"与客户同发展，与社会共繁荣"，发挥基础建设、住房金融等领域传统优势，积极跟进对接国家重大战略，支持经济社会发展重点项目和薄弱环节，以多种方式帮助1900多万户家庭实现"安居梦"。积极履行全面企业公民责任，先后实施了"建行希望小学"、"母亲健康快车"、"贫困英模母亲资助计划"、"积分圆梦　微公益"等100多个公益项目，捐赠资金近9亿元。中国银行提出"担当社会责任，做最好的银行"，为解决长江上百万船民金融需求难以满足、工作生活不便利的现状，创建了长江流域第一家水上金融服务中心，整合联名卡、便利融资、水上自助银行等个性化金融服务，实现线上线下支付结算全方位覆盖，为长江船民开启全新的工作生活模式。

---

① 由业务素质高、经验丰富的老员工担任新员工的"业务导师"，新员工所在网点行领导担任"成长导师"。

二、五大发展理念对国有银行企业文化建设提出新要求

党的十八届五中全会提出创新、协调、绿色、开放、共享五大发展理念，不仅指明了"十三五"时期和未来中国的发展思路、发展方向和发展着力点，也是指导作为国民经济重要部门的国有银行破解发展难题的良方，更是指引企业文化建设的风向标。

（一）五大发展理念是科学发展观的传承

五大发展理念立足国内经济发展新常态和国际形势，为破解经济社会发展动力、发展不平衡、不可持续、内外联动和公平正义等问题提供了答案。五大发展理念继承和丰富了马克思主义发展观，体现了人类共同价值取向，体现了中央对新的发展阶段基本特征和发展规律的深刻洞悉，是我国经济社会发展必须长期坚持的重要遵循。五大发展理念是关系全局的深刻变革，是相互联系、相互贯通、相互促进的有机整体，必须全面深入地贯彻。

（二）国有银行的性质决定其必须认真贯彻落实五大发展理念

银行业作为国民经济的血液，是信贷资源配置部门，其经营状况、发展方向、价值观念不仅决定自身发展，而且对经济社会发展也会产生重要的影响。因此，在经济社会发展按照五大发展理念谋篇布局的情况下，国有银行首先要将认真贯彻五大发展理念作为首要的政治责任和经济责任，自觉将自身发展放到中国经济改革发展的大局中、放到经济"新常态"的大逻辑中去考虑和谋划，在稳增长、促改革、调结构、惠民生、防风险中发挥引导作用。

当前，国有银行面临的经营环境日益复杂，特别是在经济下行压力加大、利率市场化、产业结构调整、金融脱媒、互联网金融冲击等新挑战下，传统存贷业务萎缩，新兴融资、支付、理财等业务分流效应明显，客户更加注重金融产品的多样性、便捷性和增值性，过去紧盯大客户、大企业经营的"二八定律"被互联网金融带来的"长尾效应"所颠覆。国有银行已经步入盈利放缓、息差收窄、资产质量下滑的新时期。国有银行必须按照五大发展理念要求，深化改革开放，加快自身转型发展，加强风险控制和合规管理，统筹破解发展难题。这既是形势所迫，也是大势所趋。

（三）以五大发展理念重检国有银行企业文化

文化的高度决定企业的高度，文化的品质左右企业的发展质量。新常态下，银行原有的粗放发展模式和盈利模式已不可持续，从文化视角也需要重新审视其不适应、不鲜明的地方，以便有的放矢，更好地发挥国有银行企业文化的激励和约束等功能，促进国有银行进一步做强做优做大，全面提升服务实体经济的能力。具体来说，有以下几个方面文化建设需要进一步提高或加强：

1. 引导消费能力有待提高。当前国家正着力发挥消费对国民经济的拉动作用，国有银行消费信贷对经济增长的拉动效应还有很大提升空间，对从供需两端发力补齐消费金融短板则是一头硬、一头软，部分银行分支机构受"坐商"文化的影响仍然较明显，"行商"文化建设还需强化。国有银行综合运用社交网络、大数据、云计算等现代技术破解客户信息缺失难题，进行综合授信、风险防范、简化手续，增强信贷可获得性等还处于起步阶段；构建客户360度画像，洞察客户需求、掌握客户消费习惯等还有大量基础工作需要跟上。产品同质化严重，缺乏满足客户境内外发展、企业集团一体化发展等多种需要、引导消费大发展的金融产品。

2. 传统业务结构有待调整。目前国有银行经营发展瓶颈日益凸显，部分银行分支机构仍然过度依赖存贷利差业务，大资产大负债的综合化经营模式还未形成。部分银行分支机构执行"三去一降一补"办法不多，对产能过剩行业采取了简单放弃退出的策略。资本集约理念不强，大而全、小而全的经营方式仍然根深蒂固，重视线下业务，智慧银行发展滞后于经济发展需求。拼规模、拼资源和重营销、轻管理的经营模式所积累的问题在经济下行压力较大情况下充分显现，不良贷款暴露加快。

3. 国际竞争力有待提升。为客户实施"走出去""一带一路"战略提供的金融服务，还处于跟随型初级阶段，业务种类较单一，配套机制不健全，整体上也未能完全融入当地，没有"走进去"。对境外法律、监管和文化研究不够深入、系统，跨文化经营管理的经验和能力不足，国际化专业人才匮乏。清算行建设能力与人民币国际化需求还有差距，与当地金融机构协同开展业务不够，经营牌照受限。

4. 内生动力有待增强。缺乏实施创新驱动战略的总体策划，对转型发展和二次创业的动力不足。缺少差异化竞争的"蓝海"商业模式创新，满足新需求的功能创新和体验创新不够。对创新的风险容忍度较低，一些成效突出的创新案例，像投贷联动等新型投融资业务、"两权"抵押贷款等"三农"新兴业务、供应链融资等物流金融创新、"云快贷"等大数据金融服务，以及场景化、个性化的金融生态系统广泛移植推广不够。

5. 服务方式有待改进。国有银行在支持"双创"、服务小微方面做了大量工作，也取得了较好成效，但是与小微企业协调发展的要求相比仍有差距，融资难融资贵问题仍未根本解决。一些普惠金融服务措施由于缺少精准的市场细分，客户缺少存在感和获得感的体验，对一些有发展前景的项目存在"惜贷""抽贷"现象。流程银行建设任重道远，内部协调成本偏高，部分银行"大企业病"的弊端较明显，据调查，2015年度银行业客户满意度80.9分，较上年下降2.2分。

6. 与利益相关者关系的基础有待夯实。绿色金融服务没有真正落地，特别是绿色信贷标准在执行中尚不明确。金融精准扶贫相应机制有待健全，与地方政府职能部门之间的沟通配合需要加强。集团内部母子公司之间缺少促进紧密协同、无缝连接的常态化机制，内部利润分配机制不够健全，在一定程度上影响了业务拓展。

三、对标五大发展理念全面提升国有银行企业文化品质

优秀的企业文化既需要传承，更需要与时俱进，创新发展。新形势下，原来强调规模扩张、投资导向的企业文化已不合时宜。国有银行应当在深入领会五大发展理念的深刻内涵基础上，提出融合时代精神的文化主张，自觉对标查找现有企业文化的差距，去粗取精，扬长补短，推陈出新，赋予新的时代意蕴。通过新理念引领新发展，形成在新常态下砥砺奋进的强大精神动力，在做强做优做大的实践中实现新作为。近年来建设银行高度重视企业文化传承与创新，着力打造体现时代精神、彰显价值追求、具有国际视野的文化体系，为更好地服务实体经济、推动战略转型提供精神动力和文化支撑。结合建行的探索实践，本文尝试从以下几个方面提出新时期培育国有银行企业文化的思路：

（一）守正出新文化

这是国有银行实现稳健经营、持续发展的核心要义。国有银行要始

终围绕中心、服务大局，发挥好在国家经济建设主战场上主力军作用，把金融源头活水引流到实体经济。国有银行积极培育守正出新文化，重点是把守正与出新有机结合起来，特别是要在企业文化中注入专业专注、精益求精、善做善成、追求卓越的"工匠精神"，敢为人先，争做吃螃蟹第一人。首先，以"守正"植根实体经济。既要守住服务实体经济的"初心"，一心一意办银行，回归本源专注主业，坚持去通道、去链条、降杠杆，着力解决资金"脱实向虚"、套利"空转"问题；又要牢牢守住风险合规底线，坚决抵制金融乱象，在稳定金融市场、维护金融秩序、引导理性预期等方面，发挥好国有银行"稳定器""压舱石"的作用。

其次，以"出新"引领发展。要大力推进创新驱动战略，创造新供给、对接新需求，深入推进微创新、结构性创新、集成创新和迭代创新，从而推出满足消费者需求的产品和服务，实现自身快速发展。建设银行连续三年举办金点子大赛，鼓励员工人人争当创客、个个创新创效，累计征集金点子5750条，许多富有价值的创新建议迅速得到转化应用，创新型银行建设不断深化。

（二）整体协同文化

综合化经营是国有银行适应经济多元化、企业需求多样化的必然选择，综合化经营必然要求提高银行集团整体协同效率。2012年以来，建设银行在推进综合化转型、打造多功能服务平台的同时，健全条线内部、条线之间、母子公司、境内外机构的内部协同机制，持续完善沟通协商机制，从资源配置、考核激励、信息共享等方面着力提高协同质量和效率，不仅提升建设银行整体竞争力，而且使每位客户都能享受到功能健全、响应及时、方便快捷的综合金融服务。

国有银行要积极培育整体协同文化，重点是把补足短板与挖掘潜力有机结合起来，特别是要在企业文化中注入扬长克短、扬长补短、优化结构的系统性思维模式。一是处理好顶层规划和基层践行的关系，结合服务经济转型升级和产业结构调整，统筹推动银行业务结构调整和经营模式转型向纵深有序迈进。二是对竞争价值链进行深入分析，主动研判各要素之间的动态关系和相互影响，找准补齐关键短板的着力点，寻找市场机遇把劣势转化成后发优势，创造新的整体优势。三是按照形散神聚、一体联动、层次清晰、重点突出、力量持续等原则，打造协作制胜的实践品牌。

（三）生态效应文化

当前落实绿色理念、发展绿色金融不仅是国有银行的政治责任和社会责任，更是实现结构优化、提高盈利能力新的着力点和增长点。建设银行坚持"绿色金融"优先，严格执行"环保一票否决制"。针对绿色产业公益性特征，开展结构化产品研发，为客户量身定制绿色信贷、绿色债券、绿色基金等金融服务，有力促进传统产业结构调整和技术改造升级。

国有银行积极培育生态效应文化，重点是要在企业文化中注入生态价值和绿色信贷的理念。一是充分吸收山水林田湖生命共同体的思想，将环境成本与生态效益纳入投融资决策考量体系，清晰划定生态金融红线，积极构建绿色盈利模式。二是研究企业级的绿色发展战略、环境与社会风险管理办法、绿色金融政策，引导社会资金投入绿色产业，推动经济向绿色转型。三是倡导通过信贷资源优化配置，推动提高能效、节约资源，推动新能源、节能领域的技术进步，培育新的经济增长点。四是积极参与构建自然和谐的绿色金融生态圈，通过与有关方面合作提供绿色债券、绿色基金、PPP、绿色理财等多样化产品和全生命周期的金融服务，以金融力量促进生态可持续发展。

（四）和合交融文化

随着国家"一带一路"战略的实施，国有银行纷纷将国际化纳入其发展战略，加快海外布局进程，跨文化管理已成为国有银行新的课题。在推进国际化转型过程中，国有银行要积极培育和合交融文化，重点是要在企业文化中注入开放合作、共同发展的理念。一是推进内外联动。推动"两个市场""两种资源"的双向流动、相互促进，加强国际国内业务联动发展。一方面，通过国内优势业务的延伸，推动海外业务的落地，扩大海外业务规模，增强国际金融话语权。另一方面，积极引导海外客户和国际资本市场资源进入中国，吸收利用海外同业先进经验，丰富完善服务客户的产品体系。二是推进求同存异。发扬中国"尚和合、求大同"的优良传统，客观对待不同国家、不同金融机构、不同企业之间的差异，尊重其价值取向、文化传统，加强与监管当局的沟通和交流，增强互信和国际认同，为服务中国企业"走出去"搭建沟通交流的桥梁。

要始终坚持文化自信，不断传播中国主张、中国理念、中国价值，讲好中国故事。三是推进深化合作。加强与所在国、国际同业及企业集团协同合作，落实"一行一式"和转型发展策略，优化网点布局业务和客户结构，扩大海外业务广度和深度，助力推动人民币国际化、落实"一带一路"战略。四是推动人文融合。拓宽人才选拔视野，统筹境内外人力资源市场，加强国际化管理人才和专业人才等储备培养。坚持大胸怀大格局，增强海外机构当地员工的认同感、归属感和自豪感，打造开放、包容、和谐的文化氛围。

（五）普惠共赢文化

国有银行要积极培育普惠共赢文化，重点是把利益相关者参与同广义的客户关系管理有机结合起来，特别是要在企业文化中注入利益相关者也是客户的"泛客户"理念。第一，要以金融服务的公平性、共享性和可获得性作为银行经营发展的出发点和落脚点，处理好普惠客户与商业可持续性的关系，全面维护好客户权益。建设银行"裕农通"业务通过与供销合作社、电商、通信公司等合作，打造"村口银行"模式，打通普惠金融"最后一公里"，让广大农民享受方便快捷的金融服务。第二，

湖北省分行"裕农通"业务案例

随着我国农村地区发展加快，县域市场金融业务发展潜力巨大。但一直以来商业银行普遍存在农村服务网点少、业务单一等问题。建设银行湖北省分行与湖北供销总社通过跨界合作，依托建设银行移动金融技术和湖北供销总社1.9万个村级供销社，率先推出"裕农通"助农金融业务，构建了"手机＋供销服务点＋裕龙卡"的村口银行模式。在此模式中，该行通过与供销社下属裕农公司搭建的助农金融服务平台进行对接，农民在供销社村级服务点利用裕农公司的手机STK服务（类手机客户端），足不出户就可以办理存、取、汇、缴，实现了银行服务渠道的延伸和下沉，打通了农村金融服务"最后一公里"，真正把优质服务送到了田间地头。截至2016年12月底，全省裕农通服务点达到10111个，覆盖全省17个地级市及60个县级市，辐射省内50%以上乡镇和逾35%行政村。

在生产运营过程中加强股东、客户、员工、供应商、社会等利益相关者的参与，建立抱团式的长期伙伴关系。第三，要从单一地关注直接客户诉求转向全面分析识别并满足利益相关者的需求，把提高直接客户满意度延伸至提高利益相关者满意度，作为企业平衡风险和收益的经营责任，积极创造相互共享价值，实现共同发展。建设银行推进基于大行业、大系统的链式营销服务，开发依托核心企业的"1＋N"供应链融资模式，有效提高了自身"获客"能力和产品覆盖，实现对上下游关联企业的有效增信，形成了银企双赢、良性互动的局面。第四，树立担当精神，把小企业做成大事业，跳出纯粹的"买卖关系""利益关系"，在助力小微企业成长发展中建立起"互促共进"的伙伴式合作关系。建设银行借助大数据、"互联网＋"技术，采用评分卡等业务模式，依托"圈、链、平台"实现融资增信，破解了小企业授信"缺信息""缺信用"等难题，提高信贷可获得性。第五，履行扶贫责任。要紧紧围绕"精准扶贫、精准脱贫"基本方略，有效对接脱贫攻坚多元化金融需求，大力推进贫困地区普惠金融发展。建设银行从资源配置、网络延伸、产品创新、改进民生等方面完善扶贫长效机制。建立四级书记抓扶贫工作格局，选派一批优秀驻村干部，为6.5万户、近20万贫困群众排忧解难，真心实意做好定点扶贫工作。第六，努力做好金融消费者权益保护工作，形成银行与金融消费者良性互动的局面。将客户至上的理念从小处着手、从细处着眼、从行动上落实，融入经营管理实践，转化为员工工作的自觉行动，保持持久的文化氛围和不竭的精神动力。

"培育合规文化，建设合规建行"课题研究成果

王　军　孙耀河[*]

2015 年，建设银行启动了"合规管理年"活动，全面展开了一场合规管理的大规模行动。在此期间，总行部门、境内分支机构、海外机构及综合化经营子公司（以下简称"各机构"）均采取了形式多样的方法践行"合规建行"理念，合规文化建设已经取得了阶段性成果。同时，我们也看到各机构在合规文化建设过程中还存在一些薄弱环节。作为内控合规工作中的软实力，文化建设是制度建设的有效延伸，从根本上解决意识形态的问题。本文从剖析合规文化内涵开始，由内而外对具有建设银行特色的合规文化体系作以完整论述。

一、建设银行合规文化的内涵

（一）合规与合规文化的概念

合规即按规则办事、遵守规矩。商业银行的合规文化是指为了避免触碰法律和监管的底线，防止财务和声誉等方面的重大损失，自上而下地建立起一种普遍意识、道德标准和价值取向，以从精神方面确保其各项经营管理活动始终符合法律法规、自律组织约定以及内部规章的要求。

（二）建设银行合规文化的架构

建设银行在多年的发展实践中逐步形成了包括精神层面（内核）、制

* 中国建设银行总行内控合规部。本文获 2016 年全国金融系统思想政治工作和企业文化建设优秀调研成果一等奖。

度层面（中层）和物质层面（外层）三个层次的合规文化整体架构。

精神层是指在经营过程中受社会主义核心价值体系的影响，在外部监管和自身发展的不断要求下，经历长期实践形成的合规文化理念。制度层是指为实现合规文化建设愿景，而给所有建行员工规定的工作方向和行为准则。物质层是指合规文化传导和展示的载体，包括合规理念宣传展板、视频、电子手册、徽章以及征文、竞赛等多种活动形式。

（三）建设银行合规文化的要素内容

通过长期的管理实践，建设银行构建了体现自身特色、符合转型发展方向的合规文化体系，包括合规文化建设愿景、合规文化基本理念、合规文化宣传用语三大方面，具体描述如下：

1. 合规文化建设愿景

"愿景"在文化要素中指的是"期望看到的情景"，具体理解为"去哪"、"目标"、"未来的状态"等。立足于当下，与建设银行发展愿景相统一，合规文化建设的愿景可描述为：

始终将合规理念与经营理念相结合，让合规成为一种态度、一种习惯、一种职业精神，为建设国际一流银行保驾护航。

2. 合规文化基本理念

以愿景为方向，建设银行已形成层次清晰的合规文化理念，具体描述如下：

（1）顶层合规设计理念

从顶层设计方面，着力打造"横到边、竖到底"的合规文化，提出："合规是立行之本、内控促发展、合规创价值"。

（2）中层合规监督理念

中层监督是顶层设计理念能够落实的关键过程，应秉承："合规无偏好、过程有监督、违规零容忍"。

（3）基层合规执行理念

基层执行是实现"由要我合规向我要合规"转变的关键，应贯彻："制度不变样、纪律不松弛、差错不发生、工作不延误"。

3. 合规文化宣传用语

为时刻提示合规行为的重要性、让合规文化犹如空气般渗入员工的工作环境以致内心，课题组从全行范围内甄选出若干条表述精准、易于传播、具有思想冲击力的合规文化宣传用语，并将进一步在全行范围内大力推广，充分发挥其激励、警示和提醒的作用。详见附件。

（四）建设银行合规文化发展状况

近年来，在总行党委、董事会、监事会、高管层的高度重视下，建设银行合规文化建设工作成果斐然，合规文化建设工作得到了充分重视，合规理念得以丰富，合规文化得到广泛传导和认同。面对金融市场的创新发展以及内外部监管的严峻考验，建设银行正在实施战略转型。2015年，王洪章董事长在内控合规部调研时的讲话中提到"内控合规管理转型既要为全行转型发展提供支持保障，也是转型的具体内容。"内控合规转型工作中的重要一环就是持续推进合规文化建设工作。王祖继行长在内控合规转型发展工作会议中明确提出要"加强合规文化建设，打造建设银行合规品牌"，目前全行正通过多种途径努力打造"合规建行"品牌，使其成为建设银行"无可复制的竞争软实力"，通过合规文化建设真正实现观念转变、意识转变、行为转变。

二、合规文化建设的标准

通过总结建设银行多年来的内控合规管理经验和合规文化建设经验，可以提炼出合规文化建设的"四力"标准，即"丰富的资源力"、"完善的环境力"、"高效的传导力"和"强大的覆盖力"。

（一）丰富的资源力

资源力是指建设银行合规文化内涵的丰富程度，可以从深度和广度两个维度来理解。从深度上看，合规文化既包括精神内核又包括物质外延，由抽象到具体主要包括合规文化愿景、理念、宣传口号、培训以及各类实践活动等。从广度上看，合规文化的打造和影响范围应包括建设银行日常经营管理活动和全体员工。

（二）完善的环境力

内部环境是合规文化建设的基础，有什么样的环境就有什么样的合规文化。内部环境影响合规文化的同时，也受合规文化的影响。这里所指的环境可以从广义和狭义两个方面来理解。从广义上讲，内部环境包括治理结构、机构设置及权责分配、内部审计等多个方面；从狭义上讲，合规文化培育的环境主要包括管理层和全体员工的重视程度、各层级在合规文化建设中的职责、合规文化交流反馈机制以及对精细化制度环境的搭建等。

（三）高效的传导力

传导力是合规文化传导的途径，通常会层层递减，往往只能全面展示于高层，而不能整体传导于基层。因此，需要让合规理念通过有效的机制和载体传导到全行，特别是机构和员工群体的末梢；把合规文化的传导融入日常工作，与具体的工作紧密结合，达到共生共荣。在合规文化的传导中，如何建立有效的传导机制以及如何综合运用各类传导工具和途径是主要的着力点。

（四）强大的覆盖力

覆盖力是指合规理念对建设银行经营、管理以及员工合规执行力的影响程度，它是资源力、环境力和传导力共同作用的结果。覆盖力作为一种软实力，很难对其进行准确地衡量与评价，但是，我们可以通过对合规文化建设工作的精细评价，部分地反映出合规文化的影响程度，并为合规文化建设覆盖力给予制度保障。因此，需要建立一套科学、有效的对合规文化建设工作的评价机制，明确合规文化建设工作的评价原则、维度以及评价指标，并将合规文化评价结果与机构绩效分配、评级以及机构负责人评优、晋升挂钩，确保合规文化工作得到落地执行和持续改进。

三、如何打造合规文化培育的环境

内部环境是进行合规文化建设的基础，也是合规文化根植的土壤。合规文化既影响其根植的环境，又受到环境的影响。影响合规文化培育的环境主要包括合规文化建设的目标与原则是否明确、各机构在合规文化建设中的职责划分、合规文化建设的交流与监督机制以及精细化制度环境搭建等多个方面。

（一）明确合规文化建设的目标与原则

1. 合规文化建设的目标

合规文化建设过程中应坚持目标导向，分阶段制定合规文化建设的目标。现阶段应紧密围绕内控转型要求，积极开展合规文化建设，突出一个总体目标，努力发挥合规文化的五项功能，促进"三个转变"，为全行转型发展提供有力保障。

一个总体目标：即通过合规理念的传导，不断增强员工的合规意识，创造合规氛围，将合规理念融入员工行为规范和具体业务操作，内化于心、外化于行，从而提高全行的内控管理能力。

三个转变：即从"要我合规"向"我要合规"转变，从"应对现在"向"考虑长远"转变，从"应付检查"向"主动作为"转变。

五项功能：即丰富合规文化的内涵，增强合规文化的导向功能；完善相关制度，发挥合规文化的约束功能；明确各机构在合规文化建设中的职责，增强合规文化的凝聚功能；加强合规考核，增强合规文化的激励功能；创新合规文化的传导方式，增强合规文化的辐射功能。

2. 合规文化建设遵循的原则

（1）全面性原则。"合规建行，人人践行"，合规文化应覆盖全员、全部业务流程，融入全体员工的日常行为规范和各项经营管理实践中。各机构管理人员应带头引领、率先垂范；各岗位员工应尽职尽责完成岗位工作。

（2）适应性原则。合规文化建设要适应外部经济金融环境和建设银行管理需求的变化，与各层级机构自身的经营管理特点、经营规模、内控管理水平相匹配，并随着内外部经营环境和管理需要的变化及时调整合规文化建设的目标、方式、主要任务等；在符合总行合规文化建设总体要求的情况下，分行应积极探索适合自己的特色文化。

（3）常态化原则。坚持合规文化建设与经营管理同步推进，建立合规文化建设的长效机制，将文化建设纳入日常经营管理中，固化合规文化建设的传导、评价、考核等相关工作机制，不断加强合规文化的五项功能。

（4）正向激励原则。在合规文化建设过程中要注重合规文化的正面引导作用，不断丰富合规文化内涵，及时总结合规理念，发挥模范人物的典型示范效应，有效树立合规价值导向。

（5）价值创造原则。"内控促发展、合规创价值"，通过合规文化建设，不断增强员工的内控合规意识，发挥文化的软约束力，使规则制度得到有效延伸，进而规避经营风险，提高经营管理水平，增强核心竞争力，提升价值创造力。

（二）明确各机构在合规文化建设中的职责

在合规文化建设中坚持责任导向，明确各层级机构在合规文化建设中的职责，形成完整的合规文化建设责任体系，实现对合规文化建设的过程和效果进行持续监督和考核，对不重视合规文化建设或流于形式、走过场的现象进行问责。

各机构承担本机构合规文化建设与落实的职责，对本机构合规文化建设情况负责。具体包括：

1. 落实上级行合规文化建设的相关要求；

2. 结合当地监管要求和自身特点制定本机构合规文化建设的目标、原则、方案及要求；

3. 指导本机构所辖机构开展合规文化建设，归纳总结有效的合规文化传导方式；

4. 制订本机构合规文化建设评价方案，并对本机构合规文化建设情况进行评价；

5. 定期对本机构的合规文化建设情况进行监督和检查；

6. 按时向上级机构报送合规文化建设的开展情况；

7. 合理配置合规文化展示、传播、评估和主题活动所需的财务资源，确保文化设施完备。

（三）对合规文化建设情况实施信息交流与监督

为保证合规文化建设工作顺利开展，切实提升员工的内控合规意识，各机构应确定专门的部门或岗位对本级机构合规文化建设进行全流程管控，尤其要注重对合规文化建设信息的管理。

1. 建立信息交流与反馈机制

各级内控合规主管部门应建立合规文化建设信息的交流与反馈机制，规定信息报送的内容、时间、频率，并对同级业务部门的信息报送情况进行反馈；其他部门应定期向内控合规主管部门报送本部门合规文化建设的开展情况，包括但不限于合规文化的推广活动、取得效果、遇到的难点等。

2. 对合规文化建设过程进行监督

各级内控合规主管部门应对本级机构的合规文化建设情况实施过程管控，定期检查本级机构合规文化的开展情况，并通过访谈、调阅审核材料、组织合规测试等方式，检查合规文化的掌握和落实等情况；主动参与到合规文化建设活动中，总结活动中好的做法和不足，并对活动情况做出反馈。

（四）构筑激励与约束并重的精细化制度环境

"天下大事必作于细"，精细化管理理念是合规文化中不可或缺的部分，合规文化的培育也要以精细化制度环境作为土壤。精细化制度环境的范畴涉及广泛，涵盖了整个制度体系。在此，针对合规文化建设的现实需要、结合分行的成功经验，总结出搭建精细化制度环境的几项有效举措。

1. 完善问责机制，引领合规文化发展

问责机制是内部控制的关键环节，也是合规文化培育的重要保障。实践中发现，导致合规执行力缺失的重要原因之一就是违规成本过低，造成很多问题无法彻底整改。一方面，在制度设计上要确立分层定位的思想，问责范围要涵盖领导责任、直接管理责任、合规操作责任、监督责任。另一方面，要保证违规处罚和问责制度被严格执行，做到有责必问、问责必严，形成"火炉效应"，对于屡查屡犯问题要实行加倍惩罚。

2. 设置合规档案，让合规表现留下痕迹

通过合规档案的形式记录每一位员工合规培训、制度执行、违规积分、合规考核等相关情况，并将合规档案作为员工评优、晋级等参考依据；一级分行应建立所辖二级分行的合规档案，记录各分行的合规文化宣传、合规评价、违规情况、检查情况等，形成一行一档案，并将该档案作为考核分行负责人的参考依据；二级分行应建立所辖基层网点的合规档案。

3. 实施员工自省、重检办法，让违规"刻骨铭心"

自省、重检是指各机构引导和督促员工以问题为导向，定期对本人因内控合规履职不到位导致的内外部审计与监管检查发现问题进行回顾，从主观、客观两个方面分析问题产生的原因，根据问题成因提出有针对性的改进措施或工作建议，直接上级领导根据员工自省、重检情况对其内控合规履职行为进行客观评价，形成评价结果。

4. 运用大数据，提高合规文化建设科学性

互联网时代员工思想的独立性、多样性特点日益突出，青年员工的

辨析能力、质疑能力不断增强，思想观念也在不断分化。要探索运用大数据管理提高调查研究和思想文化工作水平，通过对员工行为和业务数据的分析，准确把握员工倾向性问题和思想状态。

四、如何促进合规文化的传导

合规文化只有传导到全行的所有员工，固化于制，内化于心，外化于形，才能真正发挥作用。合规文化传导工作的关键内容是传导机制的建立和制度完善，并辅以创新的传导工具才能最大限度地发挥其信息宣传、教育和引导功能。

（一）传导机制

1. 横向传导机制

合规文化横向传导是指合规部门与各子公司、各部门、各条线之间的互动。各部门、子公司和条线之间的良性互动，相互协作，有助于共同打造和谐的合规文化生态环境。

一方面与企业文化部、工会等行政部门合作，将合规文化嵌入现有价值主张中；另一方面加大与业务部门的合作，将合规文化传导工作作为合规官基础工作之一给予重视，可结合各业务条线特点，有针对性地组织开展具有业务特色的合规文化传导活动。跨部门合作使合规文化的组织传导和学习贯彻活动参与主体广泛、内容丰富多样、覆盖员工面广，有利于共同创建合规环境，营造合规氛围。

2. 纵向传导机制

合规文化纵向传导是指依托合规官制度，以各种方法和工具为载体，让合规文化直达各机构各级员工。在总行层面，将合规文化传导职责纳入合规官工作内容和职责之中并赋予切实的职能；在分支行层面，一是将合规文化纳入合规绩效考核体系，并将合规考核结果及时发布，对全体员工的行为规范起到监督作用。二是积极开展合规文化传导活动，将活动的开展与综合目标经营考核及合规绩效考核办法相挂钩，实现了活动与经营目标、合规绩效的结合。

（二）传导工具

1. 实现合规理念可视化

可将建设银行合规文化的外部要素通过视觉、听觉、触觉设计，以宣传标语、宣传视频、宣传画册、宣传仪式等形式呈现，从总行层面给予定位和推广。

2. 加强合规文化培训

一是组织全员业务合规培训。要求将理论知识和实践案例相结合，将讲授合规文化学习与业务能力提升结合起来。二是有针对性地组织特定群体人员进行合规文化培训，主要包括合规管理岗位人员和新入行员工。合规管理岗位人员需要掌握更前沿的合规理念、更全面的规章制度要求、更先进的内控管理工具和更广泛的风险案例；针对新入行员工，应充分认识和尊重其价值取向和群体偏好，在常规培训的同时，可推出游戏式、碎片化的线上学习内容，用年轻员工喜闻乐见的方式渗透合规文化理念。

合规文化的传导应嵌入各岗位考试中，将合规文化相关内容作为岗位考试的必考内容，做到全员覆盖。也可在我行范围内实行从业人员"合规认证"制度。在各业务部门定期开展相关法律法规、监管制度规定、内控合规政策等内容的培训。

3. 树立典型人物和做法

通过企业文化传播中常用的"故事法"宣传合规文化，即"典范带动"效用。在全行范围内寻找员工中的先进分子作为合规文化践行的标杆人物不断推出，发挥典型引路作用。

做好树立典型工作要注意做好以下两项基础工作。第一，典型人物的选取。在广泛征求各层级员工意见的基础上，制定典型人物的评选流程和方式，推选员工认同感强的先进合规典型。同时在树立先进典型时，一定要关注行内发展方向与员工的需求，努力发现和培养符合时代要求、令人信服的典型。第二，典型宣传要改正过去"单点式"做法，关键是要抓好"点线面"的有机结合，不断活化先进事迹宣传形式。一是深化宣传抓"点"，搜集整理身边发生的典型合规人物和事迹进行大力宣传；二是贴近式宣传带"线"，针对典型案例挖掘其精神层面和行为层面的成因，并纳入员工日常学习内容中；三是广角式宣传扩"面"，通过一个典型人物和事迹，号召员工寻找身边多个大众类似形象，全员复制模仿并创新，改变传统"榜样"制度，使合规文化真正落到实处。

4. 打造合规文化品牌活动

合规品牌打造形式多样。一是以服务品牌打造合规品牌，借助客户认可的我行服务品牌，发挥其优势，利用其社会知名度、影响力和辐射力，带动提升全员合规意识，努力打造"合规建行"品牌。二是借助主题活动，以"合规管理年"、"最美建行人"、"寻找身边李红英"、"内控合规标兵"评选等活动开展为契机进行合规文化宣传，扩大合规文化影响力。三是向外界传导我行合规文化要素，在社会上展现我行重视合规的良好形象。如出版以宣传合规文化为主要内容的报纸杂志、发布权威年度内控合规现状分析报告、设计推广合规 LOGO 等。

5. 借外力开展合规文化宣传

合规文化不是孤立的，合规文化的传播也应该发挥与其他文化传播的协同作用。一方面，对内注重与企业文化部、工会、团委以及各条线的跨部门联动，以各项活动为载体发挥其杠杆功能。另一方面，对外要与监管机构、同业等外部机构进行有效沟通交流：一是加强信息披露，提高透明度，通过有效互动，解决过去对银行与监管者博弈的认识；二是积极寻求与同业合作，联合行业力量共同推进合规文化建设。

6. "互联网＋"平台

合规文化理念传导既要依靠传统媒介，更要注重对新媒体的应用。目前，建设银行主要是通过局域网官方网站、微博、微信公众平台、自主研发的各类 APP 等载体传导合规价值理念，其内容丰富、受众广泛、传播快捷，成效显著。在使用的过程中要紧密结合宣传需要，确定宣传策略和内容，制订具体实施方案，并随时关注传播效果的反馈，适时调整，以实现合规文化传导的预期目标。

五、如何对合规文化建设工作进行评价

合规文化建设是一个循环往复、螺旋上升的过程，对合规文化建设的评价一方面可以帮助我们有效控制和客观衡量现有工作方法以及成果，另一方面可以确定建设银行合规文化改进和提升的重点与方向。

（一）评价目标

建设银行合规文化评价目标是通过客观评价各机构合规文化建设的有效性，查找合规文化建设资源力、环境力、传导力、覆盖力方面的不足，进而推动和完善合规文化建设工作。通过评价结果的有效运用，可以逐渐丰富建设手段，加大建设力度，让建设银行合规文化理念越加深

入人心，并真正发挥价值创造作用。

（二）评价原则

1. 全面覆盖

一方面，合规文化建设评价范围应该涵盖各机构，并建议纳入各机构及各机构负责人考核 KPI。另一方面，在评价指标选择中要兼顾过程与结果两个方面，既有定量衡量又有定性评价，全面反映合规文化建设状况。

2. 突出重点

由于文化本身的属性所在，其价值创造机理较复杂，对经营的推动作用也很难量化。从某种程度上来讲，总行内部控制评价方案所涉及各类评价指标中已经间接地反映出合规文化的效用。在此基础上，为了进一步传递合规文化理念、鼓励合规文化建设举措、凸显合规文化建设成果，应该甄选更多直接、简单且有效的指标来评价。

3. 注重长效

对合规文化建设的评价应该注重持续性，这主要体现在：第一，评价指标选择要符合实际、易于操作，并且保证考核的具体项目均有相应管理办法作保障；第二，对合规文化建设的评价应该作为内控合规综合评价的一部分，与全行内控合规综合评价工作同研究、同部署、同评价，保证该项工作可以持续推进下去。

4. 动态调整

合规文化建设年度评价指标应该根据实际情况进行及时调整，一方面保证评价工作与总行整体要求对接；另一方面也突出评价机构合规文化建设的重点或薄弱环节。

（三）评价维度

合规文化评价应该与我行合规文化建设标准相匹配，从资源力、环境力、传导力和覆盖力四个维度全面考量。

1. 资源力维度

建设银行合规文化理念成形于管理层，却来源于广大员工。为了不断扩充建设银行合规文化的广度与深度，应鼓励各机构制定相关办法、搭建有效平台，引导员工对合规文化进行深入思考。

2. 环境力维度

构建与建设银行合规文化相匹配的氛围，有助于培养员工自觉合规意识，引导员工树立正确的价值观。氛围是很难直接评价的，所以对环境力的评价还是要关注其源头以及背后成因，着重考察是否有足够支持环境构建的办法和措施出台，以及检验这些办法和措施的有效性。

3. 传导力维度

传导途径与工具的丰富程度、传导内容的可接受度、传导的频率和范围以及传导的最终结果均可通过定量指标来考察，这是合规文化评价的主要内容。

4. 覆盖力维度

合规文化是否深入人心，进而影响行为，主要体现在内部控制问题和缺陷的数量以及整改情况。除此之外，更直接的评价指标包括合规文化建设评价是否到位、内控合规活动参与度及产出成果、合规理念掌握程度等方面。

（四）评价指标

对以上评价维度进行深入分析后，即可拟定评价指标，而对于不同层级的机构，评价侧重点又会有所不同。可供选择指标项请参考下表：

过程指标	资源力	是否有合规文化建设的指导性文件
	环境力	是否有鼓励员工自省、重检的机制
		是否建立员工合规档案
		是否建立合理化建议上报机制
	传导力	培训（宣讲）频率及范围
		合规工作信息报送与传导
		报送内控合规工作信息稿件数量
		向总分行各类相关刊物报送信息数量
		各单位自办内控合规宣传刊物情况等
		是否充分挖掘身边典型人物、优秀事迹
		其他传导途径、工具的丰富程度
		其他传导活动开展频率
结果指标	资源力	在丰富建设银行合规文化内涵方面的贡献度（例如课题成果等）
	环境力	员工合规档案是否完整
		员工对屡查屡犯问题是否有清晰认知
		合理化建议采纳数量

结果指标	传导力	合规文化传导活动覆盖面
		各种内控合规主题活动评比结果（如演讲比赛、业务操作技能竞赛、合规情景剧比赛等是否取得名次等）
	覆盖力	员工访谈（测试）结果
		参加合规竞赛获奖情况
		获得总行合规条线或外部机构荣誉情况
		涉及舆情负面新闻个数

（五）评价结果的运用

为保证合规文化建设评价结果真正发挥激励、约束作用，让评价结果切实对被评价机构和个人产生实质影响，真正让合规文化落地。因此，给出以下建议：

1. 机构评价结果运用

包括合规文化建设在内的内控合规综合评价结果纳入机构考核 KPI，与等级行评定挂钩，与全行考核工作同研究、同部署、同评价。

对于对合规文化建设有突出贡献的机构给予专项奖励费用，并在全行范围内进行案例推广。

2. 机构负责人评价结果运用

包括合规文化建设在内的内控合规综合评价结果纳入机构负责人 KPI，与个人绩效分配、评优、职务升迁、管理授权挂钩。

对于对合规文化建设有突出贡献的机构负责人给予表彰。

3. 对于员工的影响

员工作为合规文化执行层，不必单独设计合规文化建设评价方案，而应该通过合规文化建设长效机制与合规文化活动参与规则的制定，来鼓励员工主动合规、参与合规活动以及为合规文化建设献计献策；此外，要严把违规底线，严惩违规行为。对于员工在内控合规方面获得的奖励和惩罚均应记录在档，与其绩效分配和职业生涯挂钩。

综上所述，本文从建设银行合规文化建设的现实需求出发，结合长期经营实践，通过对合规文化架构、要素、发展现状的分析，提出了建设银行合规文化建设的"四力"标准；尝试解决环境搭建、理念传导、考核评价工作中的核心问题。随着外部环境变化和内控合规工作发展，本文所述研究成果会逐渐显现出不足，这也将成为课题组下一步探索的方向。合规文化建设工作"任重而道远"，相信在全行上下持续不断地努力下，必将实现建设银行合规文化建设的宏伟愿景。

破解基层党建与经营"两张皮" 激发党组织活力和国企活力

陈志钢[*]

一、坚定目标方向，毫不动摇加强党的领导和党的建设，发挥国企比较优势

企业有经济意义，也有社会政治的意义。马克思主义经济学强调，生产力决定生产关系、经济基础决定上层建筑，而生产关系、上层建筑对生产力、经济基础也会有强烈反作用。新结构经济学继承了马克思主义经济学这一思想，进一步论证了制度结构等一系列上层建筑，对生产方法、方式等经济基础的决定和演进，是"内生于""要素禀赋及其结构"的（林毅夫）。所谓经济增长，就是资源向更有效率的地方转移，是政府、经济组织及政治家企业家创新精神共同作用，不断进行"创造性破坏"的过程（诺思、熊彼特等）。

企业是经济组织。新制度经济学认为企业是"市场的替代物"，节约"交易费用"、取得团队协作效益等收益，是组织企业的基本目的（科斯）。与市场交易人人为己不同，企业"内部交易"双方的利益应基本一致，并通过长期合约和基于"契约不完备性"进行行政监管来抑制不确定性和机会主义行为，但须付出行政费用和官僚主义费用（威廉姆森）。企业的边界取决于"效率"的比较，即企业运营费用不能超过市场交易

＊ 中国光大永明人寿保险有限公司。本文获 2016 年全国金融系统思想政治工作和企业文化建设优秀调研成果一等奖。

成本的使用效率，否则就应回到市场交易，比如服务外包。交易成本构成中，则应包含寻价谈判的时间成本和员工的计时工资等。一些经济学家还认为，现代企业的目标已不再是股东利益最大化，而是"相关者利益最大化"（斯蒂格利茨）。按其"多重委托—代理理论"，现代企业的真正所有者不是股东，而是利益相关者，包括股东、经营管理者、员工、债权人、有关政府部门、供应商和大顾客等利益相关者。而且这种委托—代理关系不但在企业所有者和管理者之间存在，在利益相关者之间同样存在。为"挽救公司治理的失败"，调动各方积极性，企业的控制权和剩余，应当在利益相关者之间合理分配。企业治理就是基于委托代理、信息不对称、管理机会主义及"偷懒"的分析，以"激励相容"为核心，合理设计正、负向激励或奖惩机制，降低效率损失等"代理成本"，增强企业内外部利益相关方目标的一致性，实现共赢。

不能见物不见人。治事先治心。"你可以买到一个人的时间，但你买不到他的热情、创造性和全身心的投入"（C·弗朗西斯）。其一，"买到"是前提。经理人的"市场价值"，尤其基层员工的薪酬收入，必须得到保障。其二，热情、创造性以及敬业奉献的精神千金难买，其本身就等于财富。知识密集型企业尤其如此。精神驱动价值创造，信仰改变世界的面貌。"精神变物质"的实例不胜枚举。即使所谓"理性经济人"，也追求权力地位、社会尊重、个人声誉等非物质的"个人效用最大化"，"爱惜自己的羽毛"。"信用就是金钱"（本杰明富兰克林）。合义取利、公平无欺、忠实勤勉这些商业道德、职业准则，规范人们之间的关系，实质是调整利益关系。一些实证研究验证了员工敬业度对企业利润的显著影响，敬业度过低导致了企业倒闭。只要"科层结构"存在，纵向"委托"必定存在，必然要处理信息不对称、契约不完备产生的委托—代理或监督—被监督、激励—约束关系，避免"公司政治"、"职场政治"的负效应。企业各层级不可能设立董监事会，只能设计与之相适应的"激励—约束"或"义—利协调"机制。同样由于监管或"观察"成本过高，就还要加重精神激励与约束，满足人们价值实现或成就感、归属感、存在感的需要。随着短缺经济远去，企业与其说是市场替代物，还不如说是满足人们物质与精神需求的庇护所。而在国家监管层面，由于各国贸易壁垒大幅降低、商品产能过剩和人口老龄化、社会福利化尤其生产技术智能化、经济过度金融化等错综复杂的原因，全球化与反全球化，经济体联合与竞争、跨国资本联合与竞争的矛盾运动突出，英国脱欧、"民粹主义"泛滥就是明证。为追求经济效益与社会公平，国家间的经济竞争就无法不从企业主导，转向国家主导。说到底，任何经济目标都是手段，都要落脚和服从于人民幸福与"人的全面发展"（马克思）的目标。为了达成这一目标，国家必将发挥愈加关键的主导作用，甚至带有"超级公司"、"互助公司"的某些特征。

"短腿的委托代理理论"至少"短"在了理论假设简化到失真、过假，推导出国企必须私有化、国企私有化才有效率的错误结论。时至今日还把人想象成"有钱能使鬼推磨"的纯经济动物，漠视企业中低层、债权人、监管者和其他相关者。仿佛还生活在物资资金极度匮乏、知识才能被极少数人垄断，卓别林电影演绎的"摩登时代"。陷入了资本为王的误区，得出一定是"资本雇佣劳动"、国企一定要私有化的极端化结论。把现代企业委托代理问题实际是局限在了出资人、企业家、经理人身上。把国有资本不同投资主体、不同政府监管责任者统统简化成了既是运动员又是裁判员的一个"自利人"，监管的又像是没有激烈竞争关系和没有生命周期的一个或几个国企，却把经济从政治社会文化的整体中切割出来，特别是把企业的通病与国企改革问题混为一谈。没看懂中国国企与资本主义国企本质作用不同，包括能在更大范围选人、更多层次管人等。更没有看清发展中国家采行苏东私有化"休克疗法"必然失败的种种深刻原因。科技公司兴起的合伙人制和双层股权结构等控制权安排，如谷歌、脸谱、阿里、京东等，早已打破了"资本雇佣劳动"的神话。忽视债权人的假设，在银行主导金融体系的国家也难成立。儒家传统的熟人文化，亲密、信任，重权威、重集体，有"交易成本低"之利；但对陌生人的市场化聘用效率也低，又有近亲繁殖和窝里斗之弊，导致生产效率低，这是近代以来中国工商企业的通病。按其"理性人"假设，国企对经营者"自利本性"的多重、多层制约激励，更能降低企业剩余内部人控制的代理成本，是利而不是弊，那么私企应国有化而非相反，又落入了逻辑不能自洽、无可救药的自相矛盾中。公司法人地位独立，股东不论是国家还是私人都应自行其是，在法理上不应存在政企不分问题。应强化市场竞争的有效性和内外部监控，包括用好并购、破产退出、集体诉讼等机制和媒体舆论监督，促进企业效率提高。事实上没有亘古不变的政治、经济和文化，就没有放之四海而皆准、停止发展的政治经济学；没有党领导国企的发展，就不会有我国经济社会成就辉煌的今天。

不言而喻，企业的外部性必然有社会性政治性。翻开早期资本主义经济史，就会更清楚地看到大资本家如何结成垄断利益联盟压榨工人血汗、愚弄民众和操纵政治选举整个过程的。美国总统麦金莱的连任就是如此。现代资本主义的血腥、残暴已没有那样露骨，但本性未改，其弱肉强食的丛林法则，至今依然大行其道。

国有企业要有政治担当，是题中应有之义。营利性国企与非国企一样，就是要营利。但其区别于非国企的，就在于不仅要营利，还要服务于国家战略目标、提高全社会整体的经济效益和人民福利与公平，克服私有制与市场机制的缺陷。因此我国国企是推进国家现代化、保障人民共同利益的重要力量，是党和国家事业发展的重要物质基础和政治基础。党的领导、党的建设是国企的"根"和"魂"，是做强做优做大国企的根本保证。增强国企活力和国有经济活力，就是要不忘初心，消除剥削贪婪、马太效应和资本主义丑恶现象，使人人免于匮乏、人民共同富裕，实现中国特色社会主义共同理想和共产主义远大理想。

国企治理与党的领导、党的建设，是相互契合匹配的制度安排和体制机制设计，其本身就有必然性和内生性要求。党对国企领导是政治、思想、组织领导的有机统一。国企党组织发挥领导核心和政治核心作用，归根到一点，就是把方向、管大局、保落实。《公司法》规定，"在公司中，根据中国共产党章程的规定，设立中国共产党的组织，开展党的活动。公司应当为党组织的活动提供必要的条件。"《党章》规定国有企业党的基层组织"围绕企业生产经营开展工作。保证监督党和国家的方针、政策在本企业的贯彻执行；支持股东会、董事会、监事会和经理（厂长）依法行使职权；全心全意依靠职工群众，支持职工代表大会开展工作；参与企业重大问题的决策；加强党组织的自身建设，领导思想政治工作、精神文明建设和工会、共青团等群众组织""发挥党员的先锋模范作用，积极创先争优，团结、组织党内外的干部和群众，努力完成本单位所担负的任务"。中国特色现代国有企业制度，"特"就特在"把党的领导融入公司治理各环节，把企业党组织内嵌到公司治理结构之中，落实其在公司法人治理结构中的法定地位，做到组织落实、干部到位、职责明确、监督严格"。这个"特"就是中国国企的"比较优势"。这个比较优势还将通过加强党的领导和党的建设，在国内、国际的舞台上更好发挥。

二、坚持问题导向，破除国企基层党建与业务经营"两张皮"

习总书记强调，求真务实是共产党人的重要思想和工作方法。当前一些企业党建工作弱化虚化淡化、从严治党没有深入落实，工作层层衰减，突出表现在了基层党建与业务经营"两张皮"。企业党建与经营发展相脱节，自说自话，党组织就不会有活力。弱化党建工作，就会导致制度、管理缺失，引发各种问题。

"两张皮"有这样几个原因和表现。一是"重业务、轻党建"。业务压力大的情况下忽视了党建"软任务"，"说起来重要、做起来次要、忙起来不要"。一些案例披露，个别国企的违规容忍度、掌握党的群众路线、关注干部作风等工作方法的成熟度都不如一些优秀的民企。二是"形式主义"的工作方法，不顾基层实际。学习上照本宣科囫囵吞枣，针对性差，业务一线党员记不牢、收获小；贯彻上对上级要求不消化吸收，不能本地化；落实上照搬，"上下一般粗"，"运动式"、表面化，持久性不够。三是一线党员少、分散，力量不足。在成本硬约束下人力精力"经常性短缺"。一线单位员工少，党员占比更低。有的团队三五人，有的三班倒、不在一地或经常性外出工作。有的七八人中仅有一名党员，有的一名党员都没有。党员干部普遍较少。一些工作完全由普通党员承担，经验积累不足，心有余而力不足，工作跨度大、不深入。四是人员流动频繁、不同用工方式的挑战。国企引入现代公司治理、非公成分，治理结构尤其是商业模式、组织架构不断调整。员工变动率高，有的留存期很短。许多单位每年每四人中会有一人进出。有的采取劳务派遣制、营销代理制等其他用工形式，管理松散。随着数据信息和资源要素加速流动，商业业态、企业形态都在改变，劳动力流动更趋频繁。资源如水，流动才有活力。但流动造成不稳定，影响工作延续性，加重了"两张皮"问题。

"两张皮"本身即是融合不足的问题，主要的症结是忽视了"党建工作"的作用。没有充分认识和发挥其独特的组织领导、组织方法、组织网络、组织动员和"保证监督"的优势，更没有作为资源要素，嵌入组织结构、制度和经营管理，出现了脱节、外化的情况。破除"两张皮"要做好"加法"更要做好"乘法"，解决好"根与土"、"鱼和水""内生化"问题，把党建之魂注入企业，生发活力。党建与经营不应是"毛与皮"、"外与内"分层割裂而应是内生融合的关系：与任何业务监管新规刚刚颁布一样，在某一个时点上，上级党建工作新的要求、新的规定一定是外部给定的。但在长期中，国企党建工作就不应是外生给定而应是已经内生于企业治理结构的。"内嵌"才能"内生"。党的领导、党组织和"党建工作"应作为国企特殊的组织管理要素，内嵌到公司治理结构，融入和贯穿到企业价值链上的每个相关环节，与其他要素联动、功能互动，直接进行或推动价值创造，促进企业发展和最终产生经济效益，并应得到企业相应的组织和物质保障。内生就是"结合实际"选定嵌入企业组织、融入相关工作过程的方法，实现其作用和目标，并通过企业经营成果来检验党建工作的成果。治党治国与治企目标方向一致、有关原理相通，则是融入嵌入的依据。在干事创业上，企业的事业就是企业党组织的事业，支部要发挥战斗堡垒作用。日常工作中党员政治上合格也要体现在业务上过硬、发挥先锋模范作用。这样的党建工作开展起来了，企业必然得到更好发展；企业发展起来了，党建工作就有了更好的依托。因此有利于党建工作的好方法好经验，都可以学都可以用。偏离以上目标方向的则不能学不能用。而在直面市场的企业一线，工作重点就更应放在保证落实党的领导、加强党的思想理论文化建设两个方面：

第一，明确"党建工作"概念，发挥党组织领导核心和政治核心作用。上级和本级党委的领导融入公司治理各环节就能生根于企业土壤、根深叶茂，各级党组织嵌入公司治理机构融入经营管理就会如鱼得水、水乳交融，创造价值。党自身建设应当是体，是实现党的领导的前提；党的领导是用，是党的建设的目的。二者上下协调、体用一致，统一在了党的全面建设即广义的"党的建设工作"之中。党的领导，包括对下级党组织的领导，也包括对非党组织机构和群团工作的领导等，即发挥党组织作用或为党的外部建设；而狭义上党的建设，则为党的内部建设，即党组织的自身建设，包括党组织的设置和班子建设、发展党员、党员教育监督管理，特别是落实上级党的领导、严肃党内政治生活和党员思想作风纪律建设等。在企业抓党建，就要以经营为出发点和落脚点，并将党的领导贯穿始终。一是在概念上，"党的建设工作"要包括"坚持党的领导、加强党的建设"，同时涵盖"全面从严治党"、"党风廉政建设"和"纪检监察工作"，后三者层层包含和具体化，都是"党建工作"的组成部分。二是在作用上，党的领导是政治、思想、组织领导的有机统一，党组织要发挥领导核心和政治核心作用，领导思想政治工作、精神文明建设和群众组织等，即开展领导工作、政治工作和与之相伴的思想文化建设等。党委发挥领导核心作用，重在融入嵌入；支部发挥政治核心作用，重在保证监督。党的领导弱化，党的自身建设虚化，就会导致"党建工作"层层淡化。"两张皮"就往往是只关注了党的自身建设，恰恰忽略了落实党的领导、依靠职工群众、保证监督党和国家方针政策贯彻执行的要求。就党建抓党建促党建，虚化了促进业务发展，淡化了促进岗位工作，也就弱化了党组织的活力和作用。

党建工作本质是人的工作。党对企业的领导，首先是党管干部。加强选人用人的领导和把关，加强政治工作、组织工作和思想品德、能力建设等工作。目前全国有 4000～5000 家大型国企，这些国企也要解决"委托—代理"或信息不对称、激励不相容等企业共性问题，提高自生能力，在有效市场和有为政府的社会主义市场经济体系中发挥作用（林毅夫等）。国企治理结构中经营管理、干部委任，应理解为"多重委托—代理关系"中的一种"委托"。这种委托，还可以理解为基于国企性质的一种"契约"或者"委托"及"承诺"，是包括党建任务、责任在内的"多任务"、"多重"委托；并且是逐级向下的"层层委托"，即党建任务责任层层分解，并通过监督执行，保证其落实到基层一线，"纵向到底、横向到边"。

层层融入嵌入，实现内生机制"激励相容"，破解"两张皮"。以坚持党的领导、执行国家政策和"责权利相统一"为原则，确保党建工作全面落地和企业发展成果惠及全员。一要强化组织领导。落实上级要求，加强党委领导，加强各级党组织自身建设，提高领导力和执行力。二要强化党管干部。加强对经营班子和干部的管理，而不能局限于对党组织和党员的管理。不论党员还是非党员，违纪违规包括涉及的"公款"支出和不正确履职行为，侵害对象是企业利益和形象，也会损害国企党组织的声誉和企业发展。但必须严格区分党与非党权利义务、权力责任等不同的管理遵循。三要强化机制相容，运转协调，工效提高。党委要在管任免、管人的基础上管事，管道德风险和经营行为。按此逻辑，把适合的党委工作，分解内化为企业各级组织和人员的任务；把党的组织纪检宣传和其他各有关工作，嵌入转化为企业相近相容的职能管理，如人事监察内控等行政职能。四要强化职责一致。有任务有职务就有权有责。授权就是授责，就要负责监督。坚决支持企业各级负责人行使经营自主权、承担相应风险，并约束其不当行为造成风险。强化各级党组织核心作用、"保证监督"作用和员工民主管理包括民主监督的作用。权、责、任务同分解、共承担。党政一把手承担首要责任，班子成员承担职责范围内的"全面领导责任"和参与决策的"重要领导责任"；党员做好党建工作，非党员支持党的领导、党建工作和做好监督工作，全员岗位工作与合规操作"一岗双责"。人人有责、人人尽职尽责，才能全员受益，才符合"融入嵌入"的内在要求，确保"激励相容"或避免激励方向上的不一致。这样即使普通党员担任党组织书记，也能得到更有力的工作支持。

第二，塑造具有党建之魂的国企文化，内化为企业软实力。"文化是发展的源泉"。文化与制度相辅相成。企业软实力是不断降低运营费用提升生产率或"创造性破坏"的能力。新经济中人力资本主导增长的趋势凸显。员工知识才能和激情会比资金稀缺，越加具有事业成败的决定性。激情投入少一分，业务收入往往掉一块，市场评判经营，不管干部、企业级别。感受不到高风险压力的不会是市场中的企业。基于契约承诺的信任与人力资本价值提升的动力，是人才汇聚的基石。激情士气需要反复唤起。一把手"企业家精神"最为重要，层层激励干部员工工作动力和创造力同样重要。智能化、"互联网＋"和创新创业的时代就是如此。

国企软实力就应是包含党建内核的文化竞争力和经营机制方法的体制竞争力。"理论一经群众掌握，就会变成物质力量"（马克思）。知以促行，学思践悟，才能知行合一。规章制度挂一漏万无法规范的行为，要靠"规矩"方法、工作习惯引导并与制度文化一同构成实实在在、"外化于行"的企业执行力、市场竞争力。国企要汇聚起中华复兴中国梦的追梦者。国企人要掌握党的人民立场和工作方法，内化为自己的思维能力、工作能力；春风化雨，把党的优良作风，变成企业作风，渗透到企业方方面面，转变成经营成果。正风肃纪也是成本管理，风清气正就是生产力。必须坚决反对形式主义、官僚主义遏制供给侧结构性改革至为关键的企业活力，精心呵护创新精神、企业家精神、工匠精神、敬业精神和先公后私、艰苦奋斗的精神。俭以养廉，坚决反对享乐奢靡之风，更不能让腐败和贪婪毁坏企业。"自律才能自由"，促使企业自觉遵法合规守纪，自主经营、自担风险，激发出强大的"自生能力"。才能以此能力，学习融汇百家所长，打造国企特有的精气神，在与各类市场主体的同台竞技中，立于不败之地。

三、坚持"两抓两促"，"把两张皮拧成一股绳"，进一步增强基层党组织活力和国企活力

防止"两张皮"必须"以提高国有资本效率、增强国有企业活力为中心"的深化改革总要求特别是"全国国企党建工作会"精神，开展具体工作。企业活力表现为创新创造力、自生发展生命力、市场资源吸引和利用率，包括工作效率。党组织活力则表现为创造力、凝聚力、战斗力。大量实践表明，哪个基层党组织缺乏活力，那个经营机构也缺乏活力；哪个机构业绩突出，那个地方也是风清气正，而不会是一盘散沙、问题成堆、没有士气。相反，矛盾多的机构，把党建工作、人的工作先手棋下活了，就能带活企业经营满盘棋。

抓牢"激励相容"、"管理集约"，破解"两张皮"、实现"两促进"。"将党建融入经营、纪检监察融入违纪违规风险防范、党群工作融入企业文化建设"，落实光大集团唐双宁董事长指出的"把两张皮拧成一股绳"、"精神变物质"，打造"融入嵌入方法论"、画出"党建工作路线图"。要点是抓融入嵌入，服务经营一个中心不偏离、同唱一台戏；关键是抓角色，党员角色、员工角色，党建与经营、业务与合规"人人一岗双责"；核心是抓内生机制、责任主体；要害是抓经营与抓党建，绝不能相互取代；内容是抓党章党规和上级要求的贯彻落实；方法是抓理想高线、纪律底线两条线，以党的思想理论文化建设驱动学习创新，以作风纪律建设促进风险防范；目标是抓出党组织活力和企业活力，并最终在经营工作实际成果上得到检验。层层拧紧党建和经营两根线条，做到丝

丝入扣、环环相扣"两手抓"：

一是抓领导核心和政治核心，抓内生机制建设。突出"把方向、管大局、保落实"。把党的领导和组织工作，层层嵌入企业经营和组织建设。内化于心，提高党员意识和干部员工认识；层层落实"一岗双责"，外化于行。因地因时因任务制宜，丰富"一岗双责"的责任内涵，并健全"容错机制"保护创新创业热情。从管控风险低线、梳理权力责任清单做起，细化职责边界、问责指向。将党建任务分解到基层党组织，将有关的工作或方法，转化为日常经营管理，内化为制度、流程，依规治企。强化考评，既考核党组织党员工作，也考核经营机构人员完成"党建相关工作已内化转化为本职工作"的工作。不断梳理工作逻辑、运行规律，探索完善"两抓两促"的操作机制。

二是抓政治核心和保证监督，抓内生文化激励和责任的约束。突出"德、能"建设。把党的信念、作风植入为企业核心文化基因。以党建工作打造执行力创新力。深学实做、以学促做，根据不同人员的岗位、思想实际，突出学习的重点、针对性和不同标准要求，提高战略思维能力、保证监督能力。强化学习中创新、创新中学习。坚持党史、国史和祖国优秀传统文化教育，融入职业道德、个人品德、家庭美德、社会公德建设。"拉车看路"，强化中央精神、国家政策学习、贯彻和形势、任务教育，融入行业分析和业务学习。突出哲学或世界观方法论的掌握运用。邀请非党员参加有关的学习，共同打造具有"党建之魂"的企业文化。坚持群众路线，"问需于市场、问计于员工"。加强党内纪律审查。强化经营行为监督监察。加强制度规矩责任约束，防范违纪违规行为和经营风险、操作风险。

三是抓"关键少数"，抓员工思想政治工作。突出思想建党和人的工作。丢掉政治、思想工作就丢掉了党建工作的根本。要使党员、干部成为思想政治工作的行家里手，春风化雨、润物细无声。针对党员少等实际，强化对关键岗位人员和员工的工作。开阔视野和胸襟，摆正"义—利"关系，做政治上、经营上的"明白人"。企业的天职是创造价值，盈利赚钱是其价值最重要体现，但绝非唯一体现。不论党员还是非党员，只要来到国企工作，就要有公产之思公产之责和报国情怀，就要落实国家政策，做履行社会责任、维护市场秩序、树立行业正气的表率，"拒绝贪婪"。"先公后私"，确保服务对象价值实现才能实现自身价值，绝不能见利忘义。

四是抓党组织建设，抓民主管理和对群团工作的领导。突出"效率"意识。求真务实，创新方法、筹划工作，确保工作高效。坚持形式但绝不能流于形式，坚决反对僵化、形式主义不动摇。力推以职代会为基本形式的民主管理、职工董监事制度，鼓励职工代表有序参与公司治理。对未健全党组织的，要更加强化对群团工作的领导，引领职工群众听党话、跟党走。将创先争优融入全员劳动竞赛。党政工团四位一体组织活动，共建学习型、服务型、创新型组织，解决好党员少和分散等难题。释放党群工作强大活力，努力满足党员、员工实际需求，做到群众喜闻乐见，提高其素质、获得感，确保员工价值与企业价值的"双增值"。

五是抓党的全面建设，抓内嵌企业治理，关键在人。突出层层、长期激励监督机制建设，增强"激励相容"和"短期行为"的有效约束，实现"四对接"。细化"三会一层""三重一大"决策责任关系，确保监督到位有效、决策科学高效。以简约、公平、竞争，作为提高绩效的几个着力点。继续探索"内部市场化"公开竞聘，突出"外部市场可比"。绝不养闲人懒人庸人吃"大锅饭"，保持风清气正。彻底实现人员进、出、上、下和薪酬激励等任、管、用的市场化、契约化、法治化。旗帜鲜明、毫不动摇地把国企政治优势、体制文化的比较优势充分地发挥出来。

综上所述，国企不仅能破解党建与经营"两张皮"，而且完全能够依托党建工作突出优势，走出一条更有效率的企业治理新路。中国的成功已相当程度颠覆了西方"主流"经济学，彰显出当代中国马克思主义政治经济学的强大活力。作为其组成部分，国企治理、国企党建工作同样能够海纳百川，破除洋教条和传统思维定式。深化实践和吸收人类文明成果，不断完善特色方法论，在更高的理论、政策和法规层次上指导实践，持续提升基层党组织活力和国企活力，贡献中国智慧。

全面从严治党与企业转型发展的 新常态下急需启动企业文化与 思想政治工作双引擎

中国民生银行总行党群工作部课题组*

当前，在国内外形势发生复杂变化、金融改革不断深化、全面从严治党进入新常态的大背景下，银行业更需要加强思想政治建设，启动企业文化建设和思想政治工作"双引擎"，为银行的转型发展提供动力支持和政治引领。中国民生银行作为我国首家以民营股份为主的商业银行，承载着"中国金融体制改革试验田"的历史使命和打造"百年老店"的理想寄托，始终坚持思想政治建设引领，在民生银行求发展、创效益、保稳定的经济工作主线上，倾力打造企业文化和思想政治工作的合力，为企业发展提供精神动力、智力支持和思想保证，探索出一条特色鲜明、成效显著的企业文化和思想政治工作相结合的工作模式，营造了一个积极向上、和谐幸福的民生家园。为了认真总结经验，进一步明确思想政治建设工作重点，我们对中国民生银行思想政治工作与企业文化相结合的情况进行了深入调研和梳理，形成了专题报告。

一、民生银行的实践：打造思想政治工作与企业文化建设的合力，为银行的转型发展提供动力支持和政治引领

新形势下，民生银行一直高度重视企业思想政治工作和企业文化建

---

* 课题组长：宋晓红；成员：刘娅玲、刘超、李绍华、齐兵、栗捷、刘锋、肖萌。本文获 2016 年全国金融系统思想政治工作和企业文化建设优秀调研成果一等奖。

设的结合，让企业文化成为企业发展的核心动力，使思想政治工作成为企业成长的航向坐标，企业因文化而繁荣，因思想政治工作而充满活力，企业文化与思想政治工作的优良传统结合在一起，相互补充、相互促进，使新时期思想政治工作成为最有效的思想教育形式，使企业文化所倡导的企业精神，前沿的企业文化理念，党和国家以及监管部门的方针政策更加深入人心，这不仅极大地丰富了思想政治工作的内涵和外延，而且给思想政治工作增添了新的活力，为思想政治工作贴近经营业务实际提供了更加广阔的空间，也使企业文化建设成为最有效的思想政治工作，极大地提高了全行干部职工的思想道德素质、科学文化素质，有力保证和服务于民生银行的转型发展和打造"百年老店"的目标实现。

（一）把握一个前提，要找准思想政治工作进入企业文化建设的切入点

企业文化包含物质文化和精神文化，它可以划分为不同的层次，企业思想政治工作只有选择好切入点，进入企业文化建设的具体过程，才能发挥其独特的作用。

1. 把"转型发展"、"凤凰计划"等企业战略作为物质文化层面的切入点

20年前，中国民生银行成立之初，资本金只有13.8亿元，当年年末，总资产只有86亿元。经过20年的艰苦创业，民生银行在2015年世界500强中位居第281位，全球1000家大银行排名第38位，已经成为国内外具有较强影响力的大型商业银行。中国民生银行并没有满足现状，又适时开启了"凤凰计划"，这体现了民生人更好更快的决心。做中国乃至世界最好的商业银行，力争上游，永不懈怠。正是"转型发展"、"凤凰计划"等企业战略，使思想政治工作与企业文化的结合找到了最佳切入点，民生银行通过思想政治工作在品牌文化上的有效切入，在全行强化了政治思想教育，提高了员工整体素质，激励员工为提升品牌而更加注重日常的行为，着力塑造了其金融企业的良好形象，努力营造了符合消费者心理的服务环境，也赢得了客户和员工对民生品牌价值的认同。

2. 把实践"民生精神""民生家园"作为精神文化层面的切入点

企业精神是企业文化建设的核心内容，是凝聚人心的一面旗帜，这

是思想政治工作融合企业文化的又一个重要切入点。民生银行作为一个年轻的、后发的银行，不断改革、转型、创新是我们能够取得进步的基础。民生银行思想政治工作始终坚持员工的主人翁地位，坚持以建设民生家园为核心，充分调动广大员工的积极性主动性创造性，不断提高企业文化软实力，确保企业具有较强的竞争力。民生银行以社会主义核心价值体系为基础，从一线员工的感人事迹中，归纳提炼出企业自己的"民生精神"，并使之成为员工思想政治教育的最生动的教材。

正是将社会主义核心价值体系与企业精神的融合，在提升企业精神中做好思想政治工作，民生银行打造了有自身特色的十大品牌文化：即战略文化、经营文化、团队文化、创新文化、敬业文化、责任文化、党建文化、家园文化、青年文化和廉政文化。可以说，思想政治工作与企业文化的密切结合，把积极的前沿观念意识深入了每个员工，塑造了企业昂扬向上的"精气神"。

3. 以"合规文化"、"责任文化"作为行为文化层面的切入点

企业的行为文化主要包括企业与顾客、其他企业、政府、社会等各方面关系处理中所遵循的规则，它是通过每个员工表现出来的。民生银行的思想政治工作从转变员工的思想观念的角度切入，运用"合规文化"和"责任文化"等有效手段来强化员工的行为准则。在党委的部署下，民生银行全系统在2010年开展了"爱岗敬业、尽职尽责"主题教育活动，在2012年又开展了"六个提升"思想教育实践活动，近年来，又重点开展了"合规文化"教育，这连续的动作，目的都是要抓好思想政治工作，实现企业思想政治工作常态化。思想教育实践活动中，明确要求把核心团队作为活动重点，高管团队成员要分别完成学习心得、问题查摆和整改方案，并全部在内网上向员工公示，这起到了较好的楷模和表率作用。

同时，民生银行又在全行积极践行"民生责任、民生先行"的主张和承诺，积极参加各项抗震救灾活动，为国家分忧解困。中国民生银行还以公益艺术为切入点，相继捐助运营炎黄艺术馆，设立民生现代美术馆，在全国发起"守护敦煌大型募捐活动"，积极践行社会责任，引领了中国新公益的发展。近年来，中国民生银行每年发布《企业社会责任报

告》，先后被授予几十项荣誉称号，责任与合规文化已经成为中国民生银行企业文化的有机组成部分和崭新的企业名片。

（二）抓住一个关键，要以企业文化建设为载体助推思想政治工作创新

新形势下，我们真切地认识到，企业传统的思想政治工作与当前的企业发展已有所不适应，迫切需要寻找新的途径和载体，而企业文化适应市场经济发展的要求，更贴近生产经营管理，更容易被员工所认同和接受，它是一种特殊的"黏合剂"，是加强和改进思想政治工作的有效途径和重要载体。民生银行在中央办公厅、国务院办公厅转发《中央宣传部、国务院国资委关于加强和改进新形势下国有及国有控股企业思想政治工作的意见》下发后，党委以高度的政治责任感，准确把握新形势下银行发展的规律和特点，坚持以人为本、服务企业，把企业文化融入思想政治工作，大力推进全行思想政治工作不断创新，切实增强思想政治工作的感染力、渗透力和针对性、实效性。同时，通过企业文化建设与思想政治工作相融共进，使思想政治工作脱离空洞的说教，更加人性化，更有说服力、亲和力和凝聚力。民生银行的成功做法可以概括为以下几个方面：

1. 注重企业文化建设与思想政治工作的同规划、同部署

企业文化是经济与文化结合的产物，是企业管理从经济层面向文化层面拓展的结果，更贴近生产经营管理，更容易为各层次员工所认同和接受。根据这一特性，为改变以往思想政治工作单向灌输和一个方子治百病的僵化模式，民生银行在制定银行发展的"二五"规划之际，以高度的政治责任感把企业思想政治工作纳入企业文化建设的整体工作规划，作出专门部署，充分发挥了民生文化和企业思想政治工作的双重优势，来引领全行的经营管理，提升全行的运营能力和竞争力。同时，民生银行党委找准企业文化建设和思想政治工作在银行经营中的定位，准确把握非公企业文化建设和思想政治工作的目的任务，既促进银行的经营发展，又提升了思想政治工作水平。

思想政治工作的主体是党组织，广大员工是工作对象。民生银行一直把党建工作纳入银行业务的大环节中，充分发挥了党组织的职能作用。要求银行各级党组织要紧紧围绕银行的经营业务，充分发挥好党组织的

政治优势，引导全行依法经营、健康发展。为发挥党员在企业思想政治工作中的作用，党委要求党员员工立足本职，体现价值，树好形象，为银行的广大员工做好表率，在经营管理的各个环节上都要起到模范带头作用，真正发挥了党员在工作上的带头作用，创新上的示范作用，道德上的引导作用、守纪上的榜样作用。民生银行正是找准了思想政治工作的关键点，才使思想政治工作为银行的转型发展发挥了应有的政治保障作用。

2. 企业文化建设为思想政治工作创新提供了有效的途径

从理论层面看，企业文化是经济与文化相结合的产物，是企业管理从经济层面向文化层面拓展的结果，它的主体虽属观念形态，但它更贴近生产经营管理，更容易为各层次员工所认同和接受。因此，民生银行把企业文化建设的方法融入思想政治工作之中，使思想政治工作紧紧围绕生产经营活动开展，向干部员工的价值观和道德领域渗透；党委提出"开动脑筋办银行，规规矩矩办银行，扎扎实实办银行"三大方针。20年来，中国民生银行的持续高速发展，正是得益于这三句话。它不仅是中国民生银行的行训，也已经融入了六万多民生员工的血液，并成为全体民生员工做人做事的基本准则，成为中国民生银行独特的经营文化。正是把这"三句话"方针成为民生银行企业文化与思想政治工作共同之魂，既丰富了思想政治工作的文化内涵，又使思想政治工作能够潜移默化地融入员工的经营管理活动当中，进一步增强了思想政治工作引领经营业务的有效性。

3. 两者结合形成合力，全力打造特色精神资本

民生银行注重把思想政治工作同企业文化建设相结合，把全行思想教育工作贯通起来，形成了党委统一领导、党群组织齐抓共管、员工广泛参与的大政工格局，一直按照"党建带群建，党群共建"的框架来开展。在民生银行，每一个党组织都是一个战斗堡垒，每一名党员都是一面旗帜，引领和促进了企业思想政治工作的开展。

首先，把思想政治工作与一系列思想教育实践活动结合起来，运用先进性教育、创先争优、爱岗敬业、"三严三实""两学一做"等主题教育系列活动，坚持不懈地开展理想信念教育，引导干部职工牢固树立正确的世界观、人生观、价值观，切实提升全行职工的事业心、责任心、

创新精神、团队精神、效率意识和自身形象。

其次，把思想政治工作与推进企业文化建设结合。民生银行开展思想政治工作，以企业文化作为载体，从企业自身的特点出发，紧紧围绕企业的生产经营，从服务质量、品德修养、团队精神等入手，以广大员工为主体，用先进的企业文化培育企业精神和经营理念，把思想政治教育寓于企业文化建设之中，把企业文化建设做成有形的思想政治工作。这样，企业文化建设既为思想政治工作的改革和创新提供了一个新天地，又使思想政治工作的内涵、外延得到了扩展。

再次，在民生银行，思想政治工作不仅内容丰富多彩，更有多样化的形式。目前，民生银行有主要以鼓励员工创新钻研为主的《民生动态》杂志，以品牌建设和企业文化建设为主的《民生时代》杂志，以党工团和家园文化建设为主的《携手》杂志，另外，还有企业文化网、党群之声网，有创先争优、爱岗敬业、合规经营和"两学一做"等教育实践活动的专题网站，这些都为民生银行做好思想政治工作奠定了基础。民生银行长期致力于民生家园文化建设，连续多年开展员工"幸福指数"调查，及时发现潜在的思想问题，对员工思想进行正面引导，关爱员工，为员工解决实际困难，营造了浓郁的家园氛围。

（三）立足一个根本，要以思想政治工作保证企业文化建设健康发展

企业文化作为一项系统工程，无论是企业价值的确立、企业精神的培养、优良传统的发扬，还是典型人物的塑造，都离不开思想政治工作的保证。中国民生银行一直高度重视企业思想政治工作保障功能的发挥，通过思想政治工作，学习宣传贯彻党、国家和监管部门的方针政策和各项要求，用正确的思想教育去统一职工对企业文化的认识，用思想政治工作去强化企业文化建设氛围；用强有力的思想政治工作去保证企业精神、经营理念的培育、提炼和升华，有效促进了企业文化的发展进步，提高干部职工思想道德素质、科学文化素质，有力保证和服务于企业的转型发展。

1. 注重发挥思想政治工作的培育引导功能，让企业文化理念更加深入人心

中国民生银行自成立以来，各届经营领导班子都十分重视企业文化建设，逐步创建了具有民生特色的企业文化。民生银行作为全国第一家

以民营企业入股为主的股份制商业银行，股东大会、董事会、监事会等新的体制为我们提供了建立现代化商业银行的制度基础。根据"新银行、新体制"这一经济改革新生事物的要求，民生人以"服务大众，情系民生"作为经营理念，培育了优秀的具有民生银行自身特色的文化、思想、理念和已有的制度体系，为民生银行的建设和发展注入了活力，发挥了重要的作用。可以说，民生银行的企业文化建设充分体现了现代商业银行的特征，适应 21 世纪信息时代的文化特征，顺应了当前形势和民生发展的趋势。然而，中国民生银行，拥有 6 万员工，各种所有制文化要素不断注入民生文化体系中，这些都给民生文化管理带来了新的挑战，跨文化管理要求民生银行重新整合这些多元化的文化要素，形成求同存异的文化体系格局，这必须仰仗强有力的思想政治工作来保障。正是民生银行加强和创新了全行的思想政治工作，共同的价值观得到了员工的广泛认同，对外具有引力作用，对内具有凝聚作用，才使其公司治理、战略管理、组织模式，还有产品服务、商业模式、风险管理、激励机制等方面的改革创新，始终走在国内同业前列。这一切都有赖于企业思想政治工作的保证作用，而且思想政治工作是运用人类历史上最先进、最科学的世界观、方法论去教育人、启发人、引导人，可以不断提高员工认识世界，改造世界的能力。

2. 紧扣民生银行特点，实现思想政治工作对经营业务的引领

从民生银行近几年来的思想政治工作经验来看，思想政治工作要想有效果，就得从银行的整体利益、长远利益出发，考虑银行的经营发展问题，围绕中心不动摇。首先是处理好开展活动与维护业务经营秩序的关系。民生银行形成了党委班子与董事会、监事会交叉任职，无论是企业的经营活动还是党的活动，各成员全部参与。党组织与工会、团委在职工中开展各种形式的活动，有声有色，激发了党员和员工的奋力拼搏、团结向上的斗志，增强了思想政治工作所形成的凝聚力和战斗力。其次是处理好思想教育与榜样引领的关系。民生银行高度重视思想教育工作，通过开展一系列思想教育实践活动，积极做好思想政治工作，使党员在各方面的工作中发挥了先锋模范带头作用。民生银行正是在正确处理好这一关系的基础上，扎实开展思想政治工作，真正为企业的发展提供思想引领和政治保障作用。

中国民生银行党委书记、行长郑万春在《人民日报》"理论版"发表署名文章《发挥五大引领作用，以党建创新引领金融创新》。文章开宗明义，强调紧紧围绕金融改革和发展创造性地开展党建工作，对于培育创新精神、塑造企业文化、凝聚员工力量都具有重要作用。并以民生银行的实践为例，阐述了民生银行把党建工作视为生命力工程，注重发挥五大引领作用，以党建创新引领金融创新。

3. 思想政治工作要坚持"尊重人，理解人，关心人"的原则

民生银行在思想政治工作中强调以人为中心，注重发挥人的潜能，调动人的积极性、创造性和主观能动性，与企业文化建设"以人为本"的思想相一致，共同保障了员工在企业文化建设中的主体地位和作用。近年来，民生银行充分发挥党组织在科学理论武装职工上有着不可替代的重要作用，在干部管理中为企业培养造就了一大批骨干和精英，在企业管理中，共产党员的先锋模范作用影响和带动全体员工，为企业改革发展作出了重大贡献。这也是坚持党对企业政治领导的基础，是抓好思

想政治工作和企业文化建设的先决条件。

作为中国金融改革的试验田，中国民生银行在企业内外环境迅速变化的情况下，将思想政治工作创新与企业管理创新、制度创新相结合，将企业文化理念渗透到各项管理细节之中，变为广大员工自觉创新的行动。近年来，在全行范围内先后组织了"民生青年创新工坊——观点向前冲"活动、主办了"青年产品设计创新大赛"、开展了员工创意设计大赛等一系列创新活动，既为员工树立了身边的榜样，形成比学赶超、奋勇争先的良好工作和学习氛围，也为员工搭建了展示自己才华的广阔舞台，让行领导更好地关注人才、发现人才、了解人才、重用人才，让一批批人才脱颖而出。正是将企业文化注入多种创新元素，使思想政治工作以活动为载体，进一步提升了吸引力和感染力。

4. 体现国家、企业、员工三者利益的一致性

我们建设的是坚持社会主义方向的企业文化，这就要求经济建设必须体现社会主义市场经济的特征，体现国家、企业、员工三者利益的一致性，体现员工是企业的主人，是生产经营的主体。20 年来，中国民生银行用思想政治工作导航，用文化铸造了一个共同的幸福家园，建立起和谐的民生家园文化，形成了浓郁的家园氛围。我们的家园文化定位，就是强调所有的员工，既是企业的主人，也是企业的园丁，要勇于承担企业发展的责任和使命，更要对企业尽心尽力，尽职尽责，呵护好民生家园。家园文化建设，近期效果是显著增强了员工凝聚力与归属感，满足了员工价值追求和精神追求的需要；而远期效果则是致力于民生的基业长青，铸造了民生生存发展的根基。

总之，民生银行努力使企业文化建设和思想政治工作在目标上互相协调，切实为企业发展提供服务和保证；努力使企业文化建设和思想政治工作在内容上互相补充，做到相辅相成，整体推进；努力使企业文化建设和思想政治工作在工作运行中互相促进，确保同步推进，落到实处。

二、调研后的思考：要与时俱进，应对新形势下企业文化建设与思想政治工作的新变化新挑战

在课题调查研究的过程中，使我们深化了两个认识。一是当今世界范围内企业竞争的延伸与演变，不仅直接表现为产品和服务的竞争，而

且更体现为企业文化力的竞争，管理的最高境界就是用文化管理企业。二是中国特色的企业文化建设离不开思想政治工作的保障。思想政治工作是我们党的优良传统和政治优势，主要解决人的思想、观点、政治立场问题。随着企业的改革和发展进入了关键时期，思想政治工作面临着严峻挑战。如何将不同身份、不同收入、不同文化知识、不同价值取向的银行员工思想意志统一起来，是思想政治工作面临的新课题和紧迫任务。面对挑战，思想政治工作如何积极开辟新途径，探索新方法，创造新经验。如何依靠企业文化的新载体，努力拓宽思想政治工作的视野、渠道和空间，推动思想政治工作的创新发展。这些都考验着企业思想政治工作和企业文化建设有机结合的大智慧。

（一）银行业全面深化改革和转型发展，需要思想政治工作和企业文化共同发力

在银行业全面深化改革和转型发展的大背景下，特别强调提高文化软实力。软实力主要体现在一个企业的价值观的影响力、文化产品的竞争力、科学技术的实力、品牌的文化附加值、员工素质的创新能力等，都是一个企业软实力的一个象征。当前，金融业改革深化和转型发展，在给金融业带来新挑战的同时，也将给金融企业的发展带来新的机遇。我们在借鉴国际金融文化的优秀成分的同时，需要利用思想政治工作对金融文化建设的引领，用共同的价值观和企业精神，把企业思想政治工作与生产经营紧密结合，丰富思想政治工作的文化内涵，拓宽渠道，弥补过去形式单调的不足，克服与生产经营相脱离的现象，增强企业思想政治工作的主动性、针对性和实效性。同时，企业思想政治工作也要借助于企业文化的各种载体，使思想政治工作寓教于文、寓教于乐，不断满足员工对提高政治理论、思想道德、科学技术水平和参与文体活动等多方面的需要，着力打造有中国特色的金融文化，为中国金融业抓住新的发展机遇提供精神和政治保障。

（二）化解企业文化建设存在的问题，需要思想政治工作提供保障

企业文化建设是 20 世纪 80 年代开始在我国一些企业中兴起的，经过近三十年的探索，已经成为我国企业建设的重要组成部分。企业文化建设紧密结合生产经营工作，与思想政治工作一道，在调动职工积极性，增强企业凝聚力，保证企业发展目标实现起着相辅相成的作用。但是，

由于我国金融机构独立发展历史较短，自身积淀相对薄弱，企业文化建设还存在以下问题：

一是缺乏金融企业文化建设的总体思路及执行力。一直以来，金融企业的文化建设有的从金融产品创新角度出发，有的从诚信文化角度出发等，这些固然都非常重要，但是缺乏金融企业文化建设的总体思路。重视金融企业经营，轻视金融企业文化建设现象较为普遍的存在，甚至有的简单认为搞一些员工培训和文体活动就是金融企业文化等。

二是价值观念定位不适应经济发展形势。有的金融机构价值观念定位明显不适应经济形势发展的要求。比如业务服务对象的重心始终放在大中城市的大中企业上，忽略了民营及中小企业；大量金融机构设在城市，在广大农村设置较少的网点，并且从农村抽取资金流往城市等。

三是道德规范问题较多。很多金融企业的内部人员存在利益驱动和官僚主义，一些内部人员违背职业道德，擅自挪用资金进入股票二级市场，一些基金公司经理自建"老鼠仓"，一些员工不遵守业务操作规范等。

四是金融创新环境不理想。我国金融企业金融创新的主动性不够，创新意识不足，战略意图不明显，缺乏金融创新的系统性设计。导致金融创新不够，创新的进程太慢，这就使得金融业务开展受到影响。

金融企业文化建设存在这些问题原因是多方面的，但要克服这些问题并消除影响，必须要实现企业文化建设与思想政治工作的结合，必须强化企业思想政治工作的保障作用。企业文化提倡自我实现，强调个人价值的实现，但同时，这也容易诱发个人主义、功利主义思想，如果没有思想政治工作的引导教育，其副作用是不可低估的。所以在建设企业文化的过程中，必须坚持不懈地对职工进行党的路线方针和政策的教育，用科学理论武装职工，坚决摒弃低级趣味、腐朽庸俗的世界观、价值观，保证企业文化建设的大方向。总之，企业文化的形成发展不能也不应该完全自发地产生，它需要思想政治工作责无旁贷地承担起推动企业文化形成发展的任务。特别是在金融企业的深化改革进程中，思想政治工作除了要把工作的落脚点定位于为金融改革转型发展提供强大的推动力，为改革创造良好的思想基础和工作氛围以外，还要主动为企业文化的形成发展开辟道路，提供动力，推动企业文化向健康成熟的方向发展。

（三）现代金融企业的管理特性，需要两者的有效互补

金融文化，产生于金融业的经营管理之中，作用于金融的经营管理，是银行管理的最高层次，它是以"人"为中心，以"人"为本的管理。现代管理科学的发展，使人们普遍地认识到：一流的企业要有一流的产品，一流的产品要靠一流的技术，一流的技术需要一流的人才，一流的人才重在一流的思想文化素质。所以，金融业的经营管理有着自己的鲜明特色。首先，以管理知识工作者为主，即高学历的人，而且活动过程也是知识、智力的劳动；其次，在业务上以金融服务为主。这关系到客户的直接利益，人们把财产放到银行，银行的任务就是要确保其财产不受侵害；再次，金融行业员工收入比较高，当前，各行业年收入最高的就是金融行业，这就涉及员工的精神需求怎么满足的问题。另外，金融企业的管理更适合于文化管理，更需要思想政治工作导航。在现阶段如何把文化管理和思想政治工作相结合，这关系到新形势下金融企业的生存与健康发展的问题。具体来说，应做到五个保证：

一是两者结合才能保证企业信誉和服务质量。银行作为经营货币的特殊企业，其信用与声誉是极为重要的。无论是金融方针政策、规章制度，还是业务经营活动，都必须树立良好的信誉。另外，商业银行工作的出发点是服务于社会、服务于发展、服务于群众。所以说，商业银行必须树立"服务第一"的思想，只有思想政治工作与企业文化的结合，才能为之提供"双重保障"。

二是两者结合才能保证企业道德的约束作用。企业道德是企业行为的规范，是金融企业文化和思想政治工作的重要内容，是企业价值观功能发挥的必然结果。这既需要企业文化的"润物无声"，更需要思想政治工作的"循循善诱"。商业银行道德，只有在员工不断提高认识的基础上，才能形成共同遵守的行为准则，才能保证企业行为的端正。否则，必然会在同业竞争中出现"犯规"行动，将自己的利益建立在牺牲其他金融企业利益的基础上，最终危害自己的生存和发展。这也是两者结合的用武之地。

三是两者结合才能保证企业精神的激励效应。金融企业文化的核心内容是企业精神，这也是思想政治工作需要维护的核心价值。企业精神是企业在经营管理实践中逐步形成的、并为全体员工所认可和接受的一

种群体意识。它是企业素质的综合反映，是全体员工意志的提炼和集中，是企业生存和发展的精神支柱，具有强大的凝聚力、感染力和影响力。金融企业精神，虽然是无形的，却在商业银行的经营管理和员工言行中得到具体的、有形的体现。

四是两者结合才能保证企业目标的实现。商业银行目标体现着银行的执着追求，同时又是员工理想和信念的具体化，是银行企业文化追求的动力源，也是思想政治工作维护的中心。商业银行要构建自身的金融企业文化，做好思想政治工作就必须结合实际，体现银行的具体目标。

五是两者结合才能保证企业规范的有效性。如果说前面内容是商业银行文化中的"软件"，那么，企业规范就是商业银行金融企业文化和思想政治工作的"硬件"部分。商业银行规范是自身在一定时期内的"定格"，并为维护相应的金融企业文化和思想政治工作服务。例如，银行制度是一种主要的企业规范，是经营管理活动中形成的带有强制性的义务和保障一定的权利的规定，是实现经营管理目标的有力措施和手段。

总之，新的形势和任务要求金融企业的思想政治工作与企业文化有机结合，通过两者的相互影响、相互渗透、相互促进、彼此互补，达到共同发展。企业文化作为先进的现代管理艺术，为思想政治工作的改革和创新提供了一个新天地，使思想政治工作的内涵更深刻、外延更扩展，更适应市场经济的需要，更便于与经济工作融合，转化为物质生产力。而思想政治工作是我党的一大政治优势，企业思想政治工作从党和国家的中心工作的大局出发，正确处理国家、集体和个人三者的利益关系，保障企业的社会主义方向。只有坚持企业文化建设的社会主义方向，有效地开展思想政治工作，才能解决好价值观这一文化建设的核心内容，以保证企业文化建设健康发展，两者结合相得益彰。

三、今后的探索：要勇于创新，构建企业文化建设与思想政治工作相结合的体制机制

通过民生银行坚持思想政治工作和企业文化建设相融共进的实践调查，我们更深地体会到：思想政治工作统率于企业文化，又从根本上决

定了企业文化的性质和出路。如果把企业比作树，文化比作根，那么思想政治工作就是与根紧密相连的泥土，就是企业这棵大树永葆长青的阳光、空气和水，只有这些外在的和内涵的要素同频共振、形成文化力和思想力交相辉映，并逐渐转化为生产力、内驱力，企业就能在激烈的市场竞争中基业长青、永续发展。目前，在激烈的市场竞争下，银行业为了保证思想政治工作与企业文化同步，与企业发展共进，与员工思想变化共振，为银行转型发展奠定坚实的思想根基，营造和谐的政治氛围，必须再谋企业文化建设与思想政治工作相结合的体制机制的新突破。

（一）在"两者结合"的统筹规划上要有新突破

在调研过程中我们体会到，只有把企业文化建设与思想政治工作相结合作为黏合剂，才能有效改变思想政治工作与业务经营相脱离的"两张皮"现象。民生银行面对职工思想观念多元多变的新趋势，要求企业文化建设与思想政治工作一岗双责，班子成员既要落实经营管理职责，也要落实思想建设职责；既要开展好业务，也要做好思想政治工作。民生银行把思想政治工作作为"软实力"建设的重要内容纳入总行发展的"二五"规划，与全行发展同规划，同部署，同检查，同考评，同奖惩，真正实现企业党的建设、文化建设、党群工作一起统筹兼顾，统筹规划，相互融合，相互促进。

（二）在"两者结合"的工作网络建设上要有新突破

我们认为，企业文化和思想政治工作相结合，可以扩大思想政治教育的覆盖面，塑造良好的企业形象，提高企业的知名度，增强企业在市场经济条件下的竞争能力。民生银行把思想政治工作同生产经营工作结合起来，同全行不同层面工作贯通起来，形成了党委统一领导、党群工团齐抓共管，以专兼职干部为骨干、以员工广泛参与为特色的思想政治工作新格局。建立健全了思想政治工作的领导机构和工作机构，在总行党委领导下，进一步明确职责，进行量化分工，纳入考核。建立了互联互通、运转正常的二级政工网络，由分行党、工、团的一把手来负责本部门的思想政治工作，把思想政治工作网络延伸到基层。

（三）在"两者结合"的阵地建设上要有新突破

企业文化建设与思想政治工作相结合，有利于形成加强思想政治工作的物质条件和文化氛围。要坚持把政治思想工作与党的建设、工会工作、共青团工作相结合，通过文体平台来展示员工才华，激发员工创新热情，丰富员工业余生活，提高员工业务技能；还要通过内部宣传刊物来交流信息，沟通经验，鼓舞人心；要通过网站、微博等互动平台来吸引员工参与各层次管理，与经管层广泛交流，同级之间互相聊慰心灵，为企业发展建言献策等。

（四）在"两者结合"的制度建设上要有新突破

为了实现企业文化建设与思想政治工作相结合的常态化，民生银行建设了三大运行机制。一是形成长效工作机制。坚持在任何情况下，责任、职能、职责不变的原则，确保思想政治工作的连续性。二是创新日常工作的运行机制，即要建立日常思想政治工作上级政策方针传达制度、年度计划落实制度、具体工作安排制度等，来保障日常工作的如期开展。三是建立动态的交流机制，即形成定期信息交流互通，建立员工思想状态动态管理数据库，建立员工思想工作跟踪反馈制度，通过双向互动，动态跟踪，把员工思想工作做到家，谈到心。对思想政治工作者要建设长效激励机制，要做好思想状态调查和跟踪，营造良好的执行文化氛围。

（五）在"两者结合"的目标落实上要有新突破

企业文化建设与思想政治工作相结合要成为长期受惠的常态工程，就必须构建大政工的格局，搭建大作为的舞台，把"两结合"作为一个系统工程或项目工程来实施，全面调动，系统筹划，做实做细，使企业文化建设和思想政治工作更好地为全行中心工作和战略部署保驾护航，形成生动活泼的政工新局面。党委把加强和改进思想政治工作列入重要议事日程，职能部门定期进行专题研究，提出指导性意见。高管团队成员要经常深入支行和经营网点、深入职工群众调查研究，提出问题，分析问题，解决问题，为企业文化建设与思想政治工作相结合打通"最后一公里"。

贯彻五大发展理念
巩固文化四大基石

——探索中国人民健康保险企业文化活动建设方案

刘 青[*]

在经济新常态背景下，国有企业对企业文化建设的重视程度一直在加码。伴随国有企业改革进入攻坚期，国有企业迫切需要贯彻改革、改组、改造并加强管理，建立完善的企业文化建设体系，充分发挥企业文化建设工作在公司改革发展中的带动和促进作用。

党的十八届五中全会上提出了创新、协调、绿色、开放、共享的五大崭新发展理念，并以这五大发展理念为主线谋篇布局，提倡理念先行。本研究将以此为契机，厘清五大发展理念内涵与健康保险特点、企业文化建设的内在关联，依托中国人民健康保险股份有限公司（以下简称"人保健康"）2013年以来进行的价值观大讨论成果的基础，深入基层调研员工对于公司企业文化的现状认知与期待，最终形成一个企业文化活动建设的思路，以企业文化活动作为切入点，为日后明确企业文化建设对标评估标准，加强对企业文化建设自查自评和过程控制，不断增强企业文化建设的科学性和实效性提供参考。研究有以下三个重要结论。

第一，全系统深入开展了长达一年的价值观大讨论活动，总结提炼

* 中国人民健康保险股份有限公司总公司办公室。本文获2016年全国金融系统思想政治工作和企业文化建设优秀调研成果一等奖。

公司价值理念体系，成为全体员工统一的价值标准和行动指南，逐步构建公司的核心竞争优势，真正做到基业长青。

第二，贯彻五大发展理念指导原则，调研基层员工对企业文化的认知，提炼出当下公司亟待解决的文化四大基石——专业、服务、创新与执行，作为企业文化建设提供有力抓手，将四大基石融入日常经营管理的各个环节。

第三，基于前述两点，为公司的企业文化建设活动提出相应可行的方案，活动应首要解决文化中存在的问题，夯实文化四大基石。活动建设则宜从夯实制度基础、发挥优势活动两个角度着力。

一、五大发展理念指引企业文化建设

（一）创新先行：五大发展理念对文化建设的意义

党的十八届五中全会提出创新、协调、绿色、开放、共享五大发展理念，保险业作为现代金融业的发展的支柱之一，应当必须牢固树立并切实贯彻五大发展理念。五大发展理念为保险业进一步指明了发展方向，新常态下要统一思想，深化认识，切实把思想和行动统一到党中央对经济发展新常态的重大判断和决策部署上来，把五大发展理念贯穿到保险业改革发展的方方面面，崇尚创新、注重协调、倡导绿色、厚植开放、推进共享，努力开拓现代保险服务业发展的新境界。

从我国健康保险市场看，健康保险呈现加快发展的态势。从"新国十条"到"健康中国"战略升级，再到《"健康中国"2030规划纲要》落地实施，国家越来越重视商业健康保险在国家战略全局中的定位，健康险迎来黄金发展期。人保健康作为国内第一家专业健康险公司，在"大健康"蓝海中积极谋篇布局，致力于为中国百姓提供更好的健康保险产品和健康管理服务。在"创新、协调、绿色、开放、共享"的五大发展理念指引下，人保健康凭借利好政策机遇，在"十三五"时期全面推进新时期发展战略，增强企业文化凝聚力与品牌竞争力，推动公司加快转型、创新发展，保障新时期战略目标顺利实现，建成政府信任、人民满意的中国健康保险第一品牌。

实现上述目标及愿景，就企业文化建设层面而言，公司仍需贯彻五大理念的向导作用，完善企业文化内涵，规范企业文化管理制度，探索企业文化考评体系，最终落地于企业文化活动，将企业文化的精髓熔铸到公司事业传承的血脉中，融入日常经营管理的各个环节，激活机构、人才、资金、项目等生产要素，形成锐意进取、敢闯敢试的创新氛围，激发干部员工创新创业的热情和活力，为公司发展提供不竭动力，其重要性如下阐述。

（1）创新先驱，有利于提升企业管理水平与执行力。以改革创新为驱动，以企业文化为支撑，持续推进学习型组织建设，提炼公司核心价值理念体系，持续加强宣导，进一步转变心智模式、凝聚了发展共识。进而有序推进制度文化、专项文化与基层文化建设，能够促进企业管理水平不断提升；创新开展各层次企业文化活动，其规范、激励的作用有利于在员工和企业之间建立长期的驱动关系，鼓舞员工为实现共同目标而自觉自发地努力，不断提高执行力。

（2）协调凝聚，有利于跨区域整合经营。在公司经营过程中，以制度为指引，以活动为纽带，积极协调各部门、各条线的协作、沟通机制，跨文化管理将促进不同地域员工之间的沟通，有利于建立相互信任、相互尊重的关系，并在经营理念与管理模式等方面达成共识。

（3）绿色发展，有利于塑造企业形象。坚持绿色发展，建设资源高效配置、质量效益良好、可持续发展的健康保险服务体系。企业文化活动从立意到执行都应该融入绿色理念，践行公司使命与价值观，坚决履行企业社会责任，有利于公司树立良好的企业形象和品牌，进而驱动公司的价值创造。

（4）开放协同，有利于统一思想、凝聚力量。坚持开放发展，积极建设优势互补、合作共赢、具有影响力的合作团队。依托企业文化开放、包容的导向功能，可以使干部员工在文化的潜移默化中接受共同的价值观念，有利于统一思想与协同行动，有利于公司发展战略与发展模式的实施推进，形成推动改革发展的强大合力。

（5）共享成长，有利于提高员工职业素养。五大发展理念的最终落脚点是发展，健康保险的发展最终是为了服务人民，实现"保险让生活更美好"。企业文化建设成果共享，有助于员工逐渐达成理念认同与行为示范，通过共享的文化理念培育和行为方式养成，有利于员工形成敬业高效的职业素养。

（二）理念指引：价值观大的讨论成果及宣导

组织企业文化活动，可进一步具象地挖掘、调整、完善公司的企业文化内涵，以更好地发挥企业文化对公司改革发展的引领和支撑作用。为更好地贯彻五大发展理念，公司在前期已完成了开展价值观大讨论，提炼形成了具有公司特色的核心价值理念体系。

2013年以来，人保健康系统上下结合自身实际，开展了上百场形式多样、各具特色的主题活动，大家紧紧围绕"如何建设政府信任、人民满意的专业健康保险公司"这一主题，深入思考"我们是谁？我们的价值是什么？我们追求什么？"等命题。通过一次次深刻的思想洗礼，系统上下深刻认识到，人保健康是市场化的商业公司，盈利是公司生存和发展的基本前提，必须加快发展，提高盈利能力，为客户、为员工、为股东创造价值。人保健康是我国健康保险专业化经营的先行者和探索者，服务国家医疗保障体制改革是时代赋予公司的历史使命，必须探索出一条符合我国医疗保障服务体系改革要求、适应市场需要、具有人保健康特色的发展道路，成为政府信任、人民满意的中国健康保险第一品牌。

人保健康价值观理念大讨论成果凝练为价值理念体系，包括企业使命、发展愿景、经营理念、核心价值观、企业精神。

价值观体系构建是文化落地的首要环节，企业文化活动建设则是文化落地实施阶段的重要环节，是制度与考核体系的黏合剂，提升团队的凝聚力与向心力。研究发现，拥有优良企业文化是国内外一流企业的共性，其文化通常呈现两个特点：一是理念正确、个性鲜明；二是执行彻底、坚守合一。坚持五大发展理念与人保健康的价值观理念体系的指引，公司将通过打造鲜明独特、可持续的企业文化活动，为企业文化建设树立标杆。

二、企业文化现状调研：夯实文化四大基石

企业文化调研实际是一个"诊断"过程，通过了解各层员工对文化理念的认知与认同程度，明确企业内部普遍信奉和急需改进的文化现象，掌握员工行为作风存在的主要问题并进行深层次的原因探析，进一步提出适应公司当前企业文化建设状况的企业文化建设建议，为今后文化提升提供目标及思路。本次调研发现，公司基层对目前文化建设存在问题

主要来自专业、服务、创新与执行，也是未来企业文化建设要重点突破的节点，以下根据受访者访谈内容对文化诊断（基层调研结果概述）、机理把脉（企业文化优劣分析）、对症下药（企业文化建设建议）等方面进行总结并阐述。

（一）文化诊断：基层调研面面观

研究小组在实地调研阶段，访谈了 3 组人群。（1）总公司管理层、各地分公司负责人的代表（共 4 位），了解公司企业文化管理制度体系建设和企业文化考核与评价体系中存在的问题，以及深层次需求。（2）保险行业专家、企业管理研究专家、保险记者（共 2 位）；探究企业管理体制、组织结构设计、企业员工素质、企业文化现行相关政策等内容。（3）公司基层员工（共 4 位）对企业文化建设的看法（见表 1）。访谈人均用时 90 分钟，并对访谈内容进行数据处理，统计分析工作。

表1   **深度访谈大纲要点**

第一部分：引导性问题	（一）简单的自我介绍
	（二）在人保健康工作中，最受感动的一件事情
	（三）企业里最让你敬佩的人，最宝贵的精神
第二部分：现有文化	（一）现有什么文化
	（二）有何优点
	（三）有何缺点
	（四）有何缺失
	（五）有何特点
	（六）文化如何形成的
	（七）有什么组织（亚）文化（针对基层员工提问）
第三部分：理想文化	（一）企业的模范
	（二）海外的借鉴
	（三）异业的借鉴
	（四）理想的文化
第四部分：文化理念	（一）使命
	（二）愿景
	（三）价值观
	（四）企业精神

通过整理各层级的员工深度访谈材料，归纳出公司可以继续发扬的品质与风貌关键词，以及仍待改进的文化与管理等问题。其中就公司最为迫切的需要完善的企业文化价值基础，概括为"四大基石"——专业、服务、创新与执行，是未来企业文化建设要重点突破的节点。调研还发现，受访者认为最值得学习的企业的优秀特质是：专业、效率、创新。

企业文化的特质与每一位员工的行为、认知、理念密切相关，根据公司提供的 7 位受访者，对其分别进行了一对一的深度访谈，从访谈结果中进一步抽取关键词，并进行提及频次赋分，得出了企业继续发扬的品质与风貌关键词、仍待改进的文化与管理等问题（图 1、表 2、表 3）。

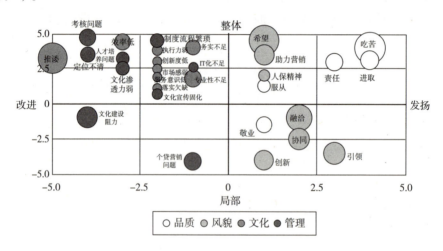

*注：根据 7 位受访者提及的文化"关键词"进一步提炼、赋分而确定横坐标轴。

图 1　企业文化的关键词分布

（二）机理把脉：企业文化基因分析

1. 优质基因：吃苦及进取

企业文化的优良基因即受访者认为公司有哪些值得发挥的/令你印象深刻的文化精神/品质，值得在工作中继续发扬（见表 2）。受访员工提及程度较高关键词：吃苦、进取、责任，认为人保健康既继承了人保集团担当责任的传统精神，也具备初创探索期进取吃苦的优秀品质，这与公司成立 11 年以来兢兢业业地探索健康保险商业模式关系密切。整体层面上，受访者还认为大多数员工服从上级要求，遵守规矩。对健康保险行业发展的机遇、环境持乐观态度。另外，有受访者提到"人保精神"是公司的文化优势，"人保精神"内涵广泛，能够高度抽象概括出领导、员工上下一心，同心同德，并收获成果的创业历程。也有1位受访者谈及公司企业文化的优势之一是助力营销，文化凝聚员工、增强认同感，进而促进营销效益。

表2　　　　　　　　　值得发挥的/令人印象深刻的文化精神/品质

范围	关键词	相似表述	提及次数
基层/整体	吃苦	坚韧不拔、吃苦耐劳、攻坚克难、不气馁、努力、不离不弃	4
	进取	积极向上、紧迫感强、找发展、谋出路	4
	责任	担当、承担政府业务、心系人民	3
	服从	遵从领导要求	1
	希望	机遇、大环境好	1
	人保精神	内涵较广：体会艰辛，收获积淀	1
	助力营销	文化提升营销效益、增强员工自豪感	1
高层/部门及分公司	协同	合作、互动	2
	融洽	温情、温暖	2
	敬业	轮轴转、尽力做好	1
	引领	表率、排头兵、高层对于文化领导的重要性、各地形成独特的文化特殊性	3
	创新	主动培养创新意识、举办创新活动	1

从各级机构的微观层面来看，3位受访者认为部门的协同互动机制良好，团队文化融洽温暖。多位受访者认可公司高层的工作敬业态度，发挥表率作用，高层对于文化的领导作用非常重要，能够影响并培育独具地域特色的亚文化，增强活力。也有受访者提出部门团队经常开展形式多样的活动，提升员工的创新意识，很受欢迎，值得推广。

2. 弱势基因：推诿与低效

企业文化中显现的弱势基因指的是受访者谈及公司需要改进的/令人感到困惑、无奈的文化现象（见表3）。其中，大多数受访者都谈到工作中存在不同程度的推诿现象，这一问题具体表现为部门之间协同弱、职责划分不明、"等靠要"思想。有受访者提到这一文化表征的内在原因可能与制度不完善，沟通成本大，职责不明晰有关，不愿意担责也是造成推诿的重要原因。企业文化中的效率低、执行力弱也被较多受访者提到，认为制度繁琐造成低效、信息化程度影响效率。再者，公司的专业度、创新度、服务意识仍需要不断提升，以不断满足市场需求，并渗透公司优良的企业文化以形塑人保健康的专业性。有两位受访者谈到企业文化中的务实性强调不足，企业文化落实受到不同程度的制约，体现在某些文化顶层设计被架空、有的地方缺少统一培训与宣导的支持、文化传导到基层有偏差。

表3　　　　　　　　　需要改进的/令人感到困惑、无奈的文化现象

范围	关键词	相似表述	提及次数
整体	推诿	部门之间协同弱、职责划分不明、等靠要思想	5
	效率低	制度繁琐造成低效、信息化程度影响效率	3
	执行力弱	等靠要、故意不执行或不知如何执行	2
	专业性不足	专业水平差距大	1
	创新度低	需创新发展模式、创新服务方式应用不足	2
	服务意识低	客户服务数据利用及管理不足	2
	市场感弱	市场观念不足、以客户为本落实不够	2
	务实不足	加强求实、目标切实际	1
	落实欠缺	文化顶层设计被架空、个别地方缺少统一培训与宣导支持、文化传导到基层有偏差	2

3. 弱势基因的症结：企业文化管理

弱势基因的症结来自对受访者谈及企业文化存在问题时结合自身工作实际的分析，论述的主要是造成企业文化弱势基因的深层原因（见表4）。形成困惑或无奈的文化现象的原因，可以概括为管理层面的问题——考核奖惩、人才培养、战略定位、制度流程、信息技术等；也涉及文化管理制度层面的因素——文化渗透力弱、文化宣传固化、文化建设阻力。

有受访者认为公司考核体系及人才培养需要更具针对性，提升员工学习力，有利于形成学习进步的氛围。同时，整体战略定位的持续性也

会影响企业文化的稳定性、传承性。另外，从文化建设角度而言，目前整体的文化渗透力弱、宣传思路固化、基层文化建设受阻也是造成文化弱势基因的症结之一，日后建设应当注意克服。

表4　　　　　　　　　　困惑或无奈的文化现象的形成原因

范围	关键词	相似表述	提及次数
整体	考核问题	考核制度的延续性、稳定性不强、职责划分不明晰、针对性不强	4
	人才培养问题	学习力不足、人才与岗位不匹配	3
	定位不清晰	2013年之前模式不清晰、规划不明确	4
	制度流程繁琐	阻碍效率、意义不大	2
	IT化不足	欠缺客户资源的深度数据挖掘	1
	文化渗透力弱	不同文化背景融合难、缺乏文化培训、学习氛围营造不足	3
	文化宣传固化	形式单一、内容不适应市场、受产品制约	2
局部	文化建设阻力	企业文化缺乏一致性、协调性、事务繁多、相关经费不足等	4
	个代营销问题	有的地方代理人管理缺少统一性	1

4. 期待基因：专业、创新、效率

受访者在陈述公司企业文化建设现状认知过程中，也多次提及同业值得学习的优秀竞争者，认为同业最值得借鉴的企业文化品质有：专业、创新、效率。这也是与所提炼出的文化四大基石内涵相重合，说明专业性、创新度、效率优先是公司企业文化、经营运作的持续驱动力，值得重视。

有受访者认可平安、金盛的专业性，特定的产品服务特定需求用户，流程严格规范。而创新方面也很提倡泰康近来助推的技术、互联网战略驱动创新，值得公司借鉴。还有许多同业市场化程度高的公司在效率方面投入大，故执行力、落实企业文化建设也比较高效。

（三）对症下药：企业文化建设建议

透过对上述问题及原因的洞悉，受访者同时建议公司企业文化建设方面，贯彻企业文化由领导发起并垂范的精神，规范文化管理制度，因地制宜融合文化，使得文化活动具有参与性（见表5）。

表5 企业文化建设的观点建议

范围	关键词	相似表述	提及次数
文化建设建议	文化由领导发起并垂范	领导发起并垂范，全体员工共同遵循	1
	规范文化管理制度	培训、制度分解、行为手册、礼仪形象、保障、考核、评优	6
	因地制宜融合文化	不断修正、融合当地特色	1
	文化活动具有参与性	参与、适应需求活动、人情味、关爱员工、健身活动、关爱基金	6

第一，文化由领导发起并垂范。受访者谈及的企业文化应当是由企业领导人发起的，并率先垂范的，由全体员工共同遵守的价值取向。人保健康企业价值观大讨论的作用也体现于此。第二，应当规范文化管理制度，包括发展培训、行为规范、形象礼仪、制度保障、考核评优等。受访者认为完善公司的发展培训体系，有利于促进帮助新员工尽快融入文化。有2位受访者谈及，企业文化本身是很缥缈的，可以通过制定一套细小的行为规范，将其落实到行动上。在制定时应注意刚柔并济，拟定适应时代的行为细则，如员工的行为规范、形象礼仪。保障行为规范的落实，离不开硬性管理的制度保障，辅以考核评优作为激励，进一步激发员工的投入热情。第三，有受访者建议文化建设是一个持续过程，并且应当因地制宜融合不同地域的文化，保持文化的生机与活力，利于各地分公司开展工作。此外，公司处在不同的发展时期，应有各个阶段的企业文化，依据战略和市场需求，不断地修正、完善文化内涵。第四，企业文化活动建设应当注重参与性。受访者分享许多活动的案例，谈到公司关怀员工的点滴，帮助困难员工筹款、组织生日会、微信健步走等活动，增强了企业温度，给员工家的感觉。

三、企业文化活动建设思路：双线并行

深入贯彻五大发展理念的指引，基于前文对于同业企业文化建设调研、访谈基层员工企业文化相关看法的分析，公司的企业文化建设活动方案应当首要解决文化中的问题，夯实文化四大基石——专业、服务、创新与执行。为保证文化活动的顺利开展，渗透企业文化精神，活动建设宜从两个角度着力。第一，夯实基础，构建一套科学的文化制度作为

支撑。第二，扬长避短，宣导、参与兼备。

（一）夯实基础：构建文化制度

在现有企业文化管理制度、文化建设考核评估的基础上，将企业文化所涉及的文化目标、保障机制、识别系统、传播系统、激励、融入、评估进行梳理，使之内部贯通，形成合力（见图2）。这是企业文化活动建设的根本保障，也是符合五大发展理念中创新、协调、开放、共享的题中之义。

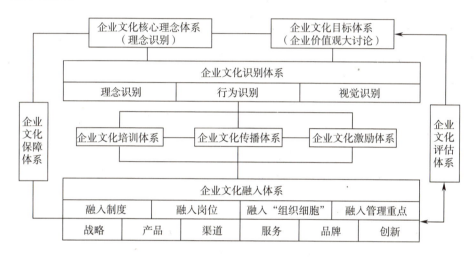

图2　企业文化建设系统

（1）企业文化目标：梳理企业发展战略目标，并在此基础上明确企业文化战略、规划等工作，系统性稳步推进。目前公司通过"价值观大讨论"，已确定了目标及愿景。

（2）企业文化保障：包括组织、制度、物质（软件、硬件、知识管理等）和队伍保障。借助党委、团委、工会等组织力量，开展员工参与度高、美誉度好的活动。完善企业文化管理制度、班子企业文化建设考评指标，保证文化建设可落实。与相关部门加强沟通，借助新技术、新工具，提升公司创新应用能力，提高工作效率、提振员工信心。

（3）企业文化识别：分解企业文化行为规范，形成具体可行的员工行为守则，将文化融入行为、理念。同时挖掘各代营销与文化相结合点，保证营销员展业过程中认同企业文化，并落实在终端服务，提升用户满意度。

（4）企业文化培训：注重通过文化培训渗透企业文化理念，对不同工作背景的新员工或社会新鲜人的培训应当加入人文关怀元素，帮助其尽快融入新的集体中。与人力资源部门协同，完善好培训体系中对文化建设环节的嵌入。

（5）企业文化传播：切实了解利益相关方对于企业文化内容的需求，与时俱进应用多样化媒介形式进行传播。构建起内外宣传、推广、渗透企业文化"立体式"传播体系。

（6）企业文化激励：利用引导、约束、奖励、惩罚等方式促使文化建设落地，特别对"推诿"、职责不明等问题进行规范，明确职责。逐步设计与绩效考核相关联的文化活动激励模式，从根本上促进员工参与度。

（7）企业文化融入：通过制度梳理与完善、部门与个人改进计划、班组文化建设、子系统文化建设等措施，从战略、团队、产品、渠道、服务、营销及品牌、创新等方面深度植入文化理念，实现企业文化与企业经营管理的全面融合。

（8）企业文化评估：不定期邀请第三方机构提供企业文化诊断、建设评估报告，并及时进行改进，不断提升企业文化管理。

（二）扬长避短：宣导、参与并重

针对企业文化关键词中的继承与改进两个维度，针对性解决文化方面的问题。一方面，通过宣导优秀的企业精神、先进事迹，营造积极进取的工作氛围，继而推动公司的良好运作。另一方面，通过员工参与性高的文化活动，提升内部协同性、降低文化跨地域传播成本。

1. 宣导：继承优秀品质

宣讲作为企业文化活动中的成本经济、主题精准、传播效果好的形式之一，在开展相关主题教育、专题文化宣导中应多加利用。依托公司已经形成的企业价值观理念体系，可以围绕"创新、实干、诚信、责任"的企业精神，衔接公司的经营理念、使命、愿景、核心价值观，每个季度展开一系列的主题宣讲活动。一方面可以强化员工对于吃苦、进取、责任等优良品质的认知，另一方面有助于打造学习型队伍，树立典型，在全系统传播并推广个别部门或分公司的优秀文化实践经验。

宣讲形式包括但不限于：主题培训、系列讲座、全员讨论、评选明星。主题培训由高层主讲，从战略高度解读企业精神内涵；系列讲座则邀请由部门员工、外请专家介绍，从员工视角、第三方视角分享企业文化践行经验；全员讨论注重激发全系统员工的参与度，通过标杆对比、查找不足、逐步调整、落实到位等环节，相互借鉴经验、教训；评选明星作为每一主题宣讲季的总结提升部分，在培训、互动的评比中，选出优秀践行企业精神理念的员工等，形成示范效应，鼓励更多员工投身企业精神的践行、企业文化建设中。

着力构建"四大基石"，有机融入文化活动

结合公司实际，丰富企业文化建设的内涵和形式，着力构建"四大基石"——专业、服务、创新与执行，围绕深入开展主题实践活动、开展文化营销活动，与党团建设、工青妇活动有机结合，渗透并强化相关意识。

■专业。鼓励省级分公司、总公司各部门，以及相关业务条线开展提升专业能力的文化活动、培训教育等，并将优秀经验成果，在全系统内传播、学习。对外设定一套整齐划一的礼仪规范，保证企业员工作为企业的一张活名片，传递专业的企业文化内涵。

■服务。与相关业务部门沟通合作，强调服务客户的重要性，以"人保客户节""7·8保险公众宣传日"等主题日为切入点，调研客户的实际需求，并在企业文化活动中融入服务理念，为客户创造价值，进一步引导员工在工作中树立服务意识。

■创新。积极开展各类创新的竞赛活动，激发并鼓励员工以小组为单位，创新工作方法、学习模式、沟通机制等，培育不断探索、与时俱进的工作氛围。

■执行。通过公司内部窗口平台，在全系统内对任务执行完成情况进行定期的通报或表彰，强化并督促全员提升执行力。

2. 参与：开展文化活动

针对公司仍需改进的文化问题，可以通过企业文化活动激活员工参与性，建立学习型组织，在工作中协同互助，提高沟通效率、提升责任意识。企业文化活动的设计、执行的理念应注意围绕以下五个方面。

第一，定期开展，长期坚持。定期开展符合公司特色、适应员工需求的文化活动，将某几项活动坚持举办，久而久之形成既定仪式，仪式再坚持会沉淀成文化。此外，坚持文化活动开展过程中也要不断创新、改进活动形式，使之不断满足员工的需求。

第二，文化活动的作用在于促进业务工作的开展，是凝聚组织的润滑剂。因而开展企业文化活动务必保证不对日常工作造成影响，活动内容、形式不宜繁杂，活动勿安排在公司业务繁忙时期，如突遇公司或外部发生紧急、重大事件，原计划企业文化活动应取消。

第三，文化活动应具有时代特征。坚持既有益身心、又富有趣味的原则，保证员工参与活动效益最大化。当下传播沟通方式嬗变，企业文化活动开展还应当转变原有思路，从宣贯式活动向参与互动型转变，以激发员工主动性，联络跨部门沟通，培育基层企业文化。

第四，活动开展宜贯彻部门引导，基层主导的组织方针。总部办公室、分公司办公室等部门系企业文化建设的主管机构，负责规划、落实、考核年度企业文化活动开展。组织具体的企业文化活动，应当考虑活动对象的实际需求及能动性，由基层自主开展活动，主管部门配合引导活动。此外，建议引入激励机制，鼓励以基层为单位，创新性尝试形式多样的文化活动；对反响良好的活动，给予更多的资源支持，并在全系统内推广。

第五，企业文化活动是一个潜移默化的过程。应摒弃简单而低效的方式，不能单纯地通过口号标语、灌输培训等方式将企业价值理念表象化。文化由内到外可以分为物质、制度、精神三个层次，开展企业文化活动需遵循这一思路，将企业价值理念等物质层面的元素，各类管理制度等文化元素，巧妙地渗透到活动中，调动员工积极性，变为主动了解、学习的过程，共同建设企业文化。

线上平台促进学习、沟通——解决总分公司的沟通不畅、渠道成本

微信等移动互联网平台已成为人们信息获取、传播沟通的主要媒介载体，企业文化活动务必利用好微信这一天然平台，促进企业文化

的渗透、员工之间的互动。利用微信群凝聚组织文化，建议以兴趣为驱动，跨部门、跨地域、盘活全系统员工，组织多类热点群，例如，读书群、长跑群、亲子群等，可以实现资源共分享、多节点的协同效应。此外，还应利用公司订阅号、服务号资源，推送一线员工与公司点滴的系列文化故事（图文、口述记录等方式），展现员工的精神风貌，构建人保健康精神家园。

微信运营管理方面，坚持逐步推动与积极引导相结合。微信讨论群、微信公众号安排专员运维，激发群成员的讨论、参与、互动活跃度。并借助微信窗口，听取基层员工对企业文化建设的意见、建议，以更好指导下一步建设开展。

员工精气神助力企业创新转型

——谈国有金融企业员工思想建设工作

中国华融纪委监察室课题组[*]

在目前经济下行大背景下的创新转型过程中，如何做好员工思想建设工作，激发员工的精气神，是国有金融企业需要认真面对的一个重大课题。为了了解员工的思想动态，我们以问卷调查的方式开展了 2015 年度员工思想动态分析工作。调查结果显示，国有金融企业的创新转型主要动力来源于广大员工的精气神，要进一步加强和改善员工思想建设工作。

一、调查基本情况

我们以问卷的方式，对 8810 名中国华融资产管理股份有限公司（以下简称"中国华融"）系统员工（占总数的 93%）进行调查，调查内容涉及国有金融企业发展、创新和转型、对国有金融企业发展战略认同度、党风廉政建设、风险防控、职业规划、生活期望、对创新转型的建议等问题 38 个。参加问卷的被调查人，按性别分，男性 4416 人（50.12%）、女性 4394 人（49.88%）；按年龄分，40 岁以下 6255 人（71%）；按政治面貌分，中共党员 3945 人（45%）、民主党派 122 人（1%）、群众 4743 人（54%）；按职务分，总经理助理（含）以上 322 人（3.7%）、总经理助理以下 8488 人（96.3%）；按前中后台分，前台 4866 人（55%）、中台 2034 人（23%）、后台 1910 人（22%）。

---

* 课题组组长：李玉平、成员：徐瑞柏、王军、孙宏伟、谢建林、赵芳芳、董嫽。本文获 2016 年全国金融系统思想政治工作和企业文化建设优秀调研成果一等奖。

调查具有随机性、普遍性，能真实反映国有金融企业员工的思想状况。数据分析表明，国有金融企业员工答卷态度理性平和，队伍思想稳定，富有朝气，政治大局意识强，对国有金融企业发展的认同度很高，对国有金融企业的发展充满信心，同时也反映出一些他们共同关注的问题。

（中国华融党委书记、董事长赖小民及其他公司领导为
第三届感动中国华融员工颁奖）

二、员工思想特点

调查分析显示，国有金融企业员工的思想动态主要呈现以下五个特点：

（一）员工队伍政治大局意识强，对国有金融企业发展的认同度高，对中国经济和国有金融企业发展充满信心

中国华融 2015 年 10 月 30 日成功在香港主板上市挂牌，迈入新的发展阶段。97% 的被调查人对中国华融成功上市后的发展有信心，其中77% 充满信心、20% 比较有信心。

大部分被调查人能认识到国有金融企业成功上市的重大意义。87.76% 认为中国华融成功上市标志着公司圆满完成"改制—引战—上市"三部曲，成功登陆国际资本市场；83.18% 认为中国华融成功上市标志着公司市场化、多元化、综合化、国际化转型发展进程掀开了新的重要一页；82.67% 认为中国华融成功上市标志着公司向实现打造"治理科学、管控有序、主业突出、综合经营、业绩优良"一流资产管理公司的"华融梦"迈出了坚实一步。

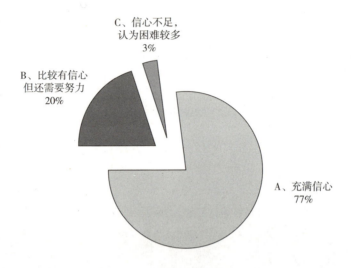

图 1　对公司发展的信心

据调查分析，员工对国有金融企业成功上市后有和比较有信心的原因主要有：一是 86.19% 的被调查人首选"国有金融企业上市成为公众公司后，大大提高其知名度，获得名牌效应，积聚无形资产，更易获得融资，吸引人才"；二是 84.52% 选择"中国华融党委书记赖小民同志提出的'以创新为引领，努力实现中国华融十大战略性转型'为公司指明了可持续发展的方向"。

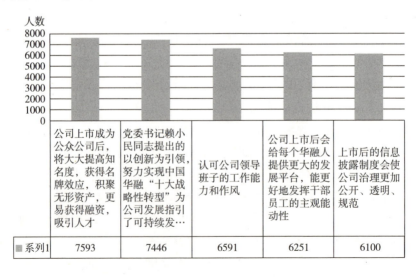

	公司上市成为公众公司后，将大大提高知名度，获得名牌效应，积聚无形资产，更易获得融资，吸引人才	党委书记赖小民同志提出的以创新为引领，努力实现中国华融"十大战略性转型"为公司发展指引了可持续发…	认可公司领导班子的工作能力和作风	公司上市后会给每个华融人提供更大的发展平台，能更好地发挥干部员工的主观能动性	上市后的信息披露制度会使公司治理更加公开、透明、规范
系列1	7593	7446	6591	6251	6100

图 2　信心基础

对于中国华融党委"十大战略性转型"的理解，90.73%的被调查人首选"蕴含了辩证唯物主义由量变到质变的必然规律，提醒我们应转变经营理念，不能简单地将追求利润率放在首位"。

国有金融企业绝大部分员工对深化国有企业改革中坚持党的领导、加强党的建设的问题认识正确。83.53%的被调查人认为"国有企业属于全民所有，是推进国家现代化、保障人民共同利益的重要力量，是我们党和国家事业发展的重要物质基础和政治基础"；78.22%认为"中国华融一贯奉行的以'听党的话，跟政府走，按市场规律办事'为特色的系列经营理念要坚定不移坚持下去"。

88.06%的被调查人认识到《中国共产党廉洁自律准则》是党执政以来第一部坚持正面倡导、面向全体党员的规范，和每个党员都有密切关系；86.78%认识到《中国共产党纪律处分条例》明确了党组织和党员违反六大纪律行为的处分规定，实现了纪法分开，把纪律挺在前面作为全面从严治党的治本之策。

在2015年宏观经济下行、资本市场动荡大环境下，国有金融企业员工对中国经济和公司的未来发展充满极大信心，体现了员工对未来公司规划及愿景的高度认同。被调查人中非党员员工占55%，但从问卷分析来看，他们具有较高的政治觉悟和政治立场，在思想上能与以习近平同志为核心的党中央保持高度一致，未出现大的思想认识问题。

（二）国有金融企业员工普遍关心风险防控问题，主人翁意识强烈

被调查人普遍关心、关注和重视中国华融成功上市后面临的风险防控问题，这体现出他们在公司取得优良业绩的同时能保持必要的忧患意识，有强烈的主人翁意识。64.06%的被调查人认为中国华融上市后遇到的最大挑战是"项目风险防化压力不断加大，实现追求利润和防控风险的平衡比较困难"。

对影响甚至阻碍国有金融企业打造一支"想干事、能干事、会干事、干成事、不出事"的高素质员工队伍的主要瓶颈问题，60.17%的被调查人认为"重利润、轻风险"是主要问题；55.95%认为懂业务、善管理的人才缺乏；50.87%认为懂法律、避风险的管理人才缺乏。

在国有金融企业员工道德风险防范中存在的最突出问题方面，38.66%的被调查人认为"在商业化业务开展过程中，风险隐患随时存

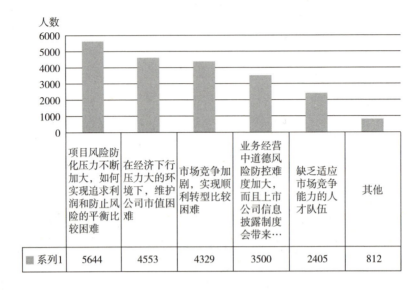

人数	项目风险防化压力不断加大，如何实现追求利润和防止风险的平衡比较困难	在经济下行压力大的环境下，维护公司市值困难	市场竞争加剧，实现顺利转型比较困难	业务经营中道德风险防控难度加大，而且上市公司信息披露制度会带来…	缺乏适应市场竞争能力的人才队伍	其他
■ 系列1	5644	4553	4329	3500	2405	812

图3　公司面临的挑战

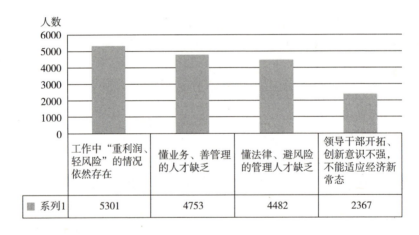

人数	工作中"重利润、轻风险"的情况依然存在	懂业务、善管理的人才缺乏	懂法律、避风险的管理人才缺乏	领导干部开拓、创新意识不强，不能适应经济新常态
■ 系列1	5301	4753	4482	2367

图4　人才培养的瓶颈

在，防范难度加大"。

被调查人认为国有金融企业当前商业化运作中最突出的风险，依次是合规风险、信用风险、操作风险、流动性风险、道德风险、法律风险。

在国有金融企业快速发展的过程中，伴随着项目资金的大量投放，在经济下行背景和项目结构不尽合理的情况下，项目风险在不断积聚甚至放大，个别项目资金偿还出现逾期，业务风险管控压力日益加大。这

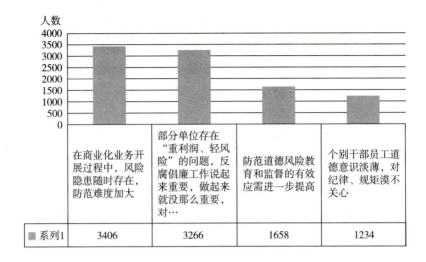

| 系列1 | 3406 | 3266 | 1658 | 1234 |

图5　道德风险防范突出问题

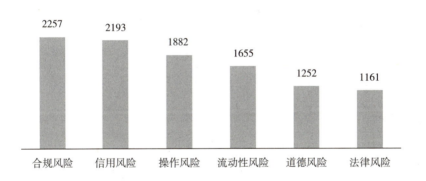

图6　商业化中突出的风险

些项目风险的产生，表面看是一味追求利润、偏重依靠规模扩张实现速度增长，但实质上是忽略对项目的风险管控，项目精细化管理没有到位，表现为在项目操作中履行尽职调查职责不严格，在签订合同时法治意识缺乏，在项目推进时合规意识不强，从而埋下了风险隐患。

（三）肯定国有金融企业党风廉政建设工作成绩，认为中央八项规定精神在国有金融企业得到了较好的贯彻执行

2009年以来特别是党的十八大以来，中国华融党委坚决贯彻落实习近平总书记系列重要讲话精神，认真落实中纪委和中国银监会党委党风廉政建设各项要求，不折不扣地贯彻执行中央八项规定精神，在实施公

司"五年三步走"发展战略和转型发展新征程中，高度重视党风廉政建设，坚持经营发展和党风廉政建设"两手抓、两手硬"；纪委切实"转职能、转方式、转作风"，聚焦党风廉政建设主业，扎实做好监督、执纪、问责工作，为中国华融创建"一流资产管理公司"提供政治纪律保证。绝大部分被调查人积极评价目前国有金融企业党风廉政建设工作和中央八项规定精神的落实情况。68.21%（6009人次）认为中国华融切实履行党委的主体责任和纪委的监督责任，工作措施落实，工作成效明显；86.31%（7604人次）认为中国华融系统对中央八项规定精神能够较好地贯彻执行，成效明显。

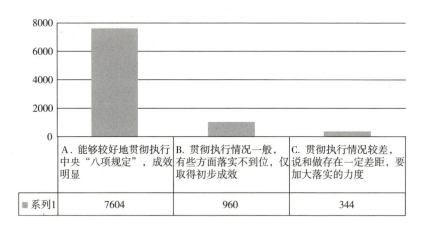

图7　八项规定落实情况

对"国有金融企业在防控道德风险和违纪违法方面哪项工作成效突出"的问题，64.95%的被调查人认为贯彻落实党风廉政建设责任制以及"两个责任"，反腐倡廉工作取得新成效；33.97%认为"国有金融企业能够按照党风廉政建设责任制要求制定工作措施"；26.55%认为"加强风险管理队伍建设、特别是逐步配备符合条件的纪委书记和风险总监"。

大部分被调查人对国有金融企业纪委监察工作"转职能、转方式、转作风"，用铁的纪律打造纪检监察队伍有正确的认识。73.17%认为国有金融企业纪委监察的职责就是监督执纪问责，要把执纪放在首位，聚焦主业；60.91%认为纪委监察要转变工作重心，坚决从职能部门业务工作中脱离出来，不再介入监督对象的具体监管行为，不再既当运动员又当裁判员。

根据中国银监会及驻会纪检组要求，中国华融积极开展"讲党性、守党规、严党纪"主题教育活动，教育引导干部员工增强法纪意识，严守党的纪律和规矩，效果明显。51.76%的被调查人认为通过党规党纪和防范道德风险法律法规知识测评，学到了不少法律知识，对业务工作有很大帮助；40.62%认为通过主题教育活动进一步增强了党性修养和法纪意识，确保党的纪律和规矩成为刚性约束。

　　为有效防范道德风险，实现公司安全发展、员工平安进步、业务可持续增长，2014年以来，中国华融结合实际制定了《业务工作廉洁承诺暂行办法》，书面承诺作为项目上会审批环节的要件之一。调查数据表明，员工能够严格执行业务工作廉洁承诺制度。87.53%的被调查人没有遇到过客户给好处费（礼品）的现象，12%能婉言拒绝或事后上交客户给的好处费（礼品）（9.93%在客户给好处费时能"婉言拒绝"，2.36%选择"无法拒绝，事后上交"）。

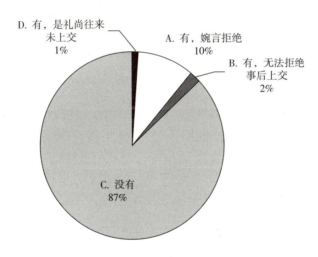

图8　有否收受礼品

　　在中国华融党委的领导下，公司努力构建党委、纪委、监察、巡视、信访五条线齐抓共管、共防共治的党风廉政建设新格局。

　　公司先后印发执行中央八项规定精神方面的制度性文件22个，持之以恒、不折不扣地贯彻执行中央八项规定精神，促进改进作风、反对"四风"的常态化，取得了良好效果。广大员工对纪检监察工作的认识有所提高，对纪委"三转"比较认同，对国有金融企业党风廉政建设和反腐败工作表示支持和拥护。

（四）员工"精气神"良好

调查数据显示，国有金融企业员工富有朝气，75%的被调查人认为全体干部员工凝心聚力共谋发展，"精气神"良好。这从一个侧面验证了在"万事皆靠人"的人才理念下，"人才"是国有金融企业健康发展的坚实基础。

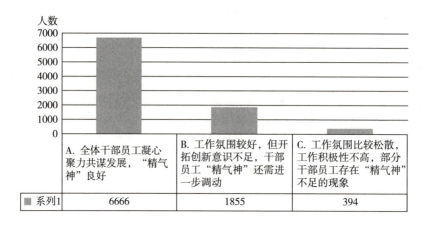

图9 对公司员工"精气神"的评价

中国华融高度重视人才培养，注重培育适合经营发展的人才理念，逐步形成了具有中国华融特色的人才管理体系，凝聚了大家的"精气神"，增强了干部员工对国有金融企业发展的认同感、自豪感和使命感。关于对本单位干部选拔任用的评价，76.35%（6726人）的被调查人认为能严格按照选人用人有关制度规定，公平公正，公开透明。

（五）良好的敬业精神与多元的价值取向同时存在

调查结果显示，国有金融企业广大员工具有良好的敬业精神，除部分员工感到工作压力较大外，绝大多数能胜任本职工作，并将通过学习和事业实现自我价值作为首选，对自己的职业也具有明确的规划，具有良好的自我规划意识和自我提升意识。

对于目前的工作生活状态，59.55%的被调查人认为工作游刃有余，能较好地完成本职工作；46.72%认为通过努力基本能胜任本职工作；9.91%认为工作累、压力大，完成本职工作比较吃力。

85%以上的被调查人有明确的职业发展规划，能够通过自身的学习和事业实现自我价值。在职业发展规划的制定上，84%自行编制或初步确定了职业发展规划；9%虽然没有制定职业发展规划，但是希望单位能为他们确定一个职业愿景；仅7%没有规划自己职业生涯的愿望。

对于人生意义的问题，88.38%的被调查人认为通过学习和事业实现自我价值是最大的人生意义；67.37%认为人生的意义在于建立美满幸福的家庭；3.72%对人生的意义这个问题"没想太明白"；3.84%选择"没有认真思考过人生意义"。

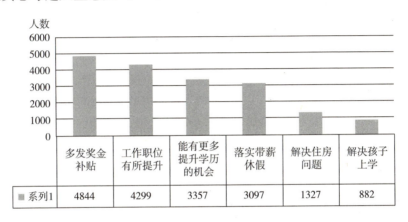

图10　员工个人期待

关于"目前最大的期待"问题，被调查人的选项依次为：多发奖金补贴；工作职位有所提升；能有更多提升学历的机会；鼓励和支持带薪休假；解决住房问题；解决孩子上学问题。

三、员工思想动态反映出的主要问题

从上述调查问卷的分析中可以发现，国有金融企业绝大多数员工的思想是健康的、良好的，但也反映出一些值得注意的问题。主要有：

（一）少数员工对国有金融企业未来发展信心不足

3%（295人）的被调查人对中国华融上市后的前景"信心不足"，还有个别员工认为公司上市后面临的困难较多，表现出畏难情绪。

（二）国有金融企业在廉洁自律方面还存在薄弱环节，群众对党风廉政建设寄予厚望

大家一方面对国有金融企业反腐倡廉工作很支持，另外21.12%（1861人次）希望国有金融企业"进一步加大党风廉政建设力度"。

关于道德风险防范中存在的最突出问题，37.07%（3266人次）选择"反腐倡廉工作说起来重要，做起来就没那么重要，对反腐倡廉工作重视不够"。18.82%（1658人次）认为"防范道德风险教育和监督的有效性需进一步提高"；2.66%（234人次）选择"个别干部员工道德意识淡薄，对纪律、规矩漠不关心"。以上数据表明，在廉洁自律和道德风险防范上，国有金融企业绝不能掉以轻心，应一如既往加大工作力度。

对"应重点关注领导干部哪些方面的廉洁自律情况"问题，被调查人的选项依次为：收受礼金礼品、电子预付卡、电子礼券等（56.53%），公款送礼（46.55%），公款吃喝（44.57%），公款旅游（37.57%），私设"小金库"（34.85%），公车私用（34.69%）。数据表明，国有金融企业应对症下药，进一步完善相关制度，加大执行力度，解决当前广大群众普遍关心的突出问题，以努力"实现公司安全发展，个人平安进步，业绩可持续增长"。

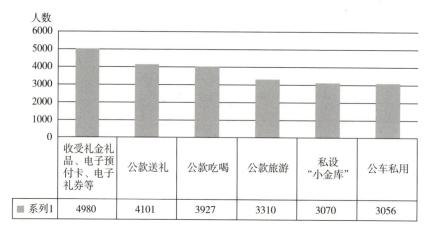

图11　廉政建设应重点关注事项

（三）国有金融企业落实中央八项规定精神仍需进一步加强

党的十八大以来，国有金融企业持之以恒贯彻执行中央八项规定精神，扎实推进党风廉政建设，系统全体干部员工严守党的纪律和规矩，积极适应廉政建设从严、作风建设从紧的新形势，取得显著效果。但是，调查数据显示，国有金融企业落实中央八项规定精神的实际情况与有关要求仍存在一定差距，尤其是"服务基层办实事"、改进"文风会风"两方面仍然需要继续加强。在征求对国有金融企业在贯彻执行中央八项规定精神的评价时，13.89%（1206人次）的被调查人认为贯彻执行情况一般，仍需加大落实力度。在"国有金融企业改进工作作风方面哪些方面成效不明显的问题"上，被调查人依次认为：服务基层办实事（33%）、文风会风（33%）、公务接待（11%）、出差调研（10%）、厉行节约（9%）、职务消费（7%）。

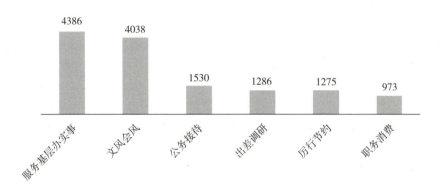

图 12　工作作风中存在的不足

（四）国有金融企业风险管理有待进一步加强

被调查人对涉及风险防控的答项都是首选，体现了他们对风险防控的普遍关心。就如何加强风险防控问题，48.04%的被调查人认为要通过完善风险管理制度、持续推进风控体系建设，进一步加强风险管理；29.28%认为要通过内部培养和外部引进，加强风险队伍建设，提升风险管控能力和水平；31.78%认为要充分运用风险控制、审计、法律、纪检监察、巡视等监督手段，推动国有金融企业全面风险管理体系建设；20.68%认为要切实强化风险防控的追究和问责。

四、加强和改进员工思想建设工作的思考

员工思想建设工作是一项复杂的系统工程，具有多向度、多侧面、多层次、动态变化和不断发展等特点。国有金融企业要加强员工思想政治工作，针对不同的群体和受众，结合广大员工自身特点和企业未来发展，加强思想建设工作的针对性和有效性，全面适时了解员工所想、所需、所欲，进一步强化正面引导，以激发广大员工的积极性和创造性。

（一）畅通渠道：创新转型中员工思想建设的途径

国有金融企业要深入群众，畅通员工反映问题和建议的各种渠道，

准确把握员工的思想脉搏，了解员工的合理诉求和正当利益，有的放矢加强正面引导，树立员工信心。领导干部与员工要经常进行谈话谈心，这是最为行之有效的激发员工积极性和员工最有效表达诉求的方式之一。要建立沟通机制，加强干部与员工的联系，这是领导干部发现问题、解决问题的关键之所在，也是广大员工的热切期盼。

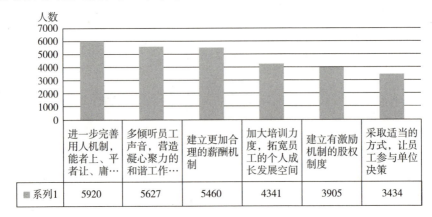

图 13　激发员工积极性的途径

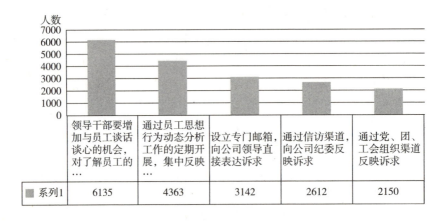

图 14　了解员工诉求的有效渠道

（二）强化自律：创新转型中员工思想建设的条件

党的十八大以来，以习近平同志为核心的党中央坚持有腐必惩、有贪必肃。习近平同志强调："党中央坚定不移反对腐败的决心没有变，坚决遏制腐败现象蔓延势头的目标没有变。"国有金融企业全体员工要充分认识"两个没有变"彰显的党中央把反腐败斗争进行到底的鲜明态度和坚定立场，坚守道德底线，不越廉政高压线。国有金融企业要通过各种有效措施，培养全体员工的廉洁自律意识和能力，从制度建设着手，进一步采取行之有效的办法，关注和防范收受礼金礼品、电子预付卡、电子礼券、公款送礼、私设"小金库"等现象。

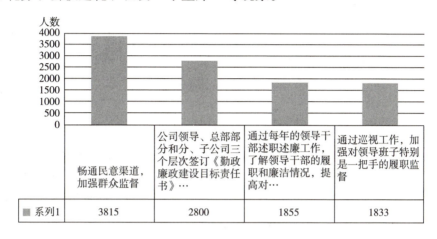

	畅通民意渠道，加强群众监督	公司领导、总部部分和分、子公司三个层次签订《勤政廉政建设目标责任书》…	通过每年的领导干部述职述廉工作，了解领导干部的履职和廉洁情况，提高对…	通过巡视工作，加强对领导班子特别是一把手的履职监督
■ 系列1	3815	2800	1855	1833

图15　加强廉洁自律的措施

（三）警示教育：创新转型中员工思想建设的方式

调查数据显示，国有金融企业在加强员工思想建设中，员工更乐意接受的方式有三种：一是观看廉政教育录像、以案说法（5809人次）；二是开展违纪通报、以案例警醒员工（5325人次）；三是邀请司法机关

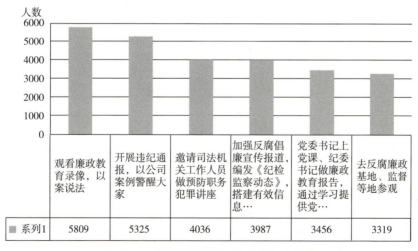

	观看廉政教育录像，以案说法	开展违纪通报，以公司案例警醒大家	邀请司法机关工作人员做预防职务犯罪讲座	加强反腐倡廉宣传报道，编发《纪检监察动态》，搭建有效信息…	党委书记上党课、纪委书记做廉政教育报告，通过学习提供党…	去反腐廉政基地、监督等地参观
■ 系列1	5809	5325	4036	3987	3456	3319

图16　大家喜闻乐见的廉政文化教育形式

工作人员做预防职务犯罪讲座（4036人次）。国有金融企业要做到预防为主、教育先行，员工思想教育方法要灵活、形式多样，要抓住党风廉政建设关键，驰而不息地执行中央八项规定精神，坚决反对"四风"，不断创新工作方式和手段，进一步采取员工喜闻乐见的方式进行宣传和教育，充分利用各种"廉政教育园地"，组织系统员工观看廉政教育录像，继续做好"以学习宣传引导人，以教育预防提醒人，以法规制度约束人，以典型案例警示人"的工作，在员工喜闻乐见中寻求思想建设工作效果。

（四）廉政文化：创新转型中员工思想建设的前提

国有金融企业要旗帜鲜明地坚持和加强党的领导，发挥党员模范带头作用，进一步营造风清气正的企业文化。要加强党的理想信念宗旨教育，通过模范典型的推树以及搭建争先创优平台等方式，发挥广大党员在创新转型中的模范带头作用。要倡导"孝悌忠信礼义廉耻"，大力宣导《中国华融·理念与信条》，牢固树立中国华融党建工作理念，践行中国华融的廉政文化和核心价值观。通过加强正面教育和引导，树立风清气正的企业文化，以优秀的文化熏陶人、教育人，培养一支"想干事、能干事、会干事、干成事、不出事"的员工队伍。

（五）加强监督：创新转型中员工思想建设的手段

如何通过进一步加大国有金融企业党风廉政建设力度，防范道德风险，37%的被调查人认为要"加强群众监督"。国有金融企业要改善对领导干部的监督和对员工的监察工作，创造条件建立群众监督的"铜墙铁壁"，加强各级纪委"五个联动"，通过纪检监察联席会议共享道德风险防控信息，按照公司治理结构特点建立监督联动工作机制，努力做到"不发一案、不倒一人、不出大风险"。

（六）实事求是：创新转型中员工思想建设的灵魂

实践证明，员工思想政治工作做得好的国有金融企业，都不是将员工思想工作和纪律教育做成"空中楼阁"、"绣花枕头"，而是根据本单位员工的思想实际和现实需要，有针对性地解决员工的思想问题和实际问题，思想政治工作者以诚感人、以实做事，想员工之所想，急员工之所急，解员工之所困，进而激发出员工创新转型的强大活力。要充分利用员工队伍政治大局意识强、"精气神"良好、强烈的敬业精神，弘扬员工思想建设主旋律；根据员工价值取向多元的特点做好细致的思想教育工作；通过"五早、五防、五治"等措施化解风险，切实消除员工普遍关心风险防控问题的顾虑，解决好员工思想动态反映出的主要问题。

经济发展新常态下
银行思想政治工作路径探析

——以江苏大丰农村商业银行为例

江苏大丰农村商业银行课题组[*]

当前，我国经济发展进入了以"速度变化、结构优化、动力转换"为主要特征的新常态。与之相适应，我国银行的组织结构、经营理念、增长方式和利益格局也在发生深刻的变化，银行员工的思想动态和利益诉求呈现多元多样多变的特征。本课题组通过分析研究江苏大丰农村商业银行近年来思想政治工作的成功实践，努力揭示当前银行思想政治工作面临的主要问题与挑战，探索经济发展新常态下银行思想政治工作的路径和方法，努力使银行从业人员的血管里流淌着更多的"道德血液"。

一、近年来大丰农村商业银行思想政治工作的成功实践

近年来，江苏大丰农村商业银行坚持以人为本、以员工为本，不论同业竞争多么激烈、经营管理任务多么繁重，都注意把思想政治工作放在重要位置，逐步摸索出一条具有自身特色、被实践证明较为有效的思想政治工作方式方法，为把大丰农村商业银行打造成"一流标杆银行"提供了有力的思想保证和智力支持。2016年，该行的存贷款增量等主要经营指标在盐城大丰区金融系统、盐城市农商行系统位于第一，在全省

---

* 课题组成员：卞玉叶、徐志庚、黄国标、茅毅。本文获2016年全国金融系统思想政治工作和企业文化建设优秀调研成果一等奖。

农信系统 62 家法人单位中处于前十位，被盐城银监局评定为监管 2 级、被省联社评定为 5A 等级社；开发的流程银行系统、绩效考评系统和互联网金融平台在全国多家农商行推广；先后荣获"江苏省文明单位"、中华全国总工会"模范职工之家"、"盐城市优秀基层党组织"、"盐城市慈善先进单位"、"大丰区综合先进单位"和"大丰区十佳志愿组织"等 30 多项荣誉。

（一）通过具有大丰农商行特色的核心价值观凝聚人心

思想政治工作的精髓是"以人为本"，大丰农商行注意把员工的个人价值和银行的组织利益有机地结合起来，努力实现双赢共进。近年来，该行按照"集约发展、优质发展、协调发展、持续发展"的要求，提出了打造"一流标杆银行"的目标，同时，汲取"三个文明"实践的智慧和素养，提炼出"热情、规范、创新、卓越"的大丰农商行的独特企业精神。同时，主动承担社会责任，热心公益事业，在两所学校设立"读书吧"，举办"寻找最美学生"和"最美村官"活动，每年结对帮扶、爱心助学、慈善救济的总金额近百万元。作为题中应有之义，该行秉持思想政治工作的目标和宗旨，通过征文比赛、知识竞赛、主题宣讲、成立"农商行社会实践训练营"等全方位、立体式、持续性的活动，加强对核心价值观和企业文化核心内涵的宣传、阐释与深耕细植，努力将思想政治工作贯穿于决策前、决策中和决策后，渗透于经营管理的全过程，用全行的战略目标凝聚人心、鼓舞斗志，使核心价值观和独特的企业文化精神拥有了较为广泛与深厚的群众基础，在增强全体员工作为大丰农商行一员的自豪感和荣誉感的同时，自觉地增强责任感和使命感，进而将党委的战略意图转变成全行员工的共同意志和自觉行动。

（二）通过着力构建开放包容、纵横交错、定性与定量分析结合的民意网络洞察人心

面对用工形式、上岗方式、分配模式多元化趋势日益明显、员工的思想状况多元多变的新形势，大丰农商行注重建立立体式、多渠道、多层次的沟通方式，经常组织开展实地调研，行党委带头，各级党组织每年都拿出一定的时间深入基层、深入一线、深入员工调研，与员工交友、交心，鼓励员工讲实话、讲真话，并做好调研日记，拿出调研报告。建立员工思想动态分析例会制度。每季一次，汇报、分析全行员工的思想

动态，建立并逐步完善员工思想状况档案，对员工普遍关心的职业生涯设计、绩效分配和工作环境等，及时采取进一步完善、引导、疏导的方法和措施。开展"蹲点、进户、家访"活动，要求每个主管都建立网点、员工以及客户的联系点，同时还开通总行和支行行长信箱、设立行长接待日、公布员工热线和短信平台、深入推进行务公开等，收集舆情民意，反馈思想动态，教育和引导员工合理、合法、合适、逐级、恰当地表达利益诉求，有效增强了思想政治工作的针对性。

（三）通过物质的、精神的、文化的和行政的多重手段激励人心

大丰农商行紧紧围绕全行的工作大局，紧密结合各个时期、各个阶段业务经营和内控管理的重点、热点和难点，切实开展行业创建、争先创优、示范服务、主动营销、管理案例等多种形式、多种方式的劳动竞赛、技能竞赛以及评先树优活动，在地方以及全省金融系统、全国农商行系统树立了一批叫得响、立得住的先进集体和先进个人。对各个时期、各个条线、各个部位树立的先进样板和典型，不仅在物质上实行重奖激励，而且设立光荣册和英模榜，组织先进事迹报告会等活动，并在职务晋升、培训机会等方面给予倾斜，在全行上下不断掀起争当先进、学习先进的热潮。

卞玉叶为"三个文明"获奖单位颁发荣誉证书

（四）通过广纳贤言、排忧解难等系列人文关怀活动温暖人心

在尊重员工上，大丰农商行每年都要举办2~3次网上建言、提合理化建议活动，并进行优秀合理化建议评选，并不断完善职代会制度，提高职代会的质量和层次，开展优秀职工代表和优秀职代会提案的评比，每年组织一次新产品创意大赛，凝聚智慧，广纳贤言，使员工的智慧、劳动和首创精神得到尊重与认可，主人翁意识不断增强，员工"相信农商行、依靠农商行、为了农商行"的格局正在日益形成。在关爱员工上，大丰农商行建立了困难员工的帮扶制度，对因病、因各类意外事故致贫的困难员工实行及时的救助，同时，还在全辖支行中全面开展了建设"小食堂、小休息室、小活动室、小会议室和小图书室"的"五小"建设活动，帮助一线员工实实在在地解决后顾之忧。通过本部人员代班、中午不营业、节假日轮休、强制休假、弹性上班等，为一线柜员减负。在提升员工上，把培训作为最大的福利，制定全员培训的近期和中期计划，包括知识、技能、心理保健和压力释放的学习与培训等，有效提升员工特别是中、青年员工的社会适应能力、心理调适能力和综合素质提高能力，逐步建立"大政工"的机制，使思想政治工作成为全行的"稳压器"，各级干部成为员工的"贴心人"。

（五）通过建立严密的风险防控体系约束人心

一方面，在排查各个条线风险点和风险源的基础上，设置了每个岗位必须严格禁止的"高压线"、"高压网"，并做到纵向到底、横向到边，人人签字，个个知晓，任何人一旦触犯，轻则解除劳动合同，重则开除，移送司法机关处理。针对农商行的实际，该行还将思想政治工作和内部管理的重点放在基层、放在一线，提出"下沉管理重心"的一系列措施和办法，对各基层网点保持管理上的"高压"态势。另一方面，进行经常性的思想教育，增强全行的软实力。管事先管人，管人先管思想，不仅用最新理论成果武装员工、用核心价值观构筑员工的精神支柱、用独特的企业文化引领发展，而且注重教育形式的创新、教育效果的提高，特别是有计划地组织全员到大丰监狱接受现场警示教育。近年来，共组织了15批、近千人次。再一方面，坚持从严治行绝不手软，通过"数据检索"、"飞行检查"、"整体移位"、"专项审计"、"外部监管"发现的违章、违规、违纪的人和事，核实一个，处理一个，坚决增强控制力和

执行力，真正构筑起"不想为、不能为、不敢为"的思想、道德和制度防线，坚决抑制少数员工的不当欲望，树正气，刹歪风，发挥思想政治工作的保驾护航作用。

二、当前银行思想政治工作面临的新挑战

当前，世界经济处于深度调整期，我国的经济社会也已进入换挡调速、结构优化、动力转换的新常态，随着供给侧结构性改革等一系列措施的不断推出，银行原有的组织架构、人员结构、岗位职责和分配模式等都已发生并将继续发生新的变化，以往主要靠增加存款补充流动资金、靠存贷利差获取利润、靠规模扩张提高市场地位等传统的增长模式受到挑战和考验，纷纷从理念与文化、体制与机制、服务与产品的全方位进行创新，包括电子银行、新兴产业与科技银行、贸易金融银行、支付结算银行、理财及私人银行、投资银行和营销战略联盟等业务创新体系建设，而这些产品和业务的创新大都技术密集、知识密集，对从业人员有较高的学历、智力和技能要求，加之银行人力资源综合改革、绩效考核体系调整、核心流程优化再造，等等，所有这些必将打破已有的利益格局和利益关系，进而诱发一些不稳定、不安定因素，思想问题和不良情绪也随之有所增多，这对银行的思想政治工作带来许多新的挑战。

（一）价值取向多元化的挑战

价值取向是一个人思维与行为的主导。一些商业银行不论是产品营销，还是业务拓展；不论是管理考核，还是服务测评；不论是干部奖惩，还是员工考评，都在日益加大与工资、与费用资源等考核挂钩的力度，银行的每一项工作好像都被打上了"资源杠杆"的烙印，"配费用"、"配工资"已经成为银行各级管理人员最基本和最主要的工作手段，思想政治工作等精神层面的作用正在逐步被物质的东西所替代。有的甚至打着"打破大锅饭、小锅汤"的旗号，将各种任务、目标、产品、业务以及管理的要求简单地分解、量化到员工个人，这种以银行员工个人为主要考核单元的做法，虽然极大地调动和激发了员工个人的主观能动性，但由于银行产品和业务的特殊性，从策划、营销到服务、售后等，都涉及银行的前台与后台、主管与员工、柜员与柜员以及银行与客户的每个环节、每个部位、每个岗位的协调沟通、配合联动，换言之，它是一个

完整的体系，现在被人为地割裂开来，截取其中的某一个过程或结果对员工个人实行资源配置和绩效考核，加之制度设计上的缺陷、后续监管的缺位和信息的不对称，造成价值观的分离、银行管理行为和执行行为的变异，必然引发若干摩擦和矛盾，钱多的抢着干、钱少的躲着干、没钱的没人干，一些基本的金融服务，如残破币兑换、存单挂失业务等没有人愿意去干，各个柜员、各个岗位之间重利轻义、相互推诿，员工的不信任、不稳定、不安全感增强，不仅使银行基层经营单位的团队意识和奉献精神大打折扣，而且服务质量下降、客户投诉增多。

（二）利益诉求多元化的挑战

满足人的利益诉求是稳定情绪、安定人心、调动并保持干好事业积极性的有力举措，是保证思想政治工作有效性的不可或缺的重要辅助手段。随着员工价值取向的多元化，员工利益诉求的多元化也应运而生，特别是人们的物质需求得到基本满足以后，对精神需求的欲望就更加强烈，如何分类满足不同的利益诉求就成为增强思想政治工作有效性的严峻考验。经调查总结，当前银行员工最突出的有三大利益诉求。一是希望公平待遇。首先是希望自己的人格受到管理层的尊重。要求管理不能简单化，遇到一些操作上的失误，不能以罚代管，一罚了事，甚至不分青红皂白，不顾所处的环境、不问员工的心理承受能力，直接给予粗暴的批评，而要调查分析产生失误的原因，区别是道德因素、能力因素、偶然因素等不同情况，进行针对性的批评教育、技能辅导，使员工真正从思想上接受批评，明确避免失误的方法，今后不再犯同样的错误，不能刚性管理有余、人性关怀不足。其次是希望知情权得到尊重。不仅能知道重大行务事项的决策结果，也能知道决策的背景和过程，更要参与到决策中来。重大事项决策之前管理层要公布决策程序，广泛征求员工意见与建议，虚心接受员工提出的有益建议；决策结果要有公示期，接受员工的评议，在得到绝大多数员工认可后组织实施。再次是希望薪酬公平。目前有相当一部分员工对现行的薪酬制度感到不公平。认为高级管理人员的工资与普通员工工资的差距太大，经济发达地区与经济欠发达地区的工资差距太大，经济欠发达地区员工收入与当地公务员、教师、医生以及同业人员的工资差距太大。特别是经济欠发达地区的员工对劳动强度大大高于经济发达地区，因地区差异、岗位差异、职务差异和营销机会差异，而形成的多劳不能多得的收入分配差异现象反响强烈。二是享受休息的权利。长期超负荷、满负荷工作，不仅使客户满意度大为降低，而且柜员在客户指责声中情绪和身心健康都受到了一定程度的影响。普遍希望能够正常享受法定的休息权。三是有效减轻压力。据调查，在银行业，无论是管理层还是普通员工都感到压力较大，尤其是一线柜员感受到的压力尤为沉重。调查显示，一线柜员的压力主要来源于完成产品营销任务、防范操作风险、业务差错、超负荷的工作、客户满意度考核、服务投诉、神秘人暗访等方面。其中前四项因素对柜面形成压力的作用较大，柜员普遍反映，上班时神经高度紧张，既要考虑如何向客户营销产品，以完成产品营销任务，又要严格执行业务操作流程规范，感到自己像坐在"火山口"一样，整天提心吊胆，生怕哪笔业务出现差错受到处罚，这部分员工希望管理层采取有效措施进行减压的呼声尤为强烈。

（三）思想政治工作功利化的挑战

人具有很强的从众性心理。普通人的思维与行为往往容易受社会舆论和大多数人的言行左右。在网络化的社会环境下，信息通过网络论坛、微博、微信的传播，具有速度快、覆盖面广、受众多、影响力大、真假难辨、形成的后果难以控制的特点。现在利用网络平台制造舆论影响、扩散负面情绪、蛊惑人心、并因此引发社会事件的案例层出不穷。应当说，经过多年的摸索和实践，各个银行都积累了一些行之有效、具有自身特色的思想政治工作的思路和方法，但在经济发展的新常态下，银行思想政治工作功利化倾向愈演愈烈，不是把思想政治工作当成厚积薄发、水滴石穿、潜移默化的功夫来做，而是希望"毕其功于一役"，特别是"说起来重要、做起来次要、忙起来不要、出了问题必要"的现象表现得尤为突出，主要是"灭火式"的思想政治工作，把思想政治工作片面地作为"解决思想问题的工作"，哪个地方、哪个人出了问题才去"做一下工作"，平时与员工难得见上一面，出了问题才找员工；"被动式"的思想政治工作，不是"我要做"，而是"要我做"，被动应付，虚于敷衍；"应景式"的思想政治工作，一些措施和动作，说起来好听，做起来没用，员工不买账；"过场式"的思想政治工作，千人一面，走走过场，不能有的放矢、入脑入心，对新形势下特别是互联网时代的思想政治工作缺乏有效对策。

（四）"业绩论英雄"式的绝对化考核模式的挑战

考核是左右人的思维与行为的导向仪。有什么样的考核内容，就会使被考核对象形成什么样的思维与行为。目前，在一些银行的主管和高管看来，银行作为经营货币的特殊企业，追求利润的最大化和价值创造是其本质属性，不能像党政机关一样搞诸如思想政治工作等务虚的东西，从而在日常的经营管理中，除了经营指标还是经营指标，除了市场份额还是市场份额，就事论事，把"人"和"事"分离开来，只要员工听话，不要员工说话，"让业绩说话"、"以数字论英雄"成了银行最基本的价值取向，银行的这种天然的逐利性被无限地放大，与之相适应的就是银行思想政治工作部门被"边缘化"，有的甚至视思想政治工作为"不务正业"、"冲淡主题"，把政工干部当成"另类"。一些银行高管虽然有了现代交通工具，但拉开了与员工的距离；虽然有了现代通信手段，但疏远了与员工的感情。"不解决桥或船的问题，过河就是一句空话。不解决方法问题，任务也只是瞎说一顿。"这种只注重短期业绩，不重视经营能力、发展后劲和员工成长环境的做法，必将导致有些银行在一段时间出现业务发展较快，员工收入也增加较多，但内部管理薄弱，员工整体素质下降、客户满意度不高等非正常现象。

（五）团队精神弱化的挑战

从银行的用工形式看，合同制、劳务派遣制、钟点工和业务外包形式同时存在。从上岗方式看，公开竞聘、行政安排、组织任用同时存在。从分配模式看，按岗位分配、按绩效分配、按职务分配和按地区与单位分配同时存在，分配行为不够严谨、分配秩序不够规范的问题较为普遍。在这种多元格局下，其不公正、不公平、不均衡、不合理、不可持续的问题在所难免，有些问题在某个地区、某个单位、某个时点、某个人身上还表现得尤为突出和严重，使得部分一线银行员工感觉受到了非公正待遇，归属感降低，"弱势心态"有所扩大和蔓延。与此同时，随着市场化程度的不断加深和金融改革开放步伐的逐步加快，银行员工早已完成了从生存型向发展型、享受型的转变，对生活品质的要求越来越高，长期以来在封闭半封闭环境和计划经济时期形成的思想意识、价值取向、道德观念发生了全方位、根本性的变化，银行员工的公平意识、民主意识、权利意识、独立意识和监督意识不断增强，对情感和精神层面的诉求明显提高，共享银行改革发展和业务经营成果的愿望日益强烈，主流与支流、正确与错误、先进与落后的思想相互交织，同一群体员工思想观念逐步接近和交融，价值取向更加务实，拜金主义、享乐主义、极端个人主义有所抬头，甚至少数银行员工信仰缺失、精神空虚、身心分裂，这种关系复杂、矛盾多发、诉求多元的格局使银行思想政治工作面临许多新的挑战。而现代商业银行是一个完全倚重于品牌形象生存与发展的特殊企业。品牌形象是综合竞争力的集中体现，而凝炼提升核心竞争力的关键因素是团队精神。然而，据调查，处于业务经营第一线、银行最基本的利润中心——营业网点的团队精神存在着严重弱化的态势。在绝大多数的产品、业务和服务都以员工个人为考核单元的趋势下，员工注重个人发展、个人利益的多了，考虑集体利益、银行发展的少了；"各人自扫门前雪，不管他人瓦上霜"的多了，相互关心、相互帮助、集体协作、共同进步的少了；不愿为集体利益吃苦受累，甚至与集体争名、争利、讨价还价的多了，主动为集体利益作贡献、挑重担、攻难关、吃大苦、受大累的少了。还有一部分营业网点出现了"关心与冷漠相容、希望与困惑并存，进取和彷徨相伴，认同和失落并存"的现象，对同事冷漠，对集体的事情淡薄，同时在管理上也是人人自危、人人自保，不少人缺乏"安全感"和"归属感"，如果不采取切实有效的举措增强团队精神，势必会严重削弱团队的战斗力，降低甚至损耗团队的工作质量与经营效益，进而损害银行整体的品牌形象。

三、经济发展新常态下加强银行思想政治工作的路径和方法

面临着经营环境复杂多变、员工思想开放活跃、各类矛盾集中凸显的新形势、新情况、新问题，思想政治工作虽不能确保银行的各项业务呈直线式增长，但能保持银行的经营管理相对平稳运行。与此同时，银行工作处在经济、社会的最前沿，是智慧密集型、知识密集型的工作，银行思想政治工作必须与开放、动态、信息化的内外部环境相适应，更好地体现时代性、把握规律性、富于创造性。相应地，思想政治工作也必须与时俱进，继往开来，在继承中创新，在创新中加强，探索出一条符合银行业特色、与经营管理融为一体、常态长效运作的思想政治工作

新路径。

（一）围绕培育员工核心价值观，把思想政治工作与银行企业文化建设结合起来，提升政工工作的"高度"

坚持"用文化铸魂育人，用文化推进企业发展"的思路，探索把银行核心价值理念融入管理制度，把职业精神和职业道德融入岗位职责和工作标准，使企业文化渗透到经营管理的各个环节。深入开展各种精神文明创建活动，建立完善志愿者服务体系，深入开展扶贫济困、助学助残、志愿者服务活动，树立文明新风。围绕业务经营的中心工作，广泛开展劳动竞赛活动，搞好岗位练兵和技术比武，认真评选表彰劳模和先进员工，不断增强思想政治工作凝心聚力的功能，打造竞争软实力。要积极组织开展丰富多彩的文体活动，运用故事、演讲、小品、相声、短剧，拍摄系列电视专题短片、室内情景剧等形式，向员工传导主旋律，强化服务与风险防范意识，鞭挞不文明现象，让思想政治工作真实可信，感染力强，让员工在愉悦中受到启发和教育。

（二）围绕构建"和谐银行"，把思想政治工作与人本管理结合起来，提升政工工作的"温度"

要不断"深化群众路线教育实践活动""两学一做"专题教育的成果，坚持以人为本的管理理念，尊重员工，善待员工。要把解决员工的实际困难，满足员工的合理诉求作为思想政治工作的出发点、着力点。平时要多关注员工在想什么、关心什么、需要什么，及时掌握员工的"共鸣点"和"兴奋点"，并根据不同情况，采取不同措施，制订不同方案，选择不同方法，对不同层次、不同职业、不同年龄、不同需求的对象进行思想教育。坚持"严、情、爱"并重。"严字当头"是由金融企业自身性质决定的，但在思想引导工作中，要坚持"严、情、爱"并重，做到严中有情、情中有爱，让员工从心灵深处感受到集体的温暖和关怀。一个人就是一个小世界，思想变化有随机性、反复性、隐蔽性，所以思想政治工作的方法也必须采用一把钥匙开一把锁，要有耐心，不能满足于开一次会，上一堂课，谈一次话就万事大吉，应根据教育对象的不同年龄结构、文化层次、工作岗位而灵活采取不同的方法去做思想政治工作。同时，还要充分考虑员工思想认识水平和接受能力、在思想政治工作的通俗性上创新，把宣讲大道理与说明小道理、解决思想问题与实际问题、解决普遍问题与个别问题相结合，以情动人、以理服人，使思想政治工作由虚变实。要进一步强化民主管理。切实完善职工代表大会制度，积极推进行务公开，完善"行长联系点"、"行长接待日"制度，拓宽员工参政议政的渠道，提高决策的透明度与科学性，增强员工主人翁意识。完善平等协商、集体合同及专项集体协议，构建和谐劳动关系。要注重人文关怀和心理疏导，坚持以保障和改善民生为出发点，切实缓解员工的压力，营造和谐稳定的发展环境，增进员工对银行的感情。

（三）围绕高素质员工队伍建设，把思想政治工作与建设学习型党组织、学习型银行结合起来，提升政工工作的"深度"

一方面，要深入开展学习型党组织建设。坚持理论学习与专题调研、研究解决银行改革发展中的重大现实问题相结合，使各级党员领导干部成为学习型干部，全体党员成为学习型表率。另一方面，深入开展学习型银行建设。认真组织好"创建学习型班组、争做知识型职工"活动，积极开展各种形式的在职教育培训。扎实推进专家型、经济型、学习型、创新型、服务型"五型"机关建设。再一方面实施"员工职业发展工程"、"员工素质提升工程"，辅导员工制定职业生涯规划，拓展员工职业发展通道。总之，要通过载体多样化、方式个性化、管理动态化、教育差异化的学习型银行建设，不断增强干部职工的学习力、执行力、创造力，打造农商银行的核心竞争力。

（四）围绕经营管理机制建设，把思想政治工作与制度完善结合起来，提升政工工作的"力度"

针对员工呼声强烈的薪酬制度、流程规范制度、人力资源管理制度、考核评价制度中的缺陷，按照有利于解决员工思想困惑、有利于激发员工积极性的思路进行完善。在薪酬制度和考核制度完善方面，要加快以岗位工资为主导的薪酬制度改革，合理地确定内部不同岗位的相对价值，即做好内部的岗位评价，针对岗位本身，从岗位的复杂性、责任大小、控制范围、所需知识和能力等方面来对岗位的价值进行量化评估，让员工所获得薪酬额与其岗位贡献成正比，通过对员工的绩效考核，使晋升或降级有了量化的考核数据。同时，还要充分考虑地区差异性、发展的速度，确保员工工资合理增长额度，使员工同步享受银行发展的成果。要交流同业做法，开发薪酬管理系统，每位员工每天干多少，挣多少工资，每天日终后系统就能自动统计出结果，非常迅速和便捷，避免薪酬计价靠手工统计兑现。要坚持"岗变薪变、绩效优先"的分配方式，对乡镇网点员工实行定额补贴，在网点建设、员工生活环境、交通补助、生活补贴等方面，尽量给予倾斜，鼓励员工到基层去。履职考核评价要结果与过程并重，促进责任人全面提升。在人力资源管理上，要细化员工台账，深入了解每位员工的长处与短处，通过定编、定岗、分流，优化人力资源配置，引导人员向创造价值的业务一线流动。注重引导员工开展职业规划。推进岗位梳理工作，合理规划和设计岗位系列，形成管理类、专业类和操作类三大岗位体系，开辟行政提拔与专业技术晋升双重通道，特别是在高级专业技术资格评审中，降低或取消行政职务的差异分值，真正体现"公开、公平、公正"。在流程再造上，加快业务操作流程的合理整合，优化出更加适合银行自身业务发展的科学、规范、高效的业务路径。要建立监管中心、现金中心、会计档案中心、作业中心、本外币一体化清算中心、运行响应中心等六大后台中心，从而实现集中作业、集中监控、集中授权，减轻基层负担，实现集约经营。

"五大发展理念"
统领资本市场改革发展

薛纪晔　陈晓雨[*]

从 1990 年底沪深证券交易所成立至今，中国资本市场已经历了 26 年的发展，从一个只有 30 只证券、8 只股票的市场，发展成为如今流通市值接近 40 万亿元的全球第二大资本市场。当初提出建设和发展中国资本市场，体现了党中央、国务院的高瞻远瞩和历史担当，凝结着对于资本市场助力国民经济运行的殷切期望。这 26 年来，资本市场借助我国经济高速发展的东风，从无到有，从小到大，从区域到全国，市场体系格局不断创新，各类金融产品不断推陈出新，国内外影响力日益扩大，成为我国经济乃至人民生活重要的组成部分。

近几年，伴随着我国经济步入新常态，我国资本市场也进入改革发展的新时期，总体上呈现以下四个与以往不同的特点：

一是社会资金充裕。新常态下，实体经济面临转型，国内优质资产不足，但社会资金充裕，由于传导途径不顺畅，金融资本难以进入实体经济。每当出现有利机会，市场便一哄而上；而当危机信号浮现，资本又会如大海退潮般地倾泻而去，难以抑制。因此在流动性充裕的主导下，中国资本市场容易出现大起大落、杠杆爆炒的极端行情，在近两年中体现得尤为明显。二是资本市场将进入分化期。上市公司数量已经达到一定规模，所涉领域日益细化，发展前景有所不同，过去那种随着指数同

---

* 中国证监会办公厅政研处。本文获 2016 年全国金融系统思想政治工作和企业文化建设优秀调研成果二等奖。

涨同跌的现象可能会减少，对投资者的价值判断能力和风险识别能力的要求更高。同时，从整个市场来讲，也是有的地方需要加快改革，有的地方需要适度控制；有的地方当务之急是拓领域、搭框架，有的地方最迫切的是守规矩、塑秩序，因此进行更加精准的政策供给和监管将是大势所趋。三是关注度高，影响面前所未有。当前资本市场参与者众多，影响面甚广，是广大人民群众最重要的投资场所，聚焦了国内外媒体最关注的目光。从行为金融学的角度看，资本市场也是一块人性的试金石，每一次大的改革都冲击着国人的思想认知，从一开始对市场经济、对所有制形式、对分配制度的看法，到后来关系到对财富、对风险、对生活的态度。四是实体经济对资本市场发展的期望更高。目前供给侧结构性改革中重要的一条工作部署就是降低实体经济的杠杆率，"去杠杆"需要企业拥有更健康的股权结构，更加需要股市有所作为，而这在过去的20年里从没有像今天这样急迫。所以说，现在资本市场的每一步都关乎民生、民计、民心，关乎大局，马虎不得，折腾不起。

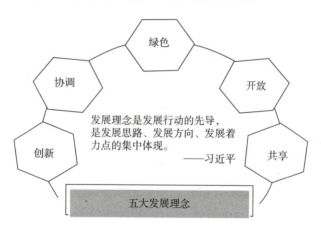

图1　五大发展理念

俗话说，三十而立，我们的资本市场在二十七岁之际正好处在改革发展的黄金档口，但与此同时伴随着我国经济整体的调整，资本市场在经历过去的高速发展后也处在新的发展阶段。下一步该怎么发展？资本市场改革发展的前路又在何方？要回答这些问题，首先需要一个强有力的指导方向和理论工具，而这，恰恰就是党的十八届五中全会提出"创新、协调、绿色、开放、共享"五大发展理念。五大发展理念对于"十三五"时期深化我国资本市场改革、引领资本市场新格局将产生重大而深远的影响。建设中国特色社会主义资本市场，必须牢固树立五大发展理念，坚持深化资本市场改革，坚持市场化、法治化、国际化取向，坚持依法全面从严监管，不断提升资本市场资源配置效率和服务实体经济的能力。五大发展理念在资本市场的发展建设中环环相扣，每一个理念背后都体现着市场发展规律，承载着统领资本市场改革发展的使命。

第一，创新是资本市场发展动力。为适应日趋多变的国内外市场形势、国家重大战略转型的迫切需求，以及新形势下的市场特点，资本市场必须不断创新。如果不识变、不应变、不求变，将会使改革搁置，甚至拖累整个市场建设进程。回首过去二十七年，中国资本市场的蓬勃发展离不开金融创新。依靠创新，我国资本市场实现了股权分置改革，初步形成了集主板、中小板、创业板和新三板、区域性股权市场为一体的多层次资本市场体系，推出了沪港通和深港通，同时，正在将互联互通的思想延伸至更多地区和国家，为把我国资本市场推向世界而创新着、努力着。2017 年 2 月，新三板实现挂牌家数已突破 10000 家，凭借其包容性和市场化基因，新三板为中小微企业和初创公司提供了资本运作平台，也在中国金融市场化改革中发挥了试验田作用，为我国发展和结构性改革注入了动力。金融产品及业务方面，股指期货、融资融券、分级基金、互联网股权众筹等新型产品业务模式，已经或者必将在我国资本市场发展历程中写下浓墨重彩的一笔。创新意味着不断学习和适应，同时也意味着不断挑战和试错。无论是西方，还是我国自身的经验都告诉我们，资本市场的创新之路必然崎岖，在确保不触及系统性风险底线的前提下应该加以鼓励和宽容。坚持创新前进方向不动摇，贯彻稳中求进工作总基调，才可能引领我国加快转变经济发展方式，破解经济社会发展深层次矛盾和问题。

同时也要看到，集中快速的创新会带来了泡沫膨胀、风险集聚和监管难度加大，所以创新的节奏和程度必须有所把控。比如发生在 2015 年的股市异常波动，一个重要诱因就是场外杠杆过高。场外杠杆兴起于近几年的民间金融创新，资金体量大，发展速度快，不受现有监管体系的控制，因此隐患极大。又比如这两年的分级基金，推出分级基金是丰富我国资本市场产品十分重要的一步，但是分级基金的定价很难被广大散户所理解，它的杠杆特性又对监管产生了更高要求。在我国，超过95%的投资者是个人散户，而维护资本市场稳定是深化金融体制改革的重要前提。为了维护投资者的利益及市场的问题，必须对分级基金进行严格的监管。因此，中国资本市场的问题，虽在一定程度上有创新不足的因素，但也有许多是因脱离实体经济需求的、自娱自乐的创新所导致。和以往不同，当前我国资本市场体量大、牵涉面广，由如此"创新"而导致的犯错成本将变得极其惨重。研究表明，从一定程度上讲，包括中国在内的新型市场波动性普遍高于成熟市场，短期内很难改变。中国资本市场的创新和监管可以看作是在不稳定金融体系下开展的渐进式复杂过程。因此，资本市场创新必须与实体经济相结合，与社会发展、市场建设、监管能力相协调，谨慎推动创新发展，谨防创新过度，坚持加强监管。

第二，协调是市场健康发展的内在需求。如果把资本市场比作一辆高速行驶的汽车，创新充当着油门和方向，协调则是这辆汽车的刹车和节拍器。当路面出现突发状况或者汽车速度过快时，踩一脚刹车无疑是最稳妥和安全的举措。从这个意义上说，协调发展是谨慎开展资本市场创新的重要保障。我国资本市场的不协调体现在内外两个层面，外部体现于资本市场和实体经济的不协调，内部体现于资本市场各部分发展的不协调。

资本市场和实体经济的不平衡发展为社会所广泛关注。"资产荒"和"融资难"体现出资本市场脱实向虚，金融脱媒加剧的现状。历史上，许多发达经济体也曾出现过金融和实体经济发展脱节的问题，主要表现是随着金融技术和金融工具的不断创新，金融发展成为一种新的利润产生模式，将行业中的实体资产置换为金融资产的现象。后凯恩斯主义在1997年提出了"金融化"理论，将金融化定义为"在GDP或者国民生产净值中，金融部分的贡献增加，表现在金融市场、金融参与者和金融机构在国内以及国际经济运行中的地位不断提升"，并围绕这一理论展开了大量研究，其中有一类研究被称作倒U形理论，即金融化在达到一定的程度前，它对经济的促进作用不断增强，而一旦超越临界值，它的促进作用会不断减弱，甚至会产生相反的影响。西方学者的研究一致认为，20世纪80年代末以来的美国，实体发展与金融发展严重脱节，金融成为一个独立的高利润领域，资金受高利润吸引，纷纷流入金融领域空转，无法进入实体经济，由此造成了金融和实体经济发展的高度不平衡。近几年，"金融化"理论被引入中国，受到许多学者关注，并结合中国实际展开研究和探讨。研究结果显示，短短几年间，我国已经从金融化不足迅速转变为金融化过度，这表明我国金融业的发展速度过快，金融业和实体产业的差距过大，金融发展和整个经济社会发展的步伐不协调。要解决这个问题，一方面要提高制造业的附加值，使资本愿意进入实体经济，特别是进入中小微企业；另一方面要通过金融制度的优化设计，调配金融业中较为雄厚的资金去对接实体经济的资本需求。应进一步围绕供给侧结构性改革，着力提高企业直接融资比重，降低企业杠杆率，助力实体经济的产能化解和存量盘活，使资本和实体发展形成良性循环，切实增强"虚实发展"的协调一致性。总之，金融发展并非越快越好，而是要在现实情况下，将发展及创新的速度控制在合理范围内，才能实现整体平稳快速发展。

在资本市场内部，也要促进各领域、各部门协同配合、均衡一体发展。金融创新要循序渐进，以健全市场体系、夯实市场基础为主线，以防范风险、维护稳定为重要保障，切不能操之过急。比如，资本市场的法律法规制度有待完善。目前《证券法》的修订尚需时日，涉及注册制改革的基础尚需论证，如何平衡国内企业日益增长的融资需求与严格执行现行制度标准的 IPO 供给将考验资本市场的能力。同时，私募基金、机构资管等近几年快速发展的产品，尚无专门高层级法律进行针对性监管。资本市场的协调发展关系到整个资本市场平稳发展程度，更是精准监管、优化功能的前提条件。面对创新金融产品的监管也面临同样问题，如果对风险认识不足，跨市场、跨部门间信息共享不充分，就会产生监管漏洞和隐患。

第三，发展绿色金融是实现绿色发展的重要措施，是贯彻节约资源和保护环境的责任体现。资本市场可以通过创新性金融制度安排，引导和激励更多社会资金投资于环保、节能、清洁能源、清洁交通等绿色产业。在绿色发展上，资本市场要做到两头抓，一方面，要开展更多绿色金融服务，包括支持和鼓励企业发行绿色债券，培育第三方绿色债券评估机构的绿色评级能力，推动绿色信贷资产证券化，发展环保指数和相关投资产品，建立绿色产业基金，推动发展碳租赁、碳基金、碳债券等碳金融产品，在全社会传播与推广绿色投资理念。另一方面，要把那些高耗能、高污染的企业挡在市场之外，依法依规对相关上市公司和企业给予惩戒甚至处罚，并且配合其他部委将其列入征信黑名单，切实提高其违法违规成本。

第四，开放是促进市场发展重要推动力。化解我国资本市场内部矛盾有时也需要借助外部力量，同时全方位多层次的对外开放也是资本市场发展到一定程度的必然要求。推进资本市场双向开放，有助于促进国内国际要素有序流动和资本市场深度融合。与此同时，当前国际经济金融形势错综复杂，全球经济复苏乏力，受美元升值预期等影响，外部环境的不确定性因素增多。加之，2008年国际金融危机过后，主要发达国家也在对原有金融市场格局和监管理论进行调整和重构。所以现在谈开放，要立足自身，合理吸收、消化、运用国际先进经验成果，使开放的节奏和力度与我国经济发展水平、境内外当下的经济金融形势相协调。沪港通和深港通的成功运行，都是务实推进国际化、稳步加强资本市场开放的重要举措。

同时，"一带一路"战略布局为我国资本市场的开放开辟了新领域。一方面，随着该战略规划的推进与落实，那些具有国际竞争力、受益于我国转型升级、制度变革以及进一步对外开放合作的优势企业将成为引领我国资本市场健康持续发展的核心力量。这有助于我国发挥比较优势，拓宽我国经济发展空间，为传统行业上市公司的结构转型提供动力。但当前这样的"走出去"也要求企业充分考虑在境外投资什么领域、如何规划布局、采取何种策略。另一方面，"引进来"由于目前各方面条件和时机尚不成熟，很多工作只是在探索、试点阶段。但诸如逐步提高QFII额度、鼓励外资参与沪港通和深港通等措施安排，已经成为"引进来"战略的重要体现。要坚持资本市场的双向对外开放，使开放的力度和节奏与我国经济发展水平、市场发育程度相协调。同时，坚持资本市场的输出服务实体经济的"一带一路"战略，协调好"引进来"和"走出去"的关系，切实提高我国资本市场的国际化水平。

第五，共享是中国特色社会主义资本市场的本质要求。资本市场需要一个"公开、公平、公正"的投资环境。要切实考虑广大中小投资者的利益，我们的资本市场不能忽略他们的实际情况，要有足够的能力和制度来维护他们的合法权益。2013 年出台的《关于进一步加强资本市场中小投资者合法权益保护工作的意见》（国办发〔2013〕110 号）对投资者合法权益的保护工作做了全面深刻的阐述，要严格贯彻该文件的精神，在市场实践发展中予以落实。同时，资本市场要贯彻"惠普金融"的发展理念，落实《中国证监会关于发挥资本市场作用服务国家脱贫攻坚战略的意见》，尽可能为贫困地区提供更多的优质服务。资本市场是经济发展的产物，凝聚着社会各界的大量资源，适当的普惠既是响应中央号召、打赢扶贫攻坚战的政治任务，也是体现各类资本市场主体社会责任的重要渠道。要充分发挥资本市场优势，整合各类扶贫资源，鼓励证券基金期货机构开拓"三农"和中小微企业市场，支持中小微企业依托多层次资本市场融资，扩大中小微企业和各类非金融企业债务融资工具；支持并规范互联金融等创新性、专业性、社区性金融业态发展。但要注意，落实普惠金融时，要根据各个市场主体的不同特征，因材施教，不可搞"一刀切"。有的小微金融企业自身尚处于初创期，如果强行要求此类企业普惠社会，可能有所不妥。由于资本逐利的天性，普惠更多讲的是一种责任、一种情怀。因此，要在市场培育方面继续下工夫，营造出一个公平透明、相互帮衬的市场，这样才能使更多市场参与者响应国家号召，积极履行"普惠金融"的方针要求。

新常态下，展望未来，我国资本市场建设将紧紧围绕五大发展理念，遵循以下三步走发展战略：第一步，大力整顿市场秩序，逐步修订现有法律法规并严格落实，营造一个公开透明、公正公平的市场环境。第二步，在经过详细论证和比较后，进一步完善诸如卖空机制、日内回转机制、杠杆交易机制、新三板做市机制、跨市场金融监管协调机制等市场基础设施建设，形成资本市场自身稳定的定价体系，为经济资源有效配置作出重要贡献。最后，立足"十三五"时期国内外发展环境的基本特征，在五大发展理念的指导下，塑造资本市场开放发展新体制，稳步推进对外开放，构建一个公开透明、长期稳定健康发展、享誉国内外的多层次资本市场。"雄关漫道真如铁"，中国资本市场要保持初心，继续前进，相信不久必将迎来属于自己的曙光！

互联网时代证监系统派出机构
思想政治工作的创新实践研究

周　翔　张国华　李建萍*

在互联网时代的新形势下，思想政治工作的主体、载体、对象、方式等发生巨大变化，既是机遇，也是挑战。党中央高度重视互联网宣传阵地建设和网络思想政治教育工作，习近平总书记多次强调，要根据形势发展需要把互联网舆论工作作为宣传思想工作的重中之重来抓。

面对全新的互联网思想政治工作任务，证监系统派出机构要顺应互联网发展的新潮流，科学分析其特征与趋势，积极探索新思路和新举措，进一步凝心聚力，打造一支政治坚定、作风硬朗、专业精进、甘于奉献的监管铁军，推动证券监管事业的稳步前进。本课题结合浙江证监局近几年的工作实践，对互联网背景下证监系统派出机构思想政治工作进行了思考和探索。

一、"互联网＋"时代思想政治工作的特征与趋势

（一）互联网的平等交互性，改变了传统思想政治工作的宣教传受关系，主客体之间更为平等

随着互联网新技术，特别是移动互联网技术的快速发展，使得信息资源由少数人掌握转变为社会共享，给人们提供了一个真正平等交流的天地，彻底改变了过去思想政治工作中的宣教传授关系。传统的宣教方

---

* 浙江证监局。本文获 2016 年全国金融系统思想政治工作和企业文化建设优秀调研成果二等奖。

式是由点到面，宣教主体方掌握信息主体优势，作为接受客体方的受众，没有选择宣教内容的自由，是单方向的强行灌输；互联网时代的宣教方式是由点到点，每个人都可以随时依据自己的兴趣和需要，上互联网查询、浏览和下载各种宣教信息，甚至可以按照自己的意图，整理汇总相关信息，再传播出去，互联网中每个人既是信息的接收者也是信息的加工者、传播者，是多方向的自觉互动。另外，从传播的整个过程来看，传统的思想政治宣教最薄弱的环节是反馈，受众对宣教内容的参与非常有限。互联网时代的思想政治宣教，通过网络会议、电子邮件、微博公众号、微信朋友圈、微信群等多种形式进行交流和对话，既可以公开发布信息，也可以利用互联网广泛交换观点。

（二）互联网的开放包容性，改变了传统思想政治工作的排他性，载体和内容更为多元

互联网如同一个丰富多彩、四通八达的信息超级市场，向人们提供了最迅速、最便捷、最直接的信息和服务系统，它既是传播信息的工具，又是存储信息的载体，能最大限度地满足用户对信息资料多样化、个性化的需求，改变了传统思想政治工作内容上独占，宣教方式上较封闭的格局。但开放包容也就意味着"双刃剑"，以美国为首的西方发达国家一方面标榜网络自由，持续不断地极力将其人生观、价值观和宗教道德观念，包装成所谓的普世价值，通过在互联网的话语控制权，输出资产阶级意识形态、政治社会制度和文化思想，进行文化殖民和侵略。另一方面又利用在互联网的技术和信息优势地位，把控绝大多数互联网服务器和网址资源，秘密实施"棱镜"等电子监听计划，在全球范围内实施互联网霸权。在这种国际互联网环境下，干部群众的思想持续遭受西方文化的思潮和价值观念的强烈冲击，其思想观念、行为方式受到较大影响，容易造成主流意识形态地位的弱化，不利于树立正确的价值观和人生观，特别是证监系统干部队伍总体年轻、学历高，其工作、生活与互联网高度黏连，使得他们思想活跃多元，而且法律、会计、财经、计算机等相关专业背景又促使他们广泛涉猎西方的政治、经济、科技理论和文化，久而久之容易对西方文化产生亲近感和信任感，最后甚至认同和依赖。如何从道路自信、理论自信、制度自信、文化自信等多个维度讲好中国故事，抢占互联网思想政治宣教制高点的任务迫

在眉睫。

（三）互联网的虚拟隐蔽性，改变了传统思想政治工作的指向性，工作对象更为宽泛

互联网本身已经成为一个社会互动的新场所，在我们"现实"社会之外形成了一种"虚拟社会"。在互联网上进行信息交流的人们，可以不分民族、国籍、性别、信仰等因素进行沟通联系，而且人们往往以虚拟身份示人，相互交往的人在很多时候并不知道对话者在现实社会的身份，因此这种交往具有很强的隐蔽性。一方面，由于具有环境宽松、参与隐蔽等特点，许多人更乐意在互联网上发发牢骚，讲讲心里话，释放工作压力。有的观点可能就是来于互联网，来于所谓的"意见领袖"；另一方面，也正是隐蔽性，互联网上难免也"泥沙俱下"，各种汹涌而来的信息中，充斥着假话、谎话、胡话，也混杂着不少反动、腐朽、落后和一些似是而非的不良信息，容易模糊人们的道德标准，侵害人与人之间的信任感和安全感。思想政治工作者也不能像以往那样轻松掌握对象的真实身份和思想动态，而是对某一类无法具体化的对象，甚至是"意见领袖"开展思想政治工作。

（四）互联网的时效性，改变了传统思想政治工作的慢节奏，工作方式更为信息化

互联网的高速、准确的复制性能以及日益提高的自由度，给传统的思想政治工作方式带来巨大冲击。互联网传播速度快，这是首要特点，特别是微信微博等自媒体的兴起，往往能将一个小小的事件演变成一场网上全民运动。互联网以它的简单、低门槛、经济、交互等一系列特点给旧有的思维方式带来了剧变。在互联网上，每人都有一个麦克风，所有人的声音汇合并协调起来，最后就会可能形成汹涌的民意。现在，世界上最流行的时尚、最先进的成果、最轰动的新闻都是最先出现在网上。显然，传统的思想政治工作方式，诸如传达文件、阅读报纸、座谈讨论、收看广播电视等，已经不能满足现实工作中对时效性和受众面的要求，我们必须构建信息化为基础的工作格局，运用移动互联网不受时间、空间影响的特点，有效整合资源，借助大数据、自媒体手段，搭建随时随地可供教育学习的个性化网络宣教平台。

二、派出机构互联网思想政治工作要四个必须相结合

（一）主动引导与平等交流必须相结合

互联网深刻影响了人们获取信息的方式和旧有的思维模式，这就要求我们在运用"互联网＋"思维开展思想政治工作时，一方面要主动引导，通过建立思想政治教育网站和专题栏目，用马克思主义基本立场、观点和方法，正视干部群众的痛点，有理有据客观分析当前社会热点和难点问题，有的放矢，强化正面宣教，主动抢占思想宣教制高点，营造更具亲和力的主旋律氛围；另一方面要改变以往思想政治教育单项灌输式的说教方式，注重宣传方式的平等性、协商性和全员性趋势。互联网上每个网民之间都是平等的关系，主体与客体之界限逐渐模糊，每个人都可以自由发表自己的观点，每个人都可以自由地寻找交流对象，网民之间的交往和交流完全基于自愿和平等。传统思想政治宣教中的职位、身份、财富、背景等因素在互联网上已经失去正效应，甚至成为负效应，原来处于宣教弱势或是被动接受的个人，反而获得更多宣教优势地位和信任度。基于以上特点，我们可以以交互的方式开展互联网思想政治工作，发动党员干部以个人体会的方式解读"四个自信"、"四个全面"战略布局、"四个意识"、"五位一体"总体布局等党中央的重大理念和决策部署，并通过互联网以个人观点互动的方式，形成全员思想政治宣教的良好氛围。

（二）网上与网下必须相结合

组织党员干部参观全国十佳小康村——杭州萧山区航民村。通过近距离了解航民村集体经济发展壮大的生动实践，进一步体会基层党组织战斗堡垒作用，增强党员青年走中国道路、实现共同富裕的道路自信，坚定共产主义理想信念。

我们应充分发挥和利用互联网具有的及时、互动、灵活、形象等优势，让"线上"丰富的教育资源与"线下"有效的工作手段相结合，运用互联网新媒体开展思想政治工作，突破时间、空间限制，形成喜闻乐见的工作氛围。比如，以微信、微博等自媒体搭建手机党校学习班、网络谈心谈话平台等，将教育内容转化为"微言微语"、"图片＋文字"、动画短片等形式，通过编辑、分享、转发传播充满正能量的"微鸡汤"，在个体使用移动互联网的过程中实施融入生活、贴近现实的个性化"渗透"教育，实现"润物细无声"的思想政治教育效果。

（三）教育与管理必须相结合

教育与管理，教育是基础，管理是保障。一直以来，我们主要强调思想政治工作的教育职能，忽略其管理的职能，存在偏松、偏软的问题。面对互联网时代思想政治工作的复杂形势，要把管理放到更加重要的位置，不仅要加强日常现实工作中的管理，还要进一步从严管理其在互联网上的言行，增强忧患意识，紧绷意识形态这个弦，打好"线上线下"两场战争。首先，应以提高思想认识为基础。思想是行为的先导，因为只有在思想上认识到了才可能在行动上表现出来。同样，做好思想政治工作也要以提高认识，认清形势，增强自觉性为基础。其次，要从完善规章制度入手，把倡导的思想观念、文化理念、道德准则融于各项管理制度之中，健全干部的行为规范，使干部清楚明白"该做什么"、"不该做什么"；再次，要抓好制度执行。要建立制度监督、检查、问责机制，加强对制度执行的监督检查和责任追究，坚持纠正有令不行，有禁不止的行为，使制度真正成为"硬约束"，切实维护制度的严肃性和权威性。

（四）疏导与堵截必须相结合

思想政治工作坚持疏导，是指坚持疏通思想并把人向正确的方向引导。互联网时代思想政治工作与传统的思想政治工作相比更应如此。一是由于互联网的特征，使得互联网中人的身份具有隐匿性，对内容具有自由选择性，如果一味采取围、追、堵、截的方法，是不能解决问题的。二是思想政治工作主要是解决思想认识问题，而对于思想认识问题不能用简单否定、批判、封杀的方法去解决，而应动之以情，晓之以理地分析、启发、比较、辨别，这样才能从根本上解决问题。因此，在互联网条件下，思想政治工作必须坚持以疏导为主，堵截是针对有害信息而言的，对有害信息之所以要实行堵截，并尽可能运用技术手段，在内部局域网和外部互联网的界面上构筑防火墙，使所有内外连接，都要强制性地接受检查过滤，从而堵截有害信息进入，达到净化互联网空间的目的。

三、浙江证监局互联网思想政治工作的实践探索

截至 2016 年底，浙江证监局共有干部 110 多人，均为大学本科以上学历，其中超过 60％的干部拥有硕士以上学位，超过 50％的干部具有注册会计师、法律职业资格等专业资格；干部普遍比较年轻，平均年龄 30

多岁，是一支高素质、有活力的队伍。近年来，我局积极探索实践运用互联网新技术搭建工作平台，强化基层组织建设，借助新媒体创新工作载体，提升学习教育有效性，融合"互联网＋"延伸工作触角，开展个性化、精准化的互联网思想政治工作，不断提高干部的政治修养、道德素质和业务水平，努力打造一支政治坚定、作风优良、业务过硬的监管队伍，为辖区资本市场改革发展稳定大局提供有力的思想保证和精神力量。

（一）"支部建在网上"，打造信息化的基层党支部

"支部建在连上"是建党建军的一项基本原则和制度。1927 年 9 月，毛泽东同志率秋收起义余部挺进井冈山途中，在江西永新开展"三湾改编"，在连队设党支部，在优秀士兵中发展党员，在班排设党小组，在连以上设党代表并担任党组织书记，在部队中建起严整的党组织体系，为党全面建设和掌握部队提供了可靠组织保证。后来，经过实践总结，"支部建在连上"逐渐完善，于 1929 年底古田会议通过的决议案并形成定制，成为我们党建党建军的基本原则和制度。

"支部建在网上"，就是在我局下属的各业务处室均设立党支部，并指导各党支部通过共产党员网下载安装《中国共产党党务管理信息系统》，通过该信息系统，对全体党员开展日常管理，包括基层党支部组织建设、党员发展工作的程序和资料管理、党员党费缴纳及使用管理以及基层党支部党员大会、支部委员会、支部民主评议、支部组织生活会等一系列党内政治生活的程序化管理。通过信息化，推动基层党支部组织生活的规范化和常态化，进一步增强基层党组织的凝聚力和战斗力，为监管主业提供强有力的基层组织保证。

（二）"党校办在掌上"，构筑网络化的宣教载体

浙江证监局认真贯彻中央及证监会党委部署要求，在做好各项主题学习教育的过程中，积极探索"互联网＋"模式，利用现代移动互联网技术，创新学习方式，丰富活动载体，激发党员干部学习积极性，努力提升学习教育有效性。特别是 2016 年开展"两学一做"学习教育中，通过构筑契合派出机构实际并具有互联网时代特色的网络化宣教载体，推动"两学一做"学习教育的不断深入和常态化。

一是"掌中办班"，学习教育随时随地。当前证监会派出机构一线监

管干部忙于各类现场检查、案件调查，大批党员干部长期出差在外成为新常态，支部组织集中学习的时间十分有限。为此，我局于2016年9月联合新华网手机党校开办了"两学一做"网络培训班，为期5个月，培训课程共计38.2学时，每学时30分钟，涵盖党章党规释义、治国理政方略解读、合格党员标准践行等各方面内容。党员干部可以在工作之余利用碎片化时间，通过手机或者电脑开展远程系统化学习；局党务工作部门则通过学习班周报，实时掌握各支部学习进度，督促学习；课程结束后，还举行了知识测试，并形成"学习班数据报告"，分析每一个党支部、每一位党员的学习情况，检验学习成果。

二是"网上辟栏"，资料共享应有尽有。为了营造良好的学习环境，我们在局内网办公平台开辟了"两学一做"专栏，集中发布党章法规、习近平总书记系列讲话、专家辅导讲义、中央及会党委"两学一做"有关文件和局内实施方案及计划等各类资料。专栏信息种类繁多、内容全面、更新及时，能够充分满足支部组织学习和党员干部自主学习的需求。同时，实时更新局内学习教育动态，每月发布各党支部学习数据，分享经验做法和典型案例，激励大家对标先进、自加压力，形成了"比学赶超"的浓厚氛围。

三是"群里教学"，全员互动提升实效。微信因其及时性、互动性和便捷性等特点，成为生活中常用的沟通工具，也是开展学习教育的重要载体。依托"浙江证监局"和"浙江证监局党建"微信群，我们建立起干部全覆盖、互动无障碍的学习教育平台。大家积极参与群内活动，共享党建、时政及监管业务等信息资源，开展交流讨论，分享心得体会，实现共同提高。此外，引导党员干部关注"共产党员"、"证监会发布"等公众号，了解最新时政动态，提高政治素养。

（三）"关怀落在点上"，构建民主平等的工作氛围

互联网不仅仅是一种单纯的技术革新，实际上更是工作方式、组织方式和交流模式的革新，也契合了我党对待党内党外同志一贯以来的民主平等做法。我局积极融合"互联网＋"延伸工作触角，开展"点对点"式的个性化、精准化的互联网思想政治工作，努力构建民主平等的工作氛围。

一是认真倾听干部所思所想。坚持局领导"三必访"、"六必谈"，即突遭生活困难必访、生病住院必访、直系亲属过世必访和新入职必谈、职务调整必谈、岗位变动必谈、工作挫折必谈、发生家庭变故必谈、对民主评议结果有异议必谈，及时了解干部的思想变动情况。定期开展民主恳谈会、局长谈心日活动，不定期组织青年干部座谈会、局内干部务虚会等，落实党员领导干部双重组织生活制度，同时借助微信微博、微信朋友圈、QQ群等互联网平台及时了解干部思想动态，多渠道开展局内沟通交流工作。另外，局领导专门安排时间参加处室调研、检查活动，并积极利用早餐、午餐等机会与干部职工交流，促进相互了解、相互尊重、相互理解。

二是积极回应干部所愿所盼。对干部反映的问题，局党委坚持积极处理不回避，能够解决的立即解决，暂时解决不了的创造条件解决，不能解决的也及时说明原因、争取理解。对职工普遍关心的子女入托、社会保障、福利薪酬等热点问题，积极与有关部门沟通、争取支持。此外，我局定期组织干部职工体检，统一办理公园卡，并在干部生日、生病时送上一份温馨的祝福；积极开展青年联谊活动，帮助我局单身青年扩大社交范围。

三是努力解决干部所困所忧。深入关心和了解每位干部工作生活情况，尤其关注长期出差、夫妻两地分居以及其他特殊情况的干部，真心实意、想方设法为其排忧解难。2012年以来，我局共发放困难补助70多人次，共计20余万元，使每一个有需要的干部都能感受组织的关怀和大家庭的温暖。2013年，我局1名干部在证监会借调期间，突发重大疾病，局领导高度重视，积极为其联系医院、安排手术并给予一定经济支持，

局领导班子成员均利用出差等机会前往看望慰问，鼓励其增强信心、战胜病魔。

四是营造民主平等的氛围。局党委一向尊重和维护干部职工的合法权益，引导干部职工参与科学民主决策，发挥其主人翁作用。在各项决策过程中，尤其是对涉及干部职工切身利益的问题，比如办公用房选址、工作餐安排等，一律通过方案公示、召开座谈会、开展问卷调查等多种渠道广泛征求意见，确保相关决策能够体现广大干部职工意志。抓好民主管理和党务公开工作，切实保障干部职工的知情权、参与权、表达权和监督权。

（四）"制度固化纸上"，建设科学规范的制度体系

一是厘清职权职责，推进法治机关建设。按照简政放权的精神和要求，我局在系统内率先开展规范性文件、监管备案事项的清理工作。2014年以来累计取消备案事项100余项，取消幅度近50%，清理规范性文件100多件，并在系统内第一个建立了监管工作"权力清单"，真正做到法无规定零报备、零要求。

二是完善制度建设，推进规范化管理。近年来，我局坚持"用制度管人、用制度管事，用制度管权"，以"安全、保密、规范"为原则，制定《浙江证监局会议制度》《浙江证监局行政办公工作规则》《浙江证监局干部管理制度纲要》《浙江证监局办事制度》《浙江证监局考核办法》《浙江证监局财务管理办法》《浙江证监局处级干部选拔任用工作办法（试行）》等一系列制度，在厘清监管职权职责的基础上，系统梳理包括上述制度在内的内部管理、监管规则、工作流程等各类制度，修订形成监管业务制度、行政办公制度、干部管理制度等三大制度体系，使各项工作流程更加简洁，也更具操作性，全面推进监管业务及机关管理工作的规范化、程序化。

三是坚持多措并举，强化制度执行。一方面，抓好宣传教育，开展"制度学习月"等活动，组织全体干部职工对规章制度进行集中、系统的学习，帮助干部掌握各项制度出台的背景、依据及具体要求，增强规则意识，自觉维护制度。另一方面，抓好监督问责。加大信息公开力度，通过建设优化我局外网网站和电子报文系统等互联网信息平台，率先实施行政许可依据、过程、结果全公开，探索行政监管措施全面公开，推

行阳光政务，强化外部监督；同时，开展制度执行检查，严格责任追究。

结束语：互联网时代的思想政治工作面临诸多挑战和机遇，我们应积极探索互联网思想政治工作的有效途径和方式方法，因势利导，调动证监系统每一位党员干部群众在思想政治工作中的积极性和主动性，进一步凝心聚力，打造一支政治坚定、作风硬朗、专业精进、甘于奉献的监管铁军。切实落实依法监管、从严监管和全面监管的理念，推动证券监管事业在稳步前进中发挥应有作用。

银行业金融机构
思想政治工作创新方式研究

——以国家开发银行微信平台应用为例

董　亮　　顾锦明[*]

　　党的十八大以来，以习近平总书记为核心的党中央结合国内外的新形势、新变化、新动向做出一系列关于思想政治工作的重要部署，提出许多新观点、新论断、新要求，体现了实践逻辑、理论逻辑和历史逻辑的高度统一。银行业各家金融机构已充分认识思想政治工作对于银行更好发展的意义，要把握大势、与时俱进、改革创新，要结合银行自身情况，不断创新思想政治工作的理念、内容和方法，努力取得实实在在的成效。国家开发银行在党中央、国务院领导下，认真贯彻落实中央精神和国家宏观政策，抓好党建、做好思想政治工作，扎实开展"两学一做"学习教育，主动适应把握"新常态"，稳步推进各项业务工作，充分发挥开发性金融的作用，为我国经济社会持续发展作出了贡献。国家开发银行充分利用微信平台等新媒体加强员工思想政治教育，成为在创新开展思想政治工作方面走在前列的金融机构代表。

　　本文深入贯彻落实党的十八大、十八届四中、五中全会精神和习近平总书记系列重要讲话精神，结合"两学一做"学习教育活动，从当前银行业金融机构思想政治工作现状入手，论述传统思想政治工作面

---

　　* 国家开发银行辽宁省分行。本文获 2016 年全国金融系统思想政治工作和企业文化建设优秀调研成果二等奖。

临的困难局面，分析微信的功能和特点，探讨了应用微信平台服务思想政治工作的可行性，结合国家开发银行微信平台案例分析，对创新微信平台建设、使其更好服务银行业金融机构思想政治工作进行了充分探索研究。

课题组采用问卷调查、个别访谈、案例分析等方式，对国家开发银行员工进行随机问卷调查，答题人员涵盖了总行、分行和子公司员工，主要年龄段集中在"80后"和"90后"，岗位类别包括客户类（27%）、管理类（32%）和服务类（41%），最终收到有效答卷275份，同时对30位员工开展抽样访谈，直接获得他们对思想政治工作的观点和看法。

一、银行业金融机构思想政治工作现状

（一）银行业金融机构思想政治工作面临的复杂局面

我国银行业思想政治工作面临复杂局面。从宏观角度看，随着国内经济发展进入"新常态"，经济下行压力大，改革进入攻坚期和深水区，各种社会矛盾和问题相互交织纠缠，房地产泡沫、过剩产能、需求不足等因素叠加传导，银行的稳健经营和风险防控面临重大挑战，领导干部更注重经营而忽略思想政治工作。从思想理论领域看，互联网已成为意识形态斗争的主战场，各种主张观点频频发声，思想意识多元、多样、多变的特点更加明显，银行业金融机构的员工如果没有科学的思想观念引导，很容易造成思想混乱、价值观扭曲。

习近平总书记强调，"能否做好意识形态工作，事关党的前途命运，事关国家长治久安，事关民族凝聚力和向心力。"对银行业金融机构来说，加强思想政治工作，培养员工正确的价值观和高尚道德情操，对维护资金安全、降低操作风险具有十分重要的现实意义。

（二）银行业金融机构思想政治工作方式遇到的困难

目前我国银行业金融机构开展思想政治工作还面临一些困难，根据问卷调查的结果显示，员工认为当前银行业思想政治工作存在的问题依次为：形式单调、互动性差（80%），员工参与率低（61%），效率低、效果差、难以解决实际问题（29%），以及员工向上反馈信息存在障碍（18%）。结合个别访谈和专题研讨的结果，本文将银行业金融机构思想政治工作方式遇到的困难总结为如下三点：

1. 员工参与率低

员工将大部分精力放在了拓展业务、提高业绩上，忽视了思想政治工作，这种"重业务、轻党建"在短期内直接表现为思想政治教育活动开展少，员工的参与率低，长期则会导致员工理论水平低、党员意识淡薄、团队凝聚力差等诸多方面的问题。思想政治工作接地气才能有人气，才能有深入人心的吸引力、影响力和感染力。千篇一律式的标语口号、搞形式、走过场费时费力、却起不到良好的效果。

2. 便捷性差、传播效率低

传统思想政治工作采用的讲座、座谈会等方式面临占用时间多、知识传播效率低、收不到预期效果等诸多问题，制约了员工的学习理论知识的效果。党员先锋模范作用发挥效果不明显，缺少与党员先锋交流渠道，员工将党员先锋的事迹神化、觉得远离正常的工作和生活，降低了向党员先锋学习的积极性，也无法树立党员先锋的形象。

3. 互动性差、创新不足

银行业金融机构思想政治工作的对象是不同年龄、不同生活环境、不同教育背景的员工，对象的复杂化决定了思想政治工作必须具有创新性，要从员工的思想、生活、工作等方面落实思想政治工作，要善于运用灵活、新颖的方式开展思想政治教育、组织丰富多彩的思想政治活动。思想政治工作需要结合员工的具体情况确定相应的抓手，只有通过与员工充分互动，才能发现问题、解决问题。

传统思想政治工作遇到的困难对现阶段银行业金融机构思想政治工作提出了更高的要求。为有效推进思想政治工作的科学化，促进思想政治工作实效性的提升，银行业金融机构一方面要不断创新思想政治工作的内容、方法和渠道，尽量利用员工通俗易懂的形式方法，将相关内容融合，以新颖的宣传方式，根据员工不同的精神需要，深入开展富有成效的思想政治工作；另一方面，要进一步突出思想政治工作的实效性和时效性，随时了解员工思想动向，建立联动、互动机制，切实做到员工生活需要什么、银行业务需要什么，思想政治工作就研究什么、做什么。

二、微信平台应用在银行业金融机构思想政治工作的可行性

2015 年，国务院印发《关于积极推进"互联网＋"行动的指导意

见》，提出要坚持开放共享，融合创新、变革转型、引领跨越、安全有序的基本原则，充分发挥我国互联网的规模优势和应用优势，坚持改革创新和市场需求导向，大力拓展互联网与经济社会各个领域融合的广度和深度。在"互联网＋"时代背景下，新媒体的应用为银行业金融机构思想政治工作提供新的思路，利用微信可以进一步做好思想政治工作。

（一）微信的兴起与发展

腾讯公司于 2011 年 1 月推出微信应用，以智能手机终端为载体，提供免费的即时通信服务。随着功能的不断拓展和完善，微信成为兼具即时通信功能与社交功能于一身的新媒体。腾讯公司 2016 年第二季度财报显示，截至 2016 年 6 月底，微信和英文版 WeChat 的合并月活跃账户数达到 8.06 亿，同比增长 34%；内部办公自动化的微信企业号注册用户已超过 2000 万。目前，微信平台已经涉及微信支付、硬件开放平台、公众平台等业务，正在从即时通信工具逐渐进化成一个连接人、硬件和服务的综合平台，进而达到"连接一切"的目的和效果。

（二）微信的主要功能

最新版本的微信提供即时聊天、朋友圈、公众平台、购物、游戏、支付等主要功能，本文将这些功能总结为如下三类：

1. 聊天功能

微信为用户提供多选择性的聊天方式：支持发送文字、表情、动画、语音、图片、小视频、位置信息等，还集合了语音聊天和视频聊天等功能，用户可以自主选择。

2. 信息共享功能

微信的信息共享功能主要体现在"朋友圈"和"公众平台"等应用。用户可以在"朋友圈"内分享文字、图片、小视频、音乐、链接等内容，"公众平台"包括服务号（例如"招行信用卡"，给企业提供更强大的业务服务与用户管理能力）、订阅号（例如"人民日报"，为媒体构建与读者之间更好的沟通与管理模式）和企业号（例如"中国农业银行"帮助企业建立与员工移动应用连接）。对于企业、媒体或个人，利用微信可以把消息直接推送到用户的手机，而用户可以根据自身需要选择订阅公众号，有些公众号支持回复关键词获取更多信息，个性化信息需求得到极大满足。

3. 服务功能

微信的服务功能主要包括购物、游戏和支付。微信游戏设计简单、操作方便，微信购物便捷灵活、优惠多，微信支付快捷、成本低、资金实时到账，资金自动转入"理财通"得到额外收益。微信的这些针对用户娱乐习惯和生活习惯的挖掘，无疑会增加用户黏性。

（三）微信的特点

1. 便捷性、高效性

首先，基于手机客户端的微信能够为用户提供更加灵活、方便、高效的沟通方式，充分利用碎片时间、不受地点限制地交流。其次，微信的使用成本低，加入门槛低、沟通的成本低，只占用少量的流量。随着智能手机的普及和4G网络网速提升、资费降低，用户使用微信沟通更加实惠、便捷。最后，微信提供个人与个人"点对点"和个人与其朋友圈"点对面"的沟通方式，具有沟通效率高、亲密度高、可信度高和影响力高的特点，两种沟通方式增强用户之间的连接强度，提高传播的有效性和精准度。

2. 生动性、多样性

首先，微信支持形式丰富的信息交互，图片、二维码、视频、音频等让信息传达方式更加生动多样。其次，微信朋友圈鼓励发布图片，相对于文字更加生动、直接、个性化特征明显。最后，微信群在开展活动中具有非常重要的作用，一方面可以更快地传递信息，直接实现资源共享；另一方面还有利于统一部署，畅达决策指挥，并不断丰富相关线索，拓宽信息发布的渠道，及时准确地记录活动进程。

3. 隐匿性、定制性

首先，"点对点"的传播信息的隐秘性极强，而朋友圈的可见信息只限于为用户朋友圈内的好友，发布内容更私密，圈子的熟悉程度强。其次，微信不会产生爆炸式信息、不干扰用户，信息均在较私密的环境下传达。最后，微信用户的自由度较高，用户订阅、推送功能自主选择，细致的设置功能都能自由控制，微信公众账号的互动关系的建立必须在用户主动选择接触并加关注的基础之上，认证门槛较高，24 小时内允许群发的消息数量有限，因此微信朋友圈信息的扩散范围有限。

问卷调查结果验证了以上观点，国家开发银行员工了解最新资讯的主要渠道有电脑上网（73%）和手机上网（93%），员工每天手机上网时间在2小时以上（98%），生活中的碎片时间（如排队、等电梯、坐地铁的时间）里使用微信最多（98%），对微信的依存度较高（93%），经常使用微信的功能依次为：即时通信（84%）、朋友圈（82%）、公众平台（56%）和购物、游戏、支付等功能（35%）。

（四）微信的应用对银行业金融机构思想政治工作的影响

通过分析可知，微信能够在银行业金融机构思想政治工作中发挥重要作用。微信能够承载各种形式的教育信息，员工可以借助微信进行观点交流和思想沟通，思想政治工作者可以利用微信组织开展形式多样的教育活动。银行业金融机构将微信应用于思想政治工作中，既是思想政治教育与时俱进的表现，又是新时期开展思想政治工作的根本要求。

本文认为，微信以丰富的功能为银行员工创造了矩阵式的信息获取平台，横坐标是文字、图片、语音、视频等手段，纵坐标是微信聊天界面、朋友圈、公众平台等渠道，实现了银行业金融机构思想政治工作方式上的"三大"改变：

1. 改变沟通交流方式

首先，微信群建立了银行业金融机构员工沟通交流的新渠道，网络交流既是匿名的也是开放的，既有利于员工直接交流、随时交流，又保证了较强的私密性。其次，微信公众平台推送的信息内容丰富、形式多样，立体多维的呈现方式深受员工的欢迎，且以智能手机为终端，便携性强、员工能更好地利用日常零碎的时间、随时随地地学习交流。最后，微信公众号还改变了银行业金融机构对外的沟通交流，对外公众号是一张动态名片，既能够及时传播新鲜资讯，对外灵活多样展现企业风采，又能向社会传播和扩散企业文化，树立良好的企业形象。

2. 改变宣传教育方式

使用微信，既可以直接发布最先进的政治理论知识，又可以为员工提供业务的交流平台、提高银行员工业务素质、拓宽其知识面。特别是微信公众平台，具有即时推送个性化、精准化信息的功能，不但内容丰富，如活动预告、新闻集锦、移动课堂、员工辅导、兴趣小组、在线调查，这些活动就在员工身边，毫无"高大上"的隔阂感、动辄否定的先入为主式判断，自然容易引起员工的共鸣。微信平台为思想政治工作日常化、具体化、形象化、生活化提供载体，与员工日常生活紧密联系，从员工最现实、最关心、最直接的具体问题抓起，找寻恰当的着力点，让教育目的融入有意、化于无形，成为员工工作生活的基本遵循。

3. 改变组织动员方式

银行业金融机构可以利用微信的特性便捷、高效地开展思想政治活动，突破时空局限，实现即时沟通。管理者可以利用微信群进行简单的工作安排和部署，发布业务信息提示和会议提醒；工会可以利用微信平台开展文娱活动、组织团队建设，将"玩"融进工作中，有效解决员工的参与问题；员工可以交流自己的思想、观点，对某些思想政治工作和活动的意见和建议，这些反馈有助于银行业金融机构改进思想政治工作的自身不足，有助于领导干部把握方向、修正细节，做好掌舵人。

三、国家开发银行微信平台建设现状

国家开发银行（以下简称国开行）作为开发性金融机构，以服务国家发展战略为宗旨，肩负着支持中国经济重点领域和薄弱环节的使命，始终致力于促进经济社会持续健康发展。随着微信应用的普及，国开行也逐步利用微信进行业务沟通及思想文化宣传。下面以国开行对微信公众平台、群聊及朋友圈功能的典型应用为例，具体说明国开行对微信平台的应用情况。

（一）微信公众平台

针对不同类别的信息发布宣传需要，国开行设立的微信公众平台包括"国家开发银行"、"国家开发银行工会"、"青春开行"、"开行机关党建"、"开行 IT 服务"等公众号，各公众号的功能介绍如下：

"国家开发银行"：发布国开行信息，展示国开行形象。

"开行机关党建"：国家开发银行集团党建宣传平台，了解总行机关党建群团工作的窗口，是机关党员干部共同的家。

"国家开发银行工会"：解读工会政策、宣传工会工作、展现职工风采、反映职工心声，营造温暖职工之家，共建和谐幸福开行。

"青春开行"：以"贴近青年、服务青年、凝聚青年"为宗旨，致力为广大青年了解时政热点、金融政策信息、国开行工作动态和展示自我提供窗口，传播青春正能量、共筑美丽中国梦。

"开行 IT 服务"：是国家开发银行科技局面向全行用户的公众平台，以"主动服务用户"为宗旨，内容涵盖 IT 服务信息、软硬件使用技巧、信息科技动态、IT 行业动态和 IT 突发事件通报等。

这些公众号中，"国家开发银行"是以国开行为账号主体，集中对外发布国开行党建、业务信息的综合平台。而其他公众号则主要针对不同领域，服务于国开行员工的业务工作、技能提升、知识普及和日常生活等方面。其中，"开行机关党建"是服务于国开行广大党员干部及群众，发布国开行党建群团工作动态，宣导思想政治工作的窗口。本文选取"国家开发银行"、"开行机关党建"两个公众号作为典型案例，分析国开行利用微信公众号开展思想政治工作的情况。

1. "国家开发银行"公众号

该公众号官方认证于 2015 年 7 月 8 日，账号主体是国家开发银行股份有限公司。平均每两天推送一组消息，每组消息包含 4 ~ 5 个栏目板块，包括：头条、专题、现场、一线、要闻、聚焦、快讯、分享等栏目。典型栏目板块内容如表 1 所示：

表1　　　　　　　　"国家开发银行"公众号主要栏目介绍

栏目	主要内容	典型文章
头条	习近平总书记讲话、党政重要资讯、会议文件精神、国开行重要资讯等	《习近平：尊重自然顺应自然保护自然　坚决筑牢国家生态安全屏障》
		《国开行棚改贷款和专项基金：去库存与去杠杆齐发力》
专题	多期连载，特色业务专题报道	《"情暖学子心　助贷调研行"之五：〈"应贷尽贷"国开行持续优化生源地助学贷款〉》
一线	业务一线以开发性金融方式改善民生、促进经济发展	《四川：攀西开发区建设提速》
		《云南：支持易地扶贫搬迁》
		《陕西：创新模式支持县域基础设施扶贫》
现场	各家分行及子公司的最新业务动态	《新疆：应急贷款支持塔城抗洪救灾》
聚焦	国内外新发生的重大时政要闻宣介	《G20 峰会：谁来开会？开会讨论啥？》
		《里约奥运的"中国印记"》
分享	贴近员工内心，传播生活正能量	《拥有这些生活态度，做自己的心灵捕手》

选取 2016 年 8 月 1 日、8 月 15 日及 9 月 1 日三期消息为例，如图 1 所示：

注：a、b、c分别为2016年8月1日、8月15日及9月1日"国家开发银行"微信公众号内容。

图1　国家开发银行微信公众号消息样例

该公众号聚焦党政及国开行业务要闻，宣传国开行服务地方建设发展动态，分享生活正能量，是国开行面向广大员工及外界传达党政方针、展示开行形象的良好窗口。

2. "开行机关党建"公众号

该公众号官方认证于2016年3月21日，账号主体是国家开发银行股份有限公司。平均每周推送2～3组消息，每组消息包含6～7个栏目板块，包括：头条、主题教育、特色活动、身边党员、群团工作等栏目。典型栏目板块内容如表2所示：

表2　　　　　　　　"开行机关党建"公众号主要栏目介绍

栏目	主要内容	典型文章
头条信息	国开行重要党建活动、党委工作动态及党中央方针政策宣介	《胡怀邦董事长、郑之杰行长、刘梅生监事长参观总行机关"永远跟党走"书画摄影大赛优秀作品展》《中央出招防止"带病提拔"！》
主题教育	多期连载，中共中央最新政策方针解读及国开行以教育辅导形式贯彻落实情况	《开行机关党员干部应知应会热词（第10期）》《总行机关举办"两学一做"学习教育专题辅导讲座》

续表

栏目	主要内容	典型文章
特色活动	各部门贯彻落实"两学一做"学习教育部署情况	《规划局组织开展"做合格党员"》
身边党员	优秀党员典型宣介	《风险局余莹：一枚小小螺丝钉》
群团工作	群团活动开展情况	《"为了大山的孩子"——爱心包裹定向募捐活动顺利启动》

选取2016年8月9日、8月12日和8月30日三期消息为例，见图2所示：

注：a、b、c分别为2016年8月9日、8月12日和8月30日"开行机关党建"微信公众号内容。

图2 开行机关党建微信公众号消息样例

该公众号是国开行贯彻落实中央关于"两学一做"学习教育部署的专业信息平台，是进行员工思想政治教育工作的特色媒介。该公众号在内容上更侧重于思想政治工作之外，界面功能设计也更丰富，界面底部增设了"两学一做"、"为党祝福"和"精彩回眸"三个专栏，"两学一做"专栏包含了"特色活动"、"三会一课"及"体会感言"三部分内容，支持用户自主选择；"精彩回眸"专栏由"我们的五四"和"开行萌宝"构成，收藏了青年节和儿童节的主题特色活动。底部专栏让用户变被动接收消息为主动获取信息，对自己感兴趣的专题栏目可以随时了解往期的内容报道，互动性和定制性增强，切实拓展了微信公众号服务思想政治工作的功能。

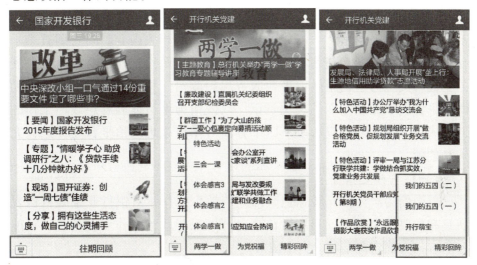

注：a、b、c分别为2016年8月9日、8月12日和8月30日开行机关党建微信公众号内容。

图3　国家开发银行和开行机关党建微信公众号对比图

(二) 群聊和朋友圈

微信群在国开行员工日常生活及业务推动中所起的作用日趋重要。问卷调查和访谈结果表明，员工加入了不少与工作相关的微信群，数量少的有两个，多的达到十几个，例如有处室工作群、分行工作群、专项业务推动群等。

国开行深入贯彻中央"两学一做"工作部署，把支部建在处上，形成了更加紧密、也更行之有效的支部组织形式。各级党委及支部也相应地建立了对应的微信群，以便促进交流沟通，统一思想，逐级贯彻落实上级工作部署。然而，在思想政治工作方面，微信群聊及内容分享功能的应用范围依然相对较窄，使用频度也较低。据问卷调查结果显示，76%的员工使用群聊主要用于日常沟通感情，仅有4%的员工会交流思想政治工作，而利用微信公众号也主要是为了获取新闻资讯，比例占到67%，密切关注思想政治工作的仅有12%。思想政治微信平台建设存在起步晚、互动少、信息传播深入性和广泛性较差的缺陷。

四、完善创新微信平台服务思想政治工作的探索

当前利用微信平台开展思想政治工作尚处于起步阶段，多数员工还不习惯在微信上了解、学习或者交流思想政治相关内容。问卷调查结果显示，有78%的被调查者认为微信平台使思想政治工作更适应时代发展的步伐，员工对于利用微信平台服务思想政治工作抱有期待，希望借助微信平台获取党政方面的相关资讯，以微信为渠道体验思想政治工作的创新成果。本文认为应从以下四个方面对微信思想政治平台建设进行完善和创新。

（一）明确定位

以微信为载体，开展思想政治宣传教育工作，对银行业金融机构发展具有重要现实意义。利用微信平台开展思想政治工作要在角色、功能和内容三方面定位清晰，突出成效。

一是思想政治微信平台要做好党政宣传主体的角色定位。思想政治微信公众平台应是银行内正能量的传播者，积极健康生活方式的引导者，及时传递最新法规、政策、提供权威的政策解读、行业分析等，巩固壮大主流思想舆论、弘扬主旋律，进而在激发全行员工团结奋进的强大力量上，发出声音、取得实效。

二是思想政治微信平台要做好服务银行各级党组织的功能定位。各级思想政治的宣传教育要精准发力，不能"曲高和寡"、浮于表面，要力求深入身心、切实有效，党的先进思想、政策方针要逐级传导，自上而下地贯彻落实。

三是思想政治微信平台要做好严肃活泼、深入人心的内容定位。微信平台在思想政治宣传中，要将理论和实践相结合，既要保证所传播的党政方针政策的准确性、及时性，又要考虑到受众对于宣传内容的兴趣偏好和接受程度。

（二）健全机制

微信的快速发展也伴随着诸多新问题，"无规矩不成方圆"，尽早建立微信宣传工作机制，力求避免突发事件、虚假消息传播带来的不良后果，更好地发挥微信在思想政治宣传教育工作中的强大作用。

一是建立微信舆情监督管理机制，将思想政治正面教育与负面舆情

监管并举。对虚假消息、诽谤造谣及负面新闻要设立举报窗口，发现问题及时处理，控制网络不良信息的传播范围。舆论危机事件发生后，要通过官方微信公众号、群聊等途径发布权威公正辟谣消息，员工在群聊、朋友圈转发扩散，消除不良影响。

二是通过各级党组织建立立体的思想政治微信传播体系，既要克服党建业务"两层皮"问题，也要将党中央的重要思想、重要指示逐级传导到位，深入人心。健全各级党委和支部的微信群聊功能，在逐级传导和相互监督督促中，做到对思想政治理论真学真用。在基层支部设立思想政治微信宣传员，定期把优质的党政信息及时通过微信群、朋友圈等多种形式分享给身边好友，以点带面，广泛开展思想政治工作。

三是加强思想政治专业微信团队建设。挑选一批优秀的员工组建专业、高效、务实、有活力、有作为的团队，集思广益、群策群力，从员工的实际需求出发，以合作的方式更高效地搭建好微信思想政治工作平台。

四是借助微信平台，力求开展思想政治工作常态化、经常化。利用微信传输内容及时性、便利性的特点，增加内容发布频次，推出系列连载专题内容，成体系、常态化开展思想政治工作。

（三）丰富内容

"内容为王"的口号，在移动新媒体时代依旧有其重要价值。充分利用微信平台提供的数据分析，了解受众信息需求，对发布的信息内容及时调整完善，以增强思想政治内容对用户的吸引力，在思想政治内容传播上要遵循以下四个原则。

一是要确保所传播的党政内容的权威性和严肃性。作为开展思想政治工作的专业微信平台，无论是公众号、群聊或是朋友圈消息分享，都要明确自身服务定位，保证传播内容积极、正面、权威、有说服力。

二是加强发布内容的知识性和实用性。要利用好微信平台内容形式多样、信息沟通便利的优势，解读最新思想理论，结合实际工作剖析方针政策，让员工深刻领会党政方针实质，感受到思想政治工作融入业务细节、贯穿于工作始终。

三是增强内容的亲和力和趣味性，更易于员工接收和分享信息。要丰富思想政治内容的传播形式，除了严肃的政策解读、新闻报道，也可增加伦理道德和法律法规动画宣传、党政内容的填字游戏等多种员工看得懂、易接受的趣味形式。行文风格、排版构图上可以采用简洁的文字、丰富的图表、幽默接地气的语言吸引读者。

四是突出内容的感染力，传播正能量，弘扬道德新风尚。深入挖掘报道员工身边为大家所熟知的优秀党员、业务能手、道德模范。用典型事迹、鲜活故事引起员工共鸣，激发普通员工、党员干部向先进榜样学习的内在动力。

（四）创新功能

银行业金融机构的思想政治微信平台建设要与时俱进，功能上有所借鉴、推陈出新。

扩展思想政治微信公众号功能，增强公众号的交互性功能，把单一的内容发布窗口完善成党政内容智能交互平台。可以增加关键词回复功能，对用户输入的关键信息即时回复，回复形式可以是文章、图片、动画、视频、网络连接等。完善公众号菜单栏设计，加入不同主题的内容集锦，如"中共党史"、"开行文化"、"长征路上"、"三严三实"等；也可以增加不同类型的特色服务，如"好书分享"、"工作提醒"、"健康导读"等；也可链接到其他客户端或网站，把公众号作为窗口界面，提供多层次立体化数据挖掘服务。

创新思想政治微信平台服务形式，除了传播文字内容，也可推出"微声音"、"微视频"、"微现场"等多种形式。"微声音"是定期推送语音广播，内容融合党政新闻资讯、先进典型事迹报道、生活业务提醒及思想道德辅导等。"微视频"可以发布优秀党员先进事迹、党政方针动画趣味解读、生活技巧工作流程教学等内容。"微现场"是采用视频直播以及引入"VR"技术，面向微信观众直播基层一线的党政实时动态、党课技能培训等现场内容。

五、结语

微信作为移动互联网时代的代表性应用平台，其高效便捷、丰富灵活、以用户为中心的功能特点，为银行业金融机构把握大势、与时俱进、改革创新地开展思想政治工作提供了有力保障。思想政治微信平台以更清晰的服务定位、更完善的运营机制、更丰富的内容形式和更立体多元的功能设计，有利于银行业金融机构切实高效地开展思想政治工作。

商业银行合规文化建设探究

周紫华　谭敬亭　杨　敏[*]

商业银行是经营风险的特殊企业。培育合规文化、强化合规经营是银行生存和发展的根本所在。近年来，国内外银行业金融机构不断暴露重大违规事件，导致业务受限，财务损失巨大，声誉严重受损，危及公众对银行业的信心。因此，加强合规文化建设已刻不容缓。

一、合规文化的内涵

（一）合规的概念

"合规"一词，源自英文 Compliance，其本意是"服从，听从、遵守"等，中文的字面含义是"合乎规范"。从巴塞尔银行监管委员会关于合规的定义来看，银行的合规特指遵守法律、法规、监管规则或标准。在中国银监会发布的《商业银行合规风险管理指引》（以下简称《指引》）（银监发〔2006〕76号）中，对合规的含义也进行了明确："合规是指商业银行的经营活动与法律、规则和准则相一致"。《指引》所称的法律、规则及标准，是指适用于银行业经营活动的法律、行政法规、部门规章及其他规范性文件、经营规则、自律性组织的行业准则、行为守则和职业操守。

"合规风险"是指银行未能遵循法律、监管规定、规则、自律性组织制定的有关准则，以及适用于银行自身业务活动的行为准则，而可能遭受法律制裁或监管处罚、重大财务损失或声誉损失的风险。合规风险是

---

　* 中国工商银行上海市分行。本文获2016年全国金融系统思想政治工作和企业文化建设优秀调研成果二等奖。

银行经营管理面临的重要风险之一。近年来，如何培育银行自身的合规文化，建立有效的合规风险管理机制，成为各国监管当局和银行业界关注的焦点。

（二）合规文化的内涵

合规既是一种行为，更是一种文化，属于企业文化的范畴。《指引》指出："商业银行应加强合规文化建设，并将合规文化建设融入企业文化建设全过程。"巴塞尔银行监管委员会发布的《合规与银行内部合规部门》中指出："合规应从高层做起。当企业文化强调诚信与正直的准则并由董事会和高级管理层做出表率时，合规才最为有效……银行在开展业务时应坚持高标准，并始终力求遵循法律的规定与精神。如果银行疏于考虑经营行为对股东、客户、雇员和市场的影响，即使没有违反任何纪律，也可能会导致严重的负面影响和声誉损失"，同时指出："合规应成为银行文化的一部分。"

因此，合规文化是银行对遵循有关法律法规的积极承诺，并且这一承诺反映了银行所有职员的共同价值观和信仰。合规文化是银行文化的核心构成要素。良好的合规文化指导并激励银行所有人员合法地进行日常的决策和选择，不仅促使管理层与员工们做法律法规严格规定允许的事情，而且当法律法规没有明确的相关规定或无人监督时，管理层与员工们也会做出正确的、合乎正直诚信等道德规范的事情。

（三）优秀合规文化的特征

健康、优秀的合规文化主要具备以下五点特征：

1. 高层重视

《合规与银行内部合规部门》中指出："合规应从高层做起"。高层在业务经营活动中处于支配地位，高层对于合规的重视程度直接影响着银行的合规文化，而合规文化决定着银行、团队和员工的具体行为。同时，合规管理部门和合规管理工作需要机构高层给予充分和适当的资源。因此，"合规应从高层做起"是构成优秀合规文化的基因和前提。只有高层率先垂范，银行才有可能建立起优秀的合规文化。

2. 全程嵌入

合规应当贯穿于商业银行决策、执行和监督全过程，覆盖各项业务流程和各个操作环节，覆盖所有的部门、岗位和人员。合规的核心价值观要真正在一个银行中扎下根来，必须将其融入银行生存与发展的一切行动——战略、结构、责权体系、流程、管理风格等，融入与员工有关的每一个程序——雇佣标准、业绩考评系统、晋升和奖励标准甚至辞退政策，才能实现从心的一致到行的一致，实现理念与行为的统一，最终为银行与社会创造更多价值。

3. 主动合规

主动合规，相对于被动合规。主动合规是指员工自觉践行法规制度，合规要求内化为全体员工的基本价值观和行为习惯，合规文化从"要我合规"升华为"我要合规"。目前的制度体系和处罚机制在一定程度上遏制了合规风险的产生，但在这种被动性的合规文化环境中，处罚风险易被员工视为"机会成本"，"机会成本"一旦过低就会造成内控机制的"硬约束"失灵。

4. 实质合规

实质合规，相对于形式合规。商业银行合规文化建设意在使每一位干部员工熟知并掌握本岗位相关风险和控制方法，牢固树立"内控优先、合规至上"的理念。实质合规不仅是遵守法规制度的字面意思，而是遵循其精神实质，即干部员工能正确理解法规制度设计的初衷，不会由于追求业务发展而打制度的"擦边球"，从而确保经营活动符合法规制度的实质要件，以防控实质性风险。

5. 与时俱进

合规不是墨守成规、因循守旧。在金融市场中，国家宏观经济政策、法律法规及监管环境变化不息，新业务、新产品、新问题层出不穷。这些因素均对银行的经营管理产生直接或间接的影响。因此，应以持续发展的眼光来看待合规管理的内容和手段，当有关法律、规则或其他经营环境发生重大变化时，应审时度势，以变应变，与时俱进。

二、新常态下强化合规文化建设的重要性与必要性

（一）建设合规文化是确保银行稳健运行的内在要求

商业银行作为高负债经营的特殊企业，声誉的好坏关乎银行的生死存亡。加强合规文化，保持依法合规经营的良好形象，能给银行带来诚信可靠的美誉。诚信是银行的"立业之道，兴业之本"，良好的声誉不仅

可以维系银行的生命根基，而且可以给银行带来注重诚信的客户和随之而来的良好效益。工商银行前董事长姜建清在《全球银行百年兴衰镜鉴》中的研究显示，1913 年全球前 20 大银行榜单中，只有 5 家延续到了今天。历史经验告诉我们，每一家"百年老店"的成长都是建立在风险、资本、成本、合规的约束条件下。银监会前主席刘明康曾强调，合规文化建设是国有商业银行实施风险为本管理的基础和载体，是国有商业银行稳健运行的内在要求，国有商业银行必须积极倡导和培育良好的合规文化。

（二）建设合规文化是银行适应外部监管的外在要求

强化合规文化建设是适应外部监管约束不断强化的外在要求。近年来，银行业监管制裁屡创新高，监管处罚风险呈上升趋势。从全球金融监管处罚情况来看，2015 年以来，花旗、摩根大通、巴克莱、苏格兰皇家银行、瑞银、德意志银行等一批国际知名商业银行被从重处罚，多家中资金融机构也受到监管制裁或陷入诉讼。从国内情况来看，中国银行业监管部门不断强调从严检查和从重处罚的基调。2015 年中国银监会专门设立现场检查局，整合现场检查力量，多次强调要加大对违规经营行为和违法违规案件的查处和惩戒力度，"逢查必罚"，"重树监管权威"，体现警示震慑作用。在日趋严厉的监管形势下，商业银行必须不断加强合规文化建设，强化合规经营，以有效控制合规风险，保证机构整体能够始终保持正确的运行方向和运行轨道。

（三）建设合规文化是银行抵御外部输入性风险的切实需要

在"三期叠加"背景下，经济下行压力较大，结构调整阵痛显现，复杂多变的宏观经济金融环境使得诱发银行业风险的新因素不断增加。同时，银行业自身正处于经营转型、机构改革和业务创新的关键时期，内部控制未必能及时适应内外部形势的变化。这些都使得银行业面临的风险不断积聚，很多触目惊心的案件已摆在我们眼前。良好的合规文化氛围能形成群体意识，有助于降低道德风险，有效落实风控措施，增强银行抵御外部环境侵扰的能力。

三、合规文化建设现状

为了清晰了解银行合规文化现状，本文采用了调查问卷的方式。为确保能获取被调研对象的真实想法，问卷采用匿名方式，共有1332人参与。参与人员来自分行本部及各支行，在年龄、入行时间、学历、专业维度和职级等分布上，涵盖了各个层次的员工。

（一）调研对象分析

从统计数据来看，在年龄分布上，30岁以下人数占比最多，达到样本总量的40.69%；50岁以上人数最少，占比8.71%。在学历分布上，本科学历所占比例最大，为74.47%；研究生占比最少，为6.38%。在入行时间分布上，入行10年的员工占比最高，为49.77%；1年以下人数最少，占比6.91%。在专业维度上，销售类所占比例最大，为25.60%；专业类人数最少，占比11.04%。在机构层级上，参与调研人数最多的为营业网点，占比83.56%。在职级分布上，副主管及以上层级人员占比18.24%（见表1）。

表1　　　　　　　　　　　　　　调研对象分析

年龄	人数	占比	职级	人数	占比
30岁以下	542	40.69%	其他员工	727	54.58%
30岁至39岁	372	27.93%	大堂/营业/客户经理	362	27.18%
40岁至49岁	302	22.67%	网点/部室副主管	87	6.53%
50岁以上	116	8.71%	网点/部室主管	156	11.71%
学历	人数	占比	所在单位	人数	占比
大专及以下	255	19.14%	营业网点	1113	83.56%
本科（含双学士）	992	74.47%	支行部室	192	14.41%
硕士及以上	85	6.38%	分行部室	27	2.03%
入行时间	人数	占比	专业维度	人数	占比
1年以下	92	6.91%	管理类	268	20.12%
1~3年	137	10.29%	专业类	147	11.04%
3~5年	170	12.76%	销售类	341	25.60%
5~10年	270	20.27%	运行类	297	22.30%
10年以上	663	49.77%	客服类	279	20.95%

（二）合规文化初步形成

近年来，大型商业银行都把合规文化作为企业文化建设的一项重要内容。工商银行多年来以依法合规经营为基石、以提升全员合规意识和风控能力为主线，以强化养成教育和严格管理为抓手，不断深化合规文化建设工作，初步形成了健康的合规文化。

从调研情况来看，在全员合规意识方面，我行员工广泛树立了合规理念，90%以上的员工对"所在机构员工都牢固树立'内控优先、合规至上'的理念"表示同意。在高层态度方面，对于问题"你的领导如何处理业务发展与合规的关系"，91.59%的员工选择"领导认为合规操作是岗位工作第一要务"。在传导层履职方面，87.61%的员工认为"所在机构的合规管理部门对合规操作和风险防控起着积极作用"。在制度执行方面，81.98%的员工认为"我行已经制定了完善的风险防范和应对措施"；77.1%的员工认为"全行上下制度执行顺畅，鲜有例外"；80%的员工认为"所在机构开展业务时，没有因为忽视风险而造成损失"。对于"分行出台新制度新流程"，77.18%的员工选择"赶紧去看看，变化在哪里"（见表2）。

表2   合规文化萌芽

问题	选项	占比
所在机构员工都牢固树立"内控优先、合规至上"的理念	同意	90.47%
我行已经制定了完善的风险防范和应对措施	同意	77.10%
所在机构开展业务时，没有因为忽视风险而造成损失	同意	81.98%
你的领导如何处理业务发展与合规的关系	合规操作是岗位工作第一要务	91.59%
所在机构的合规管理部门对合规操作和风险防控起着积极作用	同意	87.61%
分行出台新制度新流程	赶紧去看看，变化在哪里	77.18%

（三）当前合规文化建设存在的主要问题

虽然我行已初步形成了健康的合规文化，但与优秀的合规文化相比仍有差距，主要体现在以下几个方面：

1. 少数员工合规底线意识淡薄。对于问题"有没有感觉赚得少，动过补贴家用的念头"，仍有2.55%的员工（主要为40岁以下的员工）选择"P2P都那么好赚，干脆介绍点客户给他们"；5.86%的员工（主要为30岁以下的员工）选择"朋友开了家小餐馆，生意不错入点小股"（见表3）。这说明，少数员工，特别是青年员工尚未牢固掌握制度高压线、合规红线和管理底线。

表3	少数员工合规底线意识淡薄		
问：有没有感觉赚得少，动过补贴家用的念头		人数	占比
P2P 都那么好赚，干脆介绍点客户给他们，赚点外快		34	2.55%
朋友开了家小餐馆，生意不错入点小股		78	5.86%

2. 少数员工合规操作意识有待加强。一线员工是各项规章制度的最终执行者，规范一线员工的操作行为是合规管理的关键环节。对于"所在机构理财风险提示做得如何"，3.98%的员工表示"说得太清楚，谁买呀？"；0.3%的员工着急的时候，会帮客户抄写风险提示。对于"你如何开展贷前尽职调查工作"，1.65%的员工选择"收齐材料，调查报告剪刀糨糊下"；1.28%选择"小瑕疵包装下，免得到时候放不下款"。对于"某某指标还没破零"，7.51%员工选择"赶紧找个冤大头"；19.52%的员工选择"找个朋友帮帮，渡过难关再退吧"。对于"信用卡表上客户没签名"，0.83%的员工选择"我来补签下吧，反正其他材料都齐全，客户也是自愿办卡"，1.95%的员工选择"当我没收到过这张表"（见表4）。这些都说明，部分员工发展观、业绩观和风险观仍存在偏差，在业务营销、业务办理过程中仍存在不规范的行为。

表4	少数员工合规操作意识有待加强	
问：所在机构理财风险提示做得如何	人数	占比
说得太清楚，谁买呀	53	3.98%
着急的时候，也会帮客户抄写风险提示	4	0.3%
问：你如何开展贷前尽职调查工作的	人数	占比
收齐材料，调查报告剪刀糨糊下	22	1.65%
小瑕疵包装下，免得到时候放不下款	17	1.28%
问：某某指标还没破零	人数	占比
赶紧找个冤大头	100	7.51%
找个朋友帮帮，渡过难关再退吧	260	19.52%
问：信用卡表上客户没签名	人数	占比
我来补签下吧，反正其他材料都齐全，客户也是自愿办卡	11	0.83%
算了，当我没收到过这张表	26	1.95%

3. 合规激励约束机制有待完善。激励约束机制是合规文化建设的重要保障。一家商业银行如果存在大量违规操作，屡查屡犯，其根源就在

激励约束机制上，因为不适当的激励会诱导短期行为，不到位的问责会降低违规成本。对于"所在机构内控合规奖惩机制是否合理"，3.68%的员工认为"处罚就是走走形式"，5.93%的员工认为"关键时候，人情大于制度"，31.38%的员工表示"不知道合规还有奖励（见表5）"。这说明，合规正向激励机制缺乏和问责处罚不到位的问题依然存在。

表5　　　　　　　　　合规激励约束机制有待完善

问：你认为所在机构内控合规奖惩机制是否合理	人数	占比	
处罚就是走走形式	49		3.68%
关键时候，人情大于制度	79		5.93%
哦，合规还有奖励呀	418		31.38%
奖惩得当	786		59.01%

4. 合规教育培训方式急需改善。本次调研中，23.95%的员工认为"合规培训照本宣科"，38.21%的员工反映"制度学习经常晚上留下来"，12.84%的员工反映带教老师自顾不暇（见表6）。培训内容枯燥、培训方式呆板、培训时间安排不合理、带教机制不完善等因素，导致合规教育效果不理想，合规意识无法真正"入脑入心"。

表6　　　　　　　　合规教育培训方式急需改善

问：你认为合规操作最大的阻碍是什么	人数	占比
合规培训照本宣科	319	23.95%
制度学习经常晚上留下来	509	38.21%
带教老师自顾不暇	171	12.84%

四、加强合规文化建设的举措

合规文化建立是一项长期的基础性工作。针对我行与优秀合规文化的差距，要通过持之以恒开展合规宣教，进一步强化"合规从高层做起"的理念，健全各项保障机制，使合规文化在经营发展过程中不断完善，将审慎、规范、稳健的合规文化切实导入并根植于各项制度、业务流程与员工的行为之中，为我行稳健经营发挥更大作用。

（一）持之以恒开展合规宣教

一是提炼形成合规文化理念。全面总结、梳理合规文化发展历程，积极总结提炼合规文化精髓，形成符合银行发展方向、具有时代特征和鲜明特色的合规文化，如工商银行将合规文化核心理念凝练为"合规为本　全员有责　风险可控　稳健高效"。通过将合规文化核心理念传播作为全行各级、各类员工培训的重要内容，不断提高各级管理者和广大员工对合规文化实质内涵的理解和认同，为合规文化建设深入开展奠定基础。

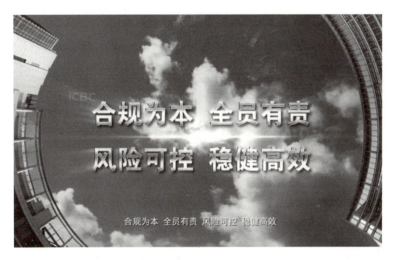

合规为本　全员有责　风险可控　稳健高效

　　二是持续开展合规主题活动。按照"一年一个主题，一年一个台阶"的思路，每年结合监管部门及总行内控案防工作要求，针对我行当下重点风险领域及主要问题，持续开展不同主题的内控合规主题活动，可采取知识竞赛、案例巡展、合规文化作品创作、小品、征文等员工喜闻乐见的形式，结合重要法规制度学习及关键风险领域专项治理，培育全员"合规、风险、责任"意识，提升合规履职能力，以筑牢抵御风险的防线。

中国工商银行上海市分行连续深入开展合规主题活动

　　近年来，中国工商银行上海市分行结合监管部门及总行工作要求，针对当下重点风险领域，按照"一年一个主题"的思路，每年组织开展内控合规主题活动，如：2012年"学规范　促合规　保发展"主题活动、2013年"守线防虚"主题活动、2014年"敬畏制度　知行合一　依法合规　从我做起"主题活动、2015年"崇尚三铁　强基固本"

主题活动，不断思索、提炼合规文化内核。2016年，为加快推进合规文化建设，分行组织开展了"温故知新　明责守规"主题活动，综合运用网络学习、案例巡展、知识竞赛、演讲比赛、签署承诺、专项治理、合规先进评选等多种形式，有效弘扬了工商银行上海市分行严谨规范、稳健合规的企业文化品质。

三是进一步强化员工合规教育基础工作。开发员工行为规范教育系列课程，明确不同对象的施教重点和频次要求，重点加强对新入职员工、转岗员工和提职人员的教育，优化合规专业试题库、教材库、案例库和师资库。进一步完善"师徒带教"机制，通过明确带教师傅准入标准、签订师徒协议、师徒考核挂钩、定期考核带教成效、表彰先进师徒典范等方式，提高带教师傅的积极性，发扬"传、帮、带"的传统，促进新员工快速、健康成长。

四是搭建面向不同受众、专注不同主题、具有鲜明风格的合规宣教平台。借助各类平面、声像、网络、融e联、微信等传播载体，在一定程度上突破面授培训的时间和空间限制，采用简明易懂、精准灵活、亲切生动的方式，将合规知识更加有效地传递到全行每一位干部员工，通过浸润式的宣传教育让合规文化更好地落地生根。

（二）进一步强化"合规从高层做起"的理念

一是机构高层要营造合规经营的良好氛围。作为经营和管理风险的银行业金融机构，机构高层首先要确立审慎经营原则和价值观，明确合规基调，率先垂范，把始终保持经营活动的合规性，作为决策和管理的首要考虑因素，时刻保持言行一致，积极倡导合规行为，在机构内部形成良好的合规经营氛围。

二是机构高层要给予合规管理部门和合规管理工作充分和适当的资源。要配备充足的、高素质的合规管理人员，并投入资源持续提升合规管理人员的专业技能和专业判断能力；要建立机制确保合规管理部门履职的独立性，包括保持合规部门信息来源及汇报路线的开放和畅通、合规部门考核的独立性及其对业务部门考核的话语权等。同时，业务部门负责人要选配合适的人员担任合规经理，并支持和保障合规经理有效履行合规职责。

（三）完善奖罚分明的激励约束机制

一是强化合规正向激励。"文化"最终表现在"行为"上，而考核机制是"行为"的指挥棒。管理学研究早已表明，负面激励的实际效果远低于正向激励。因此，建议在机构经营绩效考核中增设合规考核正向评分，用于对合规履职情况的考核，引导各机构做好合规日常工作，夯实内部管控基础。同时，建立长效的合规专项奖励办法，每年对提升全行或所在机构合规管理水平作出突出贡献、合规履职出色的机构或个人进行表彰和奖励。通过科学的激励考核机制，营造"奖励合规，严惩违规"的健康合规生态。

二是强化问责处罚。进一步完善风险认定与责任追究制度，优化责任认定、追究、通报机制，对恶意违规、严重违规、屡查屡犯等痼疾要"抓典型、出重拳"，从严惩处，绝不姑息。要全面落实风险认定与责任追究制度，严格按照相关规定处罚当事人和相关责任人。对于因为不正确的发展观而导致的系统性问题和重大风险事件，必须严肃追究有关管理者的责任，深查严纠管理漏洞。要适当加大行政处分、职务调整、解除合同等处罚手段的应用力度，发挥严查严处震慑作用。

（四）建立健全合规文化建设组织体系及保障机制

一是建立健全合规文化建设组织体系。加强合规文化建设工作的组织领导，在企业文化建设推进委员会指导下开展各项工作。明确各级行"一把手"为合规文化建设第一责任人，各级行合规部门牵头组织实施，其他专业部门积极参与，密切配合，认真落实合规文化建设的各项任务，充分调动广大员工的积极性、主动性和创造性，在全行形成合规文化建设的强大合力。

二是建立健全合规文化建设保障措施。制定合规文化建设的运行规则，完善相关规章制度和岗位责任，落实工作措施，做到各级责任明确、紧密分工协作、经常督促检查、及时总结评比，保证合规文化建设工作顺畅运行。完善合规文化建设的考核手段，将合规文化建设工作纳入合规专业目标管理体系、内控评价体系中，确保合规文化建设出成果，见实效。建立合规文化建设的交流互动平台，加强合规文化建设工作交流，建立联系点制度，总结成功案例，推广经验做法，不断丰富和完善合规文化内容。

（五）优化合规管理闭环机制

进一步优化合规管理工作，加快管理重心由事后监督向全流程控制转变，真正实现闭环管理控制，促进合规管理全程嵌入。

一是持续加强事前环节合规预警与审查。将合规审查环节全面嵌入新业务、新产品、新制度、重大经营项目的审批过程中，做到合规管理关口前移，最大限度地消除合规风险隐患，发挥"良医治未病，防范胜于治"的作用。

二是积极推行事中环节合规监测与核查。通过开用户、搭接口、建模型等多种方式实时获取业务经营和管理数据，实现对各级机构经营行为的合规监测分析，及时发现、报告、预警、制止合规风险。

三是优化完善事后环节合规检查与监督。合理配置合规检查资源，引导检查资源和检查重点向重点业务、重点机构、重点领域倾斜；加强合规检查的统筹管理，充分发挥业务部门、内控合规部门与其他综合管理部门的整体合力；完善合规检查方式，扩大检查覆盖面，提高检查及时性，强化检查效果；强化问题整改，完善整改确认核销、整改效果评价、整改通报、整改责任追究四项工作。

中国银行基层机构
企业文化实践与探索

——以中国银行浙江省义乌市分行为例

倪陈明　陈　亮　周胜华　周　晗*

一、背景

(一) 研究目的和意义

企业文化是企业软实力的重要组成部分，是企业在实践中逐步形成的为全体员工所认同、遵守、带有本企业特色的价值观念、经营准则、经营作风、企业精神、道德规范、发展目标的总和。在企业经营过程中，具有深厚凝聚力的企业文化能更好地发动员工为企业服务和创新的自觉性和积极性，使员工万众一心、乐于工作、热爱本职、团结协作，共同完成企业的任务目标，在平凡的岗位上创造不平凡的业绩，满足员工多层次的需要和认可，使得员工得到全面发展，进而让企业创造出更大的财富价值和发展空间。

(二) 基本情况和现状

中国银行义乌市分行成立于1992年4月，于2011年6月升格成为中国银行系统内首家县域二级分行。近几年，在岗员工平均为440人，辖内设8个部门、18家二级支行，尚无管辖支行，实行扁平化管理。

---

* 中国银行浙江省义乌市分行。本文获2016年全国金融系统思想政治工作和企业文化建设优秀调研成果二等奖。

改革开放 30 年来，在义乌精神的驱动下，义乌取得了经济快速发展的显著成果。义乌中行得益于义乌市场得天独厚的优势，植根一线商户，大胆创新、先行先试，集聚了一大批忠诚的商贸客户基础群体，在本地市场上树立了良好的品牌形象和服务口碑。自 2010 年开始，义乌行的人均/网均营业收入、人均/网均拨备前利润、人均/网均日均存贷款等指标更是排在全省前列，充分显示出义乌基层行广大员工强大的战斗力和创造力。

然而，近年来，义乌本地规模以上企业及支柱产业增长乏力，区域性不良和担保链风险不断冒升，义乌区域银行业整体经营管理形势相当严峻。截至 2016 年 6 月底，整个金华地区金融机构合并净利润出现亏损，义乌本地金融机构期末贷款余额下降 33.72 亿元，其中非金融企业及机关团体贷款下降 46.52 亿元，非金融企业存款下降 20.08 亿元。义乌区域整体实体经济增速放缓，本地金融机构在新一轮经济调整过程中面临着较大的经营压力。

截至 2016 年 6 月底，义乌分行营业收入首次出现同比负增长，营业收入和拨备前利润在本省系统内排名靠后。不良的爆发，导致分行在处理不良清收化解工作方面牵涉了大量的人力物力，加上义乌本地对公业务基础相对薄弱等因素，义乌分行面临着降低不良和业务拓展的双重压力。同时，义乌分行升格时间短，各项工作从粗放型管理向精细化管理还需较长过程，义乌分行在结构调整和精细化管理的道路上经历着发展转型的阵痛。

尽管如此，义乌分行在广大干部员工的努力下，主要经营发展指标表现依然优于本地四大行：截至 2016 年 6 月，分行个人本外币日均和时点存款增幅均为本地四大行第一，存款时点和日均绝对值连续三个月超越建行，实现了争先进位；义乌分行营收增长幅度均处于地方同业领先水平。

为此，在机遇与挑战并存下，义乌分行如何找准方向、发挥优势，了解员工现状、掌握员工动态，营造良好的企业文化氛围，找到发展的长处和不足，扬长避短、优化管理是当前义乌分行转型发展过程中的一大难题。本文拟通过问卷与访谈调研，对义乌分行的核心能力和企业文化进行全面诊断，通过了解员工工作状况及对企业的看法，在此基础上，结合义乌分行实际，有针对性地提出改进措施。

二、调研方法与过程

本次调研分为两个部分，问卷调查和员工访谈。

（一）核心能力和企业文化现状诊断问卷调查

2016 年 6 月至 7 月，中国银行义乌市分行根据企业文化建设与员工思想状况了解需要，结合企业文化理论模型和核心能力评价体系，进行问卷调查。调查共发放问卷 183 份，回收 183 份，其中有效问卷 183 份，问卷回收率100%。问卷调查 7 个基层营业机构 112 份（61%），5 个分行职能部门 71 份（39%）。基层营业机构分别选择了年中绩效排名前、中、后的部分网点，分行部门也分别选择了前中后台部门。

问卷调查对象岗位基本情况分布如表 1 所示，调查对象中，中层管理人员占3%，基层管理人员占8%，客户经理占22%，员工占62%。

调查问卷对象涵盖了各年龄段的员工，较为全面地分析了解现有企业文化、核心能力、管理现状、员工认知等情况。具体而言，调查对象年龄层级分布 18～24 岁员工占9%，25～30 岁员工占44%，31～35 岁员工占23%，36～40 岁员工占6%，41～50 岁员工占11%，50 岁以上员工占2%，缺失占4%。

表1 调查人员岗位分布

分类	柜员	客户经理	其他员工	网点副职	网点正职	部门副职	部门正职	缺失
人数	48	41	66	10	5	1	4	8
占比	26%	22%	36%	5%	3%	1%	2%	4%

（二）员工访谈

为了对调研问卷中的数据问题有更具体的了解和分析，挖掘数据表现的深层次原因，我们还走访调研了网点 7 家，分别为篁园支行（市场网点、绩效考核排名靠前）、越阳支行（客运聚集区网点、绩效考核排名靠前）、顺通支行（市场网点、绩效考核排名靠后）、经开支行（客运聚集区网点、绩效考核靠后）、宾州支行（市场网点、绩效考核排名中等）、商都支行（市场网点、绩效考核靠前）、嘉和支行（商业和生活区网点、绩效考核排名靠前），走访主要通过发放调查问卷和现场访谈的方式进行。

分行重点针对员工日常工作中遇到的问题和困惑进行访谈，对网点管理人员履职与满意度情况进行评价，员工集中反映的问题主要是收入、竞争力、工作压力等问题。访谈发现，员工的队伍士气与网点机构管理层的经营管理能力存在一定正相关。在网点管理人员履职和满意度情况调查中，对于管理人员的思想品质、工作作风、勇于担当等方面满意度较高，但对改革创新和人才培养表示关注度或实践不够。网点管理人员应该在当前收入短期内无法改善的情况下，更多关注员工能力的培养，主动为员工提供学习机会和展示平台，弥补薪酬激励的同时，为全行员工队伍建设出力。

三、数据分析与调研结果

（一）企业文化分析

1. 企业文化理论模型

我们以当前运用最为广泛的 Quinn 的企业文化理论模型对企业调研现状进行诊断，企业文化模型如图 1 所示。

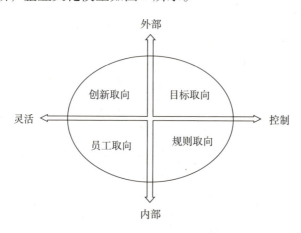

图 1 Quinn 的企业文化模型

该企业文化理论模型主要关注两方面内容：一是企业效率问题，二是企业管理问题。其中，企业效率主要关注企业效率的判断标准，包含企业内部有效及外部有效两方面；企业管理则关注企业内部的控制及灵活性两方面。基于此，企业文化理论模型构建出体现企业发展核心能力要素的四象限模型。关注外部及控制的企业促成了目标取向的企业文化，关注外部及灵活性的企业促成了创新取向的企业文化，关注内部及灵活性的企业促成了员工取向的企业文化，关注内部及控制的企业促成了规则取向的企业文化。

2. 中国银行义乌市分行企业文化现状

根据 Quinn 的企业文化框架，我们对分行企业文化进行测评，分别计算得出企业文化四维度的平均评价得分（1 分表示"几乎没有"，5 分表示"比较多"，7 分表示"总是如此"）。

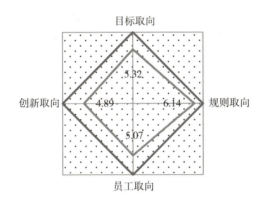

图 2　中国银行义乌市分行企业文化维度评价模型

从图 2 中可以看出，义乌分行在规则取向及目标取向上的表现较为突出，而在创新取向及员工取向上较弱。

3. 成熟企业文化形态及其动态演化

Cameron 和 Quinn 通过大量研究，归纳出成熟企业的文化形态，并将其整合为图 3 所示的梯形。他们认为成熟企业的文化形态应更加注重创新取向和员工取向，而目标取向和规则取向则应较低。成熟企业认为其文化形态应凸显员工及创新对提升企业效率的作用。事实上，企业文化动态演化是一个过程，从目标取向到规则取向，再走向员工取向，进而是创新取向，经过一个循环固化后，演化为更高水平的目标取向，以此往复。

我们将义乌分行的企业文化取向（见图 2）与成熟企业文化取向（见图 3）进行比对后认为，两者之间还存在一定差异。

义乌分行规则取向分值为 6.14，目标取向分值为 5.32，两者分值相对较高。这与中国银行稳健经营的银行管理理念密切相关，说明长期以来，中国银行义乌市分行在制度化、规范化经营管理思路方面传达贯彻落实到位，基层网点机构和员工的内控合规意识及绩效考核目标导向深入人心。

员工取向分值为5.07，属于中等偏上水平，说明关注员工方面工作虽然做得不少，但是对员工的深入关怀和成长支持方面还有待加强，员工的组织认同感和归属感有待进一步提升。

创新取向分值为4.89，相对于目标取向与规则取向得分较低，虽然与国有商业银行的自有体制和外部监管程度相关，也说明在业务开拓和创新方面还有空间。

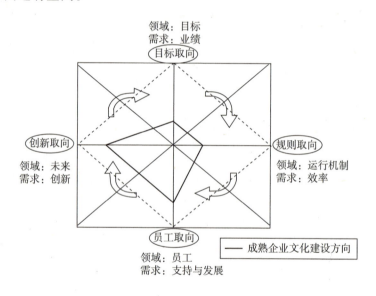

图3　成熟企业文化形态分析

4. 不同层级员工企业文化评价差异分析

为了进一步探究其中的问题，获取更多有价值的信息，我们对不同层级人员的文化认知进行了差异分析。

通过对调研的不同岗位的员工与管理人员数据分别合并进行数据分析（以下简称"员工"和"管理人员"）。图4表明：各层级人员在各维度上都具有较高的企业文化感知（最低评价为4.91，接近5"比较多"的水平；最高评价为6.63，接近7"总是如此"水平）；员工和管理人员在四个取向上均有差异，管理人员的评价均高于员工，说明管理人员对企业文化的评价更高，同时表明，企业文化在基层员工的宣贯有待加强。

具体而言，在规则取向上，管理人员感知较高，而员工的感知则较管理层低些，表明管理层对我行的合规经营理念感知强烈，在工作中更注重规则导向，在观念意识中强调并遵循按照行内的规章制度与规范执行。同样，在员工取向方面，管理人员具有较强的感知，员工则在此维度上感知较管理人员弱。表明管理人员对分行实施的人员培育发展措施有较强的感知度，员工层面上在感知与评价时则相对管理人员低；此外，在创新取向和目标取向上，管理人员的感知都略高于员工层面。

显然，对于管理人员而言，除了规则取向出现较强烈的感知外，他们所强调或感知到的企业文化取向更加贴近 Cameron 和 Quinn 所说的成熟企业文化形态。为此，在下阶段的工作中，需要将该理念正确、良好地传递给各级不同岗位员工，使分行的发展导向与"以人为本、关爱员工"的企业文化理念能够有效传导到每位员工，尤其是使基层人员达到与分行倡导相一致的企业文化体验。

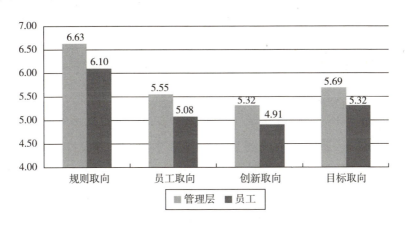

图 4　不同层面员工在各取向上的分布

（二）企业核心能力分析

企业核心能力是企业持续发展之本、竞争优势之源。核心能力是企业在长期生产经营过程中形成的具有独特性、又难以模仿的综合能力。企业核心能力不仅会对形成的最终产能产生影响，还能提高企业运营效率、对企业规划、部门合作提供重要支持，有利于提升企业不易被模仿的竞争优势，为企业提供更好的规划和潜在的整合综效。

调研汇总整理了义乌分行的核心能力状况，如图5所示。义乌分行各项指标评价在中等以上水平（1表示"较弱"，2表示"中等"，3表示"较强"，4表示"强"，5表示"很强"），员工们对分行当前状况仍然是持较高评价，有一定认可度。在对企业核心能力各项评分结果中，内控合规、制度执行、团队合作评分较高，经营能力、员工发展、适应能力评价高于中等，而竞争能力与员工满意相对评分偏低，略高于中等。

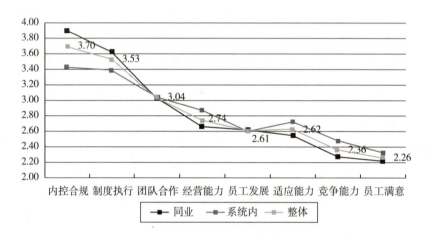

图5　企业核心能力分析

对核心能力在同业与系统内的评价进行比较，数据表明企业的核心能力主要体现在对"内控合规、制度执行"上的评价是同业优于系统内，对"经营能力、适应能力、竞争能力、员工满意"上的评价是系统内优于同业。

统计义乌分行核心能力整体指数值为2.9（评价接近于3"较强"）这说明员工对分行有一定的信心与认可度，尤其是具有良好的制度规范执行的理念以及团队合作精神，表明分行在管理绩效方面有一定的优势（内控合规、制度执行、团队合作）；但是在经营绩效方面的指标有几项逊色于管理绩效（经营能力2.74，适应能力2.62，竞争能力2.36），即体现在自身盈利能力及外在的竞争能力方面还需要提升的空间较大。分析其原因，分行的发展除受到外在政策、当地经济环境等系统性影响外，还受到系统内政策导向、本行经营管理能力、整体协作等影响。因此，需要关注组织氛围及相应的企业文化能为管理活动及管理理念的宣贯提供新的改进视角，实现管理绩效与经营绩效的协同发展。

为进一步提高管理措施的针对性，我们又对员工与管理人员的评价进行了比较分析，如图6所示。数据表明不同层级员工对企业核心能力的评价存在差异。管理层对企业能力评价普遍较员工层级评价高，仅内控合规方面员工评价比管理层评价高，员工在感知到的内控合规要求更强烈些。在团队合作、员工发展、员工满意方面，管理层与员工层评价差异相对较大，员工比管理层评价低。说明在未来发展中，还应注意提升员工发展和满意度水平，增强团队合作能力。在适应能力的评分上也较低，说明各层级员工适应能力的提升仍然是未来管理层应注意的方面。

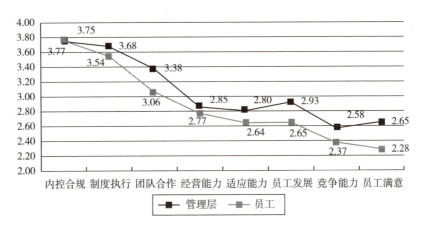

图6　不同层级员工对企业能力评价的差异

（三）企业文化在员工层的表现分析

1. 员工工作认知分析

企业文化的形成与一系列的工作活动息息相关，这些活动包括给予员工工作回报、提供一定的工作条件、处理同事间关系、设计职业晋升通道等一系列活动。这些实践活动中涉及的价值观及管理理念是现有企业文化的体现。因此，通过员工对工作各方面内容的认知分析有利于从现有实践中挖掘文化建设的新内涵，同时增强实践的可操作性及可行性。

调研采用分级式回答，共设薪酬待遇等18个问题，以员工在企业中的实际状态评价和员工期望应该得到的状态评价进行了解，评价分值为7

分量表，低位数 1 表示最小的量，高位数 7 表示最大的量（见表 2）。

表2　　　　　　　　　　　　员工工作认知差距表

工作特征	现状	期望值	差距
薪资待遇	2.93	5.30	2.38
福利保障	3.43	5.37	1.94
工作回报	3.68	5.61	1.93
成长发展	4.03	5.61	1.59
管理水平	4.10	5.68	1.58
参与决策	3.70	5.18	1.48
责权对等	4.22	5.54	1.32
工作时间	5.57	4.29	1.29
受到尊重	4.39	5.63	1.24
培训教育	4.51	5.68	1.17
工作环境	4.58	5.72	1.14
工作安全	4.73	5.86	1.13
获得帮助	4.87	6.00	1.13
团队合作	4.69	5.80	1.10
业余文化	4.41	5.46	1.05
工作稳定	4.85	5.86	1.02
集体活动	4.76	5.68	0.92
同事友谊	5.36	5.96	0.60
平均	4.38	5.57	1.33

结果表明，员工工作认知差距大的前两个方面主要表现在员工物质的基本需求保障方面，这说明，员工的基本工作期望及企业现状仍存在一定差异，而这一基本需求是企业文化建设的基础，是企业需要进一步提高努力改善的方向。

我们把管理现状评价中期望与现状认知差距情况分为较大、居中和较小三个层面进行具体分析。

如图 7 所示，管理现状评价中期望与现状差距较大的工作特征主要有薪酬待遇、福利保障、工作回报、成长发展、管理水平、参与决策、责权对等。

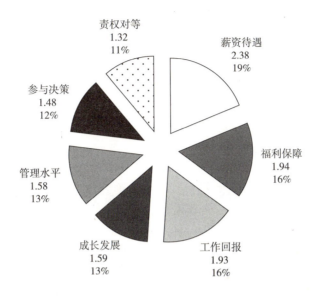

图7　期望与现状差距较大的工作特征

如图8所示，管理现状评价中期望与现状差距居中的工作特征主要有受到尊重、培训教育、工作环境、工作安全、获得帮助、工作时间。

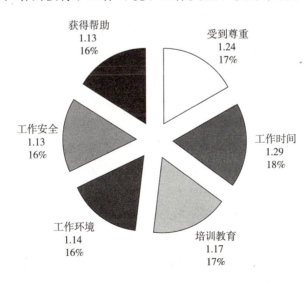

图8　期望与现状差距居中的工作特征

如图 9 所示，管理现状评价中期望与现状差距较小的工作特征主要有同事友谊、集体活动、工作稳定、团队合作、业余文化。

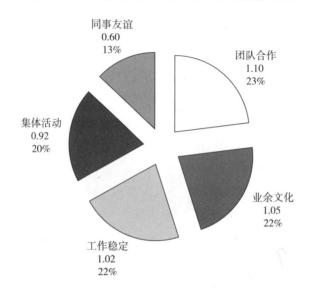

图9　期望与现状差距较小的工作特征

员工的工作特征认知差异反映了员工对现有管理活动及工作中的人际关系、个人发展等方面的需求，这些需求逐步深化，从基本保障向更高的参与决策、个成长发展演进。上述数据表明：工作特征中存在较大差距的特征主要集中在基本保障及管理参与水平方面，差距居中的工作特征主要集中在人际关系及个人发展方面，差距较小的工作特征主要集中在工作条件、集体活动等团队建设方面。值得肯定的是，团队合作、业余文化、同事友谊等人文关怀方面员工认可度较高。

总体来看，差距较大的几个特征主要集中在基本保障（薪资待遇、福利保障）与成长发展（工作回报、成长发展、参与决策、责权对等）两大方面。

2. 员工满意度、敬业度、投入度状况分析

员工满意度、敬业度、投入度作为衡量员工态度及工作投入情况的重要变量，是企业文化在员工工作上的重要体现。关心员工取向的企业文化有利于促成良好的人际关系，有利于提升员工满意度、敬业度和投入度。

如图 10 所示，总体而言，我行的满意度、敬业度与投入度分值分别为 3.48、3.51、3.8，三项指标均超过平均水平 3。不同层级员工在满意度、敬业度和投入度方面的评分存在差异。管理层人员在这三方面内容上的评分相对较高，员工较管理层人员评分相对较低。员工对投入度的评分较高，而在满意度和敬业度两方面内容的评分较投入度低。

员工的工作投入度评分较高，是员工内心对工作的认同表现，并将工作绩效视为个人价值观体现的反映。因此，未来企业管理中应注意提升员工和基层管理人员的满意度、敬业度、投入度。

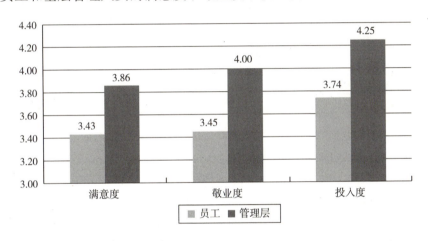

图 10　满意度、敬业度与投入度的层级差异

（1）员工满意度具体维度分析

管理层与员工的总体满意度存在差异，管理人员的满意度水平为 3.86，接近于满意水平（4 分），员工的满意度水平为 3.43（在一般与满意之间）。不同层级员工在满意度各具体维度上存在差异。

总体而言，管理层人员的满意度水平较高，尤其在评价同事关系、上级关心、独立工作方面，超过了 4 分，在晋升机会、工作成就、工作稳定、能力认可、上级方式、表扬机会等方面都在 3.9 水平以上，接近于满意。员工的满意度评分在同事关系、表扬机会、上级关心、上级方式等方面较高，接近于 4 分，但在评价薪酬福利、晋升机会方面相对较低，如表 3 所示。

今后企业要更加关注员工的工作满意度提升问题，尤其在薪酬水平、晋升机会、政策公平、工作成就等方面要加强员工宣导。

表3 满意度具体维度上存在差异

满意度	管理人员	员工	差异
晋升机会	3.90	3.08	0.82
薪资福利	3.00	2.20	0.80
工作成就	3.90	3.33	0.57
工作稳定	3.90	3.39	0.51
独立工作	4.00	3.52	0.48
能力认可	3.95	3.48	0.47
上级关心	4.05	3.65	0.40
政策公平	3.60	3.21	0.39
上级方式	3.95	3.58	0.37
工作环境	3.75	3.40	0.35
决策水平	3.80	3.50	0.30
表扬机会	3.90	3.82	0.08
同事关系	4.25	3.95	0.30
平均	3.84	3.39	0.45

（2）员工敬业度具体维度分析

不同层级员工在员工敬业度的具体内容评价上存在差异，如图11所示，管理层人员在工作热情、工作鼓舞性、工作自豪感和精力充沛方面的评价高于员工。今后，企业管理人员应该注重发挥团队影响力，带动并激励员工以更高的工作热情投入业务发展中去，有效管理员工，提高基层员工工作敬业度。

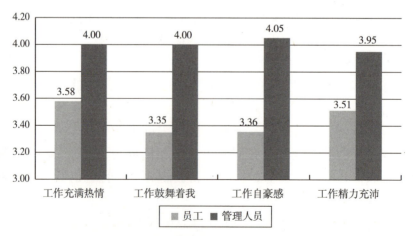

图11 不同层级的敬业度具体内容评价

四、企业文化实践总结和未来改进方向

（一）企业的发展优势

1. 内控合规意识较强、考核目标导向清晰

从企业文化取向分析和企业核心能力分析结果得出，企业在内控合规、制度执行方面得分较高，也说明义乌分行在内控案防的合规理念宣导和稳健经营的管理方面做了较多工作。

面对义乌区域错综复杂的经营环境，具有较高的规则取向有利于银行加强内控案防领域的重点问题排查和整改，遏制并消除案件潜在风险隐患，持续提高银行的内控案防管理水平。同时，企业在目标取向方面也得到员工的较高评价，说明企业有较为完善的考核制度及实施细则，有利于引导动员企业员工在考核方案的基础上更加明确工作目标，促进企业经营目标的实现和绩效提升。

2. 团队合作意识较强、人文关怀氛围浓厚

从企业的核心能力分析和员工认知分析结果中得出，企业团队合作和同事友谊、集体活动、工作稳定、业余文化等方面评价相对较好，员工认可度较高。这说明企业虽然当前现状比较困难，但员工普遍比较热爱工作，对工作有责任心，能充分发挥主观能动性，通过团队合作共同完成目标任务。这与义乌分行在关注员工工作环境、给予员工人文关怀等方面做了较多工作相关。

义乌分行在浙江省分行"以人为本、关爱员工"的指导意见下，提出并不断实施开展三个"家文化"建设：根据分层分类原则完善员工成长机制，建立实施"雏鹰计划"、"飞鹰计划"、"雄鹰计划"以及"鹰雁团队计划"学习培训，搭建员工"成长之家"；加强员工福利待遇投入，开展各类丰富多彩的文娱活动，成立"育婴室"、"暖心小屋"、"心灵港湾"等场所，加强特殊群体关爱等，搭建员工"关怀之家"；倾听员工心声，畅通员工诉求渠道，管理层送服务到基层，解决基层机构困难，搭建员工"民主之家"。通过长时间以来的理念传导和活动开展，三个建"家"文化得到广大干部员工的认可和肯定。

3. 管理理念相对成熟、管理层认可度较高

从走访座谈分析及不同层级的满意度、敬业度和投入度认知分析得

出，相对员工而言，管理层人员在企业文化四维度的评价以及在满意度和认可度上较高，说明管理层人员对企业的认同感更强，更认同企业的发展模式，对企业的发展和管理有着深入推进作用。

义乌分行中层管理者相对较为稳定，是分行持续发展的中坚力量，下阶段，分行要更加注重充分发挥中层骨干的带头作用和管理技能的提升，进一步提高管理成熟度，勇挑重担，持续提升管理渗透力和执行力；进一步加强领导干部的沟通管理艺术，学会能爱人，会用人，适岗尽才，让员工的潜能得到最大发挥，帮助员工增长才干和长期发展，提高员工认可度和归属感。

（二）未来改进方向

1. 组织关怀感知度低，还需加强文化宣贯和有效激励

从企业核心能力分析和员工工作认知分析中可以看出，员工在薪酬待遇、福利保障、工作回报和员工成长发展这些方面相对满意度较低。结合基层网点走访情况及企业员工评价分析结果来看，员工的队伍士气、满意度和敬业度与薪酬待遇并不呈绝对正相关，而与管理层的管理水平、员工的工作压力、绩效与奖励的关联度更紧密。

义乌分行一方面要做好员工宣导，各级管理干部要做好员工的"家长"、"兄长"，将员工更多地引导投入市场竞争中去，争取更多的市场回报；另一方面要更多关注员工长期保障和职业生涯升值空间，强化绩效激励导向。此外，还要持之以恒地推行精细化管理，通过流程优化、细化考核方案等措施，减少员工无效劳动，提高员工在企业中的自我满足感及认知感。

在员工晋升机会和政策公平方面，近两年来，义乌分行在员工队伍和成长上给予了充分关怀和支持，结合员工自身优势和工作需要，引导员工学习和掌握必要技能，不断提高业务能力和综合素质，给予优秀员工提供岗位交流和学习实践机会，进一步锻炼人才和储备干部。随着大量年轻干部提拔走上管理岗位，干部的年轻化促进企业的发展和进步，使企业充满生机和活力的同时，也对管理干部提出了更高的要求，管理队伍还有待于进一步发展成熟，在管理干部青黄不接时期，还需经历较长的时间的成长磨合期，直至达到一个新的工作管理平衡。为此，义乌分行要进一步完善竞争性选拔机制，抓住关键环节的制高点培养年轻干

部，把好年轻干部的道德关，提高人才选拔的公信力，加强员工梯队建设，落实人才专业序列制度，给予员工更广阔的晋升渠道和空间。

2. 市场创新力领先，但还应加强创新落地的持续性

从企业文化取向来看，企业在创新取向方面得分较低。一方面是因为银行的本身企业特性决定了规则和制度先于创新；另一方面，由于义乌地区经济氛围活跃，形成并建立了银行、证券、保险、期货、基金、小额贷款公司、金融中介机构等多种金融机构并存的多元化金融组织体系，金融创新氛围十分浓厚，因此相对商业银行而言，中行作为国有银行的产品创新能力灵活度相对欠缺。

事实上，在国家贸易金融改革试点获批后，中国银行、浦发银行是市政府唯一两家金融创新试点合作银行，义乌中行在金融改革中先行先试、大胆创新，产品创新和业务叙做水平在同业中处于领先地位。如在义乌银行界率先推出并叙做全国首笔个体工商户远期结售汇业务、全国首笔国际金融公司（IFC）担保项下福费廷业务，办理了全国首笔跨境股权收购项下的跨境人民币业务等。美中不足的是，创新业务体量不大、业务落地的持续性不久。为此，建议义乌分行也要多在产品创新方面主动与市政府、上级行等单位积极反映，争取能够让创新产品在市场落地方面进一步得到指导和支持。

3. 市场竞争力偏弱，还需进一步夯实业务基础

从企业文化取向和企业核心能力分析结果来看，企业市场竞争力、适应能力方面分值偏低。说明分行虽然在同业中市场地位有所提升，但是在市场业务拓展中仍然存在较大的发展瓶颈和困难，究其原因，主要是分行对公基础薄弱、行政事业存款难以突破，导致对公存款相对不足，加上由于义乌本地企业传统行业占比比较多的特性及上级行的授信政策导向，使得义乌区域有效性客户拓展受到一定制约；另外，对私条线的个人存款虽然涨势较好，但是有效客户数的增幅下降也对长期稳定发展带来不确定因素。

下阶段，义乌分行要坚持特色发展的道路，着眼于国有大银行的优势，积极续作政府类大项目、国有大型企业、上市、拟上市公司等，主动引领业务的发展和变革；立足国际化和多元化的经营特色，加强国际结算、贸易融资、金融市场、投行资管等优势领域的业务发展；立足市

场、在市场的转型发展中进一步找到发展的空间。同时，要多注意引导员工改变营销策略，增强员工营销细节指导，在坚持上级行的政策导向基础上，加强风险管控，回归业务本源，加强传统业务的巩固和发展，主动引导到多赚钱的业务拓展中去，进一步提升经营管理的盈利水平。

五、思考与探索

调研结果表明，中国银行义乌市分行目标取向和规则取向的文化类型比较突出。在义乌这个经济活跃、反恐反洗钱风险重点监管的区域，中国银行义乌市分行连续多年保持了稳健可靠的内控合规经营环境，也间接说明了分行企业合规文化管理优势体现明显，分行"以人为本、关爱员工"的建家文化显现成效，起到了"文化管人"的作用。人心向背关系到事业发展的成败，下一步工作中，义乌分行应在关爱员工的基础上，还要多注重提升员工市场开拓力和竞争力，做实做细客户基础，努力提高市场份额。

通过分析中国银行义乌市分行的企业文化特点，结合自身核心能力，为企业后期加强经营管理理念和员工思想引导奠定了坚实的基础。企业文化建设需要企业成员对企业理念、价值观的认可，结合企业文化在员工层面的认知反应，更有利于发挥员工在企业文化建设中的主观能动性。中国银行基层机构应该大力加强企业文化建设，以文化人，主动引导、服务业务、应对挑战，为银行的未来发展创造良好氛围。

县域国有商业银行运用"互联网 +"思维 创新党建思政工作与企业文化建设实践与思考

——基于打造"微党校微团校"文化品牌的案例研究

史志高 桂 勇 夏 青[*]

文化是企业发展的核心动力,思想政治工作是企业成长的航向坐标,企业因文化而繁荣,因思想政治工作而充满活力,企业文化与思想政治工作的优良传统结合在一起能够互补互促。自改革开放以来,中央国有企业党组织在党中央的正确领导下,把企业的党建工作与思想政治工作紧密结合在一起,相辅相成、卓有成效。2015 年 9 月,中共中央出台了《关于在深化国有企业改革中坚持党的领导加强党的建设的若干意见》,强调要坚持党的建设与国有企业改革同步谋划,把加强党的领导和完善公司治理统一起来,为做好新常态下国有企业党建思想政治工作指明了方向。

新常态下,金融是经济的核心,随着金融业竞争的日益激烈,企业文化的作用日益凸显。加强企业文化建设是商业银行尤其是县域国有商业银行进行战略转型、提高自身竞争力、实现可持续发展的必由之路。中共十八届五中全会上,党中央提出了实施"互联网 +"行动计划,随

---

[*] 中国建设银行安徽省宣城市分行。本文获 2016 年全国金融系统思想政治工作和企业文化建设优秀调研成果二等奖。

后被写入政府工作报告，这意味着"互联网＋"正式成为国家经济社会发展的重要战略。在"互联网＋"时代中，党建信息化进程不断加快，网络党建已融入基层党组织活动的各个方面。"互联网＋党建＋金融＋企业文化"代表一种新的党建思政工作形态，指的是运用"互联网＋"思维，依托互联网载体，使网络创新成果深度融入国有商业银行党建思想政治工作之中，充分发挥党组织的政治核心作用，实现服务企业发展、引领企业文化建设、服务职工和客户群众，夯实国有商业银行党组织政治地位的党建创新。

因此，打造"互联网＋"党建品牌，是顺应党建信息化进程的必然选择，也是新常态下国有商业银行加强思想政治工作的新路径。毋庸置疑，品牌是企业文化的一种，更是企业文化的集中体现。国有商业银行创建党建品牌的目标是要提高党员素质、加强基层党建与思想政治工作、服务职工和客户、促进银行各项工作。而国有商业银行加强企业文化建设的宗旨也在于提高经营管理水平，提高员工综合素质，增强企业凝聚力，提升企业核心竞争力。两者内涵是一致的，都是为国有商业银行的改革发展稳定提供精神动力。党建品牌与企业文化，二者是相辅相成的，共同作用于国有商业银行的可持续发展。国际金融业实践证明，拥有著名金融品牌已构成金融机构的核心竞争力。如今，品牌发展战略已成为商业银行最重要的发展战略之一。

本文以中国建设银行宣城郎溪支行打造"微党校微团校"文化品牌的创新案例作为研究对象，采用个案分析法，结合安徽省宣城市分行和郎溪县支行实际，以"互联网＋"时代中党建思政工作的载体创新为切入点，从创建文化品牌的挑战与机遇、创建文化品牌的实现路径、文化品牌的社会价值及营销效应、文化品牌的管理完善及推广建议等多个角度，深入研究县域国有商业银行党建思政工作引领企业文化建设的系列创新举措，探究品牌案例成功背后的原因，并尝试推导出可资推广的结论，以期为其他同类县域国有商业银行创新党建思政工作引领企业文化发展模式提供有益的借鉴。

一、"互联网＋"背景下县域国有商业银行创建文化品牌的挑战与机遇

当下，中国全面进入"互联网＋"时代，人们的思想交流、情感沟

通皆凝聚在方寸手机之间，喜怒哀乐皆发酵在互联互通之内，商业银行的文化品牌建设面临前所未有的挑战，这需要思想观念与时俱进，要求方式方法求新求变。明者因时而变，智者随事而制。适应"互联网＋"时代党建思政工作和企业文化建设新常态，创造性地开展商业银行文化品牌构建，成为亟待研究的全新课题。

在"互联网＋"时代的金融市场推动下，我国商业银行都认识到了金融品牌重要性，着手进行文化品牌建设，近十年来，商业银行在企业文化建设及其品牌创建方面取得了一定成绩，在探索实践中也积累了一些成功经验，引发了良好开端。但是，当前，我国商业银行在文化品牌战略上还存在不足之处，尤其是县域国有商业银行，在创建文化品牌之路上充满荆棘与鲜花。

（一）面临的种种挑战

虽然大多数县域国有商业银行已经意识到文化品牌建设的重要性，但囿于专业人才的缺乏、品牌管理理念以及品牌建设资金短缺等原因，难免在品牌的定位、规划、传播等方面还面临严峻挑战。

1. 品牌定位不明确，行内外认知模糊

商业银行是经营货币及其衍生产品、提供金融服务的特殊企业，这一特性决定了其文化品牌建设具有鲜明的服务行业特征。因此，明确的品牌定位对于县域国有商业银行在同质化竞争日益激烈的金融市场取得差异化竞争优势，无疑十分必要。但从目前情况来看，国内大多数县域国有商业银行缺乏清晰的品牌定位：从国有商业银行总行、分行到县支行，从各级管理层到普通员工，对于企业文化品牌缺乏统一认同；即使在银行内部，不同员工因为专业素养、知识技能、岗位设置有所不同，所接触和感受到的企业文化信息也不尽相同，对同样的企业文化品牌理解也存在差异。虽然不少国有商业银行的总行层面有一整套明确的企业文化体系，但是，由于其县域支行部分员工日常行为与企业文化传达的价值观不匹配，并没有将文化内化到日常工作中，使得企业文化品牌对银行经营业绩起到正能量作用极为有限，因而直接导致其对特定客户和细分市场的诉求难以突出，县域国有商业银行文化品牌竞争力也难以凸显出来。

2. 品牌内容流于形式化、同质化，战略规划缺乏系统性、长远性

多数县域国有商业银行的文化建设缺乏个性，大同小异。许多银行

的核心价值观非常类似，例如，团结、求实、诚信之类的企业精神比比皆是，同质化严重，导致其县域支行进行文化品牌宣传，一味进行复制粘贴、照本宣科。没有融合自己原味的县域支行文化精髓，使不少员工感到内容空洞乏味、与自己生活脱轨，从而降低了他们参与企业文化品牌建设的积极性。

大多数县域国有商业银行往往只在其总行和一级分行层级设有独立的企业文化品牌部门，而在县支行本身层级，一般并未设置专门的企业文化岗位、人员进行品牌营销和维护。由于没有对应的文化品牌建设职能，县域支行业务部门的品牌意识不强，导致品牌建设在与上级行主管部门之间的联系沟通和总分行—支行之间的配合执行上缺乏有效的协调和资源整合，难以产生应有的市场效果；对于文化品牌回馈环节以及评价机制，缺乏常态化管理；文化品牌整合度不高、关联度不强，品牌文化的保护措施也不到位。

正因如此，加上缺乏专业的品牌营销人才，大多数县域支行缺乏科学的品牌战略规划，并未根据自身经营情况和外部竞争环境对各个时期的品牌建设和发展目标制定相应的长期和系统的计划；同时，文化品牌建设和品牌营销行为有比较大的随意性，常见为短期行为，往往是收效甚微。

3. 品牌传播手段较为单一，文化营销意识不强

受品牌建设投入费用较少和品牌营销专业人才匮乏等因素的制约，大多数县域国有商业银行在进行文化品牌营销时所采用的传播手段单一，主要表现在营业网点发放产品宣传材料、在传统媒体投放广告进行品牌传播，而对于互联网新媒体的应用则较少，如较少投放网络广告，利用微博、微信等自媒体进行营销宣传的也较少；在当地重大节庆赛事冠名、或利用热点事件进行搭车营销等新型传播方式上尝试也不多；与当地政府部门及官方主流媒体缺乏深度合作，很难利用官方权威性影响为其文化品牌传播提供有力支持，更谈不上对外发挥其文化品牌的巨大营销效应。

再者，县域国有商业银行企业文化传播缺乏合适途径。要获得银行内部员工的认同，就需要上下联动以及有效的交流沟通。但是，很多县域支行仍然通过传达上级领导讲话、举办培训讲座、组织撰写心得等老

套方式进行单方面的企业文化信息传输，往往得不到员工共鸣，甚至引来反感。不仅如此，部分县域支行在品牌传播过程中，仅仅注重金融产品的推介，而不是对企业精神、员工价值取向等企业文化软实力的推广，无法形成当地公众对银行文化品牌的认同。

（二）面临的诸多机遇

面对利率市场化改革推进、存款保险制度以及互联网金融跨界竞争等诸多因素，我国商业银行之间的竞争不仅是资本和实力的竞争，更是品牌之争和文化较量。与城市大型商业银行相比，县域国有商业银行在金融市场竞争中经常处于相对劣势。在此背景下，加强文化品牌建设与创新对于县域国有商业银行可持续发展就显得极为重要，同时，也面临宝贵机遇，体现在以下几个方面。

1. 有利于提高内外部整体形象

企业文化是企业品牌的基础和源泉，只有加入了企业文化的灌溉，企业品牌才富有生机和活力。一个企业的产品和服务做得再好，如果不能有效传播给客户，就会陷入叫好不叫座的困境。对于县域国有商业银行来说也是如此，在竞争激烈的金融市场中，品牌知名度和美誉度的大小在很大程度上影响客户对于一家银行的选择。因此，只有通过文化品牌建设提高自身的品牌知名度，吸引更多金融消费者成为自身的客户和吸纳更多资金。同时，企业文化中的价值观和行为准则会在文化品牌形象中体现出来，影响银行员工的行为，县域内消费者可以从银行员工提供的金融服务中感受到其行为态度，再通过有意或无意地比较，进而形成对银行的社会评价，达到提升内外部整体形象的目的。

2. 有利于提升市场吸引力和内部凝聚力

客户在面对名称、标志各异但产品、服务基本相同的多家银行时，会患上"选择困难综合征"。在这种情形下，通过加强文化品牌建设与创新，塑造特色品牌形象，使客户能够通过品牌联想就自然地感受到某个县域国有商业银行相对于其他银行在产品的区域性特征、服务的便捷性、客户的价值以及情感归属与认同等方面的优势，将更加有助于县域国有商业银行形成差异化市场吸引力，提升客户对其产品和服务的获得感。

与此同时，一个成功的文化品牌不但能激发内部员工对企业的认同感和自豪感，也会对外部优秀人才形成强大的吸引力。县域国有商业银行由于地域区位、市场环境、薪酬水平等客观条件在与当地的股份制商业银行和农村商业银行等其他银行争夺优秀人才时往往落于下风。因此，加强品牌建设，把文化品牌打造成一个能吸引和留住优秀人才的优秀品牌，能够增强自身吸引力和内部凝聚力，提高县域支行的人才竞争能力，进而提升其市场竞争能力。

3. 有助于丰富品牌精神内涵和提升品牌营销影响力

品牌文化是企业文化建设的重要组成部分，也是企业营销管理过程中要重点宣传的部分。通过将银行文化中的核心价值观和企业经营发展理念融入银行品牌文化当中，能够使品牌富有更深刻的精神内涵，这些内涵可以通过银行党建思政工作融入文化品牌建设中去。县域国有商业银行丰富的品牌精神内涵可以使其文化品牌富有生命力，可以有效扩大外化影响力，通过满足金融消费者的文化需求来强化其对银行文化品牌的感知，进而建立良好的品牌联想和信任度，从而提升在县域内市场的营销影响力。

此外，随着互联网技术广泛应用，以微信为代表的新媒体逐渐充当起企业文化建设与创新的重头戏角色。在"互联网＋"新常态下，县域国有商业银行要抓住机遇，开辟网络化、微信化的文化品牌营销渠道。比如，在金融产品销售完成后提供在线使用指南以及相关资讯，为线上线下客户提供一揽子金融个性化服务方案等帮助客户更好地受益于银行文化品牌，进而扩大县域国有商业银行在当地的品牌营销影响力。

二、中国建设银行安徽省宣城市分行文化力的历史脉络

"商业银行企业文化是带有本行特色并为行内员工所认可的价值取向、行为方式、道德风范等的总和"[1]，商业银行海纳百川、吐故纳新的企业文化建设能够"有效激发团队的文化力，文化力所具有的强烈归属感和信念能充分激发员工的积极性、创造性和主动性，以至形成现实的生产力"，为商业银行可持续发展提供动力源泉。可以说，文化力是国有商业银行"软实力"的核心竞争力。

一直以来，中国建设银行安徽省宣城市分行党委高度重视提升企业

---

① 中国民生银行深圳分行企业文化研究课题组．企业文化建设创新案例研究［M］．全国金融系统思想政治工作和企业文化建设优秀调研成果（2014）北京：中国金融出版社，2015.

文化软实力，全面实施"文化强行"战略，构建完善文化体系，加大文化品牌宣传，使"软"文化结出"硬"果实，经营业绩有了质的飞跃。2013—2015年，全口径存款余额从118亿元增长至179.22亿元，增幅达51.9%；一般性存款余额从111.12亿元增长至177.82亿元，增幅达60%，系统位次由第13位上升至第5位；各项贷款从84.44亿元增长至130.48亿元，增幅达52.5%。2016年在日均指标和时点指标上，实现了全口径存款余额、新增，一般性存款余额、新增，企业存款余额、新增，储蓄存款新增等七项业务指标当地四行占比第一，其中，一般性存款余额首次超越200亿元大关，余额四行占比达到34.27%，位居第一，在全省系统内也是名列前茅。

该分行紧紧围绕总分行企业文化建设工作部署，自觉落实党建主体责任，在推进企业文化建设和业务发展融合上下真功夫、做大文章，促进了企业形象提升。2015年，继获得建行总行"企业文化建设先进单位"称号和中国金融政研会"全国金融系统企业文化建设先进单位"称号等殊荣后，该分行荣获第四届"全国文明单位"荣誉称号，精神文明建设可谓硕果累累。2016年以来，宣城市分行屡获殊荣：第四次荣获宣城市"公共服务先进单位"（金融保险类）称号；在市金融系统劳动竞赛委员会主办的"诚信文化创建竞赛"活动中，被市总工会授予"宣城市五一劳动奖状"；市分行团委荣获"宣城市五四红旗团（工）委"荣誉称号等。该分行在实现自身文化力大发展的同时，还将工作重心和精力主要放在县域支行的文化力提升上，在资源配置上继续向县域支行倾斜，注重增强县域支行党建思政工作与企业文化建设的内生动力，收效十分显著：广德支行荣获中共广德县委"人民满意单位"称号；郎溪支行党支部和团支部分别荣获建行安徽省分行"优秀党建案例奖"、郎溪团县委"全县五四红旗团支部"称号等。

三、建设银行宣城郎溪支行打造"微党校微团校"文化品牌的创新案例研究

俗话说得好，"火车跑得快，全靠车头带"。对于一家国有商业银行来说，二级分行文化软实力的强弱，直接关系到所辖基层县支行企业文化建设的成败。建设银行宣城市分行在企业文化建设方面所取得的成果，

为郎溪县支行党建文化品牌塑造树立了学习样板、奠定了坚实基础，昭示县支行企业文化建设的正确方向。该分行党委以上率下，高度重视县域支行党建思政工作与企业文化建设，全面落实党建工作主体责任和建行总行《加强转型时期企业文化建设的实施意见》、安徽省分行《转型时期企业文化建设规划》要求，充分发挥对全辖县支行党建思政工作与企业文化建设的全局统领和典型示范作用。

建设银行宣城郎溪支行充分认识到基层党建与企业文化的引领作用，在市分行党委支持下，把加强基层党建思政工作放在工作首位，摆上重要议事日程，把打造党建文化品牌作为重点工作进行安排部署，投入足够的时间、精力和费用去思考党建思政工作、谋划企业文化建设，发动全行力量、调动全行资源、利用互联网新媒体努力创建"微党校微团校"文化品牌。

（一）"微党校微团校"文化品牌建设概述

2016 年是中国共产党建党 95 周年，继"三严三实"教育之后，全国上下掀起了"两学一做"热潮。建设银行宣城郎溪支行积极践行"三严三实"和"两学一做"学习教育，努力构建党建思政工作与企业文化建设新模式，在宣城市分行党委领导下和郎溪县委县政府支持下，通过打造"微党校微团校"文化品牌，努力实现"互联网＋党建"、"互联网＋金融"、"党建＋企业文化"、"党建＋扶危济困"、"党建＋文明创建"的有机融合，努力形成思路明确、措施具体、保障有力的基层党建思政工作引领企业文化建设的科学化运行体系。

"微党校微团校"文化品牌建设主要依托于微信公众订阅号与党建微信群这两大工作载体：一是"郎才建貌 CCB 微金融"微信公众订阅号，主要承担对外社会传播功能。"微党团校"为主体功能模块，按照"党团微动态"、"理论微课堂"、"党建微辞典"、"党史微视野"、"先进微典型"五个板块设置，即时推送支行党建动态、党务图文知识和党团员先进事迹，让在岗党员群众尤其是流动党团员和离退休老党员等，随时随地可接受党性教育培训，进一步增强了党建教育的针对性、实时性和实效性。除了这一主体模块之外，还设置了"理财信贷"与"惠民金融"两大金融模块，通过分层次定位、多渠道信息推送，以及线上线下的党建主题实践活动与金融便民服务相结合，与员工和客户及时沟通互动，搭建了一站式、全天候、立体化的党建文化与金融惠民的传播平台。二是"郎溪建行—红色驿站"党建微信群，主要负责行内员工交流思想动态，发布党建企业文化政策，分享党团活动资讯，提供业务学习信息，成为渗透郎溪建行党建思政教育和企业文化理念的实时播报窗口。

建行宣城郎溪支行"微党校微团校"微信公众号平台首期上线发布

总的来说，建设银行宣城郎溪支行以新思路、新机制推进银行基层党建思政工作，以企业文化建设引领各项业务发展，将党建与企业文化建设由"虚线"变"实线"，以金融增强党组织凝聚力、向心力，努力扩大普惠金融受益群体，以实效推动当地"幸福郎溪"建设，以互联网为创新载体，在线上线下走出一条党建"牵线"、普惠金融"搭台"、党员和群众"唱戏"的县域国有商业银行"互联网＋党建思政工作＋企业文化建设＋金融＋"文化品牌创建新路径。

（二）打造"微党校微团校"文化品牌的实现路径

1. 以客户为中心的惠民金融来培育"服务文化"品牌

"互联网＋"时代的商业银行必须围绕以"客户为中心"的永恒目标，想方设法动员客户参与到银行金融服务与品牌创建的全过程中去，"服务文化"品牌的塑造与形成无一不是在银行广大客户的良好体验与满意分享中实现的。

"微党校微团校"文化品牌就是在经济新常态下运用互联网载体、党建思政工作方法推动银行业务发展、金融服务提升的一种探索和实践，目标在于推进企业文化建设与支行中心工作深度融合，加快推进服务客户群众与服务地方金融的全面发展。例如，建行郎溪支行的微信公众号中，与"微党团校"并置的"理财信贷"与"惠民金融"两大服务模块，将建行的理财、信贷产品和惠民金融服务以最简单、快捷的方式提供给当地群众，建行客户可以通过微信公众号直接获取所需产品信息，反馈金融服务需求，可以随时随地查看信息，比传统方式更能提高客户群众的满意度和体验感。该支行还根据客户金融需求为其提供专属服务团队，由其为客户提供综合金融服务方案，使客户的奔波半径缩减至最小。例如，在2016年6~9月的建行信用卡分期优惠活动中，该支行先通过微信平台发布产品资讯，然后收到县城"和谐家园"小区某位居民的网上问询，随后，支行成立专业团队，进入小区开展建行信用卡装修分期优惠金融服务活动，现场为小区群众办理分期产品，极大地解决了客户的装修资金短缺问题。当地群众纷纷表示，郎溪建行微信公众平台不仅是面向客户的"微窗口"，同时也是对接服务高效的"微载体"。

在移动互联网经济中，客户是商业银行名副其实的"上帝"和"衣食父母"，需要商业银行主动寻求价值结合点、发现价值交集、构建价值认同，乃至建立"面对面、心贴心"的互惠共赢价值共同体。建设银行宣城郎溪支行党支部与郎溪理昂生物质发电有限公司党支部实行结对共建，开设"党建沙龙"，邀请该公司党员和业务骨干关注支行微信公众订阅号，通过线上线下共同学党章上党课、过好组织生活，密切双方联系沟通，深化业务合作；与宣城市华菱精工科技股份有限公司党总支举办银企文化联谊会，建立了联谊赛微信群，并成功发动该公司员工及其亲友为"建行公益三十佳"项目积极投票，较好地传播了建行公益文化品牌形象。该支行以高效快捷的金融服务，在当地客户群众以及全县"两区三园"企业如：安徽动力源科技有限公司、安徽中再生资源开发有限公司、郎溪县飞马工业织品有限公司等公司中，赢得了高度认同，近三年来连续获得县政府颁发的"银行业金融机构支持地方经济发展金融产品创新奖"，可以说，"服务文化"品牌在客户的满意度体验中打响。

2. 以人为本、关爱员工来塑造"人性管理文化"品牌

商业银行的经营管理经历了从"经验管理"到"科学管理"再到"文化管理"的发展历程，文化管理是银行企业文化建设的重要内容，通过影响商业银行中最重要、最活跃的因子——"人"，达到改造商业银行的金融产品、规章制度、员工行为和精神状态的目的，与此同时，商业银行的核心价值与重要文化理念也在文化管理中潜移默化地影响着员工的思想与态度。当前，各大商业银行为抢占市场份额，纷纷使出浑身解数，加大业绩考核力度与工作强度，员工普遍倍感压力增大，甚至产生心理失衡。因此，"以人为本"、关爱员工成为商业银行塑造"人性管理文化"品牌的精髓所在。

建设银行宣城郎溪支行始终倡导"人性化"管理模式，坚决落实安徽省分行"发展成果让全体员工共享"的价值观，注重打造"人性管理文化"品牌，为员工营造和谐的工作氛围，这也是该支行创新思想政治工作的主要内容之一。该支行党支部在线上线下，不断健全党建引领企业文化管理机制，以"关爱员工"促进全行业务发展。一是对企业文化建设的投入逐步加大，服务于加快网点转型、提升服务水平。先后配备了企业文化建设专职干部，建设企业文化墙、荣誉室、员工活动室等，积极推进小企业中心和个贷中心建设，高标准统一窗口服务，为客户打造最畅通高效的营业网点，为员工营造最温馨的服务阵地和职工之家。二是深入推动岗位成长师徒制，增强员工归属感。关注关心关爱青年员工，多次召开青年员工座谈会倾听心声，增强员工荣誉感和归属感，员工队伍始终保持稳定；发挥优秀的老党员"传帮带"作用，使支行多名青年员工脱颖而出，成为省市分行表彰对象和各类后备人才。三是不断加强员工培训教育，现场培训与网络培训相结合，以实施"青年员工提升工程"为载体，增加党性教育内容，中青年党员领学助学的主力军作用；在办公楼走廊内建立学习园地，建立道德讲堂、党员活动室，方便员工碎片化学习。例如，通过"微党校微团校"微信平台和"郎川建行—红色驿站"微信群，实时推送业务学习内容和党建知识，打造"蓝色网络微课堂"，提高青年党员和业务骨干的学习针对性、时效性，促进员工思想道德、职业素养、服务技能、法制法纪观念等综合素质的显著提高。四是以人为本，落实安徽省和宣城市分行"关爱员工十大举措"，

增强员工幸福感。组织工会邀请市分行领导对生活困难的老党员、困难职工看望慰问，了解他们的生活情况并送上慰问金，勉励他们勇敢战胜疾病和困难；还持续多年对员工子女高考升学和员工本人考取更高专业技术资格予以慰问奖励；组织支行开展全员体检，按照标准建成职工食堂并正常运转，使员工就餐和健康获得物质保障；支行还成立了书画爱好者协会，并举办"庆祝建党95周年职工书画摄影展"，在岗员工和离退休老同志积极响应、踊跃参与。这些举措进一步激发了该支行职工爱国爱党、爱行爱岗的热情，营造支行健康向善的文化氛围。

可以说，该支行塑造"人性管理文化"品牌，对于县域国有商业银行建立引领企业发展的文化体系创造了有利条件，为支行创造强大的精神力量，也在郎溪县社会各界较好地传播了建行的"以人为本"文化理念与品牌形象。

3. 以典型示范的争先创优来发展"先进文化"品牌

商业银行的企业文化建设以典型示范引领为动力，开展各类先进典型评选活动，在全行内外树立争先创优品牌明星，引领员工聚焦先进人物、见贤思齐、择善而从。发展"先进文化"品牌，就应当始终坚持发挥典型示范作用，结合争先创优活动，拓宽企业党建思政工作新领域，推选、树立先进典型人物，用先进典型的力量引导银行企业文化建设的正确方向。

建设银行宣城郎溪支行通过"微党校微团校"微信平台中的"党团微动态"和"先进微典型"两大栏目，大力宣传建行核心价值观和党员先锋模范事迹，培养、发掘先进典型，增强员工荣誉感，提高思想政治工作的针对性、实效性，用先进的文化凝聚人、激励人、规范人，激励员工立足岗位，紧紧围绕支行发展目标，铢积寸累将手中之事做实做好做精。除此之外，该支行广泛开展"三亮三比三创"活动，设立党员示范岗、党员服务窗口和党员责任区，在线上线下经常开展主题实践活动，努力做到"一个党员一面旗帜"，让党旗在一线飘起来，让党徽在一线亮起来，充分发挥党员的先锋模范作用。例如，支行营业部10名员工中有5名党员，他们组建党员先锋队，挑选党员业务骨干任队长，根据不同时段重点业务指标或业务短板开展针对性拓展营销。在2016年开展的ETC免费安装和信用卡分期优惠活动中，他们仔细分析客户需求，认真设计营销方案、制定营销策略，积极跑市场、进企业、走社区、访4S店、驻加油站等，成功拓展了个人中高端客户1100多人和优质中小企业16户基本结算账户，完成率均名列市分行前茅，为身边的同事树立了学习的榜样。

发展"先进文化"品牌，发扬安徽建行"敢于超越、勇争第一；自强不息、永争第一"的拼搏精神，营造全行争先创优的氛围，持续为促进转型发展凝聚力量，这些都使得支行经营业绩成果斐然：截至2016年末，该支行全口径存款13.8亿元，较年初增长2.8亿元，各项贷款（含贴现）11.7亿元，较年初增长8528万元，实现利润总额3337万元，中间业务净收入842万元，获得省分行"县支行中收竞争奖"。郎溪县支行以县域内仅有一个营业网点和较少人员，实现了业务指标的争先进位：继2015年全面完成安徽省分行制定的县支行三年发展规划目标后，在2016年一般性存款新增全面超越农行，当地同业占比四行第一；各项贷款余额四行占比同业第一；各项主要指标均稳居市场第一，实现了历史性跨越。

4. 以文明创建等党团实践来促进"社会公益文化"品牌

文明创建与企业文化建设一脉相承、相互作用，是党建思政工作的组成部分。只有通过加强党建思政工作，充分发挥党的领导核心作用、基层党支部的战斗堡垒作用、党员先锋模范作用，积极推进企业文化建设引领文明创建活动，才能提高文明创建的整体水平。商业银行的文明创建活动，主要得力于开展各类党团主题实践、金融志愿服务活动，通过创新党建带团建阵地建设，促进"社会公益文化"品牌构建。

建设银行宣城郎溪支行发挥党团队伍在行内文明创建中的骨干作用，结合县文明办和县工会开展的"文明窗口评选"活动，加强网点服务、大堂管理、环境美化；通过开展创建文明单位、青年文明号、青年岗位能手、"文明志愿岗"等活动，营造和谐的文明创建氛围，引导支行党员立足岗位、干事创业，促使文明创建与客户服务相融合，建立文明创建的线下根据地。

以"联点共建"工作为依托，进一步加强学雷锋志愿服务规范化建设，全面、深入地参与到郎溪县文明创建中去。该支行党支部将加强支行文明创建与落实县委县政府"创建省级文明县"部署紧密结合起来，先后组织开展文明交通引导、金融知识宣传等各类主题实践教育及志愿服务活动 40 余次；与郎溪县直工委组织党团员青年深入支行的联点共建单位中港社区，协助居委会开展老旧小区整治、普惠金融产品免费服务、和谐社区创建"入户调查"等活动，2016 年以来，向该居委会累计提供了 5000 元创建支持经费；认真落实城市管理路段责任，与郎溪县政府办公室合作，先后组织了数十人次志愿者参加县城文明交通劝导及责任路段巡查活动；还与县人行、团县委合作，积极开展文明创建问卷调查与金融消费安全知识普及，赶赴高井庙林场开展义务植树造林等活动。这些举措受到基层干部群众的一致好评，发挥了全国文明单位分支机构的示范作用。

积极奉献爱心，勇担"扶危济困"的社会责任。扶危济困是中华民族的传统美德，也是商业银行企业文化核心价值观的集中体现，更是建设银行长期以来的追求。建设银行宣城郎溪支行将履行"扶危济困"责任作为企业基本价值观，带动了更多金融资源参与社会服务管理。按照《安徽省分行"十三五"金融扶贫工作规划》要求，积极参与结对帮扶活动，与帮扶村郎溪县新发镇双桥村成立联合党支部，开展金融扶贫慰问活动，还努力发挥"金融造血"功能，对联系村大义社区、施宏村实施"金融精准扶贫"行动，推动投放位于该地的优质企业安徽宏云制茶有限公司扶贫贷款 500 万元，以"公司+农户"方式直接带动郎溪县毕桥镇建档立卡贫困户收入水平提高，获得当地政府、县人行以及贫困户家庭的高度评价；结合当地夏季暴雨天气频发的汛情，组织党员干部轮流值班，随时领受防汛任务，并提供经费支持 5000 元，还发动党员志愿者走上圩埂堤坝参与地质灾害点监控和险情排危工作，发动全行员工为灾区困难群众募捐善款 5000 多元等。支行党员群众以扶危济困的友爱精神，将建行的团结互助、无私奉献美德传导给当地群众，树立了"善建者行"的正能量社会形象。

依托网络文明传播志愿服务小组，积极参与文明创建宣传活动。借助"微党团校"这块线上阵地的优势，对文明创建中涌现出的好人好事、特色做法进行广泛宣传。目前，共有各类反映支行文明创建、道德风尚等文章 29 篇，摄影图片 18 幅，相关视频短片 2 个，全都通过微信平台以及互联网媒体渠道发布出来，积极践行社会主义核心价值观，传播道德正能量。借助互联网载体创新，促进"社会公益文化"品牌建设，拓展了外部舆论引导的新渠道，"微党校微团校"文化品牌成为宣传和服务基层党建思政工作与文明创建的"微窗口"和"微平台"。

5. 以党风廉政建设学习教育来促进"合规文化"品牌

巴塞尔银行监管委员会发布的《合规与银行内部合规部门》中指出："合规应从高层做起。当企业文化强调诚信与正直的准则并由董事会和高级管理层做出表率时，合规才最为有效。"合规涉及银行的每一位员工，被视为银行经营活动的组成部分。孔子云：其身正，不令而行。党员领导干部所处的特殊角色和地位，决定了具有较高思想政治素质的党员干部对于提高员工廉洁合规思想认识水平有着很强的示范效应与辐射作用。因此，合规文化教育与银行管理层，尤其是与各级党员领导干部息息相关，也离不开广大员工的积极参与。党风廉政建设与企业合规文化教育，这两者的本质要求高度关联，相辅相成，党风廉政建设是银行开展企业合规文化教育的首要条件，企业合规文化教育是银行党风廉政建设的延伸和补充。

建设银行宣城郎溪支行党支部立足支行实际，精心打造"多彩课堂"，推进"党风廉政"学习教育取得实效。

"红色课堂"主题鲜明，党风廉政教育入脑入心。一是支部书记带头学习习近平总书记系列重要讲话精神，带头说感想、谈体会，重温入党誓词，鼓励普通党员联系本职岗位和工作实际讲党课，提高党风廉政意识。二是开展"党员结对子"活动，每个党员帮扶一名群众，既帮思想，也帮业务。三是组织《党员廉洁自律准则》和《党员纪律处分条例》知识考试，通过"微党校微团校"微信平台和"郎川建行—红色驿站"党建微信群定期发布"党员廉洁自律自测试题"和"员工廉洁从业测试试题"，帮助党员和员工增强合规意识。四是邀请支行老干部讲述行史，用身边的事迹感动员工，激发大家爱行爱岗、廉洁从业的工作热情。"灰色课堂"寓意深刻，警示教育发人深省。一是组织干部到军天湖监狱听取服刑人员忏悔和心声，用反面案例督促员工强化遵纪守法意识，珍惜工作和幸福生活。二是按月召开案件风险分析会，请纪检监察特派员上党课，利用晨会、夕会，讲案例、学案例，达到举一反三、警钟长鸣的效果。三是举办合规讲座，播放"微电影"，组织员工收看金融系统高管、基层员工的违规案例，教育员工要算好政治账、亲情账、经济账，夯实案件防范基础。

在做好党风廉政建设的同时，该支行始终绷紧合规弦，不断强化内控管理和案件防控，打牢持续健康发展的基石。在全行员工中牢固树立合规文化理念，认真组织开展新业务学习，通过业务技能比武等进一步增强柜面人员规范操作意识。业务检查与培训相结合，开展了"三清查"自查自纠专项工作等，进一步提高员工的风险防控意识。

建设银行宣城郎溪支行以"党风廉政建设"推动"合规文化"品牌建设，为支行提升内控管理水平和各项业务的健康持续发展创造安全和谐的经营环境，赢得了安徽省分行党委第一巡视组的充分肯定。

6. 以交口称赞的媒体口碑来传播"善建者行文化"品牌

打造一个成功企业文化品牌，既要靠产品质量过硬，还要靠广泛宣传报道来打响知名度，尤其对于商业银行来说，在"互联网＋"新形势下，塑造品牌良好公众形象、做好企业文化宣传工作，更要善于借助新闻宣传的影响力。因此，商业银行品牌建设的好坏，关键在于能否在市场上赢得好口碑，通过媒体宣传产生良好社会影响之后，才能更好推动银行产生经济效益。

互联网时代的社会媒介传播迅速、资讯发达，信息冲击可以影响甚至形成某种认知。媒体宣传可以形成舆论，进而形成品牌，可见媒体宣传之重要性。有鉴于此，建设银行宣城郎溪支行作为一家地处皖南长江中下游平原小县城的县域国有商业银行，一直以来，高度重视"善建者行文化"品牌的宣传报道，努力克服所处地理环境、人口资源的不利因素，想方设法创造条件搞好文化品牌建设，品牌塑造阶段经历了从无到有、从弱到强的全过程，突出"立体化传播"特点。

所谓"立体化传播"，就是在信息爆炸、泛滥的新媒体时代，公众注意力分散，单一靠撒广告传单的传统品牌传播模式，效果大打折扣，必须向整合传播转型，综合各种传播手段：不但需要通过纸质媒介传播，还要借助于网络和微信渠道；不仅仅在建行系统内报道，还要紧紧抓住行外各级官方媒体聚焦建行文化品牌。建设银行宣城郎溪支行以立体化传播提升品牌认知度。一是运用好传统媒介宣传。例如：在每年旺季营销期间选择交通要道、人流量大的地段投放建行金融产品服务的广告；

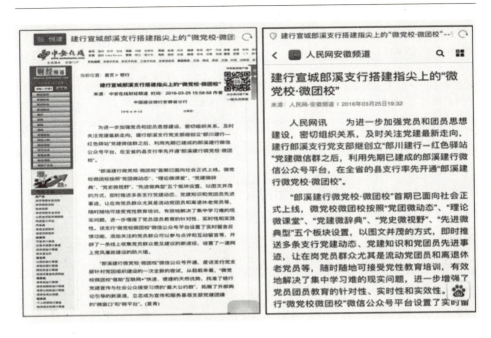

中安在线和人民网宣传报道建行宣城郎溪支行创立"微党校微团校"

持续在当地人口密集的主要集镇以及县城公交站台投放建行品牌宣传及新春祝福等。二是用活重要事件传播。例如：以大数据信贷产品、ETC免费安装为契机，利用向县政府有关部门汇报工作、参加县人行推介会和团县委牵头的"全县金融机构扶持青年创业产品发布会"等场合，开展"金融知识进万家"、"反洗钱及金融消费安全宣讲"、"建行五贷一透产品宣传"等活动，充分依托网点宣传、传单散发、客户联谊活动等手段，拉近了与客户的距离。三是用好行内系统新闻宣传。通过在建设银行企业内部网站及行内报纸发布软文宣传，例如，该支行实时将全行重大活动和事件以及取得的主要成绩，发布到省市分行网页，也有多篇文章被《安徽建行时报》和《建设银行报》采用，"微党校微团校"文化品牌也入选安徽省分行"出彩建行人"首批推介项目，提升了品牌知名度，诠释了品牌形象。四是善用官方媒体和当地政府为品牌代言。通过着重打造"微党校微团校"文化品牌，积极服务当地金融与社会经济发展，深受当地政府主要领导赞赏，例如，2016 年 8 月末，郎溪县政府网、郎溪县新闻网、郎溪县先锋网、《宣城日报·今日郎溪》专刊先后刊发了郎溪县委副书记、县政府县长王庆武同志的署名评论文章《为"微党校微团校"金融党建品牌点赞》，并在当地政府网站和报纸上发表了《郎溪建行：创建"微党校微团校"文化品牌、创新县域"互联网＋党建＋金融＋"普惠金融路径》通讯稿，以党委和政府的权威性为支行党建品牌背书，郎溪县电视台在9月中旬"郎川风"节目和10月上旬的"郎溪新闻联播"中也为此推出了"党建文化铸品牌、建行金融惠民生"纪录片和"建行郎溪支行：服务地方经济发展"新闻专题报道，为支行打造特色党建文化品牌呐喊助威，在当地社会产生了强烈反响。五是用好互联网和微信渠道推广品牌。利用网络化和微信化传播的交互性、口碑性，将"微党校微团校"相关新闻报道延伸至国内主流媒体舆论，例如，2016年3月，作为"互联网＋党建"活动阵地建设的全新尝试，"微党校微团校"自上线以来受到社会各界广泛关注，人民网和中安在线等多家国内著名媒体纷纷在其官网发布了《建行宣城郎溪支行搭建指尖上的"微党校·微团校"》一文；2016年9月，安徽青年报官网——安青网发布了《郎溪县长为郎溪建行"党建带团建"特色创新品牌点赞》一文，对支行打造党建文化品牌给予了高度评价。据后台相关数据表明，上述主流媒体对"微党校微团校"文化品牌的新闻报道，累计浏览量超过20万人次，收到了非常显著的宣传效果。

以"交口称赞"的媒体口碑进行传播的方式，在推介"微党校微团校"文化品牌等方面发挥了强力的宣传引擎作用，该支行将继续探索巧妙借助地方政府和官方媒体宣传的影响力来推广"郎溪特色"的党建文化品牌，不断将党建品牌优势转化为建行文化优势，促进了"善建者行"文化品牌形象进一步提升。建行的价值理念和文化品牌逐步获得当地各界认同，成功塑造了一张传播力深远的建行文化名片，并将党建文化品牌传播之路越行越远、越走越宽。

四、基于"互联网＋"新常态下对县域国有商业银行党建文化品牌完善与推广的思考

在"互联网＋"时代的金融市场，商业银行正面临从产品价值创造向品牌价值发掘的转变。县域国有商业银行应充分认识到文化品牌资产的价值，将其作为银行重要资产经营。一方面，在创造产品和服务价值的同时，施以品牌化战略，实现金融产品和服务的价值增值；另一方面，

精心经营文化品牌资产，通过核心品牌价值再发掘，促进品牌价值快速升值。建设银行宣城市郎溪支行作为一家县域国有商业银行，在依托互联网新载体打造党建文化品牌的过程中，前期积累了一些成功经验，也存在一些不足，据此，我们对基于"互联网＋"新常态下县域国有商业银行党建文化品牌完善与推广，提出如下对策与建议。

（一）突出品牌"差异化定位"，打造地方特色的银行文化品牌

精准的品牌营销管理导向是提升品牌美誉度的前提条件，县域国有商业银行品牌营销管理应建立在市场细分、品牌定位和渠道优化上，应当突出差异化的品牌战略，确立产品以"客户为中心"、营销以"品牌为中心"的管理理念。县域国有商业银行确定其文化品牌定位，必须结合自身实际，从当地县域经济社会发展、地理位置与自然环境、人口布局与金融资源配置、地方历史人文积淀等多方面认真考虑，选择独具个性又适合自身转型发展的特色文化品牌，反映其企业精神与文化特征。除了县支行典型案例，我们还有不少金融机构成功范例可供借鉴，例如，中国建设银行新疆区分行"向党工作站"品牌、江苏泰州银监分局"梅竹风尚"文化品牌、中国建设银行北京市分行"刘艳快线"品牌等，都是体现企业特色精神内涵、彰显地方文化特征的优秀商业银行（金融机构）文化品牌。

（二）建立协调一致的企业文化管理体系，健全文化品牌营销管理队伍

建立协调一致的企业文化管理体系是推进品牌战略的根本保证。县域国有商业银行应实行品牌战略的规划管理，在县域机构人手普遍紧张的不利条件下，仍然应当挑选精兵强将、配备专职企业文化人员，理顺品牌营销管理层次，衔接好与其总行、一级分行、二级分行之间的责任分配与功能划分，并成立县域支行层面的企业文化品牌营销管理委员会，结合自身特点对全县辖域范围内的所有营业机构进行战略层面的长期规划与管理，制订具体的品牌实施方案，并对实现效果进行监控评估。除此之外，还应加强跨部门合作与协调，推进文化品牌顺畅运作，让县域支行各部门各网点都明确文化品牌战略与发展方向，充分参与到品牌建设中来。建立与上级行以及本行相关业务部门之间的定期沟通协商机制，对文化品牌运营进行综合分析与调整，以确保品牌建设计划的实施与修

正。县域国有商业银行应建立文化品牌营销管理队伍，实现品牌价值的有效传导：着力培养专职品牌经理，负责制订本行文化品牌计划及执行，确定品牌经营和竞争策略，收集金融文化品牌产品资讯等。同时，应加强对现有柜面营销人员和客户经理的文化品牌能力专项培训，充分发挥其对银行产品和业务熟悉的专业优势，赋予其一定的文化品牌营销管理职能，切实提高县域支行一线人员的品牌营销管理能力，从而实现银行文化品牌价值的有效传输，培养员工对品牌文化的整体认同感和归属感，并在日常工作中通过提高金融服务自觉地向客户有效传导银行文化品牌的价值。

（三）加强与地方政府和官方媒体合作机制，利用载体创新完善立体化传播文化品牌格局

在经济新常态下，县域国有商业银行与所在地的各级政府关系密切，犹如鱼和水的关系，地方政府不仅仅在金融资源配置上能够发挥对商业银行的巨大影响力，在企业形象塑造与宣传推介方面，地方政府及其相关部门也对县域国有商业银行起到了不可估量的推动作用，可以说，在很大程度上，县域国有商业银行品牌的好坏与否，取决于当地政府所掌控下的官方媒体的褒贬。国内著名企业家潘石屹曾经讲过："不要小看官方媒体，再小的媒体也有好几千人看。这比你一个人挨个宣传省力多了。"由此可见，县域国有商业银行要善于借助官方媒体的宣传能量。地方新闻媒体作为当地政府的宣传喉舌，在地方上往往具有较高的影响力。如《安徽日报》、《安徽青年报》、《宣城日报》、安徽省电视台、宣城市电视台、郎溪县电视台、中安在线、安青网、宣城新闻网、郎溪新闻网等省市县官方媒体，在各级地方区域起到的宣传作用不容小觑。县域国有商业银行宣传文化品牌，如能在当地新闻媒体占据一席之地，经常被其宣传报道，不仅可以提高企业文化品牌认知度，提升银行在当地的社会形象，无形中还可大大降低公关宣传费用。

文化品牌的营销管理还要不断加大载体创新力度，随着互联网技术的广泛应用，金融消费者通过互联网更方便地获取金融产品或服务品牌的相关信息。为此，县域国有商业银行要抓住机遇，开辟网络化的文化品牌营销渠道，实践证明，越来越多的商业银行文化品牌通过互联网和微信渠道拓展传播途径，效果不俗。还要致力于构建立体化文化品牌营

销格局，实施整合式传播。一是立体布局。全面运用广告、公关、促销等多种手段，通过行内外两类传播载体，构建全方位、立体化的品牌营销网络。二是整合传播。在横向上坚持在同一时期，围绕同一主题和形象进行文化品牌的包装宣传；在纵向上坚持在不同时期的不同主题均围绕同一文化品牌核心价值展开。例如，充分利用多种营销途径和传播载体，开展因地制宜、因人而异、因需而设的品牌营销活动，使有限资源发挥最有效的传播效应。三是借助外力。对于经济实力较好的县域国有商业银行，可以选择专业性强、口碑好的品牌策划机构，作为长期合作伙伴，进一步提升县域国有商业银行品牌营销管理的专业化水平。

（四）融入党建思政工作，发挥品牌文化渗透力

党建思政工作自始至终渗透银行企业文化建设的方方面面，塑造党建文化品牌是企业文化建设与党建思政工作有机融合起来，并且内化于心、外化于行的结果。一般来讲，县域国有商业银行员工收入水平，相对于城市商业银行来说，往往呈现出偏低水平，党建思政工作介入，给员工注入充足的精神动力与文化营养，提高员工干事创业热情。因此，县域国有商业银行要始终坚持"把党建经营成品牌，让品牌升华为文化"，使党建思政工作成为推动银行转型发展的巨大动力。党建效益不仅体现出银行员工精神文明的提升，也体现出银行经营管理"看得见、摸得着"的物质文明成果。

总的来说，文化品牌建设能够提高党建思政工作的针对性与扩张力，党建思政工作能够提升文化品牌建设的生命力与表现力。对于县域国有商业银行来说，一方面要确保企业党建思政工作与企业文化品牌建设同谋划、同部署、同进阶；另一方面要切实发挥党建思政工作作为企业文化品牌的"加速器"和"助推器"作用，真正服务于银行改革发展稳定，实现国有商业银行员工的获得感，不断开创企业文化建设的新局面。

五、结语

品牌与文化就像一枚硬币的一体两面，对内是文化，对外是品牌，和谐共生。文化与品牌，凝聚在商业银行竞争体系中的每一个链条和环节中，赋予了商业银行以灵魂和活力。不断加速的金融市场化、全球化和信息化进程中，塑造服务品牌和企业形象才是银行竞争的重中之重，

而金融消费者对品牌认可的需求更决定了银行品牌文化传播的势在必行。

综上所述，本文通过对中国建设银行宣城市郎溪县支行打造"微党校微团校"文化品牌的创新案例的研究，探讨了为融入网络新媒体、适应新形势发展，县域国有商业银行成功打造党建文化品牌推动企业文化建设的新模式，找到了推而广之的方法与对策。现得出结论如下：一是国有商业银行的文化品牌建设是一项需要长期坚持的复杂工程，无法一蹴而就。尤其是县域国有商业银行进行企业文化品牌建设，既要借助内外部舆论大力支持和地方有关政府部门协同指导，又要借鉴其他商业银行、金融机构的品牌建设成功经验，还要结合所在县域的经济状况、客户特点以及银行本身的实际情况等，选择一条符合自身发展情况的文化品牌建设之路。唯有如此，县域国有商业银行的文化品牌建设才能最终奏效。二是"互联网＋"时代对商业银行的党建思想政治工作的冲击是颠覆性的，需要重新审视和解构思想政治工作的新变化，加快适应和掌握新形势下党建思想政治工作的话语权和主动权。因此，县域国有商业银行应该抓住国家"互联网＋"发展的契机，强化党建思想政治工作与企业文化建设融合，以新媒体来转化和开发金融资源，不断提升金融服务水平，以打造具有地方文化特色的原创性党建文化品牌，并通过有效的整合传播，推动县域国有商业银行的文化品牌一路向前——叫得响、立得住、推得开、传得远。

文化生态建设在人保财险办公室的实践与思考

陈妍琰[*]

文化是民族生存和发展的重要力量。2016 年 7 月 1 日，习近平同志在庆祝中国共产党成立 95 周年大会上首次深刻指出，要坚持中国特色社会主义文化自信。而办公室是公司的"前哨"和"后院"，以抓落实为特征的办公室文化生态建设如何，对于引导办公室更好地服务领导、服务机关、服务群众，助推人保财险创建世界一流金融保险集团目标，努力谱写好中国梦人保篇章，具有重要的现实作用和深远的历史影响。

一、抓落实文化生态在办公室工作中具有特别重要的意义

崇尚实干，狠抓落实，是办公室工作的光荣文化传统。体现了办公室人始终具有的对党委、公司和群众的强烈使命感和责任感，始终具有的与时俱进、奋发有为的紧迫感和精神状态，始终具有的求真务实、高度负责的科学态度和实事求是的实践品质。

（一）抓落实，是党的思想路线和群众路线在办公室文化生态建设中的根本反响

反对空谈，倡导实干，注重落实，是马克思主义的本质要求，是我们党的优良传统。毛泽东同志要求共产党员一定要有"认真实干"的精神，强调"一件事不做则已，做则必须到底，做到最后胜利"。邓小平同

中国人保财险河南省分公司。本文获 2016 年全国金融系统思想政治工作和企业文化建设优秀调研成果二等奖。

志强调"多做实事、少说空话"，凡事都"要落在实处"，"开会、讲话都要解决问题"。习近平同志指出："如果落实工作抓得不好，再好的方针、政策、措施也会落空，再伟大的目标任务也实现不了。因此，抓落实是领导工作中一个极为重要的环节，是党的思想路线和群众路线的根本要求，也是衡量党员领导干部世界观正确与否和党性强不强的重要标志。"近年来，人保财险办公室在培育文化生态建设中，敢于抓落实，坚持做到"三个多想一想"：在抓落实出点子、提建议时，应多想一想能不能贯彻落实；在抓协调、搞服务时，应多想一想能不能推动落实；在改作风、提效能时，应多想一想能不能保障落实。工作中，我们紧紧围绕公司确定的"三大目标"，针对新常态下市场的趋势性变化对公司的影响，每季度形成一篇《全国财产保险市场调研报告》，力求用简短的篇幅容纳丰富的内容，用关键的数据传递朴素的道理，用清新的文风增强表达的效果，充分发挥文稿服务公司发展的积极作用。办公室作为沟通信息的"枢纽"，如果见事迟缓，办事拖拉，就不能保证领导决策部署的贯彻落实，就会影响公司的持续健康发展。

（二）抓落实，是转变领导作风、讲求工作实效和践行"三严三实"对办公室的根本要求

20世纪90年代，习近平同志曾在福州市大力倡导践行"马上就办"，他说，"'马上就办'加上'真抓实干'，我们就能切实转变作风，把工作落到实处，开创新局面。"在浙江工作期间，强调"必须把落实摆上重要位置，做到落实、落实、再落实"，"落实才能出成绩，执行才能见成效"。对于全面深化改革，习近平同志要求，"理解改革要实，谋划改革要实，落实改革也要实，既当改革的促进派，又当改革的实干家。"近年来，人保财险办公室坚持把服务党委推进中央决策部署在公司落地生根作为首要任务，对党中央的指示，我们第一时间组织学习贯彻；对中央巡视组提出的整改要求，我们第一时间组织督促整改；对保险监管部门作出的重大决策，我们第一时间组织研究实施。特别是2016年上半年汪洋副总理对"金融扶贫、保险先行"的扶贫模式作了重要批示，公司对保险扶贫作出全面部署，办公室积极跟进，大力宣传推广河北阜平与当地政府合作探索出放大财政资金扶贫的投入效应、激发了当地群众以农业产业化发展促进脱贫致富的内生动力，走出了一条精准扶贫新路

的先进典型经验，一条一条抓好落实，努力把汪洋副总理为人保勾画的美好发展蓝图变为现实。办公室作为承上启下的"桥梁"，如果在工作中"肠梗阻"，保证不了上级领导的要求落到实地，基层群众的呼声石沉大海，就发挥不了办公室的功能作用，"办公室工作无小事"就会成为一句空话。

（三）抓落实，是实现战略部署有效工作方法在办公室的根本运用

全面建成小康社会、加快推进社会主义现代化、实现中华民族伟大复兴中国梦的宏伟蓝图，需要全党全国人民脚踏实地，狠抓落实。落实要靠制度，靠规矩。习近平同志强调，"我们的制度不少，可以说基本形成，但不要让它们形同虚设，成为'稻草人'，形成'破窗效应'"，"一分部署还要九分落实。制定制度很重要，更重要的是抓落实，九分气力要花在这上面。我们抓八项规定，抓作风建设，为什么要扭住不放？就是要落到地，巩固下来，长效化。"近年来，人保财险办公室系统，从上到下建立起了"办公室文化生态建设规范"，从办文、办会、办事，到宣传、信息、档案，再到机要、后勤、督办等各个环节都有章可循，成为办公室抓落实的亮丽文化品牌。在开展督办时，形成了"五个结合"的工作方法：督办与检查结合、督办与暗访结合、督办与调研结合、督办与协调服务结合、督办与建言献策结合，发挥了尽职尽责抓落实作用。办公室作为领导工作的"参谋助手"，如果工作漂浮，腹中空空，参不到点子上，谋不到关键处，就失去了"三服务"职能。

（四）抓落实，是党委和总经理室各项工作成败关键性对办公室的根本考验

"空谈误国，实干兴邦。"干事业不是做样子，不是做表面文章，要结合新的实际，用新的思路、新的举措，脚踏实地地把既定的科学发展目标、好的应对市场蓝图变为现实。实践反复证明，能不能做到实事求是，是公司各项工作成败的关键。因此，"要抓实、再抓实，不抓实，再好的蓝图只能是一纸空文，再近的目标只能是镜花水月"。近年来，人保财险办公室在抓落实中发挥不可替代的作用，聚焦问题、落到具体，倒逼决策全面落实。从2013年起，建立每季度一次公司总经理抓落实工作交流会平台，通过视频会议形式，安排10名省公司总经理汇报重点工作落实情况，成为各省晒一晒抓落实成绩、学一学抓落实本领的"赛马

场"，每次视频会，公司相关部门分别通报保险市场情况，帮助各省了解市场信息；主要领导都围绕如何抓好落实作讲话，指导各省抓决策落实的具体实践。办公室作为领导机关的"耳目门面"，如果我们学得不深、做得不实，抓落实的观念立得不牢、问题找得不准、措施定得不力，就不能够担当起党委交给我们的重任。

党的十八大以来，人保财险办公室抓落实文化生态建设继承传统，立志创新，使得抓落实文化生态建设在促进解放思想，推进工作落实，推动业务发展，维护公司稳定方面，发挥了积极的作用。办公室蓬勃发展的实践证明，放松了抓落实文化生态，就没有办公室人员的成长，就没有办公室工作的活力，就没有办公室各项成绩的取得。抓落实是我们的看家本领，是发挥我们职能作用的重要一环。

二、办公室当前抓落实文化生态面临的主要障碍

人保财险系统各级办公室注重把抓落实文化生态建设放在更加突出的位置，围绕业务发展，切实加强抓落实文化生态建设，办公室员工在各自的工作岗位上强化责任意识，树立担当精神，提升能力素质，为人保改革发展作出了积极的贡献，树立了办公室良好的社会形象。但也应该清醒地看到，目前人保财险办公室抓落实文化生态建设的现状与我们所面临的形势和任务相比，与党委的工作要求相比，还有一些差距。正视这些问题，事关抓落实文化生态建设全局，需要认真加以解决。

（一）怕险，谋事不敢捅"马蜂窝"

在实际工作中，少数办公室的同志把问题当成是"马蜂窝"，不愿捅、不敢捅。一是有"无关"思想。认为有问题也是职能部门的事，发现、上报、处理应该由相关部门去完成，自己不能越俎代庖。二是有畏难情绪。认为有些问题牵一发而动全身，有的甚至还会牵涉到上级部门和领导，一旦自己去捅破，不仅费力，而且容易得罪人，宁愿等着、拖着也不去捅破。三是有"守摊"意识。认为守好本分就行，对存在的问题，下面怎么报就怎么送，没有主动分析问题、查找原因的意识，导致时常出现"报喜不报忧""报小瑕疵不报大问题""报表象不报内因"的情况，使问题越积越严重、矛盾越拖越尖锐，最终贻误了解决问题的最佳时机。

（二）怕难，干事不敢啃"硬骨头"

现在仍有少数办公室的同志存在"怕"的情绪、"躲"的心理。一是不敢唱"黑脸"。面对少数单位、个别干部理赔查勘车公车私用的现象、面对一些离职不交房等问题，磨不开情面、拉不下面子，要么是睁一只眼闭一只眼不管不问，要么是走走过场、做做样子。二是不敢动真格。怕揽事更怕惹事，明知极个别干部吃喝标准打折扣、搞变通，招待用餐由"外部转内部"蒙混过关，仍然揣着明白装糊涂，不敢直言纠正。三是不敢接硬茬。习惯看领导脸色行事，把领导高不高兴当作检验工作的标准，不敢提不同意见，任由个别领导把短会开成长会、把短话讲成长话，甚至为迎合个别领导、故意把讲话稿拉长，把会议规格提高。

（三）怕邪，成事不敢破"潜规则"

办公室地位特殊、作用特殊、影响特殊，一些"潜规则"带来的影响也会更加凸显。一是以虚对实的假作为。在督查工作中，办公室少数同志虚以应对，存在走马观花现象，有的督一次就算了，没有一督到底、一查到底；有的选择性督查，对于一些全局性的工作不督查，怕有越权之嫌，甚至热衷于做"老好人"，对被督查单位的说情打招呼拉不下情面，不能真正沉下去，实实在在履行好督查职责。二是以缓应急的慢作为。办公室少数同志办事拖沓，明明是两三个工作日就可以办完的事，硬要拖上十天八天，明明是自己职责范围内的事情，硬要放一放等领导作了批示再行动。三是以软对软的不作为。办公室还有一些负面"潜规则"，由于大多"历史悠久"，一直以来大家心知肚明、心照不宣，但就是得不到根治。

（四）怕繁，处事不敢破"紧箍咒"

现在，办公室队伍中存在着一些不抓落实的懒政怠政现象。一是热衷于蹲办公室。满足于常规性工作，囿于机关办公，每天把时间和精力几乎都花在办琐碎事上，办公室是搞服务的，但苦干实干非常辛苦，于是一些同志把岗位仅仅当作谋生的手段，贪图安逸轻松，工作不上心。二是喜好开会讲话。有些同志离开了开会这种工作方式，似乎就不会做事了，把开会讲话当成贯彻落实的仅有方式，说到底还只是以会议落实会议，以文件落实文件，以政策落实政策。三是偏好简单省事。习惯于"命令—服从"式的管理模式，硬性管理的理念根深蒂固，管理措施僵化生硬，不考虑社会效果和群众感受，造成干群关系紧张。

由于抓落实文化生态建设上存在的这些种种不足，导致了一些办公室工作没有起色，变化不大，领导不满意，群众有意见。据某市公司办公室2015年工作落实情况分析表明，调研信息稿件报送、知识平台人员登录、信息技术视频管理等，常年处于后进状态。从主观上寻找问题的根源，其原因需要进一步归纳分析。

一是执行能力上的缺失。公司成立和恢复国内业务时期，办公室通过积极的组织、宣传等机制，有效地贯彻执行各项要求。如今，市场经济的发展改变了社会利益结构，全球化与信息化使文化走向多元，办公室人员的观念和行为方式也发生了巨大变化。这些时代新变化与传统的思想观念、工作方式和工作体制发生冲突，在抓落实文化生态的建设过程中，自然会遇到这样或那样的问题。

二是政策落实上的缺失。随着保险市场的不断发展，各种利益纵横交织，不同利益之间的博弈容易导致落实的困难。同时，改革常常是利益调整的过程，执行中遇到阻力难以避免。办公室一些部门在落实公司决策部署中如果过多地考虑小团体和自身利益，便可能使抓落实文化生态建设的落地发生扭曲。

三是认识价值上的缺失。除了利益之外，办公室人认识水平与价值观念也是影响落实效果的关键因素。转型中的人保财险面临各种特殊的矛盾，复杂多变的社会生活，也必然使办公室人的认识受到局限、产生困惑。同时，在改革开放中办公室人的价值观念也发生了深刻变化。传统的价值观念受到冲击，个性意识、权力意识增强。如果在推行抓落实文化生态建设要求时采取"必须应该要"的简单强制的方式，便很难得到被执行者的认同。

四是治理结构上的缺失。面对这种变化了的利益结构与观念认识，传统的办公室治理模式出现了结构性不适，容易产生落实不力、政令不通等问题。必须看到，这不仅是工作态度与方法的问题，更是改革发展新阶段的客观矛盾所致。人保财险办公室提出，深化改革的目标是建立现代工作治理体系，这正是治本之策。

可见，办公室系统发生上述现象的形势和深刻原因说明，在发展新常态下，文化生态建设不是可有可无，而是在公司工作全局中具有特殊重要的地位和作用。只能迎接挑战，不能畏惧退缩。任何忽视、淡化文化生态建设的倾向，都是错误的、有害的，如果不加以克服，就会阻碍公司发展。加强人保财险办公室抓落实文化生态建设，正是时代的强烈呼唤。

三、积极探索办公室抓落实文化生态建设的新路径

当前，人保财险正在深入推进以习近平同志为核心的党中央"四个全面"战略布局，按照新发展理念，着力推动各项工作贯彻落实。办公室工作应当以此为契机，在文化生态建设中，全面提升抓落实的高度政治自觉，创新完善抓落实的体制机制，不断提高抓落实的能力水平，使抓落实真正成为办公室工作的主线。

（一）突出主线意识，在服务中抓落实

办公室工作要高举推动落实的第一棒。一是树立宗旨观念。"三服务"是办公室的根本宗旨，办公室的各项工作都必须坚持搞好服务这个出发点和落脚点，这是抓落实的根本。各级办公室人要身体力行服务宗旨，始终以饱满的热情投身工作，努力为党委、为机关、为群众服好务，办实事。二是树立岗位观念。办公室工作处于特殊的中枢地位，联系左右、协调各方，最基本的一个要求就是要推动各项工作贯彻落实。各级党委是抓落实的主体，办公室作为党委的综合办事机构，对抓落实工作负有统筹协调、综合服务等职责，不仅要率先垂范抓落实，还要统筹协调、组织推动各级各部门抓好工作落实。三是树立主线观念。推动党委决策部署是全公司共同的责任，更是办公室工作的核心职责。办公室工作在抓落实上责无旁贷，做到"全方位、全过程、高效率"抓落实。"全方位"就是要遵循领导决策意图，从调查研究、信息反馈、督察督办和综合协调等方面，为决策提供尽可能多的依据和支持。"全过程"就是要按照决策准备、决策形成和决策实施三个环节，实行全程跟踪服务，确保决策部署的贯彻落实。"高效率"就是要提高办文、办会、办事等各项服务工作的速度和质量，使决策落实得又好又快。

（二）突出基层意识，深入一线抓落实

"知屋漏者在宇下，知政失者在草野。"工作落实没落实，效果好不好，群众看得最清楚。人保财险某省级分公司办公室结合"三严三实"

专题教育和"两学一做"学习教育，广泛动员党员干部深入基层一线，反映实际，推动公司决策落实。一是争做"百事通"。发挥办公室接触信息多、了解动态情况多、研究能力和文字能力强的优势，解难释疑，支持基层加快发展。二是争做"信息员"。在市级公司设立 5 个信息调研直报联系点，直接从基层一线获取信息、发现问题，及时提供信息反馈，便于公司领导了解掌握基层公司、单位和部门工作推动落实情况。同时，要求办公室每名党员干部每年要联系一到两个基层单位，定期了解基层一线工作情况，并通过帮扶病困党员职工送温暖等活动，了解掌握困难群众所思所盼所急，从末梢终端看保障政策实施效果。三是争做"智囊团"。积极为决策提供客观真实鲜活有价值的第一手资料。围绕公司发展转型、打造命运共同体、抓好保费充足率、赔付率和费用率"三率"、实施"县域长青"行动计划等党委工作重点，派出联络员，前往各自联系领域中最有代表性的基层公司或部门，进行为期一周以上的蹲点调研，广泛听取意见，掌握真实情况，深入剖析工作推进落实中的"瓶颈"和难点问题，形成了一些有操作性的工作建议，为公司党委解决工作落实中的"最后一公里"问题发挥了重要作用。

（三）突出机制意识，注重长效抓落实

抓落实，建立科学管用的制度和机制很重要。办公室作为党委的服务部门，必须在抓落实机制上深度着力，辅助党委制定强有力的责任、督办、考核措施，保障全公司抓落实更有成效。一是健全责任落实机制。夯实责任是抓落实的重要环节，要进一步丰富和完善责任落实机制，构建起横向到边、纵向到底、人人有责的"责任网"。着力构建党委统一领导、班子成员分工负责、职能部门齐抓共管、办公部门服务推动的抓落实工作体系，坚持做到两手抓，一手抓决策、一手抓落实，一级抓一级，层层抓落实。在制定决策、部署工作的同时，明确"谁来落实、怎么落实、何时落实"等问题，使每个责任主体都能够知责、担责、尽责。二是健全督办落实制度。各级党委要高度重视督查工作，建立一套自上而下、行之有效的督查体系。就省级公司来说，要不断完善省公司、市公司、县区支公司三级督查网络，并充分发挥审计监督、民主监督、财务监督和纪检监察的作用，构建党委统一领导，办公室督查部门为枢纽，上下联动、横向配合、多方参与的大督查格局。进一步健全分解立项制度、落实情况报告制度、回访复合制度、情况通报制度，形成较为完善的督查工作制度体系。三是健全考核评价和奖惩机制。奖勤罚懒、奖优罚劣是抓落实的有效手段。进一步完善抓落实的考评制度，对决策落实的成效作出客观科学的评价，通过严格的绩效考核和责任追究，形成抓落实、求实效的导向机制。人保财险办公室和部分省市分公司办公室积极探索抓落实的考核评价机制，把全局目标和总体任务量化、细化、具体化，采取定性和定量相结合的方式，对决策部署的推进基层建设四大类24项重点工作落实情况进行绩效考核，将抓落实情况与单位目标考核、绩效考核、年度考核、评先表优直接挂钩，激发干部"想干事"，培养干部"能干事"，促使干部"干成事"。

（四）突出督查意识，踏石留印抓落实

没有督查就没有落实。实践证明，加强督促检查，有助于维护党委决策部署的严肃性，有助于提高各级各部门的执行力，确保政令畅通。做好督促检查工作，办公室转变组织协调督查方式非常重要。因为，抓落实文化生态建设是一项系统工程，从制度制定，到检查落实，需要各部门共同承担完成。办公室组织协调如何，直接关系到督查抓落实的运行质量和效率。实践中，人保财险办公室探索出督查组织协调方案制订、督查实施、检查总结三个方面做法：一是既要分工负责，又要做到分而不散，"统"而不死。在抓落实督查方案制订阶段，办公室要将抓落实督查方案制订任务分解到职能部门，分工明确，保证有效及时地完成任务。首先，部门负责与讨论修订结合的办法，将有关职能人员集中起来，逐项进行推敲，使大家从总体上把握抓落实督查方案内容。其次，部门负责与相互修改的办法，要求大家都来互换方案相互修改，这对减少方案之间相互重复、矛盾或抵触很有好处。再次，部门负责与集体研究的办法，集体研究，目的是完善、补充督查方案的内容，增强制度的针对性和实效性。二是发挥部门人员的主观能动性，增强创新意识和事业心。在抓落实工作检查阶段，办公室组织协调时，不能做居高临下者，更不能是只说不做者。办公室和部门人员相互配合得好，能使督促检查工作相得益彰。组织协调过程中要始终注意引导、提示，不能放任自流。首先，要有明确的检查提纲，有了提纲督查落实心中就有了底子。有时也不要拘泥于提纲，要敢于不断完善提纲，提纲是死的，而检查中的实际情况，有时并不是提纲所能包容的。其次，要把握工作进度，明确工作重点，如对整体工作发展，各检查组在整体工作中的进度，检查中发现的一些问题等，都要随时了解和掌握。再次，要充分发挥检查人员的主观能动性，增强他们的创新意识和责任心。分组检查不是随心所欲，无论是检查哪一个方面，都要认真谨慎，检查中还要有合作意识，拾遗补阙，使抓落实检查的效果，真正体现对被检查单位负责、对员工负责，对人保事业负责。三是掌握和提供各方信息，提高组织协调水平。在抓落实检查总结阶段，办公室要把组织协调的过程，作为服务督促的过程。首先，要把来自部门和基层单位的意见、要求，认真梳理，以便于整改运用。其次，要帮助基层公司充分领会上级公司精神和抓落实建设规定，准确判断工作方向和重点，防止经营中走弯路。再次，要尊重和肯定检查人员所付出的有效劳动，使他们有一种检查付出劳动后的回报感，办公室对他们提出的建议，要虚心以待，认真加以吸收，以弥补我们在抓落实文化生态建设中的不足，同时，也要实事求是地总结抓落实督查工作中的差距，及时提出整改要求，有助于对抓落实检查水平的再认识。这些督查工作新思路、新举措，将有效促进办公室提高协调推动能力、调查研究能力、主动服务能力。

　　总之，办公室抓落实文化生态建设是一篇大文章，是一项长期的工作任务。在新的历史起点上，只要我们深入学习贯彻习近平总书记系列重要讲话精神和治国理政新理念新思想新战略，按照上级要求，坚持沉下心来、崇尚实干、狠抓落实、促进发展的思路，采取多项措施，勇于创新工作，就一定能够不断推动办公室抓落实文化生态建设深入开展，持续取得新的成效。

运用员工之声技术
提升员工满意度和凝聚力

中国民生银行党群工作部课题组[*]

中国民生银行是中国首家主要由非公有制企业入股的全国性股份制商业银行。成立20年来，民生银行抓住国家经济加速发展的大好机遇，勇于探索，艰苦拼搏，从当初的金融改革试验田逐步成长为大型股份制商业银行，并成功跻身世界500强行列，在此过程中逐步形成了极具民生特色的文化特征。

在民生银行创立之初，天生缺乏安全感的体制外身份，让创业的民生人身上带有与生俱来的"不安分"基因。第一批创业者怀揣着神圣使命，凭借知难而进、迎难而上的"两扫"精神，勇于探索，敢为人先，一步步艰难地在中国金融界站稳了脚跟，成功实现了A股上市，有力地回应了外界不绝于耳的"能走多远"的质疑之声。民生银行创始团队身上的伟大使命精神，是民生团队凝聚力的主要来源。

从2000年起，民生银行进入了高速发展时期，相继制定了"两率"、"金牌客户经理"、"等级支行"等一系列的以"物质激励"为主的考核管理制度。数据显示，"充足的物质回报"与"成长机会和平台"是民生员工满意度高、凝聚力强的促进因素，最大限度地激发了广大员工的工作激情，涌现出了一大批在外人看来近乎"疯狂"的民生人。这种创造和创业精神推动民生银行实现"高增长、高效益、低风险"的快速发展，将"民生特色"的商业银行模式做到了极致。在这一时期，伴随着

* 课题组组长：宋晓红；成员：刘娅玲、刘超、李绍华、齐兵、栗捷、刘铎、肖萌。本文获2016年全国金融系统思想政治工作和企业文化建设优秀调研成果二等奖。

民生银行的快速成长壮大，民生文化在精神和物质层面都取得了进一步发展，特别是"物质"驱动起到了更为重要的作用。一方面，以"物质激励"为主要表现形式的"利益共生"文化占比不断加重、手段日益丰富，使民生银行得以快速"跑马圈地"，这一做法已然成为行业标杆，引来诸多同业竞相效仿；另一方面，科学透明的考核机制在毫无历史包袱的民生银行形成了多劳多得、相对简单的工作氛围，受老一辈民生创业者的影响，一大批认可并践行民生文化的核心团队脱颖而出，成为快速发展的受益者和广大员工的精神表率，在更广泛的范围内形成了志同道合"干事业"的良好氛围。

归纳起来，民生银行在 20 年的发展历程中，逐渐形成了有别于传统国有银行的独特精神气质和优秀文化基因。一是开放、包容的企业氛围，在民生拥有一技之长的员工，通过自身努力都能人尽其才，充分实现自我价值；二是员工身上普遍具有极强的集体荣誉感，团队群体意识强烈，能朝着一个清晰的目标不断进取；三是突出的忧患意识，员工大多对民生有着特殊的感情，工作投入，充满激情。由此可见，民生银行持续高速发展的核心竞争力之一，是员工的激情和干劲，这又来源于高于行业平均水平的员工满意度和凝聚力。

一、提升员工满意度和凝聚力面临的挑战

当前，民生银行已步入转型与发展的关键时期。国际经济形势的不确定性、中国经济发展"三期叠加"和内生的改革需求导致"物质激励"的局限性开始显现。在战略转型的关键时期，在多种因素的影响下，如何持续提升员工的满意度和凝聚力就显得尤为重要，也成为这一时期党群工作能否实现支撑业务发展的重要决定性因素。在这一阶段，持续提升员工满意度和凝聚力，主要面临以下三方面挑战。

（一）新的转型与发展目标提出了创新管理的挑战

随着利率市场化的推进和金融脱媒的深化，民生银行的战略定位已全面调整。商业模式由过去的重规模、利差向打造现代银行商业模式转变。"凤凰计划"战略的实施，业务改革的深化及中后台调整都宣告着"抢规模"的生存阶段已基本结束，新的顶层设计必然颠覆原有管理模式。在"物质激励"导向下形成的利益色彩、短期行为、个人主义已不

能适应国际领先银行的发展战略，更不可能让民生人快速实现质的飞跃。

（二）员工结构多元化提出了差异管理的挑战

随着员工队伍不断发展壮大，"80后"、"90后"日渐成为民生银行员工主体，战略转型和金融集团的打造也将促使劳动组合和用工方式发生巨大变化。年轻化、多元化的员工队伍有着多样化的诉求，良好的家庭基础和成长背景等诸多因素导致年轻员工对物质的集中诉求感降低，而对精神层面和未来发展的关注与日俱增。单一导向的家园文化要素不仅不能适应多元化的价值主张，反而会把社会上倡导的"正能量"掩盖在传统物质文化的阴影下。

（三）财务投入面临瓶颈提出了精细管理的挑战

中国银行业高利润时代已成过去，单纯靠物质激励既没有长期持续投入的本钱，也无必要。民生银行已度过生存期，不应该对标当前亟待翻身的中小银行比激励、比待遇，而应从百年老店的角度进行深层次的文化顶层设计，通过家园文化吸引人、留住人。发扬物质激励的优势更应该"精打细算"，重点对各类员工需求进行系统调查和科学规划，提升员工对激励的感知度，保证员工财务投入发挥最大效益。

以上三个挑战是当前经济调整时期国内多数企业面临的现实问题。谁能率先找到解决问题的方法，就有可能在员工层面实现突破，通过提升员工满意度和凝聚力大幅激活员工活力。民生银行董事会、总行党委高瞻远瞩，提出了实施家园文化战略，其核心是对民生银行发展阶段所取得的文化成就进行全面梳理和总结，取其精华、去其糟粕，以积极的心态主动研究适应当前企业发展的党群条线管理措施，以更加科学、丰富的2.0版家园文化模型助力战略转型的推进。

二、员工之声数据分析与应用

为了进一步梳理、明确影响员工满意度和凝聚力的因素，在董事会、行党委的领导下，中国民生银行成立了以党群工作部为牵头部门，多个相关机构参与的课题组，对已经影响和可能影响员工满意度和凝聚力的因素进行科学调查和系统查找。

（一）员工之声调查方法的引入

客户之声（Voice of Customers）是一系列工具、方法和技术，有助于通过精益六西格玛技术系统地收集和分析客户需求，并量化评估客户对需求的重视程度。客户之声的一系列核心元素是能为企业创新带来实质性帮助的一整套流程，具体包括客户洞察力的开发、记录客户需求、产生创意、选择创意、验证客户需求、提炼创意和验证、解决方案等七大步骤。在具体的实施当中，如何选择不同的目标客户，如何全方位获得客户之声是重中之重。客户之声技术历经十多年的发展，客户声音的意义已经从狭义演变为广义，客户声音的用途也从具体的领域拓展为普遍广泛的领域。

员工之声调查技术是中国民生银行基于客户之声技术开发的面向员工的系统化调查方法，是客户之声技术应用于员工、把员工当作内部客户的探索与实践。员工之声技术通过无记名抽样问卷调查的形式，了解员工工作与生活中的问题，查找影响员工幸福度、凝聚力和归属感的因素。员工之声调查自2013年起，每年开展一次，采用抽样问卷的方式，有效问卷覆盖超过四分之一的行内员工。自2014年起，员工之声调查全部采用在线填写问卷的方式，员工可以任选内网、外网、手机中的一种方式填写，在确保便捷的前提下最大限度实现匿名，确保问卷的信度。

以最近一次调查为例，问卷共有四大部分、46个问题。其中涉及员工定量评价的题目约占三分之一，通过题干描述一个具体情形或场景，询问员工是否满意。员工可以从非常满意、比较满意、一般、比较不满意、非常不满意中选择作答，也可以弃权。系统自动根据员工的选择赋予分值，计算员工的满意度。涉及员工具体不满意点和未来需求的定性选择约占二分之一，主要让员工从若干选项中选择出自己认为符合题干

员工之声调查问卷

设定的选项，从而判断员工的状态和需求。开放式问题约占六分之一，主要请员工主观提出对相关领域的意见或建议。

(二) 员工之声调查概况

员工之声调查有效反映了企业内部各机构、各条线、各层级、各类型员工的满意度和凝聚力现状。对于调查数据，可以从两个维度分析：一是从自我剖析、查找问题角度，将我行员工的满意度、凝聚力和归属感按照不同的变量交叉分析得出结论，并查找出原因；二是从横向比较、全国对标角度，将我行员工的幸福指数在全国样本范围内进行比较并得出结论。

以最近一次调查为例，交叉分析的总体结论是：我行员工满意度为××.××（满分100，下同）。硕士、专业技术、海归群体、行业事业部这四类群体的满意度降幅大、数值低；高行员等级、公司业务条线、35岁以上这三类群体的满意度降幅大；低行员等级、IT和风险条线、31~35岁、异地机构、市场岗位、社区支行这六类群体满意度数值低。

横向对标的总体结论是：我行员工满意度高于国家均值。总体来看，员工幸福指数处于合理水平，员工对自身发展进步方面的体验明显高于国家均值，反映出我行员工能够积极面对工作生活，在民生银行工作能够感受到自己取得的进步，清楚自己前进的目标，并克服困难，实现目标。

机构间员工满意度和幸福指数的差异显著，同时，各机构员工满意度较上一年度的变化情况也严重分化。第一名A分行员工满意度领先最后一名Z分行29.3分之多。从共性上分析，新设机构的满意度普遍较高，北方地区的机构满意度相对较高。

进一步分析员工之声数据，呈现以下特点：

1. 低等级员工满意度仍然较低，但本年度部分高行员等级的员工满意度也有所下降，应予关注。随行员等级提升，员工满意度总体呈上升趋势。

2. 31~35岁员工满意度最低。30岁以下年龄越低越满意，35岁以上年龄越高越满意。但与上一年度相比，35岁以上群体满意度降幅明显，年龄越大的员工满意度下降幅度越大。

3. 受教育程度越高的员工，本年度满意度降幅越大。海归群体的降幅最大，海归硕士员工满意度较上一年度下降幅度最为明显。

4. 从机构类别分析，越基层的员工满意度越低。本年度，行业事业部员工的满意度相对较低；社区支行员工满意度大幅低于平均水平。与上一年度相比，行业事业部总部、事业部分部员工满意度下降幅度最大，总行部室、分行部室也有所下降。

5. 从业务条线分析，满意度与风险因素相关。本年度，风险管理压力越大的条线员工满意度越低，风险管理条线员工的满意度最低，IT 条线员工满意度较低。与上一年度相比，公司条线员工的满意度下降幅度最大。

6. 从岗位类别分析，专业技术岗位员工满意度最低的状况没有得到改观，仍为最低。且与上一年度相比，专业技术岗位、市场岗位员工的满意度下降幅度最大。

除了通过上述总体数据和群体数据的同比、环比发现问题，员工之声技术可以发现影响问题的具体因素。课题组在认真分析员工之声调查数据后，结合员工提出的具体意见、建议和访谈了解情况，来确定影响员工满意度和凝聚力的具体问题、具体原因。对每一个具体的方向，员工之声技术都通过定量统计的方式，详细展现出影响该问题的因素有哪些，并按照重要性排序。

（三）员工之声调查结论

通过对员工之声问卷的总体统计分析，从员工感受和认知的角度，影响全行员工满意度和凝聚力的主要因素有：员工对战略认识不统一、核心价值观不够明确、物质回报的感知度减弱、长期激励机制相对匮乏、工作压力大、职业通道较快速发展期减少、对个别现象的问责不到位、"公平公开公正"原则有时没有体现、存在员工私有化现象、团队协作缺失、机关化作风有所抬头、不良风气有所抬头、对员工的关怀不足、制度不够稳定共 14 个影响员工满意度和凝聚力的问题。通过回归分析，验证了上述 14 个要素分别对员工的满意度和凝聚力有显著影响。运用精益六西格玛的鱼骨图工具，把上述 14 个问题归纳为四大类。

1. 战略类。包括员工对战略认识不统一、核心价值观不够明确、物质回报的感知度减弱、长期激励机制相对匮乏四个问题。此类问题主要涉及组织的战略定位和宏观方向，需要从战略层面或通过顶层设计时加以考虑并解决的，虽与员工满意度和凝聚力不直接相关，如完全不予考虑则会对员工满意度和凝聚力造成一定影响。从员工之声调查数据看，员工认为"与同业相比竞争力不强"是当前物质回报方面比较显著的问题，且其选择率呈逐年上升趋势。与国内其他行业、其他企业对标发现，虽然全行员工对客观物质条件的满意度高于国家均值，但低等级行员的指数较低。而一些员工在展望未来希望获得的收获时，对"中长期激励"的需求最大。

2. 机制类。包括工作压力大、职业通道较快速发展期减少、对个别现象的问责不到位、"公平公开公正"原则有时没有体现四个问题。此类问题是从现行管理机制或工作机制角度反映出来的，需要行内各条线在系统性设计管理理念和工作制度时适当考虑员工的满意度和凝聚力问题。通过全国对标发现，我行员工在身体适应方面的心理感受指标低于国家均值，反映出我行员工对自己身体状况的担忧超过社会一般群体，这个指标通常可直观地反映工作压力。数据显示，近年来员工对"职业成长通道不明确"的选择率较高，表明在经历了高速扩张时期之后，职业成长的供求关系发生了变化，如不加以正面引导，可能会对员工的满意度和凝聚力造成一定影响。

3. 组织类。包括存在员工私有化现象、团队协作缺失、机关化作风有所抬头三个问题。此类问题主要出现于各级组织内部，与组织的内部管控体系和领导者风格有直接关系，也即全行战略和政策在具体执行时的偏差对员工满意度和凝聚力的影响。数据显示，认为现在的工作"不快乐"的员工仍有较大比例，"缺少工作协作"和"工作任务不明确"是影响工作快乐的两大原因。外部对标发现，员工在人生目标和发展方向的感受差异显著，反映出个别机构的员工没有充实感和工作乐趣，个别团队的员工私有化问题、团队协作问题、机关化作风问题，不仅严重影响机构内部的员工凝聚力，还会扩散影响与此机构有工作联系的团队和个人。

4. 文化类。包括不良风气有所抬头、对员工的关怀不足、制度不够稳定三个问题。文化类因素是四类因素中员工最容易感知到、与员工满意度和凝聚力最息息相关的因素，但问题的起源却错综复杂，且已经反映为对一个组织内部文化的改变。数据显示，员工在获得领导关怀方面的需求选择率居高不下，重点对直属领导的"对员工的关注度不够"、"只发号施令不指导工作"两方面不够满意。而"制度稳定性"选择率高，体现了员工对未来的担忧，也将直接影响员工的归属感。

项目组调研影响全行员工满意度和凝聚力的主要因素

三、员工之声技术对企业党群工作的借鉴意义

员工之声技术为提升员工满意度和凝聚力提供了强有力的数据和技术支持，可以结合该调查的结论，通过有针对性地实施若干计划，调节组织中的文化要素，改善民生家园中组织与员工关系，提升员工幸福度、凝聚力和归属感，引导员工形成正确价值主张。

（一）研究确定家园文化理论体系

中国民生银行认真运用员工之声数据基础，确立了以"利益共生、事业共融、成就共享"为主体要素的家园文化工作计划，经董事会、行党委批准后，由党群工作部牵头实施。在总体方案中，民生家园是民生银行与员工之间形成的，强调耕耘与收获相统一，以"投入、激情、真诚、善良"为特征，以核心价值观为共同追求的命运共同体。家园文化是调节民生家园中组织与员工关系，提升员工幸福度、凝聚力和归属感，引导员工形成正确价值主张的文化要素总和。

家园文化的内涵是"利益共生"、"事业共融"、"成就共享"，员工在民生家园中既是园丁又是主人。

利益共生是指民生银行和员工在经济上相互依存、互利互惠，双方以"物质"为基础形成劳动契约。要素主要有：员工遵照民生银行的行为准则和规范，按照"投入、激情"的要求尽职尽责、辛勤工作，保证对组织的绩效贡献；民生银行进一步完善效益创造、效益评价和效益分配的机制，给予员工与绩效紧密挂钩的、稳定而合理的物质保障，进一步巩固双方劳动契约关系上的"物质"基础。

事业共融是指民生银行和员工在目标上相互认同、互帮互助，双方以"使命"为基础形成精神契约。要素主要有：员工做到"真诚、善良"，高度认同并践行民生银行职业价值观，把全部精力集中到工作目标上，享受到职业的乐趣和价值；民生银行打造相互尊重、相互关怀、相互交融的氛围，加强对员工的情感尊重和精神支持，通过共同的事业追求，促进员工之间坦诚、尊重、协作、和谐的职业环境，形成"干事业"的氛围和感情纽带。

成就共享是指民生银行和员工在愿景上相互支撑、同舟共济，双方以"梦想"为基础形成心理契约。要素主要有：员工为实现企业战略愿景全力奉献，持续自我挖掘潜力和提升能力，在企业发展中以实现个人价值为追求；民生银行了解员工的需求与发展愿望，并通过拓宽事业发展、价值实现、成果分享的平台予以满足，推动员工将个人价值的实现与企业战略发展紧密结合，与员工共享企业发展的成果。

为便于推广，强化员工认知，课题组还为家园文化设计了LOGO，为各要素设计了SLOGAN。

（二）运用家园文化工具解决具体问题

将影响员工满意度与凝聚力的14个问题具体分析，在家园文化理论依据的支撑下，提出解决问题的具体方向。

1. 利益共生方面解决的问题主要是：一是通过多种方式缓解员工工作压力，下决心解决一些对员工工作造成压力的问题，对于部分长期压力大的工作岗位，采取轮岗等方式适当减轻从业人员的工作压力（重要、紧急）；二是加大对员工的关怀，将各级负责人对下属员工的关怀纳入评估指标，同时下决心解决全行员工重点关注的共性问题（重要、紧急）；

家园文化是以提升员工幸福度、凝聚力和归属感为目标的，一系列调解员工关系的理念、制度、机制和措施。其内涵是利益共生、事业共融、成就共享

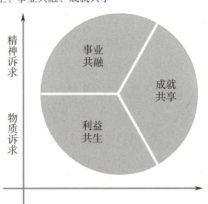

- 利益共生：我们致力于提供贴心的工作和生活保障，努力让员工感到幸福
- 事业共融：我们帮助员工发现志同道合的事业伙伴，积极传递协同工作的快乐
- 成就共享：我们为有共同梦想的员工创造舞台，让员工在价值实现的过程中提升自我

中国民生银行家园文化理论体系

三是精准分析员工需求，合理规划员工福利结构，加大对"保障休假时间"、"家人关怀"等员工需求度较高的"软福利"的关注，提高员工对福利的感知度和满意度（不重要、紧急）。

2. 事业共融方面解决的问题主要是：一是进一步明确民生银行核心价值观，加强员工对民生银行核心价值观的认知和认同，制定民生家园员工行为手册，明确应该提倡和杜绝的行为，向全行员工宣教行为与文化理念（重要、紧急）；二是将核心价值观的要求融入对员工的评价中，弘扬主流价值，加大对不符合核心价值观现象的批评和问责（不重要、紧急）；三是通过民主管理有效提升员工的知情权、参与权、表达权、监督权，重点解决员工知情权和监督权得不到保障的问题，保障基层员工的"公平公开公正"权益（重要、不紧急）；四是针对不良风气有所抬头现象，结合"两学一做"教育活动加强思想政治工作，加大正能量宣传力度，对影响恶劣的不良风气开展专项整治活动，对特别突出的不良风气现象通报批评（重要、不紧急）；五是提倡团队协作，加快推进流程银行建设，加快轻型组织变革的试点工作，同时通过文化熏陶和氛围倡导，提倡员工从自身做起加强协作（重要、紧急）；六是针对机关化作风问题，持续开展基层机构对机关机构的满意度测评，对满意度低的机构采取问责机制（不重要、紧急）。

3. 成就共享方面解决的问题主要是：一是加大全行统一的发展战略

的宣传归纳，让员工全面了解全行的愿景、使命，让"愿景管理"逐渐取代"激励机制"对员工的驱动效应（重要、紧急）；二是更加重视员工的价值主张管理和满足，科学规划员工职业成长通道和发展平台，重点关注员工的潜力挖掘、能力培养和自我价值的持续提升（重要、不紧急）；三是引入股权激励，有效保障核心团队的忠诚度和稳定性（重要、不紧急）；四是针对制度不够稳定的问题，从体系设计上加大对制度稳定性的要求，加快推进《基本法》的编写和实施工作（重要、紧急）；五是针对员工私有化现象，有针对性地出台制度，做好要求（不重要、不紧急）。

（三）对未来的展望

在董事会、行党委的领导下，家园文化在落实方面制定了周密实施规划。一是强化组织领导，将家园文化纳入平衡计分卡管理，作为衡量经营机构领导班子和各级管理人员绩效的重要依据；二是增强部门协作，由党群工作部牵头，相关部门密切联动、同步实施，建立家园文化建设的部门协调机制；三是在基层打造一支具备先进理念、掌握科学管理手段的家园文化建设团队；四是建立统筹管理和评估改进机制，协同相关部门建立和实施家园文化质量管理体系，提高我行文化资本的运营质量和效益。

员工满意度和凝聚力是决定企业能否健康可持续发展的因素之一。民生银行的家园文化作为协调和管理企业与员工及员工内部关系的重要抓手，是民生银行持续、快速、健康发展的核心文化驱动力，是民生银行企业文化的重要组成部分，是民生文化的根和源。当前，构建适应新形势的民生银行家园文化是进一步解放和提升员工生产力，提升"软环境"形成"硬支撑"的迫切需要，也将为民生银行的可持续发展提供源源不断的内生动力。

浅谈金融企业并购重组后
母子公司的文化融合

张小琦　　王子越[*]

在经济全球化背景中，金融企业要想做大做强，不可避免地要进行企业重组、并购等一系列资本运作，以扩大自身经营范围、丰富产业链、完善企业经营，壮大企业实力，提高市场竞争力。然而，金融企业在并购重组过程中，由于地域、文化、理念、行事等差异，往往会使得并购重组后的公司之间产生排斥反应，难以产生应有的协同效应。其中影响最大的，便是文化差异。由于文化差异的存在，往往使得并购重组后形成企业集团的母子公司之间不能较好实现并购前的目的，难以产生"1+1＞2"的效果。企业文化融合作为企业重组中母子公司的"润滑剂"，对提高公司协同水平，统一全员价值理念、增强企业向心力和凝聚力、降低管理成本都有着极其重要的作用。

一、金融企业文化融合的内涵及方式

（一）金融企业文化融合的内涵

金融企业文化是在一定条件下，在企业生产经营和管理活动中所创造的具有该企业特色的精神财富和物质形态。它包括文化观念、价值观念、企业精神、道德规范、行为准则、历史传统、企业制度、文化环境、企业产品等。其中价值观是金融企业文化的核心。这里的价值观不是泛

---

　*　中国信达资产管理股份有限公司。本文获 2016 年全国金融系统思想政治工作和企业文化建设优秀调研成果二等奖。

指企业管理中的各种文化现象，而是企业或企业中的员工在从事经营活动中所秉持的价值观念。

所谓金融企业文化融合是指不同形态的企业文化或者文化因素之间的相互结合、相互吸引的过程，它以企业文化的同化或相互适应为标志。在企业文化融合的过程中，不同企业文化彼此包容，各种文化因素之间相互渗透，从而形成一种新的企业文化模式。这里的文化融合绝不是简单的企业文化叠加，而是企业文化的创新、提升和再造。

（二）金融企业文化融合的方式

金融企业文化融合是金融企业融合发展的最高阶段，也是金融企业管理的最高目标。其融合模式主要有以下四种：

一是强势吸纳式的文化融合。这种模式主要适合于强弱联合，双方文化强弱相差悬殊，文化差异较大，但文化容忍度也较大。在这种模式下，优势核心企业通过适当的方式和手段，强制性把本企业的物质文化、精神文化、制度文化等文化内容导入目标企业，使被并购企业的弱势文化受到优势企业的强文化冲击，从而使并购企业的文化和价值观得到扩散。强势吸纳式融合模式的优点在于融合过程中有一个强力型文化起主导和推动作用，融合速度快，效果较明显。由于此模式是一种自上而下的文化整合，容易受到目标企业文化的抵制和对抗，风险较大。

二是互补式的文化融合。参与并购重组的企业双方实力相当，且尊重和认同对方企业的文化，可以在交互作用过程中相互渗透，取长补短，进而丰富和提升并购重组后企业文化的内涵。这种模式的"文化融合"具有三个特点：第一，企业文化是相融的，在融合的过程中不断升华，源于又高于原企业文化，是参与并购重组的各企业文化精华的汇聚凝练；第二，不排斥摩擦、矛盾和冲突，却在摩擦、矛盾和冲突中相互欣赏、相互学习、发展完善；第三，并购重组企业各方面表现既是激情的，又是理性的。"激情"表现为对并购重组后新企业的美好向往和追求；"理性"表现为能正视自己和他方的企业特性，善于发现和欣赏对方的优势，胸怀宽广地认同这样一种理念；企业各方的优势不仅是自己参与并购的价值资源，而且是并购重组后新企业的营养要素和发展基础。企业各方都能着眼大局，着眼长远，自觉地调整本企业的文化，以服从和服务于并购重组后新企业的文化建设。

三是渗透式的文化融合。这种融合模式要求并购重组的企业之间是有强弱差距的，但是弱势企业也有自身的文化特点，且具有一定的生命力。所以虽然强势文化不会受到弱势文化的冲击，保持一定的稳定性，但是毕竟受到了一种新文化的影响，这也会使得强势文化的功能更齐全，结构更合理，生成更具特色的企业文化。

四是隔离式的文化融合。企业各方在并购重组后各自坚守原有企业的文化特质，彼此不交流、不碰撞、不冲突，在并购重组的包装下，原有各企业保持基本独立，在围绕并购重组后企业的"公转"同时，"自转"的色彩仍然强烈，没有形成并购重组后企业应有的统一管理风格、思维模式和价值体系。严格地说，这不是一种文化的融合，还没有认识和运作到文化融合的层次，因为文化融合是一个过程，必然也必须伴随并购重组而产生和推进，否则企业并购重组就没有进入实质领域，貌合而神离。

二、金融企业文化融合的现实意义

金融企业作为规模化的大型企业，承担着稳定经济、促进发展、协调改革的重大作用，其母子公司文化融合的好坏直接决定着金融企业在经济中的作用。因此，金融企业文化融合的现实意义主要体现在以下几个方面。

（一）文化融合是金融企业适应市场经济发展的必然选择

随着经济全球化的不断发展，越来越多的企业认识到文化融合的重要性。特别是国际化的金融企业，除了金融产品、金融服务需要得到客户的认可外，其企业文化的价值理念、思维方式、经营模式得到认可才是在国内外市场立于不败之地的根本保证。作为集团化、国际化的金融企业，因经营需要并购重组而来的各种子公司并不少见，只有企业文化的完美融合，才能有效降低金融企业并购重组的失败风险。

（二）文化融合是金融企业促进金融改革的必要条件

随着金融体制改革的不断深化，各种创新与守旧的矛盾不断出现，它不仅影响着企业中每个成员的利益，而且也对每位员工的切身利益有不同程度的影响。因此，只有不断加强金融企业的文化融合，使各种利益统一思想、协调冲突，做到政令畅通、信息通畅、沟通及时，才能有效推进金融体制改革的进程。

（三）文化融合是金融企业塑造核心竞争力的必然要求

企业的核心竞争力是企业长期形成的，蕴含于企业内核中，独有的、具有竞争优势的核心能力。它包括把握全局、审时度势的判断力，大胆突破、敢于竞争的创新力，博采众长、开拓进取的文化力，保证质量、诚实守信的亲和力。随着市场经济的不断完善，金融企业的竞争也愈演愈烈。培养整个企业拥有共同的价值理念和奋斗目标，不断融合母子公司之间的价值差异，不断加强企业文化建设，事实上就是不断培育自身核心竞争力的过程。

（四）文化融合是金融企业提高员工凝聚力的必由之路

近年来，金融企业员工的价值观日益受到挑战，员工的思想和行为也受到冲击，在金融企业兼并重组的过程中，母子公司员工的奋斗目标、价值理念产生一定的冲突。如不尽早地进行文化融合，会加大企业的管理成本和经营成本，造成内耗。为使并购重组后的企业能够早日走上健康、快速的发展道路，必须加强企业文化建设和文化融合，逐步塑造、培养、建设一支具有凝聚力、战斗力、竞争力的金融队伍。

三、金融企业文化融合中存在的主要问题及原因

（一）金融企业文化融合中存在的主要问题

由于经济全球化的影响，金融企业的并购重组也呈现国际化现象，但由于民族、语言、教育背景和宗教信仰的不同，导致金融企业文化融合的难度加大，管理难度也随之增加。为了解决金融企业文化融合的难题，必须找准症结，精准发力。

1. 民族性格的不同导致文化冲突

传统文化是民族文化的深层积淀，它融入民族性格之中，使各民族表现出不同的个性。忽视传统文化所塑造的不同民族性格会直接导致文化冲突的出现。例如俄罗斯人被我们戏称为"战斗民族"，民风彪悍，在与这个民族进行沟通交流时，必须注重他们的民族性格，否则就会产生不必要的冲突。大量的实践表明，许多金融企业在文化经营过程中，由于没有认识到他国或地区的民族性格而遭受巨大损失。

2. 思维模式的不同导致文化冲突

思维模式是民族文化的具体特征。西方人的实证主义思维模式与中国人的演绎式思维模式，常常是不同企业文化沟通中构成冲突的原因。如西方学者认为，语言和思维是相互依赖的。黑格尔就声称："思维形式

首先表现和记载在人们的语言里。"杜威也指出："吾谓思维无语言则不能自存。"与此相反，许多中国学者却认为自己思想的最高境界无法用语言表达的，如"道可道，非常道；名可名，非常名"。

3. 行为模式的不同导致文化冲突

行为模式以固定的结构、在相同或相似的场合为人们长期固定采用，称为群体表达认同的直接沟通方式，是民族文化的外在形式。不同的民族文化造成不同的行为模式。当外资进入中国选择合作伙伴时，中方习惯于指定合作伙伴，你应该和那家公司合作，他们在这方面是做得最好的，是你理想的合作伙伴。而外资则更愿意考察合作伙伴的能力，而不是听信一面之词。因此，充分认识不同民族的行为模式，有利于调和文化冲突。

科尔尼管理顾问公司调查了欧美和亚洲交易额超 10 亿美元的 115 个重组和兼并案例，指出了企业重组和兼并后文化融合是成功所在。重组和兼并后的大企业大集团内部，由具有不同文化背景的员工组成的各种组织，都面临着文化差异造成的不同工作态度和追求，而管理者又有着不同的管理方法和经验。不同的人群、不同的语言、不同的教育和宗教信仰，表现出不同沟通方式和协调方法。从一定意义上讲大企业大集团是"一种多文化的机构"。任何新组建的企业必须认识到，其人员来自不同的企业，受到不同企业文化的影响，文化冲突总会存在。因此，企业重组和兼并成败的关键是消除文化冲突。

（二）原因分析

核心价值观的不同是文化冲突的根本原因，也是文化融合的重点难点。金融企业要充分尊重母子公司各自的核心价值观，取长补短，切实调查本组织员工对企业价值观的认可程度，听取员工的各种意见，经过自上而下、自下而上的多次反复，审慎提炼出符合企业特点的价值观。

管理模式的不同是产生文化冲突的现实原因。文化模式和管理模式有着密切的联系。不同的文化模式产生不同的管理模式，当企业的管理者和员工来自不同的文化环境时，他们所采用的管理模式也会不同。虽然并购重组的企业之间所处的环境不同，但随着现代管理制度的逐步建立，重组企业之间多少会有相似之处。在经过文化整合后，求同存异，减少不必要的文化冲突。

管理制度的差异是引起文化冲突的重要原因。企业制度文化是企业文化得以贯彻的保证。同企业职工生产、学习、娱乐、生活等方面直接发生联系的行为文化建设得如何，企业经营作风是否具有活力、是否严谨，精神风貌是否高昂、人际关系是否和谐、员工文明程度是否得到提高等，无不与制度文化的保障作用有关。

四、以招商银行收购永隆银行、信达资产收购南商银行为例，试析并购重组后母子公司文化融合的经验做法

（一）招商银行收购永隆银行后的整合模式

2008 年，受国际金融危机的影响，世界经济增速明显放缓，全球金融市场波动明显加剧，银行业也面临重大挑战。招商银行作为当时国内银行业的翘楚，为实现国际化的战略目标，于 2008 年 5 月 30 日正式与香港永隆银行控股股东伍氏家族签署买卖协议，收购永隆银行 53.12% 的股份。随着招商银行向永隆银行发起的全面要约收购，招商银行共耗资 363 亿港元完成了对永隆银行的全面收购。然而，形式上的控股并不是并购重组成功的终点，而是起点。为了实现重组后的协同效应，招商银行实施了一系列的整合措施。

首先，将业务融合发展放在首位，重点打通香港和内地市场业务。从信用卡业务到中小企业贷款，以及个人理财和网上银行，招商银行都非常注重在香港地区发展 75 年的永隆银行的积累。在香港拥有全业务牌照，涉足证券、期货、保险等领域的永隆，将在招行的财富管理方面担当起重要角色，招行把永隆银行作为招行高端客户海外投资及自身业务扩展的重要平台。

其次，在管理方面，招行为保证永隆银行管理人才和业务骨干队伍的稳定性，承诺 18 个月内不会裁员。这也使得招商银行留住了核心人才，并在一定时期保持永隆银行原有的人力资源管理制度和体制起到了一定的作用。但这并不是重点，招商银行运用自身对内地的了解以及永隆对海外市场的了解，加强双方业务管理和人员管理方面的交流，通过交流达到优势互补。永隆对于招行的意义还在于，它拥有大量的具有丰富海外经验的金融界精英人才可以成为招行的培训实习基地和新产品设计中心。如果需要，招行可以跟永隆直接进行人员交流。

最后，从发展海外业务看，双方可以共享海外客户资源。香港地区

境外业务对永隆自身的发展也非常重要，因为永隆作为一家老牌家族式企业由于管理经营等原因在香港本地银行竞争中已显颓势，为改变本地业务占比过大的收入结构，拓展海外和内地业务将是永隆增加盈利的一个重要突破口。所以在整合中，招商银行也需要帮助永隆优化业务结构，提升盈利能力、释放增长潜力。提高永隆自身的盈利能力，扩展香港以外的业务，是并购重组后永隆的中期发展方向。

（二）信达资产收购南商银行

南洋商业银行是1949年成立的老牌香港本土银行，资产规模排名香港前十，拥有全国性的经营牌照，与信达资产现有业务协同互补空间较大。2015年，信达资产抓住中国银行调整业务布局出售南洋商业银行的机遇，果断决策，科学规划，历经三轮竞标，成功以680亿港币底价中标，于同年12月18日完成收购签约，并于2016年5月30日完成交割。为了保证南洋商业银行过渡期的平稳运行，信达资产实施了一系列措施对南洋商业银行进行整合。

第一，有效组织，多方配合，把保证稳定交割过渡作为整合的基础。信达资产对南商行交割后的融合工作提前规划，在信达成为南商"唯一合格竞标人"后，公司即成立了整合工作领导小组，由公司董事长担任组长，统筹开展南商行交割过渡及整合工作。信达资产聘请普华永道作为整合顾问，与中银及南商银行一道，组成联合工作组。工作组以信达战略为指导，尊重商业银行文化差异，以保证稳定交割过渡为基础，推动南商整合工作平稳高效进行。

第二，建章立制，在制度层面把融合工作落到实处。为尽快发挥收购南商行的协同优势，信达出台了多项制度确保对南商行的融合工作。制度涵盖综合考评及绩效考核奖励、股权业务、经营过程评价、经营结果评价、协同业务确认等多个方面，不仅把融合工作纳入了公司综合考评的体系当中，而且对具体的业务操作过程也做了协同合作的相关规定。通过信达公司制度层面的顶层设计，使得信达资产对南商行的整合工作得以有序进行。

第三，高度重视沟通协调工作，逐步落实中长期整合规划。南商作为新加入信达资产的一分子，通畅高效的沟通机制是信达集团实现协同战略目标的重要抓手。信达公司高层领导高度重视集团内部的协同工作，多次带队进行协同工作协调。例如，在上海举行了信达总部分公司、子公司与南商子行的工作对接会议；在深圳召开协同大会，信达总部、分公司、子公司和南商行相关人员200多人，研究部署落实协同工作。

第四，以实现协同价值为导向，促进公司业务协同和文化融合。一是信达分子公司网络与南商行分支行网点已经形成了覆盖全国、境内外分布协调、重点区域优势突出的良好布局，这也使得并购双方在协同作战上有明显的区位优势。二是信达长期以来积累的大量客户资源与南商行的客户服务能力可以优势互补，充分把信达的投资、资管产品与银行交易、融资服务优势相结合，将协同价值充分发挥。三是随着协同效应的逐步释放，信达的股本回报率水平也会逐步回升，从而为股东提供更高的价值回报。

第五，充分调研，找出并购企业双方的共同点和差异点，进行文化层面融合。信达资产对南商行完成并购后，对信达系统（含南商行）进行了全面的文化调研，内容涵盖公司价值理念、使命战略、领导力与管理风格、组织团队协作、沟通协作、工作环境的现状和融合后的预期等几大方面。调研采用问卷调查的方式，下发问卷220份，且全部得以回收。这项工作的开展为信达资产全面整合南商行打下了坚实的基础。

南洋商业银行股权交割顺利完成

2016 年 5 月 30 日，中国信达资产管理股份有限公司与中国银行股份有限公司在香港联合举办南洋商业银行股权交割仪式，宣布有关南商股权转让的所有工作全部顺利完成。

股权交割后，南洋商业银行将继续秉持"以服务客户为己任"的宗旨，发挥与中国信达的协同优势，加大产品创新力度，不断提升对香港和内地两地客户服务水平。中国信达将利用集团在传统业务、全牌照综合经营和全国性网络等方面的优势，支持南商行以跨境金融和资产管理服务为特色，以企业金融服务为重点，以风险管理和不良资产管控能力为亮点，发展成为一家领先的商业银行。

五、金融企业文化融合的路径选择

通过以上案例的经验分析，本文对金融企业的文化融合路径总结如下：

（一）把握发展规律，是促进金融企业文化融合的根本

文化融合的过程可分为五个阶段：探索期、碰撞期、认同期、整合期、创新期。

探索期是文化融合的初始阶段。需要全面考察并购重组企业所面临的文化背景状况，文化差异问题，可能产生的文化冲突等，并根据考察结果，初步判定出文化融合的方案。列出各方的文化要点，进行"相同点"和"不同点"的比较。要正视虽未发生但已潜在的文化冲突，努力寻找共同的文化基因。

碰撞期是企业文化融合的开始执行阶段。这一阶段往往伴随着一系列管理制度的出台。这一过程中关键在于对"障碍点"的监控。所谓"障碍点"是指文化融合过程中可能起到重大障碍作用的关键因素。它可以是某一个人、某一个利益团体、某种文化背景下的制度等。碰撞期由于不同文化的直接接触，发生文化冲突在所难免。因此碰撞期内要把握好文化融合的速度和可能发生文化冲突的强度之间的关系，是监控障碍点过程中所必须注意的问题。

认同期是经过文化碰撞期后，不同文化背景下的文化个体在超越自

身文化基础上，对异文化的认知和认同。在该阶段，员工的意志逐渐趋同，可以通过文化适应性训练，来促进不同企业文化背景下，员工之间的沟通和理解，消除员工可能产生的心理障碍。认同是群体内聚力的一种重要机制。H. 西蒙说，"一个人在作决策时对备选方案的评价，如果是以这些方案给群体造成的后果为依据的，我们就说那个人与那个特定群体认同了。"认同期是文化融合的关键阶段，认同度越高，文化融合的效果越好。

整合期是指不同的文化逐步达到融合、协调、同化的过程。这是一个较长的阶段，也是一个复杂的时期。在这个阶段主要就是形成、维护和调整文化融合中的一系列行之有效的管理制度与系统。这是一个动态的发展过程。在这一阶段体现最为明显，这一阶段文化冲突表现最为充分。

创新期是指在文化趋同的基础上，整合、创造出新文化的时期。这一时期的始点相对于前面四个阶段来说比较模糊，因为可能文化碰撞的过程就是开始创新的过程。而且随着金融企业的成长、成熟，创新期的主题和过程会不断地进行下去。寻找出不同文化中的优点，摒弃不同文化中的糟粕，形成一个创新的、充满生机的文化融合有机体。

（二）建立制度文化，是做好金融企业文化融合的关键

企业文化融合是一项长期、艰苦、细致的工作，不可能一蹴而就。因此，建立健全企业文化建设的相关制度必不可少。制度本身即是一种文化，推行统一的管理制度可以使融合各方站在同一起跑线上，为文化融合奠定基础。企业制度文化作为企业文化的重要组成部分，是一定精神文化的产物，它必须适应精神文化的要求。人们总是在一定的价值观指导下去完善和改革企业各项制度，企业的组织机构如果不与企业目标的要求相适应，企业目标就无法实现。卓越的企业总是经常用适应企业目标的企业组织结构去迎接未来，从而在竞争中获胜。

制度文化又是精神文化的基础和载体，并对企业精神文化起反作用。一定的企业制度的建立，又影响人们选择新的价值观念，成为新的精神文化的基础。企业文化总是沿着精神文化—制度文化—新的精神文化的轨迹不断发展、丰富和提升。

注重企业制度文化的建设，就是把企业的基本理念体现到各项规章

制度中去，渗透到企业经营管理的各个环节，转化为广大员工的工作动力和自觉行为，使企业文化融合步入决策理性化、管理制度化和操作规范化的良性轨道。

（三）通畅沟通渠道，是推动金融企业文化融合的保障

文化融合是一个建立心理契约的沟通过程，要注意全方位的有效沟通和多层次的培训交流。企业文化建设的核心就是形成统一的价值观，使企业的使命、愿景和理念被企业员工所接受、认同并落实到行动上。企业文化的融合基础是建立和谐的内部环境，要充分理解和尊重各方员工的文化传统和感情因素，注意吸收各自优秀的文化并纳入新的理念体系，健康地实现文化再造的过程。企业文化沟通要强调成员的平等相处，相互尊重，要建立沟通机制，畅通沟通渠道，促进企业和员工之间、员工和领导之间、员工和员工之间沟通，促进价值观、管理、信息、情感等多层次、多角度的沟通，在企业内部努力营造和谐氛围，切实增强企业的凝聚力。

（四）开展文化培训，是形成金融企业文化融合的抓手

企业文化融合的过程是一个全员参与的系统工程，是企业领导层积极推进，相关部门和专业人员精心策划、具体组织，全体员工广泛参与、认同内化的过程。企业领导者要从自身做起，率先垂范，研究文化融合和创新，对企业文化的融合工作给予高度重视和切实推进。广大员工的积极参与和广泛认同是搞好企业文化融合的重要基础。因此，要十分注重调动员工参与文化的积极性。培训与教育是全员参与文化融合的重要途径，它能够使各企业成员接受文化融合后的价值观，并强化员工的认同感。培训可使受训人员明白企业为何及如何实施文化建设，新的企业文化建设对员工有什么新要求，认识现有文化状态与目标文化的差距，掌握不同的文化背景知识，掌握与不同文化的人打交道的技能，从而促进员工对公司经营理念的理解，不断增强公司凝聚力。

特殊机遇投资业务中的创新文化研究

韩　梅　陈诗贵　李　倩[*]

中国信达历经了政策性业务阶段、商业化转型阶段，现正处于全面商业化阶段。面对复杂的经济形势和激烈的行业竞争，公司坚持"金融服务实体经济"理念，深耕不良资产经营主业、调整和优化业务结构。其中"积极拓展特殊机遇投资业务"是推进业务创新和转型升级的重要内容。公司"二五"规划纲要中也明确提到应抓住新常态下风险集中暴露和释放的机会、国企混改和资本市场面临的历史性机遇，重点开展特殊机遇投资业务。2016年总部特别针对特殊机遇投资业务发布了指导意见，要求大力发展特殊机遇投资业务，加大该业务对集团利润的绝对贡献。特殊机遇投资业务是业务创新的体现，创新文化对于该业务的发展至关重要。该业务不同于以往传统业务，其交易结构、风控措施、审核标准等都不能照搬以往做法，业务发展亟须创新。特殊机遇投资业务不仅是创新文化的成果，也是进一步发展创新文化的推动力。

一、特殊机遇投资业务中创新文化的概述

研究特殊机遇投资业务中的创新文化，首先需要厘清何为特殊机遇投资、何为创新文化以及创新文化在特殊机遇投资业务中的特定内涵。

（一）特殊机遇投资业务的内涵

1. 特殊机遇投资的定义

不同机构对特殊机遇投资都赋予了不同的释义，信达的特殊机遇投

---

　* 中国信达海南分公司。本文获2016年全国金融系统思想政治工作和企业文化建设优秀调研成果二等奖。

资通常指由于某一特殊情境或事件的出现而产生的投资机遇。主要包括三种类型：第一类是基于金融、非金不良债权重组以及企业重整、行业重组并购的投资机遇；第二类是基于基本面并未改变、但由于特殊原因或事件（如资金链断裂、股权纠纷、担保风险等）导致企业价值低估的投资机遇；第三类是基于企业破产清算（或破产重整）、诉讼缠身的问题企业、问题资产投资机遇。上述特殊情境或事件的出现，使得被投资公司在基本面并未转好的情况下，产生了获得可观收益的可能。

特殊机遇投资业务就是信达抓住上述投资机遇为企业提供的一种金融服务。具言之，该业务是对具备可持续发展前景、但现阶段陷入暂时性经营管理困难、或由于发展需要而衍生出特殊金融需求的企业，信达为其量身定制综合服务解决方案，支持企业发展从而实现超额收益的投资方式。

2. 特殊机遇投资业务的特点

（1）专业性高

特殊机遇投资业务类项目交易结构较为复杂、投资周期较长，风险较高，因此要求投资者具备识别突发事件、挖掘增值潜力、企业微观面研发、经营管理受托资产等多方面专业能力。首先，在项目初始阶段需要借助平台公司的专业知识对行业进行深入研究，对整个项目的商业可行性进行判断。其次，在方案设计过程中综合运用多种金融工具进行组合投资，合理引进具有产业背景的战略投资人，并提前做好风险预案。

（2）风险管理严格

该业务具有高风险偏好倾向，因此特殊机遇投资业务类项目的风险管理更为严格。首先，在尽职调查过程中充分利用第三方专业机构的专业力量进行详细、专业的尽职调查，对瑕疵问题进行全面风险披露。其中涉房类特投项目还须引入房地产专业管理团队。其次，对项目要采用主动管理的方式，尽可能让前期参与尽职调查的专业机构继续参与后续管理工作，这更有利于防控风险。最后，特投类项目充分运用投资组合及风险对冲，规避整体风险。

（二）创新文化的内涵

1. 创新文化的定义

所谓创新文化是指在一定的社会历史条件下，在创新及创新管理活动中所创造和形成的具有特色的创新精神财富以及创新物质形态的综合，包括创新价值观、创新准则、创新制度和规范、创新物质文化环境等。在《中共中央国务院关于实施科技规划纲要增强自主创新能力的决定》中提出，"大力发展创新文化，努力培养创新精神"。中共十八大会议中对创新文化有了更高的要求，提出建设创新型国家，实施创新驱动发展战略。2015 年国务院《关于大力推进大众创业万众创新若干政策措施的意见》指出，发展创新文化应落足于群众，群众层面的积极响应，才能使创新文化焕发光彩。

创新文化是一种培育创新的文化，这种文化能够唤起一种不可估计的能量、热情、主动性和责任感，来帮助企业达到一种非常高的目标。随着市场竞争的加剧，创新文化逐渐成为企业的核心竞争力，甚至直接影响企业的生死存亡。因此，创新文化成为企业发展不可回避的重要课题。信达市场化业务着重于为客户提供量身定制的综合性金融服务，如何能让客户更愿意尝试和接受新型的金融服务是大力发展创新文化的重要目标。

创新文化有着非常丰富的内涵，中国科学院曾将其定义为有利于开展创新活动的一种氛围，是科技活动中产生的与整体价值准则相关的创新精神及其表现形式的总和。该定义强调科技活动，而本文所指创新文化是基于企业开展特殊机遇投资业务而言的，其侧重强调商业活动。具言之，特殊机遇投资业务中的创新文化包括三个部分：其一，创新产生的文化，即遵循金融规律、商业逻辑、法律逻辑产生的新想法、新观点、新概念等，企业内部宽松的氛围、积极合理的讨论环境有利于这类型创新文化的发展。其二，创新商业化的文化，即"做文化"。在创新商业化开发应用的过程中产生的创新文化，项目团队的合作精神、竞争观念、市场意识、效率观念等是这类型创新文化发展的重要因素。其三，创新的消费文化，即"用文化"。客户对创新服务进行消费和传播的文化。客户是市场的决定性力量，没有消费，创新不可能持续发展。特殊机遇投资业务中创新文化的核心在于有效促进创新成果的取得，提升效益。这也是商业活动中发展创新文化的应有之义。

二、特殊机遇投资业务中大力发展创新文化的动因

信达肩负着为客户提供卓越服务、为股东创造最佳回报、为国家化解金融风险、为社会承担更大责任的使命，通过在特殊机遇投资业务中大力发展创新文化是信达践行"信达观，观信达"价值观念最好的体现，可以较好地向客户、股东、国家、社会展示信达立业以来形成的市场观、金融观、发展观。关于信达在特殊机遇投资业务中大力发展创新文化的动因分析具体如下：

（一）需求动因分析

关于特殊投资机遇业务中大力发展创新文化的需求动因分别是客户的需求、金融机构的需求以及监管部门的需求。

客户是金融服务以及各类金融产品的主要接受者，他们对金融创新提出了多样化的需求。金融机构为满足客户的多层次现实需求，就有必要通过发展金融创新文化来驱使金融产品的类型保持更加多样化，金融服务更加优质，从而吸引更多的客户。随着经济社会的不断发展，也使得客户的需求开始不断发生改变，尤其是对具备可持续发展前景、但现阶段陷入暂时性经营管理困难或由于发展需要而衍生出特殊金融需求的企业客户，因其自身原因而无法满足一般类似金融机构的准入条件，这就对信达的创新意识、服务效率以及服务质量提出了更新、更高的要求。通过大力发展特殊投资机遇业务创新文化，使得信达能够围绕客户的需求，制定创新、专业的服务产品，解决客户需求，创造价值利润。

金融机构主要是以发掘最大的经济利润为经营目标，对利润的需求成为当前金融机构发展创新文化的内在需求动因。信达作为中国领先的金融资产管理公司，它也有追求经济利益、扩大市场规模、为股东提供持续且具有竞争力回报的现实需求。

政府部门是我国金融活动的主要监管者与调控者，它们不以利润为目标，但它们需要从宏观上对金融机构进行监管与调控，使金融机构能够与我国当前市场经济发展相适应，为处于"新常态"经济形势下、存在特殊经营情况的企业提供解决困境之道。这就使得信达的特殊投资机遇业务创新文化发展势在必行。

信达的经营信念

　　当前中国经济处于"新常态"，信达需要面对国内外复杂的经营环境，化解金融风险，支持实体经济，帮助企业客户"去产能、去库存、去杠杆、降成本、补短板"，实现供给侧改革，助推中国经济发展。在这种情况下，信达需要着手发展特殊投资机遇业务创新文化，这既是提高市场竞争力实现自身经营效益最大化的目标要求，更是坚守"为社会承担更大责任"的经营信念。

　　（二）供给动因分析

　　推进供给侧结构性改革是党中央、国务院适应和引领经济发展新常态作出的重大创新，是适应国际金融危机发生后综合国力竞争新形势的主动选择，是适应我国经济发展新常态的必然要求。当今，金融市场同质化现象越来越普遍，已成常态化，甚至以后就像当前的钢铁产业和家电行业，产能过剩导致竞争激烈直至利润大幅下降甚至亏损。金融同质化是指随着金融创新的不断发展，金融机构的业务日益交叉，使得金融资产管理公司与银行、保险、信托、证券等机构之间的职能分工界限越来越模糊，所有的金融机构趋于提供同质的或类似的产品和服务。

　　同业竞争是促进信达发展特殊投资机遇业务文化创新的外在压力。面对错综复杂的国内外经济环境和政治形势，国内外同业日益激烈的金融服务同质化趋势，信达如何脱颖而出，助力供给侧改革，提高企业的核心竞争力，从目前而言，金融创新是唯一解决途径。突破金融市场"同质化"的过程中，也正是培养公司的创新能力。这种创新能力的核心是围绕市场、围绕客户，有分析、有步骤的创新，绝不是盲目的空想的创新。只有真正实现顾客个性化的需求，才是走出"同质化"现象最重要的突破口，产品、服务一切都围绕它，才会有创新和发展的空间。发展特殊投资机遇业务创新文化正是基于去同质化、寻找差异化和个性化、落实新增长点为方向的创新途径。

因此，信达应以大力发展特殊投资机遇业务创新文化作为改革手段之一，提早布局完成自身供给侧改革，提升核心竞争能力，突破金融市场"同质化"现象，保持行业领先地位。通过发展特殊投资机遇创新文化，着力改进客户体验，提升服务品质，帮助客户走出困境，扶持产业发展，实现双赢格局。

三、特殊机遇投资业务中发展创新文化的具体建议

创新文化就是"科技创新、体制创新、机制创新、队伍建设、文化创新"。创新文化要求员工在工作中创新，同时要求企业管理层在管理中创新，并且以宽容、支持的态度去鼓励创新。创新使得企业的每一个构成元素都活跃起来，以新的构成形式重新组合，形成新的体制，使企业更为积极和主动。具言之，如何在特殊机遇投资业务中发展创新文化，笔者认为应从"做"文化和"用"文化两方面去思考。

（一）"做"文化

"做"文化伴随特殊机遇投资业务的开展而逐渐发展、形成。首先，开展特殊机遇投资业务应从债权融资的思维转向投资银行的思维，包括但不限于在业务思路、风险偏好等方面的转变。创新文化的形成要从意识上接受新的思想或者在固有模式下进行新的思考。其次，特殊机遇投资业务在项目规模、投资周期、预期收益率、重点行业等方面应建立不同于其他业务的客户、项目准入标准。再次，特殊机遇投资业务在业务组织方面应根据自身业务的特殊需求而有所调整，最终形成体系。需要调整的内容包括但不限于项目组成结构、尽职调查要求、后续管理要求、交易结构设计等。最后，特殊机遇投资业务的绩效考核制度应充分考虑业务风险、回报周期等因素。上述标准、体系、制度的建立、发展过程

就是"做"文化的过程，即创新商业化文化的形成过程。其又将作用于特殊机遇投资业务的开展，从而提升效益。具体来说，可以从以下几个方面展开新的思考。

1. 制度创新

由于特投业务对行业研究及分析专业性要求高，项目相对复杂，结构设计要求高，运作周期长，总部应与分公司分别派员组成联合项目组，明确分工，通力合作。总部做好顶层架构设计及协调沟通、分公司制作方案及负责落实，同时充分利用外部中介机构、子公司平台及产品优势，以及公司战略投资者、基石投资者等资源，形成上下联动、集团协同的高效工作机制。如此，有利于解决总部、分公司人力资源短缺、专业能力不足的短板，从而提高分公司开展此项业务的积极性，加快特投业务在公司系统内的开展。

综上所述，在制度创新方面应充分发挥现有特投业务小组的作用，建立审批绿色通道，按照项目具体情况确定参与成员；在项目前期调研阶段，由总部业务审核部和相关业务部门一起参与研究项目的拓展思路和交易结构设计，加强对分公司的业务指导和支持力度，提高审批效率。

2. 细化行业和客户选择标准

第一，在现有基础上更加细化行业和客户的选择标准，综合近年来的经营情况更加明确我公司具备独到优势或鼓励优先进入的行业领域，帮助分公司在投资机遇的选择上更具针对性；第二，综合公司已开展特投业务的情况，在指导意见中进一步丰富特投项目的业务模式，并从定性的角度针对各业务模式制定出业务准入标准，有利于成熟业务模式的大范围推广；第三，针对特投项目制定专门的业务评级机制及工具，使分公司能够对被投资企业开展更加有效的内部评价；第四，细化完善特投业务的尽职调查指引，突出在尽职调查中应重点关注的方面和问题；第五，针对不同的被投资项目类型制定差别化的收益要求，如对风险相对较低的目标客户适当降低必要收益率。

综上所述，特投业务应在项目规模、投资周期、预期收益率、重点行业等方面拟定与重组类业务差异化的客户及项目准入标准，加大对项目的个性化分析权重，尤其关注该特投机遇价值低估的成因、核心症结、外部环境、能否发挥信达主业核心优势等方面的情况。应对不同行业、不同地域，经济发达程度不同的分公司制定不同的标准，应针对各分公司侧重擅长的不同领域进行标准区分。在财务性投资尽职调查和方案制作指南的基础上，进一步细化完善特投业务的尽职调查、方案制作和后续管理方面指引，突出在尽职调查和方案制作、后续管理中应重点关注的方面和问题。

3. 行业研究支持

目前分公司开展的重组类项目大部分以房地产为主，也多次下发了相关指引、标准和后续管理要求，但在非房项目领域，基本项目判断主要还是基于信达证券提供的行业研究报告。分公司在实际项目开展过程中，对于行业及项目研判的需求仍不能达到完全满足。

对于特投业务中重组、重整、并购类的非房项目，并购方及其行业的判断至关重要。因此应在现有基础上加大对行业研究及咨询机构的使用力度，甚至可要求咨询机构参与项目商业尽调全流程，保证充分了解特投各相关主体的未来发展方向，规避行业系统性风险。邀请外部咨询机构参与项目研判也是国际投行较为通行的运作模式。

综上所述，在行业研究支持方面应加强力度。特投业务寻找的目标是"差客户的好项目"，引入更多市场化专业机构或行业专家参与特投项目专业咨询，有利于打破集团平台公司作为唯一专业意见来源的局限性。

4. 特殊激励机制

创新文化的作用在于能够唤醒员工的能量、主动性和责任感，但还需配合适当的激励机制，才能更大程度地发挥效用。因此应尽快将特投业务的考核激励纳入总部考核计划中，并给予特殊激励政策，鼓励分公司将更多资源投入该项业务，逐步引导分公司向轻资产、高效益类业务的转型。特投项目属于非标投资，因此在推广该业务初期，应给予不成功项目一定程度的容忍，如前期尽调工作、后续管理工作中已尽职尽责履行义务后仍发生项目逾期或出现风险时，可以在利润考核上相对其他类型业务的标准有所区别。

综上所述，特投业务的特殊激励机制应区别于其他业务。首先，在绩效考核中明确列为特投业务的项目，对债权类投资给予优惠资金成本，对于财务性投资递延核算资金成本。其次，考核期按照预计实现收益提前部分确认分公司利润。最后，应给予特投业务产生利润相对较高的绩效计提或引入市场化投资机构的项目跟投机制，与市场接轨，让特投业务项目经理更有动力、更好地开展该项业务。

（二）"用"文化

客户的消费拉动是商业活动创新文化得以发展的源泉，创新的消费文化是特殊机遇投资业务中创新文化的重要组成部分。"用"文化强调客户对于公司所提供特殊机遇投资服务的接受、扩散和反馈。首先，客户对特殊机遇投资业务这种新型业务的接受，使特殊机遇投资业务的发展获得动力。其次，特殊机遇投资业务通过客户消费得以扩散，使特殊机遇投资业务的发展有了较好的客户基础。最后，通过客户对特殊机遇投资业务的反馈意见或以往案例和信息分享机制使特殊机遇投资业务的相关制度得以完善。具体来说，可以从以下几个方面展开新的思考。

1. 深度剖析案例，开展业务培训

对于此项新业务，分公司迫切希望总部进一步加大培训力度，并将较为典型、模式可复制的特投项目制成案例，以供分公司学习。分公司通过案例能切实领会特投项目的特点，在业务开拓中有的放矢，保证业务真正在分公司落地生根。

综上所述，特投业务培训应多样化开展。目前分公司只能通过案例集看到交易结构设计的结果，并不能了解交易结构的设计目的，培训的效果不太理想。因此可以考虑以视频或者现场的方式对有特点的案例进行深入讲解，主要着眼于交易结构设计的细节，风控的关键点，具体实施步骤等。同时也可以根据比较集中的项目类型聘请专业机构进行讲解，例如，未来并购重组的项目可能会逐渐增多，可以聘请证券方面的专业人士做相关的知识培训，未雨绸缪。

2. 建立特投信息平台

金融的本质是解决信息不对称问题，核心能力是风险定价，而定价的关键是掌握客户的经营状况与发展前景、行业趋势与市场态势、宏观经济运行等数据。对这些数据的挖掘和利用，将成为新常态下经营处置不良资产的核心竞争优势之一。展望未来，管理信息将向"数据化"趋势发展：一是将构筑基于不良资产经营处置和金融业综合经营的"大数据"。拥有这些"大数据"的数量和质量将成为影响公司核心能力的最重要因素。二是将采用"云计算技术"构建集团统一的"数据仓"，以适应集团上市的信息披露需求、不断提升监管要求和集团管控的需要。三是在非金融不良资产、资产管理及特殊机遇投资等"蓝海"领域构建专业化的特色"大数据"，并不断提升数据挖掘技术，这将是"数据化"领域竞争的重点。

综上所述，分公司应加强对客户反馈意见的信息收集，了解客户对此项创新业务的接受程度；并将分公司相对碎片化的信息进行整合、深度挖掘以分析客户的潜在需求，使特殊机遇投资业务在不断地反馈和完善中得到不断创新；以期在未来建立信息分享机制。

中国信达在发展特殊投资机遇业务中所表现出来的创新意识和形成的创新文化，既是自身实现经营差异化的需求，也是适应市场经济发展的现实要求。而创新文化的形成可以帮助信达在业务发展中勇于实践、不断完善突破现有的业务模式，使信达在行业中始终保持领先地位。

做好资本金融企业干部员工
思想政治工作的分析与探索

中国航空资本控股公司党委[*]

习近平总书记在全国宣传思想工作会议上着重强调:"能否做好意识形态工作,事关党的前途命运,事关国家长治久安,事关民族凝聚力和向心力。"国有企业是中国特色社会主义的重要物质基础和政治基础,坚持和发展中国特色社会主义、巩固党的执政基础执政地位,是国有企业思想政治工作的时代责任与使命。

中国航空资本控股有限责任公司(以下简称"资本控股公司"),是中国航空集团公司四大战略平台首个完成的项目,标志着集团金融服务平台项目正式落地。资本控股公司的业务发展方向:一是筹融资业务,解决集团提出的"以需求为驱动,以问题为导向,以协同效应为动力"的价值最大化目标;二是集团存量金融资产、新公司现有资产以及增量投资项目管理;三是集团本外币、境内外资金和长短期资金的管理资金集中管理;四是提供内部投行,财务顾问以及财务共享服务等金融增值服务。资本控股公司的四大战略目标是:提高集团整体融资效率、优化集团资产负债结构、提高集团资产管理和使用效率、培育集团新的价值增长点。

企业思想政治工作的主体是人,工作客体及工作对象也是人,其出发点和归宿点也落实在人处。本文以中国航空资本控股公司所属的财务公司成立二十多年来的工作实践为研究基础,从既要坚持教育人、引导

---

* 本文获 2016 年全国金融系统思想政治工作和企业文化建设优秀调研成果二等奖。

人、鼓舞人、鞭策人，又要做到尊重人、理解人、关心人、帮助人为研究的出发点和落脚点，通过对员工理想信念、思想观念、价值取向等方面的大量调研，从理论阐述和工作实践的角度对新时期如何做好金融企业干部员工的思想政治工作进行深入分析与探索。

一、当前公司员工思想特点与工作中存在的难点

资本控股公司（财务公司）是集团内唯一的非银行金融企业，担负着为集团成员单位提供全面金融服务的任务，目前是两个公司合署运营。为了更好地了解广大员工的理想信念、价值观念、对党组织及企业的认同感、归属感以及对工作和生活的满意度等问题，我们在全公司范围内采用无记名调查问卷的形式进行调研。

从对职工第一理想的调查时发现，有 33% 的人认为第一理想是追求"安定舒适的生活"；有 15% 的人认为第一理想是"为社会多做贡献"；有 15% 的人认为第一理想是"能有较多的收入"；有 13% 的人认为第一理想是"有利自己发展的职业"；有 11% 的人认为第一理想是"拥有幸福家庭"；各有 7% 的人认为第一理想是"个人取得最大成就"以及"一份理想稳定的工作"。职工对于生活的稳定、质量具有更强烈的追求，其次是对于社会及个人收入的满足程度。

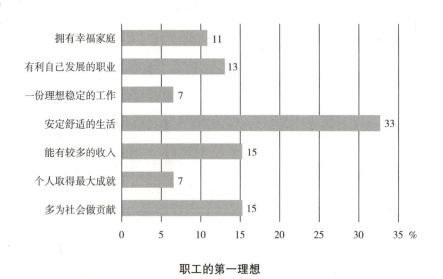

职工的第一理想

从对于职工培训意愿调查发现，员工对于培训的需求较为强烈，对

于丰富自身技能及专业知识需求有较大的期许。职工对兴趣爱好及技术技能方面的培训需求最为强烈，分别各占比达到26%；职工倾向于文化知识培训的数量占17%；对于职业资格认证培训需求的占17%；对于创业培训、学历培训以及外语培训的需求比例分别为7%、4%、2%。

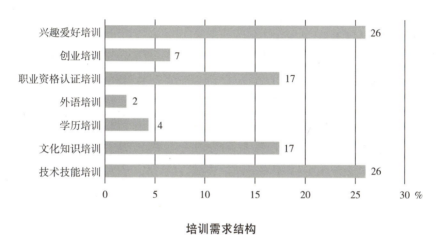

培训需求结构

从职工对思想政治工作采取形式的倾向调查发现，职工对以参观访问、帮助解决实际问题以及文体活动的方式开展思想政治工作的比例较高，整体占比达到了90%，其中倾向于参观访问形式的占37%，倾向于帮助解决实际问题及开展文体活动的分别各占26%。

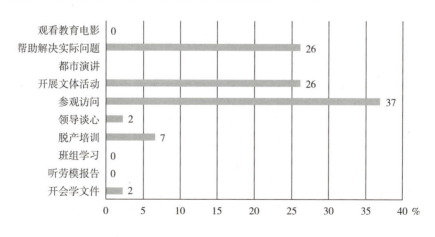

职工对于思想政治工作形式倾向结构

通过对职工遇到困难时求助对象进行调查发现，占43%的职工选择首先求助于亲朋好友，占28%的职工选择首先求助于公司领导，当遇到困难时公司领导在职工心中具有相对较强的信任感，思想政治工作开展的基础非常良好，应该进一步抓住这一优势开展思想政治工作。

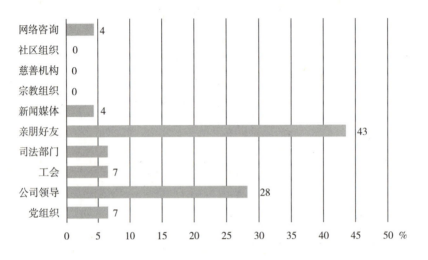

遇到困难时，倾向于求助

从职工对于思想政治工作当前存在的问题进行调查发现，占39%的职工认为主要问题为"形式主义"，占30%的职工认为主要问题为"不解决实际问题"；占17%的职工认为主要问题为"形式单调"；占9%的职工认为主要问题是"脱离实际空对空"；占4%的职工认为主要问题是"领导不能以身作则"。

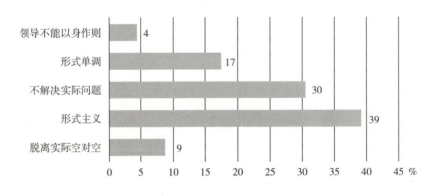

认为当前公司思想政治工作存在的主要问题

从职工认为加强思想政治工作最重要的方法进行调查发现，占39%

的职工认为"解决实际问题"最为重要；占28%的职工认为"形式多样、寓教于乐"最为重要；占20%的职工认为"克服形式主义、注重实效"最为重要；占13%的职工认为"领导以身作则"最为重要。

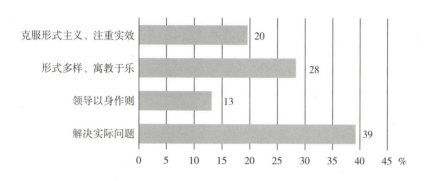

认为加强思想政治工作最重要的方法

　　总的来看，资本控股公司的员工队伍是比较稳定的，价值取向是积极向上的，能够认真履行职责，工作热情高涨，队伍有较强的向心力、凝聚力和战斗力。通过问卷调查和召开各种类型的座谈会，发现面对纷繁复杂的政治、经济形势，紧迫而艰巨的工作任务，一些员工的思想还是有些摇摆波动，呈现出比较明显的思想特点与行为特征，主要体现在：

　　一是员工队伍年轻化，创造性强。注重自身价值，强调自我发展；二是社会活动范围扩大，社会接触层面较广，接受思想新观念较快，易于攀比商业银行和其他金融机构的待遇；三是员工的法律法规知识普遍增强，参与意识、维权意识日趋强烈，敢于表达不同看法和意见；四是对政治理论学习的必要性和重要性认识不足、自觉性不高、学习不求甚解、宗旨意识不强；五是在思考问题、处理问题上有很大的局限性，不善于研究思考问题，不善于总结积累经验，吸取教训；六是喜好网络交流，自控能力与鉴别能力欠佳，易受负面影响；七是员工受教育程度普遍提高，要求多想法多，且多为独生子女，一定程度上存在着集体意识弱、思想波动大、缺乏吃苦精神等问题，为员工的教育管理带来很大难度。

　　这些员工的思想活动特点，既有金融企业特有因素，也有社会环境、竞争压力、发展机遇等带来的影响，给企业的发展、管理、教育等方面带来很大难度，而从公司整体上看，目前思想政治工作也遇到带有普遍性的难题，主要体现在：

一是员工队伍构成发生了变化。在现代企业制度下，员工中不同的职务职称、不同的年龄段、不同的劳动用工制度、不同的学历和职业技能等，形成了不同的群体，这些不同群体有着不同的利益需求和发展需要，作为公司党组织，如何实现和维护好这些群体的差异化要求，得到认同、形成共识，是个新课题，尤其是随着"80后"、"90后"员工逐渐增多，并成为公司一线的主力团队，给公司带来活力的同时，也因为其个性突出、观念多样，给思想政治工作如何更好地开展带来了新的挑战。

二是员工的价值取向发生了变化。在市场经济的体制下，企业员工的物质利益观念进一步强化。而市场经济具有双重效应，既有正面效应，又有负面效应。其负面效应主要表现在，它有盲目性和自发性，容易产生和滋长拜金主义、享乐主义、极端个人主义。其次，在市场经济利益多元化过程中，企业员工的政治意识容易淡化，精神需求趋向多样化、个人意愿易于简单化，这就对我们有针对性地开展思想政治工作提出了更高的要求。

三是思想政治工作的方式相对单一。在进行现代化经济建设过程中，金融企业员工的思想观念，也有着巨大的转变，传统的说教式、灌输式、命令式、念念文件、提提要求、思想政治工作不谈思想、脱离实际的老方法，面临重大挑战，这就要求思想政治工作必须跟上形势的发展，实现现代化，即思想政治工作者，首先必须具有现代化的思想观念，并运用现代化的教育工具和手段开展思想政治工作。如何采取多种形式寓教于乐、消除沟通壁垒，成为当前面临的重大课题。

二、对做好金融企业思想政治工作的认识与实践

资本控股公司（财务公司）党委在多年的实际工作中，深刻体会到思想政治工作是一切工作"生命线"的重要作用，提出了党委一班人要率先成为"五带头"（带头学习提高、带头争创佳绩、带头服务群众、带头遵纪守法、带头弘扬正气）的模范。以职工受教育、作风有改进、效益上台阶、群众得实惠、公司更和谐为目的，采取切实有力的具体措施，把强有力的思想政治工作落到实处，为推动公司科学发展、和谐发展、

跨越发展提供坚强的思想、政治和组织保证。

财务公司自 2003 年重组后,克服困难、团结拼搏、大胆创新、勇于奉献,年年完成和超额完成各项生产经营任务。目前,公司上下围绕打造集团金融服务平台的战略定位,公司党委以履行好集团赋予的使命和责任为着力点,在总结经验基础上,进一步加强班子自身建设,加强理论学习,加强党性锻炼和党性修养,提升能力素质;全面推进依法治企,通过初步构筑资本控股公司基本制度框架,持续完善财务公司制度体系建设,有效提升管理水平,践行"两学一做"教育活动的要求,强化担当意识,实现工作作风转变,在党风廉政建设上发挥表率作用,在公司转型发展中,有效地发挥了政治核心作用。2015 年 7 月,公司党委第十一次被中国航空集团党组授予"四好"班子的光荣称号。公司党委的经验与做法得到中央巡视组、国务院大型企业监事会和中国航空集团"两学一做"教育活动督导组的充分肯定。

(一)发挥政治核心作用,保证思想政治工作顺利开展

在思想上,公司党委理论中心组积极探索"带头亲自讲、带着问题学、联系实际用"的"讲学用"学习机制,紧紧围绕学习习近平总书记系列讲话、党章党规和上级有关文件指示,交流学习心得,提升了党委一班人学以致用,破解难题的能力。公司党委始终把思想政治工作放在重要位置,面对一系列复杂而深刻的变化,重视解决理论上的困惑、消除职工思想上的疑虑、心态上的失衡和价值观上的紊乱,坚持以人为本,营造人文关怀和心理疏导环境,把解决思想问题同解决实际问题紧密结合起来,及时做好政策解释工作,疏导情绪、增进团结、澄清模糊认识、达成发展共识。形成了党委主抓、全员积极参与、职工思想稳定、公司风清气正、和谐发展的良好局面。

在组织上,公司党委组织机构健全,各级党组织在开展员工思想教育、做好思想政治工作等方面,发挥了主力军作用。党委在公司所属每一个基层组织单元均设立了党组织,做到组织建设全覆盖、思想工作无死角。并教育广大党员牢固树立"我们的第一身份是共产党员"的理念,做到:哪里有群众哪里就有党的工作,哪里有党员哪里就有党组织,哪里有党组织哪里就有健全的组织生活。在公司基层窗口单位长期坚持开展共产党员亮身份、共产党员示范岗,共产党员责任区等活动,影响和

带动了一大批周围的员工和群众，为他们树立了榜样。

在制度上，公司党委制定了《公司党建工作制度汇编》《公司党员教育培训实施办法》《公司党委理论中心组学习计划》《年度思想政治工作要点》《公司党建工作例会制度》《员工思想动态分析报告制度》《廉洁风险防控手册》《纪检监察案件审理及审批工作暂行办法》等一系列制度措施，并将工作部署到人，责任落实到人，检查考核到人，确保各项工作的有效落实。同时公司党委把党建质量管理体系作为公司转型发展的一项重要工作，切实把各项党建规章制度作为各基层党组织开展思想政治工作的行动指南。

在行动上，建立公司"大政工"新格局。公司党委认识到，在当前的形势下，思想政治工作仅依靠单一的机构和有限的政工人员，是难以发挥最大优势和作用的。"大政工"作为一种新型的思想方法，体现了思想政治工作系统的整体性和统一性。在工作开展过程中，以形成教育合力为目的，着力统筹优化思想政治工作各个要素，使思想政治工作由以往的说服教育模式向企业管理、制度建设、文化建设等多元方向发展，不断增强思想政治工作的战斗力，提高思想政治工作的时效性。在队伍建设上，党委强调一岗双责，充分调动部门经理、党员骨干做好思想政治工作的积极性。党委加大对中层干部的培训力度，每次公司党委理论中心组学习，都吸收他们参加，班子成员轮流授课，切实解决他们不会干、不能干、干不好等能力水平问题，在实际工作中收到较好效果。2015年上半年，公司组织召开部门经理级人员综合考评民主测评会，经过全体员工无记名打分，17名部门经理级（含副职）人员的考核评价结果均为优秀。目前，公司已形成了党、政、工、团，齐抓共管，处处有思想政治工作，人人做思想政治工作的新局面。

（二）以学习中国优秀传统文化为突破口，增强思想政治工作的精神动力

习近平总书记指出："中国传统文化博大精深，学习和掌握其中的各种思想精华，对树立正确的世界观、人生观、价值观很有益处。""学史可以看成败、鉴得失、知兴替；学诗可以情飞扬、志高昂、人灵秀；学伦理可以知廉耻、懂荣辱、辨是非。"习近平总书记的讲话深刻揭示了中国传统文化在中国现代转型过程中的积极意义和宝贵价值，这种高度肯

定中华优秀传统文化的思想观点，是我们党历代领导人中第一次提出，它无疑体现了我们党对于中华优秀传统文化的本质意义的新认识，也确立了传统文化在企业思想政治教育实践中的重要地位。

由于长期以来，我们的教育实际上把国学列入封建文化范畴，致使优秀传统文化基本上被封存起来，被人们遗忘。大多数青年员工，对国学缺乏基本了解，更谈不上深刻认识，对传统文化近乎盲区。资本控股公司党委认为，应当积极帮助他们补好中华优秀传统文化这一课，特别是要认真汲取中华优秀传统文化的精华和道德精髓，大力弘扬以爱国主义为核心的民族精神和以改革创新为核心的时代精神，深入挖掘和发扬中华优秀传统文化讲仁爱、重民本、守诚信、崇正义、尚和合、求大同的时代价值，使中华优秀传统文化时刻影响熏陶员工，帮助他们成长。

公司党委注重发挥职工主人翁作用。图为总经理廖伟（左一）和职工围坐在一起，研究公司发展大计。

为此，他们买来了《中国传统文化导读》、《诗经》、《周公诫子书》、《心术》、《显心潭》等传统文化书籍充实到公司阅览室，还为公司项目经理以上人员配发了《论语译注》等书籍，组织大家认真学习交流。多年来，公司董事长曹建雄更是多次到公司，利用开会学习等机会，对员工进行国学知识的专题辅导讲座。用老子、孔子、墨子、孟子、庄子等中国诸子百家学说，探讨人与人、人与社会、人与自然关系的真谛。2015 年年初资本控股公司刚刚成立，面临一系列生存、发展等方面的问题，一些员工思想上产生了波动，曹建雄董事长来到公司，专门为大家上了一堂"势"的哲学辅导课。他认为，企业持久不息的生命力来源于其内在的文化与价值观，而不是外部环境，如同一个人，真正的强大在于精神。他运用老子讲的一句话：道生之而德畜之，物形之而器成之。当善形成一个状态，这个状态积攒的能量就成为一个势。一个人一个企业最大的能耐就是运用势，形势的势。正所谓"大势至菩萨一到，众神退位。"而党和国家的政策就是最大的势，党的十八大就是讲未来中国的五年的大走势，有集团、国航的支持，有广大员工奋发向上的干劲，运用好这些"势"，顺势而为、因势利导、借势而上，我们就一定能克服暂时的困难，把资本控股公司做大做强。他的一席话，振奋了大家的精神，鼓舞了员工的士气，经过公司上下积极探索，最后确立了以碳排放交易、飞机租赁、航意险为公司新的重点发展项目，从而使公司经营面有了巨大的拓展。

目前公司的员工，尤其是青年员工中，正在形成一种学习中华传统文化的热潮。从"礼义仁智信，温良恭俭让"做起，从"大智、大勇、大义、大仁、大善、大德"中，学习安身立命、为人处世的无穷智慧和思辨哲理，从而为做好企业员工的思想政治工作注入了新的精神动力。

（三）以开展谈心活动为抓手，提升员工的集体归属感

资本控股公司党委十分关心关注员工的工作生活，把他们放在心上，做他们的贴心人，既做思想的疏导者、又做心灵的倾听者，理解他们的所思所想和心态，了解他们的实际困难，主动排忧解难，真正体现出组织的关怀，董事长曹建雄多次在公司中层以上干部会议上提出：见到员工一定要对他们微笑，一定多关心他们，领导如果都不对员工微笑，员工怎么能对客户微笑？领导如果都不对员工关心，员工怎么会对企业关心？曹董事长任职八年多来，每年都同公司所有经营班子成员、中层干部和部分职工代表谈心交心一至两次，每次均在一小时以上，交流思想、征求意见、了解情况、统一认识，他还经常深入只有一两个员工工作的分散小点上，对员工进行慰问、问寒问暖、加油鼓劲，受到广大员工的

一致好评。在他的带动下，公司上下相互谈心交心活动普遍开展起来，班子成员之间、公司领导与部门经理之间、各部门经理之间、部门经理与员工之间、党员骨干与员工之间都开展了广泛的谈心交心活动，达到了增进了解、增加感情、增强团结的目的。党委书记吴吉顺上任不到半年，就同所有中层干部、项目经理和部分基层员工谈心，掌握了大量第一手材料，为下一步有针对性地开展工作打下了良好的基础。党委副书记陈健，来到远离公司，只有两个人工作的偏远小点上，除了同她们谈心、慰问外，还当场解决了工作、生活方面的 3 个问题。公司党委还要求基层单位的领导对员工做到四个必谈：员工工作岗位变化时必谈；员工家庭发生变故时必谈；员工与同事发生矛盾时必谈；员工情绪低落波动时必谈，确保了每一名员工以饱满的热情投入工作之中。

通过谈心交心这种有效方式，员工们感到在公司受到了尊重，得到了信任，从而把个人利益与企业利益紧密地联系到一起，改变过去"要我做"为现在的"我要做"，处处为公司着想，积极主动地、创造性完成自己的任务，形成了一个上下关心企业命运，共谋企业发展的民主气氛，大大增强了企业的凝聚力。2015 年初，资本控股公司成立伊始，针对面临的经营项目、资金、人才缺乏等一系列困难，公司召开"群英会"，董事长、总经理、党委书记等领导同新老员工围坐在一起，围绕公司的发展壮大这一目标，大家平等交流、各抒己见、畅所欲言、献计献策、生动活泼，收到很好的效果，《中国航空报》还专题进行了宣传报道。在工作上遇到难点热点问题时，公司领导不忽略、不回避矛盾，深入一线解决问题。2015 年 8 月 24 日，经董事会研究批准，公司决定不再保留代收国航机票款业务，撤销营业部机构设置。对原营业部的 44 名员工进行劳动关系/用工关系重新处置。这些工作涉及面广、工作难度大，牵扯到每一名员工的切身利益，绝大部分员工到新单位后，上下班路途花费的时间大幅度增加，并且还面临降级降薪的情况，一时间员工们思想波动很大。公司党委多次召开专题会议，研究员工分流处置问题。成立了由公司领导任组长，公司办公室、纪检部门负责人和相关业务部门的工作人员为组员的工作组，全面负责处理营业部员工劳动关系/用工关系处置的相关工作。主抓该项工作的财务公司总经理沈洁、资本控股公司党委副书记陈健先后十多次到中航集团、国航和相关单位进行走访、咨询，在各级领导的大力支持和律师的具体指导下，经过反复修改，结合公司实际情况制订出一系列合法、合规、合情、合理的工作方案。经过公司党委会、总经理办公会、职工代表大会审议通过后，开始实施。营业部领导兰江、刘治等深入分布在城郊的十几个工作小点上，一个不落地找员工进行谈心交心，了解员工们的实际困难，摸清了员工们的思想脉搏，掌握了他们的顾虑和担心，对每一名员工的思想状况真正做到了如指掌，并撰写出《职工思想谈话报告》，为下一步有针对性地开展工作，打下良好基础。资本控股公司总经理廖伟、党委书记吴吉顺、副总经理向丽等领导，多次深入基层一线，召开各种类型的员工座谈会，面对面回答员工们关切的问题，对员工心中的一些疑虑进行耐心细致的解答，经常工作到深夜。他们认真细致的思想政治工作赢得了员工们的理解与支持。在实施这项工作期间，员工们响亮地提出：思想不乱、要求不松、干劲不减、标准不降、确保安全。

2015年10月中旬，营业部员工劳动关系/用工关系处置工作正式开始，从宣贯教育、业务考核、全方位测评、公布岗位、自愿报名、劳动关系变更、后期处置等各个环节都本着公平、公正、公开的原则，有条不紊地展开，保证了这项工作的顺利完成，受到了中航集团、国航领导的高度赞扬和肯定。

多年来，资本控股公司（财务公司）一直坚持员工或亲属患病住院有探视、有电话、短信安抚，有婚事祝贺、有生日祝福、有丧事慰问、冬送温暖、夏送清凉。了解他们生活状况，掌握他们的生活需求，力所能及地帮助解决他们的生活困难，让员工感受到企业和领导的关心和关爱，让他们感受到公司就像大家庭一样，有一种归属感，一种"快乐工作，健康生活"的理念已经形成，为扎实有效地开展思想政治工作打下了良好基础。

（四）丰富扩展活动载体，增强思想政治工作活力

新形势下思想政治工作对象众多，涉及面广，一定要把握规律、讲究艺术、采取多种形式，坚持贴近实际、贴近生活、贴近群众，不仅要在方式方法上创新，更要在活动载体上有所突破，在"和风细雨"中收获实效。资本控股公司党委在实践中的做法是：①走出去、请进来。2015年8月底由党委书记吴吉顺、副书记陈健带领公司全体政工干部，

来到民航系统党建工作先进单位：民航华北地区管理局学习取经。达到了开阔视野、拓展思路、寻找差距的目的。2015年9月底，公司党委结合"两学一做"教育活动，请来被中央授予"时代楷模"光荣称号的国航客舱服务部"金凤"乘务组的代表，为大家传经送宝。她们那种爱党、爱国、爱企业、爱旅客、爱岗位的精神和行动，深深感动、教育了每一位干部和员工。②利用党委理论中心组扩大学习为载体，通过视频向全体员工开展形势教育、安全教育、素质教育、法制教育、职业道德教育等，在持续教育的过程中，潜移默化地发挥思想政治工作作用。③利用公司文化建设活动为载体，结合公司发展实际和改革的需求，逐步形成由全体员工参与的企业文化建设活动，努力打造和谐而充满凝聚力和竞争力的员工团队，充分发挥文化建设的渗透力、感召力，开辟思想政治工作新领域。④以推进规范化管理为载体，用制度规范职工的行为举止，通过严格的管理和考核，配合行之有效的思想工作，不断提高整体的管理水平。⑤利用信息网络载体，确保工作开展的多样性与时效性。目前，公司有各类微信群十多个，涉及有工作、业务、学习等各方面，2015年以来，仅公司纪委的"廉洁从业学习园地"微信群，就转发党中央、中纪委、国资委、中航集团从严治党管党的文章200多篇。公司党委书记吴吉顺，坚持每天上班前，为大家转发"三分钟新闻早餐"，占领舆论制高点，这种依托先进媒体与网络平台的做法，开辟了思想政治工作新思路，扩展思想政治工作的覆盖面和教育力度。

在此基础上，公司还组织了大量活动，支持和配合思想政治工作的开展，例如：开展学雷锋做标兵活动、纪念"五四青年节"活动、党的知识学习竞赛活动、职工读书活动、女职工插花培训活动、参观金融博物馆活动、英语应用知识竞赛活动、"安康杯"劳动竞赛活动、党员示范岗活动、青年文明号活动、先进班组建设活动、开展公司"我可爱的家"主题摄影展示活动、评选优秀党员、优秀团员、先进职工、优秀女职工等活动。对先进典型进行广泛地宣传、学习、表彰和奖励，用身边的人教育人，用身边的事感染人。公司还针对员工中青年人多的特点，引导他们关注社会，关爱他人，参与公益事业，组织他们积极踊跃为贫困地区献爱心，捐款物，2015年初为广西昭平县江口村募集资金22260元，强化责任意识，提高精神境界。同时，公司通过开展"小型、分散、统

一、多样"的各类文体活动，陶冶情操，丰富了员工们的生活，这些各具特色富有成效的文化建设活动，在潜移默化、寓教于乐中开展思想政治工作，使思想政治工作由可有可无变为非做不可，由忽冷忽热变为长期坚持，真正把思想政治工作做细做精、贴近群众、贴近实际、贴近生活、形成合力。

2015 年是资本控股公司和财务公司合署运行的一年，资本控股公司建立伊始，搭建新的业务架构，推荐业务研究和项目落地，财务公司转型发展、业务创新、提质增效等各项任务十分艰巨，公司各级党组织发挥了战斗堡垒作用，党员干部发挥了先锋模范作用，在人员未增加、工作量却倍增的情况下，不讲条件、不讲客观、不打折扣，团结带领广大职工，克服困难，加班加点，有序推进工作，确保了两个公司生产经营的正常开展。

截至 2015 年底，资本控股公司完成本年度预算的 127%，财务公司完成年度预算的 110%。两公司均超额完成年度预算。

增强邮储银行基层党组织战斗力的创新方法研究

中国邮政储蓄银行青岛分行党委[*]

《中共中央关于加强和改进新形势下党的建设若干重大问题的决定》指出："党的基层组织是党全部工作和战斗力的基础，是落实党的路线方针政策和各项工作任务的战斗堡垒。必须坚持围绕中心、服务大局、拓宽领域、强化功能，进一步巩固和加强党的基层组织，着力扩大覆盖面、增强生机活力，使党的基层组织充分发挥推动发展、服务群众、凝聚人心、促进和谐的作用，使广大党员牢记宗旨、心系群众。"党的十八大对党章进一步完善，充实对党的基层组织的要求，并提出"创新基层党建工作，夯实党执政的组织基础"的总体要求。

一、基层党组织面临的问题及原因分析

中央第六巡视组在对中国邮政专项巡视反馈时指出：巡视中干部群众反映的问题主要是管党治党意识淡薄、基层党组织建设滞后、组织意识淡薄、规矩意识淡薄。

中央第三巡视组在对山东省开展巡视"回头看"时指出：部分党组织仍然存在"党的领导弱化，党员干部党的意识缺失，党的建设缺失，党组织弱化虚化"等问题。

（一）基层党组织的政治核心作用"淡化"

"重发展，轻党建"是基层党组织不同程度存在的问题，有些基层党

---

* 本文获 2016 年全国金融系统思想政治工作和企业文化建设优秀调研成果二等奖。

组织片面理解"发展才是硬道理"，把业务发展当作"硬指标"，把党的建设当作"虚指标"，没有牢固树立"围绕业务抓党建，抓好党建促发展"的理念，削弱了基层党组织的政治核心作用。原因是多方面的：一是基层经营单位对加强基层党组织建设工作的意义认识不够，没有将其与经营发展相结合，而是将其视为孤立的、没有交集的两项任务；二是上级党组织的考核指标过于笼统，在具体实施过程中缺乏可操作性，以致基层党组织缺少工作抓手，党建工作缺乏统一标准；三是评价体系需要完善，党建工作评价占比较轻，从一定程度上决定了基层党组织在党建工作上的精力投入。

（二）基层党组织的战斗堡垒作用"虚化"

在金融系统独特的分支机构体系中，党支部处于基层党组织的核心地位，它既肩负着执行党的路线方针政策的任务，又承担着带领职工做好本职工作、完成发展指标的责任。支部委员会是党支部的核心力量，直接影响着党组织战斗堡垒作用和战斗力的发挥。有的党支部委员职责不清，党组织建设责任不明，参加组织生活多是被动的听、照本宣科的讲，缺乏工作主动性、积极性和创造性，未能充分"围绕发展建言献策、围绕支部中心工作"形成凝聚力和战斗合力。

（三）党员的先锋模范作用"弱化"

党员是一个窗口、一面旗帜，是群众的榜样标兵，是各项工作的先锋模范。实际工作中，有些党员不注重理论学习，理论功底不深厚，不善于运用马克思主义立场、观点、方法认识问题、分析问题，不善于运用科学理论指导工作；有些党员淡忘身份，不认真履行党员义务，不严格按党规党纪约束自己，对社会上的不良言论听之任之，对上级决策乱发议论，人际关系庸俗，讲私情不讲党性，讲索取不讲奉献，缺少大局观念，想问题、办事情习惯于从部门和个人利益出发，不能围绕中心和大局去思考和推进工作，不能站在群众和基层的立场换位思考，对上级要求和基层实际掌握不透，工作不接地气；有些党员服务意识不强，思想上有优越感，对待基层同志口大气粗，回答问题模棱两可、似是而非，对群众诉求不上心、不主动帮助解决，光说好话不办实事；有些党员工作不认真不扎实，怕吃苦怕受累，不下工夫研究业务，能力不足，办事拖沓，遇事拈轻怕重、缺少担当精神。

（四）基层党组织工作方法"固化"

基层党组织多是以会议、文件的形式开展学习教育，方法单一，成效不佳。"党的文件读一读、党章党规抄一抄，自我批评谈体会，批评他人谈希望"在有些党支部普遍存在。基层党建工作缺乏新颖性、系统性，无法满足党员尤其是年轻党员多元化、多形式的学习需求，党建工作缺乏活力。

二、创新研究增强基层党组织战斗力方式方法的意义

党的十八大报告指出："坚持创新发展，必须把创新摆在国家发展全局的核心位置，不断推进理论创新、制度创新、科技创新、文化创新等各方面创新，让创新贯穿党和国家一切工作，让创新在全社会蔚然成风。"党的十八届五中全会通过的"十三五"规划将"创新"置于五大基本发展理念之首。创新之于社会发展、党的建设、基层党组织战斗力研究具有重要意义。

李国华书记在《中国邮政储蓄银行 2015 年基层党支部规范工作示范建设工作总结》作出重要批示，要求在全行扎实有效地推进基层党支部建设，充分发挥党支部的战斗堡垒作用。2016 年邮储银行开展了以"打造一批领导班子过硬、党员作用突出、党内生活规范、组织保障到位的优秀基层党组织"为主要内容的"强基固本"建设工程。创新党组织工作载体、创新党建工作方法是增强基层党组织战斗力、做好新形势下党建工作的重要保障。

（一）创新研究，是发挥邮储银行政治优势的有力途径

国有企业作为全面建成小康社会的重要力量，是中国特色社会主义的重要支柱，是经济社会发展的重要保障，是党执政的重要基础，是加强和改善基层党组织建设的排头兵，坚持党的领导、加强党的建设是国有企业独特政治优势和政治资源。创新研究增强基层党组织战斗力的方式方法，有利于解决邮储银行基层党建工作面临的新情况、新问题、新挑战，把握新机遇；有利于按照"学党章党规、学系列讲话，做合格党员"的要求加强邮储银行基层党员的教育管理，有利于通过"政治生日"强化每个党员身份意识，切实发挥党员的先锋模范作用、切实发挥广大基层党组织的战斗堡垒作用、切实发挥邮储银行独特的政治优势。

（二）创新研究，是做好新形势下党建工作的必然要求

创新是探索—实践—修正—再探索—再实践的过程，创新是做好基层党建工作的不竭动力。总行"强基固本"建设工程以夯实全行党建工作基础为出发点，以全面提升基层党建工作水平为目标，是基层党组织建设的行动指南。创新研究增强基层党组织战斗力的途径，有利于探索培育基层党建工作亮点，有利于探索建立符合分行实际的党建工作新途径、新体系，有利于激发基层党组织的战斗力与凝聚力，推动"强基固本"建设工程各项目标保质保量完成。

（三）创新研究，是促进企业发展转型升级的重要保证

当前我国宏观形势进入新常态，经济下行压力增大，行业竞争加剧，邮储银行的改革发展也进入关键阶段。随着"引战上市"工作的开展，我们距离"建设大型零售商业银行"的目标更近了一步，但我们同时也要看到任务的艰巨性、道路的曲折性，需要全行干部员工统一思想、凝聚共识、汇聚力量。基层党组织要创新工作载体、创新工作方法，全面增强战斗力，充分发挥政治优势、组织优势和密切联系群众的优势，通过坚持党的领导，确保企业正确的发展方向和全行政令畅通；通过加强思想政治工作，确保企业改革发展所需要的稳定政治局面；通过加强组织建设，为企业发展提供坚强的组织保障；通过加强党风廉政建设和制度建设，营造风清气正的从业环境；通过加强企业文化建设和精神文明建设，凝心聚力，构建和谐发展氛围。

三、青岛分行党委增强基层党组织战斗力方式方法实践

近年来，青岛分行在深化改革、强化管理的过程中旗帜鲜明地坚持党的领导，坚持经营发展与党的建设两手抓、两手硬，党组织建设体制机制不断完善，为青岛分行的健康快速发展提供了政治保障。分行党委紧紧围绕党建中心工作，立足实际、着眼基层党组织现状认真分析，科学部署，针对如何"增强基层党组织战斗力"、"发挥党组织战斗堡垒作用"不断探索、创新实践，取得明显成效。

（一）细处着手，建立党建工作目标考核评价机制

1. 细化标准、量化指标，制定考评办法。为落实党建工作责任，形成责任明确、奖惩分明、客观公正、科学规范的党建工作考核评价机制，

青岛分行党委修订了《2016 年度青岛分行党建工作目标管理考核评价办法》（以下简称《评价办法》），制定了《青岛分行党建工作目标管理考核评价体系》（以下简称《评价体系》）。《评价体系》主要围绕党的思想建设、组织建设、作风建设、党风廉政建设、群团工作、企业文化与精神文明建设、重点及特色工作以及争先创优等 8 大板块重点工作展开，每一板块都制定了详细的考核评价标准，共计 126 项。《评价体系》将每一项指标通过分值予以量化，指导基层党组织把党建的"虚功"做实，"实功"做细，把"细功"做出成效，引导基层党建工作比照总行党建示范网点的经验做法"从无到有，从有到优，从粗到精，从参考复制到创新形式"，为基层党组织建立了科学化、合理化、完整化、体系化的"党建坐标系"，进一步统一了党建标准，确立了党建目标，明确了党建责任。

青岛分行党委书记、行长银青志在党的建设暨纪检监察工作会议上，详细解读党建工作目标管理考核评价办法和考核评价体系的逻辑架构和 126 条具体要求，为落实全面从严治党打下坚实基础。

2. 基层党建、经营发展，同等比例考核。青岛分行党委在年度党建工作会议上确立了党建工作与发展经营同研究、同部署、同实施、同考核的原则，《评价办法》对此进一步明确规定：基层党组织年度党建工作实行百分制考核，与经营双百分考评成绩各占50%测算出总成绩，并依总成绩对经营单位综合排名；党建工作考评不合格的党组织，取消参加青岛分行年度综合类评先资格，同时青岛分行党委对其领导班子约见谈话，并要求其制定切实可行的措施限期整改；对于党建工作考评结果为优秀的党组织予以奖励。《评价办法》将工作原则具体化、制度化、常态化，旨在通过提升党建工作比重、奖励与考核相结合的形式增强基层党组织服务经营发展、促进经营发展的能力，为经营发展提供强有力的思想保证、队伍保证和政治保证。

3. 督导检查、观摩学习，将制度落地落实。基层党组织以《评价办法》、《评价体系》为依据，按照序时进度和工作安排开展党建工作。青岛分行党委通过定期组织党支部自检自查，督促基层党组织及时总结党建工作；通过现场检查，帮助基层党组织解决工作难题；通过组织党建工作具体负责人现场观摩学习、交流工作感悟、分享工作经验，指导基层党组织拓宽工作思路、提高工作效率。

（二）高处定位，建立争先创优价值引导机制

《评价办法》与《评价体系》为基层党组织建设划定了标准，是党建工作的基本要求。青岛分行党委通过制定《青岛分行优秀党组织、优秀党员评比办法》设立更高目标，为基层党组织、广大党员争先创优提供价值指引。

1. 量化评选先进党组织。以《评价办法》、《评价体系》为依据，对基层党组织各项党建工作逐一量化，评分有据可查、评选公平公正。量化评选同时设立一票否决项、特色加分项，实现"定性"与"定量"的有机结合、"夯实基础"与"创新实践"的有机结合、"规定动作"与"自选动作"的有机结合，积极引导基层党组织充分发挥主观能动性开展党建工作，丰富工作载体和创新工作方式。

2. 综合考评优秀党员。青岛分行党委在"合格共产党员"基础之上制定"优秀共产党员"标准，通过对党员政治素质、理论学习、业务能力、模范带头以及在"强基固本"建设工程、"两学一做"学习教育中的表现等具体指标进行综合测评，通过评优树立典型。

3. 通过评先评优，完善基层党组织建设。围绕先进党组织开展经验介绍、座谈研讨、观摩学习活动，实现经验分享、复制推广，进一步统

一党组织建设标准；通过优秀党员先进事迹报告会，分享党员感悟，提升党性认识，营造党员模范带头、比学赶超、争先创优的良好氛围。

（三）提升能力，开展学习型基层党组织建设

青岛分行党委高度重视党员学习，把学习型党组织建设作为基本任务常抓不懈。青岛分行党委为每个党支部配发了习近平总书记系列讲话、党史哲学类文献、党务工作指导、党风廉政等多个领域的党建党廉经典读物六十余本，同时针对时政要闻、重要政治活动、重要讲话，整理汇编动态电子版学习材料，作为书籍的重要补充。为全面建设学习型党支部，为党员学习提供条件，各党支部设立了党员图书室、支部图书角、党员活动室，通过党组织配书、党员荐书的形式丰富图书数量，通过开展指定书目阅读、读书研讨、撰写读书笔记、读后感评选等活动，巩固读书效果，营造学习氛围。

行动源于思想，思想源于学习。青岛分行党委提出"四结合"学习法，以此提高学习效率。

1. 集中学习与个人自学相结合。开展集中学习有利于理论的系统性、看问题的全面性、联系实际的准确性；个人自学能够有效利用零散时间，激发个人主观能动性，而且能够针对知识薄弱点，联系自身实际需要，形成最有效率的学习模式。

2. 工作时间学习与业余时间学习相结合。建设学习型党组织就要把学习贯穿到党员工作生活的各个环节，培养党员挤时间读书学习的习惯，工作时间要学，业余时间也要学，通过读书学习培养高尚的道德情操、提升理论知识水平、提高个人综合能力。

3. 党支部学习与党小组学习相结合。基层党组织肩负着经营发展重任，广大党员、干部在金融服务的岗位上辛勤工作，由于岗位性质，有时无法按时参加党支部学习。党小组具有人员较少、时间灵活、方式多样的特点，通过党支部学习与党小组学习相结合的方式，为全体党员参与党组织学习创造了条件。

4. 理论学习与具体实践相结合。党的理论具有抽象性、概括性的特点，需要结合具体实践加深理解。青岛分行党委在落实"三会一课"制度、中心组理论学习制度、开展"两学一做"学习教育时尤其注重理论与实践的有机结合。青岛分行党委组织党员干部赴青岛蓝色硅谷参观学

习，通过图文影像、专家讲解、实物观摩、亲身体验等形式，进一步加深对习近平总书记在中央政治局第八次集体学习时关于"关心海洋 认识海洋 经略海洋"的讲话精神，对于青岛分行立足区位优势，服务海洋经济，树立大格局视野、前瞻性眼光，创新金融产品，贡献地方发展，具有重要的指导意义。各基层党组织充分利用当地资源优势，将理论学习的"课堂"搬到学校、工厂、纪念馆、博物馆、规划馆、教育基地，加深思想认知，巩固学习效果。

（四）以上率下，抓好领导班子建设

党支部是党组织的"细胞"，支部委员会是"细胞核"，对党组织正常机能的发挥起着决定作用，关系到党的领导作用和党的政治优势的发挥。

1. 建立"群众威信高、业务素质强、政治素质过硬、带头作用突出"的支部班子。青岛分行党委通过基层党组织选举报批，党委审核批复的形式，为党支部组建领导班子严把质量关。及时做好支部委员的改选、补选工作，保证支部委员齐全，确保党支部职能正常发挥。

2. 分工负责，齐抓共管，凝聚力量。青岛分行党委印发了《青岛分行党支部（总支）委员会及委员职责》（以下简称《职责》），《职责》在支部委员会集体决策领导的前提下，进一步明确细化了基层党组织、委员的职责分工，从组织生活召集到档案整理、从接收入党申请书到党员培养、从会议记录到党建宣传、从纪检监督到保障党员权利、从指导群团工作到建设支部文化做出明确规定。《职责》旨在通过明确责任分工，提升支部委员的责任意识，进一步增强基层党组织委员会的凝聚力和战斗力，切实抓好基层党支部建设。

（五）围绕发展，创新党员培养机制

1. 把骨干发展成党员，把党员培养成骨干。青岛分行党委通过积极培育"向党员看齐、向党组织看齐"的良好氛围，对业务骨干因势利导，积极发展他们加入党组织；对党员加强业务培训、确立更高目标，为其成长为业务骨干积极创造条件。

2. 立足岗位实际，加强党员教育。青岛分行党委着力加强党员教育，通过开展警示教育、案例通报、党员培训等形式加强教育、管理和监督，通过学习《十条禁令》与学习《自律准则》《处分条例》相结合、党员教育与业务培训相结合、党组织监督与客户监督、群众监督相结合的方式，强化规矩意识、纪律意识，培养造就一支素质过硬、业务过硬、党性过硬的金融党员队伍。通过开展"党员日"征求党员意见建议、通过党员"连心卡"倾听党员心声；通过以"政治生日"主题活动为载体开展党员志愿活动、党组织书记谈心、党员重温入党誓词、党员分享成长感悟、撰写"政治生日"感言活动，增强党员的政治身份意识、发展责任意识。

3. 选树典型，正向引导。青岛分行党委通过开展"民主评议党员"、"优秀共产党员评选"、"党员事迹报告会"、"党员示范岗、党员示范窗口评选"等活动，建立健全激励机制，积极宣传在普通岗位上辛勤付出、默默无闻、兢兢业业、用行动诠释党员先进性作用、用口碑赢得群众拥护的优秀党员，加强正向激励和价值引导，增强党员的荣誉感、使命感和责任感。

四、增强邮储银行基层党组织战斗力的思考与建议

青岛分行党委以"围绕中心，服务大局"为工作原则，以"增强基层党组织战斗力"为工作目标，以把党建工作"做实、做细、做出成效"为工作要求，科学部署，扎实推进，为青岛分行的健康发展奠定了基础。通过对基层党建工作方式方法的创新研究与探索实践，分行党委深刻体会到：

（一）必须把规范基层党组织基础工作作为工作重心

基层党建，关键在基础，重点是规范。基础工作要通过制度去规范，要通过标准来统一。通过建立考核机制，进一步提高基层党组织对基础工作重要性的认识；通过细化工作标准，为基层党组织提供工作抓手；通过量化评比、争先创优，为考核基础工作建立价值指引机制。只有规范了基础工作，夯实了党建基础，才能完成《党章》赋予基层党组织的基本任务，才能确保党建重点工作的效果，才能更好地形成思想共识、凝聚发展力量，才能充分发挥基层党组织的战斗力。

（二）必须把充分发挥党员的先锋模范作用作为重要途径

发挥基层党组织战斗力，党员是关键。从"三严三实"专题教育到"两学一做"学习教育，中央将教育对象由"关键少数"转向全体党员。

在实际工作中，党员要通过主动"亮身份、亮牌子、亮承诺"牢记使命与责任，党组织要通过"争先创优"机制选树典型，积极宣传在平凡岗位上默默奉献、兢兢业业、敢于担当、不畏艰难、努力工作、拼搏奉献的优秀党员，积极营造"向党员看齐，向标兵看齐"、"比业绩、比技能、比作风"的良好氛围，打造一支"关键时刻豁得出、拼得上、打得赢，政治素质过硬、业务技能过硬、综合能力过硬"的金融党员队伍。

（三）必须把党建工作成效转化为促进经营发展的不竭动力

中央提出"一心一意谋发展，聚精会神抓党建"，基层党组织"围绕中心，服务大局"开展党建工作。基层党组织要通过学习党的理论知识加深对国家政治经济政策方向的理解与把握，准确定位发展目标，进一步统一认识；要通过学习党纪法规增强合规经营的意识，防控经营风险，进一步统一思想；要通过党员培养教育建立强有力的金融人才队伍，筑牢战斗堡垒，进一步统一行动。要通过加强党的建设、通过增强战斗力，充分发挥基层党组织的思想优势、政治优势和组织优势，为邮储银行的持续健康发展提供不竭动力。

自 2008 年成立以来，邮储银行青岛分行始终秉承"进步 与您同步"的文化理念，坚持服务"三农"、服务中小企业、服务社区的市场定位，取得了卓越的发展成绩。近年来，青岛分行全面加强党的建设，着力夯实党建基础，充分发挥党建文化的示范引领作用，以"客户至上，员工为本"为文化价值核心，打造"以客户为中心的服务文化，培育以员工为根本的发展文化，坚持以制度为中心的管理文化"的企业文化体系。青岛分行获评 2015—2016 年全国金融系统企业文化建设先进单位、山东省文明单位荣誉称号，所辖 11 个一级支行分别获得青岛市文明单位、青岛市文明单位标兵荣誉称号。

浅议城市商业银行企业文化建设

——以哈尔滨银行大庆分行为例

杨冠男[*]

自 20 世纪 90 年代中期以来，我国城市商业银行已经稳步发展成为促进社会经济繁荣的一支重要力量。当前，我国金融体制改革逐步进入深水区，各种新旧矛盾交织出现，城市商业银行纷纷转变传统经营理念，加强产品和服务创新，探索多元盈利模式。作为人本管理理论的企业文化，具有目标导向功能、激励功能、约束功能等，可以充分调和各种冲突，促进员工为了共同目标而共同奋斗，作用显著。

一、城市商业银行企业文化建设现状简述

（一）城市商业银行企业文化建设取得的成绩

1. 逐步建立了统一的组织与识别形式。组织形式上，完善了公司治理，将企业文化渗透到系统中，专门、专职、专人负责企业文化的建设、管理。识别形式上，推出统一的服装、行徽行标等 LOGO、网点内部装修模式等。

2. 逐步建立了以人为本的企业文化。对内，实行人性化管理，开展各类文体活动，打开晋升通道，提高员工素质，培养归属感。对外，坚持以客户为中心，进行产品创新、流程创新，整合内外部资源，为客户提供优质、高效、快捷的金融服务。

---

* 哈尔滨银行大庆分行。本文获 2016 年全国金融系统思想政治工作和企业文化建设优秀调研成果二等奖。

3. 逐步建立了较为完善的风险管理体系。不断加强内部控制，逐渐完善风险控制的相关规章制度和监督与评价机制，对授权管理、资金划拨、业务流程等进行规范、统一，并加强执行规章制度检查和处罚力度，从而实现风险管理的闭环。

（二）城市商业银行企业文化建设存在的短板

1. 拘泥传统。由于地处一隅，相对偏僻、封闭的特性，以及文化水平、工作阅历、审美品位等差异，造成个别员工思维的局限性，对企业文化的理解与执行存在盲点，对价值理念、精神层面等内容的理解与构建还过于肤浅。

2. 流于形式。一方面，面对变革转型的紧迫任务，城市商业银行的决策层和领导层，对企业文化的重视程度不够。另一方面，或是将企业文化等同于文体活动，并将企业文化理念停滞于文本上，简单粗暴地要求员工对标语、口号、语录进行死记硬背；或是花费大量的人力、财力向社会推广银行形象，而忽视了企业文化"内化"的作用。

3. 保障不够。主要是体现在部分城商行上层机制、体制方面。文化体系应该是自上而下创建的，由于上层的资源匹配、指导能力等因素，缺乏地区差别化的策略，在统一性和差异性上没有明确的界定，缺少清晰的制度导向，致使作为子体系的分支行在一定程度上对于企业文化建设的多元化还较为薄弱。同时，由于企业不可逆的逐利性，导致企业文化建设存在着短期行为。

二、哈尔滨银行大庆分行企业文化建设发展脉络及启示

哈尔滨银行大庆分行（以下简称大庆分行）自 2010 年成立以来，各项业务规模市场占比持续递增，可以说企业文化是其制胜的一大法宝，没有优秀的企业文化就没有大庆分行取得的诸多成绩。在这一过程中，以人为本、客户至上、风控为先、开拓创新等哈行文化、大庆精神，对我国城市商业银行尤其作为金融机构主体的分行层面具有较好的借鉴作用。

（一）哈尔滨银行大庆分行企业文化建设发展脉络

1. 文化萌芽阶段（2010—2011 年）

大庆分行在成立之初的首要任务就是谋求生存和发展，因此初始阶

段的文化主要是创业文化。

创业伊始，大庆金融市场竞争异常激烈，老牌银行在这个资源丰厚的城市已是遍地开花。作为"新兵"，客户对哈尔滨银行的认知度近乎于零，绝大部分员工又都是从校园招聘的大学生，在思想认识、营销经验上都存在相当的差距。面对内忧外患，分行领导层当即从转变观念入手，确立了"营销立行，风控治行，文化兴行，创新助行，廉政带行"的发展理念，坚持融入地方、支持"中小"、服务"三农"、贴近百姓。同时，为尽快走上规范发展的道路，分行在 2011 年初开展了"三讲三比"活动，号召全行员工讲素质、讲文明、讲奉献，比成长、比技能、比贡献，激发了全体员工以行为家的奉献意识，通过上下同心、艰苦努力，实现了业务规模、经营效益的稳健增长，达到了生存发展的起初目标。

2. 文化培育阶段（2012—2015 年）

如果说，大庆分行在创立初始的企业文化建设更多的是一种下意识的行为，那么随着经营发展的推进，业务规模的扩大，社会影响力的提升，分行管理层愈加充分意识到企业文化的重要作用，先后于 2012 年提出"四看四感四力"（回头看、侧身看、横向看、纵向看；责任感、紧迫感、荣耀感、合作感；核心力、向心力、凝聚力、导向力），使全行整体形象和盈利水平显著提高；2013—2014 年提出精细化管理理念以及"五找五问"（找原因、找差距、找标杆、找路径、找动力；每一位干部员工都要扪心自问，有没有奋发做事的激情、大局至上的意识、勇于担责的气魄、高效服务的作风、干事创业的本领），使全行管理水平节节提升。经过四年多的培育，分行初步形成了四大文化内涵：

（1）诚信文化

通过体系的学习教育，推进员工价值观培育，形成全员诚信意识。开展了形势政策教育和思想政治教育工作，积极宣传"公平正义、诚信友爱"的价值追求，先后组织参观大庆监狱、铁人纪念馆、观看警示教育片，并围绕党的群众路线教育实践活动、"三严三实"党课教育，开展了献爱心、提建议、当先锋等一系列活动，力求将诚信文化建设渗透于经营管理的各个方面。开展了"道德讲堂"建设，组织员工学习道德模范，通过身边人、身边事的形式讲述道德事迹，诠释道德内涵。有计划地组织干部员工阅读有益的书籍，交流感想，在看、读、思、写的过程中引发思考，启迪心智。此外，还积极响应当地人民银行、银监部门的号召，持续开展金融消费维权活动、打击非法集资活动、反洗钱宣教活动、金融知识万里行活动等，引导消费者熟练运用银行金融服务。

（2）风险文化

高度重视。紧紧围绕风险管控工作，成立了领导小组，进一步完善岗位设置，明确每一个岗位的职责、权限，强化控制措施，相互制约、相互控制，防止出现控制真空，产生风险。在全行开展"学先进，树标杆，找差距，强管理"活动来增强全员的危机感；在高管层通过内控管理和互评交流活动来激发内控管理的自觉性；在员工中通过开展"学规章，守纪律，重风险"教育来凝聚全行风险管理的正能量，为全行风险管理工作奠定理论基础。

加强基础管理。不断严格规范全行财务核算、资产管理、物资招标等基础性工作。强化会计管理的作用，突出公司结算、资金头寸、同业账户等重点环节。此外，指定专人负责开展制度汇编工作，促进企业向科学化、规范化、制度化、精细化管理迈进了一大步。深入推进纪检监察工作，突出科学技术的支撑作用等，逐步地完善了基础管理体系建设。

启动合规文化建设。制订、下发活动方案，征集合规文化宣传语近百条，并以"合规文化每日一语"的形式在办公群上向全体员工发布，举办"合规在我心中"主题知识竞赛、演讲、征文等活动。同时，以宣传板和展架的形式在分、支行进行多角度、全方位的宣传，营造了浓厚的合规文化氛围，形成了"人人讲合规、处处显合规"的良好态势。

开展各类自查。相继对成立一年以上的分支机构进行全面合规检查，对不规范业务流程及操作实施预警，防范操作及案件风险；开展"四项制度"的落实执行和员工异常行为排查，加强重点岗位员工岗位轮换；坚持员工家访制度，深入了解员工8小时以外的生活状况，防范员工道德风险；着重对涉密文件、计算机等开展保密自查工作，确保信息安全。同时，针对查处的问题深入分析原因，制定整改措施，并对违规责任人从严从重处罚。

增强应急能力。积极组织实践演练防范风险，对涉及风险隐患的部门及支行制定全面的风险应急预案，及时组织实施，包括生产应急预案、防火、防盗抢等多项预案，坚持"一把手"负责制，对外统一口径等相应措施，进一步增强了员工的应急意识，提升了突发事件的快速反应能力。

经过努力，大庆分行连续实现零案件、零事故，风险管控工作基本实现了覆盖全员、覆盖全流程、覆盖全业务类别、覆盖全机构。

（3）服务文化

强化监督，严格考核。抓培训。高度重视员工队伍建设和提高员工的业务素质，采取优秀员工讲解、小组讨论、以师带徒、以老带新、邀请行内外老师授课等形式，不间断的培训和考核，坚持每周一测试理论、周二考核技能，尽快提升员工业务处理能力和服务水平。持续开展"强化培训月"活动和"应知应会"知识技能考试，激发学习热情，形成"比学赶帮超"的学习氛围。抓落实。建立了行领导轮流值周制度，每周由一名行领导带领部门负责人对全行劳动纪律、工作环境、工作作风、优质服务情况进行督促检查，对发现的问题立即进行整改。同时，采取"学习—辅导—检查—座谈—整改—处罚"的递进式管理方式，全面提升规范服务水平。定期组织全员开展服务大讨论，总结缺点，发扬优点，不断在实际工作中摸索服务的技巧。抓考核。建立了《柜面业务操作管理办法》，进行规范化管理，明确规定办理各种业务的最长时间。鼓励柜员在保证服务质量的前提下，不断提高工作效率，做到"多、快、好、准"。通过举行业务技能比赛和服务竞赛，对优秀员工给予奖励，对成绩不达标的员工进行处罚，让他们认识到差距，感受到压力，提升全行的服务水平。通过明察暗访、先优评比等一系列活动的深入开展，一线窗口的服务意识明显改观，服务面貌焕然一新，以客户为中心的理念得到全面深化。

注重细节，善待客户。给客户家的感觉。开展"他行服务体验对标找差"和"金点子建议"活动，对办公环境进行完善，设置了VIP、爱心服务等窗口。同时，增加了电子回单柜、95537免播直通电话、擦鞋器、雨伞架、饮水机等便民设施，在大厅播放轻音乐、在柜台上摆放鲜花，为客户打造设施齐备、环境温馨的服务环境。通过不断优化服务环境，给客户带去了舒适和亲切，得到了客户一致好评。向客户传递快乐。坚持"五心"服务原则，对年轻的顾客细心、对老年顾客关心、对急性顾客耐心，对特殊顾客贴心、对挑剔顾客热心。坚持"攻坚持久、抓紧抓细、不怕疲劳、天天督查"的工作理念，带着感情工作才能有效率，用情服务才能见成效，分行员工每天都以阳光的心态、发自内心的微笑和快捷的服务迎接客户，随时随地将好的心情传递给客户，让客户切身感受到在哈尔滨银行办理业务是一种享受，也是一种快乐。送客户贴心服务。始终注重培养员工的细节服务意识，从营业环境到员工的仪表言行都给予特别的关注。重礼仪：聘请大庆市政府高级礼仪顾问对全体员工进行职业礼仪培训。各个支行营业部负责人利用晨会时间检查柜面人员的着装、发型和工牌的佩戴情况，通过录像、现场指导、晨会纠正等方式强化日常服务礼仪，包括语气、仪容仪表、站姿、坐姿、英文对话、哑语交流等，使员工在工作过程中语言文明、举止得体，有效提高了服务技能。重语言：编制并学习《文明服务规范手册》，秉承"三声两站一双手"的服务承诺，开口营销、面带微笑服务，打造服务特色品牌。重行动：当客户进门的时候，大堂经理都会热情打招呼，客户等候时间长抱怨时，都会去安抚；每当遇到老年人、残疾人，都会主动去搀扶，开通绿色通道，优先为其办理业务。

建行以来，分行及所辖机构先后荣获了市级"青年文明号"、省级"文明服务规范先进单位"、省级"青年文明号"等荣誉称号。

（4）人本文化

构建和谐班子。坚持行务公开，不搞"一言堂"，尤其是对业务发展指标、干部选拔、采购招标以及员工福利等重大决策问题，均通过集体协商，保证真实、有效。重视培育"正气"，传递"正能量"，班子成员在理解中增加信任，在配合中增强团结，形成了敬业奉献、弘扬正气的风尚。同时，设立了行长热线和行长信箱，进一步畅通广大干部员工尤其是基层员工民主监督的渠道。

加强廉政建设。结合金融行业的特点和实际，组织各级领导干部、高管人员，包括个金、公司、小企业务等条线从业人员，或到监狱进行警示教育，或在培训中将廉洁从业作为第一课，或开展廉洁从业知识竞赛等，在全行初步确立了干部廉洁从政、员工廉洁从业的作风意识。

打造干部队伍。结合青年员工多、业务水平不均衡等实际情况，坚持内升为主、外引为辅的原则，搭建发展平台，畅通晋升渠道，能者上、平者让、庸者下，积极组织开展机关专业岗位人员竞聘等各类公开竞聘，为优秀人才的脱颖而出创造了空间；尤其是高度重视年轻人才的培养，大胆起用年轻干部，目前已有30多名优秀大学生陆续走上了关键管理岗位。按照公开公平公正的原则，积极做好校园招聘和丁香班招聘工作，储备人才库。打开绿色通道，从同业引进有经验、经历的专业型、资源型人才，充实员工队伍，为分行发展提供人才保障。

提倡有效学习。一方面，注重培养团队精神，以会代训传递正能量，与员工谈心、交流、分享心得，自上而下开展"每周一训"，组建内训师队伍，建立学习型组织，尤其重点加强中层干部领导力、人才库人员专业素质、一线员工技能的培训。目前，分行员工年均培训超过100学时，具有特色的"乐学静思、知行合一"的学习文化正在逐步形成。另一方面，创新学习形式，顺应新媒体发展的潮流，在系统内率先提出"微营销、微学习"理念，创建"油城哈行人"微信群，通过分享资讯，实时通报，传递正能量，广大员工间交流提升、乐学融动。

有效的绩效激励。全行广大员工为创业发展付出了大量的心血和努力。为此，分行高度重视绩效考核，坚持公平、公正，根据员工个人工作的效率和成绩，以及工作奉献的多少来决定薪酬配比，激励员工提高自己的工作效率，努力提高工作成绩。尤其是在薪酬待遇上，通过加快发展，通过增收挂效，使员工最大限度地分享了改革发展的成果。

关爱员工，回馈社会。一方面，在"合文化，心服务"引领下，相继举办了征文、书画、摄影比赛、发展成果图片展、"文化使者"选拔竞赛以及各类知识竞赛，打造了员工文化和工作交流平台。同时，充分发挥党工团作用，组织健康检查、野外拓展、送温暖等活动，强化了员工的归属感和荣誉感。另一方面，始终保持着对公益事业的热忱，多年来，相继开展了尊老、爱老、敬老社区公益演出、"助力寒门学子"、捐助林甸县贫困小学生、为肇源洪灾区捐款捐物等一系列活动和善行义举，用行动回报社会，感恩客户。

3. 文化发展阶段（2016年至今）

经过婴儿期、青春期的积累，如今的大庆分行步入了成长期，正在不断吸纳养分，释放活力。2016年，分行提出了"重拾铁人创业精神，再展油城哈行风采"以及"激情，执行，务实，真诚"的工作理念，持

大庆分行开展"尊老、爱老、敬老——常回家看看"公益演出

续开展精细化管理。在机制体制上，创造"业绩为王"、"向奋斗者倾斜"的价值导向，搭建了"铁人计划"人才培养体系，建立了打破职级界限、管理序列员工能上能下的用人机制，完成了分行团队的重新整合，制定了支行、团队、部门、员工的绩效考核机制，实现了以责任定待遇，以贡献定待遇。在文化活动上，以"快乐工作，健康生活"为引领，成立哈跑e族俱乐部，相继组织参与了哈尔滨国际马拉松、大庆国际马拉松、上海线上马拉松活动，为员工发放手工制作的传统月饼，举办了首届哈行铁人杯羽毛球比赛，创建了"油城哈行"行报。

　　未来一段时期，大庆分行都将致力于不断延展、丰富企业文化的内涵，传承"不怕困难，敢于胜利；不甘落后，敢于争先；不拘传统，敢于创新；不固守田园，敢于向外，向国内、国际去发展；不故步自封，敢于检讨自身存在的问题；不怕不可能，敢于追逐梦想；不单纯追逐利润，更注重以人为本的亲情文化"的哈行精神和文化，发扬"没有条件，创造条件也要上"的铁人精神，为实现"特色鲜明、创效增效、努力晋位，全面形成大庆分行核心竞争力"这一愿景，为实现哈尔滨银行"综合化、特色化、集团化、国际化，境外和境内上市的金融控股集团"这一伟大事业，倾尽所能，放手一搏，脱颖而出，扬长而去！

哈尔滨银行大庆分行

　　哈尔滨银行大庆分行于 2010 年 10 月 26 日正式挂牌运营，截至 2016 年末，分行下辖 1 家营业部、5 家城区支行、1 家县域支行。在总行的正确领导和社会各界的大力支持下，充分发挥自身优势，不断提升服务能力，积极融入地方，努力践行责任，助力"中小"，服务"三农"，有效满足了各类客户日益多元化的金融服务需求，有力支持了地方经济建设，并相继获得了大庆市工商联授予的"中小企业金融工作先进单位"、中国人民银行大庆市中心支行授予的"中小企业信贷培育先进单位"、大庆市新闻传媒集团授予的"最受欢迎中小企业伙伴银行"等荣誉。

　　（二）哈尔滨银行大庆分行企业文化建设的有益启示

　　1. 城市商业银行企业文化建设要内化于心

　　（1）超前谋划。坚持以经营活动为中心，战略与文化相契合，拓展新思路，确定企业文化建设的中长期计划，规划重点突出、层次分明的模式框架，结合实际，逐步推进，形成企业文化建设的合力。

　　（2）转型创新。一方面，要改变守旧、呆板的模式，创造鲜活、多样的方式、方法，与经营工作相融合，做到点面结合。另一方面，发扬企业优良传统，学习借鉴先进银行成功经验，融会贯通，丰富内涵，洋为中用，古为今用。

　　（3）营造氛围。人是社会精神财富的创造者，城商行企业文化建设必然离不开人的主观能动性，因此要重视员工的幸福感和满意度，完善绩效、增强培训、表彰先优、做好职业生涯规划，树立目标、丰盈人生、创造价值。

　　2. 城市商业银行企业文化建设要外化于行

　　（1）外化于物。对外，时刻彰显客户至上的理念，加强硬件环境建设，建立 VIP 室、理财室，开辟快速通道，处处体现温情、周到、优质的服务理念；对内，坚持以人为本，改善办公环境，设置乒乓球室、更衣室、办好食堂等，关心员工工作、生活，体现人文关怀。

　　（2）思想教育。要紧跟政治大局，强化廉政教育，以正面典型激励和反面典型警示的方式，引导员工树立正确的人生观念、提升道德水平、规范行为举止、严格业务操作等，使企业与员工的价值观水乳交融、释放活力。

（3）塑造品牌。实施名牌带动战略，把政治性、时代性和银行个性有机地结合起来，培育团队精神，全面增强企业的创新力和竞争力，打造独具特色的企业精神。

3. 城市商业银行企业文化建设要强化于制

要保证企业良好运行，必须用"尺子"量，用"镜子"照，健全各项规章制度，着重建立严密的风险内控体系，使全体员工坚持质量意识、合规意识。建立科学的考核激励机制和收入分配机制、学习机制等，激发员工能动性。加大制度宣讲、检查督促等，促进制度转化为文化、转化为员工自觉的内心需求。同时，领导层要身先士卒，以身作则，带领员工践行好每一项制度，确保企业文化建设工作落地、生根、开花、结果。

三、城市商业银行企业文化建设路径及措施

（一）城市商业银行企业文化建设的基本原则

1. 坚持文化是根

没有文化，企业就是无本之木、无源之水。企业文化建设的目的是为了凝聚力量，转化生产力，从而提高经营业绩，为长足的发展提供源源不断的活力与动力。因此，企业文化建设必须扎根于群众，接地气，引导人、激励人，对内增强凝聚力，营造和谐氛围；对外产生积极的效应，感染客户、吸引客户，从而增强核心竞争力。

2. 坚持文化是魂

没有灵魂的人是行尸走肉，企业亦是如此。比较而言，城市商业银行与其他先进的、成熟的同业机构之间还存在一定的差距。随着竞争压力及市场经济环境的转变，必须坚定文化灵魂导向作用，赋予鲜明的时代气息，结合"中国梦"，提倡艰苦奋斗、艰苦创业等优良传统，充分调动员工的积极性和创造性，从多层面引导和激励广大员工，保证既定目标的实现。

3. 坚持文化是脉

古语有云："血脉流通，病不得生。"企业如人，只有打通每一条筋脉，使得"文化血液"流畅，企业这棵大树才能枝繁叶茂、基业长青。

国务院总理李克强2014年3月5日在十二届全国人大二次会议上作政府工作报告时说，要让金融成为一池活水。作为提供金融产品和服务的银行机构，在加强企业文化建设的过程中，就必须注意灵活性、差异化，就必须与时俱进，不断动态的调整，根据不同发展阶段随时充实、完善企业文化的内涵，从上到下、自内而外，畅通无节点的脉络，保持有力的脉搏跳动，形成无阻碍的有效循环体系。

（二）城市商业银行企业文化建设的具体措施

1. 以人为本

（1）加强人才队伍建设。通过严格选拔，建立完善经营管理、专业技术和技能操作人才后备库。通过学习培训、交流轮岗、挂职锻炼、从事重要专项工作等多种形式重点培养、打造领军人才。加强支行领导班子建设，逐步优化年龄、知识和专业结构。按不同业务条线进行定向培养，打造一支业务素质高、营销能力强、管理经验较丰富的支行高管后备队伍。加大优秀同业人才的引入力度，扩大社会招聘人员的占比。

（2）推进薪酬绩效体系。以岗位薪酬为基础，以绩效薪酬为核心，坚持多收多挂、效益优先的绩效分配原则，实现人工成本费用的自我约束和自我管理。丰富薪酬分配策略，将员工绩效工资与岗位职责、绩效考核结果和岗位差异三个要素紧密结合，增强企业内部分配的公平性。

（3）建立特色的教育培训体系。重视智力投资，以支撑业务发展为中心，以高管人员、专业人员、营销人员和营业人员为重点，分级分类大力开展全员培训，实施全员素质提升工程，不断提高全员综合素质。同时，加大研究式、案例式教学力度，不断加强培训工作的创新。

（4）构建和谐。充分发挥党政工团组织在企业文化建设中的重要作用，积极组织开展文明单位创建、"青年文明号"等文明创建活动，以及"送温暖工程"、"职工之家"建设、业余文体等各类活动，团结、引导广大员工爱岗敬业、奉献企业。

（5）弘扬企业楷模。建立奖状墙、展览室、专栏，展示历年获得荣誉称号的集体和个人图片，着重分享好经验、好做法、好心得，充分展示员工精神风貌，弘扬正面价值观。

2. 提升服务

（1）深化服务内涵。大力推行示范网点、旗舰网点建设，提高客户忠诚度。牢固树立"以客户为中心"的服务理念，维护好客户关系，实现以产品为中心的销售模式向以客户为中心的销售模式转变。坚持交叉销售，注重团队协作，实现由单一业务的发展向多项业务联动发展的转变。坚持"大堂制胜"，通过晨会、夕会制度，建立以网点为阵地的销售模式，逐步实现单点综合销售能力的提升。

（2）规范服务标准。根据市场发展的实际要求，全面推行规范化服务。切实加强网点规范化服务管理，加大检查力度和频次，充分利用监控、行风监督员、第三方神秘人调查等方式，对网点服务进行检查。同时，加大员工尤其是一线窗口员工的服务水平和服务礼仪培训，从文明用语到着装、用品定位摆放等细小处做起，细化服务流程的各个环节，并严格执行。

（3）提升服务能力。加快网点建设步伐，积极推进电子银行业务发展；强化营销体系建设，不断提高专职营销队伍比重；围绕品牌建设，开展统一的企业品牌宣传和产品宣传，加强媒体、网点等宣传载体的利用，不断提高社会知名度和公众影响力。

3. 强化管理

（1）加强认识。随着经济全球化、一体化，随着科技手段的现代化、创新化，尤其是与国际接轨，跨地区经营、分权管理的趋势更加明显。因此要站在战略的高度、哲学与辩证的角度，增强对企业文化建设的认识，增强员工主人翁意识，与企业同呼吸、同生存、同成长、同发展，实现"人企合一"、"血肉相连"。

（2）加强交流。一方面，加强思想交流，改进工作作风，领导层要相互沟通交流，接纳彼此的思维、理念，形成合力。领导与员工之间，要相互尊重，尤其是领导层要多主动与员工沟通交流，多倾听意见建议，要善于用真情、用诚挚来化解矛盾，借助员工的力量和智慧，解决困难、难题。另一方面，更加深入地融入地方，立足实际，结合自身优势特点，进一步巩固核心竞争优势，并以这些优势领域为牵动，形成整体联动、相互促动的发展格局。以践行社会责任为切入，进一步拓展和深化与地方各界的战略合作，进一步打造发展的大好平台，实现经济和社会效益的双丰收。同时，注重吸收同业的好经验、好做法，取其精华、去其糟粕。

（3）加强监督。努力形成职责清晰、监督有力、精干高效、保障发展的工作体系，结合企业文化建设的实际情况，着眼于严，立足于治，严格要求、严明制度、严细执行、严加防范，心治、术治、制治、法治，在推广和实践企业文化的过程中，及时发现问题、解决问题，推进企业文化建设落地。

总之，城市商业银行企业文化建设是一项任重道远的系统工程，只要我们牵住"牛鼻子"，坚持与时俱进，加强研究和应用，就一定能够应对激烈的挑战和压力，使企业文化成为城市商业银行不断创新与发展的源泉与动力，有效推动企业科学发展、和谐发展、跨越发展。

中国传统优秀文化在金融行业（企业）文化建设中的传承与发展

王慧鑫[*]

中国传统文化是中华民族智慧的结晶，是民族历史上道德传承、各种文化思想、精神观念形态的总体。在经济新常态背景下，中国传统文化对现代企业文化，特别是金融行业的文化建设仍然发挥着巨大作用，如中国银行业在历史中形成的创业观念、学习风气、牺牲精神等都深深包含了中华民族文化的底蕴，是中华民族的历史遗产在金融行业中的展现。因此在金融行业文化建设过程中，要重视对中国传统文化进行创造性传承和发展，以赋予传统文化新的时代特征，也为金融行业的发展注入新的动力。

一、中国优秀传统文化在金融企业文化建设中的作用

中华民族在漫长的历史长河中孕育了优秀的传统文化，中华民族传统文化，是民族历史上道德传承、各种文化思想、精神观念形态的总体，对金融企业文化建设发挥着巨大作用。

（一）中国优秀传统文化有助于员工树立正确的价值观

价值观是企业文化的重要组成部分，中国传统文化能够帮助员工树立正确的世界观、人生观和价值观，有助于培养员工的忠诚度，促进企业和谐，中国传统文化中"以人为本"的理念，有助于树立企业诚信；

---

* 天津银行北京分行。本文获 2016 年全国金融系统思想政治工作和企业文化建设优秀调研成果二等奖。

勤奋、自省精神有助于员工提高自爱自重意识；儒家的"君子"人格思想，有助于员工提升其人格品位，树立正确的价值观念。

（二）中国传统文化有助于培养员工的忠诚度

"忠"即忠于职守、勤奋努力。忠诚的思想有助于使员工树立恭敬谨慎的工作态度和奉献精神，增强企业的凝聚力。在金融企业中，员工的忠诚敬业、严于律己是企业宝贵的财富，更是企业发展的坚定基石。因此企业应将中国传统文化渗透到企业文化中，使员工注重"修己养性"、"内省自律"，使员工的基本素养不断提高，只有这样，企业才会拥有良好的凝聚力和竞争力。

（三）中国传统文化有助于企业奉行"以人为本"的理念

"以人为本"是中国传统文化的基础，是指在企业管理中，要以人为本，尊重人才，重视人才的培养，充分调动人才的积极性和创造性，从而达到人尽其才，才尽其用的目的。在金融企业管理中，要想拥有优秀的创新型人才来推动企业发展，必然要求企业树立以人为本，唯人兴业的理念，将员工的利益、客户的利益放在企业利益之前，从而更好地改善员工的工作效率和工作质量，使企业获得长久的竞争力和凝聚力。

二、金融行业文化建设

（一）现代金融业的发展现状

金融业经过长时间的历史演变，从古代社会比较单一的形式，逐步发展成多种门类的金融机构体系。在现代金融业中，各类银行占有主导地位。现代商业银行一般都综合经营各种金融业务，经营手段已十分现代化，电子计算机和自动化服务已相当普及，并且，互联网金融、大数据的迅猛发展，现代金融面临新的机遇和挑战。

随着金融体制改革的不断深化，作为特殊行业的金融业面临的市场竞争越来越激烈。银行要想赢得竞争权，仍在粗放外延扩张上做文章，就难操胜券，必须实施文化策略，用一种昂扬向上的理念去支撑银行经营管理，完善金融服务，提高员工素质，提升竞争层次与竞争品位，从而获得长久、强大的竞争力和发展后劲。这就需要建立现代金融的企业文化。

（二）文化建设对于金融行业的重要性

文化建设对于任何一个行业都是非常重要的。IBM 咨询公司对世界500 强企业的调查表明，企业出类拔萃的关键在于具有优秀的企业文化，它们令人瞩目的技术创新、体制创新和管理创新根植于其优秀而独特的企业文化。企业文化是它们位列世界 500 强而闻名于世的根本原因。哈佛商学院通过对世界各国企业的长期分析研究得出结论："一个企业本身特定的管理文化，即企业文化，是当代社会影响企业本身业绩的深层重要原因。"这个观点对传统的经济学产生了极大的冲击和深刻的影响。文化是经济发展的深层推动力，用文化手段促进国际贸易，已经成为西方发达国家的"国际营销艺术"。在产品质量达到一定程度时，对产品的市场地位和由地位决定的价位，以及产品的市场销售量，发挥重要决定作用的是产品自身的文化含量。经济活动往往是经济、文化一体化的运作，经济的发展比任何时候都呼唤文化的支持。任何一家想获得成功的企业，都必须充分认识到企业文化的必要性和不可估量的巨大作用，在市场竞争中依靠文化来带动生产力，从而提高竞争力。有文化的企业未必都成功，但没有文化的企业注定不会成功。

"每一家公司现在都必须分析其文化，这不仅会加强本身的竞争地位，虽然这已经是充分的理由，而且还因为我们国家未来的财富要由公司文化来决定。"这是美国学者劳伦斯对企业文化作用的一段论述，当然这同样适用于我们的金融企业。那么企业文化的核心又是什么呢？应当是价值观，所谓价值观就是企业全体员工所共同认可并遵守的价值取向和信念，金融企业一方面要面对激烈的市场竞争，另一方面又面临着巨大的经营风险，尤其像银行这样的金融企业都有着为数众多的分支机构，它们分布在全国各地甚至全球，如何让各个分支机构统一于企业的整体目标而又有充分的灵活性就成为金融企业管理者所面临的两难选择，企业文化中的价值观为我们提供了一条出路，如果企业所有成员遵守共同的价值观，并以此为最高工作准则，那么就可以达到提高效益减少风险的目的。价值观的建立和确定是要经过长时间的磨合，这其中传统文化对企业确立价值观有着举足轻重的影响。

（三）金融行业文化建设基本内容

简言之，企业文化就是企业在长期的实践中逐渐形成的某种文化观念和历史传统，具有共同的指导思想、道德准则、价值取向、行为规范、思想信念、群体意识、经营目标、努力方向等。其内涵主要包括三个方面：讲求经营之道，培育企业精神和塑造企业形象。

1. 经营目标文化

效益观念是金融行业主导的价值系统，更是金融文化管理模式的核心和支柱。价值观是任何一种企业文化的基石，是任何一家银行成功的精髓。它为所有员工提供了一种走向共同方向的意识，给领导决策行为提供了指导方针。金融行业以效益性、安全性、流动性作为经营原则，这就给我们提出一个经营目标文化问题。在社会主义市场经济体制下，银行的经营目标应包括：战略目标、近期目标、物质文明建设和精神文明建设目标、整体目标和个体目标，这是金融自身发展的要求和任务。

2. 金融精神文化

鲜明的金融精神，是做好各项工作的精神支柱，是金融文化建设的重要内容。它是金融业在实际工作中，为谋求自身的生存和发展逐步形成的，反映从业者的共同追求，共同志向，共同决心，具有金融特色，体现着优良服务的传统和作风，体现着恪守信誉，秉公廉洁，竭诚服务，艰苦创业的精神风貌。

3. 经营管理文化

金融经营管理文化，产生于金融业的经营管理之中，作用于金融的经营管理，是银行管理的高层次，主要是指以"人"为中心，以"人"为本的管理。在金融业的经营管理文化中，管理的核心就是要想办法努力提高人的素质，激励人的因素，发掘人的潜能，调动人的积极性，发挥人在金融业各项工作中的作用。坚持以"人"为中心的管理，就是要把"人"的作用发挥当作第一生产要素，培养金融员工积极热情向上的精神风貌，增强员工的主人翁意识，最大限度地调动员工的积极性、主动性、创造性，发挥共同意志和目标追求的精神力量作用，形成实现金融经营管理目标的合力，把员工的职业理想、职业道德、劳动纪律同员工的主人翁意识、义务、责任、荣誉、利益结合起来，以激励人的动机，发掘人的潜能，营造员工心情舒畅，奋发进取的工作环境，从而有效实现经营管理目标。

4. 员工素质文化

金融员工素质是银行行风行貌的综合反映。思想素质、文化素质、业务素质，道德素质构成金融员工的整体素质，过硬的金融员工素质是金融文化建设的主要内容。在商业银行体制下的同业竞争是质量的竞争，技术的竞争，但最终还是以人的整体素质为核心的综合实力的竞争，谁拥有过硬素质的人才员工队伍，谁就能驾驭市场，掌握竞争的主动权。全面提高员工的整体素质，才能从根本上提高金融行业的经营管理水平，用员工优质的服务去赢得客户的支持和信赖。

5. 金融环境文化

金融环境文化是指导与金融业务活动密切相关，并直接或间接地赋予金融行为以感染力、驱动力和约束力的各种背景的总和。建设和创造良好的金融环境，对于稳定员工队伍，吸引外部人才，聚集更多的社会资金，扩大服务对象，壮大资金实力都有着重要的作用。银行不能离开环境而生存，还受制于如政治法律环境、经济决策环境、企业客户环境、同业竞争环境、人口地理环境等外部人文环境，同时也营造着金融内部人文环境，如经营管理环境、物质文化环境、人际关系、精神面貌、价值观念等。外部环境需要我们去收集信息、了解、研究、预测、适应它。而内部环境却是我们可以发挥主观能动性来建设、改造、培育、改善的。因此，金融环境文化既是银行文化的重要条件，又是金融文化建设的一项主要内容，金融环境文化建设就是要在适应环境和改善环境的过程中成熟和优化，使之发挥巨大的作用。

三、金融行业对中国传统文化的传承

越来越多的企业把中国传统的伦理文化奉为至宝，不断地从中汲取精华，并将它深深地融入企业文化之中：海尔的发展观"战战兢兢、如履薄冰"来自于《道德经》、清华大学的校训"厚德载物、自强不息"来自于《易经》。国学大师汤一介对此有着其独到而非常有见地的看法，他认为当一个民族吸收外来文化的时候，首先要从本民族的传统文化中汲取精华，意大利时期的文艺复兴运动和中国宋明时代佛教的兴起皆是如此，因此我们现在吸收外来文化时同样需要从中国的传统文化中去传承和发展。

中国传统文化是以老子道德文化为本体、以儒家、庄墨的思想、道教文化等多元文化融通和谐包容的文化体系。继承和弘扬中国传统文化，是建设有中国特色的社会主义的现实需要，也是金融行业文化建设的源泉和动力。最根本的文化传承是思想传承和行为传承，各行各业的文化建设是最好的传承形式之一，金融行业对中国文化的传承离不开这个行业的文化建设。

（一）"善建者不拔，善抱者不脱"将修德、建德的重要性融入工作中，促进金融行业合法合规运作

"修德"、"建德"是中国传统文化的鲜明烙印，善于为自身制定合乎的道德规范的人，是坚决不会动摇的；善于秉持自己所认识到的道德准则而行事的人，是不会气馁，丧失自信的。同样的道理对金融行业发展也同样适用。在金融行业发展中"修德"和"建德"，对外彰显本行业的美好追求，对内则明示了全行业应当遵循的职业操守。在金融行业的文化建设中融入"修德"、"建德"优秀传统文化，"润物细无声"地渗透在行业经营行为和服务行为中，逐渐被员工所接受，逐渐传导向消费者，传导向社会，就会起到有效的传承作用。

作为现代金融行业，必须建立完善的规章制度和作业准则，来规范和指导员工的日常工作，要有"规矩"，无规矩不成方圆。只有这样才能使员工工作有章可循、有的放矢，并以此建立责任心和自我反省能力，促进有质量的工作成果，这是金融行业能够良性发展的基础。

特别金融行业是一个诱惑相对较多的行业，增强员工的传统文化底蕴，树立其"君子有所为有所不为，勿以恶小而为之，勿以善小而不为"的意识。有利于整个行业合规合法运作。

（二）坚持"以人为本"，充分激发员工的创造力

儒家主张"天生万物，维人为贵"，"民为贵，社稷次之，君为轻"，

治理国家应"以富民为本"，"民为邦本，本固邦宁"。其意思，同样是指人民百姓才是国家的根本，只有根本稳固了，国家才能安宁。要坚持以人为本，时刻把广大员工的利益摆在首位，视员工为"衣食父母"，做到严格要求与真诚的关心爱护相结合，这样广大员工的积极性就会进一步调动，员工就会报之以赤诚。

"君使臣以礼，臣事君以忠"、"君视民如草芥，民视君如寇仇"，这些思想即现在我们经常所说的"换位思考"，其体现形式是现代科学管理所追求的"交互式管理模式"，其核心是使管理者和执行者互为彼此，在工作中不断转换一种职能的两种角色，而其实质是在最大限度地倡导以人为本，通过建设一种环境，以最大限度地调动人的积极性，激发所有参与者的潜能，把以人为本的功能放大。儒家的这种"相互为本"的思想对于建立和谐友善的人际关系，增进员工之间、员工与企业之间的感情，建设企业文化，具有重要的现实意义。这种在整个管理过程中，强调对人的关心、爱护和尊重，讲究富有人情味的管理，也正是东方式管理的一大特色。在美国，曾轰动一时的一本书《掌握人性的管理》，提出激发员工的不二法则是，你希望别人如何看待你，你就该如何待人。这一被誉为管理的黄金准则，恰恰是孔子在两千多年前就已提出的"己所不欲、勿施于人"的思想。

人有七情六欲，也有理想信念；有价值观，也有人生观；有经济利益，也有精神利益；有自然属性，也有社会属性。当我们在企业管理中实施以人为本时，到底应该以人的什么方面或者说以人的什么属性为本呢？孔子说"君子务本"，其意思是指文学好、知识渊博，那是枝节的，学问之道在自己做人的根本上，人生的建立，内心的修养。所以"本立而道生"，学问的根本，在培养人性光辉的爱，"至爱"、"至情"的这一面，所谓"孝弟也者，其为仁之本与"，就是孔子对以人的什么方面为本的认识。

在现代科学管理中，以人为本应该主要以人的社会属性为本，而在人的社会属性中，又要以人的理想信念为本。这主要是由理想信念在人的生存发展中的重要地位所决定的。理想信念属于世界观、人生观、价值观的范畴，同人的思想观念、本质、需要和人的发展密切相关，它在支配人的行为方面能起到积极的作用。只有解决了关乎员工的愿望和动机的理想信念问题，才能使员工产生工作动力和劳动积极性。因此在贯彻"以人为本"方针的过程中，突出人的理想信念，关注人的理想信念，即把以人为本的重点放在人的理想信念方面，就能抓住人的灵魂。也只有关注并指导员工树立正确的理想信念，将建行企业目标与员工个人理想有机地结合起来，才能充分激发出员工的创造力和聪明才智。

（三）"修己安人"管理者以自身"仁、德、智"为榜样，形成良好的行业氛围

中国传统的治学理论认为，要想有益于社会，要想一个向良好的方向发展，其管理者必须先从自身的修炼开始，修身齐家治国平天下。一个团队的向心力、凝聚力、战斗力，关键取决于管理者的领导力；一个管理者的吸引力、号召力、影响力，关键取决于其人格魅力。任何一个管理者，要想有所作为，必须修身和正心，这就涉及"仁"、"德"、"智"等各方面的修养。孔子认为管理的本质是"修己安人"，其包含了根本性的个人修炼、自律以及和谐的管理方法，它要求管理者按照道德规范自觉约束自己，成为道德表率，通过言传和身教，借有形的教育和无形的感化影响被管理者，从而达到管理上"安人"的目的。"修己安人"的中国管理传统具有重要的现实意义，仅仅依靠外在规范约束人的行为，只能达到有限效果，而要求个体从心理上、观念上认同管理上的要求，必须借助道德的力量、榜样的力量。"正人必先正己"。管理者能做道德表率，能着眼于全局，抑制、约束个人的"私"，创造人人自觉为金融行业努力工作的管理氛围，在金融行业日常管理中，以榜样的管理模式是传承中国传统文化行之有效，并且长久的方法。

（四）"君子之中庸也，君子而时中"秉持中庸之道，上行下效

中庸之道要求想问题办事情要讲求恰到好处，不要有偏激，体现于消费观上就是中华传统文化所秉持的"量入为出"、"节制有度"，是避免出现危机的基石，在银行企业文化建设中秉持中庸之道，才能推动金融经济和社会主义市场经济的可持续发展。同时，中庸之道也就是把握传统"合和"，构建和谐的金融行业文化。"合和"思想源远流长而又博大精深，孔子主张"和而不同"，强调"礼之用，和为贵"，孟子更是提出"天时不如地利，地利不如人和"。以"和"为核心的传统价值观在

全球化和文化多元的时代焕发出新的魅力和光彩，在中国特色社会主义的大时代背景下，必须更加重视和谐的文化建设。秉承中庸之道，不仅仅是对中国优秀传统文化的传承，更是以古人的思想来"和谐"现代金融行业的发展，在传承中运用古人的智慧创造更多的价值。

（五）"己所不欲，勿施于人"，学会换位思考，提升金融业的服务质量

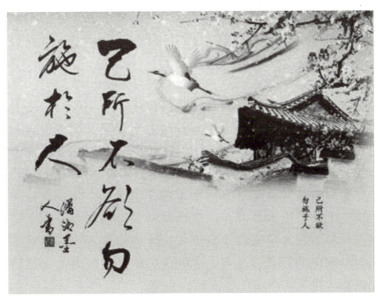

在提倡"以客户为中心"的形势下，服务是一种行为的艺术，表达着丰富的内涵，要用心、要讲情，这样的服务才有生命力。金融行业的生存依靠市场，但源于客户，"将欲取之，必先与之"，所以我们应心存感激地服务于客户。坚持让客户满意是我们追求的理念，经常在客户的立场上换位思考，去分析探讨问题，倾听客户的声音。

根据六西格玛管理的理念，任何解决问题的方法，都要从广大客户的需求出发，并最终达到让客户满意，而服务就是实现满意的重要途径，服务的过程视为成功的关键阶梯，甚至是一个真诚的微笑，一个细微的动作，都能让客户体会到服务的效果，才能使客户的满意度、忠诚度得到有效提升。

四、中国传统文化在金融文化建设中的发展

（一）金融企业文化建设中需要有选择性地发展传统文化

传统文化不是自然而然地融入先进文化的，传统总是一个特定时代的反映，是在一定历史背景下形成的，具有一定的局限性，从来都是精

华与糟粕并存的，保护传统文化的过程从本质上说是一种扬弃，是一个取其精华、弃其糟粕的过程。金融企业文化建设中我们需要传承发展其精华。像天人合一与以人为本、刚健有为与自强不息、厚德载物与中庸尚和的中国传统文化的基本精神在现实中更有着不可忽略的积极意义，我们应该将其在金融文化建设中发扬光大。

（二）金融企业文化创新是发扬传统文化的关键

随着我国经济的快速发展，全球化进程的不断加快，传统文化发展空间受到了一定的冲击。传统文化本身应对不灵活、缺乏创新能力。一方面是故步自封，不求变革而落伍于时代；另一方面则身在宝山而不自知，优秀的文化财富没有得到充分开发利用。适应时代发展又是具体的，民间传统文化只有从社会经济发展中审视定位，从文化受众需求中探寻方向，从现实生活中汲取养分，从现代精神中激活情感，从文化碰撞中开拓新意，从科学技术手段中丰富形式，才能生生不息、绵延不绝。金融行业作为全球化的行业，具有一定的前瞻性，在金融文化建设中不断进行文化创新，是发扬中国传统文化的关键。

（三）正确对待传统文化是发展好传统文化的必要条件

在经济全球化，市场全球化的今天，如何保护传统文化，融合外来文化是个问题，我们必须正确地认识对待中国传统文化。毛泽东同志早就指出，我们既不能全盘否定，也不能照单全收，我们要运用马克思列宁主义历史、辩证的哲学眼光和态度，去批判的吸收。因此，在金融文化建设过程中我们要吸收国外先进文化，也要摒弃与批判不良文化，保护中国优秀传统文化不受冲击，把中西优良文化进行融合，以不断提高民族素质，加快社会文明进程。

（四）大力营造金融行业传统文化的氛围

金融文化建设要发展传统文化需要各方面的支持。要积极引导传统文化与市场经济制度相适应，营造金融行业传统文化氛围，培养能够传承传统文化的民众和团体。每一个金融人要积极宣传传统文化，提升传统文化的知名度和认可率。要自觉学习并推广、传播传统文化，坚持用传统文化约束自己的行为，切实做到"立德立功立言"。

五、结束语

中国传统文化是中国文化的主题，源远流长、博大精深，而金融企业文化作为中国传统文化的一部分，我们需要在其建设中善于挖掘与传承中国优秀的传统文化，在传承与发展中国传统文化价值的同时，更好地服务于金融行业。

附录

2016 年全国金融系统思想政治工作和企业文化建设优秀调研成果获奖名单

优秀组织奖 15 家

中国证券监督管理委员会

国家开发银行

中国工商银行

中国农业银行

中国银行

中国建设银行

交通银行

中国人民保险集团股份有限公司

中国信达资产管理股份有限公司

中国东方资产管理股份有限公司

中国证券业协会

郑州商品交易所

重庆银行

山东省农村信用社联合社

江苏江都农村商业银行

一等奖 20 项（篇）

1. "两山理论"指引下绿色金融"浙江模式"的实践探索与若干建议

浙江银监局局长　熊　涛

14. 创新转型动力源于员工精气神——从员工思想特点谈国有金融企业员工思想建设工作

中国华融纪委监察室课题组

15. 关于企业文化与基层员工深度融合的调查与思考

中国长城长春办事处课题组　汪国良　高宣武　王中志

16. 社会主义核心价值观引领下证券行业价值观的提炼与践行研究

中证协人力资源管理委员会行业文化建设课题组

17. 把脉员工思想　凝聚发展力量——上海证券交易所员工思想动态实证研究

上海证券交易所　鲍　硕

18. 商业银行青年员工成长培养体系实践与研究——以浦发银行南京分行为例

上海浦东发展银行南京分行团委　胡蝶　胡溢烨　高　宇

19. 经济发展新常态下银行业务经营与思想政治工作融为一体的实证研究——以大丰农村商业银行为例

江苏大丰农商行　卞玉叶　徐志庚　黄国标　茅　毅

20. 企业文化如何走出"知易行难"的困境——以《国泰君安共识》宣贯落地的理论和实践探索为例

国泰君安证券股份有限公司党委办公室

二等奖30项（篇）

1. "五大发展理念"统领资本市场改革发展

中国证监会办公厅政研处　薛纪晔　陈晓雨

2. 互联网时代证监系统派出机构思想政治工作的创新实践研究

浙江证监局　周　翔　张国华　李建萍

3. 新常态下当代青年思想状况分析及思想政治工作探讨——基于开行青年留学归国员工的调研分析报告

国家开发银行资金局课题组

4. 银行业金融机构思想政治工作创新方式研究——以国家开发银行微信平台应用为例

国家开发银行辽宁省分行　董　亮　顾锦明

三等奖 110 项（篇）

1. 关于北京银行业金融机构精神文明建设有关情况的调研

北京银监局　徐英晓　熊　玮　孙　囡

2. 基层农村信用社思想政治工作的问题与对策研究——以河南周口市为例

河南周口银监分局　李　抒

3. 新常态下证券监管系统派出机构机关文化建设的理论与实践

福建证监局　屈　伟　刘日创

4. 深耕监管文化　厚植文明创建

江苏银监局　丁　灿　陈　石

5. 关于证券行业贯彻"五大发展理念"有关情况的调研报告

中国证券金融公司　马莉媛　康　璐　乐淑奇

6. 证券行业文化建设的背景、内涵和路径初探

深圳证监局　周　刚

7. 关怀与疏导并举　营造与修身并重——内蒙古证监局"80 后"、"90 后"干部思想及发展状况调查研究

内蒙古证监局　陈　晨　史原昊

8. 树立监管干部的价值信仰，践行社会主义核心价值观

甘肃证监局党办

9. 关于资本市场道德和诚信建设有关情况的调研报告

青海证监局　张绍鹏　管宏德　郭金秋　王　明

10. 新常态下证券行业企业文化建设研究

青海证监局　张　彤

11. 中华优秀传统文化在国家开发银行企业文化建设中的传承与发展

国家开发银行董事会办公室

禹　良　刘　婧　沈国根　邱伟丰　李家骏

12. 开发银行"80 后"、"90 后"员工成长成才调查研究

国家开发银行规划局、行团委课题组

13. 以开展"两学一做"学习教育为抓手扎实推进机关党的思想政治建设

国家开发银行风险管理局党支部

优秀奖130项（篇）

1. 创设　"四微平台"　创新教育载体——广东银监局创新廉政文化建设实践与研究

广东银监局　毛炳盛

2. 浅谈在"两学一做"学习教育中推动证监系统派出机构思想政治建设的探索和实践

西藏证监局　杨　兰　李东阳　罗　珍

3. 运用"互联网＋"思维创新金融监管部门思想政治工作的思考

江苏证监局机构监管处党支部　刘　镇

4. 证券监管机构价值观初探——以吉林证监局调查情况为例

吉林证监局　奚怀亮　何　兰

5. 践行五大发展理念　创新思想政治工作

山东证监局　刘　倩

6. 以"两学一做"要求统领支部工作法，谱写金融市场化团队思想政治建设新篇章

国家开发银行资金局　王　中　臧　健　梁　锋

7. 国家开发银行文化在推动美洲国际业务发展中的实践

国家开发银行国际合作业务局美非业务部　王天真　赵　蒙　吴　阳

8. 深入开展"两学一做"学习教育　凝聚服务国家发展战略的思想动力——国家开发银行加强思想政治建设的探索与实践

国家开发银行党委组织部课题组

9. 浅议开发性金融发展中的家国情怀

国家开发银行住宅金融事业部住宅信贷局　邓晓亮

10. 开发性金融机构"80后"、"90后"员工成长、成才研究

国家开发银行辽宁省分行　郑　丹　何一萌　孙翌馨

11. 伊犁分行基层青年员工思想状况调研报告

国家开发银行伊犁哈萨克自治州分行　林　雪　钱振华

12. 聚焦"六多六少"　切实关怀员工——中国进出口银行风险管理部员工思想压力状况分析与对策

中国进出口银行总行风险管理部　杨海亮

51. 国有商业银行在推动全面从严治党向基层延伸过程中面临的困难、原因及对策建议

交通银行河南省分行豫北纪检组　王伯栋

52. 发展新常态下，金融行业（企业）如何在转型发展中构建良好文化生态——交通银行常州分行生态文化建设的探究

交通银行江苏省分行　李　瑶　李盼盼

53. 关于银行业基层员工思想状况的调查研究

交通银行上海市分行　刘晶晶

54. 交通银行信贷文化在金融创新环境中的适应性与竞争力

交通银行总行授信管理部　何琳迪　唐慧琼

55. 以社会主义核心价值观为导向创新企业文化　让东方智慧走向全球——中信戴卡培育和践行社会主义核心价值观的探索剖析

中信戴卡党办企业文化科　陈　路

56. 关于推动金融机构"80后"、"90后"员工成长成才的研究与分析——招商银行上海市分行依托人本文化助力青年员工成长

招商银行上海分行　刘　航　张金鑫

57. 加强员工关爱、打造和谐招行——招商银行杭州分行青年员工思想状况调研报告

招商银行杭州分行　周晶磊

58. 2016年招商银行总行运营中心青年员工思想状况调研报告

招商银行运营管理部　邵岩苏　柯锐锋　高远　周海泉

59. 当前金融行业（企业）基层员工、一线员工、青年员工等群体的思想状况调研报告

中国民生银行北京分行党群工作部　韩笑文

60. 中国人保财险温州市分公司贯彻落实"两学一做"学习教育推动思想政治建设的探索和实践

中国人保财险浙江省温州市分公司　潘　诚

61. 以"五大发展理念"指导，增强文化建设与文化管理的针对性和科学性，厚植文化建设，强化文化践行

中国人保财险航运保险运营中心　沈　磊

后　记

　　2016 年全国金融系统思想政治工作和企业文化建设调研工作以培育和践行社会主义核心价值观为主旨，紧紧围绕金融思想文化建设的发展主线，开展了五大发展理念引领下金融理论和实践的探索研究、新常态下金融党建思想政治工作创新研究、以思想政治工作营造风清气正的政治生态研究、金融企业培育和践行社会主义核心价值观研究、金融机构"80（90）后"员工成长成才研究等具有前瞻性、对策性、应用性的课题研究。

　　2016 年调研工作共形成调研成果（论文）916 项（篇），其中银行业 750 项（篇），证券业 97 项（篇），保险业 69 项（篇）。在中国金融政研会秘书处进行一审、二审的基础上，经专家评审委员会评审，评出了一等奖 20 项（篇），二等奖 30 项（篇），三等奖 110 项（篇），优秀奖 130 项（篇）。15 家单位获得优秀组织奖。本书收录了获得一、二等奖的调研成果。

　　一直以来，中国金融政研会坚持解放思想、实事求是、与时俱进，贴近实际、贴近生活、贴近职工，努力推出有深度、有分量、有价值的研究成果，以此更好地指导和推动金融思想政治工作和企业文化建设。这次入选的调研成果有如下特点：一是认真研究分析了金融系统思想政治工作和企业文化建设领域的热点难点问题，回应干部职工关切；二是针对制度化的顶层设计和操作面的基层践行提供对策建议，指导性、应用性更强；三是发现了一批金融优秀工作品牌和先进典型，从实践中来到实践中去，可学可鉴；四是反映了金融干部职工科学严谨的研究态度和求真务实的文风，做到察实情、说实话、谋实策、出实招。这些调研成果集中反映了当前全国金融系统思想政治工作研究和企业文化建设的总体水平，展示了金融思想政治工作和企业文化建设研究与实践的新成果、新发展，成果的运用有助于于金融系统各机构管理软实力的提升。

　　本书编辑主要对文中明显的疏漏进行修改，并对标题风格进行了统一和调整，但由于水平所限，不足之处在所难免，敬请大家谅解。

《全国金融系统思想政治工作和
企业文化建设优秀调研成果》编委会
2017 年 6 月